徳川社会と日本の近代化

笠谷和比古［編］

思文閣出版

口絵１　「兼葭雅集図」（韓国国立中央図書館蔵）〈高橋論文参照〉

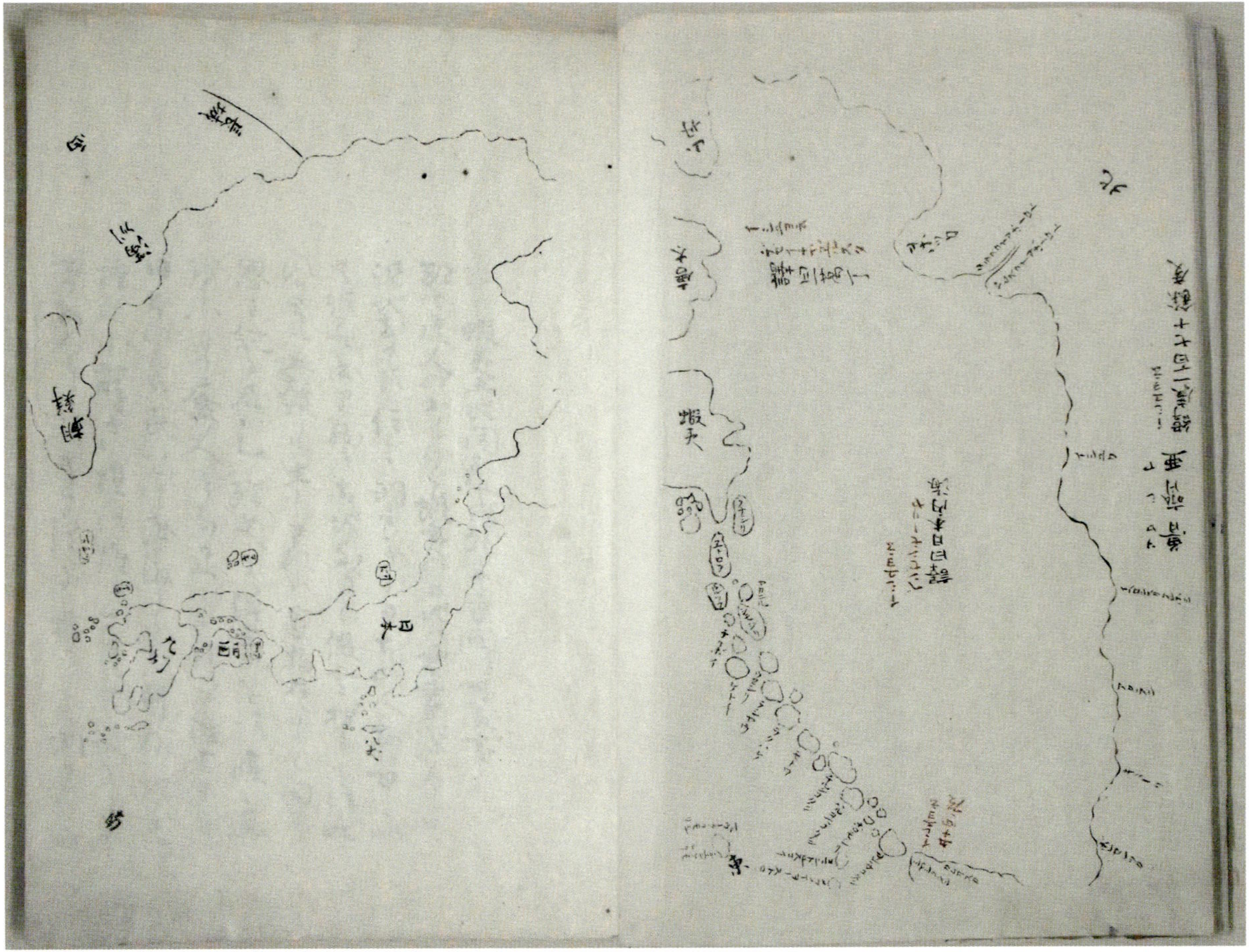

口絵２　『本田氏策論 蝦夷拾遺』所収の地図（国立公文書館蔵）〈宮田論文参照〉

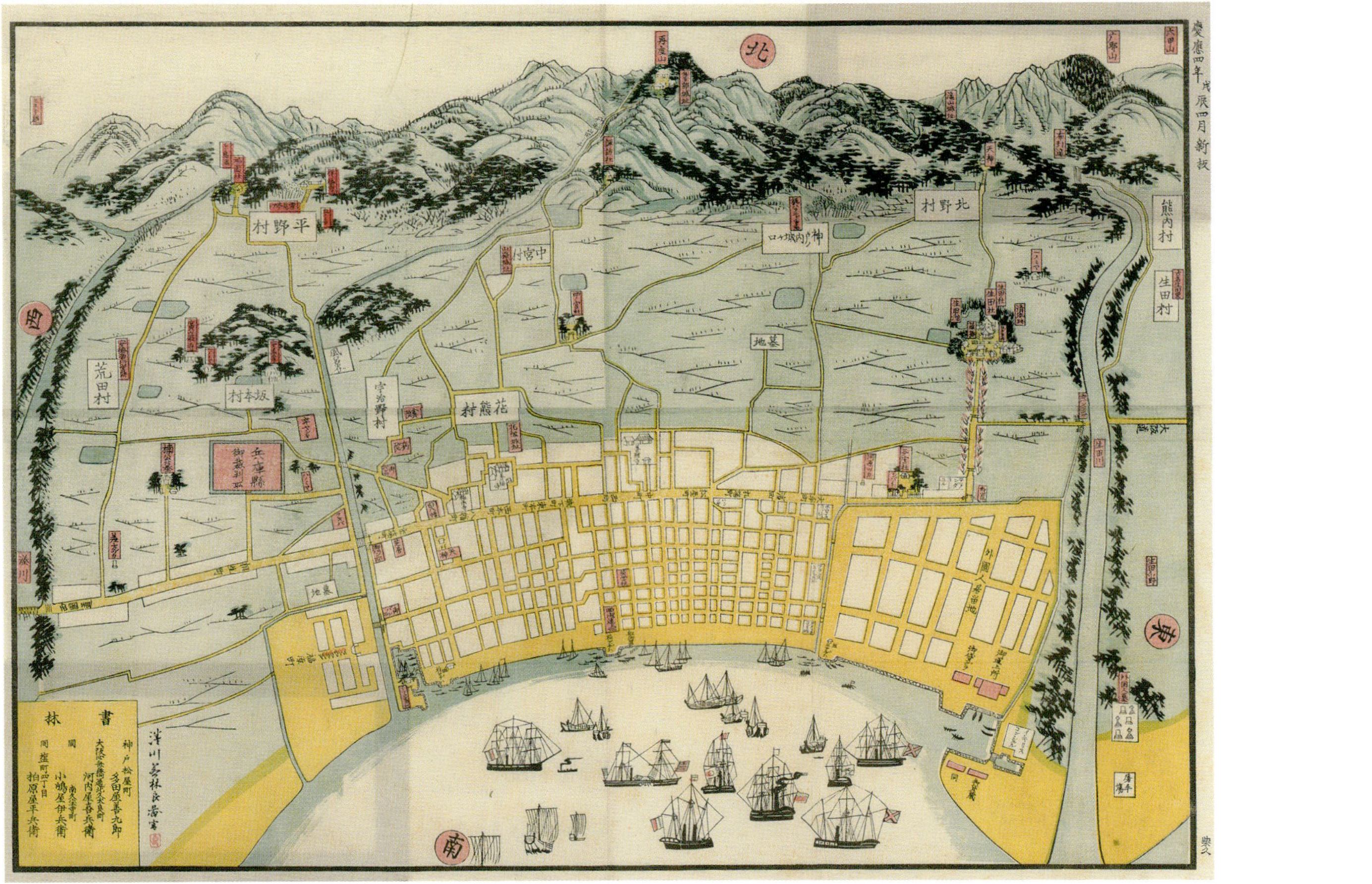

口絵３　「兵庫県御免許開港神戸之図」慶応４年４月、若林良図写（中尾松泉堂書店複製、国際日本文化研究センター蔵）
〈菅論文参照〉

口絵４－１　「衆鱗図　一」のうち「鯛　牡」

口絵４－２　「衆禽画譜　水禽」のうち「シャクナギ／ウミスズメ」
ともに高松松平家博物図譜（高松松平家歴史資料／香川県立ミュージアム保管）
〈松岡論文参照〉

まえがき

日本の近代化はどのようにして達成されたか。一般的な認識としては、一八五三年にアメリカ東インド艦隊司令長官であるペリー Matthew Calbraith Perry が四隻の蒸気軍艦を率いて日本にやってきて開国を求めたことにより、日本は二〇〇年以上にわたる鎖国の状態を脱して国際関係の中に入っていき、その後は、外国通商の是非をめぐって尊王攘夷運動や条約勅許問題をめぐって激しい内乱が引き続き、武士の政権である徳川幕府も倒されていく。そして天皇を中心とする明治の新しい体制が成立し、その明治政府の下で推進された「文明開化」政策によって日本の近代化、すなわち社会の西洋化と資本主義的な経済発展が実現されたのである、と。

しかしながら、このような認識は誤っていないにしても、まったく不充分な理解であると言わざるを得ない。なぜなら、政府の推進する近代化政策によって国が近代化するのであるならば、世界中に近代国家は遙か昔から満ちあふれていることであろうから。

だが一九世紀のアジアと世界の情勢は過酷であり隷属的であるというのが現実であった。アジアの諸国は、その多くが欧米列強の植民地や保護国となっていた。インドはイギリスの、インドネシアはオランダの、ヴェトナム・ラオス・カンボジアはフランスの、フィリピンはアメリカの、シベリアと中央アジアはロシアの、それぞれ植民地ないし保護国となっていた。

大国である中国とオスマン・トルコは、アヘン戦争やクリミア戦争などを通して英・仏・露などによって蚕食され、半植民地化の途を歩みつつあった。アジア以外の世界の諸地域についても、その大半が欧米諸国の植民地と化しているというのが現実であった。

すなわち一九世紀の世界を見渡したとき、欧米諸国以外で国家の独立を堅持したうえで近代化（議会・憲法制度、社会的近代化、資本主義経済の発展）を実現できていたのは日本を除いては見あたらないという姿が浮かんでくる。

このような状況を目にするとき、日本の近代化が明治政府の「文明開化」政策によってなされたというだけでは説明不可であることが諒解されることであろう。この問題を突き詰めて考えるならば、明治の日本ではなく、欧米列強と最初に接触し、一連の国際条約を締結したときの日本、すなわち武士（侍）が統治を担っていた徳川幕藩体制下の日本の国家的力量に着目せざるを得なくなるであろう。

徳川日本の社会はどのようにして、そのような力量を備えるに至ったのか。本書はこれを研究テーマとする、国際日本文化研究センターにおける共同研究の成果報告論集である。研究代表笠谷の主宰した前回共同研究「一八世紀日本の文化状況と国際環境」（思文閣出版から同名の成果報告論集が公刊）では、徳川日本の一八世紀に焦点をあわせて、徳川社会に胎胚していた新しい文化的動向を広範な分野にわたって総合的に解明し、多くの成果をあげることができた。

今回の共同研究会においては対象をより拡大して、一七世紀から一九世紀にわたる時代の徳川社会全般を取り扱い、如上の問題、日本の近代化にとって徳川社会はどのような力 power を、どのようにして形成しえていたのか、これを多分野の研究者とともに総合的に究明する。

さて社会の近代化をめぐって論ぜられた書物というのは汗牛充棟ただならずの状態であり、しかも「近代化」という概念をめぐっても、果てしない広がりを有している。資本主義的経営と工場制労働によって規定される経済的近代化、市民革命と市民社会の形成および憲法と国民議会の制度による政治的近代化、合理的思惟と個我の確立そして表現の自由をもってする思想的近代化、共同体からの脱却と人と情報の自由な移動を指標とする社会的近代化、等々。

また「近代化」の類縁概念としても、合理性、西洋化、国際化と植民地化、資本主義、工業化、情報化、デモクラシー、個人主義、市民社会、経済社会、科学技術と科学的思考等々を列記することが出来るであろう。これら「近代化」の定義や概念規定をめぐって実に夥しい数の研究がなされ、膨大な量の書物が出版されてきた。

このような研究状況の下にあって、なお近代化を論じる本書の立場について述べておきたい。近代化の概念規定をめぐる議論の重要性は否定するものではないが、しかしながらヒストリアンが中心となって構成された本共同研究会では、各分野における実態面ないし事実関係の究明に、より多くのエネルギーと時間とをかけるべきであるという点で意見の一致を見た。

そして各研究分野において新規の事象ないし新しいトレンドと覚しき感触、直観を得たならば、関係事象を網羅的に探索—列挙し、それら諸事象を通貫し、共通に内在する核心的な問題を把握していくという姿勢をとることで諒解しあった。一七～一九世紀の徳川社会の各分野において見出される趨勢、これまで知られていなかった新しい事象、動向に注目し、それらの事象の意味と、歴史の展開に対して果たしている意義を解明していくこと。そしてそれらがその後の明治日本の歴史形成に対して及ぼしている影響関係について考察した。

日本の近代化の起源を徳川社会に求める議論はこれまでにも少なからずあった。古く日本資本主義論争において、いわゆる労農派は明治維新をブルジョア革命とみなす見地から徳川社会の中に胚胎する近代的要素に着目した。対する講座派では、その異端とされた服部之総がマニュファクチャー論争を提起して、徳川社会を資本主義発達におけるマニュファクチャー段階と規定するなど、社会の発展的側面に焦点を合わせる研究がなされた。

戦後の歴史学会では一九七〇年代に入ると、アメリカの日本研究者を中心として日本の近代化に関する研究が進められ、それらの成果はジョン・W・ホール、マリウス・B・ジャンセン編／宮本又次、新保博監訳『徳川社会と近代化』（ミネルヴァ書房、一九七三年）といった形で日本にも紹介され、また日本側研究者によっても大石慎三郎、中根千枝らを代表とした『江戸時代と近代化』（筑摩書房、一九八六年）が著され、さらに速水融のグループの進める歴史人口学的研究が加わるなどによって、徳川社会の近代的発展に関する研究がいっそう盛んとなった。われわれの前掲、共同研究会成果報告書である『一八世紀日本の文化状況と国際環境』も、そのようなものの一つであった。

今回の論集では、前述したように、一七世紀初頭から一九世紀の半ばにわたる徳川時代の日本社会の状況と、それが日本の近代化にとって有した意義の解明を研究主題としている。徳川社会における近代化要因の生成と発展を、より長期にわたるパースペクティブの下に捉えていこうとする試みである。研究の専門細分化が一段と進行している現代の研究状況からしたときには、このような広すぎる対象域の設定は逸脱であると見なされるかも知れない。

しかし研究の現状がそういうものであればこそ、それに抗してトータルな歴史認識というものに挑戦することも一つの意義を有するのではないかと考える。敢えてこのような大きなテーマを設定した所以である。

二〇一五年二月

編　者

徳川社会と日本の近代化◆目次

徳川社会と日本の近代化

序論　徳川時代通史要綱

笠谷和比古

はじめに――本書の課題――

本書の序論にあたる本論では、徳川時代の通史の叙述を試みる。そこでは政治史を基本としながらも社会・経済・文化の各領域の問題にも論及する。それは本論集に収録された個々の研究論文の成果を正当に位置づけるという課題に基づくものであるが、単に徳川時代の通史的叙述を施すだけでなく、それが日本の近代化にとって、どのような意義を有していたかという問題の解明に取り組むことを主要なテーマとしている。

従来、徳川時代の政治・社会のしくみである幕藩体制を研究することと、日本の近代化の前提条件として徳川時代の政治・社会を研究することとの間には少なからぬ断絶があった。具体的には戦国期から徳川時代の前期を対象とする研究と、一八世紀以降の中後期を対象とする研究との間に横たわる深い海溝の如きものであった。今回の論集では対象時期を一七世紀から一九世紀にかけてと設定することによって、おのずから右の両時期をカバーするわけであるが、同時に右に述べた研究史上の断裂の克服をも試みている。

しかしながら限られた紙数の中でこのような課題を充足することには困難もともなう。本論では、あくまで筆者の独自の見解を中心にして、本書の主題にとって必須不可欠と判断した事柄の叙述に努めた。既往の研究史の全体に対して、バランスの取れた配慮に欠けていることについては諸賢の御寛恕を請う次第である。

第一章　一七世紀の徳川社会――幕藩体制の形成と展開――

一　関ヶ原合戦と徳川幕藩体制の形成――近世の国制構造を規定した関ヶ原合戦――

いわゆる幕藩体制の初発をなすのは慶長五（一六〇〇）年の関ヶ原合戦であり、それに続く同八年の徳川幕府の開設であるというのは大方の一致した認識といってよいであろう。しかしながら、それらの内実、それらがその後に展開する政治体制を規定したあり方については、従来の認識を大きく改めなければならないことが次第に明らかとなってきた。

従来、関ヶ原合戦の意義をめぐっては、徳川家康の率いる東軍が同合戦で勝利をおさめたことから、その後に展開する二六〇年余にわたる徳川幕府の全国統治にとって盤石の基礎を築いたものという評価が一般的であったが、近年の研究はこの認識に対して根本的な疑義を呈するものとなっている。

図1は関ヶ原合戦後における大名領地の全国的分布を示したものである。ここでは便宜的に一〇万石以上の大名を掲げているが、これによって全体的傾向を知ることができるであろう。名前の頭に黒四角の印のある者は徳川にとって外様となる大名、白丸を付したのは譜代大名、二重丸印は徳川の一門（家門、親藩）大名である。

一目して瞭然であろうが、この領地配置図が示していることは外様大名の圧倒的な多さであり、徳川系大名の領地の少なさである。徳川系大名の領地は、東北は陸奥岩城平の鳥居忠政の一〇万石あたりが限りをなし、それより関八州は徳川領分。それから一〇万石以下の中小の大名であるために名前は出ていないが東海道筋はすべて

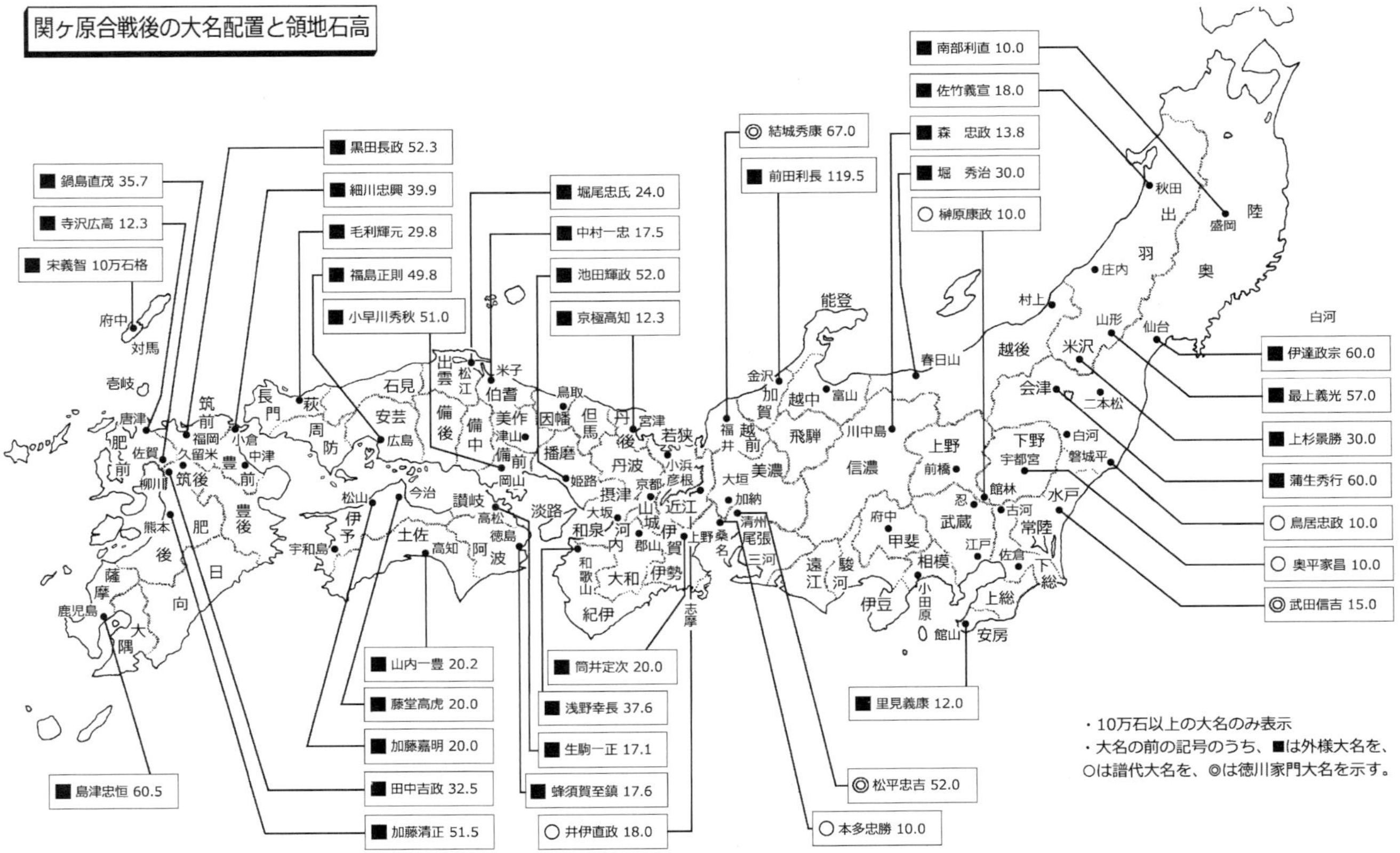

図1　関ヶ原合戦後の全国的領地分布図

（出典：拙著『関ヶ原合戦——家康の戦略と幕藩体制——』講談社学術文庫、2008年）

徳川譜代大名の領地である。しかしそれも近江国で止まってしまう。戸田一西の膳所三万石が徳川系大名の領地の西の限界をなしており、京から西には徳川系の大名領地は皆無なのである。これは従前の研究で見落とされていた重要な事実である。(1)

その意味はあとから検討することとして、それ以外の徳川系大名の領地としては、越前国六七万石の他には信州に中小の譜代大名領の若干を数えるくらいなものである。結句、関ヶ原合戦後における徳川系領国は二〇ヶ国ほどであり、日本全体の三分の一にとどまっている。

残りの四〇ヶ国、日本全体の三分の二は非徳川の外様大名の領地。そのうち二〇ヶ国ほどは加藤清正、浅野幸長ら豊臣系大名の領地、そして残りの二〇ヶ国が伊達政宗、佐竹義宣ら戦国時代以来の旧族系外様大名たちの領地であった。徳川幕府は全国領地の三分の一の領有でもって、三分の二を領有する外様大名を統治しなければならなかったのである。

しかも前述したように、京より西の西国方面は、その領地のすべてが外様大名によって占められていた。図1では一〇万石以上の大名を示しているが、実はこの点については一万石のレベルまで落としても変わらない。西国はすべて非徳川系の外様大名の領有するところであり、そのうち八割が豊臣系外様であり、二割が島津・鍋島・毛利といった旧族系外様の領地であった。徳川系大名はこの西国方面には皆無というのが関ヶ原合戦後の実情であった。

関ヶ原合戦の本質は、豊臣政権の内部分裂としての性格を強く有しており、同合戦における家康の率いる東軍の主力は徳川軍ではなくて、家康に同盟をしたアンチ石田三成の豊臣系武将たちの戦力であったこと。徳川の精鋭部隊からなる主力軍は家康ではなく、嫡子の秀忠の率いていた中山道方面軍であり、それが真田昌幸の立て籠もる信州上田城の攻略に手間取ったことから、家康は徳川主力軍を欠落させたままに関ヶ原合戦を戦わねばならなかったこと。[2] 結句、同合戦において家康に同盟して東軍勝利に貢献した豊臣系武将たちが同合戦の果実を得ることとなり、西軍大名から没収した領地六三〇石余の八〇％にあたる五二〇石余が豊臣系大名に加増として宛行《あてが》われ、[3] 彼らはそれぞれ図1のごとく一国規模で領有する「国持大名」として西国に盤踞することになった。

徳川幕府の施策は、このような状況を前提にして行使され、運営されねばならなかったということである。従来型の幕藩体制論と、如上の政治地図を前提にしてえられる幕藩体制の歴史像はまったく異なったものにならざるをえないであろう。本論考は、このような新しい歴史像に基づいて描出する幕藩体制論である。この認識の違いは、たとえば幕府の大名に対する改易・転封論などにおいて端的に立ち現れてくる。従前、近世社会における大名の領地替えである転封の多さをもって、自立性の脆弱な「鉢植え」の如き近世大名といった歴史像が形成されてきた。しかし本論考の中で明らかにするとおり、このような認識は誤りなのである。

関ヶ原合戦と近世武家社会の初期条件についての正しい認識を持たずしては、徳川幕藩体制二六〇年余の歴史を正しく認識できないことは当然ではないであろうか。そして、それはまたそれに続く日本における近代国家の形成をめぐる認識の再検討にもつながっていくことであろう。

二　慶長・元和期の政治と社会——家康の国家構想——

（1）家康の将軍任官の意義

慶長八（一六〇三）年二月一二日、徳川家康は伏見城に勅使を迎えて将軍任官の宣旨を受領する。しかしながら、前述のとおり、家康にとって関ヶ原合戦の勝利は必ずしも徳川の勝利にはなりえていなかった。それは自前の徳川の軍事力によってではなく、家康に同盟した豊臣系武将たちの軍事力に依存してのことであったが故である。

関ヶ原合戦ののち秀頼と豊臣家とは摂津・河内・和泉三ヶ国六五万石の一大名に転落したといわれてきたが、それが誤りであることも今日明らかとなっている。秀頼の支配領域は六五万石をはるかに越えるものであったからである。この摂河泉六五万石というのは秀頼の直轄地(「御蔵入地」)のことであり、彼の直臣(「大坂衆」)の知行地は伊勢国、備中国など西国一帯に広く分布していた(4)。従って秀頼と豊臣家が直接に支配する領域は摂河泉六五万石にとどまらないし、そもそものような家臣知行地の分布形態は一大名のそれとは異質であり、徳川幕府の直臣である旗本の知行地分布と同型だということである。

秀頼が将来、成人した暁には公儀の主宰者の地位に就くというのは、伊達政宗が家康側近の今井宗薫に宛てた慶長六年四月二一日付の書状(5)の内容などからしても、関ヶ原合戦後においてなお武士領主たちの間での共通の諒解事項であった。つまり関ヶ原の戦いにおいて家康は勝利をおさめたけれども、公式的な観点では彼はいまだ豊臣五大老の一人としての地位から抜け出してはいなかった。関ヶ原合戦後においてなお「太閤様御置目の如く(6)」と称せられていたように、豊臣公儀体制は存続していたのである。

諸大名の家康への服属は実力に由来する事実上のものでしかなく、家康が彼らに命令し、軍事指揮をなしうるのも、関ヶ原合戦後に諸大名に対して領地給付を行いえたのも、権限論的根拠としては公儀を構成する五大老の筆頭にして、豊臣秀頼の政務代行者という地位に求めるほかはなかったのである。これら全国的な領地給付を行いながら、家康の領知朱印状が発給されることのなかったことが、それを雄弁に物語っているであろう(7)。

すなわち家康にとって、このような状態を放置しておくならば、関ヶ原合戦後の慶長六(一六〇一)年正月時点で年齢九歳ながら、朝廷官位が従二位中納言という高位にある秀頼が、やがて成人することによって家康の政務代行権は吸収され、家康およびその子秀忠は、公儀の主宰者である秀頼の意命に服さねばならなくなる事態が到来してしまうということである。

家康の将軍任官は、このような状態に陥ることなく徳川を頂点とする独自の政治的、軍事的支配の体制を構築し、徳川による永続的な支配を企図する施策であったといえよう。

（2）豊臣秀頼と大坂の陣

それでは秀頼と豊臣家は、家康の将軍任官という事態を受けて、どのような状態になるのであろうか。家康が将軍に任官する慶長八（一六〇三）年二月の前後、世上では秀頼が同時に関白に任官するという噂で持ちきりであった。

醍醐寺三宝院門跡であった義演の日記には、「秀頼卿関白宣下之事、被仰出云々、珍重々々」（『義演准后日記』慶長七年一二月晦日条）と記され、また毛利輝元が国元の家臣に宛てた書状にも、「内府様将軍ニ被為成、秀頼様関白ニ御成之由」（慶長八年正月一〇日付書状）とあって、家康は将軍に、秀頼は関白になるとの情報を伝えている。実際には、秀頼は関白ではなくて内大臣になるのであるが、その内大臣宣下の勅使が大坂へ派遣されたのを見て、相国寺鹿苑院主の西笑承兌は「予察之、為関白宣下之勅使ト云々」（『鹿苑日録』慶長八年四月二二日条）と、大坂城への勅使を秀頼の関白宣下のそれであろうと推測していた。

すなわち先述したとおり、関ヶ原合戦の後であってなお、秀頼が成人した暁には天下の主になるというのは既定の路線であり、さらにそれは関白就任という形をとるであろうことは、当時の社会の人びとの間では至極当然の諒解事項であったということである。

実際には、同年四月に秀頼は正二位内大臣に叙任される。大臣という地位はたいへんに高いものであるが、正二位内大臣とは父秀吉、その養子秀次がともに関白に任官したときの官位に他ならない。秀頼がこのときに正二位内大臣に叙任されたということは、秀頼には関白任官資格が備わったこと、関白任官はいつでも可能になったことを意味していたのである。

ちなみに将軍、すなわち征夷大将軍の任官のために不可欠な朝廷官位上の地位はというに、これを歴代の足利将軍について見た場合、正五位上で将軍任官するのを例としている。(8) 正二位内大臣を必要条件とする関白との地位の落差は歴然たるものがあるだろう。徳川家がそののち将軍任官の相当官位を正二位内大臣として、関白と同格にしてよりその地位は格段に高まることとなるが、この慶長年間の頃の観念では関白が征夷大将軍よりも圧倒的に高い地位を意味していたことを見落としてはならない。

このように家康が将軍に任官して豊臣公儀体制から離脱をしても、それは秀頼と豊臣家の権威の失墜にはなっていなかった。それどころか秀頼が関白任官資格を得たことから、その地位と権威はさらに高まることとなる。そしてこれらの官位の差配は、家康の意向にそって行われてもいることも忘れられてはならない。すなわち家康が将軍に任官して幕府を開いたことは、従来の豊臣公儀体制の解体を意味するものではなく、豊臣公儀体制との共存と棲み分けを志向していたということである。

さすれば関ヶ原合戦後の全国的な領地配分において、京以西の西国方面に徳川系大名の領地が皆無であったという事情が氷解する。これは家康の国制設計に他ならず、徳川と豊臣との共存と棲み分けによる東西二元国制が目指された姿であった。すなわち従来からの豊臣公儀体制は京以西の西国を政治支配の基盤として持続し、あらたな徳川公儀体制は京以東の東国を基盤として、棲み分けによる共存共栄が志向されていたのである。家康の孫娘である千姫の秀頼への入輿は、その証となるべきものであった。

このような形で東西棲み分けの形をもって豊臣・徳川の両公儀体制は将来ともに共存していくことが期待されていたはずである。しかしそれは破綻して大坂の陣の悲劇へと突き進むこととなる。しかしながら紙幅の関係上、開戦にいたる詳細については拙著『関ヶ原合戦と大坂の陣』(9) を参照いただければ幸いである。

（3）近世天皇制の存在意義

近世天皇制の存在意義、すなわち徳川時代二六〇年余の時代を通して天皇と朝廷が存続しえた理由とメカニズムを説明することは容易ではない。ここではその一側面について指摘するにとどめる。しかしながら一側面とはいえ、きわめて重要な要因の一つであることは疑いないのであるが。

それは既述の、関ヶ原合戦後における家康と徳川を取り巻く地政学的状況に起因する問題である。同合戦の結果、家康と徳川が獲得した領地は全国の三分の一にすぎず、残りの三分の二は非徳川系の外様大名たちの領地であった。家康と徳川は、三分の一の領地規模でもって残り三分の二の外様大名を制しながら全国統治を進めねばならない上に、大坂城を拠点に秀頼と豊臣家という独自の政治勢力が存在していた。その政治的な困難さはいうまでもないであろう。

秀頼と豊臣家の問題は大坂の陣をもって解決を見たけれども、前者の大名勢力分布の問題は依然として重くのしかかっていた。就中、京以西の西国方面については徳川系大名もその領地も不在であった（慶長一三年以降、近畿地方に徳川系領地が若干形成されているが）。

この地域については秀頼と豊臣家による統治に委ねるという方針のもと、徳川は不介入の姿勢を持していたのであるが、大坂の陣によって秀頼と豊臣家を消滅させてしまったことによって、徳川幕府はこの西国方面を直接に統治しなければならなくなった。徳川幕府の支配面積は一挙に倍増することとなり、しかも徳川系の大名も領地も不在に等しい広大な西日本の全域を直接統治しなければならなくなったのである。

筆者はこれを西国問題と名づけるのであるが、それは大坂の陣によって秀頼と豊臣家を消滅させたことによって、逆に鮮明に浮上してくる問題であり、家康が大坂の陣の翌年に亡くなることによって、二代将軍秀忠が、そしてそれ以後の徳川幕府が取り組まねばならぬ重要な政治課題となる。

すなわちこのような関ヶ原合戦後に展開する複雑な地政学的難題こそが、家康と徳川幕府に天皇制の存在を必須たらしめた根本的な要因として捉えることができる。具体的には徳川女子である和子（東福門院）の入内であり、天皇の権威を背景に西国を始めとして全国に睨みをきかせる外戚戦略として展開されることとなる。(10)

（4）幕藩関係――国持大名と西国問題――

ここでは、将軍（幕府）と大名（藩）との政治的関係について見る。最初に考慮されなければならないことは、近世大名のカテゴリーについてである。「外様、譜代、親藩」という三区分法は言い古されてきたところであるが、筆者はこれに対して外様大名の中に「国持大名」という範疇を導入すべきことを提唱してきた。(11)

国持大名とはその領地が播磨国、加賀国などの一国規模におよぶものを言い、それらは軍事的に強力であるだけでなく、領地領有の権限の面において自余の平大名に比して多くの特権を有していること、また江戸城中などにおける待遇でも格段の優待がなされていたこと、等々。これらの諸属性からして国持大名という存在の政治的重要性については逸すべからざるものがあった。近世の幕藩体制を正しく認識するためには不可欠の大名範疇であり、それを踏まえて徳川幕藩体制の政治秩序を見ていきたい。

①領地給付と軍役

鎌倉幕府の時代より武士の社会における主従の関係は御恩と奉公、すなわち武士の所領に対する鎌倉殿の安堵と、鎌倉殿に対する個々の武士の軍役奉仕が基本であった如く、近世の幕藩関係もまた同様であった。

将軍の側の代替わりに際しては、領知安堵状（領知朱印状とも領知判物とも称する）が大名側に交付される。また大名側の代替わりに際しては、当該大名家の家督・跡目の相続を幕府から許可・承認してもらうことによって、領地の継承も同時になされるという形をとった。

御恩としての領地給付に対する反対給付は、諸大名の将軍に対する軍役奉仕として表現される。将軍から宛行われた領地を基礎にして、大名は自己の家臣団＝軍団を構成し、その領地石高に見合った一定数量の従軍人数、騎馬、鉄砲・鑓・弓などを軍役として提供する。

幕府の軍役の制は、三代将軍家光の寛永一〇（一六三三）年に確立された（三一頁参照）。それは主として将軍の直轄軍団、旗本および一〇万石までの譜代大名を対象にしたものではあるが、当然のことながら、外様国持大名クラスの大身大名たちもこれに準拠して軍役を奉仕すべきものと観念されたのである。

②主従制の保証制度――幕府による大名統制――

幕府は単にその軍事力だけではなくて、安定的な支配を持続させうるような制度を必要とする。将軍―大名間の主従関係の保証制度として以下のようなものが挙示される。

武家諸法度　徳川幕府はその政治支配のために法令による支配を行ったが、その法令は必ずしも幕府がその内容を恣意的に定めたものを、大名側に一方的に強制するといったものではなかった。徳川幕府の法令発布の権限およびその法令は、鎌倉・室町の両幕府の伝統と先例に依拠したものだという形式を踏まえていた点に留意しなければならない。

大坂の陣において豊臣氏を滅ぼした徳川幕府は、その元和元（一六一五）年の七月、戦勝祝賀の気分のさめやらぬ七夕の節句に際して、京都伏見城に参集した諸大名に対して武家諸法度一三ヶ条を伝達したが、当時の社会においては、この元和の武家諸法度は、「むかしの公方之法度、被成御引直可被仰出候由[12]」と受け止められていた。すなわち、徳川幕府による武家諸法度の制定発布の権限は、鎌倉・室町幕府以来の武家政治の伝統的権威によって正当化され、既に発布されてきたものの修正再版であるという擬制を用いることで、当該社会において受容されていたのである。

幕府自身も、諸大名に対して幕府の発布する法度の遵守を誓約させた慶長一六（一六一一）年の三ヶ条誓詞[13]において「右大将家以後代々公方之方式」に準じて法令を出すこと、ただし時代の推移を考慮して潤色を加えるものであると述べており、幕府権力による一方的な強制ではなく、あくまでも武家政治の伝統に準拠しているところに、その支配の正当性を定置するという政治姿勢であった。

改易　大名の改易と転封は、徳川幕府による大名統制策の代表的なものと一般的には見なされている。改易は大名の取りつぶしであり、転封は大名の領地を移すことである。

大名改易の第一の理由は軍事的なもので、関ヶ原の戦いにおいて徳川氏に敗北した八八の大名を改易して取り潰し、その領地六〇〇〇万石余を没収したのが代表的事例。

改易理由の第二は族制的理由と呼ばれており、大名の世嗣断絶によるものである。大名に実子があれば、特別の問題がない限り大名家の相続は円滑に行われたが、実子がなくして養子を迎える場合が難しかった。特に、大名が病気などで危篤状態に陥ってから養子を願い出る末期養子（急養子）は、徳川幕府が固く禁じて容認しなかったことから、世嗣断絶が頻発して多くの大名家が改易に処せられることとなった。

改易の第三は幕法違反を理由とするもので、武家諸法度の条文違反などを問題とする。元和五（一六一九）年の安芸・備後両国五〇万石を領有した福島正則の事例、すなわち武家諸法度の規定に違反して、自己の居城たる広島城を無断で修築したとして改易に追い込まれた事件がよく知られている。

こうして慶長六（一六〇一）年から慶安四（一六五一）年までの初期の三代の将軍の五〇年間のうちに改易された大名は、外様大名八二名、徳川家門・譜代大名四九名で、その総没収石高は一二一四万石余という膨大な数字にのぼっている[14]。幕府はこれらの領地を幕領に編入する一方で、徳川系空白地に親幕府勢力を送り込むことによって、その全国支配力を格段に高めていくこととなった。

ただしこれらの大名改易を、幕府の謀略ないし権力主義的な施策と見なすのは正しくない[15]。むしろ幕府にとって最も好都合であり、幕府に大きな利益と力をもたらしたのは第二の末期養子の禁止に基づくものであった。これは養子を生前に設けておかなかった大名側の落ち度が明確であるから、改易と領地没収を行う幕府への反発は生じにくい。そのうえ大量の没収領地が労せずして幕府の支配下に収まるわけであるから、幕領の拡大と幕府権力の強大化にとって多大の貢献をなしたのである。

転封

転封は大名の領地の配置替えで、改易とならんで幕府の大名統制策の代表として知られている。将軍の意のままに領地が自由に移される「鉢植え」状態の近世大名という通念が長年にわたって培われてきたのであるが、それは譜代大名についてのことである。そこでは老中などの幕閣への任用に際して、関東方面への行政的転封が行われるために、これに連動して諸大名の間での玉突き転封（いわゆる「三方領地替」）が発生することから、近世大名は頻繁に領地を移動させられるという誤った認識が生じたのである。

しかしながら、この議論の中に「国持大名」という概念を導入すると事情は一変してしまう。彼らの領地移動を見たとき、寛永一一（一六三四）年、若狭国一一万石を領有していた京極忠高が出雲国二六万石へ加増転封となったのが最後の移動であり、それより幕末にいたるまで一件も見ることはない。国持大名のレベルで見たとき、領地の領有は安定していた、徳川時代の二〇〇年余にわたって領地の移動はない。それ以前の移動にしてからが、この京極の事例と同様に、領地の増大をともなう加増転封が基本であったのである[16]。

（5）統治行為的関係

徳川幕府は原則として大名領に対する不介入主義をとっており、寛永一〇（一六三三）年八月の幕府の裁判管轄規定でも「国持之面々、家中幷町人・百姓目安之事、其国主可為仕置次第事[17]」と明記して、国持大名は領国内の訴訟については最終審決権を有すると定められていた。だがそのような不介入主義の立場であっても、幕府が全国的政策を展開していくうえで、大名領内の政治と関わらざるを得ない問題がいくつかあった。

①キリシタン禁令・宗門改め

徳川幕府は大名家（藩）内部の政治には不介入を方針としていたが、当初からの数少ない例外の一つがキリシタン問題であった[18]。キリシタンの摘発については、幕府は当初より強い姿勢で臨んでおり、大名領内のそれについても摘発の手を緩めなかった。もっとも、幕府の役人が大名領内に踏み込んでキリシタンを捕縛するようなことは差し控えられたが、幕府老中から当該大名家に対して摘発が命じられ、捕縛されたキリシタンは幕府に引き渡された。

キリシタン摘発の恒常的な制度となったのが宗門改制度である。当初は幕領限りで行われていたが、四代将軍家綱の寛文元（一六六一）年七月、幕府は新たなキリシタン禁令を大名側に交付し、その第三条で「町人・百姓五人組を定、庄屋・町年寄、油断無く改之候様に領分堅可被申付候」と、領分内で五人組を定め、恒常的にキリシタン改めを実施すべきことを命じた。さらに同四年には、大名領に対しても専任の宗門改役人の設置と、毎年の宗門改めの実施が命ぜられ、宗門改帳の作成が令せられた。

宗門人別改帳はキリシタン禁圧の目的の他にも、一般的な戸籍としての役割も果たし、さらに年貢・夫役の賦課台帳としても使われた。あるいはまた、その人別登録に従って、幕府訴訟制度における支配違いの紛争・事件などの場合の裁判管轄の基準としても用いられた。

②通貨問題

幕府は金座・銀座において金銀貨を発行し、銅銭である寛永通宝については全国各地の鋳銭所において鋳造させて流通させていた。だがこのほかに、近世前期には全国各地の大名領内において、金銀貨である独自の領国貨幣が流通していた[19]。加賀前田領の加賀小判・朱封銀、秋田佐竹領の秋田銀（院内銀・湯沢銀）、甲斐国の戦国大名武田氏以来の甲州金、長州毛利領の萩判などが著名で、この他、津軽・会津・米沢・越後・信濃・飛驒・播磨・但馬・因幡・美作・土佐・豊後・日向・対馬などの諸国諸領で、灰吹銀が地方限りで流通していた。

幕府では慶長金銀貨（小判・丁銀・豆板銀）の鋳造の当初から、幕府貨幣による幣制統一を志向しており、慶長一四（一六〇九）年五月には諸国の「銀子灰吹」と「筋金灰吹」の鋳造の禁令を発している。しかしながらこの禁止令は程なく撤回され、諸国の領国貨幣はむしろ増加する傾向にあった。全国の通貨を一元的に統合するには、幕府権力はこの段階では未熟であった。

これらの領国貨幣は寛文頃までは流通していたのが確認されるが、元禄期にかけて急速に消滅していく。恐らくは幕府の元禄の金銀改鋳政策と関係しているものの如くで、元禄金銀の大量流通と、幕府による金銀地金の吸収政策のために領国貨幣は消滅していったものと思われる。幕府の元禄改鋳政策は、単に悪貨鋳造による改鋳益金の取得としてだけではなく、このような幣制統一の観点からも考えられる必要がある。

③鉱山領有

通貨問題に関連していま一つ重要なものとして、大名領内にある鉱山の領有問題がある。徳川幕府は石見・生野・佐渡・伊豆等の金銀山所在地を直轄地とした。一七世紀後期に興隆した銅山も直轄地にあるものが少なくない。また、鉱山を上知させた例もある。寛永一一（一六三四）年、出羽の延沢銀山の産銀増加により山形の鳥居氏から、寛文二（一六六二）年、摂津の多田銀山が繁栄したため高槻の永井氏から取上げている。宝永元（一七〇四）年、伊予の立川銅山は直轄領の別子銅山と接続する関係で西条藩から上知させ、延享四（一七四七）年、陸奥（岩代）の半田銀山が好況となると、松平氏より移して佐渡奉行支配とした[20]。

しかし国持大名などの領内鉱山については、その領有を是認していた。もとよりこれらの大名領の鉱山も、少なくとも近世初期の金銀山盛期では、間歩《まぶ》運上（採鉱税）はじめ鉱山からの税収を幕府へ献納した。しかしながら、幕府はこれを返還するのを例とした(21)。

実際、前項に見た全国各地の大名領における領国貨幣の存在と、幕府の慶長金銀貨による幣制の統一の断念という事態は、当該領内の金銀山に対する大名の事実上の領有を前提とせずしては理解できないであろう。

三　寛永時代――幕藩体制の新たな展開――

（1）将軍家光の親政と幕藩体制の展開

元和九（一六二三）年七月、家光は上洛し、伏見城に将軍宣下の勅使を迎えて征夷大将軍に就いた。秀忠は将軍職を退いたが、かつての家康と同様に政治の実権をもって大御所政治を行ったことから、新将軍家光はそれに従属する形で行動した。両者の役割分担を見たとき、大御所秀忠は天下公儀の政治を主宰し、さらに朝廷との関係で外戚戦略を遂行する観点から京に重点を置いた姿勢を保っていた。これに対して将軍家光の役割は、江戸城の守衛であり旗本直轄軍団の統率であった。

①寛永九年の政変

寛永九（一六三二）年一月、大御所秀忠が死去すると二元政治は解消され、将軍家光の親政が始められた。そして家光は同年四月、日光東照社に参詣して、その治世の安らかならんことを祈願した。

そのような日光社参の執り行われていた最中のこと、江戸では奇怪な文書をめぐる風聞が飛び交っていた。それは、この日光社参の機会に将軍家光を暗殺する企てを記したものであり、その首謀者として、あろうことか幕府の重鎮、老中土井利勝の名が載せられていた由であった。そして糺明の結果、この密書を出した者は肥後熊本藩の藩主加藤忠広の嫡子である加藤光広であると断定され、肥後加藤家は改易に処せられたというのが事件の顚末である。[22]

この事件は、将軍家光の暗殺を企てる密書という話の荒唐無稽さと言い、結果として豊臣恩顧の大名の代表格たる加藤清正の家が取りつぶされて五〇万石の大封が幕府に召し上げられた結末と言い、絵に描いたような幕府の謀略的な大名取りつぶしと見なされ、この種の大名改易が幕府の権力主義的な施策に他ならないという通念を醸成させてきた基軸的な事件であった。

しかしながら拙著で明らかにしたことであるが、この家光の暗殺を企てる内容の密書は実在しており、それが加藤光広の下から出されたことも紛れもない事実であった（拙著『近世武家社会の政治構造』第十章「大名改易論」、吉川弘文館、一九九三年）。

この異常な事件は、幕府にとって晴天の霹靂であったが、結果としては大きな僥倖をもたらすこととなった。豊臣恩顧の有力大名家を除去したこともさることながら、これまでしかるべき基盤を持つことがなかった九州に徳川の大きな拠点を設けることを得たが故である。具体的には、外様ながら親徳川の大名として知られる小倉三九万石の細川家を一〇万石の加増のうえで肥後熊本に移封するとともに、空いた小倉に譜代大名の小笠原忠真を一五万石で封じ、豊前中津にも小笠原一門を配するなどして九州支配の拠点を形成した。

こうして家光政権の幕府は図らずも、その初政において徳川幕府がこれまで足がかりを持たなかった九州を掌握しえることとなり、関ヶ原合戦以来の懸案事項であった西国問題をようやく乗り切る態勢が整うこととなった。

この情勢を踏まえて家光政権は、それまで家康と秀忠とが進めてきた政策を転換して、新たな政治の方向性を打ち出すことを決断する。それは家康・秀忠が進めてきた京都政策、そして天皇外戚を志向する政治戦略との決別、江戸―京の二元的政治ではなく江戸一極集中型の政治体制の構築、天皇権威との結合ではなく、家光が崇敬する東照大権現家康の霊威を背景とする政治、そして何よりも武威を前面に掲げた武断政治の標榜ということであった。[23]

②参勤交代制度――江戸一極集中型の政治体制の構築――

寛永一一（一六三四）年六月、将軍親政を開始した家光は三〇万の供奉の人数を率いて上洛した。そして京中の民に銀五〇〇〇貫目を分かち与え、ついで大坂に赴いては大坂・堺・奈良の町の地子銭の免除を発表した。この街道と町々を圧する供奉の武士の数と言い、この大盤振舞いと言い、何人も争がえぬ将軍の武威と権勢のほどを全国の人間に印象づけるための一大デモンストレーション。家光の上洛は、家康・秀忠のそれと違って、京の権威と結びつくためではなく、それと決別する意思の表明に他ならなかった。

この寛永一一年の上洛を最後として、徳川将軍が京を訪れることは幕末にいたるまで二〇〇年余にわたって皆無となる。将軍は上洛ではなく、江戸城にとどまったままに全国統治を行うのである。そして最後の上洛を終えた翌寛永一二（一六三五）年六月、家光政権は新たな政治方針を示すが如く、武家諸法度を全面的に改訂する。そしてそこで重要な意義を有することになるのが第二条「大名小名、在江戸交替を相定むるところ也、毎歳夏四月中参勤いたすべし[24]」の規定、すなわち参勤交代制度の設定である。

それまでにも諸大名が江戸に参勤することはしばしば見られたが、それらは不定期であり、参勤も江戸からの帰国もその時々の政治的事情に左右されるところが多かった。家光政権は、九州にいたるまでの全国をその権力の下に掌握しえたという実績を踏まえて、全国の諸大名に対して一律に毎年四月を交替時期とする定期的参勤交代制度という形でこれを確立したのである。

(2) 幕府制度の整備――軍制と職制――

①軍役制度

将軍（幕府）と大名（藩）との関係をふくむ武家社会の主従関係の基本が、家臣の忠誠（軍役による奉公）と主

表1　徳川幕府の軍役制度

石高	元和二年	寛永一〇年
二〇〇石		八人（侍、甲持、槍持、挟箱持、小荷駄、草履取各一）
五〇〇石	鉄砲一、槍三	一三人（侍四、槍持一、馬口取、小荷駄各二、甲持、挟箱持、草履取各一）
一〇〇〇石	鉄砲二、弓一、槍五、騎士一	二三人（弓一、鉄砲一、槍二）
五〇〇〇石	鉄砲一〇、弓五、旗二、槍二五、騎士七	鉄砲五、弓三、旗二、槍一〇、馬上五騎
一万石	鉄砲二〇、弓一〇、旗三、槍五〇、騎士一四	鉄砲二〇、弓一〇、旗三、槍三〇、馬上一〇
五万石		鉄砲一五〇、弓三〇、旗一〇、槍八〇、馬上七〇
一〇万石		鉄砲三五〇、弓六〇、旗二〇、槍一五〇、馬上一七〇
一五万石		鉄砲五二五、弓九〇、槍二二五、馬上二五五

出典：徳川禁令考、徳川実紀、上杉家文書。

君の家臣に対する御恩（領地の安堵・給付）であることは前節に述べたとおりである。

徳川幕府の軍役制度としては、大坂の陣の翌年である元和二（一六一六）年に規定が公布されたのち、家光政権の下で寛永一〇年に幕府の軍役が制定され、それが永制として用いられることとなる（幕末の文久二年の軍制改革まで）。

表1では二〇〇石から一五万石までが規定されている。二〇〇石は士分格の幕臣、いわゆる旗本の下限を示しており、一五万石を上限とするのは譜代大名の最高クラスを想定したものである。二〇万石以上は大身のいわゆる国持大名であり、彼らの軍役動員については幕府は特に規定せず、その自主性に委ねる形をとっていた。

②幕府軍制と役職制度の整備――「番方」と「役方」との分離――

将軍直属の幕臣が、軍務を主とする番方（番衆）と行財政に携わる役方（役人）に分化していくことが、この家光政権での顕著な動向であった。

軍制　幕府の軍制は「旗本五番方」と呼ばれ、大番・小性組番、書院番、新番、五十人組の五つからなる。その制度が整備されるのもこの家光政権下のことである。

【大番】　将軍直属の旗本軍団の中で最も大規模にして、古くからの由緒を誇った。戦時には将軍直属軍団の先鋒を務め、またそのことから平時には大坂城・二条城など遠国の直轄城の在番にあたった。寛永九（一六三二）年以降一二番組となり、各番組は大番頭一人（五〇〇〇石格）、組頭四名、番士五〇名であり、さらに番頭には与力一〇人。同心二〇人が付属せしめられた。

【小性組番】　若年寄支配で、江戸城中の警衛、将軍出行時の供奉を務めた。書院番と並んで両番とよばれ、松平―徳川家の三河時代から続く名門旗本が番衆に選ばれた。秀忠大御所時代には本丸・西丸に各六組ずつであったが、寛永九（一六三二）年に八組となる。各組は番頭一名（四〇〇〇石格）、組頭一名、番士五〇名で編成された。

【書院番】　若年寄支配。慶長一〇（一六〇五）年に四組を置いたのに始まり、寛永九年に八組、翌年一〇組となる。小性組番と並んで両番とよばれる。江戸城白書院紅葉之間、のち虎之間に勤番し将軍の身辺警護を本務とする。各組は番頭一名（四〇〇〇石格）、組頭一名、番士五〇名。それに与力一〇名、同心二〇名が付属した。

【新番】　若年寄支配。江戸城新番所に勤番。将軍出行の前駆を勤めた。寛永二〇（一六四三）年に大番・小十人組の番士のなかから選抜して創設。八組からなり各組は番頭一名（二〇〇〇石格）、組頭一名、番士二〇名で構成した。旗本の人員の増加にともなう措置であった。

【小十人組】　若年寄支配。江戸城檜間および小十人組番所に勤番し、また将軍出行の前駆を務めた。ただし小十人は旗本身分（「御目見得以上」）であるが歩行士である。元和九（一六二三）年に四組が置かれ、のち一〇組となる。各組に頭一名（一〇〇〇石格）、組頭一名、番士二〇名で構成されていた。

役職制度

この家光の時代に、老中・若年寄・奉行・大目付の制が定められ幕府機構が確立された。その主なものは次のとおり。

【老中】幕府の政務は家康の時代までは、他の大名諸家と同様に執事的な人間が庶政を取り仕切る一人執政が基本で、本多正信ついでその子の正純が担当していた。そしてその配下にある町奉行、勘定頭などといった奉行たちが、各種実務を執行するという体制である。法律、外交問題は京南禅寺の金地院崇伝が、朱印船貿易ならば呉服商の茶屋四郎次郎が、それぞれ分担して活動するといった具合であった。

それが秀忠の時代となると、これまで軍事にのみ携わっていた譜代大名クラスの者たちが政務にも関わるようになり、将軍秀忠の下、「年寄」という名でもって四〜五名からなる合議的な政務機構を形成した。そして彼らの連署による奉書を諸大名に対して発給し、将軍の意命を奉じて伝達するという形をとって政務の執行をなしていた。

家光政権となった寛永一〇（一六三三）年三月、小性組番頭などを勤めていた松平信綱、阿部忠秋、堀田正盛、三浦正次、太田資宗、阿部重次ら「六人衆」は、年寄を補佐して小事にあたることが命ぜられた。これは若年寄の職務の起こりとされている。

そののち同年五月、松平信綱、阿部忠秋、堀田正盛の三人は六人衆から切り離されて「老中（後二者は「老中並」）」に任命され、年寄と並んでその職務を分掌した。旧来からの年寄である土井利勝や酒井忠勝らに比して彼らはあまりに若手であったので、両者を合わせて「老中」という名称が用いられたとされている。[25]

老中の職務は寛永一二（一六三五）年の規定[26]によって制度的に整い、朝廷・公家・門跡支配、大名の訴訟・御用を管掌し、また大名への法令の伝達にあたった。さらに町奉行・勘定奉行・遠国奉行等を指揮して幕政全般を運営した。

幕政は老中合議といわれるが、実際には四～五名からなる老中が一人ずつ月番交代で政務を担当する一人執政の形をとっている。ただし重大事案で一人では決済しえないような問題については、老中全員の合議によって審議するという原則であった。

【若年寄】　前述したように寛永一〇（一六三三）年に松平信綱らの六人衆が「少々御用」を命ぜられたのに始まる。その後中絶し、寛文二（一六六二）年に再置されて以降名称が確定。月番で政務を担当。定員は三～五人。譜代小身の大名が就いた。

【評定所】　家光政権の下では老中制度が確立されるとともに、裁判所制度としての評定所の制度が整備される。評定所では老中に寺社・町・勘定の三奉行および大目付等が加わってその構成員とされた。四代将軍家綱の時以降、老中は傍聴するにとどまり、三奉行が評定所一座として、支配領域や管轄権の入り組む民事・刑事の裁判および重要な刑事事件、さらには行政・立法問題にかかわる評議を行った。江戸城和田倉門外の辰ノ口に役所が設けられた。

（3）　いわゆる「鎖国」体制

家康時代における徳川幕府の対外政策は、むしろ積極的な海外交流方針の下にあった。秀吉の朝鮮出兵の戦後処理問題もみずからの手で推進し、李王朝の使者として捕虜の返還交渉を目的として対馬まで来た松雲大師を京の伏見城で引見して捕虜の返還と講和交渉の道筋をつけ、それ以降、二〇〇年にわたって行われる日朝間の善隣友好の証となる朝鮮通信使の制度を開いた(27)（この時代の日本人の朝鮮認識については本論集の平木論文を、また通信使を介した日朝間の文化交流については高橋論文を参照されたい）。

家康はまた茶屋四郎次郎などを通して、日本人の東南アジア渡航と交易を目的とする朱印船貿易を盛んに行っていた。朱印状についても、秀吉時代よりも家康の発給した件数が圧倒的に勝っている。日欧関係では旧来からのポルトガルとスペインに加えて、一六〇五年以降はオランダとイギリスが新たに対日貿易に参入してくることなどによって、前近代においては最も華やかな国際関係の時代を現出させていたのである。

家康と徳川幕府による国際色豊かな対外政策に陰りが見えてくるのは、慶長一八（一六一三）年のキリシタン取り締まりあたりからであろうか。次代の将軍秀忠の時代となると、キリシタン弾圧がいっそう厳しさを増してくる(28)。

他方では、日本人の海外渡航に対する禁止政策が進められ、寛永一二（一六三五）年には一切の日本船の海外渡航禁止の措置が取られた。続いて島原の乱後の同一六年ポルトガル船の来航を禁じ、同一八年オランダ商館を平戸から長崎・出島に移転させることによって「鎖国」が完成したとされる。

日本人の海外渡航が全面的に禁止されたのが寛永一二年であったことについては、先に論述したように、徳川幕府が両国問題を乗り越えて、その直接的な支配力が九州地方に及び、日本全国をより強固に掌握しえた時期であった事実を想起する必要があるだろう。

幕府の全国的支配力の浸透はまた貿易統制としても現出する。九州方面の諸大名が外国船と個別に交易を行っているという状況もまた、家光政権にとって容認しがたいものであった。その中には新式の武器も、輸入品である火薬・硝石も含まれていればこそなおさらなことであった。

いわゆる鎖国体制が寛永一〇年代に完成するという事象は、家光政権下の徳川幕府が西国問題を克服して日本全国全土の直接的な掌握にいたったという展開の必然的な帰結として位置づけることができるであろう。

四　寛文・延宝期と文治政治——藩政の確立期——

(1)　将軍家綱と輔佐政治

慶安四（一六五一）年四月、家光が四八歳で没すると、一一歳であった嫡男の家綱が家督を嗣ぎ、そして同年八月、江戸城に勅使を迎えて将軍任官の宣旨を受領して第四代将軍に就任した。初期三代の将軍はいずれも上洛したうえで京において任官したが、この家綱の例を受けてその後の歴代将軍（最後の慶喜を除く）の任官は京ではなく、江戸で行われることとなる。

家綱は幼少であったことから病床にあった家光はこれを案じて、実弟である会津藩主の保科正之に家綱の輔佐と後事を託した。保科正之はこの時期に輩出した学問を愛好する「名君」の一人であり、朱子学（儒学）の信奉者として知られる。家綱政権のその他の重要閣僚としては、家光時代からの大老・酒井忠勝、老中の松平信綱、阿部忠秋といった寛永の遺老たちがあり、彼らの集団指導によってこの不安定期を乗り越えていった。

もっともこの寛永の遺老と呼ばれた面々も寛文年間に入ると相次いで死去したり、老齢で表舞台から隠退するなどした。このため、彼らに代わって寛文六（一六六六）年には譜代名門である酒井雅楽頭家の酒井忠清が大老に就任し、治世後半の寛文・延宝期には忠清の主導の下に幕政が運営された。

(2)　末期養子禁止の緩和

家綱時代に行われた施策の中で重要なものに末期養子の緩和がある。末期養子の禁止については第二節に述べたとおりであり、これがために多くの大名家が取りつぶされて大量の牢人を作り出すことによって社会問題化していた。家光死去の直後に浪人の由井正雪や丸橋忠弥らによる幕府転覆の未遂事件（慶安の変）が起こるなどして政情不安に見舞われたが、事件の背景に牢人問題があることは明白であった。

保科正之らの幕閣はこれを深刻に受け止め、事態の根源が「末期養子（急養子）の禁」という原則にあることを認めたうえで、これを緩和する方向で運用するようになる。この政策転換によって、大名の領地領有は安定を見せることになる。

（3）藩政の確立——軍事から政治へ——

この時期の国制レベルの大きな問題として藩政の確立という動向がある。徳川時代の大名家（藩）は、本来的には、地域の武士領主たちが戦国争乱の中で結集して構成した軍事組織、軍団であり、その軍制は次のような形をとっていた[29]。

大名家の軍制では一般の騎馬戦士を「平士」と称した。かれらは二〇～三〇人ほどずつ組別にまとめられ、上級家臣である「組頭」（大名家によっては「番頭」とも称する）の指揮を受けた（徳川幕府では前述のように一組五〇名が基本）。組頭より上の階層として、藩主の一門（親類）や家老があり、家老は執政職であるよりは寧ろ軍団（「備」）の司令官としてあった。

平士より下の階層は、下級家臣としての歩兵であった。歩兵の中心をなしたのは「足軽」であり、もっぱら鉄砲部隊として編成された（一部は弓部隊、一部は軍旗の部隊。別に長柄槍の部隊があった）。また同じく歩行士であるが足軽より身分は高く、平士との中間にあるのが「徒士《かち》」で準士分としてあつかわれていた。これら足軽や徒士の歩兵部隊は、平士の中の有能な者が「物頭」や「徒頭」に任命されて、彼らを指揮した。

このようにして形成された大名家という極めて強力な軍事的組織は、しかしながら皮肉なことに、寛永一五（一六三八）年の島原の乱を最後に、幕末にいたるまで国内および対外の戦争を経験することがなかった。二〇〇年にわたる完全な平和の状態の中におかれることとなったのである。これは日本史上、かつてなかったことであるとともに、世界史的に見てもきわめて稀有な事例であった。

ここにいたって、武士はその社会的な存在理由を問われることとなる。彼らは自身の生き方について根本的な反省を求められることとなるのである。そして、そのような中で武士は戦士としてのみあるだけでは不充分であり、領国を正しく治める治者、役人としてあらねばならないという考えが強く打ち出されていく。

〔行政官僚制機構としての大名家（藩）〕

それは一七世紀の半ばの頃であったが、その時期は現実社会の状況としても農政の改革に大きな関心が払われており、他方では商品経済の発達と都市の膨張にともなう諸々の問題に直面してもいた。こうして本来、軍事組織としてあった大名家の大名主君―家臣団の組織の総体は、法律の制定、裁判、治安警察、そして治水灌漑や新田開発、耕地改良、消防、災害復旧、病院・薬事・衛生などの民政を目的とする、領国統治の公的な行政機構へと変貌を遂げていくこととなるのである。

このような目的のために、大名家の組織の中に行政を担当する役職や部局が設置され、家臣たちはこの行政的役職に任命されることで、行政官僚制が形成されていった。本来は軍事組織であった大名家が、平和時における領国統治を目的とする行政官僚制の組織へと発展していくとき、この組織は「藩」と称されることにもなるのである。

（4） 名君政治と学問の普及

前述の大名領国ないし大名と家臣団の総体からなる武士の組織の変容、すなわち軍事を主たる目的とする軍事組織から領国統治を目的とする行政組織へと意義転換をなしていくうえで、大名（藩主）の中に「名君」と呼ばれる人たちが現われてくるのがこの時代の大きな特徴であった。

前述の会津藩主で幼将軍家綱の輔佐をつとめた保科正之、岡山藩主の池田光政、水戸藩主の徳川光圀、そして少し遅れて加賀藩主の前田綱紀といった大名が代表的な人物である。彼らに共通しており、「名君」と呼ばれる所以は藩内政治、特に農政の改革に意を用いて、治水・灌漑を整備し、飢饉対策をほどこすなど、農民の農業環境の改善につとめ、過重な年貢賦課を禁じて、安定的な農業生産の環境を整えたところにある。それらの施策は「撫育」とか「仁政」という言葉で呼ばれ、領民たちからその善政が讃えられることとなる。

彼らに共通していることはいずれも儒学の信奉者であり、儒学の思想を用いてこの新たな状況の下、領国の安定的統治を遂行しようとしていた点である。この時代の儒学は、南宋の朱子によって集大成された朱子学（宋学、性理学）が中国、朝鮮において正統学説と見なされており、日本でも朱子学をもって儒学の本流として受け入れられていた。前記の四人のうち三人は朱子学を奉じたが、池田光政だけは明の王陽明が唱えた独自の儒学解釈である陽明学を重んじたという違いはあるけれども（藩における儒学教育については本論集の前田論文を、徳川社会における儒学思想の浸透については竹村論文、中国清朝におけるそれについては伊東論文を参照されたい）。

〔武士道〕

これら儒学とは肌合いを異にする武士の思想ないし実践道徳規範として武士道があった。「武士道」という言葉もこの時代には広く用いられており、軍学関係の武士の書物はいうまでもなく、一般庶民の読み物にまで『古今武士道絵づくし』などという表題が見られる程であった(30)。

この時代の社会の中で指称されていた「武士道」という言葉は、軍学書である『甲陽軍鑑』に由来するもののようである。もちろん、それ以前にも「武士の道」「武道」「武者道」といった表現は少なからず存在していたが、これを「武士道」という言葉で統一的に表現する機縁をなしたのが、近世軍学の総本山と目される『甲陽軍鑑』

であったろう。

同書にはこの言葉が三十数回にわたって登場していること、同書は軍学の聖典的な扱いを受けて広く武士の社会の中で読み継がれていたこと、出版も明暦二（一六五六）年を嚆矢として、後々の時代までも版を重ねており、今日も各地に広く同書が伝存していること。そして何よりも同書をテキストとして軍学を講じた小幡景憲の甲州流（武田流）軍学が一世を風靡し、その影響下に展開した北条氏長の北条流軍学も、山鹿素行の山鹿流軍学も『甲陽軍鑑』を重んじたことから、同書は武士の教科書の如くにして徳川時代の武士の世界に広まっていった。そして元禄時代の頃ともなると、前述の菱川師宣が著した一般庶民向け絵本の題名にその言葉が用いられるぐらいに「武士道」は通用性を得ていたということである。

「武士道」という言葉は、この寛文・延宝期から次代の元禄時代にかけて最も盛んに用いられていたようである。その武士道ブームの最盛期に、かの赤穂事件は起こった。世間の喝采を博したのも宜《むべ》なるかなであろう。

（5）寛文―延宝期の社会と経済

①新田開発と治水

この時期の農政の重要な課題の一つが新田開発であった。新田開発には山地・原野を開墾して耕地にするという営為と、用水・灌漑設備を施して畑地を水田化するという作業がある。

山林原野を対象とする新田開発を進行させた理由として、この時期の農法の変化が挙げられる。すなわち前代までのいわゆる刈敷農法においては、農業用の肥料として入会山や採草地から青草や灌木の枝葉を採取して、これを代掻中の田地に広げて牛馬や人が踏み込んでいくやり方が主流であった。

しかしながら刈敷の採取労働は多量の労働力を必要とすることから、中世の大家族経営には向いていても、近世社会において多数を占める単婚小家族型の農民には困難であった。そこでこれに代わるものとして登場してくるのが干鰯・油糟などの金肥を多量に使用する金肥農法であった。金肥農法の普及が山林原野の新田開発を推し進めるとともに、開発の進行による山林原野の消失が金肥農法を余儀なくさせるという関係にもあった。いずれにしても、このような諸々の理由に基づいて、山林原野の開発ないし破壊が進行していた(31)。

稲作耕地の拡大にとって、灌漑設備を整えることは最も有効な手立てであった。中でも豊富な水量の大河川に堰を設けて引水し、河川の水圧をも利用しつつ、広大な地域にはりめぐらされた用水網へ安定的に水を供給できることは、農業生産の発展にとって大きな前進であった。

このように新田開発が盛行し、灌漑技術の発達によって広大な面積の稲作耕作地が形成されたのであるが、しかしそれは治水の観点からは由々しい問題を引き起こしつつあった。すなわち山間部の乱開発は水源の保水機能を危うくするとともに、森林の伐採によって土砂が河川へ流出しやすくなり河床を引き上げる因をなしていた。これに対して堤防のかさ上げで対応していると次第に天井川を作ることとなり、洪水時には甚大な被害をもたらすことになる。また大河川の中下流域において連続長大堤防を築いて、堤防外の肥沃な旧河川敷を耕地化する試みが全国各地でなされていたが、無理に河道を固定された大河川が洪水で溢水したときの破壊は尋常ではなかった(32)。

幕府がこの種の問題に積極的に取り組む画期をなしたのは、寛文六（一六六六）年に幕府老中の連署の形で発したいわゆる「山川掟(33)」である。これは山林の荒廃に起因する畿内諸川の洪水被害に対して、治山治水の励行を命じたものである。すなわち山林の伐採や根掘り、焼畑・切畑、および無理な新田造成が、川筋への土砂流出をもたらすことによって水行の障害となり、水害の原因をなしているという認識に立って、それらを禁ずるとともに、当該場所に木苗・竹木・芝などを植え付けることを命じている。

そして右に掲げたものと同種の治山治水法令はこの後、宝永四（一七〇七）年および寛保二（一七四二）年に全国各地に向けて通達されており、[34] 問題が次第に全国規模をもって波及拡大していったことを知る。

②流通・海運

この時期の経済活動の面で必ず言及される問題は、土木家の河村瑞賢による、日本沿岸海運の東廻り航路、西廻り航路の開拓であろう。

これはもと幕府からの委嘱によるもので、全国各地に散在する幕領の年貢米を江戸に運送することを目的としていたが、結果的には幕領のみならず各地の藩領の年貢米をはじめ、民間の商品をもふくむ全国各地の物産が大坂に集荷されていった。こうして大坂を中央市場とする経済網、商品生産流通の全国的なネットワークが形成されることとなり、徳川日本の経済的発展にとって画期的な意義をになうこととなった。

大坂に設置された各藩の蔵屋敷数は、明暦年間の二五から元禄期の九五にまで増加していく。[35] 諸国の年貢米や民間の物資が西廻り航路によって大坂に集中するのは、上方地域が加工技術において圧倒的な優位性を保っていたからにほかならない。京の絹織・麻布や高級美術工芸品・武具・薬品・雑貨の生産、大坂河内の木綿織、そして灘・伊丹の清酒製造業らが大坂周辺に展開していた。

③消費都市江戸の経済力

大坂が全国の物資の集荷地であり加工製品の供給地であったのに対して、江戸は消費都市として需要面からする経済力を発揮していた。

参勤交代制度によって諸大名とその随従の家臣団は、隔年で在江戸の生活を義務づけられたが、その在江戸の経費は各大名家の年間支出の過半に及ぶ膨大な額であった。伊達研次氏の研究では、大名諸家の江戸経費を一万石につき年間約二四〇〇両と推定、三百諸侯全体の江戸経費総額は約五〇〇万両（経常費）にのぼると算定している。[36]

右のような巨額の支出は膨大な「有効需要」を形成することによって、諸々の分野の経済活動を喚起し、はからずも近世日本の経済発展の起動力としての役割を果たすこととなった。参勤交代がなかったならば、それぞれの国許で退蔵されていたはずの富が、この江戸において大量かつ連年にわたって放出され、経済規模の拡大発展に貢献したのである(37)。

④情報ネットワークの形成

参勤交代は宿駅・街道の整備をもたらすことによって、また全国規模での市場経済を促進することによって、人と物の交通を全国的規模で活発化したが、それはまた情報という特殊な、そして社会の発展・高度化にとって不可欠な能力を育成していくこととなった。この時期、情報流通の活性化、情報ネットワークの全国的な組織化がもたらされており、徳川日本の政治・経済・文化各分野における発展の面において、また日本がアジアの中でいち早く近代化を達成しえた条件を考えるうえで見逃してはならない要因であろう（情報の発達と出版文化との関係については本論集の藤實論文を、劇作との関係については原論文を参照されたい）。

徳川社会における情報組織の発展は、出版や通信などさまざまな分野・レベルにおいて検出できるが、大名間の情報交換組織としての留守居組合が重要であった(38)。大名留守居役は各大名家の渉外担当官であり、それは各大名家の江戸屋敷にあって、幕府や他大名家との交渉事の万般を司ることを職掌としていた。

各大名家の留守居役たちは、その大名家の家格とか親類関係とかいった特定の基準に従って、十数家ごとの留守居役たちで組合を構成し、会合ないし書面授受などによって各種の情報を交換していた。かれらは政治情報であれ、社会情報であれ、各自が入手した情報は細大となく、その組合の間で伝達しあっていた。

江戸留守居役および留守居組合の活動様態とその政治的機能とはさまざまな局面に見られたが、後掲の第二章第二節においてその力量が最大限に発揮された事例を見出すであろう。

五　元禄・正徳時代――文治政治論――

（1）徳川綱吉と天和の治

家綱自身は生来病弱で、三〇代半ばにいたっても男子がなかったため将軍継嗣問題が憂慮されていたが、延宝八（一六八〇）年五月初旬に病に倒れ危篤状態に陥った。

後継将軍には鎌倉幕府の例にならって京の有栖川宮を宮将軍として迎える案なども取り沙汰されていたが、老中堀田正俊の果敢な働きもあって家綱の末弟である館林藩主徳川綱吉が五代将軍に就くこととなった(39)。綱吉政権の時代は、大老となった堀田正俊の補佐によるいわゆる天和の治と、柳沢吉保の側用人政治といわれる元禄政治とに分けることができる。

天和の治は、前代家綱時代に下馬将軍の異名（江戸城大手門の下馬札の前に屋敷があったが故）までとった大老酒井忠清の排斥から始まる。これは単に綱吉将軍の擁立をめぐる対立ということだけではなく、元老・門閥の頂点に立つ酒井忠清をはじめとする譜代層が政治の主導権を握っていたことに対して、新将軍が政治の実権を掌握せんとする動きとして理解される。

①勝手掛りの設置と勘定所の整備

綱吉政権は差し迫った現実的問題として幕府財政の強化を図らねばならなかった。そのため「勝手掛り」という財政問題を専門に担当する職務系統を新たに設けて、大老堀田正俊をその統括者に任じた(40)。「勝手掛り」は役職ではなく管掌事項の名であり、老中、若年寄、目付などの各役職において特定の人間を財政問題の専門担当者とする制度である。財政問題はもとより勘定所の所管であり勘定奉行（この時期は「勘定頭」）がその長であるが、勘定奉行から上がってきた伺いへの決裁と指令について、右の各役職において専門担当者を定めるということである。

幕府の職制では老中をはじめとして各役職に複数の人間が任命されており、月番交替制によって運営されるために、政務の決裁が滞るという弊が見られた。これは特定人物に権力が集中することを防止するためのものであったが、財政問題の重要性に鑑みて「勝手掛り」という専門の職務系統を設けて迅速かつ一貫した政務の遂行を目指したのである。これは国務大臣に相当する幕府老中制度に、はじめて専門所管を設けたという意味でも、官僚制度の近代化の上で重要な意義を有した。

幕府の勘定所が整備をされて、官庁組織としての形態を調えていくのもこの時代である。一つには、時代と社会がこのような行財政の専門組織の拡充を求めていたということがあり、他方では館林藩主であった綱吉が将軍に就いたことで多数の家臣が幕府に入ることとなったが、番方はすでに過剰状態となっていたことから、彼らの多くが役方、ことに組織拡大を始めていた勘定所の役人という形で吸収されることによっている。この傾向は、次の六代将軍家宣がやはり甲府藩から入ってきたことで、それにともなう多くの家臣が同様に勘定方に吸収され、幕府勘定所は官庁組織を整えつつ発展していくこととなった(41)。

②文治政治

綱吉の政治は将軍専制の典型として捉えられるが、その内実と背景を理解しておく必要がある。綱吉が目指そうとしたものは、儒教的徳治主義による社会の改造であり、戦国の殺伐とした余風の排除、儒学・朱子学によって馴致された士人像の確立であった。

綱吉は儒官の林信篤をしばしば召しては経書の討論を行い、みずから四書五経を幕臣に講義し、老中をはじめ幕臣に儒学の修得を求めた。また湯島聖堂を建立して孔子を祀り、釈奠《せきてん》の礼を恒常化するなど、儒学・儒教の振興と普及にはたした役割は絶大であった。

朱子学の尊王論の影響もあって皇室に対する尊崇の念がことに篤く、禁裏御料（皇室領）を一万石から三万石に増額して献上し、また大和国と河内国一帯の古墳を対象として歴代天皇陵墓を調査し、巨額な資金をかけて六十余の御陵を修復させている[42]。

(2) 綱吉の専制政治

①専制政治

綱吉の将軍専制権力の具体的な表現は、幕臣や大名を意のままに移封・減封、特に改易（取りつぶし）できる権限に示される。綱吉時代の大名処分がその前後に比して異常に高いことは、将軍専制政治への移行を示すものにほかならない。これは将軍の意志を制約する元老・門閥の権威が低下し、将軍はその意志を末端まで貫徹させうることが可能となったためである。

ただし注意しなければならないことは、無嗣改易のケースを別にするならば、これらの処罰対象はもっぱら幕府役人や幕府の役職に任命される中小規模の譜代大名がほとんどであるという点である。多くは勤務中の失態を咎められての処罰というパターンであり、要は綱吉の朱子学的嗜好に合わなかったというだけの恣意的な処分が日常化していたということである。側用人の柳沢吉保ですらこれを見かねて、三河以来の譜代歴々の幕臣・大名に破れ扇を捨てるような粗末な扱いをするものではないと諫めた話が伝わっている[43]。その暴君ぶりや推して知るべしであろう。

②大名対策

綱吉の政治観の中では国持大名の特権性も、それどころか大名と旗本の別すら解消されねばならなかった。綱吉の下では、すべての武家領主は単に臣下でしかない。国持も城持も大名も旗本も、すべて一律に臣下であり「地頭」の名称で統一されてしまう。これは大名制度の歴史の中でも綱吉時代にのみ特有に見られる現象であり、

綱吉政権の専制的性格を如実に示すものと言えよう。(44)

地頭の名称は徳川時代の大名家（藩）においても広く用いられており、具体的な知行地を有する地方《じかた》知行タイプの家臣を指しており、幕府では地方知行の旗本の呼称であった。幕府の法令では「領主ならびに地頭」と併称されて、領主は一万石以上の大名を、地頭は地方知行の旗本を指すのが通例であるが、綱吉政権下では国持大名も一般大名も旗本も一律に地頭の名で扱われてしまうのである。これは元禄期の幕府文書を研究史料として取り扱う場合、特に留意しなければならない点なのである。

③生類憐み令

綱吉の専制政治の最たるものが生類憐み令であることは衆目の一致するところである。しかしながら、犬を殺せば死罪に処せられるという専制政治の権化のような政策にも一定の合理的な背景のあったことが故塚本学氏によって指摘されている。(45)生類憐れみ令も、はじめの頃は捨て子の禁止や、老人へのいたわりを説くなど、社会的弱者を保護する規定とともに出されており、これが儒学的な仁政思想に由来するものであることが分かる。

さらには犬の殺傷を禁じる法令は綱吉以前からも出されており、それは食犬を好んだ「かぶき者」と呼ばれるアウトロー的存在を取り締まるという趣旨のものであった。綱吉の生類憐み令とは、戦国の余習をただよわせる殺伐の気風を否定し、儒教的価値観によって彩られた文明化された社会を志向する政策であったということである。

④貨幣改鋳

元禄の悪政の一つとされるものに貨幣悪鋳がある。たしかに綱吉の恣意による奢侈も甚だしく、寺社造営なども盛んに行われており、その財政赤字を補塡する目的から改鋳益金（「出目《でめ》」）を見込んで金銀の純分削減の改鋳がなされたことは事実である。

しかし他方、商品経済の急劇な発達によって、貨幣流通量の増加が望まれていたことも事実である。この場合、日本国内鉱山の金銀産出がすでに望めない状態になっている以上、既存通貨の純分切り下げで対応するしかなかったという事情も考慮されるべきであろう。

(3) 正徳の治

綱吉にとって嫡男の徳松が死去した後の後継問題では、自己の娘婿(娘・鶴姫の夫)である徳川綱教(紀州徳川家)も候補にあがったが、宝永元(一七〇四)年、後継者には甥(兄・綱重の子)である甲府徳川家の綱豊(のちの家宣)に決定する。儒教では父系親族しか養子に認めておらず、紀州の綱教の場合は「婿養子」の形となることから、父系の甥という有力な養子適格者がいる状態を前にして、儒教原理を標榜する綱吉としては強くは押せなかったのであろう(綱教も父系同系ではあるが血統的に大きく離れている)。綱吉は同六年に急死している、享年六二。

こうして六代将軍家宣の時代が始まるが、正徳の治として知られるこの時代の政治については、家宣が甲府藩主であったときから侍講として仕えていた朱子学者・新井白石の役割が大きいことは周知のとおりである。(46)

①礼楽思想

白石が政治の根本と考えたのは礼楽の振興である。白石は「徳を積むこと百年にしてのち礼楽おこる」という古人の言を好んで用い、幕府成立後一〇〇年を経た今こそ礼楽をおこすべき時と主張する。

礼と楽は孔子が理想とした儒教的王道政治の根本とされる。礼楽の目的はどこにあるのか。それは君主の尊厳性を絶対にし、社会における人倫秩序を確定させ永続化させるところにある。礼楽は迂遠の如くにみえるが、これこそ風俗の奢侈頽廃を抑えて武士階級の経済的窮乏を解消し、身分の混乱を防止することによって人民統治の根本策となるであろう。礼楽振興をもって、幕府による支配秩序の永続化を企図したのである。

具体的には、幕臣の衣服の制度や江戸城中の礼式を改革し、武家の式楽として用いられてきた能楽を廃して雅楽・舞楽を正式の楽と定めるなどの改革が行われた。朝鮮通信使に対する待遇を改めたのも、この礼楽改革の一環であった（「楽」の意義については本論集の武内論文を、白石の政治と思想については大川論文を参照されたい）。

②通貨問題

白石の改革のもう一つの重要な柱は経済制度の改革であり、通貨問題から長崎貿易問題にいたる現実性の高い分野の改革であった。礼楽と経済は白石の改革政治の重要な二側面であった。

勘定奉行荻原重秀によって推進された元禄改鋳は、金銀貨の純分切下げによる通貨の増大を目的とするもので、改鋳益金（「出目」）の獲得を幕府が狙ったものとして庶民の不信を招いた。白石はこの問題の改善を急務としたのであった。正徳四（一七一四）年から始まった正徳の金銀改鋳に際して、白石は次の五ヶ条を基本理念とすべきことを述べている。「一、金銀共に慶長の法の如くあるべき事。二、上の御費えを惜しまるべからざる事。三、下の利を奪うべからざる事。四、この事にあずかる役人を撰ぶべき事。五、誠信を失うべからざる事[47]」と。

しかしながら、高品位の通貨への復帰を実現するには金銀貨の地金が決定的に不足しており、正徳金銀への引換えが困難となると同時に、通貨量の収縮によって金詰まり現象が深刻な問題となってきた。ここに通貨の地金としての金銀の重要性に対する認識と、その確保の観点から、長崎貿易の管理制度である正徳新例の問題が登場してくるのである。

③正徳新例

正徳新例（新令とも）とは正徳五（一七一五）年正月から体系的に打ち出されていく長崎貿易の改正制度の総体の名称である。それは長崎奉行の心得、長崎目付役の心得、長崎奉行所法制条々、長崎表廻銅定例、唐船数并船別商売銀高割合定例、阿蘭陀人商売方定例、長崎地下人への申渡、など計一三通の法令およびその追加諸件によって構成されている(48)。

正徳新例の眼目は(1)長崎貿易の取引額の制限、(2)中国商人への信牌の交付と密貿易の厳重取締り、(3)値組方式による一括取引制度の適用、などの点に認められる。

第一の貿易量の制限については、中国船は船数三〇艘、貿易枠銀六〇〇〇貫目分とし、その銀額六〇〇〇貫目分の支払い手段は、丁銀一二〇貫目、銅三〇〇万斤（銀四〇五〇貫目分）で残額分は俵物、諸色（蒔絵、伊万里焼、長崎紙など）で行うこと。そしてこの他に銀額三〇〇〇貫目分の過上荷物の貿易（有余売）が認められていた。オランダ船は船数二艘、貿易枠銀三〇〇〇貫目分とし、その支払い手段は小判金一万二八四二両余、銅一五〇万斤とした。

第二に新例の特色として信牌の交付がある。起帆地・貿易額・受領者名などを大高檀紙に記し、これを持参しない者には交易を許さぬ旨を明記したものである。

新例の第三の特色は取り引き方法が入札方式から値組方式に変わったことである。値組とは、糸割符制が生糸の一括購入であったように、この一括購入制を全商品に及ぼしたもので、総割符と呼ぶべきものである。総輸入金額の抑制がその目的である。

これによって節度ある、そして安定的な外国貿易が可能となり、幕末にまでいたる永制として存続した。白石の施策は八代将軍吉宗の時代になると相次いで廃止の運命にあったが、吉宗は白石の一連の経済政策は高く評価しており、通貨改革を継承し、長崎貿易の正徳新例については老中たちの反対を抑えて存続を決定している(49)。

一　吉宗の享保改革と一八世紀の徳川社会——日本近代化の始点——

一七世紀後半、いわゆる元禄時代になると全国的な規模で生産と流通のめざましい発展が見られるようになり、都市と農村とを問わず商品経済がいちじるしく浸透していくことによって、日本の社会は大きな変質を遂げようとしていた。

まず、参勤交代によって江戸での生活を強いられ、あるいはまたそれぞれの国元にあって城下町に集住することを常とする武士は、その影響を最も強く蒙った。都市の華美で多彩な生活に染まり、商品の氾濫の中で貨幣支出は増大の一途をたどったが、その領地・知行所から獲得できる年貢の量は、一七世紀後半にはほぼ頭打ちで横ばいの水準となっていた。ここからして武士は増大する支出を、金融業を営む商人からの借り入れに依存せねばならなかったが、その高利の利子支払いのために、また一層借財が累積していくという状態に追いこまれていた。大名の財政も同様であった。

他方、商品作物の栽培、商品経済の進展は、競争と営利の機会を増大したが、そのことは農民の間の貧富の差の拡大につながっていく。一方では、田畑や財貨を集積して富農・寄生地主となるものが現れるとともに、他方では、田地を質入れして地主の小作人となったり、年季奉公人として富農や商家に雇用され、また雇用の機会を求めて他領や都市へ流出していく者を増大させていた。

これら一連の事態は日本の社会を構造的に改変していくものであり、それにともなう社会のひずみやトラブルが都市部、農村部を問わず頻発していた。これらの未知の諸問題に対して、行政面および司法面からいかに対処していくかが政治の大きな課題となっていた（農村部における結婚パターンの構造的な変化と「家」形成の動向については本論集の平井論文を参照されたい）。

そこで幕府を含めていずこの藩でも、これら一連の諸問題に対応するための行財政改革に着手したのであるが、しかしより根本的には幕府・藩の体制が、高度に発展してきた経済社会の現状に対応しきれていないというところに問題があった。かくて行財政改革は、組織改革へと歩を進めていかざるをえなかった。

(1) 徳川吉宗の享保改革と能力主義的昇進システムの導入

享保元(一七一六)年、七代将軍家継が八歳の幼少で死去すると将軍家の後継者問題が起こったが、徳川御三家の一つ紀州徳川家の出身であり、すでに紀州藩主としても治績をおさめて声望の高かった徳川吉宗が、第八代将軍として迎えられた。

新将軍となった吉宗は、前代以来の側近者偏重に流れていた側近政治の体制を改め、幕府の本来の執政官である老中や三河以来の譜代旧家の大名・旗本層の支持と協力を取りつけることに努めた。他方では武芸を奨励して武士の気風を引き締め、これまで停滞的な気分にあった幕府の政治の刷新を図っていった(吉宗の武芸奨励については本論集の横山論文を、また剣術の発展史については魚住論文を参照されたい)。

吉宗の享保改革は多岐にわたって展開される。まず窮乏を告げていた幕府財政の再建が急務であり、農政の改革と新田開発、治水・灌漑制度の改良、そして予算制度の導入と財政関係諸帳簿の体系的整備を柱とする財政システムの確立などといった諸施策が推し進められた。これには幕府財政を司る勘定所の改革が併行してなされ、能力主義に基づく人材登用が積極的に行われた。

(2) 能力主義昇進システム——足高制——

前述のように、従来の身分主義の秩序にしばられた組織は行き詰まりを見せていた。この課題について、吉宗の指導する徳川幕府は独自の組織改編を試み始めたのであるが、それが幕府享保改革における足高制の導入である。[50]

享保八（一七二三）年六月にこの制度は導入された。幕府の各役職のそれぞれに、それにふさわしい、あるいは伝統的にそのような家禄を保有する身分の幕臣が就任してきたという意味での基準石高を設定しておき、そして家禄の石高が、設定された基準石高に満たないような身分の低い幕臣を当該役職に登用する際には、その基準石高と家禄との差額を「足高」として、その役職就任中のみ支給するという形をとる。たとえば江戸町奉行とか勘定奉行の基準石高は三〇〇〇石と設定されており、家禄一〇〇〇石の者が任命される時には二〇〇〇石の足高が、家禄五〇〇石の者が任命される時には二五〇〇石の足高が支給されるという方式である。

一八世紀の前半、徳川吉宗が組織改造に乗り出して以降、この昇進システムがどのように作動していたかについて、この世紀の後半に京都町奉行所の中堅クラスの役人を勤めた神沢杜口が著した見聞録『翁草』には、次のように記されている。

御勘定所の勤こそ少々の働も際立て立身も足早なれ、（中略）諸役御足高を定められ、当役（勘定奉行）も三千石に成ければ持高小身の面々にても器量次第自由に御役勤る故、御勘定の諸士一統励みて、平勘定は組頭に成らん事を欲し、組頭は吟味役（勘定吟味役）を望み、吟味役は奉行を羨み、相ともに進転せん事を励む[51]

吉宗の足高制方式の大きな特徴は、それが単なる能力主義的昇進システムではないという点にある。それは伝統的な身分主義との両立的尊重を図っているという点でユニークなのである。[52]基準石高の設定ということ自体が役職任命における身分主義的伝統への配慮を示しているが、より明確なのは次の点である。

基準石高と家禄との差額である足高は、あくまでも在任中の支給であり、退任とともに元の家禄に戻されるわけであるから身分秩序はいささかも崩されておらず、これならば保守派の側も受け入れざるを得ないということである。もっともこのシステムでは世襲家禄五〇〇石以下の者が三〇〇〇石格の勘定奉行などまで昇進した暁には、家禄そのものを五〇〇石に引き上げるという恩典をも、吉宗は巧みに駆使するのであるが。

多くの大名家（藩）ではこの時期、同じように組織改革に乗り出していくけれども、そこでは能力主義と身分主義との二者択一的相剋に明け暮れ、結句、御家騒動を引き起こして自滅していくというケースが少なくなった。吉宗の改革政治は、革新派からのみならず、伝統的な秩序や権利に対する配慮をも施していたことから保守派からも信頼が寄せられ、こうして全幕臣からの幅広い支持を得ることによって他に類を見ないような大きな達成を実現しえたのである。

（3）薬種国産化政策と「国益」の発見

吉宗の享保改革とは、幕府財政の単なる立て直しの問題だけではなかった。吉宗は単に幕府自身の利益だけでなく、日本国全体の利益、すなわち国富・国益というものに大きな関心を向けていった。この問題は、本書のテーマである徳川時代の社会と日本の近代化との関係を考えていくうえで枢要の意義を有している。(53)

この国富・国益をめぐる問題は、まず長崎貿易の政策としてあらわれた。吉宗は長崎貿易については、日本からの金銀などの貴金属の流出を防ぎ、輸入品を国産物で代替していく重金主義的政策をとった。生糸や絹織物については既に一七世紀のうちに国産化がかなり実現されており、残された重要な輸入品として薬種があった。

良質で安価な薬を国産化によって豊富に供給するという目標をもって、吉宗政権の下で国家的規模の一大プロジェクトが始められた。吉宗は全国各地に採薬使を派遣して、国内産薬種の発見や収集に努めるとともに、採集された薬草などは幕府の薬園において栽培を試み、また品種の改良を加えるなどして、外国産に劣らない良質な薬種の開発を進めた。

この薬種国産化プロジェクトのもう一つの巨大な目標は、あの高価な朝鮮人参を日本国内で栽培―生産することに設定された。朝鮮人参の国内栽培というプロジェクトは、享保四（一七一九）年頃から着手され、最終的には延享三（一七四六）年における栽培種朝鮮人参の一般頒布まで、実に三〇年近くにおよぶ長大な歳月を要したのであるが。この成功にいたるまでの紆余曲折に充ち満ちた過程と吉宗の指導性については拙著『徳川吉宗』などを参照されたい。

吉宗の薬種国産化政策は大きな成功を見せていたが、それはさらに薬種という限定された目標を超えて、日本全国各地にあるすべての産物、自然物に対する包括的な関心へと拡大をしていき、それを対象とする全国的な総合調査が実施された（「諸国産物取調」）(54)。これは言ってみれば当時の日本が有している潜在的な富に対する関心に他ならず、吉宗政権になってから行われていた六年に一度ごとの全国的な人口調査ともあいまって、国勢、国富というものに大きな関心が払われるようになっていったということであろう。

それは日本全体の公共的な利益や国民の福利厚生の観点で物事を考える立場であり、幕府一己の利害で政策を左右する立場とは根本的に異なる。吉宗政権の性格は、それ故に、単なる幕府の政権であることを超えて、統一的な近代国家のそれに向かう第一歩を印していると言うことができるのである。

①採薬活動と西国問題

薬草調査、採薬活動は順調に進み、植村左平次、丹羽正伯、野呂元丈らの調査は関八州をはじめとして四〇ヶ国ほどに及んでいた。下野、上野、相模、駿河、信濃、尾張、山城、丹波、但馬、丹後、若狭、飛騨、美濃、和泉、大和、紀伊、陸奥、出羽、常陸、伊勢、近江、武蔵、加賀、越中、越後、佐渡、甲斐、安房、上総、下総、伊豆、越前、伊賀、蝦夷、摂津、淡路、阿波、土佐、伊予、讃岐、河内、志摩、遠江、などである(55)。

ところがこの調査対象国の一覧から気づくことは、ここには播磨国以西の中国・九州地方の諸国がまったく含まれていないという点である。四国の四ヶ国がそろって掲げられているだけに、中国筋および九州の諸国の欠落が歴然としている。

そして次の幕府の措置はこの点と深くかかわっていることを知る。すなわち享保八（一七二三）年三月、丹羽正伯は長崎へ薬草見分（「唐薬種吟味」）に赴くが、これに際して次のような幕府の触が出されている。[56]

すなわち丹羽正伯が長崎へ薬草見分のために陸路で赴くが、その道筋において薬草のことについて尋ねることがあった時には、土地の者が罷出て応対すべきこと、無益の出費はさけること等を指示している。公式的には薬草見分は長崎を対象としたものであって、中国・九州地方のそれはあくまで道すがらの偶然的な行為と位置づけられている。この点は別の史料にも、「丹羽氏長崎御用（中略）中国・西国筋、道すから通掛りに見分相勤[57]」と記されているところからも明らかである。

これは一般に行われている幕領・大名領の別を問わず一律一円的に地域を指定して採薬を実行していくというあり方と明らかに異なっており、外様国持大名の多数蟠踞するこの地方に対する配慮が見て取れる。関ヶ原合戦を去ること百年以上を経たこの時期においてなお、西国問題が現実性を帯びていることを示す事例として興味深いことではないであろうか。

（4）科学的な「知」の形成と蘭学の成立

吉宗は産業の開発に役立つ実学を奨励し科学技術的な知識を得ようとして、それまでキリスト教の流入を防止する目的で実施されていた、中国語訳の西洋書物の輸入制限を大幅に緩和する措置をとっている。

そして前項に述べた薬種国産化の事業もまた、同時にこの方面において多大の学術的な成果をもたらすこととなった。このプロジェクトの学問的な裏付けとしては、中国伝来の伝統的な薬学である「本草学」が用いられていた。しかしこの事業において重要なことは、伝統的な本草学の古典テキストを金科玉条とするのではなく、自然界の事物そのものを観察し、経験的事実に基づいて正確な知識を獲得していくという実証主義的な学問態度を養っていったということである。日本の本草学は、この事業を通して古典注釈学から脱皮して、より近代的な自然科学の方向へと歩を進めていった(58)（この時代の自然観察と博物図譜については本論集の松岡論文を参照されたい）。

以上は、この吉宗の事業がもたらした日本における学問的な〝知〟の内発的な発展を示すものであるが、この事業はそれと並んでいま一つの重要な学問的成果をもたらすこととなった。すなわち「蘭学」の成立である。そして実にここでもまた、吉宗のイニシアティブが発揮されていた。

薬種国産化事業の中で伝統的な本草学が学習されていたが、吉宗はさらにこの問題に関する新しい知識を西洋世界に求めることは出来ないかという着想を得た。そこで側近の者に命じて幕府の書庫の中を調べさせたところ、側近の者が探し持ち来たった本は、ベルギーの植物学者ドドネウスが著した『草木誌 *Cruydtboek*』であった。ドドネウスの名前は今日では欧米でも忘れ去られてしまったが、リンネの近代植物学が登場する以前のヨーロッパ世界における植物学の第一人者であり、彼の『草木誌 *Cruydtboek*』は当時の植物学の知識を集大成した名著であった(59)。

もとよりドドネウスがどのような人物であるかは知るよしもない吉宗であったが、同書に収録された植物図に見られる花弁、葉、茎、根、種子などの細部にわたる写実的な描写は、彼が長年にわたって実物に即して習得してきた観察的事実と一致しており、中国や日本の本草書の挿図などまったく比較にならぬほどに精密であったことから、同書が卓絶した価値を有する書物に違いないと思いいたったのである。

この直観的な確信を得た吉宗は薬種国産化プロジェクトに携わっていた学者たちに対して、この西洋文字で記された書物の内容を解読しようという新たな提案を行ったのである。これは日本における「蘭学」の勃興を告げ知らせる重要なエピソードとして記憶にとどめられるべきである。杉田玄白の『蘭学事始』冒頭にも、このエピソードが記されている。

そしてこの事業には、本草学者の野呂元丈と青木昆陽の両名があたることとなり、彼らは毎年江戸に参府してくるオランダ商館長の随行者や通詞たちに問いただしながら翻訳を進め、寛保元（一七四一）年から一〇年を要して、『阿蘭陀本草和解《わげ》』八冊(60)を撰述して吉宗に上呈した。それは各植物の蘭名・ラテン名を記したのち、それらの中国名・和名を比定し、さらに薬効などの注記を施しただけのプリミティブ（原始的）なものではあったけれども、西洋学術書解読の試みの第一歩が印された意義は小さくなかった。

この後、野呂・青木の後継者として杉田玄白・前野良沢たちが登場することによって、「蘭学」は一八世紀後半の日本において見事に開花し、先述の経験主義、実証主義的な認識態度の成長ともあいまって、日本社会の自生的・内発的な近代化を力強く推し進めていくこととなるのである（吉宗のもう一つの大きな業績である西洋天文学改暦事業に関して、これに携わった中根元圭の三角法数学については本論集の小林論文を、享保期以降の西洋天文学の受容については和田論文を、またこの時代におけるオランダの対日関係の意義についてはクレインス論文を参照されたい）。

二　宝暦・天明期の動向——現実主義と実利主義の横溢——

(1)　宝暦・天明期の幕閣と田沼意次

吉宗なき後の幕政は大きな不安を抱えていた。幕臣がひとしく心服する絶大な指導力を発揮していた吉宗を失うのみならず、後継者である家重が身体的な障害を抱えており、将軍として君臨するには余りに不安が大きかったからである。老中松平乗邑らは家重の弟にして聡明の聞こえの高い宗武こそ次期将軍にふさわしいものとして、非常手段も辞さずという覚悟をもって、隠退間際の吉宗に世子交代を迫ったけれども、長幼の序を重んじるのは権現様の定として遂にこれを聞き入れなかった。

①宝暦期の幕閣

吉宗の隠退と家重の将軍就任にともなう政治の不安定さを補うべく、人事面でいくつかの顕著な措置がとられた。一つは庄内藩主の酒井忠寄が老中に任ぜられたことである(61)。この庄内酒井家は武門の家柄として知られており、老中に就くのは異例のことであることから、この忠寄の起用には家重政権に重みをもたせる狙いがあったものとされている。

もう一つの人事としては、西丸老中をつとめていた松平武元が本丸老中に任ぜられたこと。武元は館林藩五万四〇〇〇石の藩主にして幕府の奏者番に任ぜられ、寺社奉行を兼帯したのち、家重が将軍になるにともなって、西丸老中に登用され家重の嫡子家治の教導にあたった。この人事は吉宗の意向によったものとされている。吉宗は武元の人となりを見込んで特に目をかけ、かれに次代を担う家治の輔佐を託したとされている(62)。このように吉宗の信頼厚かった武元は延享四（一七四七）年に本丸老中へ転じ、以後、宝暦―天明期の幕閣の中心に位置することとなる。

そして三人目の重要人物が田沼意次である。意次は、吉宗の将軍継承にともなって紀州藩士から旗本になった田沼意行の長男として江戸に生まれる。意次は紀州系幕臣という出自から、吉宗の世子である家重の小姓に抜擢され、享保二〇（一七三五）年に父の遺跡六〇〇石を継いだ。延享二（一七四五）年には家重の将軍就任に伴って本丸勤仕となり、寛延元（一七四八）年に一四〇〇石加増、宝暦五（一七五五）年にはさらに三〇〇〇石を加増されて五〇〇〇石となる(63)。

この目覚ましい栄進は将軍側近としての意次の有能ぶりを示すものであろうし、将軍家重の信任の厚さを物語っているようである。それ故にこそ、徳川時代を代表する一大農民一揆である郡上一揆（金森騒動）の審理に深

く関わることとなる。(64)

②郡上一揆

飛騨国の郡上藩においては財政難から年貢増徴を意図して、宝暦四(一七五四)年、新しい方式の検見取り法を導入した。当時、藩主金森頼錦は幕府の奏者番に任ぜられていたこともあり、幕府勘定所の関係者たちから助言を受けながらこれを実施しようとした。

農民らはこれに反発し、年貢増徴反対の農民一揆が藩内全域にわき起こったのであるが、郡上藩側がこれを聞かなかったことから、農民側は幕府に郡上藩の非違を訴えた。しかしながら農民側の訴えはことごとく握りつぶされて埒があかず、遂にかの目安箱に投書する箱訴に踏み切った。

目安箱の訴状に接した将軍家重は、この訴訟棚上げには幕府内部の人間の工作があるのではないかと疑い、信任の厚い田沼を本事件を扱う評定所へ送り込んで、その審理の模様をつぶさに報告させた。問題が幕府関係者をまきこんで巨大複雑化していく中で田沼は積極的に審理を指揮し、この難事件を解決へと導いたのである。

こうして、領民側にも騒擾の罪などで獄門四人をはじめとする多くの犠牲者を出したけれども、郡上藩主の金森頼錦は改易のうえ盛岡藩に永預けに処せられる。また、金森に年貢増徴法を勧めた幕府勘定奉行の大橋親義は改易のうえ永預け、同様に本事件で金森と深く関わり訴訟のもみ消しを図った西丸若年寄(事件当時は寺社奉行)の本多忠央も改易のうえ永預け、さらには老中である本多正珍も事件のもみ消しに関わったとして罷免のうえ逼塞にされるなど、農民一揆に端を発しながら幕府中枢の高級役人が数多く処分されるという前代未聞の結果を見た。

農民側にも数多くの犠牲を出したとはいえ、政治は幕府や大名のためにあるのではなく、治国安民を根本目的としたうえで公共正義に則って行われるべきものという基本姿勢を鮮明にし、実行した点で、日本のデモクラシー発展の歴史において画期的な意義を有した事件であった。

③田沼時代

田沼はこの事件の審理指揮における目覚ましい働きをもっていよいよ頭角を現し、宝暦一一（一七六一）年に家重が死去して世子家治が第一〇代将軍となってからもその信任は変わることなく、さらに昇進を遂げていく。明和四（一七六七）年には側用取次から側用人へと出世し五〇〇〇石の加増を受けた。同六年には老中格。安永元（一七七二）年には五万七〇〇〇石へと加増されて老中を兼任する。田沼はこうして側用人から老中になった初めての人物となった(65)。

元禄時代の柳沢吉保らも老中格にはなったものの、正規の老中になることはなかった。けだし、表と奥向きとの区別、老中政治と将軍権力との別という、けじめをつける仕組みがあったけれども、田沼の場合はこの原則を超えてしまった。その権勢の大きさを思わせる人事であり、この時代を田沼時代と呼ぶ所以である。

（2）　幕府財政の新たな動向と社会的矛盾

宝暦期は幕領における年貢収納のピークをなしている。しかしながら、同時にそれは幕府財政の悪化をもたらすという矛盾に直面していた。大坂市場における米価の低落がその因をなしていた。諸藩もそうであるが、全国の幕領の年貢米はその多くが大坂にもたらされ、堂島の米市場で売却されて換金されていた。米価の低落は領主財政にとって打撃であった。

年貢収納が極限に達したその時期に幕府の財政が困難に陥ったという事態は、幕府権力にとって従来とは異質な転機に立たされたことを意味していた(66)。何よりも財政収入の途を農業生産以外の分野に求めざるを得なくなる。その代表が、いわゆる株仲間の形成と冥加金の徴収である。十組問屋など商人たちの同業組合である仲間は以前から存在したが、株仲間は同業者の数を株化することで排他的な独占営業と独占利益を求めるもので、その独占利益の見返りとして幕府に冥加金を納めるという仕組みである。

しかしながらこのやり方では、株化によって独占体制から排除された小規模の生産者や流通に携わる者たちは生業を奪われ、営業利益を侵害されることから、株仲間の体制に対して異議を唱え、訴訟へと突き進むこととなる。殊に「願人《ねがいにん》」と称する者たちが幕府の下役人たちと結託をして各種営業の株化を設定しようとすることから、これに反発する農民、小営業者たちは株化独占反対の訴訟を展開し、一揆という形に発展することも少なくなかった。この時期が、幕末にも比するような農民一揆発生のピークをなした理由である。(67)

①幕府官僚制度の合理化過程

幕府中央でこれら財政問題にあたるのは、いうまでもなく勘定所である。本来は幕領の年貢収取や鉱山開発を担当していたこの部局は、元禄・享保期を通して人員の増大を見るとともに、管掌分野も街道整備、治水灌漑、新田開発、殖産興業、等々と拡充され、分課部局を生み出しながら官庁組織として大きな発展を見せていた。(68)

しかも現実的な諸問題への対応が求められるこの官僚制組織においては、個々人の身分的な出自よりも、能力と業績が重視され、それに基づく昇進システムが前述したように享保改革の中で確立されていた。

下級幕臣の身分出自であっても勘定所ではその能力と業績によって上級役職へ、さらには長官である勘定奉行にまで昇進することすら稀ではなくなってきた。それは紛れもなくこの幕府勘定所という機構が、官庁組織として、また官僚制組織として身分主義の桎梏を克服して近代的な合理化過程を突き進んでいることの何よりの証であった。

②能力主義の両義性――風儀の頽廃――

しかしまたそれ故に、この近代的な合理化プロセスはその負の側面をも露わにしつつあった。極端な業績主義、開発主義と利権設定、そして幕府財政における収益至上主義である。明和七(一七七〇)年には、幕府の備蓄金は一七一万七五二九両という五代将軍綱吉以来の最高値を記録している。(69) それは一面ではこの時期の幕府財政の大いなる成功を意味したが、他面ではそれは極端な業績主義がもたらした聚斂の謂に他ならなかった。

能力主義と業績主義は、同時に道義の衰亡を強く示唆していた。徳義や人倫は空名となり、現実的な結果のみが問われることとなる。そこから、この「田沼次代」という言葉に込められる風儀の頽廃と、そして賄賂政治の横行とが現出することとなる。人柄が悪かろうとも仕事ができれば問題なし、賄賂を取ろうとも良い業績さえあげれば高い評価を受けて昇進するという、道徳主義への蔑視と収益至上主義の横溢。それがこの時期の幕府の財政・経済政策を特色づけていた。

(3) 海外へのまなざし——重金主義貿易と蝦夷地開発論——

この時期の大きな特徴は官民を問わず、海外に目を向ける傾向が顕著になってくる点にある。前述のとおり、その端緒は享保改革に認められるのであるが、それが開花するのがこの時期であり、その代表がいうまでもなく安永三(一七七四)年の『解体新書』の刊行である。翻訳者のひとり前野良沢が青木昆陽の弟子にあたることからも、この翻訳事業がかの『阿蘭陀本草和解』の試みを継承し、完成させたものと位置づけられよう。蘭学はこのようにして成立したのである。

享保改革の中で大規模に推進された薬種国産化、およびそれにつづく全国的物産取調の動向はさまざまな形で展開していく。それは全国各地における物産開発や殖産興業といった形で進められ、平賀源内のような人物の活躍する場を提供することとなる。

このような動向の中で注目されるようになるのが蝦夷地開発問題である。蝦夷地はこれまで現地のアイヌの人びとが「場所」と呼ばれる漁場をもち、そこへ内地の船主を兼ねた商人がやってきて相対で取り引きをするという慣行であった。そこへシベリアを押さえたロシア人がカムチャッカ方面から南下をはじめて千島・樺太を自己の版図に収めつつあった。

このような情勢に対して仙台藩の工藤平助は『赤蝦夷風説考』を著して時の権力者である田沼意次に同書を献じ、蝦夷地開発の急務なることを説いた。また同じ頃、江戸音羽の地で和算塾を開いていた数学者の本多利明は、『西域物語』や『経世秘策』などを著して経世家としても活動しており、幕府に対しても蝦夷地が有望な土地柄であり開発すべき事を進言していた（この経緯については本論集の宮田論文に詳しい）。

このような機運の中、天明五（一七八五）年に幕府は初の蝦夷地探検隊を派遣する。この第一次蝦夷探検に際しては、本多の高弟最上徳内が代わって参加することとなった。蝦夷探検家として大きな功績を残すことになる最上徳内の最初の蝦夷渡航であった。一行は蝦夷地の釧路、根室を経由して千島へ進み、樺太方面をも調査した。大きな成果をあげた第一次探検であったが、日本国内ではこの翌年に政変が起こって田沼政権が倒れ、蝦夷地探検事業も頓挫してしまう。しかし徳内は現地にとどまり、蝦夷や千島の調査を続ける。徳内の活動は次の松平定信の政権においても認められ、彼はその後もたびたび蝦夷、千島、樺太への渡航を行っており、日本のこの方面に対する開発と領有にとって大きな足跡を残すことになった(70)。

（4）大名留守居組合の活動と田沼政権の倒壊

大名の留守居役および留守居組合については前章第四節に述べた。それは徳川社会における情報システム発達の所産であり、またその促進主体でもあった。

その有力なものに国持大名の大藩の留守居役たちで構成される「大広間席留守居組合」があった。「大広間」とは江戸城の大広間のことであり、国持大名たちは江戸城においてここを伺候の席としたことからこの名前がある。寛保二（一七四二）年の頃では、この留守居組合は、島津・伊達・細川・黒田・毛利・鳥取池田・藤堂・鍋島・蜂須賀・山内・佐竹・有馬・上杉・宇和島伊達・宗・津山松平・立花の一七家の留守居役によって構成されていた(71)。

〔天明六年の全国御用金令〕

この留守居組合の政治的力能が史上、最も発揮されたのが天明六（一七八六）年に発令された、幕府の全国御用金令への対応をめぐっての動きであり、田沼政権打倒に果たしたその役割は、ただに政治史上のみならず、日本における議会制度の前史という観点からも特筆されるべき事件である(72)。

同年七月三日、幕府は諸大名に宛てて、全国御用金令と称すべき大がかりな内容をもつ幕令を発した。幕領・大名領を問わず全国の農民は持高一〇〇石について銀二五匁、町人は間口一間について銀三匁、寺社山伏は上層者が金一五両、それ以下はこれに準じて各々出金し、これを五年継続した上、幕府の御金も加えて大坂表に設立する貸金会所の元資にするという。

それは幕府の御用金仕法としては前例を見ぬ大規模な性格を有していたが、天明飢饉以来の農村の疲弊と、諸国に農民一揆の吹き荒れるこの期の情況を考慮に入れるならば、右の政策は現実を無視した無謀な企てと言うほかはなかった。

加えてこの計画は、最近に幕府の支配勘定御雇となった原勘兵衛なる者が、田沼意次の用人三浦庄二を抱き込んで立案したとやらで、幕府有司の多くも事情を知らぬ間に進められていた由であった。何とも根拠に乏しく、一途に幕府の収益をのみ追求しようとする妄令としか映らざるを得なかった（『森山孝盛日記』天明六年七月条）。

御用金令発布後の七月九日、大広間席留守居組合は寄合を開き、この問題への対応を協議した。席上、組合の長老格たる筑前黒田家の永田藤左衛門は、寺社・町人・百姓よりの出金が幕令通りに行われるか困難ではないかとの見通しを述べたのち、農民出金分については領主が肩代わり納入して、残る寺社町などの分は幕府に「御断」を申入れては如何かとの妥協案を示した。

穏やかな発言のようではあるが、「御断」とは幕府の法令を拒絶するの意である。幕令拒絶などということが、事もなげに論ぜられていることに先ずもって留意する必要があるだろう。

この後、これに賛同する意見、幕令には従うべきとする意見、ただちに全面的に拒否すべきとする急進的な意見など、さまざまな見解が示され議論が闘わされた。そしてその結果、以下のような形の文面を幕府に提出するということで議論は集約された。すなわち、飢饉・凶作が相次ぐ状況の中で農民は困窮し、町人・寺社・山伏も同様のことであるので、御用金を命じても出金は困難であり、「依之出銀等之儀、暫く延引可仕候間、此段御聞置可被下候」と。要するに遷延戦術による、本法令のなしくずし廃棄の狙いである。

この文案を基本として、あとはそれぞれの大名家の格式や言葉遣いなどを加味勘案して、各大名家から幕府に出金困難による延期を一斉に申し入れるのである。ちなみにこの場合の上申書の形式は願書でも伺書でもない。「御聞置届書」という固有の様式が採用されている。幕府側の許可や指示を求めるのではなく、大名家側から一方的に幕府に申し入れるのみという通告様式なのである(73)。幕府権力を相手にして、右のような対応形態をまとめあげていった留守居組合の政治的力量に思いを致さなければならないであろう。日本の一八世紀は、このような政治的レベルにまで到達していたのである。

幕臣森山孝盛はその日記の中で全国御用金令発布後の情況について記し、次のように述べている。

> 松平安芸守〔広島藩主浅野重晟〕・同陸奥守〔仙台藩主伊達重村〕、一番に御断被申立、其外、御三家方、諸大名大勢御旗本にも断り被申立候衆も有之候　（『森山孝盛日記』同前）

穏健にであれ強硬にであれ、幕府に対する「御断」の波が昂まっていった。放置しておくならば、将軍と幕府の権威を決定的に失墜せしめる事態が訪れるのは必至、そのような危機感が御三家や譜代門閥諸大名の間に漲り始めていたことであろう。

そして出金期限をまさに目前にした同年八月一五日、将軍家治は原因不明の病に倒れ、そのまま不帰の人となった。田沼意次は一連の事態の責めを追及されて失脚し、田沼政権はもろくも瓦解する。全国御用金令は同月二四日にその撤回が公表されるのであった。

三　寛政改革と対外問題——一八世紀日本の近代化の集約点としての——

（1）松平定信と改革の始動

天明期の社会情勢が悪化すると、松平定信を中心として危機感を深めた親藩・譜代大名グループが結集し、田沼一派と対抗するようになった(74)。定信は田安宗武の子にして、将軍吉宗の孫にあたるという出自を有するとともに、養子で入った白河藩松平家の大名当主として天明飢饉に際して餓死者を出さずに乗り切ったという手腕と能力が期待されて、反田沼グループの盟主と見なされていた。定信の老中就任は将軍家斉の父一橋治済と御三家の一致した工作でもあった(75)。

それでも田沼派が根をはる幕閣や大奥筋は、田沼失脚ののちも半年余にわたって定信の就任を拒否し続けていたが、折しも飢饉に端を発して大規模な江戸打ちこわしが勃発し、その衝撃の中で幕閣交代のクーデターが実現している。

（2）寛政改革の施策

改革政治の内容を検討するに、まず、天明飢饉とそれを契機とする一揆・打ちこわしの洗礼を受けた幕府にとって、緊急な課題は再発を防止するための備荒貯穀としての囲米の推進であり、大名に対しても囲米や義倉・社倉の設置が命ぜられている。

棄捐令は旗本・御家人の負債を解消する政策であるが、一二〇万両もの棄捐額によって破産しかねない打撃を受けた札差に対し、幕府は猿屋町貸金会所をとおして融資を行い、その救済を図っている。猿屋町会所の運営にあたったのは、新しく幕府に登用された勘定所御用達の商人たちであるが、彼らはいずれも江戸出身の新興商人層であり、幕府はこれらを組織して新しい金融システムを構築しようとする。彼らは七分金積立を運営する江戸町会所貸付にも関与している。(76)

①江戸地廻り経済

このような動きは、従来までの実態経済、金融の両側面における上方市場への依存から脱却して、江戸市場の自立化を進めようとしたものにほかならない。そしてそれはこの時期における「江戸地廻り経済」の一定の進展を背景としている。(77)

つまり関東農村では荒廃化が進む一方において、商品生産が展開するという様相を示していた。かつて上方物資の消費市場に過ぎなかった江戸においても、これら地廻り経済の発達を背景として、商品の集荷・販売を機能とする地廻り問屋が成立するようになり、幕府も江戸商業資本の勘定所御用達への登用によって江戸市場の育成を進めようとしていた。

②遊民対策、農村復興

江戸の打ちこわしを契機として誕生した松平定信政権にしてみれば、江戸の窮民対策が喫緊の課題であったことは当然であり、七分金積立もその主要な目的が窮民対策にあった。そして江戸の浮浪人・無宿の増加に頭を悩ませた幕府は、火付盗賊改長谷川平蔵の建議を入れて石川島に人足寄場を設置した。これは、牢獄か処刑か追放かという従来の刑罰制度に対して、労働刑（懲役）と授産という近代刑制の基本となる概念を始めて導入、具現化したものとして少なからぬ意義を有している。[78]

③風俗・思想統制

また、寛政改革の特色は思想統制にあった。武士および町人に対しては奢侈禁止と風俗取締りという、田沼時代の風俗紊乱に対する精神的な引き締めが打ち出される。これを教学の面から推進したのが、周知の寛政異学の禁である。これは儒学の解釈をめぐって朱子学だけを正学として位置づけ、それ以外の古学派や陽明学派などを異学、すなわち異端ときめつけて排除する施策である。

幕府は林家の私塾であった湯島聖堂の学問所を、昌平坂学問所と名称を付して幕府の公式の学校と定め、その講義内容を朱子学で統一した。これは本来、昌平坂学問所に限った措置であったが、幕府の強い方針を目の当たりにした諸藩でもその影響は免れず、藩校における教学でも古学派は排除され、朱子学に収斂していく傾向を見せていた。

④学問吟味――人事試験制度――

幕臣を対象として学問奨励の趣旨で、学問吟味という試験制度を導入して、幕臣の役職任用に際しての人事考課の重要資料とした。[79] 試験科目の範囲によって甲科、乙科などの別を設けており、幕末に活躍した有能な幕臣には甲科合格の資格を認定された者が多い。

このように寛政改革で実施された学問吟味はその後も定着して、幕臣の人格形成の上でも、世上の風儀改善の面でも、さらには幕臣の役職任用に際しても少なからぬ効果を発揮していった。

この学問吟味ついて付言するならば、この制度は吉宗が享保改革の中で実施していた武芸吟味にその源を求めることができる。吉宗の武芸吟味が、単なるかけ声だけの武芸奨励ではなくて、すぐれて体系的な制度としてあり、幕臣の武技のレベル向上に効果を発揮していたこと、さらにはこの制度には学問吟味も随伴していたことは本論集の横山論文に詳しい。

⑤藩校と藩政改革

諸藩においても、宝暦期以降全国的に藩校が多く設立されており、特に幕府の寛政異学の禁を契機に一段とその設立は盛んになっている。これは財政的危機に見舞われている藩が多く、その克服と藩政再建のためには有能な藩士が必要であり、藩校は藩政改革推進にとって必要な人材の養成を目的としたためである。本問題については長州藩明倫館の学校教育の変遷を詳細に論じた前田論文を参照されたい。

またこの時期における諸藩の改革の様相と、それらが相互に参照されつつ改革モデルが形成され、伝播していく事情については磯田論文を参照されたい。

(3) ラクスマン根室来航と海防問題

寛政四(一七九二)年一〇月二〇日、海軍中尉アダム・ラクスマンに率いられた帝政ロシアの初めての使節が北海道根室に到着した。大黒屋光太夫ら三名の漂流民の送還と、対日通商を要望するロシア側信書の伝達が目的であった。ロシアは女帝エカテリーナ二世の時代であり、女帝の承認を受けての来日であった。

松前藩では直ちにこれを幕府に報告した。ラクスマン側は江戸での交渉を希望したが、松平定信の幕府は目付の石川忠房ら目付二名を現地に派遣し、松前で交渉を行うこととなった。こうして光太夫ら漂流民は日本側に引き渡されたのであるが、ロシア側の信書の受け取りは拒否をされた。

ところがこの時、松平定信は重大な決断を下していた(80)。定信は目付の石川らに対して、ロシア側が強く通商を求めてきたときには長崎でこれに応対すべく、長崎入港の信牌を交付するように指示しており、しかも実際にはそれは交付されていたのである。

これは驚くべきことであり、従来のいわゆる「鎖国」体制はこの決断によって一気に瓦解する可能性もあった。しかしながらロシア側はこの絶好の機会を逸してしまった。ロシア側がこの信牌の権利を行使するのは、実にこれより一〇年後の一八〇四年、文化元年のこと、いわゆるレザノフの長崎来航がそれである。本問題の展開については次章第一節で詳述する。

(4) 尊号一件と定信の老中辞職

安永七(一七七八)年、後桃園天皇が崩御したとき皇子がなかったため、閑院宮家から皇嗣を迎えた。これが光格天皇であるが、その実父である閑院宮典仁親王は「禁中并公家諸法度」の規定に基づいて、藤原氏らによって占められている摂関・大臣よりも座順が下位に位置づけられていた。これを憂いた天皇は典仁親王に太上天皇(上皇)の尊号を贈ろうとしたものである。

天明八(一七八八)年、光格天皇の側近で議奏職にあった中山愛親らがこれを幕府に通達したのであるが、老中松平定信は皇位に就いていない人間に皇号を贈るのは先例のない事として反対した。朝廷側では徳川時代以前の古例を持ち出して弁疏したが、定信はこれを承久の乱や南北朝の混乱期の例外として退けるなど議論の応酬がなされていた。

そのような最中の寛政三(一七九一)年、天皇は「群議」を開き、参議以上四〇名の公卿のうち三五名の賛意を得て尊号宣下を決定した。しかし幕府はこれに強く難色を示し、後桜町上皇らを通して光格天皇の説得にあたらせて尊号問題を断念せしめている。定信は同五年正月、この尊号問題の推進者と見なした議奏の中山愛親と武家伝奏の正親町公明の両名を江戸に召喚して取り調べ、同三月には彼らを免職、蟄居に処することで責任をとらせ本問題を終えている[81]（定信政権の対朝廷政策、特に京都御所の造営問題については本論集の森田論文を参照されたい）。

しかるに、この尊号一件が片付いたのちのこと、同年七月、定信は江戸湾防備のために伊豆方面を巡察していたとき、江戸から沙汰があって老中辞職に追い込まれる。時期的にみて、これが尊号一件の処分問題に起因していることは間違いないであろうが、ただその解任のやり方に異常さを覚える。幕閣の実力者を解任するのに、本人が江戸を離れて遠国任務についている時に行うというのは、古く大久保忠隣や本多正純の解任の時に見られた手口である。

本人が江戸にいるときに解任を行おうとすると、その反撃をくらう恐れがあるので、このような姑息なやり方が出てくる。定信の老中辞任も一種の陰謀、小クーデターとしての性格を有していたのであろう。巷間伝えられている、将軍家斉の実父一橋治済が前将軍を意味する「大御所」の称号と待遇とを欲していたのに、定信が尊号一件にことよせて治済の意向を封殺したことに対する意趣返しというのは結構、正鵠を射ているのかも知れない。

定信個人を狙い打ちにした処置であったことから、田沼意次の失脚のときの田沼派幕閣の一斉退陣といったような動きにはならなかった。本多忠籌・松平信明・戸田氏教ら定信の同志とでも呼ぶべき幕閣の面々は健在であり、「寛政の遺老」と呼ばれて寛政改革の政策基調を文化・文政年間まで継続させている。

第三章　一九世紀の徳川社会――幕末の対外危機と日本の近代化――

一　文化・文政時代と天保改革――対外危機と国内改革――

（1）　化政期の政治と社会

松平定信が寛政五（一七九三）年に老中を辞任したあとも、前述のとおり寛政改革の基調が文化期を通じて継承されていたとみなされる。しかし文化一三（一八一六）年、勝手掛老中牧野忠精の病免、同一四年松平信明の病死などによって幕閣の構成は一変し、その主体的勢力は、譜代小大名から将軍側近勢力へと交代していく。

田沼時代にその盟友的な存在であった水野忠友の養子忠成が、将軍家斉の愛顧を得て側近勢力を形成するとともに、田沼意次の子意正が、忠成の腹心として若年寄に復帰すると、田沼時代再来の観を呈した。水野忠成は将軍家斉の厚い信任の下に老中首座と勝手掛老中とを兼任することにより、権力を一身に集中することになった。(82)

①化政期の幕府経済政策

再び表面化してきた幕府の財政難を補うものとして、化政期には御用金・冥加金の賦課や貨幣改鋳がなされたということが従来の通説になっている。これらに財政上の寄与があったのは否定できないが、それを消極策としてだけでなく、新しい流通経済政策としてとらえる必要もある。つまり、江戸の経済的な需給関係を安定させることを主たる課題として、そのために菱垣廻船積問屋（十組問屋）仲間の結成を認め、冥加金上納による独占強化策を図ったという事情である。

この時期の深刻な問題の一つが、江戸積荷物の減少という傾向であった。その要因は、在郷商人の成長や藩専売制の実施による、大坂市場を通さない直売・直船積の増加であり、そのことが「天下の台所」である大坂の機能低下につながっていた。(83)寛政改革の低物価政策を継承して、江戸への入荷量を増加させるため、崩れつつあった十組問屋の独占を幕府権力のバックアップによって強化するという方針であった。

②組合村と関東取締出役（八州廻り）の設置――封建割拠の克服――

農村に目を転ずると、関東・東北など東日本の後進地域では、天明飢饉による荒廃現象が著しかったが、江戸地廻り経済として商品生産も展開し始めていた。商品経済の浸透は同時に無宿人や博徒渡世人の横行をもたらしており、彼らは街道筋の宿場町や在郷町の消費経済的な繁栄を根城にして徒花を咲かせ、いわゆる封建的秩序を崩し、治安を悪化させていた。このような状況のもと幕府は、封建領域を越えて組合村を結成させ、また、関八州どこでも巡回できるという関東取締出役（八州廻り）を設置している。[84] それは天保改革における上知令の発動へとつながっていく問題であった。

（2）文化露寇事件と海防論

文化元（一八〇四）年九月、ロシアの使節であるレザノフとその随行員を乗せた船が長崎に来航した。これこそ前述の幕府老中松平定信がラクスマンに交付するよう現地派遣の役人に指示した長崎入港を許可する旨の信牌を持参した正式のロシア使節であった。これにどのように対応するかで幕閣は苦慮したが、結局、半年にわたる交渉にも拘わらず事態は一向に進展を見ることがなく、レザノフ一行は長崎退去を余儀なくされた。

これに対してレザノフの部下ニコライ・フヴォストフは、文化三（一八〇六）年にカラフトの松前藩居留地を襲撃し、その後、エトロフ島駐留の幕府軍を攻撃した。[85] 幕府は新設された松前奉行を司令官とし、津軽藩、南部藩、庄内藩、秋田藩から徴集した約三〇〇〇名の武士をもって宗谷や斜里など蝦夷地の要所の警護にあたった。

しかしロシア側がそれ以上の攻撃をかけてくることはなく、事態は竜頭蛇尾の観を呈していることから、今日では一般の年表にも載せられていない程の扱いである。しかし本事件はその後の幕末政局に対して決定的な影響をおよぼすことなった。すなわち天皇と朝廷の外交問題への関与という、最重要問題の端緒を開くにいたったということである。[86] レザノフ一行を門前払いした場合には、それを口実にロシア側が日本に対して軍事攻撃を仕掛けてくるかも知れないという危険を感得していた幕府では、北辺における衝突を日露開戦と受け止め、これをかの元寇の時における鎌倉幕府の先蹤にならって事件を京の朝廷に報告したのである。

これは幕初以来、かつてなかったことである。内政も外交もすべて幕府委任というのが家康の時代からの伝統であり、外交問題の結果報告すらなかった。その二〇〇年にわたる伝統が、このごく些細な事件によって破られ、以後これが先例となってペリー来航にはじまる一連の外交問題を朝廷に報告（「奏上」）する慣例が形成され、条約勅許問題に代表される幕末政局における天皇と朝廷の政治的役割が準備されることとなったのである。

①ゴロウニン事件と高田屋嘉兵衛

北辺において日露間の睨み合いが続いているさなか、文化八（一八一一）年、ロシア軍鑑ディアナ号がクナシリ島を測量中に、その艦長ゴロウニンが幕府役人に捕まり松前に護送されるという事件が発生した。これに対してディアナ号の副艦長リコルドは報復として翌九年、淡路島の船主であった高田屋嘉兵衛の船をクナシリ沖で拿捕するにいたり、日露間の緊張はいや増して高まった。

しかしこの事件は、嘉兵衛の果敢な働きによって両国間で和解が成立し、相互の捕虜の釈放という形で無事に解決した。この事件は嘉兵衛とリコルドらロシア側人物との相互信頼に基づいて解決を見たことから、その後の日露関係に善隣友好のムードが生まれ、敵対ではなく友好的な棲み分けによる安定的な秩序が北辺に形成されたのである。(87)

②英米船の日本近海への出現

このように日露関係は安定したのであるが、それに反してイギリスおよびアメリカの船が日本近海に出没するようになった。イギリス船は日本に開国通商を求めたのに対し、アメリカ船はもっぱら太平洋上の捕鯨船であり、難破遭難して日本に食料や薪・水を求めてのことであった。

日本側も人道的観点から遭難船には必要物資を提供していたが（「薪水給与令」）、文化五（一八〇八）年に長崎でイギリス軍艦フェートン号による蹂躙事件が発生するや幕府の態度は硬化し、異国船に対しては問答無用の打ち払いで臨む方向に転換した（「無二念打払令」）。しかし天保一一（一八四〇）年、清朝の中国でアヘン戦争が勃発し、イギリスの軍事力の前に清国が劣勢という情報が伝わるや、幕府は深刻な対応を迫られることとなる。

(3) 天保改革

天保八(一八三七)年に将軍職は家斉から家慶へと継承されるが、折しも国内では長引く天保の飢饉からの救済を訴えて大坂で大塩の乱が勃発し、江戸では通商を求めて来航した米船モリソン号を打ち払い令に基づいて撃退するなど内憂外患が交々わき起こるといった状況であった。将軍家慶はこの状況に危機感を覚え、同じく改革の志を抱く老中水野忠邦に事態への対処を要請した。しかしながら大御所家斉の健在の間は、その絶大な権力の前に家慶と忠邦もなす術がなかった。同一二年、大御所家斉が没するや老中水野は直ちに家斉の寵臣らを粛清するとともに、享保・寛政の政治に復帰する旨の幕政改革を宣言した。

天保改革では、綱紀粛正・風俗取り締まり・奢侈禁止といった改革政治の定番的な施策がなされるとともに、慢性的な飢饉状態の下、江戸の街の物価高騰が深刻な問題となっており、物価引下げの観点から株仲間の解散に踏み切ったことは同改革の大きな特色であった。すなわち江戸の物価問題の要因の第一は、菱垣廻船積問屋仲間などの株仲間の流通独占にあると見なしたのである。物価高騰の要因の第二として江戸の人口過多が挙げられ、これに対しては江戸に流入する人口を農村部にもどす人返し令が出されている。

要因の第三は、全国各地の物産が大坂に正常に集荷されず、産地と消費地との直接取引きが各地で展開され、結果として江戸への物資供給が阻害されるという事態を招いていたというである。

そしてこのような交易を強力に推し進めているのが、西国方面の雄藩が取り行う藩営専売によるそれであった。ここに見られるのは、従来の幕藩制的流通体系を無視して一藩レベルの「国益」を追求し、「藩国家」としての色彩を強めている動向であり、それは流通体系の攪乱という観点においても、藩国家主義的な割拠体制を強めるという観点においても幕藩制秩序の解体へ向けてのベクトルとして強力に作用していた。幕府はこれに対して国産物取締り（藩専売禁止令）などをもって臨み、これら雄藩と対立を深めていくこととなる(88)。

①海防問題としての印旛沼開発

海防では江戸の補給路確保の観点から印旛沼開削工事が行われた。今回の工事は、従来のような新田開発を目的とするものであるよりは国防的な要請によるものであった。すなわち江戸湾が外国船によって封鎖された場合、上方を始めとする各地の物資が江戸に回らなくなってしまう。そこでその対策として案出されたのが、房総ないし九十九里浜に荷揚げして、それより印旛沼の開鑿水路や利根川、江戸川水系と用水路を結んで舟運で江戸に物資を運搬するという構想であった。まさに海防の時代の企図であった(89)。

②アヘン戦争と西洋式砲術の導入

一八三九（清道光一九、天保一〇）年、林則徐が広州でアヘン貿易を取締ったのに端を発して、翌年イギリス艦隊が広州を封鎖しアヘン戦争が始まった。四二年清は敗北、イギリスと南京条約を結び、香港を割譲、広州・厦門・福州・寧波・上海の開港を余儀なくされた。オランダからアヘン戦争を知らされた幕府は天保一三（一八四二）年、異国船打払令を撤回し薪水給与令に変じている。

アヘン戦争の情報を得た幕府内では、「清国敗亡も計りがたく存じ奉り候、万一敗亡仕候はゞ、勢いに乗じ本邦ぇ取り掛かり申すべきや」（天保一二年、天文方渋川六蔵の老中水野宛上書(90)）と危機感をもって語られていた。そしてそのような背景の下に同一二（一八四一）年五月九日、江戸郊外の徳丸ヶ原において、長崎の砲術家高島秋帆とその門人たちによる西洋式砲術の演習が行われた。参観者たちは一様にその威力の絶大なことを目の当たりにし、西洋砲術導入の急務であることを悟った。日本の軍事史における画期をなすとともに、日本の近代化の道程における重大な転換点として忘れられることはないであろう。

③上知令と改革の挫折

幕府の天保改革は、内憂外患の危機を背景として強力に推し進められた。同一四年の日光社参へは諸大名が動員され、他方では芝居町を、長年興行してきた江戸城近辺から浅草の猿若町へ強制的に移転させて風俗取締りの象徴的な措置とした。

そして江戸の治安強化と国防の観点から、江戸一〇里四方を幕府の直轄地化すべく、所定内にある旗本領、大名領を収公して他に移封する上知令を発動した。これは同時に領地支配に関する将軍権力の支配権を再確認し、その政治的指導力を確立するための試みでもあったが、ここでもこの幕府の強権的な法令に対しては諸大名・旗本たちから相次いで抗議の声がわき起こり、ついに事態収拾のために水野忠邦は罷免され、上知令は撤回されることとなる。(91) かの天明六(一七八六)年の政変の再現といった観があった。

二　一九世紀の国際情勢と日本の開国――「不平等条約体制論」批判――

(1)　一九世紀の国際情勢

日本が幕末開国から明治維新を迎えようとしていた一九世紀の半ばの時期、アジアおよび世界の情勢がどのようなものであったか。隣国の清朝中国がどのような状況におかれていたかを、改めて見つめ直してみるべきであろう。当時、中国はアヘン戦争および第二次アヘン戦争(アロー号事件)、さらには義和団事件という形で相次いで欧米列強の攻撃を受けて、敗北、領土の割譲、不平等条約を余儀なくされ、その全土に欧米列強の権益区域が設定されるといったことを通して半植民地化の途を歩んでいた。

アジア地域の他の諸国に目を転ずれば、インドはすでに大英帝国の版図に編入されて植民地となっており、ビルマ(ミャンマー)もマレー半島も同様であった。インドネシアは古くよりオランダ領という状態、インドシナのヴェトナム・ラオス・カンボジアもこれより少し後の時期にフランスの植民地ないし保護国に編入され、フィリピンはアメリカがスペインから獲得した植民地であった。アジア西方を支配していたのはオスマントルコ帝国であったが、その版図もまたイギリスやロシアを中心とするヨーロッパ列強によって浸食されつつあった。

欧米列強の砲艦外交と植民地主義の猛威が荒れ狂う当時の東アジア国際情勢であった。その舵取りをひとつ誤るや、かのアロー号事件のように極くささいな問題が口実とされて戦端が開かれ、結句、領土の割譲と半植民地化的侵略を余儀なくされた中国のように、日本もまた同様の状況に追い込まれたとしても、何の不思議もないことであった。隣国の中国だけが侵略と半植民地化の脅威にさらされ続けていて、しかも日本だけがそのような脅威から無縁であったなどという想定は、まったく非現実的であると言わざるを得ないであろう。

幕末、欧米列強の艦船が相次いで東アジア世界に進出する中で、その開国・通商要求に直面して対応を迫られていた幕府と日本国とを包み込んでいた国際的状況とはこのようなものであった。この厳しく危険な状況下において、自国の独立をまもり、領土の保全を果たして国境を確定し、対等的立場で開国・通商条約を締結し、そして欧米文化を導入しつつ日本社会の近代化を推し進めるという、きわめて重要にして困難な課題が国家と国民に課せられていたのである。

（2）ペリー来航と開国

嘉永六（一八五三）年六月三日、米国東アジア艦隊提督ペリーの率いる四隻の艦隊が浦賀に来航し、同九日、幕府は久里浜でペリーが持参した米大統領フィルモアの親書を受理した。

一般には、このペリー来航から日本の開国と近代化が始まるような認識が定着しているようであるが、それは大幅に修正される必要がある。ペリーの来航は、幕藩領主にとって来るべきものが遂に到来したという印象であり、この世紀の初頭以来、日本近海に出没する黒船への対応に苦慮してきた彼らにとって、いわば同問題に対する決断を迫る最終的な契機をなしたものというのが実情であったろう。

ペリー来航に先立つ嘉永二（一八四九）年五月のこと、老中首座にあった阿部正弘が幕府有司に披瀝した次の見解にその事情がよく表現されていた。すなわち、近年、異国船がしばしば渡来することから、その度ごとに沿海の大名諸家は警戒のために軍事出動せねばならず、「追々難渋相成候はゞ自然賦役斂も重く相成るべき事にて、終には領内疲弊にも至り、上下不和合の基に相成り候時は、容易ならざる事[92]」と。

その軍事出費が嵩むために増税をせねばならず、ついには領内は疲弊し百姓一揆などを引き起こすような事態となっては由々しいこと、と外患と内憂の相互増幅を指摘し、苦渋の思いを吐露している。

そこには、これまでの鎖国的対応の破綻が言外に語られている。しかし水戸藩主徳川斉昭を代表とする保守派勢力に囲まれている中では、鎖国政策を捨てて開国通商へ国家の方針を転換することは明言しえなかった。その意味において、ペリーの来航はこのデッドロックの状態にある重い扉を開く決断を与えるべき機会の到来を意味していたのである。

（3） ロシア・プチャーチンの長崎来航と日露交渉

ペリー来航より一ヶ月遅れて、プチャーチン提督に率いられたロシア使節が長崎に来航し、日本に通商を求めてきた。ペリーは一年後にその回答を求めるという傲岸な態度で米大統領の親書を置いて帰ってしまったが、プチャーチンは日本の正式な対外窓口である長崎に来航したこと、さらに腰を落ち着けて日本側と真摯に交渉しようとする姿勢を示していたこと、そして何よりもこの当時の日露関係はきわめて良好であり、ゴロウニン・高田屋嘉兵衛事件以来、両国関係は安定状態にあった。

これらのことから、幕府はロシア使節プチャーチンとの間で開国モデルを作り、ロシアの力を借りて砲艦外交を展開する米使節ペリーの圧力に対抗しようと考えた。この重要な外交交渉の代表として長崎に派遣されたのが幕府官僚中の俊秀と目された新任の勘定奉行川路聖謨であった。川路は下級幕臣の身分から出発しながら、その能力の故をもって昇進を重ね、ついにペリー来航の前年九月に勘定奉行に抜擢され、海防掛を命ぜられていた。

ペリー来航については事前にオランダから幕府は情報を得ていたことが知られており(93)、その意味でこの川路の登用は幕府がペリー対策としてとった重要布陣の一つに他ならず、徳川幕府は実にこの川路という人物に幕府と日本国の運命を託したということであった。

これは特筆すべきことであろう。下級幕臣の出の者（彼の実父は農民身分）が、その身の能力によって幕府官僚制度の頂点に位置する勘定奉行まで上り詰め、しかも一国の運命を担って鎖国日本が初めて行う欧米列強との外交交渉の全権代表に任ぜられたというのであるから。これこそ一八世紀中に将軍吉宗の主導の下に設けられた、能力主義昇進システムの具現であり、西洋列強との条約交渉という国際舞台において、その成果と力量が試されるに他ならなかった。

もうひとりの日本側代表である大目付格の筒井政憲は老巧の人であり、何よりも文化度の朝鮮通信使の応接に携わったという外交経験が買われて、川路の補佐役として添えられていた。

彼ら両名は長崎に赴き、同年一二月からプチャーチンとの間で日露条約の交渉を開始した。この交渉の模様は、プチャーチン一行に同行したロシアの文豪ゴンチャロフの著『日本渡航記』に見る事ができる。「この川路を私たちみな気に入っていた。（中略）川路は非常に聡明であった。彼は私たち自身を反駁する巧妙な弁論をもって知性を閃かせたものの、なおこの人物を尊敬しないわけにはいかなかった」(94)と記されており、交渉が友好的な雰囲気の下に行われていたことが確認される。

交渉は順調に進められており条約調印も間近かと思われていたのであるが、折しもヨーロッパではクリミア戦争が勃発したことから、プチャーチンのロシア船は英仏艦によって拿捕される危険が出てきた。幕府とて、かつてのフェートン号事件の再来は何としても避けたかったことであろう。こうして翌嘉永七（一八五四）年一月、プチャーチンはいったん長崎を離れて北方のロシア領内へ退避した。

そうしたところ、同じ一月にペリーの艦隊が神奈川沖に現れて幕府に条約交渉を求めた。一年後の再来を述べたペリーが半年繰り上げてこの時期に現れたのは、ロシア・プチャーチンと幕府との条約交渉の情報を得て焦ったが故のことであろう。そして同年三月三日、日米和親条約が締結され、これが開国条約の第一号とされたのである。

その後、同年九月、プチャーチンのロシア船が再度来航し、今度は伊豆の下田で交渉が再開された。そして同年一二月二一日（一八五五年二月七日）、日露和親条約が調印された。この条約は二つの点で重要である。一つは国境確定問題で、同条約において千島列島のうちエトロフ・クナシリ・ハボマイ・シコタンの四島は日本側領土とされ、カラフトについては両国民の雑居という現状追認が定められた。そして明治時代に入った明治八（一八七五）年、カラフトの帰属についてはロシア側にすべて譲り渡すとともに、千島列島のウルップ島以北の北千島を日本領土とするという千島・樺太交換条約が調印された。こうして全千島列島が日本側領土として確定されたのであり、いわゆる「北方領土」四島ではなく、全千島列島が日本の固有領土してあることが銘記されなければならないであろう。

さらに川路はこの日露和親条約において、領土問題と並ぶ、ある意味ではそれ以上に重要な日本の権利を明記するという偉業を果たしていた。すなわち同条約第八条に規定された日露間の相互裁判権の問題である。曰く、「魯西亜人の日本国に在る、日本人の魯西亜国に在る、是を待つ事緩優にして禁錮する事なし、然れ共若し法を犯す者あらは是を取押へ処置するに、各其本国の法度を以てすへし」[95]と。

同条項は日本人とロシア人とが、互いの領域において商売等の活動を自由に行うことを保証するとともに、犯罪等を引き起こして相手側官憲に逮捕された場合、その者の身柄はそれぞれ本国に引き渡されて、本国の法律によって裁かれるという内容であり、完全な相互裁判規定となっている。

この川路聖謨の締結した日露和親条約を見るならば、幕末の国際条約をめぐって投げかけられている「不平等条約」体制という言明がまったくの的外れであることを認識せざるをえないであろう。この後に締結された日米修好通商条約において、いわゆるアメリカ側の領事裁判権が記されるのみで、日本側の日本人に対する裁判規定が記されていないことについて言うならば、その段階では日本人がアメリカ領内に赴くというような事態は想定する必要もなかったから記されなかったというまでのことである。アメリカ側の圧力に屈したとか、日本側交渉者に国際的な裁判管轄についての知識が欠如していたからというような筋合いのものではなかった。川路の締結した日露和親条約は、これらの偏見を完璧に正してくれることであろう（幕末の外国列強との外交および外交儀礼については本論集の佐野論文、菅論文を参照されたい）。

三　尊王攘夷運動と明治維新——日本の近代化における尊攘運動の意義——

(1)　水戸学と尊王攘夷運動

文政八（一八二五）年、水戸藩徳川家の儒臣会沢安（正志斎）は『新論』[96]を著して、国防問題を体系的に論述した。同書は上下二巻からなり、上巻は国体論であり、天皇を頂点とする幕藩体制国家の秩序のあり方について述べ、下巻では欧米列強の世界進出に対抗する国防策を論ずる。いわゆる後期水戸学の尊王攘夷論を代表する書物である。

水戸学も会沢の『新論』も一般には狂信的な排外ナショナリズムの権化のようなレッテルが貼られていて、偏見的評価の下に貶められているのであるが、実際にはこれらの議論は当時の世界に関する最新情報を踏まえた、きわめて精緻で合理的な戦略論であることを知らなければならない。

『新論』が記されたのは中国のアヘン戦争に先立つこと一五年前のことであるが、会沢は同書ですでにそれを予見し、「形勢」「虜情」「守禦」「長計」の四論を立てて国防策を展開する。世界は五大州からなるが、その四つまでが欧州人の支配するところである、と。すなわちヨーロッパ本国、ついでアフリカ、オセアニアそして南北アメリカの四大州がすべて欧州人の支配下に編入されているというのが、彼の世界認識であった。

そしてアジアもまた欧州人の制圧するところであり、いま独立安寧を保っているのは、清・朝鮮・日本の東アジア三国のみ。しかしながら、すでに世界を制覇した欧米列強がどうしてこの東アジア三国に対して侵略の牙を向けないということがありえようか。必ず近い将来にその危機が訪れるであろうというのが、会沢の予言であり警告であった。

そして「守禦」「長計」の二論においてその国防策が展開される。欧米列強の世界を制覇する強大さの根源は、七つの海の波濤を越えて自由に航行できる巨大な軍鑑と、すさまじい破壊力を有する大砲の二つに他ならない、と。

会沢はこの欧米列強の巨艦・大砲を指して、「虜の長技」と呼ぶ。このような強力な技量を擁して世界を席捲しつつある欧米列強に対して、わが国を防衛し、独立を保つにはどのようにすればよいか。

会沢の回答は、この巨艦・大砲を中心とする欧米の技術、文明を学習し、導入すべしとするところにあった。すなわち彼よりその技法を導入して日本国内でこれらを自主建造するとともに、さらには海軍を組織し航海術を学び水兵を訓練するなどして、それらの操作法にも習熟して自由な運用が可能なレベルを達成し、もって万全の国防体制を確立した上で欧米列強の侵略行動に対抗すべしというところにあった。

夷狄の侵略行動から自国を守るためには、夷狄に学び、夷狄の文化・文明を導入して自国を改造せよ！　この逆説の極致とでも評したくなるような戦略的思考に会沢の議論の真骨頂があった（この水戸学の諸側面については本論集の上村論文を参照されたい）。

そしてこのような戦略的思考法は独り会沢のみならず、日本の尊王攘夷派の間で広く共有されていくこととなり、日本の尊攘運動の基本的特徴をなしている(97)。例えば長州藩尊攘運動について見た場合でも、その指導者である吉田松陰がそうであった。彼は開明的洋学者として知られた佐久間象山の薫陶を受けて海外文明に強い関心を抱いており、浦賀に来航したペリーの艦船に小舟でこぎ寄せて外国への渡航同行を求めたというエピソードが想起されるであろう。

このように日本の尊攘主義というのは単なる排外ナショナリズムの固まりではなくて、その当初からきわめてしたたかな戦略的志向性を内包していたことが知られる。欧米技術の導入論は、ペリー来航よりも三〇年も前の一八二〇年代から、彼ら尊王攘夷論者たちの間で提唱されていたのである。

教科書的な解説では、遙か後の文久三（一八六三）年の薩英戦争とか、元治元（一八六四）年の長州藩と米英仏蘭四国連合艦隊との下関交戦などによって、「日本の攘夷派は欧米勢力にたたきのめされて目が覚め、攘夷の無謀さを悟って文明開化路線に転向していった」という説明図式が広く用いられているのであるが、それらはまったくの誤りだということである。

（2）　アヘン戦争と西洋砲術導入の機運

すでに欧米列強に対する会沢の予言と革命的な戦略が提起されていたが、それから一五年後の一八四〇年になって中国でアヘン戦争が勃発し、清朝中国がイギリス艦船の攻撃の前に屈服するという事態を受けて、会沢の予言の正しかったことを人びとは認識し、前述のように幕府・諸藩は西洋軍事技術の導入・開発を本格化させる。高島秋帆による江戸徳丸ヶ原の西洋砲術演習を皮切りに、高島流砲術を学んだ江川英龍（太郎左衛門）、松代藩において開明藩主真田幸貫のもとで頭角を現した佐久間象山、佐賀藩主としていち早く西洋軍事技術の導入を果たした鍋島直正（閑叟）、薩摩藩に集成館を設けて西洋文物の製作を進めた島津斉彬など。

開明派と攘夷論者とを問わず、日本全国において西洋軍事技術の研究とその自主製造の機運が高まりを見せていた。そこでの彼らの関心は大きく二つあった。それは会沢がいみじくも指摘していた、破壊力の隔絶した大砲と七つの海を自由に航行する大船であった。

会沢が『新論』を公表した時点ではいまだ、その隔絶した破壊力を有する大砲の詳細は知られていなかったが、やがてそれはナポレオン戦争の中でフランスにおいて開発されたペキサンス砲（蘭：パクザンス砲、英：ペーザンス砲）と呼ばれる射程一五〇〇メートルにおよぶ炸裂弾丸を放つ大砲であることが知られる[98]。

この大砲は、旧来のそれが単に鉄塊の弾丸を放つにすぎなかったのに比して、着弾とともに炸裂することによって甚大な破壊力を有する。この大砲はもっぱら艦載砲として開発されており、この砲撃が命中すると一発で敵艦を撃沈できるほどに恐るべき破壊力を備えていた。

このペキサンス砲の研究と製造が開明派と攘夷派とを問わず、幕末知識人たちの喫緊の課題として認識されていた。今日、歴史学研究が進んだことによって、ペリー来航以前に徳川日本ではペキサンス砲の自主製造にすでに成功していたことが明らかになってきた。幕府では江川太郎左衛門の下で、諸藩では薩摩藩、佐賀藩、長州藩などでその製造が実現していた。日本にはまだ本格的な溶鉱炉が備わっていなかったので、外国製の鉄製砲には性能の面で劣ったが、青銅製ながら実戦に耐えるだけの能力を有したペキサンス砲を製造することに、ペリー来航の四年前の嘉永二（一八四九）年には成功していた（本問題の詳細については本論集の郡司論文を参照されたい）。

ペキサンス砲と並ぶもう一つの夷狄の「長技」である七つの海を自由に航行できる大船、すなわち蒸気船については、その原理は理解できたものの自主製造については難航した。ペキサンス砲については、従来からの大砲製造技術の延長線上における改良という形で対応できたけれども、蒸気船となると蒸気機関や汽罐の製造というまったく未知の領域に踏み込まなければならなかったからである。

しかしながら、この難題に対しても日本の武士は真っ向から取り組み、そして成功させていた。成功の栄誉は、島津斉彬の首導する薩摩藩に与えられることとなった。国産第一号の蒸気船「雲行丸」は、ペリー来航の二年前から製造に取りかかり、ペリー来航の翌年に完成した(99)。もとより、欧米の戦艦とは比ぶべくもなかったけれども、開国以前の段階で蒸気船のようなものを自力で製造しえた力量には驚かされる。

つまり、ペリーの来航時点で日本は欧米列強の力（パワー）の源となっている蒸気船とペキサンス砲という最新軍事技術に関する知識を有しており、しかも初歩的ながらそれを自主製造できるだけの力量を備えていたということである。ペキサンス砲については青銅製ながら実戦に供せられるだけのレベルに達していた。ペリーを迎え入れたときの徳川日本の力量とはこのようなものであった。それらの背景をもって欧米諸国との国際交渉に臨んだわけであるから、一方的に不平等条約を強いられるという状況にはなかったということである。

ペリーが来航したとき、浦賀奉行所の与力・中島三郎之助はペリーの旗艦サスケハンナ号に乗り込んで談判交渉したのち、同艦の中を案内されたのであるが、そのとき彼は艦載砲を指して、「これはペキサンス砲なのか？」と問うたことがペリー側の記録に記されている(100)。

何気ない一言のようであるが、欧米の最新軍事技術に関する知識を日本の一地方役人が有していたことにアメリカ側もさぞ衝撃を受けたことであろう。彼の質問の一言が、そしてただその一言のみが、回答発言も説明文章もないままにアメリカ側記録にとどめられていることに、絶句するほどの驚きと問題の重要性とが表現されているようである。

(3) 薩英戦争と下関四国連合艦隊砲撃戦

「攘夷派の者たちは外国勢力に完膚なきまでにたたきのめされて攘夷の無謀さを悟り、文明開化路線へと転じて明治維新を達成していった」という、これまで語られてきたステレオタイプの説明図式がもはや成り立たないであろうことは明らかではないかと思うが、本項では右の説明のもととなった二つの戦争についてその実態を見てみよう。

検証の第一は、文久三(一八六三)年七月、九州の鹿児島湾を舞台にして繰り広げられた薩英戦争となるであろう。これは前年八月に発生した生麦事件をめぐって、犯人の引き渡しと賠償金の支払いを求めるべく、イギリス側は軍艦七隻を鹿児島に派遣をして薩摩側を屈服させようとした。

これに対して薩摩藩側は自主製造した西洋式大砲で応戦し、イギリス艦船に多大の損害を与えている。殊に開戦劈頭に薩摩側の放った炸裂砲弾がイギリス側旗艦ユーライアラス号を直撃して大破させ、その艦長と副艦長がともに戦死するという驚くべき事態が生じた。ためにイギリス側艦隊は狼狽して鹿児島湾からの退避を余儀なくされ、結果、イギリス側は兵士の戦死者の数が一三名、負傷者五〇名余を数えるにいたった。これに対して、薩摩側の被害は武士がゼロ、非戦闘員に数名の死者があるにとどまった(101)。

その後、イギリス側艦船は報復で鹿児島の街を砲撃して大きな損害を与えたことから、イギリス側の力を見せつけたというような評価が教科書などでなされているけれども、正面の砲戦を回避して無防備状態の民家地区を砲撃、焼き討ちするがごときは、イギリス本国でも顰蹙を買っていたというのが実態なのである。

薩英戦争に続く翌年、下関を舞台とした長州藩に対する四国連合艦隊砲撃事件はどうであろうか。たしかにこの戦争は外国側の圧勝であり、長州藩の砲台はことごとく占拠されている。しかしこの戦いの実情を考えてみよう、長州藩は英米仏蘭の四ヶ国連合の艦隊一七隻を相手に戦っているのである。日本の一藩にすぎない長州藩に対して四国連合艦隊一七隻の攻撃というのは、あまりにバランスを失した戦争ではないだろうか。

すなわち前年の薩英戦争において予期せぬ不覚をとった外国勢力側が、万全の態勢を整えて攻撃におよんだのが四国連合艦隊による下関砲撃事件であったということであろう。一藩でもって、世界四大強国の連合艦隊一七隻（艦載大砲総数、約二七〇門）を相手にまわして、三日間にわたる砲戦を展開した、長州藩の軍事的レベルにこそ目が向けられるべき問題ではないだろうか。しかも長州藩の主力はこの時、不在であったことも忘れられてはならない。禁門の変の国内戦争のために、長州藩主力は京に集結しており、下関ではその留守部隊だけで、四大強国の連合艦隊を相手にまわして、実に三日間にわたる砲戦を展開していたのである。

この事実に目を向けるとき、「世界の実情を知らない無謀な攘夷論者が完膚なきまでにたたきのめされた」といった類の評価が、いかに現実離れしたものであるかを悟ることであろう。

そもそも同事件を引き起こした長州藩は果たして狂信的であったのであろうか。攘夷主義に凝り固まったはての無謀な蛮行であったのだろうか。これも否である。長州藩は関門海峡で外国船に対して砲撃を開始する直前の文久三（一八六三）年五月に、長州藩尊攘党の井上聞多（馨）・伊藤俊輔（博文）ら五名を英国留学のためにロンドンに向けて派遣している。このとき長州藩当局から彼ら五名に対して申し渡された文言はこうである。

一旦、兵端を開き、絶交の上にては、外国の長技も御採用の思召しも行届かれ難く候儀につき。[102]

すなわち、いったん外国と戦争状態に入ってしまったならば、外国のすぐれた技術を採用することもできなくなってしまうので、その前に五人の者の洋行留学の希望を許可するというのである。そして五ヶ年のあいだ勉学に努め、帰国の暁には海軍の建設をもって御奉公すべきことが申し渡されている。

　われわれはここに、日本の攘夷思考の極致を見出すことができよう。この戦略的な思考、徹底した現実主義と結果尊重主義こそその本質をなすものであり、それは会沢『新論』以来、首尾一貫したものであったことを理解する必要があろう。

結　語

　本論では、徳川時代の幕藩体制なる政治体制の形成・展開・解体の様相を概観し、徳川社会のあり方を通して日本の近代化がいかに実現されえたかの生成プロセスを探究してきた。そこから得られた結論の根本は、政治秩序の観点からしたとき、徳川幕藩体制はよく統治された秩序だった性格を有していたが、決して専制抑圧型の政治体制ではなかったということである。従来、この時代の政治秩序について、下位者の上位者への反抗を許さない服従強制型の秩序、「上位者の圧倒的強大性」あるいは個別的存在の「自立性の欠如」をもって規定される専制的政治体制、といった形で表現されることもあったけれども、それらは妥当ではないということである。

　大名家（藩）における大名主君と家臣との関係については、筆者はかつて『主君「押込」の構造――近世大名と家臣団――』（平凡社、一九八八年）を著して、右の認識が当たらないということを実証してきた。本論ではもっぱら、将軍（幕府）―大名（藩）の幕藩関係のレベルでこの問題を検討した。

　近世幕藩体制の初発を規定した関ヶ原合戦は、家康に覇権はもたらしたものの、その合戦の性格と展開の複雑さによって、領地領有の観点において徳川の絶対的支配をもたらしはしなかった。徳川系の領国数は二〇ヶ国、日本全国の三分の一にとどまり、三分の二を領有する外様諸大名を支配しなければならないという課題に直面していた。

このような結果は、関ヶ原合戦の複雑な性格に帰因するものであり、豊臣政権の内部で蓄積されていた構造的な矛盾の発現に他ならなかったのであるが、家康と徳川幕府とは、このような困難な状況を踏まえて政権の運営をしなければならなかった。換言するならば、幕府と諸藩とによって構成される近世の幕藩体制と呼ばれる政治体制は、このような状況を前提として、そこから様々な展開を示すこととなるのである。

関ヶ原合戦の問題というのは同合戦それだけの問題にとどまるものではなく、そののち二六〇年にわたる幕藩体制という政治体制の性格を根本的に規定することになる。同合戦をもって家康と徳川の軍事的勝利と見なし、「以後二六〇年にわたる徳川幕府による天下支配の盤石な基礎を築いた」とする従来の認識と、「同合戦における東軍の主力は徳川軍ではなく家康に同盟した豊臣系武将のそれであり、結果として家康と徳川が得た領地は日本全国の三分の一にとどまり、三分の二の外様大名勢力をふくむ全国統治を遂行しなければならなかった」という認識とでは、以後二六〇年にわたる幕藩体制に対する認識が根本的に異なるものになるのは当然であろう。

家康と徳川にとっては、この困難な地政学的状況を踏まえつつ、それを乗り越えて幕府主導の下に全国統治を如何に安定的に実現するかという課題として立ち現れてくるものであり、徳川幕府をめぐる諸々の施策や政治現象、および諸藩の側からするその反応や行動は、右に示した困難で矛盾をはらんだ状況を克服しようとする地政学的動態の観点から理解し、位置づけていかねばならないであろう。

すなわち、豊臣秀頼に体現される旧来からの豊臣公儀体制の尊重と東西分有の二重公儀体制という国制構造、豊臣滅亡によって顕在化する西国統治問題、徳川女子の入内と外戚戦略をもってする天皇制の尊重、国持大名を主とする大名領有権の尊重と不介入主義、寛永九年の政変を機とする九州地方の掌握と日本人の海外渡航禁止など一連の「鎖国」政策の推進、日本全土を把握したことによる全国一律の参勤交代制度の発令、外戚戦略の転換による上洛停止と日光東照宮の大造替、日光社参の体制化、等々。

関ヶ原合戦以降、寛永年間にいたる初期幕政において継起的に登場する主要政策や歴史事象は、いずれもこのような地政学的動態の観点から位置づけられる。そしてこのような動向は、この寛永一〇年段階において一つの均衡状態に到達する。故にこの時期をもって幕藩体制の確立期と見なすのである。

しからば西国問題として初期幕政を規定した要因は、寛永年間にいたって解消するのであろうか。否である。一八世紀の享保年間、将軍吉宗の下で展開された大名領内にまで立ち入った採薬使の全国調査において、播磨国以西の中国・九州はすべて除外されていたという興味深い事実が見られる。「諸事、権現様の通り」を標榜した吉宗ならではの姿勢であろうか。

西国問題と裏腹の関係にあるのが国持大名問題である。この一国一円を藩領として有する国持大名は、寛永一一（一六三四）年を最後として転封が皆無となるなどその領有権の強固さにおいて他の大名と隔絶しており、領国経営においても幕府との関係においても政治的な自立性の高さを示していた。この点は徳川社会の政治的近代化を測るうえでの重要な指標の一つをなしており、この観点からも逸することのできない問題である。

国持大名の政治的力能はさまざまな局面に見られたが、その重要なものの一つに大名留守居組合の存在があった。国持大名諸家の江戸留守居役の集合体である「大広間席留守居組合」については第二章第二節に見たとおりであるが、一八世紀中頃、それは島津・伊達・細川・黒田・毛利・鳥取池田・藤堂・鍋島・蜂須賀・山内・佐竹・有馬・上杉・宇和島伊達・宗・津山松平・立花の一七家の留守居役によって構成されていた。実に、ここに掲げられた一七家のうち一五家までが西国の大名であり、ここにも国持大名問題と西国問題とが表裏不可分の関係にあることが諒解されるであろう。

そして先に見たように、この国持大名諸家の留守居役たちによる留守居組合は、田沼政権の打ち出してきた全国御用金令に対して、議論を重ねたのちに「御断」という名の幕令拒絶の申し入れをなすことを統一的な意思としてまとめあげ、その方向で共同行動を取ることを申し合わせた。結句、これがために田沼政権は追い詰められ、遂に政権の瓦解を見るにおよんだ。

この事件の中に、国持大名およびその留守居役たちによって組織された留守居組合の政治的力能の高さを如実に見ることが出来る。留守居組合は、その政治的機能からして事実上の大名議会であり、留守居役はその代議人としてあったと捉えることができるであろう。天明六（一七八六）年の幕府田沼政権の瓦解に際して見せた大名留守居組合の力量は、徳川社会の政治的成熟度と近代化条件の充足の一端を示すものであったと言えよう。

実際、彼ら留守居役は明治維新ののち公議人と名を改め、明治政府下における最初の議会である公議所、そしてその後身である集議院の議員として、一藩の意思を代表して活動しており、徳川時代の留守居組合の存在と、近代的な議会制度とが系譜的にも連続していることが知られるのである。

西国の国持大名が幕末期になると西南雄藩として立ち現れてくることになり、一藩重商主義と独自の富国強兵策を推し進め、明治維新において重要な役割を演じることについては贅言を要しないであろう。

徳川社会と日本の近代化というテーマの観点からしたとき、右の幕藩体制の政治的諸関係における地政学的推移と国持大名の政治的自立性の展開という問題の他にも、本論考ではいくつかの論点を提示した。すなわち、参勤交代制度のもたらす政治・経済・文化の各面にわたる効果、官僚制度の合理化過程と能力主義昇進システムの進展、治水・灌漑システムの整備と農業生産の発展、薬種国産化プロジェクトに端を発する全国規模での物産調査と国富の認識、自然の探究と学術の深化発展がもたらした「知」の近代化と蘭学の勃興、欧米列強の世界進出・植民地形成の情勢認識と日本における尊王攘夷論の独自の展開、等々である。

これら諸問題についても、ここでその意義を改めて論ずべきものであろうが、紙幅もすでに尽きたので本論集収載の個別論文に委ね、拙論は以上の叙述にとどめて擱筆したい。

（1）拙著『関ヶ原合戦――家康の戦略と幕藩体制――』（講談社選書メチエ、一九九四年。のち講談社学術文庫）。
（2）同右。この議論の初出は拙稿「関ヶ原合戦の政治史的意義」（宮川秀一編『日本史における国家と社会』思文閣出版、一九九二年）。
（3）藤野保『新訂幕藩体制史の研究』（吉川弘文館、一九七五年）二〇五頁、高木昭作「江戸幕府の成立」（岩波講座『日本歴史』近世1、岩波書店、一九七五年）。
（4）拙著『関ヶ原合戦と大坂の陣』（戦争の日本史17、吉川弘文館、二〇〇七年）。
（5）中村孝也『新訂徳川家康文書の研究』中巻（日本学術振興会、一九八〇年）。
（6）同右、および前掲註（3）高木「江戸幕府の成立」。
（7）拙著『関ケ原合戦と近世の国制』（思文閣出版、二〇〇〇年）第五章。
（8）『公卿補任』（『国史大系』吉川弘文館）。
（9）前掲註（4）拙著『関ヶ原合戦と大坂の陣』参照。
（10）前掲註（7）拙著『関ケ原合戦と近世の国制』第八、九章。
（11）拙著『武家政治の源流と展開――近世武家社会研究論考――』（清文堂出版、二〇一一年）第三章。
（12）元和元年閏六月二九日付、細川忠興書状［細川忠利宛］（『熊本県史料・部分御旧記』第一巻、熊本県）。
（13）『御当家令条』第一号（石井良助他編『近世法制史料叢書』1、創文社、一九五九年）。
（14）前掲註（3）藤野『新訂幕藩体制史の研究』。
（15）拙著『近世武家社会の政治構造』（吉川弘文館、一九九三年）第十章。
（16）前掲註（3）藤野『新訂幕藩体制史の研究』、前掲註（11）拙著『武家政治の源流と展開』第三章。
（17）『御当家令条』第五一八号。
（18）圭室文雄『日本仏教史　近世』（吉川弘文館、一九八七年）。
（19）榎本宗次『近世領国貨幣研究序説』（東洋書院、一九七七年）、作道洋太郎『日本貨幣金融史の研究』（塙書房、一九七五年）。
（20）小葉田淳『日本鉱山史の研究』（岩波書店、一九六八年）。
（21）同右。
（22）『徳川実紀』（『国史大系』吉川弘文館）寛永九年四月一五日条。
（23）朝尾直弘『将軍権力の創出』（岩波書店、二〇〇四年）、前掲註（7）拙著『関ケ原合戦と近世の国制』終章。
（24）『御触書寛保集成』第四号（石井良助他編、岩波書店）。

(25)　藤井譲治『江戸幕府老中制形成過程の研究』（校倉書房、一九九〇年）。
(26)　『御触書寛保集成』一二号。
(27)　仲尾宏・曺永禄編『朝鮮義僧将・松雲大師と徳川家康』（明石書店、二〇〇二年）。
(28)　村井早苗『幕藩制成立とキリシタン禁制』（文献出版、一九八七年）。
(29)　前掲註(15)拙著『近世武家社会の政治構造』第五章。
(30)　拙著『武士道――侍社会の文化と倫理――』（ＮＴＴ出版、二〇一四年）。
(31)　古島敏雄『近世日本農業の構造』（東京大学出版会、一九七四年）。
(32)　前掲註(15)拙著『近世武家社会の政治構造』第十一章。
(33)　『御当家令条』二八四号。
(34)　『御触書寛保集成』一三三二号。
(35)　大阪市参事会編『大阪市史』第一（大阪市参事会、一九一五年）。
(36)　伊達研次「江戸に於ける諸侯の消費的生活について」（『歴史学研究』二二・三一号、一九三五・一九三六年）。
(37)　前掲註(11)拙著『武家政治の源流と展開』第五章。
(38)　拙著『江戸御留守居役――近世の外交官――』（吉川弘文館、二〇〇〇年）。
(39)　『常憲院殿御実紀』付録。
(40)　辻達也『江戸幕府政治史研究』（続群書類従完成会、一九九六年）。
(41)　深井雅海『徳川将軍政治権力の研究』（吉川弘文館、一九九一年）。
(42)　塚本学『徳川綱吉』（人物叢書、吉川弘文館、一九九八年）、ジェームス・マクマレン「武家の釈奠をめぐって」（拙編著『公家と武家Ⅲ――王権と儀礼の比較文明史的考察――』思文閣出版、二〇〇六年）。
(43)　『常憲院殿御実紀』付録。
(44)　前掲註(42)塚本『徳川綱吉』。
(45)　塚本学『生類をめぐる政治――元禄のフォークロア――』（平凡社、一九八三年）。
(46)　栗田元次『新井白石の文治政治』（石崎書店、一九五二年）、ケイト・W・ナカイ『新井白石の政治戦略：儒学と史論』（東京大学出版会、二〇〇一年）。
(47)　「改貨議」（『新井白石全集』巻六、国書刊行会、一九七七年）。
(48)　山脇悌二郎『長崎の唐人貿易』（吉川弘文館、一九六四年）。
(49)　『兼山秘策』（滝本誠一編『日本経済大典』第六巻、明治文献、一九六六年）。
(50)　拙著『徳川吉宗』（ちくま新書、一九九五年）。
(51)　『翁草』巻六六（歴史図書社、一九七〇年）。
(52)　拙著『武士道と日本型能力主義』（新潮選書、二〇〇五年）。
(53)　大石学『享保改革の地域政策』（吉川弘文館、一九九六年）、前掲註(50)拙著『徳川吉宗』。

(54) 盛永俊太郎・安田健編『享保元文諸国産物帳集成』全一九巻（補遺編3）（科学書院、一九八五～九五年）。
(55) 前掲註(50)拙著『徳川吉宗』。
(56) 大蔵省編『日本財政経済史料』巻三（財政経済学会、一九二二年）。
(57) 享保八年五月一六日付、野呂元丈書状（大西源一編『野呂元丈伝』大西源一刊、一九一五年）。
(58) 拙稿「一八世紀日本の「知」的革命 Intellectual Revolution」（『一八世紀日本の文化状況と国際環境』思文閣出版、二〇一一年）。
(59) *Dodonæus in Japan : translation and the scientific mind in the Tokugawa period.* edited by W.F. Vande Walle ; co-editor Kazuhiko Kasaya. -- Leuven University Press, 2001.
(60) 国立公文書館内閣文庫蔵。
(61) 前掲註(40)辻『江戸幕府政治史研究』。
(62)『有徳院殿御実紀』付録。
(63)『寛政重修諸家譜』第一八冊（続群書類従完成会）。
(64) 藤田覚『田沼意次』（ミネルヴァ書房、二〇〇七年）。
(65) 福留真紀『徳川将軍側近の研究』（校倉書房、二〇〇六年）。
(66) 中井信彦『転換期幕藩制の研究——宝暦・天明期の経済政策と商品流通——』（塙書房、一九七一年）。
(67) 林基「宝暦―天明期の社会情勢」（岩波講座『日本歴史』近世4、一九六三年）。
(68) 馬場憲一「江戸幕府勘定所機構の動向について」（『日本歴史』三四〇号、一九七六年）。
(69) 大田南畝編『竹橋余筆』（国書刊行会、一九一七年）。
(70) 島谷良吉『最上徳内』（人物叢書、吉川弘文館、一九八九年）。
(71)「留守居役年記略」（伊達文化保存会蔵、宇和島伊達家文書）。
(72) 前掲註(38)拙著『江戸御留守居役』第三章。
(73) 拙著『近世武家文書の研究』第三章（法政大学出版局、一九九八年）。
(74) 松平定信著『宇下人言』（岩波文庫、一九四二年）。
(75) 菊地謙二郎「松平定信入閣事情」（『史学雑誌』二六編一号、一九一五年）。
(76) 竹内誠「寛政改革」（岩波講座『日本歴史』近世4、岩波書店、一九六三年）。
(77) 白川部達夫『江戸地廻り経済と地域市場』（吉川弘文館、二〇〇一年）。
(78) 人足寄場顕彰会編『人足寄場史——我が国自由刑・保安処分の源流——』（創文社、一九七四年）。
(79) 橋本昭彦『江戸幕府試験制度史の研究』（風間書房、一九九三年）。
(80) 藤田覚『近世政治史と天皇』（吉川弘文館、一九九九年）。
(81) 徳富蘇峰『近世日本国民史・松平定信時代』（民友社、一九二七年。のち講談社学術文庫）。

(82) 北島正元『水野忠邦』（人物叢書、吉川弘文館、一九六九年）。
(83) 林玲子『江戸問屋仲間の研究――幕藩体制下の都市商業資本――』（御茶の水書房、一九六七年）。
(84) 今川徳三『八州廻りと代官』（雄山閣、一九七四年）。
(85) 真鍋重忠『日露関係史』九、十（吉川弘文館、一九七八年）。
(86) 前掲註(80)藤田覚『近世政治史と天皇』。
(87) 前掲註(85)真鍋重忠『日露関係史』。
(88) 吉永昭『近世の専売制度』（吉川弘文館、一九七三年）。
(89) 藤田覚『天保の改革』（吉川弘文館、一九八九年）。
(90) 徳富蘇峰『近世日本国民史・天保改革篇』。
(91) 同右。
(92) 徳富蘇峰『近世日本国民史・開国日本㈠』。
(93) 岩下哲典『江戸の海外情報ネットワーク』（吉川弘文館、二〇〇六年）。
(94) ゴンチャロフ『日本渡航記』（岩波文庫、一九四一年）。
(95) 外務省記録局『締盟各国条約彙纂』［第1編］（外務省記録局、一八八四年）。
(96) 『日本思想大系』53（岩浪書店、一九七三年）。
(97) 佐藤誠三郎『「死の跳躍」を越えて――西洋の衝撃と日本――』（都市出版、一九九二年）。
(98) 松田清『洋学の書誌的研究』（臨川書店、一九九八年）。
(99) 園田英弘『西洋化の構造』Ⅰ第二章、Ⅱ第一章（思文閣出版、一九九三年）。
(100) S・W・ウィリアムズ著、洞富雄訳『ペリー日本遠征随行記』（雄松堂書店、一九七〇年）。
(101) 小西四郎『開国と攘夷』（日本の歴史19、中央公論社、一九六六年）。
(102) 末松謙澄編『防長回天史』第三四章（柏書房、一九八〇年）。

Ⅰ 政治

新井白石と「政治」

大川　真

一　武家勲階制

徳川政権は、当時の人びとの厭戦感情を背景に、内戦の即時停止を目的とした武力行使を断行し、武力の集中・独占によって「惣無事」[1]の長期的な持続化に成功した。そしてこの既成事実そのものが政権成立を正当化したのであった。家康による惣無事、天下静謐の実現という厳然たる軍事的現実があってこそ、のちに儒教や仏教、神道などのさまざまな政権賛美のイデオロギー[2]が機能していくことになる。ただし政権の長期化には別の支配システム、とりわけオートノミーによる支配が必要であり、そのためにも「家格」システムの確立は必須であった。仙台藩七代目藩主伊達重村のように、同格の薩摩藩島津家に負けじと時の老中や大奥の老女たちに積極的に「手入れ」を行うものもいた[3]。武家官位に基づく家格制は江戸城における席次や服制などビジュアルに直接訴えかけ、大名統制においてその効果は絶大であった。また祖先への「報恩」や家臣団へ威厳を示すためにも、家格維持・家格上昇は大名にとって大変な重みがあったと想像される。

徳川宗主による武家支配、さらに各藩における内部統制にも武家官位制[4]は非常に効果的であったが、ただし武家支配構造そのものを破綻しかねない可能性を持っていた。徳川政権は、禁中並公家諸法度の第七条で「武家之官位者、可為公家当官之外事」と定め、武家の任官の決定権を徳川宗主が実質的に掌握することに成功したが、官位の発給権は形式的には天皇に属し、依然として官位の源泉は朝廷に存在していた。ここに内包された問題を鋭く指摘したのが近世思想史の巨人である荻生徂徠（一六六六〜一七二八）である。

且天下の諸大名皆々御家来なれ共、官位は上方より綸旨位記を被下事なる故、下心には禁裏を誠の君と存る輩も有べし。当分唯御威勢に恐れて御家来に成たるといふ迄の事抔と心得たる心根うせずんば、世の末に成たらん時、安心なりがたき筋も有也。（服部本『政談』巻之三）(5)

そして徂徠に先んじて武家官位制の抜本的な改革を提唱したのが正徳の治の推進者である新井白石（一六五七〜一七二五）であった。白石は足利義満を引き合いに出し、権勢を誇った義満が山名氏、大内氏ら臣下の叛乱を招いた原因を次のように分析する。

王朝既におとろへ、武家天下をしろしめして、天子をたて丶世の共主となされしよし、その名、人臣なりといへども、その実のある所は、その名に反せり。我すでに王官をうけて、王事にしたがはずして、我につかふるものをして、我事にしたがふべしと令せむには、下、あに心に服せむや。かつ、我がうくる所も王官也。我臣のうくる所も王官也。君臣共に王官をうくる時は、その実は君・臣たりといへども、その名は共に王臣也。その臣、あに我をたつとむの実あらむや。義満の世、つねに反臣の絶えざりしは、不徳の致す所とはいへども、つねに又その君を敬ふの誠なきによれり。（『読史余論』下）(6)

すでに「天下の権」（政治実権）を完全に把持したのにも関わらず、朝廷の官位を叙任されれば、形式的ではあれ義満もその臣下も等しく「王臣」ということになり、実際の主従関係と齟齬をきたす。義満の轍を踏まないためにも、現行の官位制は朝廷だけに留め、別個に武家独自の制度を創出すべきだと白石は主張する。

もし此人をして不学無術ならざらましかば、此時、源家、本朝近古の事制を考究して、その名号をたて、、天子より下れる事一等にして、王朝の公卿・大夫・士の外、六十余州の人民等、ことぐく、其臣たるべきの制あらば、今代に至るとも遵用するに便あるべし。（『読史余論』下）(7)

「その名号をたて、、天子より下れる事一等にして、王朝の公卿・大夫・士の外、六十余州の人民等、ことぐく、其臣たるべきの制」という制度の具体的な施策が、国王復号と武家勲階制である。すなわち徳川「将軍」の称号を、実効的政治支配を行う治者の号である「国王」へと改め、「国王」と武家・人民の間において、実際の人的主従関係に対応した勲階制を新たに創出することを主張している。

当家ノ老中ハ朝家大臣ノ職任ニ相同ジ。然ルニ其官ハ従下五位相当ノ侍従ナリ。其位ハワヅカニ従四ノ下ナレバ、堂上ノ人々モ、イカデカ其職ヲアハセテ軽ンジオモヒタマハズト云フコトアルベカラズ。マシテ異朝並ニ朝鮮琉球ノ国々、我国執政ノ大臣、其位其官カクノ如クナリト、聞人アザケリ笑ハズト云フコトナカルベシ。古ノ勲位トイヒシハ秦ノ武功ノ爵ニヤ事起リケム。唐代ノ制ニテ武人勲功アル者ニ賜ヒシ所ナリ。我朝ニモ其例ニヨラレテ勲階ヲ定メオカル。中世ヨリ後ハ其事聞エズ。タゞ今モ諸社ノ神位ニハ勲階ノアル多シ。勲一等ト云フハ正三位ニ相当ナリ。コレヨリ次第ニクダリテ、勲十一等ハ正八位ニ相当リ、勲十二等ハ従八位ニ相当レリ。其位高シトイヘドモ、勲功小キナレバ勲位ハヒクシ。其位卑シケレドモ、勲功大キナレバ勲位ハタカ、リキ。其事令式並ニ国史等ニ詳カナリ。譬ヘバ武家老中、其位ハ正四ノ上ヲ極トセンニ、天下機密ノ大臣ノ位ニハ猶卑シト云ベシ。カ、ルニ勲一等ヲ賜ハランニハ、勲位ハ公家ノ正三位ニ相当レバ、サラバ老中ノ職、公家大納言ノ官ニ相当ルベシ。尤モ国体ヲ得タリト申スベキ歟。殊ニ勲位トイフコト、昔ヨリ武人ノ為ニ設ケオカレシ所ナレバ、武家ヨリ申請レンコト尤モ御理運ノ御望ミナリ。其上又勲位望申サセ玉ヘバトテ、公家ノ人々サラニ相妨ルコトアラザレバ、スコシモカタブケ申ス人アルベカラズ。

附

令ニ見エシ勲位ノ事

勲一等　相当正三位　勲二等　相当従三位

勲三等　　　正四位　勲四等　　　従四位

勲五等　　　正五位　勲六等　　　従五位

勲七等　　　正六位　勲八等　　　従六位

勲九等　　　正七位　勲十等　　　従七位

勲十一等　　正八位　勲十二等　　従八位

此勲位ト云コト、異朝ニハ今ニアリ、朝鮮国ニモアルコトナリ。

附

位署ノ式　国史並ニ公卿補任ニ見シ所少々

参議従三位勲四等大野東人

参議正三位勲二等兼授刀大将藤原真備

右大臣正二位勲二等吉備真備

ナド見タリ。コレラハ本位ト勲位トアル人々ナリ。本位計リニテ勲位ナキアリ、コレ武功ナキ故也。又勲位バカリニテ本位ナキアリ。コレ武功ハアレドモ本官ナキ人ナリ。

老中ナドノ異朝ヘノ書ニ、タトヒ本位ハアサクトモ勲位タカ、ランニハ、国体ニ於テシカルベキ御事ナリ。

（『武家官位装束考』(8)）

武家勲階制が国内での武家統制のみならず東アジア外交、特に朝鮮外交を踏まえて提唱されたことが一目瞭然であろう。家光期以降、老中の官位は従四位下侍従となるのが通例となったが、朝廷の官位制の枠内で武家が高位高官を求める風潮は徳川宗主と武家との主従関係を破綻させる契機にもなりかねない。また公家からの反発も予想される。しかし東アジア世界の官位制では老中の地位は明らかに低く（朝鮮からの通信使の正使でさえ三位を保持しているのが通例）、敵礼構築の際の障害となりかねない。従来の官位制から勲階制への全面移行は俄かには無理だとしても、官位制と勲階制との併用は現実的な政治手法であると白石は考えたようである。武家勲階制は実現にはいたらなかったが、のちに徂徠も『政談』で同様に武家の統制に勲階制を導入するメリットを述べていることを考えると白石の主張が与えた影響は大きいといえよう。[9]

武家勲階制の提唱に見られるように、白石は現実政治が抱えたさまざまな課題を透徹した洞察力を持って認識し、国内・国外のステークホルダー間の利害調整を見据えた上で徳川宗主による政治支配システムの安定化・持続化に心血を注いだ。[10] 白石はさらに武家官僚制の強化にも取り組もうとした。

二　宝永武家諸法度

徳川政権の長期持続を可能にした政治的要因は、法制の高度化と行政官僚制の発達である。[11] 江戸時代の官僚制については、藤井譲治の先駆的な研究がある。氏によれば、一七世紀後半に幕府の職制は完成し、人ではなく「職」が、幕政運営の原理となったとされる。[12] 武家官僚制を軍制からの継承と比較文明史的観点から考察したのが笠谷和比古である。笠谷は、従来の行政官僚は公家や僧侶たちであったが、江戸では武士たちが担い手となっていること、また江戸時代の行政官僚制はそれ以前の軍制に由来するもので、武士たちは本来の軍職を維持したままで行政諸職に任じられていること、またヨーロッパのように身分制議会は不在であるが、武士たちは行政全般に直接コミットし、政策の立案形式が稟議制、合議制を基本としていると指摘している。[13] もちろん深谷克己が指摘する通り、社会の発展とともに民政課題の増加が官僚制の高度化を促進したということもあろうが、武家行政の意志決定システムが稟議制を基本とし合議的性格を帯びていたことで、経済や外交に関する困難な事態にも堪えうるガバナンスの柔軟性とそれを支える人材とを供出できたといえよう。

官僚制研究に関しては日本史や法制史からの研究の蓄積があるが、思想史からの研究は乏しい。しかし最近になって中田喜万が正面からこの問題を論じた。[14] 氏は官僚制の整備の時期をおおよそ享保の改革期（特に享保六～九年）に求め、なかでも前掲の荻生徂徠の『政談』をとりあげ、組織における人員配置や人材登用について徂徠がどのように問題を提起したのかを論じている。ここでは白石が起草し宝永七（一七一〇）年四月一五日に公布された宝永武家諸法度の条文を検討し、白石が成文法によって行政官僚制を安定化しようとした跡を見ることとする。

宝永武家諸法度は元文令（一六一五年）、寛永令（一六三五年）、寛文令（一六六三年）、天和令（一六八三年）、寛永寛文諸士法度（一六三五年、一六六四年）の条文をもとに改定されている。[15] そして宝永令公布と同年に白石が著した注釈書が『新令句解』である。行政官僚制に関する条文でとりあげたいのは第六条である。以下の引用は『新令句解』による（ヤマカッコ内が注釈、傍線は筆者）。

一、大小の諸役諸番の頭人等〈大役より小役に至るまでの頭、諸番の番頭、組頭、等をすべていふ〉権勢に依て人を凌ぎ〈我が権柄威勢を頼みて、凡の人を侵し凌ぐをいふ〉公義を假りて私を営むべからず〈公義に事よせて私のためを謀り為すをいふ〉。同列相和ぎて衆議を会し〈相役の中よくして人々の思ふ所を残さずいひ命ずるをいふ〉上聞を壅がずして、下情を通じ〈上に聞えて、然るべからざる事をば、或申も上す。とりもつかず、或申とても有るのまゝに申さねば、上聞を壅ぎ蔽ふなり。何事にもあれ、下の人の思ふを、中路にてとゝこほらする事なく上に達するは、下情を通ずる也〉偏頗なく〈かたおちなる事なき也〉贔屓あらず〈我方人の為に力を出すを云也〉各其職事に練習して公務を精勤すべき事〈諸役諸番の頭たる人、各その職とする事に、鍛錬習熟して、おほやけの務を、詳く詳に勤労にすべしと也〉[16]。

この条文（および注釈）でポイントとなることは次の二点である。まず一つは同役・相役での「衆議」を重視していることであり[17]、先ほど述べたように合議制を基盤とした武家の行政官僚制の実態に即しているということである。また下級役人の意見を途中で加工・屈折させることなくそのまま上級役人に伝えることは、稟議制による政策決定に対応している。白石は合議制・稟議制を基調とした行政官僚制のスタビリティーを成文化することで獲得しようとしたと考えられる。

三　「まへつきみ」——日本政治の原型への考察——

以上見てきた武家行政官僚制の特質は、笠谷和比古が論じたように、権力への一極集中を排除するとともに組織成員の意見を尊重し合意形成を志向するところにあった[18]。前近代の日本の政権は基本的には統裁合議制により政策を決定しているが、家臣団による合議では特定の権臣に発言権や決定権を集中させないことが、成員間における政策関与の機会平等や政策の正統性を確保する際に重要となる。一方で周知の通り、専制政治は日本の政治形態では例外であり、白石も『読史余論』において、中国の宦官に比せられるような権臣の専横を厳しく批判した[19]。白石は、藤原氏による外戚政治、北条氏の執権政治、室町期の伊勢貞親による専横などを事例として、君主が政策の裁可・決裁に一切関与しなくなれば、君主権力が特定の権臣へ下降していき、政治構造そのものがオイコス的なものに堕して長期的な政権運営が結果として不可能であることを鋭く指摘している。白石は君主による権力の把持について関心を寄せつつ、マキャベリのように君主による権力の一極集中化には批判的であり、臣下による補弼の役割を重視した。その際に権力編成の上位層による参議は政権運営にとって不可欠なファクターとして考え、白石はそれを武家政治のみならず日本政治史の「伝統」として描き出した。それが「まへつきみ」論である。

古代史の研究者はともかく、「まへつきみ」は一般的には知られていないので、以下、関晃の担当執筆による『国史大事典』の説明を引いておく。

> **まへつきみ　大夫**　大和時代後期の議政官。『日本書紀』には古い年代から、一般的に朝廷の重臣を意味する漢語として、公卿大夫・大夫などの語が数多く用いられているが、そのうち七世紀前半を中心とする時期の大夫は、当時マヘツキミ・マチキミなどと呼ばれ、大臣・大連の下で合議体を構成し、朝廷の最高政務の審議・決定に参与するとともに、天皇と群臣の間に立って奏宣のことにあたったもので、のちの公卿のうちの卿にほぼ相当するものだったとみられる。（以下略）

関は一九五九年にこの説明の元となる有名な論文「大化前後の大夫」[20]を著し、大化前後に「まへつきみ」（「大夫」）と呼ばれ大臣・大連に地位を有した議政官・奏宣官の存在を指摘している。関のこの論文は太政官合議制をめぐる倉本一宏の研究[21]や早川庄八の研究[22]に大きな影響を与えている。

この「まへつきみ」制については実は政治学者・丸山眞男も言及している。周知の通り、丸山は「政事《まつりごと》の構造――政治意識の執拗低音――」において、正統性（Legitimacy）と政治の決定権（Decision-making）の乖離、それにともなう権力の身内化・下降化という日本政治の構造の特質を鋭く分析しているが[23]、この構造図において政策決定の主体として「まへつきみ」を措定しているのは注目される。丸山は白石を徂徠ほどには評価していないが[24]、白石と同じく「まへつきみ」制に日本政治の原型を考察しているという共通点がある。

古代日本の行政官僚制において実務の中心的な役割を担った「まへつきみ」であるが、戦前からの蓄積があるのは法制史研究である。本居内遠の門下で『古事類苑』編纂に尽力した小中村清矩は「旧事紀」（先代旧事本紀）

にある「申食国政大夫」という語に着目し、次のように述べている。

旧事紀に神武天皇可美真手命と天日方奇日方命《アメノヒカタクシスヒカタノ》を以て申食国政大夫となすとあり。此れは国政を執る人を指してヲス《(食)》クニ《(国)》ノ、マツリコト《(政)》ヲ、マヲス《(申)》、マヘツ《(大)》、キミ《(夫)》と称したるを後の世に至りて漢字を籍りてかく記せるなり。決して官より命ぜられたる官職名にはあらず(25)。

同様に石井良助も「申食国政大夫」に注目し詳しく説明を述べている。

古史には申食国政大夫《をすくにのまつりごとまをすまうちぎみ》とか棟梁之臣《むねまちぎみ》とか大夫とか云ふ言葉が見えて居る。それ等が古史に伝へる時代に設けられたか否かは疑問であるが、臣連両造等が正式にはこれ等の名称を以て呼ばれることもあつたのであらう。まをすと云ふ言葉は元来申す即ち天皇に奏上するの意であるが、後に政務を執行するの意に変つたのである(26)。

しるの語義の変化に伴つて、まつりごとの語もそれまでは天皇が神に対して行ふ祭事を意味したのが、今や臣下より天皇に奏上すると云ふ意味の奉事《まつりごと》に変つたのである。即ち爾後は天皇は臣の輔翼によつて、万機をしらしめすことになつたのである。古史には、天皇側近の重臣の名称として、申食国政大夫《をすくにのまつりごとまをすまうちぎみ》の如き官職が見えて居る。これはしるの語が庶政聞知の義に変じてより生じた言葉であるが、この官職名はこの時代の重臣の任務の最大なるものは政務を天皇に奏上するにあつたこと、天皇より云へば、その政治的任務は重臣の奏上する所を聞知するに存したことを示すものである。而してこのことは同時に又天皇の政治が諸臣の輔翼によらねばならぬものとされて居たことを示すものであると云へる。継体天皇の詔に、万機は賢哲の謨謀によらねばならぬ旨仰せられて居る（継体天皇紀二十四年二月条）と伝へられて居るのは、祭政分離後の政治は群臣の輔翼によるべきものと考へられて居たことを示すものと云へよう(27)。

日本における近代的法制史研究の開始点は、宮崎道三郎を初代の担当教員として明治二六（一八九三）年に帝国大学に法制史比較法制史講座が設置されたことに求められるが、瀧川政次郎(28)や石井良助(29)の回顧によると、明治初年から講座設置前までは古代律令制が主な研究対象であり、江戸期の国学や有職故実の流れを継承した木村正辞、小中村清矩、横山由清、黒川真頼、栗田寛、横井時冬、萩野由之らが中心となっていた。「まへつきみ」への着目も、継受法である律令制導入以前の、日本の固有法を探求するという態度に裏付けられており、さらに石井の場合は、「まへつきみ」に臣下による政事の奏上・補弼と天皇の聞知を読み取り、天皇の不親政の伝統を提示しようとしたと考えられる。丸山の「政事《まつりごと》の構造」論はほぼ石井の「まへつきみ」論を踏襲しているといっても過言ではない。

　そして「まへつきみ」に臣下による合議制の原型を見いだしたのが新井白石であった。ただし「まへつきみ」は近世思想史においては、議政官・奏宣官と解釈するグループと侍奉官と解釈するグループの二種類があったことをまず述べたい。前者が伊藤東涯、新井白石らの儒学グループで後者が本居宣長のグループである。

　まず前者について。伊藤東涯は享保九（一七二四）年に『制度通』を著しているが、「まへつきみ」をその内実から執政の立場にある者、太政官制での大臣として解釈している（傍線は筆者）。

　本朝上世に大臣の号なし、執政の人を称して食国中政大夫《けくにのまつりごとまふすもうちきみ》と云、景行天皇の時に、武内の宿禰を棟梁臣とす、成務天皇の時に、はじめて武内宿禰を大臣と号す、大臣の名是にはじまる、仲哀天皇の時に、大伴武持を大連と号す、是より大臣大連相並んで事を行ひ、代々に大臣大連を置けり、皇極天皇の四年六月に、孝徳天皇即位、阿部倉橋麻呂を左大臣とし、蘇我山田石川麻呂を右大臣として、大連を罷めらる、左右大臣の名、是にはじまる、天智天皇の十年に及で、大友皇子を以て太政大臣に拝せらる、持統天皇の時に、高市皇子又任ぜらる、是において三公の名備れり、又天智天皇の八年に、中臣鎌子連を挙て内大臣とし、藤原朝臣の姓を賜ふ、文武天皇の令を撰みたまふ時に、この官なきによりて、是を令外の官と云、

（巻三「唐三省　本朝太政官の事」）(30)

白石は享保四（一七一九）年に成立した辞書『東雅』において長文の説明をしている。『東雅』は語音考察を中心にした語源辞書であり、山田孝雄は「わが国に於ける語源研究の上に大きな功績を残したものは新井白石である」(31)として高く評価している。まず白石は日本書紀で「太夫（大夫）」の和訓は「マチキンダチ」「マツリゴトマウチギミ」（これらの総称が「マチキミ」）としているが、官名として「大夫」が正史で確認できるのは宣化天皇が阿倍大麻呂に大夫を命じたときであり(32)、それ以前は官名ではなく執政の臣下の呼称であったとして東涯と同様の見解を示す。

太夫マチキミ　日本紀に、太夫の字亦読てマチキンダチとも、マツリゴトマウチギミなどいふ也。旧事紀に、神武天皇元年正月、皇子太夫、率群官臣連伴造国造等、賀正朝拝矣、としるされたり。されど其代に太夫などいふ、官名あるべきにしもあらず。是は国史撰述の時に、執政の臣の事をかくしるされし所なれば、古事記日本紀等には其事をばしるされず。垂仁紀の五太夫、仲哀紀の四太夫など見えしも、亦これに同じ。日本紀に見えし。宣化天皇の御時に、命ぜられし太夫の官に至ては、漢字伝得られし後の事なれば、これは正しく此官名の国史に見えし始とこそ云ふべけれ(33)。

ただし以降の記述では東涯とは異なり、記紀以前に成立したと白石が信じた『先代旧事本紀』などを引用して、太政官制導入以前に存在していた議政官を「マチキミ」とする解釈を示している(34)。

又旧事紀に、神武天皇二年二月宇麻志麻治命《ウマシマチノ》天日方奇日方命《アマノヒカタクスシヒカタノ》。倶拝申食国政太夫、申食国政太夫者、今之大連大臣是矣、としるされたり。此事また古事記日本紀には見えず。食国の字。読てオスクスといふ。月夜見尊に夜之食国《ヨルノヲスクニ》しらす事を、寄賜《ヨサシタマ》ふといふ事を、食の字読てオスといふと、古事記には注したり。万葉集抄に、乎須久爾《ヲスクニ》とは、おほやけに貢物そなふる国をいふ也と、釈せし是也。さらば御食津国《ミケツクニ》など云ひしに同じ

〈御食津国も、万葉集に見ゆ〉。政の字読てマツリゴトといふは、天に奉じ、神に事ふるは、国の大事なりければ、凡軍国の事を総言ふに、マツリゴトとはいふなるべし。申の字読てマウスといふ。古語にはマヲスといふと見えたり。〈日本紀釈〉政を申すとは、国政を議し申すの義なるべし。太夫の字読て、マチギミといふ。景行天皇紀に見えし、時人の歌には、マヘツギミと読けり。旧事紀に、天祖の神、常世思金《オモヒカネ》神に詔して、取持前事為政《モチマエノコトヲトリヨヲナセ》とつ言依《コトヨサシ》賜ひしといふ事あり。マヘツとは、マヘは前也、ツは助詞也。即是取持前事之義とそ見えたる。また万葉集の歌には。マムテキミとも読たり。日本紀に朝参の字、読てマウデといふ。マムテといひ、マウテといふ。並に転語なりければ、朝参之義也しも亦知るべからず。キミとは君也。天邑君《アマノムラギミ》などいひし君之称の如く。その長上を称せし所なり。後にマウチギミといふが如きは、亦是其語の転ぜし也。実には其代にかゝる官名ありしにはあらじ。かの天祖の神、思金神に言寄給ひし事の如くなるを、国史撰述の時にかくはしるされし也〈国政を議し申すの職を、太夫としるされしは、たとへば孝徳紀に太夫所使治民也などいふ事の如く、後には夫等の職掌の人を、太夫と称ぜしが故也〉。

されど後の代に公卿太夫の如き、皆称してマチキミチタチといふ事の始は、こゝに見えしなどはいふべき事也〈日本紀に、公卿大夫の四字引合せてマチキムダチとも読み、群卿群臣等の字を読む事も、亦これに同じ。又大夫の字マチキミとのみ読しにもあらず。カミとも読し也。摂津職大夫をカミと読しが如き是也〉(35)。

「大夫」=「マチキミ」（まへつきみ）について、白石は官名として正史に登場するのは宣化天皇元（五三六）年からであり、それ以前に見られる「マチキミ」は、大化前代に存在した、議政を職とする比較的高位にある者を指していると考えた。言い換えれば継受法導入以前の日本政治の原初に、「マチキミ」による議政と合議制の端緒を白石は発見したのであった。

一方、時代は半世紀近く下るが、先ほど述べたように、本居宣長は『古事記伝』〈明和四〈一七六七〉年起稿、寛

政一〇〈一七九八〉年脱稿）のなかで「まへつきみ」を侍奉官として解釈している。(36)

諸卿等は、麻閇都岐美多知《マヘツギミタチ》と訓べし、書記景行ノ巻の歌に、魔幣菟者彌〈其ノ端ノ詞に百寮云々とあるを指てよめり〉とあり、前《マヘ》つ公《ギミ》の意にて、天皇の御前《ミマヘ》に候《サモラ》ふ公等《キミタチ》と云ことなり、書紀に、侍臣・群卿・群僚・群臣・卿大夫・公卿大夫・卿等・大夫・将相など皆、マチギミとも、マチギムダチとも訓り〈凡てまちぎみまうちぎみなど云は、まへつぎみを音便に訛れるなり、又凡てきんだちと云も、きみたちの、音便にくづれたるなり、凡て書紀の訓には後の音便事多し〉、（三十九之巻）(37)

なぜ宣長が「まへつきみ」に対して、議政官ではなく侍奉官の意味を充てたのか。それは記紀では『先代旧事本紀』にある「中食国政太（大）夫」という語が一つもなく、したがって「申す」という解釈が入る余地はまったくないからである。執政官・議政官とする伊藤東涯、新井白石、さらに明治期以降の法制史学者では、この「中食国政太（大）夫」が解釈の拠り所となっていた。付け加えると、本居内遠の門下である小中村清矩ですら、侍奉官とする宣長の解釈を斥け、執政官・議政官と解釈している。「まへつきみ」に対するこの違いは先代旧事本紀を真文書とするか偽文書とするかという違いに起因している。本稿の主題からすると蛇足となるかもしれないが、最後にこの問題を論じたい。

四　記紀以前の古史の復元

最初に宣長の見解から紹介しよう。宣長『古事記伝』一之巻で「旧事紀といふ書の論」と題し次の論述を展開している。

世に旧事本紀と名つけたる十巻の書あり、此《コ》は後ノ人の偽り輯《アツメ》めたる物にして、さらにかの聖徳太子命《ショウトクノミコノミコト》の撰《エラ》び給し、真《マコト》の紀《フミ》には非ず〈序も、書紀ノ推古ノ御巻の事に拠《ヨリ》て、後ノ人の作れる物なり〉、然れども、無き事をひたぶるに造りて書るにもあらず、たゞ此ノ記と書紀とを取リ合せて、集《アツ》めなせり、其《ソ》は巻を披《ヒラ》きて一たび見れば、いとよく知ラるゝことなれど、なほ疑はむ人もあらば、神代の事《コト》記せる所々を、心とゞめて看《ミ》よ、事毎《ゴト》に此記の文と書紀の文とを、皆本《モト》のまゝながら交《マジ》へて挙《アゲ》たる故に、文体《コトバツキ》一つ物ならず、諺《コトワザ》に木に竹を接《ツゲ》りとか云が如し、又此記なるをも書紀なるをも、ならべ取て、一ツ事の重《カサ》なれるさへ有て、いと〳〵みだりがはし、すべて此記と書紀とは、なべての文のさまも、物ノ名の字《モジ》なども、いたく異《コト》なるを、雑《マジ》へて取れれば、そのけぢめいとよく分れてあらはなり、又往々《ヲリヲリ》古語拾遺をしも取れる、是レも其文のまゝなれば、よく分れたり〈これを以て見れば、大同より後に作れる物なりけり、さればこそ中に、嵯峨ノ天皇と云ことも見えたれ〉、かくて神武天皇より以降《コナタ》の御世々々は、もはら書紀のみを取て、事を略《ハブキ》てかける、是レも書紀と文全《マタ》く同じければ、あらはなり、且《ソノウヘ》歌はみな略《ハブ》けるに、いかなればか、神武ノ御巻なるのみをば載《ノセ》たる假字《カナ》まで一字《ヒトモジ》も異《コト》ならずなむ有ルをや、さて又某《ナニノ》本紀某《クレノ》本紀とあげたる、巻々の目《ナ》どもも、みなあたらず、凡て正《タダ》しからざる書なり、但し三の巻の内、饒速日《ニギハヤビノ》命の天より降り坐ス時の事と、五の巻尾張ノ連物部ノ連の世次《ヨツギ》と、十の巻国造本紀と云物と、是等《コレラ》は何書《イヅレノフミ》にも見えず、新《アラタ》に造れる説《コト》とも見えざれば、他《ホカ》に古書ありて、取れる物なるべし〈いづれも中に疑はしき事どもはまじれり、そは事の序《ツイデ》あらむ処々に弁ふべし〉、さればこれらのかぎりは、今も依リ用ひて、助《タス》くることおほし、又此記の今本《ノマキ》、誤字《アヤマレルモジ》多きに、彼ノ紀には、いまだ誤らざりし本《マキ》より取れるが、今もたま〳〵あやまらである所なども稀《マレ》にはある、是もいさゝか助《タスケ》となれり、大かたこれらのほかは、さらに要《エウ》なき書なり。（以下略）[38]

宣長の議論はおよそ以下のように集約される。

『先代旧事本紀』の序文では、推古天皇二八年に勅命を受け聖徳太子と蘇我馬子が先代旧事本紀を撰禄したと記述されているが[39]、この序文は『日本書紀』推古天皇二八年条「是歳、皇太子・嶋大臣共議之、録天皇記及国記、臣連伴造国造百八十部幷公民等本記」という記述にあてはめる形で書かれており、『先代旧事本紀』は後世の人間が制作者・年代を偽って書いたものである。それは文体が古事記と日本書紀とのそれが混用され統一されていないことからも明らかである。そして『古語拾遺』が引用されていることから実際の成立は大同年間以降である（ちなみに『古語拾遺』が撰上されたのは大同二〈八〇七〉年）。ほとんどの記述は先行する他の書物からの引用であり取るに足らないものばかりであるが、巻三の饒速日命の天下りや巻五の尾張氏、物部氏の系図、巻一〇の国造本紀の記述はどこにも見当たらない内容で俄に捏造したものとも言いがたく、何かしらの古書に基づき記述したのであろう。

鎌田純一がいう通り[40]、『先代旧事本紀』への書誌的批判は現在でもほぼ通用するものであり、宣長文献学の真骨頂を遺憾なく発揮している。一方で白石は『先代旧事本紀』を真文書と捉え、享保元（一七一六）年に著した『古史通』において次のような古史論を展開している。

本朝上古の事を記せし書をみるには其義を語言の間に求めて其記せし所の文字に拘はるべからず。上古の代に今の文字といふものはあらず。先世よりして言嗣ぎ語り嗣し事を後世の人もまたいひつぎ語り嗣しのみなり。人皇第十六代の帝応神天皇十五年の秋百済王の貢使阿直岐といひしもの来れり。此人経典を読事を能せしかば、菟道の太子師とし学びたまひしかば、我国にしていまの文字を伝習ふ事の始と見へたれども、其代にひろく行はれしとは見へず。第十八代履中天皇四年の秋始て諸国に国史を置き言事を記して四方の志を達したまひしは、我国に今字の行はるゝ事の始と見へたり。第三十四代推古天皇二十八年の春上宮太子蘇我馬子宿禰とともに勅を奉られてより古記を修めて先代旧事本紀を撰ばる。其代に古記といひしものも、履中天皇始て国史を置き言事をしるさしめられしより後に彼先世より言嗣ぎ語嗣ぎし事を今字を用ひてしるしとゞめし所なるべし。されどその今字もたとへば今俗に仮字といふものを用ゆる事の如くに、漢字の声音を仮りて我俗の語言を記したるなり。釈日本紀に上宮記の仮名はすでに旧事本紀の前にありといふべしと見えしはすなはち是なり。上宮太子旧事本紀を撰ばれし時に至て、たとへば漢土の人の梵語を釈してしるすに漢字を用ひし事の如くに、その字義を取りて其字音によらず。されば其文字をよむ事はその字音によらずして、我国の語言にしたがはる。ここにおゐて倭訓といふ事も出来れりと見へたり。されど我国の歌詞のごときは、其音声調、句律相通ぜざる所あれば、たとへば梵土の陀羅尼の漢語をもて訳すべからず。たゞ漢音を仮りて其梵音をうつし置がごとくに、それ〴〵その字音を仮用ひてその字義をとられず。上宮太子を称じて聖なりと申せども、聖人もとより尽く知り尽く能し給はざる所あれば其字を用ひられし所尽く其義に相合ふべきにもあらず。されば其後第四十三代元明和銅五年の春太朝臣安麻呂勅を奉りて撰録せし古事記に旧事紀に用ひられし所の文を改めしるせしことの多くして其序にも敷文構句於字即難已因訓術者詞不逮心全以音連者事趣更長とはしるしたり。これ仮用ゆる所の字によりてこの正実にたがひてかのかの虚偽を加へんことを恐るゝが故と見へたり。こゝを以て凡上古の事を記せしものをみるには、其記せし所の文字に拘はらずして其義を語言の間に求むべしとは申すなり。

本実に違ふ所あれば、凡我国上古の事を記せしものをみるには、其義を語言の間に求めて其字に拘はるべからずとは申すなり。（以下略）

（「古史通読法凡例、読法」）(41)

漢字伝来以前に存在した古代日本語を復元するにあたり、白石は『古事記』と『先代旧事本紀』の二書をとりわけ重視する。(42)『古事記』は古代日本語の音を仮名で表記していることが多い。一方、『先代旧事本紀』は玄奘がサンスクリットの仏典を漢訳したように、聖徳太子が語義によって古代日本語を漢字に改めている語を多く収録している。しかし当時の日本語の語義をすべて漢字に改めるのは無理があったと思われる。不通な語は、字義に拘泥せずに音写したものとして考えることが必要であると白石は述べる。

『古事記』で使用される語を音写した仮名として理解することは宣長にも共通するが、『先代旧事本紀』への高い評価は少し特異といわざるを得ない。というのも徳川光圀が偽書説をすでに提示しており、白石のような無批判な支持をする学者は珍しく、書誌的検討を疎かにしない白石が『先代旧事本紀』を真文書とし高い評価を加えるのは不自然である。この理由として、白石は、吉田神道・卜部神道に対して深く尊崇の念を持っていたことがあげられよう[43]（吉田・卜部は『先代旧事本紀』を神書として尊重する）。ただし筆者は、継受法伝来以前の日本政治の原初形態に対する、飽くなき好奇心と探求心が（そこにはナショナリズム的要因もあろう）、白石をして『先代旧事本紀』を大化前代に存在した真文書といわしめ、日本政治における合議制の「伝統」を創出させたのではないかと考えている。

（1）秀吉政権から徳川政権への「惣無事」状態の継続について、また生存に対する近世の人びとの切望については塚本学の一連の研究が参考になる。同『生類をめぐる政治――元禄のフォークロア――』（平凡社、一九八三年。のちに講談社学術文庫、二〇一三年）、同『生きることの近世史――人命環境の歴史から――』（平凡社、二〇〇一年）など。

（2）徳川政権のイデオロギーをめぐっては周知の通り、丸山眞男と尾藤正英との間での朱子学の適合性をめぐる議論があり、以来多くの研究者が論じてきた。紙面の都合上その成果を振り返ることはしないが、応仁の乱以降、一世紀以上におよぶ長期的な内戦状態の中で、「泰平」「静謐」をもたらし人民の生存をかなりの程度で保障できたというノンバーバルな説得力が、初期の徳川政権の正当化の大きな要因となったことは、思想史研究ではあまり重視されていないように筆者には思える。

（3）山本博文『江戸に学ぶ日本のかたち』（日本放送出版協会、二〇〇九年）第二章を参照。

（4）武家官位制に関する研究は九〇年代半ば以降大きく進展した。なかでも橋本政宣編『近世武家官位の研究』（続群書類従完成会、一九九九年）、また『日本歴史』五七七号（一九九六年六月号）所収の池享、鶴田啓、箱石大の諸氏の論文、堀新「官位昇進運動からみた藩世界」（岡山藩研究会編『藩世界と近世社会』岩田書院、二〇一〇年）、同「近世大名の上昇願望」（深谷克己・堀新編『〈江戸〉の人と身分三　権威と上昇願望』吉川弘文館、二〇一〇年）などを参照した。

(5) 享保一一（一七二六）年頃成立。引用は東洋文庫『政談』（平石直昭校訂、二〇一一年）一六〇頁。

(6) 正徳二（一七一二）年に徳川家宣に進講した際の原稿が元となっている。引用は『日本思想大系　新井白石』（岩波書店、一九七五年）三六九頁。

(7) 同右。

(8) 『武家官位装束考』という書名は国書刊行会が全集編纂の際に命名したものである。成立は宝永七（一七一〇）年頃か。『新井白石全集』六（国書刊行会、一九〇五年）四七三〜四七四頁。

(9) 「幸（ひ）古に勲階といふ事有。勲一等より勲十二等まで十二階有。勲一等を三位にあてたる様なれ共、令義解の文段を考るに、勲一等は古三位の後に列するといふ事にて、三位に当るにはあらず。十二階共に庶人の装束也。然ば官位とは別の物にて、古の代、其人の勲功によりて田地を賜はるに、此十二段の次第有事と見えたり。庶人の上の事にて官人の位の上の事にてはなきゆへ、今に至るまで堂上に是を用ひず。幸に堂上に用ひ来らぬ事なれば、今是を武家に取用ひて、是にて武家の格式をたて、当時のごとく役儀を段々に組上げて一役一席にする事をやめて、座席をば勲階の次第を以てたてて、同階級にあたる役をいくらも拵置きたらば、人を役儀に申付け、人の器量次第に使ふに便りよかるべし。又諸役に、かみ・すけ・ぜう・さくわんの心持をするにも便りよかるべし。かみ・すけ・ぜう・さくわんの事は下に記之。

扨十二階の大概、宰相勲一等、中将勲二等、少将勲三等、侍従勲四等、四品勲五等、諸大夫勲六等、布衣の御役人勲七等と大抵あて置き、勲八等より十二等までは無官の階級たるべし。元より官位と勲階とは別々の事なれば、勲一等に被仰付て宰相に不被任人も、宰相同格たるべし。勲二等に成て中将に不《ママ》任人も、中将同格たるべし。其外も如此なるべし。又大老職・御年寄杯は重き職なれば、官位の方は中将少将にて勲一等二等にもなり、官位の方は侍従にて勲三等にも成る様にする時は、大名の支配をするに、高官高位の人を下知する事、威勢斗に非ず。是又一つの徳也。」（服部本『政談』巻三、前掲東洋文庫、一五八〜一六〇頁）

(10) 白石の政治思想の全体像については、ケイト・W・ナカイ『新井白石の政治戦略——儒学と史論——』（平石直昭ほか訳、東京大学出版会、二〇〇一年）、拙著『近世王権論と「正名」の転回史』（御茶の水書房、二〇一二年）。

(11) 最近の概説書でも次のように記述されている。

「幕府・藩の機構はかなり高度に合理的に組織されており、職務分掌が体系化され、執務の客観性と公正性を保障するために役人は規則に従い文書によって職務を執行していた点では、官僚制機構としての特質を相当程度備えていた。」（大藤修「幕府体制の成立と法」『法社会史』山川出版社、二〇〇一年、二八二頁）

(12) 藤井讓治『江戸時代の官僚制』（青木書店、一九九九年）八七頁。

(13) 笠谷和比古『近世武家社会の政治構造』（吉川弘文館、一九九三年）、『士《サムライ》の思想』（岩波同時代ライブラリー、一九九七年）、「前近代における官僚制と封建制の歴史的意義」（同編『公家と武家Ⅳ――官僚制と封建制の比較文明史的考察――』思文閣出版、二〇〇八年）など。

(14) 中田喜万「武士と学問と官僚制」（『日本思想史講座』3、ぺりかん社、二〇一二年）。

(15) 宝永令が依拠している法令は以下の通りである。

宝永令一…天和令一、寛永寛文諸士諸法度一
　二…天和令一三
　三…天和令三
　四…天和令二、元和令九の註
　五…天和令四
　五の附…天和令一三、寛永令一六
　六…寛永寛文諸士諸法度二二
　八…元和令二
　九…天和令七の附
　一〇…天和令七の附
　一一…天和令六
　一一の附…寛永寛文諸士諸法度一〇
　一二…天和令九・一〇、寛永寛文諸士諸法度五・六・七
　一二の附…寛永寛文令一〇
　一三…天和一一
　一三の附…元和令一一
　一四…天和令八
　一五…寛文諸士諸法度一九、天和令附一二
　一六…天和令五、天和令附一二
　一七…天和令一四、寛永寛文令一九

（以上、宮崎道生『増訂版　新井白石の研究』吉川弘文館、一九六九年を参照）

(16) 滝本誠一編『日本経済大典』四（明治文献、一九六六年）、二六六～二七七頁。

(17) 近世後期では仲間内での「熟談」の重要性が説かれるが、宝永令第六条に見られる「衆議」重視の考え方とも関連しよう。松田宏一郎『江戸の知識から明治の政治へ』（ぺりかん社、二〇〇八年）第一章「「政事」と「吏事」」を参照。

(18) 前掲註(13)笠谷『士《サムライ》の思想』、五六頁。

(19) 拙稿「古典を読む　新井白石『読史余論』」（『岩波講座　日本の思想』三、岩波書店、二〇一四年）を参照されたい。

(20) 関晃「大化前後の大夫」（『山梨大学学芸学部研究報告』一〇号、一九五九年）。

(21) 倉本一宏『日本古代国家成立期の政権構造』（吉川弘文館、一九九七年）。

(22) 早川庄八『天皇と古代国家』（講談社学術文庫、二〇〇〇年）。

(23) 丸山眞男「政事の構造——政治意識の執拗低音——」(『百華』二五号、一九八五年。のち『丸山眞男集』一二〈岩波書店、一九九六年〉所収)。

(24) 丸山は白石を全体の思想系列から孤立した近代的合理主義者と位置づける。『日本政治思想史研究』(東京大学出版会、一九五二年)を参照。

(25) 小中村清矩『日本官職制度沿革史』(東学社、一九三五年)、二三頁。

(26) 石井良助『日本法制史概説』(創文社、一九四八年)三二頁。

(27) 前掲註(26)石井書、三〇頁。

(28) 瀧川政次郎『日本法制史』(有斐閣、一九二八年)。

(29) 前掲註(26)石井書。

(30) 岩波文庫『制度通』上(吉川幸次郎校訂、一九四四年)一五七頁。

(31) 山田孝雄『国語学史要』(岩波書店、一九三五年)。

(32) 「二月の壬申の朔に、大伴金村大連《おおとものかねむらのおほむらじ》を以て大連《おほむらじ》とし、物部麁鹿火大連《もののべあらかひのおほむらじ》をもて大連とすること、並に故の如し。又蘇我稲目宿禰《そがのいなめのすくね》を以て大臣《おほおみ》とす。阿部大麻呂臣《あべのおほまろのおみ》をもて大夫《まへつきみ》とす。」(『日本書紀』宣化天皇元年二月条)

(33) 『新井白石全集』四(国書刊行会、一九〇五年)一〇二頁。

(34) 本文中に「朝参之義也しも亦知るべからず」とある通り、白石は侍奉官とする解釈も否定してはいないが、所説の全体としては議政官と解釈する方向性が強い。

(35) 前掲註(33)書、一〇二〜一〇三頁。

(36) ちなみに『時代別国語大辞典 上代編』(三省堂、一九六七年)でも宣長と同様に侍奉官の義であるとして説明している。

「まへつきみ [卿・大夫・臣] (名) 天皇の御前に伺候する高官侍臣。「朝霜の御木《ミケ》のさ小橋《ヲバシ》魔幣菟耆瀰《まへつきみ》い渡らすも御木のさ小橋」(景行紀一八年)「照れる橘うずに插まへつきみタチずに挿し仕へまつるは卿大夫等《まへつきみタチ》」(万四二七六)「今も又朕《ワ》が卿《まへつきみ》と為て」(二詔)【考】前=ツ=君であると思われるが、「従駕二三卿大夫、及官人数百而軽行之」〈卿大夫末宇知岐美太知《マウチキミタチ》〉(仲哀紀二年・私記丙本)「大臣於保伊万宇智岐美《ナホイマウチキミ》」(和名抄十巻本)ともある。翰苑所見の「麻卑兜吉寐、華言大徳」は一般にマヒトキミと訓み、真人君と解されている。マヒトとキミとが複合することは不審であるばかりでなく、「兜」の字は甲類の仮名と認められるから、ここではむしろウ段のツに近いものと解し、また「卑」を魏志倭人伝の「可多毗」(額田部)にならって、甲類のへとみ「麻卑兜吉寐」はマヘツキミと解すべきだとする案に従いたい。「吉寐」の仮名はともに甲類で「君」とみることを妨げない。」

(37) 『本居宣長全集』一二(筑摩書房、一九六九年)一八二頁。

(38) 前掲註(37)『本居宣長全集』九、一四〜一五頁。

(39) 「夫先代旧事本紀者、聖徳太子且所撰也。于時小治田豊浦宮御宇食炊屋姫天皇即位廿八年、歳次庚辰春二月午朔戊戌、摂政上宮厩戸豊聰耳聖徳太尊、大臣蘇我馬子宿禰等、奉勅撰定、宜録先代旧事。」

(40) 鎌田純一『先代旧事本紀の研究　研究の部』(吉川弘文館、一九六二年)。

(41) 『新井白石全集』三(国書刊行会、一九〇五年)二一〇〜二一一頁。

(42) 『東雅』の冒頭で次のようにも述べている。

「古言の義を求むるに、古事記にしるせし所、其正を得しとみえし事ども多く、古語拾遺これに次ぐ。諸国風土記の中、其徴となしつべきものなきにあらず。日本紀にみえし所の歌、また万葉集の歌の詞のごとき、古人の釈せし所、心を潜むべき事也。仙覚律師万葉集の釈のごときは、其妙解とおぼしきものどもすくなからず。よくこれらの書に熟したらむには、思ひ半を過つべき事也。

漢字を用ひて、此国の言をしるされしもの、旧事紀を始とす。其字を用ひられし所によりて、古言の義自ら明かなる事もすくなからず。日本紀またこれに次ぐ。先達の人相伝へて、日本紀の文は、すなはち旧事紀によられしなどいふ也。令義解に釈せし所のごとき、本朝にして漢字を取用ひし法を観つべきもの、最多かり。倭名紗、物の名を注して、其下に引用ひし所の文によりて、其義をさとしつべき、またすくなからず。」(首巻)

さらにいえば白石は「日本紀などははるかに後にこしらへたて候事故に大かた一事も尤もらしき事はなき事に候」(佐久間洞巌宛書簡)と『日本書紀』を相当低く位置づけていた。

(43) 宮崎道生は次のように指摘している。

「他家の及びがたい由緒ある家柄として白石は吉田家を最も尊重し、一子相伝の秘訣の外は奥義の伝授をえたことを述べてゐる。なほ吉田家が珍重すべき神事を伝えてゐることについては、同じく洞巌宛書簡に於いて、大嘗会由基主基の事に関し、「此時(註、大嘗会)にこそ吉田家の家にて祭祀などこと〴〵く調達の事にて、実に天の児屋の遇々相承の神事を世々に伝られ候」と述べ、また古史通巻之四に於いても、神籬の解は、神世より正しく伝へられたものであるから、卜部の説が最も信頼すべきものであると云ひ、さらには前引の如く、斎祀祈禱の事にはこれに当るべき家柄のあることを述べて、「我国のごとき(中略)宗社群神の祀典のごとき、初皇祖神のことよさし給ひし所のまゝに、其職を奉ぜし所の神胤今に絶せず」と云つてゐる」(『増訂版　新井白石の研究』吉川弘文館、一九六九年、六六六〜六六七頁)

徳川吉宗の武芸上覧

横山輝樹

はじめに

本論は江戸幕府八代将軍徳川吉宗（在職一七一六〜四五）によって実施された武芸奨励、特に旗本五番方を主たる対象とした武芸上覧を主題とし、その歴史的意義の解明を課題とする。

享保元（一七一六）年八月一三日、朝廷から征夷大将軍の宣下を受け、その後三〇年の間、将軍として幕政に臨むこととなった吉宗は、後世「享保改革」と称される幕政改革を実施した。それは司法・行政・財政をはじめとして、科学、文化の分野にまで踏み込んだ、広範囲なものである。こうした種々の施策を推進すると同時に、吉宗は当時安逸に流れていた幕臣の気風を引き締めるため、武芸を奨励した。

吉宗の年代記である「有徳院殿御実紀」（江戸幕府の公式史書である『徳川実紀』の一部）の附録、「有徳院殿御実紀附録」には吉宗の言動が記録されている。同書の「御家人太平になれて。武芸にをこた（怠）らむ事をなげかせ給ひ。ひたすら講武の事を沙汰せられける」という一文は、それを端的にあらわしたものであるといえる（1）。

戦乱のない江戸時代中期にあって、吉宗が武芸を奨励することで幕臣を鍛え直そうとしたということは、古典的名著である徳富猪一郎『近世国民史』(2)をはじめとして、吉宗に関する伝記や概説書の類にあっても言及されているところである。これまでの研究で明らかにされている吉宗の武芸奨励とは、武芸上覧、狩猟の復興、在野および非幕臣の武芸者の登用、弓馬儀礼の研究と復興、大炮開発、海外武芸の研究・上覧、これに加えて、新刀の開発や馬の品種改良など、多方面に及ぶものであり、それらに関する個別研究の蓄積もある。しかしながら、吉宗による武芸奨励の実態解明、特に旗本を対象とした武芸奨励が具体的にいかなるものであったのかということについて、これを体系的に論じた研究はほとんど見当たらないといってよい。それは、歴史学においても、武道学においても同様である。

たとえば今村嘉雄の大著『十九世紀に於ける日本体育の研究』は、『徳川実紀』の記述を基に、将軍が直々にその参加者の腕前を観閲する武芸上覧と狩猟について、江戸幕府の歴代将軍ごとにその実施回数を提示するという壮大な成果をあげている。(3)武芸上覧にせよ狩猟にせよ、幕臣、特に旗本を対象とした武芸奨励であることは間違いない。よって、今村の成果は本論の先駆けとして位置づけられるものの、不十分な点もあるといわざるを得ない。吉宗によって実施された武芸上覧や狩猟が、前代までと比して量的に充実したということは分かるものの、その量的な充実がいかなる意味をもったのかというところにまでは論が及んでいないのである。

前段で述べたとおり、武芸上覧とは旗本の中でも特に五番方を対象として実施された。「五番方」とは、書院番、小性組、大番、新番、小十人組という軍事部隊の総称であり、将軍拝謁を許された上級（騎馬士格）の幕臣である旗本で構成されている。五番方は幕府直轄の軍事部隊であり、戦時においては幕軍の中核部隊としての役割を期待されている。すなわち、五番方に対する武芸奨励を吉宗の武芸奨励の根本と捉えることが可能であり、今村をはじめとする先行研究の成果にとどまらず、さらに深く実態を解明する必要があると考える。

さて、五番方を構成する旗本（番士と呼ばれる）は、戦時における役割を鑑みれば、太平の世にあっても一定の強さ・逞しさを保持せねばならない立場にあった。しかしながら、本論でもとりあげる通り、吉宗が将軍に就任した一八世紀にはすでに戦闘者としての本分は失われ、たとえば馬に乗ることすらままならない番士が見られるほどであった。

こうした状況に対して、幕府は手をこまねいていたわけではない。吉宗が武芸を奨励したということは巷間よく知られるところであるが、実は吉宗期以前にあっても、番士が尚武の気風を失いつつあることは問題視されており、その是正が図られている（第一節）。問題はその是正策が功を奏さなかったということである。五番方の番士を如何にして鍛えるか。それは吉宗期以前から課題とされながら、しかし未解決のまま吉宗の代に持ち越された課題であった。

こうした問題関心の下、筆者は先に、物領番入制度《そうりようばんいりせいど》、および狩猟復興について論考を発表した。物領番入制度とは、旗本の惣領（跡取り）、特に当主が五番方番士である旗本家の惣領を、家を継ぐ前に（当主の引退による家督相続、あるいは当主の死去による跡目相続の前に）番士として召し出すという制度である。この制度による番入には武芸吟味の結果が大きく影響する。家を継ぐ前に番入出来るという恩恵を獲得するために、旗本惣領は武芸に励んだのである。(4)

吉宗による狩猟の復興については、地域政策の観点や儀礼の観点から論じた先行研究はあるものの、獲物を追い出す役目である勢子《せこ》の運用の観点から論じた研究はほとんどない。筆者は五番方番士を含む幕臣が勢子の中核を担ったというところに着目し、練兵策として狩猟を再評価した。狩猟が繰り返される中で、勢子の運用は次第に複雑化し、最終的には大人数が吉宗の指示に従って自在に動くという高度なものとして成長を遂げるのである。(5)

これらふたつの論点は、旗本に対する武芸奨励を考える上で不可欠のものであるが、さらにもう一点、とりあげるべき論点が残っている。それは武芸上覧である。武芸上覧とは将軍による武芸の観閲である。江戸幕府にあっては旗本、特に五番方の番士を主たる対象として実施された。吉宗による旗本に対する武芸奨励は、惣領番入制度、狩猟、武芸上覧の三種が代表的なものであるといってよい。すなわち、旗本に対する武芸奨励の実態を明らかにするには、武芸上覧の分析は不可欠なのである。

本論では、武芸上覧と、その土台としての武芸見分について分析する。武芸見分とは、武芸上覧に先立って、それぞれの組内において、組を率いる番頭が配下の技量を見分するというものである。吉宗期の特徴は、上覧と見分が強固に連携したというところにある。

以下、吉宗による武芸上覧（および武芸見分）について、特に馬術上覧（および馬術見分）の事例を中心として分析を進める(6)。

一　吉宗期以前の実態

武芸上覧、武芸見分は、吉宗によって初めて実施されたわけではない。それは『十九世紀に於ける日本体育の研究』からも明らかなのであるが、問題は、それらがうまく機能しなかったというところにある。元禄七（一六九四）年七月一八日、五代将軍徳川綱吉は諸番頭に対して番士の学問励行・弓馬励行を命じているが、この際、番頭による番士の弓術・馬術の見分も命じ、弓術についても馬術についても、今回の触に限らず常々稽古をするように（稽古させる様に）と命じている(7)。

しかし、その命令は等閑視されてしまったようで、七年後の宝永四（一七〇七）年一一月には、「弓馬之儀、怠不申候様ニと被　思召、毎年被仰出候処、罷出候者次第ニ令減少、別而当年抔ハ人少ニ罷成候」という状況に陥っている(8)。この文言から判断するにどうやら綱吉期にあっては毎年弓馬励行の命令が出ていたようであるが、それでもこのような状況に陥っているわけである。これは武芸上覧の実施回数の少なさに起因するものであると考える。毎年弓馬の励行を命じたはずの綱吉ではあるが、将軍在職中、弓術上覧は一度、馬術上覧は二度実施したに過ぎない。要するに実をともなわない奨励であったということである。

　これに対して、六代将軍徳川家宣の治世下にあっては、上覧と見分をうまく連携させる試みがなされている。家宣期にあっては、上覧に先立ち、若年寄による見分が実施されているのである。たとえば正徳元（一七一一）年には四月五日に弓術見分、同月一三日に馬術見分が若年寄久世重之によって実施され、同月二六日に家宣による弓術上覧、翌月七日に馬術上覧が実施されている(9)。後述する通り、このような上覧と見分との連携は、吉宗期にあっても見られるところであり（吉宗期にあっては番頭による見分であるが）、そうした意味で、家宣期の武芸奨励とは吉宗による武芸奨励に先立つものとして位置づけることが可能である。

　しかし、将軍家宣が正徳二（一七一二）年一〇月一四日に急死したことにより、上覧と見分の連携は解消されてしまう。家宣の跡を継いだ幼君家継（在職一七一三～一六、将軍宣下の時点で数え年三歳）の代にあっては、家継の年齢ゆえか、上覧の事実はない。そしてそれゆえのことであろう、正徳六（一七一六）年二月二九日には五番方それぞれに対して、次のような申渡が出される事態に陥った。

> 御番衆弓馬之義、　前御代被仰出通、弥精出心懸候様可仕候、組中不精ニ候も有之候様相聞候、古来ハ番頭中遂見分、吟味有之候処、近来者頭中見分無之旨に候、向後ハ前々之通、弓ハ頭之宅、乗馬ハ本郷馬場に於て不絶可有見分候、不時に若年寄見分も可有之候間、可有其意候(10)

　結局のところ、番士に武芸を奨励したところで（番士を武芸に励ませるよう番頭に命じたところで）、上覧を通じた将軍みずからの確認をともなわねば画餅に帰すということになるのである。番士に武芸出精を促すには将軍の上覧が不可欠であるということが分かる。吉宗期にあっては、吉宗の将軍としての在職期間の長さも影響しているのであろうが、武芸上覧が繰り返されることとなる。家宣期に見られた上覧と見分の連携は、吉宗期にようやく実現するのである。

二　吉宗期初期の番士の状態

武芸上覧と武芸見分がうまく機能しなかった状況下、吉宗はその強固な連携を目論んで武芸上覧を繰り返す。その具体的なありようを論じる前に、吉宗が将軍となった当初、武芸上覧の主たる対象となるべき五番方の番士はいかなる状態であったかを確認しておこう。

享保四己亥年五月廿三日
御支配方御列座、岡部左衛門佐・酒井対馬守江、石川近江守殿被仰渡候
於吹上一昨日廿一日、両人組乗馬被　仰付候処、未熟成様子、あやふミ候乗形ニ而、常々馬取扱不申様ニ相見へ候、其内左様ニ無之も相見へ候、或者乗損候歟、落馬等之義者可有之事ニ付、乗形取繕見分能様ニ候との義ニ而ハ無之候、兼々弓馬稽古之義被　仰出候処、無心懸故と被　思召候、向後相嗜候様可相心得之旨、両人江被仰渡候様、右御番衆召呼可申渡之由、被仰聞候
一、右之趣ニ候間、弓馬之義、弥無油断相嗜可被申候、当秋弓馬可致見分候間、其趣可被相心得候、五十以上之面々も弓馬見分之節罷出可被相勤候
五月

右は若年寄石川近江守総茂から書院番頭岡部左衛門佐盛明・小性組番頭酒井対馬守重遠への仰渡の記録である。(11)
享保四（一七一九）年五月二一日、江戸城吹上御庭に赴いた際、吉宗は岡部・酒井両組番士の馬術を上覧したらしい（「柳営日次記」や「有徳院殿御実紀」では確認出来ない）。吉宗の見たところ、その乗り様まことに未熟であった。これは弓馬の稽古をせよという前々からの命令を等閑視しているからであろう、今後は組下の番士に馬術を稽古

させるよう両人に伝えておけ。石川総茂は岡部・酒井両人を呼び出し、吉宗の意向を伝え、同年の秋、配下の弓馬見分をするように命じているのである。

この仰渡のあった二年前の享保二年には、書院番士・小性組番士を対象として馬術上覧が実施されており（後述）、一部には馬術に堪能な番士もいたことであろう。しかしそれでもなお番士全体の動向としては右の通りであったと思われる（岡部・酒井両組の番士だけがことさらに劣っていたとは言い切れない）。吉宗期の初期はこのような状況であったのである。武勇の士であるべき武士、特に戦時にあっては将軍の親衛隊となるべき書院番士・小性組番士が武勇から遠ざかっていたという、そうした状況の中で武芸上覧が始まったのである。

三　馬術見分と馬術上覧

前節でとりあげた、番士がうまく馬に乗れないという体たらくは、少しずつ、半ば強制的に解消されることとなる。本節では馬術を対象として、吉宗期における上覧と見分との連携を明らかにしようと考える。馬術同様、騎射や歩射についても上覧と見分との連携が見出せるが、残念ながら紙幅の都合で割愛せざるを得なかった。これら二種の武芸については稿を改めたいが、いずれにせよ、その構造は馬術に限ってのことではない。なお、吉宗の実施した馬術上覧については、「有徳院殿御実紀」と「柳営日次記」の記述を基に表を作成した。適宜参照されたい。

「柳営日次記」や「有徳院殿御実紀」の記述によれば、吉宗期にあって初めて馬術上覧が実施されたのは、享保二（一七一七）年一〇月二三日のことである。同日辰刻（午前一〇時～一二時）、吉宗は江戸城の南にある将軍家別邸の浜御殿（現東京都中央区浜離宮恩賜庭園）に出遊し、その際、馬術上覧が実施された。上覧の対象となったのは吉宗の供奉をした小性組戸田肥前守組・書院番伊澤播磨守組に属する番士一二名。これら一二名の上覧参加

表　吉宗の馬術上覧

No.	年 月 日	参加者の役職	褒 賞
1	享保2.10.23	書院番士、小性組番士	参加者全員に時服2領
2	享保5.2.23	書院番士、小性組番士、大番士、新番士	参加者全員に時服2領
3	享保6.2.15	書院番士、西丸書院番士、小性組番士、大番士、新番士	参加者全員に時服2領
4	享保7.3.9	書院番士、小性組番士、大番士、新番士	参加者全員に時服2領
5	享保10.2.25	小性、小納戸	不明
6	享保12.4.28	「扈従の士」	不明
7	享保12.10.17	小性、馬方等	不明
8	享保13.3.25	「供奉の番士、鷹匠、鳥見」	「いちはやきものには扇を給ふ」
9	享保15.7.21	小性、小納戸、馬乗	馬乗に銀3枚
10	享保20.7.11	書院番士、小性組番士、馬乗	番士に金2枚
11	元文3.2.18	「近習」	不明
12	元文5.閏7.4	書院番士、小性組番士	参加者全員に金2枚

出典：「有徳院殿御実紀」「柳営日次記」より作成。
註：「御小性組例書私録」などに記載があり、『有徳院殿御実紀』や『柳営日次記』に記載のない馬術上覧は省いている。
　また、家重（吉宗世嗣）も馬術上覧を数回実施しているが、これも省いている。

者には、上覧から二日後の二五日に、恩賞として時服（もともとは夏と秋に天皇から皇族や朝廷の臣に下賜された衣服であったが、江戸幕府にあっては綿入れの小袖）二領が与えられている。二度目の馬術上覧は、前節でとりあげた享保四年五月二三日に江戸城吹上御庭で実施されたものである。これら二度の馬術上覧は、いずれも吉宗の出遊の際に供奉をした番士が対象となっており、前触れなく実施された可能性がある。

管見によれば、馬術に堪能な番士の調査や上覧実施の周知があった上での馬術上覧実施は、享保五年二月二三日の馬術上覧が初発である。同日の上覧にいたる流れを、「御小性組方例書私録」の記述を中心に分析してみよう。同書は七代将軍徳川家継から一〇代将軍徳川家治（在職一七六〇～八六）までの小性組に対する各種法令、あるいは小性組の運営に関わる申し合わせ事項などを内容別・年代別に記録したものである。成立年代・作者ともに不明であるが、成立年代については地の文で家治期を「当御代」と書いていることから、家治期に成立したものと考えられる。また、内容が小性組番頭としての立場からまとめられている点から、作者は家治期に小性組番頭にあった者と推察される。

同日の馬術上覧が実施されるおよそ一か月前の正月二八日、若年寄大久保常春から両番頭に対して、すべての書院番士・小性組番士の中から馬術に堪能な者を五人程度選別して報告せよと指示があった(12)。

これに対して小性組番頭のうちで打ち合わせをした上で報告をあげたのであろうが（その記録は残っていない）、引き続き二月一九日、上覧の実施と参加者についての指示が若年寄石川総茂から出ている。この際、石川から小性組番頭に渡された書付には、二〇日に馬術上覧を実施すること、馬術上覧に参加すべき小性組番士四名の名前（酒井対馬守組の藤掛伊織永直、松平内匠頭組の山田権次郎直貞、秋元隼人正組の三宅弥次左衛門政照、仁木周防守組の近藤甚左衛門正定）、当日の諸連絡が書かれている(13)。

翌二〇日、本来であれば馬術上覧が実施されるはずであったが天候不順のために延期され、二三日に実施された(14)。参加したのは書院番士五名、小性組番士四名、大番士三名、新番士二名である。小性組番士四名が誰であったかは不明であるが、恐らくは石川からの指示通り、藤掛・山田・三宅・近藤の四名であったと思われる。

なお、「御小性組方例書私録」が小性組に関わる記録であるゆえか、同書には小姓組番頭に出された書付のみが記録されており、書院番頭・大番頭・新番頭に出されたであろう書付は記されていない。しかしながら、それぞれの番組からも数名ずつが上覧に参加していることから、小性組番頭に出された書付と同様の書付が出されたと推察される。

二三日の馬術上覧から三か月後、五月一二日に老中井上河内守正岑、若年寄大久保常春から馬術見分についての指示があった。「教令類纂」に記された仰渡の内容をまとめると次の通りになる(15)。

①これまで馬術見分を実施した馬場（本郷馬場）は（江戸城から）遠い場所にあったので、見分を何度もすることが難しかった。今後は浜御庭の馬場で見分をするように。（見分の場所が近くなったのであるから）これまでのように一年に一回の見分ではなく三回程度は実施するように。

②何度も見分をするわけであるから番士が見分に参加しやすいように調整をせよ。

③日の長い季節は一日に二組ずつ見分をせよ。

④組の番士が揃ってから見分を始めたのでは時間がかかるので番士の半分も揃えば見分を始めよ。

実際のところ、江戸城からの距離では本郷馬場と浜御庭の距離はそう変わらないと思えるが、本郷馬場に何らかの「手遠場所」と判断される要素があったということであろう。多少の疑問は残るものの、馬術見分の円滑な実施を促そうとする意図は汲み取れる。さらに四日後の一六日、番頭より番士に申し渡しがあった。そのうちの一条を掲げる。(16)

一、乗馬、只今迄本郷馬場ニ而致見分候得共、此度被仰出候者、本郷馬場ニ而ハ手遠成場所故、度々見分も難成可有之候間、向後者浜之　御殿於馬場見分仕、壱ヶ年ニ三度程も見分可仕候、度々之事ニ候間、御番衆なとも出安キ様ニ万端申合候様ニとの儀御座候、右之通被　仰出候ニ付、此上弥精出し可被申候、乗馬見分之節も押シ申候程之病気・痛者罷出、可被相勤候、定廻之衆・五十以上之衆も自今者毎度乗馬被勤候様ニと存候、若断在之候共、以誓文状ヲ可被申聞候

内容が多岐にわたっているので整理してみよう。

①五月一二日に馬場見分の馬場を浜御庭の馬場とすること、見分を年に二、三回に増やすべき旨指示があった。
　よって番士はいよいよ馬術に励むべし。

②体調不良であっても症状が軽ければ見分に参加するように。

③江戸城内警衛の当番であっても五〇歳以上の番士であっても今後は毎回見分に参加するように。

④もしも見分に不参加の場合は「誓文状」を提出するように。

番士に対して、馬術の励行をかなり強い調子で求めていることが分かる。こうした施策は実を結んだのか。享保六年二月一五日の馬術上覧を経て、同七年三月九日に実施された馬術上覧ののち、吉宗から書院番頭・小性組番頭・大番頭に「乗馬、何も去年より乗方募、御懇ニ被思召候」との褒詞が下された(17)。上覧に参加した番士の馬術上達に、吉宗が満足している様子がうかがえる。馬術見分の整備・拡充は一定の成果をあげた訳であるが、その背景には馬術上覧の実施があると考える。番士に対する馬術見分（および番士の日頃の馬術鍛錬）の成果は馬術上覧によって吉宗自身が確かめることとなる。仮にそれが不出来であった場合、本節冒頭でとりあげたように、番士の馬術稽古を促す立場にある番頭の落ち度となる。番頭としては番士に馬術稽古を促さざるを得ない。すなわち、度重なる上覧の実施によって、その前段階である見分の実施を確実ならしめたということである。吉宗による武芸上覧の頻繁な実施とは、こうした観点から評価すべきなのである。

なお、享保七年の上覧以降、馬術上覧そのものは漸減の傾向にある。しかしそれは、馬術の奨励がなくなったということではない。たとえば別稿「徳川吉宗の小金原鹿狩――勢子運用の観点から――」で明らかにした通り、狩猟に際して番士が勤めた騎馬勢子は質量ともに充実している。あるいは本論では割愛した騎射上覧の増加により、番士の馬術鍛錬の成果を吉宗が確かめる機会は十分に確保されていたと考える(18)。

四　武芸上覧参加者が得る恩恵

吉宗期にあっては武芸上覧と武芸見分との間に強い連携が生まれた。度重なる武芸上覧の実施は武芸見分の実施を確かなものにならしめ、五番方番士の武芸出精を促したのである。度重なる武芸上覧が組内の動向にまで影響を及ぼしたということを、具体的なかたちで論じた研究は見当たらない。前節で明らかにした構図は、武芸上覧という施策に対して新たな意味合いを加えたといえよう。

ただし、大きな論点が残っている。それは、武芸上覧に参加するということが、参加者にどれほどの意味を持ったのかということである。頻繁な武芸上覧とそれにともなう武芸見分の実施、それは確かに見分（そして上覧）の主たる対象である番士に武芸の出精を促したことであろう。しかしそれは、番士にとってある種の強制をともなうものでもある。番頭が見分し、将軍が上覧する。その下にある番士からすれば当人の意向を超えたところで武芸が奨励されたともいえるのである。

そこで本節では、武芸上覧が五番方番士にもたらした恩恵について分析する。日々の武芸鍛錬には辛いこともあろう。繰り返される上司（番頭）の見分、まして将軍の御前で日頃の技量を発揮せねばならない上覧に参加するということは、番士にとって大きなプレッシャーであったに違いない。しかし、武芸上覧に参加することが当人にとって魅力的なものであるとすれば、武芸を鍛錬するモチベーションに繋がるのではないか。そこで本節では、褒賞・昇進・家の名誉という三点から、武芸上覧参加者の得た恩恵を明らかにしたいと考える。

(1) 武芸上覧と褒賞

武芸上覧に参加することでもたらされる恩恵で、まず思い浮かぶのが褒賞であろう。前節でも若干とりあげたが、武芸上覧に参加した番士には褒賞が与えられる。「柳営日次記」や「有徳院殿御実紀」の記述には上覧ごとの記述量にばらつきがあるため、すべての上覧について褒賞を明らかにすることは出来ないが、全体的な傾向は読み取れると考える。

まず、前節でとりあげた馬術上覧はどうであったか。

一、一昨廿三日於浜御殿、乗馬被　仰付候面々

御小性組戸田肥前守組
酒井民部
花村善右衛門
嶋田甚五郎
遠山万次郎
安部左衛門
御書院番伊沢播磨守組
松波甚之丞
川窪求馬
大久保忠右衛門
弓気多源七郎
松平次郎左衛門
松前隼人

右時服二宛被下之旨老中申渡之

右は享保二（一七一七）年一〇月二三日に実施された馬術上覧参加者に対する褒賞の記録である。同月二三日に浜御殿に赴いた吉宗は御供の小姓組戸田肥前守組・書院番伊沢播磨守組の番士一〇名に対して馬術上覧を実施し、その二日後に参加した番士全員に褒賞を与えている。前掲の表にまとめた通り、基本的には上覧参加者全員に褒賞が与えられている。

次に、馬術上覧の漸減とともに実施回数が増えていく騎射上覧であるが、馬術上覧とは違った傾向が見られる。

享保一一年一〇月一五日の騎射上覧では、役職による差はあるものの、参加者全員に褒賞が与えられている（小性・小納戸に対しては時服二領、番士に対しては金二枚）。しかし享保一七年以降の騎射上覧では成績による褒賞の差が見受けられるのである。たとえば享保一七年五月二二日に実施された騎射上覧では、的中四本以上の者に海黄《かいき》（織物の一種、もともとは舶来物であったが甲斐国で作られるようになったので甲斐絹ともいう）が三反、それ以下の者には海黄が一反与えられている。以後、参加者全員に褒賞が与えられる場合もあるが、上覧における成績の差が褒賞の差となって現れている騎射上覧が多く確認出来るのである。

歩射上覧についてはそうした傾向が当初の段階から見られる。享保一二年の三度の歩射上覧において、吉宗の御前で褒賞（時服二領）が与えられたのは皆中（全射的中）の者に対してのみであった。結果的には参加者全員に時服二領が与えられる訳であるが、当人の名誉としては意味のある差であったことと思われる。享保一三年以降の歩射上覧にあってはすべて成績を基準とした褒賞、しかも皆中の者にのみ褒賞が与えられている。参加者全員に褒賞が与えられたのは儀式である弓場始《ゆばはじめ》や賭弓《のりゆみ》（賞品をかけて弓射を競う。もともとは朝廷で実施された）など、通常実施される歩射上覧（大的上覧）でない場合である。

このように、騎射上覧、歩射上覧の褒賞には一定の競争原理が働いているわけであるが、与えられる褒賞自体はさほど大きなものではない。すなわち、恩恵としての意味合いは小さいのである。

（2）武芸上覧と昇進

武芸上覧に出ることは昇進に繋がるものであったのか。武芸に秀でた者を、在野から、あるいは他家から登用するという事例があることは、「有徳院殿御実紀」や「有徳院殿御実紀附録」にも記載されているところである。それでは、幕臣内部にあってはどうであるか。ある者の昇進を武芸上覧参加による昇進と明確に書いている史料はほとんど見当たらない。「有徳院殿御実紀」「有徳院伝御実紀附録」にあって、明確にそのような事例として記載されているのは玉虫八左衛門茂雅と藤方久五郎忠英の二例であるが、以下、検討してみよう。

まずは玉虫八左衛門茂雅である。「寛政重修諸家譜」(19)によれば玉虫家は家禄一一〇〇石。代々徳川家に仕え、曾祖父宗茂は元和三（一六一七）年に小性組番士として召し出され、中奥番士、小納戸、新番頭と順調に昇進を重ね、正保四（一六四七）年には先手鉄炮頭となった。祖父時茂は正保四年に召し出されて以来、元禄四（一六九一）年に六一歳で死去するまで四四年間書院番士であった。父（義父）治茂は二三歳で小普請のまま死去した。

茂雅は元禄八年に九歳で家を継ぎ、宝永三（一七〇六）年に小性組番士となり、享保一五（一七三〇）年二月一八日に西丸徒頭に昇進している。茂雅について、「有徳院伝御実紀附録」には、

小姓組。書院番。新番。大番。小十人組の番士。年ごとに吹上の御庭にて射芸を御覧じ給ひ。よく射あてしものには例の禄賜はる。そが中にも玉虫八左衛門茂雅といへるは。いつも衆に超てよかりしかば。後には今日も八左衛門は出しやと御尋あるほどの事なりき。この八左衛門年を経て徒頭に擢むで給ひしも。全く其芸のすぐれしを。顕はしたまふ尊慮なりとぞ聞えし。

と記され(20)、徒頭（西丸徒頭）に昇進したのは武芸上覧で活躍し吉宗の歓心を得たからであるとしている。しかし「柳営日次記」の武芸上覧についての記述を見る限り、玉虫茂雅（玉虫八左衛門）の名前は一切見当たらない。無論、吉宗期の武芸上覧に出た者の人名すべてが「柳営日次記」に書かれているわけではないが、「有徳院伝御実紀附録」の記述には疑問を覚える。ただし、茂雅は吉宗の狩猟において弓術の腕前をたびたび発揮している。「寛政重修諸家譜」にもそのような記述が見出せるが、「有徳院殿御実紀附録」の編纂段階で、そうした狩猟における活躍を歩射上覧における活躍として誤解した可能性がある。

次に、藤方久五郎忠英である。「寛政重修諸家譜」(21)によれば藤方家は家禄六〇〇石。曾祖父安重は寛永九（一

六三二）年に小十人組番士となり、同二〇（一六四三）年には新番に転じ、慶安四（一六五一）年以降は上野国館林藩主であった頃の徳川綱吉の家臣となり、目付・持筒頭・留守居役を務めている。祖父重直は安重に引き続き綱吉に仕え、使番にまで昇進している。綱吉が徳川家綱の世嗣となった延宝八（一六八〇）年には再び幕臣となり、元禄五（一六九二）年には和田倉小川町の屋敷奉行となっている。父重堯は小普請のまま四一歳で死去している。

忠英は享保一〇（一七二五）年八月二日に九歳で家を継ぎ、小普請を経て、元文五（一七四〇）年一一月二二日に二四歳で大番士となり、宝暦三（一七五三）年三月二一日に新番士、同一二年一一月六日には小納戸に昇進し、その後西丸小納戸を経て安永九（一七八〇）年に致仕（引退）、天明七（一七八七）年に七一歳で死去している。

藤方忠英が元文五年に大番番士として召し出されたことについて、「有徳院殿御実紀」元文五年一一月二二日の条には「小普請藤方久五郎忠英。年ごろ騎射を精研すればとて大番に選らる」[22]とある。また、「柳営日次記」同日の条には、

大御番江　　　　長谷川久三郎組
　　　　　　　　藤方久五郎
右者騎射精出し候ニ付、御番入被仰付之旨、於同席被仰付候

とある。「柳営日次記」から小普請であった頃の藤方忠英の上覧参加の記録を抽出すると、元文元（一七三六）年三月一二日の騎射上覧、同二年四月八日の騎射上覧、同五年八月二六日の騎射上覧、同年九月九日の歩射（闠《くじ》的《まと》）上覧に参加している。また、同三年の高田穴八幡への流鏑馬奉納にも射手として参加している。このような実績が「騎射精出」と評価され、大番への番入に結びついたものと考えられる。

以上の二例が「有徳院殿御実紀」「有徳院殿御実紀附録」において明確に武芸上覧によって昇進したと書かれる事例であるが、果たしてその記述を信じてよいのであろうか。

まずは玉虫茂雅の場合である。上覧での活躍か狩猟での活躍かは枝葉末節に過ぎない。要するに吉宗の前で武芸の腕前を発揮したことによって昇進したという大枠の話は変わらないからである。それでは、そうした活躍が昇進に結びついたのかというと、少なくとも昇進に直結したとはいえないと考える。茂雅が徒頭に昇進したのは事実であり、書院番士のまま生涯を終えた祖父時茂や小普請のまま早世した父治茂を上回る経歴の持ち主ではあるが、曾祖父は布衣役を歴任しているし、家禄も一一〇〇石と高い。茂雅が徒頭に昇進したことは抜擢人事であるとはいえないのである。

また、藤方忠英の場合、確かに小普請から大番士になったのは昇進といえようが、番士として昇進したというわけではない。また、大番士となったのちも騎射上覧・歩射上覧に繰り返し参加しているものの、宝暦三年に新番士となった際、あるいは同一一年に小納戸になった際にそのような言及はない。すなわち、武芸上覧参加の恩恵を受けたというには話が小さいのである。

二例とも、武芸上覧の参加が昇進に結びついた事例として、「有徳院殿御実紀」や「有徳院殿御実紀附録」でとりあげるには難のある事例であるといわざるを得ない。そもそも、吉宗の年代記である「有徳院殿御実紀」はともかくとして、「有徳院殿御実紀附録」とは吉宗の顕彰を目論んで書かれたものである。すなわち、その内容は後世に語り継ぐべき事柄である。そうした性格の「有徳院殿御実紀附録」にすらこのような曖昧な事例しか記載されていなかったということを鑑みれば、番士として武芸上覧に参加するということは昇進とはほぼ無関係であったということになる[23]。

（3）武芸上覧と名誉

ここまでの分析で、武芸上覧に参加した番士が得られるのは、実質的には褒賞のみであるということが分かった。しかしながら、名誉という観点で武芸上覧を見た場合、非常に大きな意味を持っているということがいえる。たとえば褒賞についてであるが、成績によって授与の形式（将軍の御前で与えられるか否か）、授与される金品に差があったとした。このことはみずからの出した好成績に対して賞賛が寄せられたということであり、たとえ褒賞そのものは些少であるにせよ、当人にとって大きな名誉となったことであろう。さらに、上覧によって得られる名誉とは、その一身にとどまるものではなかったのである。

東京都立中央図書館所蔵の『御番入手続其外諸事留』という書物がある。同書は、旗本清水権之助義達（小普請、家禄一〇〇〇石）が安政三（一八五六）年に小性組戸川伊豆守組に番入した際の手続きをはじめとして、義達に関わるさまざまな手続きや書付を記録したものである。

この中に、清水家の先祖由緒書が所収されている。この先祖由緒書は、義達が所属する小性組の番頭が戸川伊豆守安莠から松平対馬守近韶に交替した際、松平近韶に提出されたものである。同書には義達の四代前の清水家当主である義永以降、代々の清水家当主の略歴が記されているのであるが、その文中には武芸に関わる褒賞についての記述がある。以下、清水家代々の略歴をまとめつつ武芸に関する記述を抽出してみよう。

【清水義永】

・享保一六（一七三一）年二月一日に死去した父清水政永（西丸書院番士）の跡を継ぐ。

・寛保元（一七四一）年一〇月二八日、小性組番士となる。

・宝暦四（一七五四）年、御供弓を命じられ、同年一一月二日、家重出遊の際に鳥を射とめて褒美を得る（「御供弓御用被　仰付、同年十月二日王子筋　御成之節鳥射留候ニ付、同月七日為御褒美時服三拝領仕」）。

・宝暦一一年一一月二日、家治出遊の際に大的上覧が実施され、射手として参加、皆中。褒美を得る（「小菅筋於　御成先、大的　上覧射手罷出、皆中仕、為御褒美奥嶋壱反・海黄嶋壱反拝領仕」）。

・同一二年三月三日、吹上御庭で実施された大的上覧に参加し、褒美を得る（「於吹上御庭、大的上覧相勤、時服二拝領仕」）。
・書院番組頭・先手鉄炮頭を務めたのち、寛政七（一七九五）年一二月晦日、死去。

【清水義安】
・寛政七年五月八日、病身の父義厚に替わって義永の嫡孫となる。
・同年一二月二七日、祖父義永の死去にともない清水家の跡目を相続する（嫡孫承祖）。
・同九年四月二七日、書院番士となる。
・享和元（一八〇一）年四月二四日、武芸上覧に参加し褒美を得る（「於御白書院御広縁武術　上覧相勤、端物弐反拝領」）。
・文化元（一八〇四）年正月五日、家斉出遊の際に鳥を射とめ、同月九日に褒美を得る（「木下川筋　御成之節、鳥射留候ニ付、同月九日為御褒美時服三被下置候」）。
・同年九月一九日、死去。

【清水義宣】
・文化元年一二月五日、養父義安の跡を継ぐ（急養子）。
・同二年一二月八日、西丸書院番士となる。
・同五年一一月二二日、小納戸となる。
・同九年四月一一日、小納戸を辞す。
・同年一一月二二日、死去。

【清水義明】

・文化一一（一八一四）年一二月二四日、義父義宣の跡を継ぐ（急養子）。
・文政四（一八二一）年一二月一九日、西丸書院番士となる。
・同八年、御供弓を命じられ、同年一二月六日、家斉の浜御庭御成の際に鳥を射とめ、同月八日褒美を得る（「御供弓御用被　仰付、同年十二月六日御庭江　内府様　御成之節鳥射留候ニ付、同月八日為御褒美時服二被下置候」）。
・天保九（一八三八）年一一月六日、死去。

先祖由緒書は義明、すなわち義達の父親の死去で終わっている。武芸上覧に参加したこと、さらには上覧において優秀な成績を残したことが、代々の当主の職歴と共に記されているということが分かる。また、文中にある「御供弓」とは、将軍の鷹狩の際、特に選ばれて弓矢を携え、鳥を射るというものである（前述の玉虫茂雅も「御供弓」で活躍している）。一種の武芸上覧といえよう。

書き上げられた歴代当主には、吉宗期に実施された武芸上覧に参加した者は含まれていないが、それでも武芸上覧参加がもたらす名誉についての分析には十分であろう。すなわち、武芸上覧で得られる名誉とは、当人の名誉であることは無論、子々孫々誇るべき名誉であると同時に、先祖由緒書のような公式文書に書かれるに足る、外に向けて示すに足る名誉なのである。このことは「寛政重修諸家譜」の記述からも明らかであり、武芸上覧に参加したことが書かれている事例は随所にみられる。編纂に際し旗本家それぞれから家譜を提出させたという「寛政重修諸家譜」の来歴を鑑みるならば、上覧参加者の子孫は先祖のこのような事跡を語り継いでおり、家譜を提出する際にもその旨を記述したと考えられる。

番士が武芸上覧に参加するということは、昇進に結びつくわけではない。また、得られる褒賞もそれほどのものではない。しかしながら、そこに名誉が存在したのである。他に抜きん出て上覧に参加したという名誉、他の上覧参加者よりも良い成績を残したという名誉、何よりもそれを将軍吉宗によって賞賛されたという名誉。それは武勇に秀でることを尊ぶという、本来であれば武士として自明の理であった尚武の精神が再認識されたということである。太平の一八世紀にあって、番士は司法・行政職である役方に比して実際的な活躍の場に恵まれなかった。繰り返される武芸上覧とは、番士が名誉を得る機会が増大したということである。五番方番士は自己の名誉のため、家の名誉のため、武芸鍛錬に励み上覧参加を目指したものと考えられる。

まとめ

以上、番士を対象とした吉宗の武芸上覧について分析を進めてきた。その結果明らかになったのは、以下の三点である。

第一に、吉宗期に繰り返し実施された武芸上覧、あるいは武芸見分は、古典的な武芸奨励であり、吉宗独自のものではなかった。しかし上覧と見分の強い連携に成功した点に意義があるということ。

第二に、「強い連携」とは、見分の対象とする武芸を繰り返し上覧の対象とすることで、見分の確実な実施を促し、ひいては見分を受け、上覧の対象となるべき番士の武芸出精にまで影響を及ぼすこと。上覧と見分の連携はすでに家宣期にあってみられるものであるが、家宣の急死により定着しないままで終わった。吉宗による頻繁な上覧の実施は、その連携を力強く蘇らせたのである。

第三に、上覧に参加した番士が得る恩恵は、限定的ではあるものの、特に名誉というかたちで存在したということ。それは、当人は無論、子々孫々に至るまで誇るべき家の名誉である。上覧の数が多いということはそうした名誉を得る機会が増えたということである。

他方、吉宗の武芸上覧には大きな問題もあった。紙幅の都合で論じ切ることは不可能であるが、それは特定武芸に対する偏重という点である。すなわち、吉宗期に繰り返された武芸上覧とは、馬術上覧、騎射上覧、歩射上覧であり、剣術上覧や槍術上覧はほとんど実施されなかったのである。この要因についてはさまざまな推測が成り立つが、弓馬に対して並々ならぬ熱意を持っていたという吉宗の個人的嗜好が根底にあったものと考えるのが妥当であろう。吉宗の武芸上覧実施については、このような限界も存在しているのである。

しかし、それでもなお、寛永一五（一六三八）年の島原の乱終結から一〇〇年後、戦乱が遠い昔の話となってしまった吉宗期にあって、武芸上覧・武芸吟味が繰り返し実施されたことの意味は大きいと考える。第二節で論じた通り、当初は馬の乗り方すら危ぶまれる番士がいたという状況下（それは武芸見分の実施も疑わしいという状況でもある）、偏重がありつつも番士を武芸に駆り立てたということは、番士を鍛えねばならないがどうにもならないという吉宗以前からの懸案に対して、吉宗がひとつの解答を示したものといえよう。

また、のちの寛政期（一七八九〜一八〇〇）にあっては剣術や槍術を含んだ全般的な武芸上覧が繰り返される。同時期に惣領番入制度が拡充される形で実施されたことや、狩猟が吉宗以後絶えることなく実施されたことは、吉宗の武芸奨励がさらに発展する形で後世に受け継がれた証左といえる。

そしてその影響の大きさは、尚武の精神が幕末にまで受け継がれたというところからも推察される。幕末の軍制改革において、五番方は解体された。しかしそれは組織的な解体であり、その構成人員たる番士は新たな軍事組織に編入されているのである。すなわち、戦闘者たる性格を有する番士が幕末にあっても存在したということであり、その遠因を求めるのであれば、近世中期にあって、安逸に流れるままであった幕臣を三〇年の長きにわたって鍛え上げ、後世の範となる武芸奨励を実施した吉宗こそそれはふさわしい。吉宗の武芸奨励は、幾多の改革と同様に、特筆されて然るべき業績なのである。

（1）黒板勝美・国史大系編集会編『徳川実紀』九（吉川弘文館、一九七六年）二六七頁。
（2）徳富猪一郎『近世日本国民史』二一、吉宗時代（近世日本国民史刊行会、一九五四年）七三～七八・二九六～三〇四頁。
（3）今村嘉雄『十九世紀に於ける日本体育の研究』（第一書房、一九八九年）二六三～三三二頁。
（4）拙論「物領番入制度、その成立と意義――吉宗期の武芸奨励と関連して――」（『日本研究』四五号、二〇一二年）／同「惣領番入制度と五番方――吉宗期の事例を中心に――」（『日本研究』四六号、二〇一二年）。
（5）拙論「徳川吉宗の小金原鹿狩――勢子運用の観点から――」（『日本研究』五〇号、二〇一四年）。
（6）本論にあっては、武芸上覧（武芸見分）とは五番方の番士を対象としたものとする。小姓や小納戸といった五番方以外の役職の者を対象とした武芸上覧については、適宜その旨を記載する。
（7）「教令類纂」（初集四九、「武術之部」）（『内閣文庫所蔵史籍叢刊』二二、汲古書院、一九八二年、二二四～二二五頁）。
（8）同右、二二七頁。
（9）「文昭院殿御実紀」（黒板勝美・国史大系編集会編『徳川実紀』七、吉川弘文館、一九七六年）。
（10）「柳営日次記」マイクロフィルム版（雄松堂フィルム出版、一九八一年）。
（11）「教令類纂」（二集七三「武術之部」）（『内閣文庫所蔵史籍叢刊』二六、汲古書院、一九八三年、二一九頁）。
（12）「御小性組方例書私録」（「弓馬幷水稽古之事」）、国立公文書館所蔵（内閣文庫）、著者不明、成立年代不明。
（13）同右。
（14）同右。
（15）前掲註(11)書、二一八頁。
（16）同右、二一八～二一九頁。
（17）前掲註(12)書。
（18）馬術上覧それ自体に関しては、馬で川をわたる水馬の上覧が増えている。「有徳院殿御実紀」や「柳営日次記」によると、番士を対象とした水馬の上覧は、享保二〇（一七三五）年七月一一日の水馬上覧をはじめとして、吉宗期にあっては吉宗による上覧が二度、徳川家重（吉宗世嗣、のちの九代将軍）による上覧が一度、合わせて三度の上覧が実施されているが、「御小性組方例書私録」の記述によれば別の日時にも水馬上覧が実施された形跡がある。
（19）『寛政重修諸家譜』八（続群書類従完成会、一九六五年）三五三～三五四頁。
（20）前掲註(1)書、二六一～二六二頁。
（21）前掲註(19)書、三五頁。
（22）黒板勝美・国史大系編集会編『徳川実紀』八（吉川弘文館、一九七六年）八六一頁。
（23）なお、「柳営日次記」から抽出した限りで、吉宗期において最も多く武芸上覧に参加したのは大草吉左衛門忠直である。享保一一年一〇月一五日の騎射上覧に参加して以来、大的上覧や馬術上覧を含めて実に三五回という参加実績を誇っている。

「寛政重修諸家譜」によれば大草家は家禄二四五石に廩米が五俵。忠直は、享保一〇（一七二五）年一〇月二五日、惣領番入制度によって書院番番士として召し出され、元文二（一七三七）年に家を継ぎ、宝暦四（一七五四）年に膳奉行に転じ、同一一年家重死去にともなって小普請となるものの、明和二（一七六五）年には再び膳奉行となり、明和五年には布衣役である船手役に昇進し、同六年二月一四日に七〇歳で死去している。

三五回の上覧参加はすべて書院番番士であった時のものである。仮に武芸上覧が昇進に結びつくのであれば、もう少し違う経歴になるのではなかろうか。そもそも忠直の父忠由も膳奉行になっており、その後部下の失敗により出仕を留められているものの最終的には布衣役である西丸裏門番頭に昇進しているのである。「番士として武芸上覧に参加するということは昇進とはほぼ無関係であった」ことを裏付ける事例であろう。

一九世紀の藩政情報――諸藩見聞録の分析――

磯田道史

はじめに

一九世紀という時代には、徳川幕府のみならず、大名家の藩国家も、それまでとは違った動きをみせるようになっていた。一八世紀の徳川吉宗の幕政改革などの影響をひきついで、幕藩は軍事行政組織における官僚制化を進めたし(1)、一部では、学校や文武の課業吟味による人事選抜もなされるようになっている(2)。近代への流れという意味では、一九世紀から、西南地域の外様大藩に独自の動きがみられる点も指摘され始めている。これまで、明治維新の主体勢力については、一八三〇年代の天保期になって、薩摩藩や長州藩が藩政改革に成功し、近代化に向かって傾斜していくとされることが多かった(3)。いわゆる西南雄藩の天保期近代化傾斜論である。しかし、薩長などの西南雄藩は天保期に突如として雄藩化するのであろうか。

本稿では、一八〇〇年前後の史料を読み解くことによって、西国の外様諸藩の動向を検証したい。従来の近世史の手法では、個別に藩を分析して藩政にみられた変化を明らかにしてきた。しかし、この方法では、同じ時期の藩政を一列に並べて比較することが困難である。そこで、ここでは新しい分析法を考える必要があろう。江戸時代の大名家＝諸藩は、他藩の制度や政情を知るため、探索活動を行うことがあった。藩主や家老が側近や儒者を諸国の「探索」に出し、列藩（複数藩）の政情・制度の参考調査をさせていたのである。こうした探索活動でまとめられた記録を、単なる「地誌」とは区別して「諸藩見聞録」とよびたいが[4]、このような史料を入手して分析に使えば、同時期の諸藩の藩政事情が一列に概観できるばかりでなく、藩政の相互比較も可能になる。一九世紀初頭から幕末までの「諸藩見聞録」を分析すれば、いわゆる「雄藩」の登場の実態もみえてくるであろう。

一　諸藩見聞録について

ここでの分析の素材となる「諸藩見聞録」について説明しておきたい。他藩の探索は、近世初頭から行われているが[5]、幕末期になると、藩主の命令をうけて諸藩の藩政・制度を探索して報告する事例が散見される。表1として、一八世紀から一九世紀中ごろにかけて書かれた諸藩見聞録の事例をいくつか掲げておく。

「世の手本」は安永元（一七七二）〜天明八（一七八八）年頃に佐倉藩儒・渋井太室が著したもので、諸藩の政治において美事とされるものを列挙している。諸藩の政治見聞を載せるが、渋井が現地に探索に赴いたものではない。一八世紀後半から藩国家が「善政」とされる他藩の制度に着目し、情報収集をし、みずからの藩政の参考に供する動きがみられること、藩儒がこのような政治書を著すことが注目される。

幕末期にかけて、他藩の藩情をつかもうとする意欲は強くなっていった。佐賀藩士・永山武貞の「庚子遊草」（一八四〇年）や薩摩藩士・肝付兼武の「東北風談」（一八五三年）、福井藩士・村田氏壽「関西巡回記」のように、藩士が実地に見聞して他藩の政治軍事的情報を網羅的に収集したものが多くみられる。また、作州無陰居士「人国談」のように、尊皇攘夷の志士的慷慨でもって、匿名の士が、諸藩や大名の藩政をならべて評論するものまであらわれる。このように諸藩見聞録が作成された背景には、幕末にかけて、藩がそれぞれに他藩との競合意識を

表１　諸藩見聞録の事例

成立	著者	書題	刊本
安永-天明８(1772-88)	佐倉藩儒　渋井太室	「世の手本」	『日本経済大典』13
享和元(1801)	出石藩儒　桜井東門	「西遊視聴記」	自筆草稿１点(筆者蔵)
天保11(1840)	佐賀藩士　永山武貞	「庚子遊草」	『日本経済大典』48
嘉永６(1853)	薩摩藩士　肝付兼武	「東北風談」	『日本経済大典』46
安政元(1854)	作州　無陰居士	「人国談」	写本２点(秋田県立図書館と筆者蔵)
安政３(1856)	福井藩士　村田氏壽	「関西巡回記」	『関西巡回記』三秀社

もって、自藩の「富国強兵」をめざしたことがあげられる。そのため、藩の情報収集や他藩調査は、大名個人の資質や城郭などの軍事情報から、藩国家の政治機構・経済状態・学制・海防などに、強い関心をもちはじめる。

これらの他藩の探索は具体的に、どのような手段で行われたのだろうか。史料1は、福井藩士・村田氏壽『関西巡回記』の自序だが、藩主の直接の指示で、この種の探索がなされることを示している。

〔史料1〕

今般肥後の国への御使の道すがら京摂中国筋をはじめとして、九州鹿児島長崎辺へも巡回して各地の勇士に面会し、又各藩の学校教養等取調候ては如何あらん抔心付きし儘言上に及びしかば、取調べ参るべしとの仰せ蒙りぬ

福井藩主・松平慶永は正室の実家・肥後細川家へ、村田を使者に派遣した。そのとき、村田のほうから、道すがら「各藩の学校教養等」を調査してはどうかとの提案があり、慶永は「取調べ参るべし」と直接命令したことがわかる。諸藩見聞録は、藩主や家老など藩政中枢から調査指示をうけて内々の報告書として作成されたものが多い。調査の実際は、現地で「各地の勇士」とよばれている達識の士に面会をもとめ、そこから情報を収集する方法がとられていることもわかる。

このように藩主らの命令で調査報告がなされる場合が多かったことは史料2「人国談」自序からも明らかである。

〔史料2〕

> 近年各国の諸侯士人に内令して他邦の政事情実を察する者多し。是を武者修行と称す。尤、事の一端也。余、甲寅之秋〔嘉永七（一八五四）年〕より諸国に周遊して、愚の及べる限り、其力を尽せり。為にする処、公に奉するにあり。然れ共、他聞を憚て筆記する事なし。藩人某氏、切に請て止す故に見聞の大旨を記して、密に授与する事、左のごとし

近年、各国の大名（諸侯）には士に内密に命令して他国の「政事情実」を視察させる者が多い、とはっきり記されている。こうした大名たちは、「武者修行」などの名目で家臣の一人を諸国に遊ばせ、報告をうけていたが、他藩に隠密を遣わしてその政情の機密を知り、善悪の評論までするものであったから、他聞をはばかり、見聞録として「筆記」されることは稀であったことも叙述されている。

近世の諸藩は、互いに他藩に人を派遣してその内情を探索しあっていたことは確実である。その情報は藩主など藩政の中枢からの指示で収集され、管理され、文章化されることは稀であったが、口頭では、さかんにこの種の活動がなされていたことがうかがえる。

二　出石藩「西遊視聴記」の成立経緯

このような諸藩見聞録のなかでも、とくに傑出したものの一つが、出石藩が、藩儒・櫻井東門に報告させた「西遊視聴記」である。一九世紀初頭に成立した諸藩見聞録は残存の類例が貴重であることはいうまでもないが、この櫻井の報告書は記述がきわめて詳細である。二〇一二年に、東京都内の古書業者から筆者が入手し、所蔵している。「西遊視聴記」は櫻井東門が西国諸藩を遊歴し記したもので、その情報は「国政之部」と「学校之部」にわけて編纂されている。国政と学校の二本柱で、藩の制度調査を行うこと自体が、この時期の幕藩国家の動向の本質を示しているといえるが、何よりこの史料で注目されるのは、享和元（一八〇一）年時点での、西南地域

表2　出石藩儒・櫻井家

No	名前	諱	号	生没年	備　考
1	櫻井平右衛門		仲良		
2	櫻井善蔵	良翰	舟山		但馬国伊佐村生。但馬考を著す。
3	櫻井俊蔵		東亭		
4	櫻井良蔵	維温	東門	1776–1856	備前生。本姓、近藤。字、士良。赤松滄州養子。皆川淇園・佐藤一斎に学ぶ。櫻井東亭の婿養子。藩校督学、兼、儒官。
5	櫻井一太郎	英	石門	1799–1850	
6	櫻井　勉			1843–1931	福島・山梨県知事。衆議院議員。

の外様大藩の藩政の姿が緻密に叙述され、藩情の比較が可能になる点である。この史料を利用すれば、のちに明治維新の主体勢力となる「雄藩」が胎動しはじめる時期の姿を把握できるだけでなく、これらの雄藩が、ほかの藩と、どの点で本質的に異なるのかを比較の視点で分析することも可能になる。

その分析に入る前に、まず著者である櫻井東門の家系や履歴をおさえておきたい（表2）。櫻井家は但馬国伊佐村を故地とし、代々、出石藩儒であった(6)。「櫻井良蔵維温行実」(7)によれば、「西遊視聴記」を著した櫻井東門は備前国是里村の近藤恒邦の子に生まれた。親戚が強いて医を学ばせようとしたため、家を出て赤穂藩儒・赤松滄洲のもとに身を寄せ、赤松の推薦で、出石藩儒櫻井家の婿養子となっている。

寛政一二（一八〇〇）年六月、出石藩は彼を「肥後ノ時習館ニ遊学」させた(8)。東門は「肥後にニ遊ヒ、高木紫溟ニ従遊シ、村井椿寿・大城壺斎・斎藤権之助・境野嘉十郎等ト周旋ス。帰途、亀井昭陽・頼春水ヲ訪フ。皆、国士ヲ以テ之ヲ遇ス。其後、京坂ニ出テ皆川淇園・中井竹山兄弟ニ親炙シ、江戸ニ出テ谷本麓谷・佐藤一斎等ノ間ニ周旋ス」とある(9)。肥後留学から京坂・江戸まで広く、各地の学者と交友しており、その学風は「其学、初メ諸家ニ出入シ、折衷ヲ好ム。晩年特ニ宋学ヲ脩ス」というように、江戸の朱子学よりも先に、肥後の学、大坂懐徳堂の学を渡り歩き、経世済民の実学要素の強い学風を身に着けていったようである。見聞と人脈の広さは当時から注目されていたようで、広島藩儒の頼春水からは「六尺ノ孤ヲ託スベキ者ハ櫻士良乎」と、その子・久太郎（頼山陽）を託されたが、東門が固辞したため、久太郎は菅茶山に託されたとの逸話が残り、その証拠となる「当時応答ノ書面、今猶、家ニ蔵ス」という。(10)

これら諸国遊学の過程で、東門は詩文や随筆を生み出すとともに、皆川淇園の講義録「淇園口授」を筆記したとされ、注目すべきことに「西遊記一巻・西遊視聴記三巻・東遊記三巻・国のつと一巻・海辺一覧一巻・東門紀行十六巻」など多量の見聞録・紀行文を著したことが知られるが、(11)いずれも署名のみが残り、公的機関での所蔵は確認できず、筆者の手元にある「西遊視聴記　草稿　完」のみが現存している。本書は東門が記した「西遊視聴記」の自筆草稿本と考えられ、「西遊視聴記　国政　草稿　乾」と「西遊視聴記　学校之部　草稿　坤」を、明治一四（一八八二）年七月二日に、孫の櫻井勉が合冊して装丁している。

このように「西遊視聴記」は、出石藩が藩儒の櫻井東門を肥後熊本藩へ遊学させる過程で、諸国を探索させた結果つくられた報告書であった。近世社会において、行政モデルとして他藩から注目される藩は、一八〇〇年代には熊本藩であり、一八三〇年代にはそれが水戸藩へ、さらに、幕末期には薩摩藩や長州藩に推移していくことが知られている。(12)出石藩は二〇歳代半ばの藩内きっての英才を、熊本藩の時習館に留学させ、あわせて諸国の探索を命じたのである。探索の具体的様子については「西遊視聴記（国政之部）」に、次のように記されている。

〔史料3〕

一　私巡国いたし候節、険阻艱難は不及申、夜分夜具無之、且、終日歩行いたし食事も不致臥申候義も毎々有之候。乍然、人情世態を知り、其他有益之事、甚多く御座候。斎明寺殿行脚にて、諸国御巡之事存当申候。其上、旅行仕候得者、益、達者に罷成、此度も参候国十七ケ国有御座、其道程六百五十里余御座候。半歩も

輿馬は借り不申候

櫻井は、諸国の「人情世態を知」るこの旅行に、駕籠や馬を使わず、すべて徒歩で通した。その結果、探索に行った国は一七か国に上り、「其道程六百五十里余」に及んだのである。

三 「西遊視聴記」の分析

さて、このような探索のなかで、櫻井東門は諸藩の行政を、どのように、とらえていったのであろうか。「西遊視聴記」から分析する。表3は「西遊視聴記」の記述の配列と記述行数を示している。

東門は、この配列の順に諸藩を巡歴していったものと考えられる。すなわち、熊本への留学をめざす東門は、出石藩を出たあと船路で四国高松にわたり、それから宇和島を経て、おそらく豊後経由で熊本に入った。その後、南下して人吉・薩摩から島原・長崎・佐賀・唐津と時計回りに北部九州を巡り、福岡から山陽道を姫路まで進んで、沿道の諸藩を探索している。琉球にはわたっていないが、薩摩に逗留中に情報を得るなどした結果、全部で二四藩について記述している。

このうち、圧倒的に、記述行数が多いのは、熊本藩であり、紙幅全体の約六〇％を費やして詳述している。二番目が、萩（長州）藩の約一一％であり、三番目が薩摩藩の約七％である。一八〇〇年頃には、熊本藩が宝暦改革で注目され、諸藩からの肥後留学もさかんであったが、この時期にすでに、のちに「雄藩」として維新の主体となる薩長が、特筆すべき対象となっている点が注目される。西国諸藩の巡歴を終えて、東門は「西遊視聴記（国政之部）」の末尾近くに、諸藩の国政の総合評価を、次のように記している。

〔史料4〕

一　西国にては肥後・長門第一等之御政事を被致候。御小身にては岡田侯にて可有御座候。前文にも記置候通、

表3 「西遊視聴記」(1801年)の記述行数

配列	藩	国政之部		学校之部		合　計	
1	高松	36	3.2%	11	2.3%	47	3.0%
2	松山	8	0.7%	3	0.6%	11	0.7%
3	大洲	17	1.5%	14	3.0%	31	2.0%
4	宇和島	2	0.2%	0	0.0%	2	0.1%
5	熊本	659	59.3%	292	61.7%	951	60.0%
6	求麻(人吉)	23	2.1%	12	2.5%	35	2.2%
7	薩摩	77	6.9%	18	3.8%	95	6.0%
8	琉球	11	1.0%	10	2.1%	21	1.3%
9	高鍋	16	1.4%	0	0.0%	16	1.0%
10	島原	8	0.7%	19	4.0%	27	1.7%
11	長崎(幕領)	3	0.3%	2	0.4%	5	0.3%
12	鍋島	2	0.2%	4	0.8%	6	0.4%
13	唐津	3	0.3%	0	0.0%	3	0.2%
14	福岡	17	1.5%	2	0.4%	19	1.2%
15	小倉	10	0.9%	5	1.1%	15	0.9%
16	萩	124	11.2%	48	10.1%	172	10.9%
17	徳山	5	0.5%	10	2.1%	15	0.9%
18	芸州(広島)	18	1.6%	23	4.9%	41	2.6%
19	福山	10	0.9%	0	0.0%	10	0.6%
20	岡田	35	3.2%	0	0.0%	35	2.2%
21	足守	5	0.5%	0	0.0%	5	0.3%
22	備前	5	0.5%	0	0.0%	5	0.3%
23	姫路	10	0.9%	0	0.0%	10	0.6%
追加	柳川	7	0.6%	0	0.0%	7	0.4%
	合計	1,111	100.0%	473	100.0%	1,584	100.0%

天下一統軽薄柔懦に相成候風俗之内、肥後・長門のごときを見申候得は、全く政之善悪にて風俗淳古にも相成候義と被存候

西国では、熊本藩と長州藩が「第一等」の政治をしている、というのが、この儒者の総合判断であった。小大

名では、備中岡田藩であるが、藩民の風俗＝藩風を政治が指導して、大きな効果をあげているのが、「肥後・長門」の二藩であり、政治の善悪で、ここまで領内の風俗を「淳古」に変えることができるのかと、自信をもったように、記している。

四　肥後型改革の特徴

このように、熊本藩・長州藩・薩摩藩の三藩が、とくに、みるべき藩政を行っているとされているのであるが、具体的に、この三藩の藩政の特色は、どの点が評価されているのかみておきたい。

まず、熊本藩であるが、宝暦改革で知られる「大奉行―奉行制」による藩政があげられている。史料5のように、熊本藩では、改革以前には、門閥大家の松井・米田・有吉の三家の家老が、藩政を執っていた。しかし、改革後は、小身でも器量のある者は「取立家老」として選任して「奉行職」とともに行政にあたらせた。門閥三家の家老は事後に報告をうけるまでとなっている、と説明している。

〔史料5〕

松井主水・米田左馬之助・有吉主膳を三家と称し、何れも大家に御座候。御改革以前は此三家政を執り、権も益強く、其上大名故、下情に疎く候処、御改革後は、取立家老と申、小身にても器量有之ものは、撰挙に相成申候。此取立家老幷奉行職、専に政を執り、三家の人は事の成たるを承り候迄に御座候

熊本藩では、史料6のように、大奉行という役職を設けて、その下に六人の奉行職をつけた。六人の奉行職はそれぞれ行政の所管部門をもたせて、分掌することとなっていた。「奉行分掌制」といってよいものであった。近世の幕藩に通常にみられる奉行の「月番合議制」を廃止し、分掌された所管職掌の範囲内で、ある程度専門化された奉行が「不残裁断」つまり専断するため、責任の所在がはっきりしており、決定が滞りなかった。

〔史料6〕

家老三人、中老二人、大奉行一人、奉行六人にて御座候。右の六奉行は国中の事、不残裁断仕候故、至極肝要の官にて、肥後中に奉行と名付申候は、此六人而已にて御座候。六人の奉行各受持の分職御座候。分職と申候は、選挙方、学校方、考績方、刑法方、城内方、勘定型、郡村方、普請方、寺社方、船方、町方抔と職掌を分ち申候

一方で、熊本藩に「殿様祭り」という一般民衆による君主崇拝の儀式が成立している点を、東門は見逃していない。

〔史料7〕

霊感公御在世より郡中村々にて、殿様祭りと申、農事終りて、百姓相聚り、濁酒を作り、小豆飯餅抔いたし、新敷棚をこしらへ、其上に備、一日休足し楽しむ。此節も国中八分通りはいたし候

近代以降、日本の国民国家化がすすむなかで、天皇・皇后の誕生日を天長節・地久節として「臣民」が祝う行事が定着するが、幕藩制下で、大名の誕生日を領民が祝賀する制度が存在する藩は少ない。熊本藩と後述する長州藩がその例である。熊本藩では、近代に先行して、①君主崇拝の制度化、②職務権限の分掌化、③門閥家老の執権抑制、④行政官の能力主義的登用がみられる。[13] しかも、行政吏員の登用が、藩の学校での文武の成績評価でなされようとしていた。史料8をみよう。

〔史料8〕

一　学校中、文武の諸師役百二十五人程御座候

一　学校へ出席之諸生四百三十九人御座候。但シ、講武場の人数は別に御座候（中略）

一　熊本ハ学校を政府之基と御立被成候事、他国とは格別の事に被存候。政府之基と申候は、学校にて人才を

仕立、是を政事方へ相用候故に御座候。其仕方は、教授、学校中の人物を評論して撰挙官へ届け申候。執政の内に撰挙官二人御座候

一　只今の執政惣轄致居申候遠坂関内抔も、学校訓導相勤罷在候者に御座候。其外、執政幷郡村方の役人にも学校より出候者過半御座候

一　熊本役人には少も文学無之者は無御座候。邂逅に不学の者、役人に相成候事有之節は、彼にては役筋役用得勤申間敷と評判仕（中略）

一　肥後にては儒者の家と申すは一人も無御座、先、教授秋山義右衛門・藪茂次郎抔の嫡子も物頭席にて大組に入居申候。訓導抔も皆此通にて御座候

熊本藩では、藩校に一二五人の文武師役を置き、藩士の子弟らを学校へ出席させ、諸生の数は四三九人（講武場は別）に及んでいた。熊本は学校を「政府之基」と立てている点が「他国とは格別の事」であり、「学校にて人材を仕立、是を政事方へ相用」る近代の学校官僚制への移行の兆しを早々に示していた。執政と郡村方の役人も、学校から選出された者が「過半」としている。このような人材選抜は「撰挙」とよばれ、次のような方法で行われていた。

〔史料9〕

熊本撰挙の致方、あらましは、先、家中部屋住、学校中にて文武の芸稽古いたし候を、文は月々教授え達し、武は月々学校奉行え達し、学校目付参議し、撰挙方奉行へ具に相達し置候。役入用の節は、撰挙方奉行其人となりを考察し、上用る事也

藩士の子弟（部屋住み）は藩校で文武の稽古をし、毎月、文は学校教授へ、武は学校奉行へ、その成果が報告され、学校目付がその成績評価に参議する。学校目付は、撰挙方を所管する奉行に藩士子弟の成績を具に報告し、

撰挙方の奉行は「人となりを考察」して、適任の者を藩の役職に登用するというのである。

五　西国諸藩の格差拡大

藩校教育を重視し、藩政にも利用する動きは、熊本藩の次に、長州藩において顕著であったらしい。東門は、日本初の女性遺体解剖を行った栗山孝庵（一七三一～九一）の同道で藩校明倫館を参観し、長州藩の学校制度と、当時、雄藩化の芽生えをみせる長州藩の動きを生き生きと報告している。

〔史料10〕

一　萩、御学校は明倫館と申、御城内に御座候。栗山孝庵同道にて参、学頭即、教授ナリ繁沢権右衛門と中人に会申候処、幸、今日は講釈の日故、出席可被致旨申、則、出席仕候処、殊之外、出席多、館内せまく御座候故、着到帳面相尋申候所、三百五十人斗御座候と答申候

一　学校門前に投状箱かけ御座候（中略）

一　毎月諸生の勤情を録し、江戸へ遣シ、侯之御聞に入、御賞罰有之候由（中略）

一　君侯、毎月三度より四五度迄は館中へ御入被成候。其節は中門外にて御下乗被成候（中略）

一　都て長門は、御家中は勿論、其外々も皆いきいきといたし、三四月之草木新に雨露を得申候ごとくに相見へ申候

明倫館では出席調査が厳密で「着到帳」がつけられ、参観当日には約三五〇人が講釈に出席していた。長州藩では、毎月、明倫館に通う藩士子弟の「勤情」が記録され、江戸の藩主に報告されるほど、賞罰が徹底していた。藩校は設置するだけでなく、出欠管理と成績評価を厳しくし、結果を藩主など藩政中枢部に報告し、処遇に反映させる必要があり、それをすることで藩の教育と人材登用・政治改革に劇的な変化があらわれる。東門はその秘

訣に気づいていたようで、長州のみならず、西国諸藩の藩校の出席管理などの実態に興味を示している。長州藩で注目されるのは、藩校の門前に「投状箱」が置かれ、政治意見などの言路が開かれていることである。この時期の長州藩は、明らかに、他藩とちがうものになりつつあった。すべて長門は、家中はもちろん、そのほかも「皆いきいきといたし、三四月の草木新に雨露を得申候ごとくに相見へ申候」とまで、いうのである。

この長州藩でも熊本藩にみられる「殿様祭り」が行われ、君主の絶対化・神格化がすすんでいる点は見逃せない。(14)東門は長州藩領厚狭郡の「農夫」に出会い、彼が、長州藩主を心底崇敬している姿に衝撃をうけた。

〔史料11〕

一　厚狭の農夫申候は、余りに殿様の思召難有、去々年より防長両国の者共、殿様祭と申、其村相応に神主を頼、御造酒を備、神楽を上げ、終日、農業をやめ、殿様の御武運長久を祈り申候。是をあなたへ口にて御礼申上候かわりにて、心斗の御礼いたし候にて御座候。涙をこぼし咄申し候。此外、十人余に殿様祭りの事尋申候得は、皆、一同にて符節を合するごとくに申候（中略）

一　村々困窮人近来は稀に御座候。若し有之候へば、願出次第御救有之候（中略）

一　萩の御領分十八郡に代官十八人有、一郡一箇所づつ勘場《カンバ》と申、御茶屋有之、君侯御巡国の節幷代官奉行出役の節も、此所に止宿いたし候。大庄屋・庄屋抔、此処え日勤して一郡の政裁断いたし候よし

長州藩では、あまりに殿様の思し召しが有り難いとして、一昨年より、君恩に報いるための「殿様祭」がはじまっているという。しかも、殿様のありがたさを「涙をこぼし咄」す。不思議に思って、ほかの農民にも「殿様祭」の事を問い合わせたが、みな一同で「符節を合するごとく」であった。君主への崇拝意識が強い背景をさぐろうと、東門は長州藩の行政実態を次々に尋問している。長州では領地を一八郡区に分け、そこへ一八人の代官を配当し、代官所（勘場）に、大庄屋・庄屋を日勤させて、行政の裁断をさせ、村々の困窮人への「御救」など

をもれなく行っていた。
長州藩のように、藩政改革がすすんでいる藩もあれば、そうでない藩もある。史料12～17のごとく、東門は、福岡藩・小倉藩・広島藩・岡山藩については、旧弊を脱し切れていない藩とみた。これらの藩は、どのような理由で「弊」と認識されたのであろうか。

〔史料12〕福岡藩

一　福岡侯は代々御早世にて、侯も漸七歳に被為成候。其故、諸大夫之権強く諸事九州第一之弊風と相見へ申候。侍之風も短キ刀をさし、縮緬之羽織杯着し、柔弱なる風俗にて御座候

〔史料13〕福岡藩・小倉藩

筑前

一　黒田侯にも、学校二ヶ所迄有之候得共、風義悪敷、録候に足り申義、一も無御座候由。御家中何れも咄申候

豊前

一　小倉、御学館は思永館と申候。十五万石之御高にて漸四五十人出席いたし候由。君侯御在城年は毎月六度御城内にて講釈御座候。御留守年は二度御座候。是も誠に外聞を飾候迄にて一も益は無之、御恥敷義と御家中何某咄申候

〔史料14〕岡山藩

一　芳烈侯、熊沢を御用被成、天下に響候御善政にて御座候得共、此節にては余程衰へ申候。兎角、其人に御座候事と相見へ候。尤、遺俗流風良法抔は相残り居申由に御座候。此節は私懇意之者無拠故障有之、逗留不仕、委細に承不申候

福岡藩は、藩主の早世が続き、家老の権力がつよいのが悪い。「九州第一之弊風」とみている。このような藩では、藩士にゆるみがあり、藩学校はあっても機能しておらず「録候に足り申義、一も無御座候」とまで断じるのである。小倉藩の藩学校も出席人数が乏しく、学校が外聞を飾る形式的なものになっていると指摘されている。岡山藩についても手厳しい。藩祖池田光政が熊沢蕃山を登用して、天下に響く改革を行ったが、この当時には、雄藩化の兆しは、ひとつも感知されていない。岡山藩へのこのような評価は、約半世紀後に書かれた諸藩見聞録「関西巡回記」でも同様である。(15)

〔史料15〕

一　藩士風柔弱見るべき事無之、芳烈公御遺法も大に衰廃に及候由、且学校中制度も時々変革有之、芳烈公の旧にあらざる事多き由、乍去流石は学校の御仕掛は格別之義と感心仕候（中略）

一　此国物頭辺心懸に寄り備打等致試由に候へ共、面々格々と申す塩梅にて、一体軍制は少しも立不申、尤も西洋砲術抔は聊も相開け不申候

池田光政の遺法から大いに衰退し、藩校制度のみは格別であるが、藩校が政治や人材登用に結び付けられないため、藩政が衰微していて、軍備の西洋化がおくれた状態で、岡山藩は維新期に入っていったことがわかる。この点は、長州藩と大きくことなる。

また東門は、広島藩の「年寄制」について、熊本藩との比較の見地から幾分言及している。広島藩では、実質的な政治権限は、最上の門閥の三家よりも「年寄六人」に専ら移っていたが、年寄には熊本藩のような所管分掌がみられない。その点では、一般的な藩の家老制度と変わりはなかった。

〔史料16〕

一　浅野富之丞三万七千石、上田主水二万石、浅野虎人壱万石、此人々を三家老と申し、此次に中老・年寄と

御座候。政事を年寄六人にて専取捌、三家之人々は不預候

この年寄制によって、幕末の広島藩政がさほどに機能的でなくなっていた様子は先の「関西巡回記」にも記されている。(16)

〔史料17〕

一　此藩にては浅野甲斐備後三原城主、上田主水、浅野孫左衛門三人代々家老相勤宗格之所、先侯之内権勢の専に帰するを見られ候てより、今日の政事向は総て年寄にて相勤候事に相成、今以、其通に有之候所、今日は又年寄の権威盛に相成、其弊害尚更甚敷候由、年寄属官に中小姓筆頭と申役あり他の奥祐筆と申に相当位と云政事の機務に預り候故、是又権威強く政事に関与する諸役人よりも却て威勢盛ん成由、此年寄及中小姓筆頭何れも五人ヅ、有之候

一　此藩晩近の悪政は、元来今中大学と申人、年寄首席にて専権威を振ひ候より種々悪政有之、其内読書ある人を痛く忌嫌ひ挟書候ものは無之と申す程に成行き候由

このように、桜井東門「西遊視聴記」（一八〇一年）と村田氏壽「関西巡回記」（一八五六年）を突き合わせて、西国諸藩の動向を分析すれば、維新期に雄藩化していった藩、雄藩化しなかった藩の事情がうかびあがってくる。すなわち、一九世紀初頭段階で、西国諸藩には「格差」が生じていた。門閥家老だけに頼らない藩政の意志決定を確立できていたか。藩政や人材登用に藩校の教育研究機能を活用できる状態にあったか。こうした点が、幕末維新期の藩の立ち位置に影響しはじめていたことが指摘できるのである。

六　薩摩藩と琉球国

さて、「西遊視聴記」は薩摩藩や琉球国についても探索している。最後に、そこから得られる情報も分析した

い。東門は「日向高原と申処にて農夫と道つれ」になった、あるいは、逗留中に薩摩家中の人びとに厚く世話をされた、と記している。自身で薩摩領に入ったのは間違いない。享和元（一八〇一）年時点での薩摩の藩情を、どのようにみたのだろうか。

〔史料19〕

一　薩摩は辺鄙にて七百年余も動かさる国故、風俗質直にて感慨之気象強、死を軽し、義を重し、至極面白風にて御座候。私逗留中抔御家中之人々厚く世話いたしくれ候は中々筆紙に尽され不申候。乍然、国之全体に付て論し候へば、他国へ出す、他国之善政をも不知、只々其家格を守り一偏に存居候故、苛刻之政も多く賄賂行れ甚悪敷処も御座候（中略）

一　御領分中に百廿四外城と申もの有之、其処々に郷士三百四五百多処は千人も居申候。郷士都合十八万七千五百人御座候。尤、家内共に御座候

一　国中惣人数百三拾五万八千百廿五人御座候（中略）

一　薩摩郷士幷諸家中は貧窮之様子無御座候。百姓は殊之外疲弊いたし居申候。民家に大家と申は一向無御座候。日向高原と申処にて農夫と道つれに相成、貢之事尋申候得は、此辺は年貢も多、凡、政厳重細密にて百姓困窮いたし候よし咄申候

一　右は高原之辺は二三里も続候茅野有之、全体、人不足様子に御座候

一　薩州にて若者組を兵子組と申候。皆々糸髪に致し衣服は膝下夕迄有之、帯はつけ申さず、三尺手巾をいたし、上下抔着候節も、右之通にて御座候（中略）

一　薩摩にては、人馬共銀壱匁ヅツ、頭銭と申、出させ申候。下分殊外難義かり申候（中略）

一　薩摩・肥後共、櫨・楮・唐芋此方にて薩摩芋と云ふ至て多、殊外、国益に相成候よし

第一に、薩摩の尚武にして質朴な風俗が語られ、第二に、辺境に隔絶した独特の藩風の存在が指摘されている。一二四の外城があり、それぞれに郷士三〇〇～一〇〇〇人がおり、その総人数は一八万七五〇〇人、総人口は一三五万八一二五人と聞かされたことがわかる。(17)薩摩藩が人馬を賦課基準とした人頭税をとっていること、薩摩藩も熊本藩も櫨・楮・唐芋などの国産品を売り出して「国益」をはかっていること、薩摩領は、広大な未開発地に対して「全体、人不足」であることを指摘している。そのうえで、薩摩藩の社会経済的特徴を鋭くついている。すなわち、薩摩藩は、郷士や諸家中など武士は「貧窮之様子」がないが、百姓は「殊之外疲弊」しているというのである。

東門は、長州藩では君主への恩義を熱をこめて語るリテラシーの高い領民像を示すが、薩摩藩では違った領民の姿をみている。武士は強いが政治が細かく厳しい年貢の取り立てのために、領民が困窮している、と記している。鹿児島の藩中枢と在地領民との間に格差が大きく、のちに中枢では藩主がローマ字の日記をつけ、写真術を操り、集成館で化学工業をおこしているが、同時に郷中の百姓は困窮し素朴な農村に生きていた。

それゆえ、半世紀後には「(島津)公、当節は専ら御精神を海備兵制の上に尽され、尤西洋風御信用に有之候故、新渡の器械只管御探索御開きの思召に伺はれ候、故に歩騎の調練、大砲の製造、砲台建築、軍艦製造の類、追々御着手相成盛大なる景況は決して他藩に比類有之間敷被存候」と、岡山藩とは対照的な「雄藩」となる。しかし、薩摩の若者は、衣服も膝下までの着流しで、帯をつけず、三尺手ぬぐいのようなもので結び、髪の元結も近世に広くみられた和紙などではなく、中世さながらに糸で結っていた。薩摩藩は、武士の強国、百姓の貧国と、とらえられているのである。(18)事実、薩摩藩における近代化はアンバランスな形で進んだが、その素地は一九世紀初頭のこの段階でも指摘されている。

さらに「西遊視聴記」は薩摩藩支配下の琉球国の情報をも探り当てている。東門は、鹿児島で琉球人に会い、琉球国の政情から遠く清朝の様子まで聞き出すことに成功しているのである。実は、東門が鹿児島行きと琉球人との面談を行った際の記録と思われるものが、沖縄県公文書館・岸秋正文庫に存在する。『薩摩遊紀行』（一八〇一年）が、それである。(19) 東門は鹿児島で琉球人・栄祐祉（宮城親雲上）・岡村親雲上と面談し、次の情報を入手している。

〔史料20〕

一　琉球は薩摩の領分にて御座候。琉球も程順則と申人、唐えも久敷遊学いたし、博学の人にて琉球の政事を改革いたし、只今は殊外宜敷御座候よし。琉人栄祐祉咄申候

一　中山王廿一歳になられ賢明の君と申事に御座候

一　岡村親雲上と申す琉人に会申候処、此者は清朝えも参り候由。今の嘉慶皇帝、政宜敷、兎角、英才を挙ケて其家柄にかかわらず、それ故、能行届治り居申候よし、咄申候

〔史料21〕

一　琉球久米村と申処に学校御座候。是は、明人明末之乱を避け、三十六人渡り申候処にて、琉球第一の文花成る処にて御座候。右之久米村斗りに学校有之、其外には無御座候処、去年、首里の王城にも学校出来、則、其時、中山王より被出候壁書、琉人栄祐祉より写しくれ申候

一　中山王家督の節、清朝より冊封使と申、勅使参り候。其帰りに琉人八人召連、北京の国学にて修業いたさせ候旧例にて、尤、諸費、皇帝より御構い被成候よし

琉球国においても「政事」改革が行われている点に注目している。とりわけ、清朝に長期留学した程順則（名護親方、一六六三〜一七三五）が、清朝の制度にならって、久米村に「国学」にあたる明倫堂を設置し、人材を育成して、琉球国の政治を改革していったことを報告している。(20) ここでも、学校で人材を育成選抜して国政改革す

る行政モデルが俎上にのぼり、琉球国から清朝への留学制度の実態が明らかにされたうえで、清朝についてこう報告されている。清朝第七代の「嘉慶皇帝の政治はよろしく、英才を家柄にかかわらず挙用しているから、政治がよく行き届き治っている」というのである。

現実の嘉慶帝の時代は治世とよべるものではなかった。(21) しかし、東門は、学校を建設し英才を育て、門閥にかわりその人材でもって改革をすすめれば、治世が実現できると考え、その思想でもって、国内と同様に、清朝や琉球国も理解しようとしていた。東門のような小藩の儒者が、科挙制度をもった清朝への留学経験をもつ琉球人から聞き取りを行い、門閥家柄の否定と学校官僚制による藩政改革を一層必要と考えるにいたっている点は重要である。一九世紀初頭の藩政改革のモデルは東シナ海をこえて、清朝にも求められるものであったことを示しているからである。

おわりに

以上、出石藩儒・櫻井東門の諸藩見聞録「西遊視聴記」を中心として、享和元（一八〇一）年時点における諸藩の藩政動向をみてきた。明らかにいえるのは、のちに「雄藩」とされる諸藩は、すでにこの段階で他藩とは違う動きをみせている。その一方で、一七世紀に行政モデルとされた岡山藩などでは、一九世紀以後「改革の停滞」が指摘されている。西国の外様大藩であっても、福岡藩・広島藩・岡山藩の藩風は「弊害」「衰廃」として厳しく指弾されている。

一八世紀末から一九世紀初頭にかけて、熊本藩や長州藩では、藩学校の役割を重んじた藩政改革がすすめられており、それまでにはなかった「近代への動き」をみせていた。それは具体的には、①藩政を大身の家老が専らにしない門閥世襲の是正をすすめること、②藩学校での行政官吏の養成選抜を進めること、③「殿様祭」など藩主崇拝の行事を浸透させ民衆の「臣民化」をすすめることであった。つまるところ、門閥家老を抑える一方で、藩主は絶対化して崇拝の対象とし、学校で評価されれば身分家柄に関わらず「官」への登用の道もひらく、というものであったといってよい。国民は臣民となり、主に官立学校によって官僚軍人が育成選抜される学校官僚制が、近代国民国家の一特徴である。一九世紀の諸藩見聞録からは、プロト近代化としか言いようのない藩国家の姿がみうけられる。しかも、こうした変化の方向性を、小藩の儒者が、熊本藩・長州藩・薩摩藩といった国内諸藩ばかりでなく、海を越えた琉球国・清帝国の実例との比較検討において、自覚的に深く考察し始めている。こうしたところにこそ、一八〜一九世紀日本の時代的特質があるといえよう。

(1) 笠谷和比古『徳川吉宗』(筑摩書房、一九九五年)。
(2) 鈴木博雄「近世藩学における文武課業法の成立について」(『教育学研究』三八巻四号、一九七一年)三九〜四七頁。
(3) 遠山茂樹『明治維新』(岩波書店、一九七二年改版)二二頁は「天保期には明治維新の政治的原型形成への動きが始まった」とする。
(4) 一方、列藩(複数)でなく一藩(単数)についてだけ調査したものは「藩見聞録」とよびたい。
(5) 白峰旬「中川家文書「御隣国城下在々様子聞書之帳」、「御隣国聞合之帳」について」(『別府大学大学院紀要』一一号、二〇〇九年)三一〜四五頁。
(6) 『漢学者伝記及著述集覧』(関書院、一九三五年)二三二・二三三頁。
(7) 『日本教育史資料[5]』一四二・一四三頁に「櫻井良蔵維温行実」が掲載されている。
(8) 『日本教育史資料[4]』旧出石藩学制の項目。
(9) 前掲註(7)「櫻井良蔵維温行実」。
(10) 同右。
(11) 同右。
(12) 磯田道史「藩政改革の伝播――熊本藩宝暦改革と水戸藩寛政改革――」(『日本研究』四〇号、二〇〇九年)一三〜四二頁。
(13) 熊本藩の改革に近代行政の起点をみる研究は前掲註(12)拙稿のほか、吉村豊雄「近代の行政的基点としての宝暦―安永期――熊本藩を中心に――」(『熊本大学文学部論叢』一〇一号、二〇一〇年)がある。
(14) 藩の殿様祭と近代の天皇祭への注目は一九九五年の三

澤純「殿様祭から天皇祭へ――維新期民衆意識の諸相――」(「彙報：一九九五年一月より一九九五年十二月まで」『東方學報』六八号、一九九六年、七二五頁)という口頭報告がはやい。その後の研究には、岸本覚「大名家祖先の神格化をめぐる一考察――熊本藩を事例として――」(佐々木克編『明治維新期の政治文化』思文閣出版、二〇〇五年)。引野亨輔「近世後期の地域社会における藩主信仰と民衆意識」(『歴史学研究』八二〇号、二〇〇六年)などがある。

(15) 村田氏壽『関西巡回記』(三秀社、一九四〇年)一四・一五頁。

(16) 同右、二二頁。

(17) この人数は明治初年の『藩制一覧』の数字と比較すれば過大といえよう。

(18) 前掲註(15)『関西巡回記』四七頁。

(19) 小野まさ子・漢那敬子・田口恵・冨田千夏「岸秋正文庫「薩遊紀行」」(沖縄県教育庁文化財課史料編集班『史料編集室紀要』三一巻)二一五～二五八頁が翻刻し解題をつけている。成立年、面会者が「西遊視聴記」とまったく一致する。また「行一里至宇土、肥之支封細川和泉守侯之居所也、市井比播之粟賀少勝」と宇土の町を出石と姫路の中間にある播州粟賀という小さな町とわざわざ比較している。「薩遊紀行」は播州生まれ出石藩儒の櫻井東門の著作と比定できる。

(20) 程順則は清朝から『六諭衍義』を持ち帰り、これが薩摩藩から将軍徳川吉宗に献上され、その後、日本本土の寺子屋の教本として普及した。角田多加雄「六諭衍義大意前史――六諭衍義の成立とその日本伝来について――」(『慶応義塾大学大学院社会学研究科紀要』二四号、一九八四年)八七～九二頁。

(21) 嘉慶期の動向としては、井上裕正「清代嘉慶・道光期のアヘン問題について」(『東洋史研究』四一巻一号、一九八二年)五八～八三頁。「清代中期政策当局者の社会問題認識――海賊問題における「廃弛」・「盗首」論を中心に――」(『東洋学報』九四巻二号、二〇一二年)一八五～二一五頁。

会津戊辰戦争の戦後処理問題をめぐる一考察
――松平容保家族の処遇を中心に――

岩下哲典

はじめに――問題の所在――

幕末のいわゆる「戊辰戦争」（慶応四〈一八六八〉年一月三日の鳥羽伏見の戦い勃発から明治二〈一八六九〉年五月一八日箱館五稜郭の戦い終結）は、近世と近代のはざまにあって、島原の乱以降、内乱や対外戦争がなかったことから、当時の人びとが初めて行う大規模な国内戦争であった。したがって戦国ないし近世的な戦いと近代的戦争の要素が混在した点で、きわめて注目すべき戦争である。本稿でとりあげる「会津戦争」は戊辰戦争の中でも、本来非戦闘員である婦女子までもが戦闘に加わったことから、もっとも苛烈な戦いとして著名であり、かつ近世と近代の両者の側面が見え隠れする野戦および籠城戦であった。すなわち火器や戦術、作法にいたるまで、戦国や近世、近代が混在して戦いが推移していたことが理解される。

そのなかで、作法、特に降伏後の城主とその家族の処遇は重要である。戦国時代であれば、敵対者全員の処刑から一部の処刑とそれ以外の助命など状況に応じてさまざまオプションがあり、それらが、その後の領国経営に影響を及ぼした。たとえば、武田信玄の信州経営、なかでも中信と東信の経営などをみるとその違いは一目瞭然である。[1]

会津戦争の場合、奥羽越列藩同盟が崩壊した後は、会津一藩と新政府の対決であり、できたばかりの新政府の動向を日本全国の諸藩と、さらに西欧列強が注目していた。すなわち、衆人環視のもとにあって会津藩士の全員処刑などという粗暴な処分は到底できない状況だったといえる。かといって、いまだ新政府になびかない反政府勢力（旧幕臣榎本武揚グループなど）へのプレッシャーもかけなくてはならないという事情もまた一方で存在した。そのうえ、西欧列強は新政府の近代化への志向を常に注視していた。なぜなら、新政府がいつ「攘夷」に転向するか、予断を許さない状況にあったからだ。たとえば、慶応四年一月一一日には神戸で岡山藩士が、自藩の行軍を横切るフランス水兵に発砲したし、[2]二月一五日には堺で土佐藩士が、市中で迷惑行為に及ぶフランス水兵に発砲、フランス軍と衝突している。[3]もっとも、こうした「攘夷」的な事件が起きること自体が新政府にとってきわめて重大で、その処理は列強の意向にそったもので、しかも迅速に行われた。このような点からしても、会津戦争の戦後処理は、新政府にとって実にナーバスな、政治的問題であったということができる。

一方、会津藩関係者にとって、会津若松落城後の城主松平容保の家族の処遇は、容保の処遇とともに、みずからの進退にも連動し、もっとも重要な事項であった。なぜなら、未だ近世の連座制[4]の社会に生きていた当時の人びとにとって、敗軍の城主の処遇は城主家族のそれに連動し、城主やその家族の処遇が家臣団のそれに連動し、さらに家臣団の家族の処遇に連動する、いわば、藩としてワンセット（一蓮托生、運命共同体）であったからである。会津藩家臣団にとっては、あるいは、会津関係者にとっては、藩主とその家族の処遇が自己および家族の存在とその後の運命に直結するという、連座制の適用が少ない今日の社会では考えにくい問題が生じるからである。

いずれにしても城と城主とその家族と家臣団、関係者の総体が、運命共同体であることから、落城という決定的な事件は、彼らの運命にとって実に大きな事柄である。

ここでは、戊辰会津戦争における若松城落城後の前城主容保の家族の処遇問題を、最近見出した史料によって解明してみたい。まずは、戦後処理を担当した大村益次郎の考えを知るにたる重要な書簡(5)（図1）を紹介することからはじめたい。

一　大村益次郎の会津藩処理方針

庄内人其地江罷越候事件ニ付、区々之事情委細承知致候、右者御案内之通、去月廿五日米藩江若松戌守申付候儀ニ候条、諸事同藩ゟ御専任相成、自余之兵隊者帰国、為致候方、可然与存候、依而為御含申入若狭伯母幷奥女中之義者かねて紀州藩ニ当表江護送申付置候事故早々諸取方役人其地江発足可致様取計可申候、尤容保落胤ヲ孕ミ候妾弐人之儀者情実不得止義ニ付、四月出産迠其地ニ滞在御差免シ可然、且復落胤出産相成候ハヽ、是以相当御手当可被成候也

二月八日　　大村益次郎

三宮耕庵様(6)

明治二（一八六九）年二月の、会津戦争終結から五か月後の書簡である。宛先の三宮耕庵（義胤）は岩倉具視の側近として知られる人物である。三宮は戊辰戦争では仁和寺宮小軍監として北越や奥羽に転戦、この書簡の頃は会計判事試補であった(7)。ただし『会津戊辰戦史』では、白虎隊や一般戦死者の埋葬を許可した「参謀」となっている(8)。

大村はこの時、軍務官副知事として、新政府の軍事部門を総覧していた(9)。会津出張中の三宮が、大村に会津の状況を伝え、それに対する大村の返事がこの手紙である。現代語訳してみよう。

庄内人が会津に転封となって来ることに関してはさまざまな事情があることは委細承知した。この件は、ご

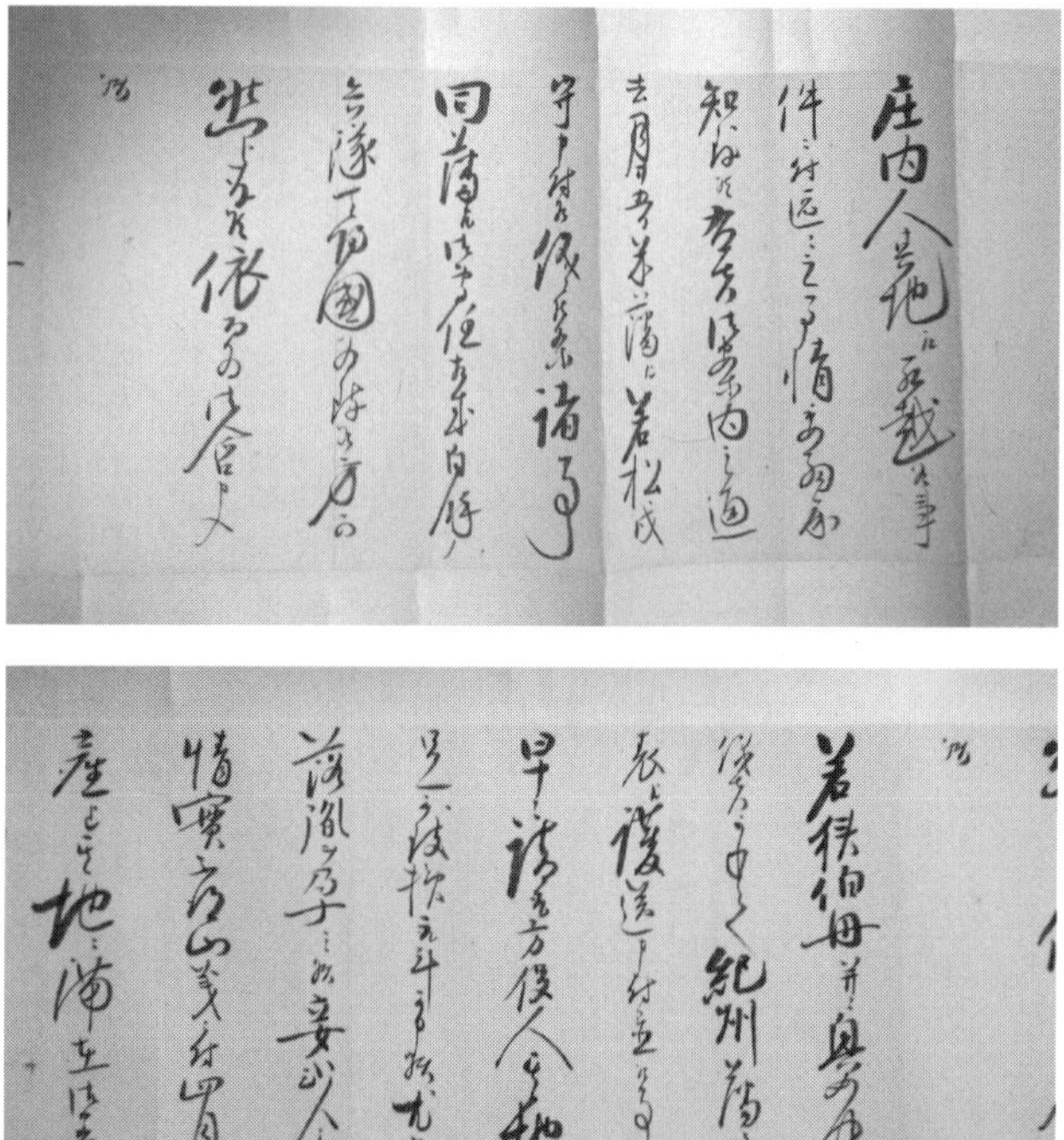

図１　大村益次郎書状（個人蔵）

案内のように正月二十五日、米沢藩に対し会津若松城守衛を申付け、諸事、米沢藩にご専任になったので、それ以外の藩の兵隊は帰国するのがよろしかろう。これを含んでおいてもらいたい。若狭伯母（照姫）ならびに奥女中のことは兼て紀州藩に江戸まで護送するように申付けおいたが、早速諸役人を会津に発足させるよう申付けるべきである。もっとも容保の落胤を孕んだ妾二人のことはやむを得ない事情なので、四月の出産まで会津に滞在するを指し許すのがよい。かつ落胤出産ということになれば相応の手当てをするのがよろしかろう。

前段の部分は、庄内藩が会津に転封となる話である。[10]庄内藩も新政府に敵対したことから明治元年末、庄内の領地を没収され、会津に転封といったん決まったのである。新政府からの命令は明治元年一二月二四日であったが、実際にはなかなか捗らず、結局翌二年五月四日になって磐城平に封地替えになった。この間の事情はよくわからないが、大村の書簡によれば、三宮が伝えた情報では「区々之事情」があり、問題が大きかったことが推察される。結局、米沢藩兵が守衛したことが理解される。

さて、「若狭」は容保の養嗣子、若狭守喜徳（水戸斉昭の子）のことだが、ここでは「若狭伯母」で一語、すなわち照姫のことである。[11]照姫は会津保科家の分家飯野藩（保科正光の異母弟正貞が立藩、保科本流）出身で、会津藩主容敬の養女となった。一時、美濃高須松平家から養子に迎えた容保の配偶者候補と扱われたこともあったが、容保は養父容敬の実子敏姫を妻としたため、照姫は豊前中津奥平家に嫁入りした。しかし、照姫はのちに奥平家から離縁され、会津松平家に戻っていた（離縁は照姫の意志ともいわれる）。会津戦争では会津若松城の籠城戦に参加し城中の女性たちの精神的支柱であった。

確かに正月二八日、照姫と容保の妾二人と奥向きの女中たちは紀州藩が護送することになっており、[12]本書簡の内容は事実に符合する。大村は、妾二人が容保の落胤を孕んでいることをやむを得ない事情として、予定されていた四月の出産まで会津滞在を許すとしている。すなわち謀反人の落胤の誕生を寛大な目でみていたことがうかがえる。ただし、実際出産してもしばらくは動けないことが予想されるので、しばらくは会津に留め置く方針であったのだろう。

なお『会津戊辰戦史』によれば、二人の妾は、会津藩主別邸「御薬園」に移って出産の準備をしたことがうかがえる。[13]二人の妾のうち一人は田代氏（喜代）で、産んだ子供は、容保長女の美禰子（厚姫、明治二年三月二一日生）である。もう一人の妾は川村氏（さく）で、容保嫡男の容大（慶三郎、同年六月三日生）である。[14] 容大の誕生は、大村が想定した四月を二か月も過ぎていたが、特に問題とはならなかったようである。結局、赤子の容大が同年一一月一四日、家督相続を許され、陸奥斗南藩知事となって、会津より斗南に赴いた。[15]

ともかく、この書簡で大村は会津藩に対してかなり寛大な目を向けていることがわかる。たとえば報国隊士加茂水穂は、大村が会津若松落城の日を予測しながら「（会津は）実に朝敵ではあるけれど、さて会津と雖も矢張り幕府の為に敵するので、決して一己の私の為に賊を働いたと云ふ訳でもない、併し今日落城だと思ふと、甚だ気の毒なことに思ひ升[16]」と大総督府の有栖川宮幟仁親王に語ったという話を伝えている。大村は、単なる賊と近代戦争における敵軍とをきちんと区別しているのである。これは近代的法観念の上でも重要なことであろう。

もともと長州藩士全員が会津藩を嫌っていたわけではない。たとえば、嘉永四（一八五一）年末から、吉田松陰は東北遊歴の旅をするが、会津藩の制度や同藩士の士風は非常に優れていると賞賛している。[17] 文久三（一八六三）年の八月一八日の政変で一会桑政権（中川宮・一橋慶喜・会津藩主松平容保・桑名藩主松平定敬をトップとする軍事政権）が樹立されて、長州藩や尊攘派が追い込まれ、さらに禁門の変で長州藩が「朝敵」とされて、その中核だった会津藩に対して恨み骨髄に達したのだと思われる。しかしながら、大村は、こうした恨みとは一線を画していたことが理解される。

大村はこの後、明治二年七月兵部省が設置されると兵部大輔となったが、九月四日京都三条木屋町で背後に薩摩藩との関係が疑われる男たちに襲撃され、大坂で療養中の一一月五日に死去した。大村が会津藩に同情的だったことは会津藩士にも知られており、高嶺秀夫は、会津の母にあてて「彼の大村と申者長州人に御座候て、軍務監相務め、当時枢要の役に御座候て人物の由、我国の事ども皆彼の周旋に御座候由、彼死し候はば大に不宜候乎と存申候[18]」すなわち、会津の処置は大村の斡旋で行われたものの由、大村が死んでしまうと大いによろしくないと思いますと書き送っている。大村が襲われてからのちになるが、先述した通り、会津藩は容保実子容大の相続を認められ、陸奥斗南三万石を賜ることになった。照姫は江戸飯野藩邸に移り、容保は鳥取池田藩から和歌山藩に預け替えとなった。明治四年、容保と喜徳は容大預かりとなり、翌年には預けも免じられた。こうした寛典は、箱館戦争で敵対した榎本武揚にも同様に行われたが、会津藩の処分は大村の方針を受け継いだものと思われる。そうしたことを三宮宛大村書簡は如実に物語っている。

筆者は、さらに大村の寛大な処分が着実に実行されていたことを示す新史料を見出した[19]。

二　容保義姉照姫の処遇をめぐって

まず該当箇所の全文を引用する。

「巷説談」（筆者家蔵）第三冊目（図2）

巳三月十日

松平若狭伯母紀藩江御預被仰付候ニ付、同藩兵隊ヲ以護送致し、今十日東京紀藩赤坂邸江着厳重守衛相成候事

附属人数

側用人　永井民弥

　　　　笹原源之助

伯母附人　馬場與次右衛門

側医師　東條玄碩

同仮役　高橋順甫

附人用役　三澤勘左衛門
同　渡邊　新
用人所吟味役　八島岩之助
用人方物書　横山平右衛門
同仮役　廣澤常之助
徒目付　四條理八
　石岡祖右衛門

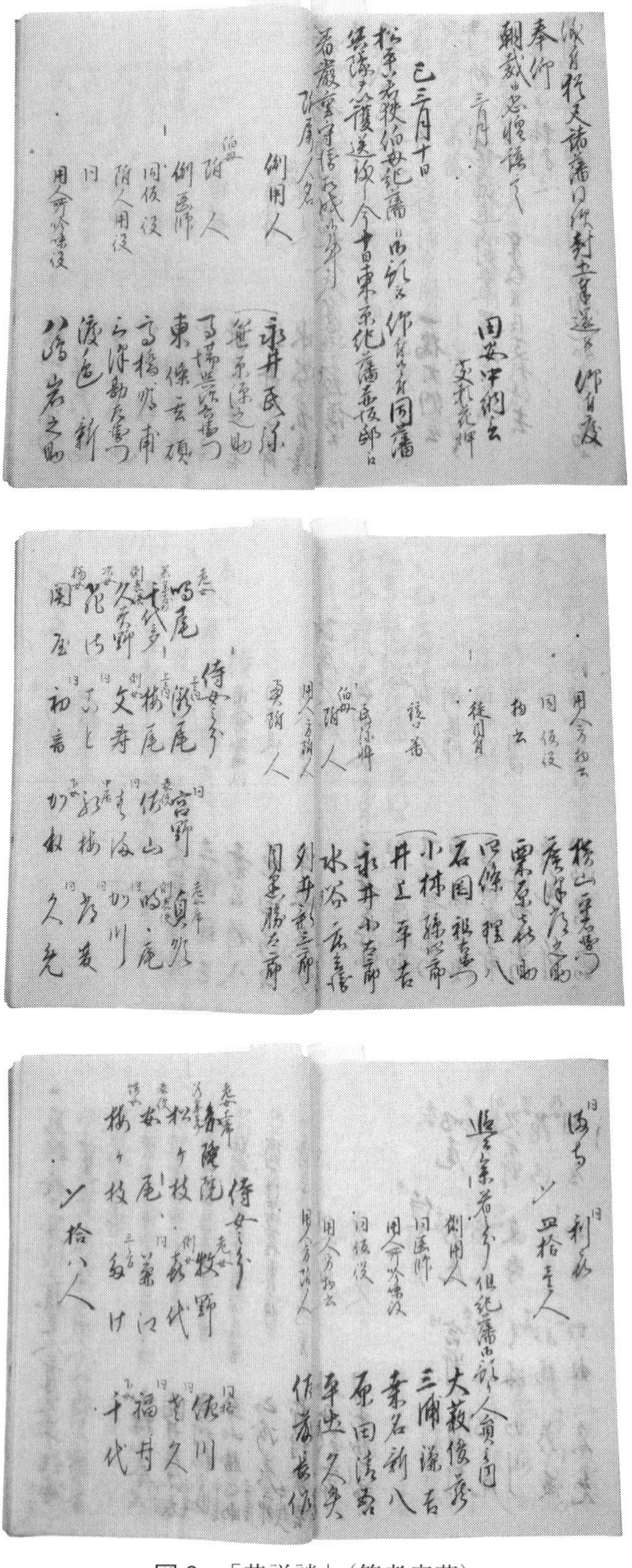

図2　「巷説談」（筆者家蔵）

錠口番　小林孫四郎
　　　　井上平吉
民弥倅　永井小太郎
伯母附人　水谷庄兵衛
用人方附人　外井新三郎
奥附人　目黒勝太郎

侍女之分

老女 鳴尾　上々同 瀧尾　同 宮野　老女席 貞順
若年寄 千代多　上々同 梅尾　表使 佐山　側表使 時尾
側表使 久美野　側女 文寿　同 はま　同 かつ
次女 ひさ　同 こと　中居 新梅　同 常夏
揚女 関屋　同 初音　下女 かね　同 くめ
同 まち　同 りき

〆　四拾壱人

追々参着之分、但、紀藩御預り人員之内

側用人　大藪俊蔵
同医師　三浦鎌吉
用人所吟味役　桑名新八
同仮役　原田清吾

用人方物書　平出久矢
用人方附人　佐藤長作

侍女之分
老女上席　圓隆院　老女　牧野　同格　佐川
若年寄　松ヶ枝　側女　喜代　同　さく
表使　安尾　同　兼江　同　福井
端女　梅ヶ枝　三之間　たけ　下女　千代

〆　拾八人

最初の部分には、「松平若狭伯母」、すなわち喜徳の伯母照姫が紀州藩にお預けになったので、会津から紀州藩兵が護送して、明治二（一八六九）年三月一〇日に同藩赤坂邸に到着したことが記されている。あわせて、厳重に守られていると書いている。照姫一行は、二月二九日に会津を出立したから一二日間の日程だった。会津と東京は約二五〇キロ離れているので、一日約二〇キロ強の移動となる。当時、一日あたり多くて四〇キロぐらい歩いたようなので比較的ゆっくりした旅であった。女性が多いことを考慮したものと思われる。[20]

照姫に随行した会津藩の中奥および表の役人は、側用人永井民弥以下一八人である。その内訳は側用人二人、照姫付人二人、医師一人、医師仮役一人、付人用役二人、用人所吟味役一人、用人方物書一人、同仮役一人、徒目付二人、錠口番二人、民弥倅、用人方付人一人、奥付人一人であった。多くが中奥の役人、すなわち藩主の昼の日常生活の場を支える役人である。なお、前出『会津戊辰戦史』には、永井・笹原・馬場の名前はあるが、そのほかは「其の外」となっていてこれまで知られてはいなかった。[21]注目すべきは、御医師および同仮役の東條と高橋であろう。女性が多いこともあって、医師を二人体制にしたものと思われる。また、新政府にとって罪人たる会津藩主の家族に対する会津藩側の人数としては、もちろん平時には比べものにならないだろうが、割合多いように思う。護送の紀州藩としては、被護送人数が増えればそれだけ護衛人数を加えなければならないので、この人数が会津・紀州両藩ぎりぎりの妥協線だったのであろう。こうしたところにも新政府の会津藩主家族への配慮がうかがえるといえよう。

侍女は、老女および老女席が四人で、老女席貞順は、照姫の義父容敬の側室である。側室であるが席次は照姫付侍女の第四位という格であることが判明する。また、以下の侍女のうち何名かは貞順付の女中であろう。若年寄二人、表使および側表使三人、側女三人、次女二人、中居二人、揚女二人、下女四人の二二人である。合計は男子一八人、女子二二人の四〇人であるが、「〆四拾壱人」となっている。おそらく残る一人は照姫であろう。実に正確に記されている。侍女の多さも前述の会津藩士と同様で、照姫の通常の生活に支障が出ないように配慮したものだろう。

ところで側女の文寿・はま・かつの三人は容保の側室だろう。これまで、田川氏（喜代）と川村氏（さく）以外の側室は知られておらず、本史料が初出である。ただし、三人の側室がどのような出自で、その後どうなったのかに関して語るものは今のところない。

照姫到着日の一〇日には到着しなかったが、「追々参着之分」として、敏姫の実母である圓隆院およびその随行員がつづいて記されている。「但、紀藩御預り人員之内」とあるから、圓隆院一行の場合、紀州藩以外で預けられた者は書かれていないことになる（もちろん紀州藩以外は考えにくい）。男子の内訳は、側用人一人、側医師一人、用人所吟味役および同仮役二人、用人方物書一人、用人方付人一人の合計六人で、やはりほとんどが中奥役人ということができる。また、侍女は、圓隆院本人が「老女上席」と真っ先に書かれている。敏姫の実母ではあるが、八代藩主容敬の側室なので、あくまでも「侍女」の扱いの記載法である。しかし「老女上席」という最上の格を与えられている。ここからしても「若狭伯母」照姫は、新政府から別格の扱いを受けていることがわかる。

これらは、会津藩側からの要望と紀州藩の妥協点であった。もちろん最終的な決定権は新政府側にあっただろう。つまり会津の思いを新政府や紀州藩が最大限尊重したことが、このリストからうかがうことができるのである。そして重要なことは、先に述べた通り照姫随行員の名はこれまで男子三人がわかっていただけであり、侍女らの名前は、このリストで初めて明らかとなり、かつ圓隆院の随行員名はこのリスト以外にみつかっていないことである。非常に貴重な記録である。なお、圓隆院は、先に述べた美禰姫、容大を生んだ容保の側室二人（喜代とさく）に従い、会津御薬園にいたといわれる(22)ので、実際に紀州藩邸まで来たかどうか、現時点では、確認が取れていない。

ちなみに、照姫の侍女のなかに「側表使　時尾」とあるのは、のちに元新撰組の斎藤一（藤田五郎）と結婚して後妻となった高木時尾である。照姫侍女のなかでは二一名中八番目の位にあった。なお時尾は女中名であるが、明治になっても時尾で通している。

この新史料が収録されている「巷説談」（以下、本書）は、全五冊の写本で、主に明治二年の各種情報が収録されている、いわゆる風聞集あるいは風説留(23)とよばれるものである。ただ、第一冊目では、途中に安政四年巳年のハリス登城一件も収録されている。おそらく明治二年が巳年で安政四年と同じなので一緒にしてしまったものと思われる。そうした点はあるものの、明治二年当時の情報を収集した風聞集であることはまず間違ない。また、第二冊目「弊藩届書五通」とあって、内容には越後高田藩関係のものが多いことから、同藩関係者の風聞集とも考えられるが十分な確証があるわけではない。いちおう本書の筆写者は、同藩関係者ではないかと考えておく。

なお、高田藩は、佐幕的な傾向もあって、新政府から疑いの目を向けられており、長岡藩や会津藩攻めのさいには積極的であっただけに(24)新政府の動向に敏感で、なおかつ会津藩の扱われ方にも大いに関心を払っていたのではないかと思われる。また、若松城外で新政府と闘い捕虜となった会津藩士を高田藩は預かったことから、こうした情報を意図的に収集していたのかもしれない。

本稿で紹介した新史料は第三冊目であるが、そこには松江藩主松平定安の建白書や横浜風聞書、会津藩やその同調者で会津戦争を戦った投降者の一覧なども含まれている。そのなかにくだんの史料は収録されているのである。そしてさらに後の方では紀州藩にお預けになっている会津人から聞いた話として「会津若松城去秋官軍進撃スル、凡六万人城之四方山々より発砲スルコト雨の如し、城郭弾穴蜂の巣の如し、城構より出ル死体夥し会の死亡士分五百有余、雑卒ともに殆ト千人計りのよし」(25)と書き留めている。紀州藩に軟禁されたといっても、会津藩士になんらかのつてにより面会することが可能であったことが知られる。

さて、照姫が紀州藩邸に入った後、会津では先に述べたように容保の側室二人が、美禰姫・容大を生んだ。明治二年一一月、容大の家督相続が新政府から認められ、斗南三万石が与えられた。同年一二月には、容保が鳥取池田藩から紀州藩に預け替えとなり、それに連動して照姫は実家の飯野藩に戻ることになった。こうしたことから、照姫について江戸までやってきた随行員も何人かはそれぞれの人生を歩むことになった。たとえば、時尾のように、である。本史料は、名前だけのリストではあるが、そこから読み取れることは実は多いといえる。もちろん、さらなる研究が必要であることはいうまでもない。

おわりに

すぐれて西洋近代的な思考を持っていた大村がプランニングした会津藩主家族の処分は今日からみても妥当なものであり、それは合理的・理性的に行われたことが判明した。それを遂行したのが三宮のような実務家で、実際に従事したのが紀州藩などであった。彼らは、大村の意を受けて着実に実行した。会津戦争はまさに近世から近代のはざまにあって、敗軍藩主家族の処遇にあたっては、近代的な戦後処理をしえた戦争であったといえよう。

ところで、いうまでもなく、斗南に入植した元会津藩士たちの苦難、辛酸は筆舌に尽くしがたいことだった。(26)しかし、明治新政府は彼ら会津藩士を根絶やしにしようとしたわけではなく、戦後の処理は比較的穏便に、内乱の長期化と自国民同士の争いはできるだけ少なくして、万国対峙、国民国家の建設という新政府存立の目的にむかっていたといえるのではないだろうか。そのくらいペリー来航以来の西欧列強の東洋進出は、多くの日本人に影響を与えていたといえる。その点で蝦夷地や下北半島の開拓は近代日本の防衛には欠くべからざるものだったのである。

斗南の中心地田名部は現在のむつ市だが、むつ市には大湊港がある。大湊は明治日本海軍の重要軍港に発展した。日露戦争後、大湊の帝国海軍の軍艦は、平時はオホーツク海の漁船防衛まで行っていたという。大湊の発展は元会津藩士の斗南入植が契機であったことは疑いのないところである。

近代日本の発展の陰にはこうした戊辰戦争敗軍の将兵の努力があったことを忘れてはならない。そしてその裏には大村のような冷静な実務家の考えがあったのである。さらにそれを確実に実行した諸藩（照姫護送の紀州藩など）が従っていた。新政府の初期軍隊はこうした統制のとれた組織であったことが、今回紹介した史料からも理解される。こうした点が、会津藩関係者にも安心感を与え、ひいては佐幕的傾向をもつ者たちにも新政府にある程度心を開かせていったものと考えられる。つまり新政府の寛大な対応は、国内にくすぶる反対者を懐柔するためには、どうしても必要なものであったのだ。(27)

ところで、イギリス人医師ウイリアム・ウイリスは若松城落城後、半月して会津に到達した。ウイリスの会津行は捕虜が人道的に扱われているかを検分するために自発的に赴いたものである。思いがけずウイリスが目にしたものは、領主階級に対して非常に冷たい態度をとる会津の農民だった。ウイリスによれば、一般の農民は「残酷で無用な戦争を引き起こした[28]」会津藩主らに対して「敗北のさい切腹しなかったかぎり、かれらは尊敬に値するすべての資格を失ってしまった[29]」と考えていたという。会津藩は、実は足元の農民から恨まれていた。そのことは、藩士もよくわかっていたのだろう。彼ら自身が転封地として会津猪苗代ではなく斗南を選んだといわれているのは、そうしたことがあったからかもしれない。ただし近年では、会津藩士が斗南を選択したのではなく、新政府からの一方的な決定ともされている。

いずれにしても、ウイリスの行動は戊辰戦争に関して西洋人の関心がどこのあったかを物語る重要なエピソードである。要するに、落城後の敗軍城主家族の処遇は、新たな統治者の政治的方向性を探るうえで重要な試金石であったのである。蘭学者大村益次郎はそのことをよく心得ていた。

（1）武田信玄は、強固に敵対した東信地区（佐久・小諸・上田）では、たとえば北佐久の前山城落城時には五〇〇〇人の首を切り、生け捕りにした男女は数知れずといった状況であった（柴辻俊六『信玄の戦略』中央公論新社、二〇〇六年）。中信地区（松本）にはそのような凄惨な話はあまりない。そのことは、現代でも東信と中信の信玄への意識の違いにあらわれているといわれている。

（2）神戸事件に関しては、内山正熊『神戸事件――明治外交の出発点――』（中央公論新社、一九八三年）、鈴木由子「慶応四年神戸事件の意味――備前藩と新政府――」（『日本歴史』七三三号、二〇〇九年）を参照。

（3）堺事件は、大岡昇平『堺港攘夷始末』（中央公論新社、一九八九年）を参照。

（4）連座は、我が国律令制下で唐より導入され、室町幕府法や戦国時代の分国法で確立したもので、職掌や地縁による連帯責任制度のこと。戦国時代には犯罪者の町や村全体が刑を科される場合もあった。縁座は、血縁による連帯責任制度で、律令制下では重大犯罪（大逆や謀反等）の場合、親子・祖孫・兄弟を範囲とした。流刑や財産没収などであったが、連座同様、幕府法や分国法で拡大された。江戸時代、八代将軍吉宗の「公事方御定書」では庶民に対しては主人殺害における縁座の範囲が犯罪者の子に限定されるなど、寛典の傾向がみられた。島原の乱以来、戦乱がなかった江戸時代を経て、幕末戊辰戦争になって戦国の法制がどのように適用されたのかを解明することが、近代化解明の点からも重要であろう。本稿ではとくに戊辰会津戦争における縁座に関して述べていくことになろう。

(5) NHK千葉放送局大澤美雪記者の仲介で調査させていただいた千葉県内の個人所蔵史料。

(6) 岩下哲典「大村益次郎と戦争後の会津」『八重と会津戦争』歴史REAL(洋泉社、二〇一二年)に同史料の写真版と釈文と紹介文を掲載した。

(7) 日本歴史学会編『明治維新人名辞典』(吉川弘文館、一九八一年)四七〇~四七一頁。

(8) 山川健次郎監修『会津戊辰戦史』(マツノ書店、二〇〇三年)六六六頁および伊藤哲也「戊辰戦争戦死者埋葬の史実」(『歴史春秋』七三号、二〇一一年)五七頁参照。

(9) 丹潔編『大村益次郎』(マツノ書店、一九九九年)七一五~七四二頁、前掲註(7)『明治維新人名辞典』、二〇九~二一〇頁。

(10) 伊豆田忠悦「庄内藩」(『三百藩藩主人名辞典』第一巻、新人物往来社、一九八六年)一九五頁。

(11) 照姫はじめ、会津藩の女性に関しては、柴桂子『会津藩の女たち』(恒文社、一九九四年)参照。

(12) 前掲註(8)山川監修『会津戊辰戦史』、六五九頁。

(13) 前掲註(12)に同じ。

(14) 徳江靖子氏のご教示による。本稿作成にあたっては、たいへん御協力をいただいた。記して御礼申し上げる。

(15) 容保の継嗣とされていた養子喜徳は、のち容保とともに容大の預かりとなり、明治六年、実家の水戸家に戻り、さらに水戸の分家守山松平頼之の跡継ぎとなった(『会津松平家譜』マツノ書店、二〇一三年、四六二頁)。

(16) 村田峰次郎『大村益次郎先生事跡』(マツノ書店、二〇〇一年)二八〇頁の「大村先生逸事談話」の中で加茂水穂が書いている逸話。

(17) 「東北遊日記」(『吉田松陰』岩波書店、一九七八年)四七四頁。

(18) 相田泰三「高嶺秀夫先生伝」(『松平容保公伝』会津郷土資料研究所、一九七七年)二四五~二四七頁。なお高嶺に関しては、芳賀幸雄「高嶺秀夫」(『会津若松市史』一八、会津若松市、二〇〇五年)参照。

(19) 「巷説談」全五冊(筆者家蔵、未刊史料)のうち第三冊目。なお、岩下哲典「松平容保義姉『照姫』の新資料発見」(『歴史読本』二〇一三年七月号、中経出版)に写真版および釈文を掲載した。あわせて参照されたい。

(20) 前掲註(12)に同じ。

(21) 前掲註(20)に同じ。なお二月二九日に若松を出発したことを記し、「用人　永井民彌　用人　笹原源之助」「御付　馬場與次右衛門　其の外」「奥女中　貞順院〔忠恭公の側室〕以下二十一人」と記されている。「巷説談」所載の女中名簿と数字が一致していることから、山川監修『会津戊辰戦史』は、こうした女中名簿を見て執筆された可能性が高い。

(22) 前掲註(12)に同じ。

(23) 風聞集・風説留に関しては、宮地正人『幕末維新変革

史』上（岩波書店、二〇一二年）一一〇～一一五頁参照。
(24) 山村竜也「高田藩」（『三百藩戊辰戦争事典』新人物往来社、二〇〇〇年）二六二～二六三頁。
(25) 前掲註(19)に同じ。
(26) 石光真人編著『ある明治人の記録』（中央公論新社、一九七一年）には、全編にわたって元会津藩士の苦衷が述べられている。
(27) 旧幕臣への対応に関しては、岩下哲典・藤田英昭・徳江靖子「幕末三舟の一人、高橋泥舟研究覚書(1)——研究史・旧幕臣の静岡移住・東京引越荷物——」（『Journal of Hospitality and Tourism』七巻一号、二〇一一年）および岩下哲典・藤田英昭・徳江靖子・大場勇人・大場雅子「幕末三舟の一人、高橋泥舟研究覚書(1)——明治初期静岡藩田中勤番組(旧幕臣)の名簿「支配勤番組姓名」とその内職に関する史料について——」（『Journal of Hospitality and Tourism』九巻一号、二〇一三年）参照。なお、岩下哲典編著『高邁なる幕臣　高橋泥舟』（教育評論社、二〇一二年）もあわせて参照されたい。
(28) 石井孝『戊辰戦争論』（吉川弘文館、一九八四年）二六六頁。
(29) 前掲註(28)に同じ。

〔本文・註に引用以外の参考文献〕

会津郷土資料研究所編纂『慶応年間会津藩士人名録』勉強堂書店、一九九二年
今井昭彦『反政府軍戦没者の慰霊』お茶の水書房、二〇一三年
佐々木克『戊辰戦争』中央公論新社、一九七七年
鈴木正敏「民生局支配から若松県時代」『会津若松市史』八、会津若松市、二〇〇六年
竹内誠・深井雅海・松尾美恵子編『徳川「大奥」事典』東京堂出版、二〇一五年
田中悟『会津という神話』ミネルヴァ書房、二〇一〇年
箱石大『戊辰戦争の史料学』勉誠出版、二〇一三年
保谷徹「戊辰戦争をとらえなおす」『歴史読本』二〇一三年三月号、中経出版、二〇一三年
星亮一『敗者の維新史』中央公論新社、一九九〇年
星亮一『会津落城』中央公論新社、二〇〇三年
宮地正人『幕末維新変革史』下、岩波書店、二〇一二年
村山和夫「会津藩士高田謹慎の事情」（平成四年度第五回文化史講座レジュメ、上越市）

〔付記〕　本稿を作成するにあたっては、公益財団上廣倫理財団に事務局をおく「城下町と日本人の心」研究会のメンバーから御協力を得ることができました。記して御礼申し上げます。

Ⅱ 思想

長州藩明倫館の藩校教育の展開

前田　勉

一　創建期と重建期との関連

長州藩は全国諸藩のなかで、藩校組織の整備が早かったことで知られている[1]。全国に藩校が爆発的に普及したのは一八世紀後半であったが、長州藩では、すでに享保四（一七一九）年に明倫館が創設されている（創建期）。その後、宝暦から安永期の刷新の時を経て、天保期の村田清風による藩政改革のなかで、嘉永二（一八四九）年に移転、新築され、学風を一新した（重建期）。藩内には、この明倫館の他にも、三田尻の越氏塾や吉田松陰の松下村塾のような郷校・私塾が数多く存在して、教育活動を行っていた。

明治期に編纂された『日本教育史資料』には、明倫館の関係史料が数多く収録されている[2]。この史料の豊富さゆえに、これまでも多くの研究がなされてきた。例えば、小川亜弥子『幕末期長州藩洋学史の研究』（思文閣出版、一九八八年）、小川國治・小川亜弥子共著『山口県の教育史』（思文閣出版、二〇〇〇年）、牛見真博『長州藩教育の源流――徂徠学者・山県周南と藩校明倫館――』（渓水社、二〇一三年）などがある[3]。

従来の明倫館研究において問題となってきた論点は、創建期と重建期との関連である。すなわち、創建期の徂徠学から重建期の朱子学へと、学風が切り替ったことが注目されてきた。前者では荻生徂徠の弟子山県周南、後者では周南の後裔山県太華が中心人物である。たしかに、徂徠学から朱子学へと、学風は転換した。しかし、それはたんなる教育内容の変化にすぎないのだろうか。そこには、より根底的な問題が潜んでいるのではないか。この点で示唆を与えるのは、重建後の変化を述べた石川謙の次のような指摘である。

学問にしても武術にしても、個人のたしなみ、本人限りの修養という見地からでなく、藩自身の維持と繁栄に役だつ「有能な藩士」を養成する目的をもって、学ばせるしくみにかわった。個人訓練もだいじにはちがいないが、集団学習、部隊教練が新しく力説されたのである(4)。

石川は、「本人限りの修養」から「有能な藩士」の育成に目的をかえ、さらに個人の訓練よりも「集団学習」「部隊教練」に変わったという。ここで重要なことは、石川が学風の変化を藩校教育の目的と教育方法の観点から論じている点である。本稿ではこの石川の観点に立って、明倫館の藩校教育の変化について、より詳細に検討してみたい。

その際、とくに石川のいう「集団学習」の教育方法に着目したい。というのは、幕末の長州藩には、自由闊達、平等な「集団学習」したことでよく知られている吉田松陰の松下村塾が生まれていたからである(5)。これまでの教育史研究では、明倫館と松下村塾、広くいえば、藩校と私塾との対抗図式のなかで、松下村塾のユニークさをクローズアップするあまりに、明倫館と松下村塾の断絶面ばかりを強調してきたように思われる(6)。しかし、明倫館で「集団学習」が実施されていたとすれば、松下村塾の教育方法といかなる関係にあったのだろうか。

そもそも、この「集団学習」の教育方法とは、一つの経書・史書を共同で討論しながら読み合う会読を指している(7)。江戸後期、藩校教育の方法には、素読・講釈・会読の三つがあった。七・八歳ころから経書を暗誦する素読の基礎課程を修め、その後、一五歳ころから一斉授業である講釈を受け、さらに上級の者たちが集まって会読を行うことが、藩校教育の一般的な方法だった。明倫館のなかで、この「集団学習」としての会読は、いつごろから行われたのだろうか。徂徠学の創建期であろうか、それとも、朱子学の重建期であろうか。また、会読という読書・教育方法は藩校教育の目的とどのように関わっているのだろうか。さらに、松陰の松下村塾で行われていた会読との関わりはあるのだろうか。

本稿はこうした諸問題を検討することによって、創建期と重建期との間には、徂徠学から朱子学へという教育内容のみにとどまらず、もっと根本的な転換があったことを明らかにしたい。それはたんなる明倫館の現象ではなく、江戸時代の藩校教育の一般的な傾向を示していると思われるからである。その意味で、明倫館の長期にわたる活動を定点観測することで、江戸時代の藩校教育の展開過程を描き出すことを目指している。

二　明倫館の創建と山縣周南

（1）藩校教育の目的――風俗教化――

享保四（一七一九）年正月、藩主毛利吉元は家臣の文武奨励のため、城内三の曲輪に明倫館を創設した。初代学頭となったのは、林鳳岡門下の小倉尚斎（一六七七～一七三七）である。尚斎は在職一九年で、元文二年に死去した。この後を継いで、第二代目の学頭となったのが荻生徂徠の弟子山県周南（一六八七～一七五二）であった。これまでの研究で、創建時以来、この周南の明倫館教育に果たした役割が大きかったことが明らかにされているが、[8]本稿では藩校教育の目的と方法に焦点をあて、林家の朱子学と徂徠学の影響について考えてみたい。

基本的には、明倫館は文武を奨励し、家臣の風俗教化のために創建されたといえる。この時期、藩財政の逼迫による緊縮財政にもかかわらず、「御家来中、近年御倹約事ノミ打続、文学武芸等ノ沙汰モ疎カニ相成、諸士之風俗不宜様有之節ハ、連歌茶ノ湯盤上等之玩ニ移リ、却テ倹約之為ニモ不宜」（「享保三年達」、六五八頁）と、逆に家臣の風俗は遊惰に傾いていた。こうした武士として、あるまじき退廃現象にたいして、藩主吉元は「御家来文武諸稽古之儀」(「享保四年正月達」、六六〇頁)を振興し、「風俗」の刷新を図ろうとしたのである。

文学諸武芸、諸士常ニ相嗜候儀ハ勿論ノ事ニ候。尤此道興隆ノ事ハ、風俗ノ本ニシテ、大小ノ御家来中弥以面々可嗜、業ニ怠ラス、其道ニ深ク志候様ニ有之度儀ト被思召候。(「享保三年六月達」、六五九頁)

明倫館の名前の由来は、この風俗教化に関係していた。もともと、明倫館の名前は、「孟子曰く、庠序の学校を設為して、以て之れを教ふるなり。皆、人倫を明らかにする所以なり。人倫、上に明らかにして、小民、下に親しむ」(9)(『周南文集』巻七、「長門国明倫館記」、元文六年成)とあるように、『孟子』滕文公《とうぶんこう》篇の言葉から取っている。山県周南はこれを次のように敷衍している。「明君は治を為すや、学校の設有りて、以て教化を弘む。其の功、極めて大なり」(『周南文集』巻五、「明倫館釈菜儀注序」)。明倫館は風俗「教化」のために創建されたのである。

創建時に行われた素読と講釈は、そのための具体的な教育方法だった。素読については、「文学素読、例月二日ヨリ隔日、朝六時ヨリ五時迄之事。但素読之儀ハ、明倫館ニカキラス、所々ニ於テモ心掛可相学事」(「享保四年正月達」、六六〇頁)とあるように、偶数日の午前六時頃から八時頃まで行われた。この明倫館内の素読稽古を担当したのが、「右稽古場諸生十人被差置」(同前)とあるように、のちに述べる居寮生である「諸生」である。素読が幼少の者たちの教育方法であったのにたいして、家臣に向けては講釈がなされた。享保四年の「文学諸武芸稽古ノ式」には、講釈の日程が次のように定められていた。

一、儒書講釈、例月十二日宛之事。

一、兵書講釈、例月六日宛之事。但於武学所可講之事。(同前)

「儒書講釈」はひと月に一二回、「兵書講釈」はひと月に六回、行うことになっていた。この他に諸武芸・馬稽古があった。享保期から少し後の次の史料は、この講釈担当者に向けての注意であるが、講釈にたいする藩当局の考え方が示されている。

一、講釈ハ、聖賢ノ道ヲ諸人ノ教ヘニナス事候得ハ、御座ニ附候ヘハ、第一其身ノ行規作法肝要ニ可相慎儀、勿論ノ事候。毎ニ人ニ依、猥ノ輩モ有之様ニ相聞ヘ、甚其道ニ不叶候条、其慎専ニ可相心得事。

一、本文ノ六義ハ、勿論其事々ニ寄リ、ヒキ事ナド仕、初心ノ者モ其義理能聞請候様ニ、講釈致シ、諸人能存付候様ニ可相勤候事。

一、講釈ハ、其義理能分リ候得ハ、相済事ト見ヘ候得共、言葉違ヒ余リ田舎メキ平口ニテハ、表方場所ニテ耳立悪敷候間、此段モ心掛可相用候。（「寛延元年八月御手廻頭口達、講師小田村文助外三人」宛、六六七頁）

講釈する内容は「聖賢ノ道」であって、儒学の経書の「義理」であった。講釈者は「身ノ行規作法」を慎み、「初心ノ者」の聴聞者に分かりやすく、かといって、「言葉違ヒ余リ田舎メキ平口」であってはならない、と説かれている。聴講者への配慮が求められているのである。

さらに、随分後の「寛政二年直諭」では「享保ノ始」の創設意図を述べて、「講釈令聴聞ハ、其躬ノ行規作法モ正シク相成、執政心得ノ益モ可有之事ニ候」（六七〇頁）と再確認している。もちろん、この「寛政二年直諭」は当初の意図が達せられず、「于今ハ、学館講釈聴衆モ寡ク、少壮ノ者モ漁猟遊観ニ日ヲ過シ、文ヲ学ハス、武芸ヲ修練セスシテ、何ヲ以テ主用ニ立ンヤ歎シク候」（六七〇頁）と現状を慨嘆している直諭なので、そのまま創建当時の講釈観とはいえない（この点はのちに述べる）。しかし、参考にはなるだろう。藩当局は家臣たちに講釈を聴聞させることによって、「其躬ノ行規作法」を正しくすることを目論んでいたのである。

こうした風俗教化のための講釈は、同時期、朱子学を奉じる林家の湯島聖堂でも行われていた。八代将軍徳川吉宗は、享保二（一七一七）年、聖堂講釈を毎日開講させ、偶数日は幕臣を対象とし、奇数日は庶民にまで聴聞を許した。その意味で、講釈聴聞は明倫館の特徴ではない[10]。では、これまでの研究史が明らかにしているように、創建時から山県周南の影響が強かったとすれば、どこが徂徠的だったのだろうか。一つ考えられることは、創建時にすでに講釈ばかりか、為政者が老人を率先して敬い、孝行の模範を示す儀礼である養老の礼を行ったことであると思われる。明倫館では言葉による講釈だけではなく、礼楽制度によって風俗教化を行おうとしたのである。

今侯、立ちて、先侯の政を継修して、有司を戒め、庶績を録し、学宮を申令し、教化を謹む。其の国に或るや、仲春親ずから学宮に至り、先聖を祭り、養老の事を行ふ。先侯の道を遵奉して光有り。

（『周南文集』巻七、「長門国明倫館記」）

享保四（一七一九）年二月一九日に、藩主吉元は明倫館に臨み、聖廟を拝して、周南と佐々木源六が作成した『釈菜儀注』に基づいて、「先聖」を祭る釈菜を執り行い、それに続いて「養老の事」を行った。士列の七〇歳以上の者五人、庶民の八〇歳以上の者四人、ならびに徳行の者を召して、酒食を饗して物を賜ったという(11)。この時の様子を、「長門国明倫館記」の「耆老を賓し、養老の道を観す」の割注は次のように記している。

祭礼畢りて盛礼を設けて、学に士の老五人、庶人の老四人を饗す。饗畢りて、帛を賜ふ。献官は接伴す。国主親自ずから存問す。

（『周南文集』巻七）

養老の礼に着目していたのは、ほかならぬ、周南の師荻生徂徠であった。徂徠は、「『大学』なる者は、古の大学に養老・序歯の礼あり。これその義なり(12)」（『弁道』）と、『礼記』中の一篇『大学』について、「養老・序歯の礼」を説いた経書だと独自の解釈をしていた。周南はこの徂徠のいう「養老の礼」を長州藩のなかで実現したのである。ここで、庶民の老人も含めていたことは、風俗教化が武士のみならず、庶民をも想定していたことを示唆しているだろう。

君は民の父母なりといへり。世を保つ人は、世は皆我赤子なりと思ひ給へり。大学の教養老序歯の礼を本として、天下に孝弟を教へ給ふ。孝弟風俗になれば、天下戸々人々安楽の生を遂ることとなり。故に堯舜之道孝弟而已矣といへり[13]。

（『周南先生為学初問』巻上）

明倫館の養老の礼が『大学』に依拠する徂徠学によるものだという点は、同じ徂徠門下の宇佐美灊水が指摘していた。

長門の明倫館にては養老の礼を行ひしと伝へ聞けり。養老の礼は古天子諸侯、老人の徳高き人を敬ひて、自身に庖厨に入り刀を取て料理し玉ひ、自身に膳を居へて老人を敬ひ玉ふ礼なり。書経に天佑レ下、民作二之君一作二之師一とあり。人君は民の師なり。故に民に尊長を敬ふ事を自身なされて、下万民に見せ玉ふなり。依レ之万民是を感して上たる人さへも如レ此老人を敬ひ玉ふ、況や下たる者老を敬せさらんやといふて、孝弟を行ふなり。此礼は既に行ふたる人あり。今行はんと欲する時は、難き事にあらず。大学は養老の事を言ふたる書也と先師の説也[14]。

（『事務談』、宝暦二年八月成）

ただ、この養老の礼が、孔子を祭る釈菜と関連して執り行われていることは注意すべきである[15]。明倫館の創建時、講堂に孔子・顔子・曾子・孟子などの木像が安置され、これらの尊号は、初代学頭小倉尚斎を通して大学頭林鳳岡に依頼して、揮毫されたものであった。周知のように江戸の湯島聖堂では、林家が儒学普及を目指して、釈菜を毎年二回、励行していた。その点では、明倫館の釈菜も林家からの影響を受けていたことは間違いない。しかし、それはどこまでも限定的であったといえるだろう。というのは、林家の主宰した幕府の釈菜は養老の礼とは関わりがなかったからである。その意味で、享保四年の最初の釈菜の時から、養老の礼を併せ行っていた点で、創立当初の明倫館を主導した学問は朱子学ではなく、徂徠学だったことを示唆している。

（2）藩校教育の目的――人材育成――

創建期の藩校教育は風俗教化ばかりでなく、人材育成も目的の一つであった。そのことを端的に示しているのは、周南の定めた「学館功令」（元文三年）である。それによると、「学校の設は、材を達し徳を成し、上以て国家の用に供し、下以て矜式する所有らしむ」（七四四頁）とあるように、「達材成徳」を目的とすると記されている。

ただ注意すべきは、「達材成徳」は家臣一般の人材育成ではなく、儒者＝学者の育成であった点である。長州藩では、明倫館創建より前、享保三年に、儒学を家業とする「家業人」の地位を向上させていた。「文武諸稽古」の「指南」を担う「家業人」の身分が低いと、彼らが「オノツカラ其業ヲ厭ヒ、平人罷成度志ノミニテ、御家来中指南モ疎ニ相成」（「享保三年達」、六五九頁）るからであるという。そのため、それまで医師・絵師・能狂言師・連歌師とともに寺社組に属していた儒者を、藩政の中枢に参画できる大組へ昇格させた(16)。この結果、小倉尚斎と周南の父親山県長伯は、僧形を改めて畜髪して、寺社組から大組に昇進することができた(17)。

創建期の明倫館の目的の一つは、「家業人」のような、儒学を専門とする学者の育成にあったと思われる(18)。明倫館内に「諸生」を置いたのは、そのための具体策であった。「諸生」は先に触れたように、隔日に行われていた初級者にたいする素読を担当していた。「入込諸生」（入寮者）には御養生、付食生、自賄生がいて、享保期の定員は、御養生が七人、付食生が一一人、自賄生が一〇人で、四寮に七人ずつ分宿していた。このうち、御養生には二人扶持（一人扶持は一日につき五合、年間一石八斗）が支給され、付食生には食事が無料で与えられた。入寮生の他にも通学生もいた(19)。彼らのうち、二人扶持を支給された「御養書生ノ儀、多クハ諸士二男三男、其外浪人者之内、相願申上相聞候」（「元文四年二月明倫館頭人へ達」、六六二頁）であるという。というのは、「諸士ノ嫡子ト相聞候得ハ、強テ学問不令上進候テモ、入館程ノ身分得徳ニハ罷成」（同右）ことができるが、厄介者の二男三男や浪人者はそうはいかないので、給米を受けながら、学問を身につけることによって、立身するチャンスをつかもうとしたのである。

明倫館の諸生の教育目的が、「文武諸稽古」を担当する儒者＝学者育成だったとすれば、次の徂徠の言葉も納得できるだろう。

松平民部大輔、萩ニ学校ノ様ナル事ヲ立テ、釈菜ヲモナシ、扶持方等ノ料ニ五百石附置キ、毎年書籍ヲ求ル料ニ又五百石、合セテ千石程ノ事ニテ家来ニ学文ヲサスル故、今ハ彼ノ家中ニ学者多ク出来タリ。去共西国大名ノ習ヒ、公儀ヲ憚テ深ク是ヲ隠ス也[20]。（『政談』巻四）

徂徠ははっきりと、萩では「学校ノ様ナル事」をして「学者」を多く輩出したと述べている[21]。また付け加えておけば、先に紹介した宇佐美灊水も、「長門城下に明倫館といへる学館ありと伝聞けり。学問を主として諸芸場ありといへり。是に依て長門に文学才芸の士多し。故に自然に大臣に学をたくむ人多しといへり[22]」（『事務談』）と、徂徠同様の評価をしていた。

では、人材育成の面では、どこに徂徠学的な要素があるのだろうか。この「達材成徳」が徂徠的であったかどうかは、周南の「上国相桂君」書（寛保元年ころ）にうかがうことができる。これは、家老桂広保が「徂徠の学」を「不敬」と非難していたことにたいして、反論している書簡である。そのなかで、周南は徂徠の教育論を次のように敷衍している。

其の（徂徠の）人を教ふるや、和風甘雨の草木に於けるが如し。其の学に曰く、「先王の道は敬天を本と為す」と。小大、其の敬を用ひざる莫し。何ぞ不敬を容れん。不佞既已に遺教を奉じて周旋す。常に夫子（徂徠）を西河の民に疑はしめんことを恐れ、敢て師道自ら居らず。且つ子弟を教導するに、恒に其の天材を傷ひて、人の子を害せんことを恐れ、往々、其の欲する所に従ひ、其の自ら之れを成すを待つ。籍りるに第令《たと》ひ之れを縄するに規矩を以てし、之れを督するに檟楚《かそ》を以てす。立てば、則ち尸の如く、坐せば、則ち斉の如し。出入必ず其の所為を抑裁せば、若し其の人、樕樕《そくそく》にして、道を任ずる器に非ざれば、則ち日に憔《やつ》し月に悴《やつ》し、必ずや萌芽にして銷《つ》きん。若し其の人、卓踔《たくたく》にして人を兼ねば、寓歩舜趨し、矜持色取、自ら視ること聖の如く、人を視ること豚の如し。其の行ふ所、毎に世と杆格《かんかく》し、其の終へざるに至り、殆んど父母を怨むに至らんや。不佞《ふねい》、人の子を害せんことを恐るるは、其れ此の為めなり。

（『周南文集』巻一〇、「上国相桂君」第二書）

「規矩」によって拘束するのではなく、生徒の個性＝「天材」に応じて、「小者は小成し、大者は大成」することを目指す教育観は、徂徠の次のような考えが踏まえられている。「先王の教へ、詩書礼楽は、辟へば和風甘雨の万物を長養するがごとし。万物の品は殊なりといへども、その、養ひを得て以て長ずる者はみな然り」[23]（『弁名』巻下）。「聖人の道は、なほ和風・甘雨のごときか。物その養ひを得て以て生ず。生ずればここに長ず。あに窮り已むことあらんや。君子は以て徳を成し、小人は以て俗を成す。天下これを陶鈞の中に錯くは、聖人の道しかりとなす」[24]（『学則』）。周南は、こうした多様な個性教育を別の箇所で次のように説いている。

聖人の代には棄才なしといへるも、此中の事なり。人心不レ同如二其面一といへり。人の性質人々不レ同、品々の生れあり。されど礼楽を学び教化を経れば、義理に通じ君子の道をしる故、性質相応の才徳成立なり。其器量に応じ、大なるは大官を授け、小なるは小官を授け、百官庶司それぞれに配当して用ひらるゝ時は、都て国家の用に不レ立といふことなし。是を棄才なしといへり。皆聖主の仁道なり。事長ければ言残しくおくなり。[25]

（『周南先生為学初問』巻上）

それぞれの「器量」に応じた官職を与えて、「国家の用」に立たせるという。こうした多様な個性・「器量」を伸長させる前提には、家柄や身分ではなく、「器量」によって評価する平等主義があったことに注意せねばならない。この点に関していえば、明倫館内の諸生の間では、「座次」は貴賤ではなく、単純に入学年次の違いによることを創立当初から定めていた。

於館中、諸生中座次ノ儀ハ不論貴賤、可為入学ノ次第候。然ハ先覚ハ後覚ヲ誘、後覚ハ先覚ヲ可敬段勿論候。

（「享保五年十月学頭役へ達セラル、明倫館内規条々」、六六一頁）

館内で「貴賤」を否定していたことは重要である。周南は、「学問ノ上ニ、貴賤ノ爵位ヲ立ルヲバ、非礼ト定メ玉フ」(26)（『太平策』）と説いていた徂徠と同様に、「貴賤」の別のない学校という空間で、諸生それぞれの個性に応じた「器量」を伸長することを目指していたのである。

しかし、それにしても、徂徠学には、「不敬」の誹りを受ける可能性があったことは否定できない。周知のように、徂徠学、ことに古文辞学の詩文尊重は同時代の人びとから非難をあびていた。周南もそうした危険性を意識していたのであろう。先に触れた「学館功令」（元文三年）を定め、厳格に寮生活の規律化を図ったのは、「不敬」のレッテルを避けるためだったと思われる。そこで、周南は人生の短さを説き、時間を意識せよと、徂徠をモデルにしながら諭している。

昔者、我が徂徠先生、年方《まさ》に四十にして、始めて古文辞を修す。蓋し十年にして、弁道を作る。先生の文に於けるや、見るべきのみ。諸生は館下に游び、三年を一限と為し、僅かに千有余日を得。白駒の過ぎる、立ちて竢つべし。朝夕孜々《しし》として、務めて功令に就くも、猶ほ且つ及ばざるを恐るべし。一日の中、遊惰にして時を竟れば、俄かに日の半を失ふ。三年は二三百日に下らず。古者、女功一月に四十五日を得、之れに加ふるに夜の半を以てするなり。勤惰の分、是くの如き者有り。鄙生、一日の長を以て叨《みだ》りに諸生の先に居る。今、故祭酒倉君の創る所に依て、少しく増損して学規を定む。

（『周南文集』巻九、「学館功令」）

さらに、周南は一日の細かい日課を定めた（七四四頁）。

卯時（午前六時）聞板興、盥嗽結束、外堂、温読経書。

辰時（午前八時）聞板下堂、入厨会食、食畢、入舎喫茶。

巳時（午前一〇時）聞板就業、各於其舎、若講日、則聞板上堂、講畢、各就其業。

未時（午後二時）聞板入厨会食、食畢、入舎喫茶、除会業外、游息従心、若欲出校弁事者、告館長迺出、館長不在、則告都講、及酉時（午後六時）必帰、若以事留外廃夜業者、先具事由、請館長所許、乃得出去。

酉時（午後六時）聞板就業。

戌時（午後八時）聞板入厨点心、畢即入舎就業。

亥時（午後一〇時）聞板罷業就安。

会業を除くの外、游息は心に従ふ。

（「功令」、七四四頁）

周南は二代目の学頭になったときに、このような「功令」を出すことで、教育方法の一新を図ったのだろう。この「功令」のなかで、何より注目すべきは、会読が行われていたという点である。

諸生の「会業」＝会読は、周南が第二代目の祭酒になった後のことかもしれない。今のところ、初代の小倉尚斎のもとで、会読があったかどうかは分からない。もしかりに周南以降だったとしても、「国家の用」のための「達材成徳」を目的とした明倫館のなかで、会読をしていたことは、藩校教育のなかでもっとも早い事例ではないかと思われる(27)。

（3） 風俗教化と人材育成の間

では、先の風俗教化と諸生教育とはどのように関連しているのだろうか。先に見たように、明倫館は諸生教育の一方で、家臣に向けた講釈を行い、文武を振興し、風俗の刷新を目指していた。しかし、何度も繰り返し、家臣に講釈聴聞をうながすお達しが出ていることから想像すると、必ずしもその目的が果たされたとはいえないようである。その達の一つには次のようにいう。

文武ノ諸芸ハ、諸士ノ所業ニシテ、常ニ修練スヘキ事勿論ナリ。御先代深キ御思慮ヲ以、学館御造立有之。

別テ此道ニ御心ヲ被寄、家中ノ諸士、国民ニ至ル迄、ヲノツカラ心立モ宜ク風俗モ厚ク相成候。御先代続テ、御興隆ノ御心遣浅カラス。数年来連綿セシ所ニ、近年世上困窮ニ及ヒ、心ナラス重キ倹約申付、自然ト風俗モ衰へ、学館講釈聴衆モ寡ク、諸士ノ志鄙劣ニ相成、権門勢家ニ奔走シ、或ハ利潤才覚ニ携リ、少壮ノ者共モ奉公ノ心掛薄ク、漁猟遊観ニ日ヲ過シ、武士ノ片気ヲ失ヒ、其心サマヨロシカラサル者モママ出来候様相聞、気ノ毒不過之国家ノ大患タリ。（「宝暦五年三月達」、六六七〜六六八頁）

それにしても、本当に講釈を聴聞させることによって、「武士ノ片気ヲ失」った家臣たちの風俗を刷新することができるのだろうか。創建期には、この疑問はそれほど差し迫っていなかったのかもしれない。たかだか、「公用暇アルトキ」、「講釈聴聞ハ風俗ノ補御役所勤諸事ノ心得ニモ候」（「宝暦五年三月達」、六六八頁）程度しか、期待されていなかったともいえる。このような状況のなかで、明倫館の「入込諸生」＝居寮生は風俗教化の模範となるべきことが求められた。

学館入込ノ諸生中心得、近年イツトナク令混雑、風俗惰弱ノ儀モ間々有之様相聞候。入学ノ面々ハ、別テ学問一遍ニ志シ、仮初ノ参会モ行規作法正敷、況哉講釈等ノ席ニ臨候テハ、猶又抜群ニ行規能相心得、講釈師ヲ敬ヒ、諸人ヨリ見入ノ所モ、入学ノ輩相応相見候様ニ有之度儀候。（「寛延元年八月御手廻頭口達、津田忠助、小倉彦平」宛、六六六〜六六七頁）

諸生に「行規作法」の正しさを求めるのは、講釈師を敬う態度において「諸人ノ目途」（「寛政九年二月伺指令」、六七二頁）＝模範となるためである。ただ、周南個人は人格者として、それに相応しかったかもしれないが、現実には、諸生たちは「風俗惰弱」になっていたのではないか。先に桂広保によって「不敬」と非難されたように、この「風俗惰弱」の一つの原因は徂徠学＝古文辞学の詩文のもたらしたものであったろう。しかし、それ以上に諸生の「風俗惰弱」には、より根本的な原因があった。端的にいえば、諸生たちがいくら学問に励んでも、立身出世につながらないという重い現実があったのである。

このような士風の頽落傾向のなか、宝暦八（一七五八）年一二月、藩主毛利重就は、九ヶ条からなる諭書を一門以下の家臣に告示した。その第八条には、文武の成果を収めた者を抜擢して、登用することが掲げられていた(28)。この告示は、明倫館教育の目的がたんなる風俗教化の段階から、家臣の人材養成の段階へと進みつつあることを示唆しているだろう(29)。

山県周南の弟子滝鶴台（一七〇九～七三）は、この重就の文教政策のなかで、登用された儒者であった。鶴台はもと御手大工の引頭市右衛門の長男として生まれ、御客屋医師の滝養正の養子となった。享保七（一七二二）年一四歳で明倫館の「入込諸生」（居寮生）となって、周南に教えを受け、二二歳で明倫館を退いた。その後、江戸・京都で服部南郭や細井平洲らの諸学者と交わり、宝暦一一（一七六一）年に、藩主重就によって登用され、「身柄一代儒者」（給米二五俵）となった。さらに朝鮮通信使の応接などの功績で、家臣の中核の大組に昇進し、一〇〇石を給せられた。この時期の明倫館内部の儒者の考えを知るうえで、恰好の人物である。鶴台によれば、創建時の家臣の風俗教化は「益」のないものだと非難されていたという。

蓋し吾が先侯の学宮を剏《はじ》むるや、将に以て風化を先にし、諸れを一国に被らしめんとす。然れども介冑の夫、紈袴《がんこ》の子は、或は父祖の蔭に籍り、或は世俗の智を負ひ、勢要の門に趑趄《ししょ》し、日に請謁に疲る。僥倖、進取の者は経術の士を揶揄し、謂へらく、此の輩は用に益亡し。今、吾が東方の治は、何ぞ武断に足らざる所ありて、周孔の法を仮ることを之れ為さんと(30)。（『鶴台遺稿』巻五、「贈東原阪子令山口序」）

そもそも創建時には、「平士」の家臣に学問の志がたまたまあっても、儒学を指南する「家業人」を師と仰ぐことは、「親族家内等モ不同意ノ様成風俗」（「享保三年達」、六五九頁）であった(31)。また家臣の風俗教化のみならず、明倫館の諸生も、かりに「四科を兼ね、六芸に通ずる」学者となっても、「封建の治」のもとでは、無用視されたという。

夫れ昭代封建の治、士は爵禄を世々にす。是を以て儒者の徒は、時に用ふること無し。仮令ひ其の人、四科を兼ね、六芸に通ずるも、亦た唯だ独り其の躬を淑するに過ぎざるのみ。

（『鶴台遺稿』巻五、「寿香川先生七十序」）

夫れ大東封建の治、人皇以来、与に隆を比する者無し。列国の政は、大夫士、爵禄を世々にす。故に儒を以て仕ふる者は、出でば、則ち其の政を与り聞くことを得ず。入れば、則ち諫諍謀議の列に参ずることを得ず。或は其の君に獲らるるも、亦た唯だ講読に侍し、顧問に備ふるのみ。

（『鶴台遺稿』巻八、「井子章（渋井大室）宛書牘」）

藩主重就の文教政策にもかかわらず、明倫館内部の者たちの間では、「爵禄を世々にす」る「封建の治」＝世襲制度のもとでは、滝鶴台のような「達材成徳」した者であっても、自己の「器量」（山県周南）が藩政と結びつかない現状への憤懣が渦巻いていた。こうした家臣個々の「器量」を藩当局が認めるには、一九世紀前半の天保期の危機を経ねばならなかったのである。

三　明倫館の重建と山県太華

（1）藩校教育の目的――人材育成への特化――

嘉永二（一八四九）年正月、藩主毛利敬親は、村田清風が主導した藩政改革の一環として文教政策を重視し、明倫館を新築、移転した。その際、新明倫館の学頭山県太華は、学風を徂徠学から朱子学に改め、教育内容を一新した（ただし、太華は、これより前、天保六年に明倫館学頭となっていた）。嘉永二年正月に定められた「文学御規則」には、「講学之儀は朱子之説を主として経義を明にし、聖人之学を其身に守り諸人を教導し、後学に相伝候心得可為肝要候事[32]」と記された。新明倫館には小学と大学があって、学生は小学を終了した後に、大学に進学することになった[33]。小学は八歳から一四歳までの者、大学が一五歳以上の小学全科修了者であった。大学には、外諸生（自宅通学生）、入舎生、上舎生、居寮生などの階級があり、各級の学生は選抜試験を受け、成績優秀者が上級に進んだ。修業年限は各級三年、最長九年を限度とし、成績優秀者は修業年限を短縮することが可能であった。

このような明倫館改革の眼目は、一言でいえば、家臣の風俗教化から「人才」育成へと変化させた点にある。明倫館再建のための達には、次のようにある。

此度、御意ヲ以厚ク被仰聞、人才御育成ノ御賢慮、誠以難有御事ニ候。諸士ノ所行ハ、御国中ノ風俗ニ相拘リ候事ニ付、名利名聞ヲ捨、無怠慢令出精、御奉公ノ心掛肝要ノ事候。（「嘉永二年二月達」、六八三頁）

たんに明倫館の教育内容が徂徠学から朱子学に変更したというのではなく、明倫館に求められた目的が大きく変わったのである。山県太華が撰んだ「重建明倫館記」には、「其の徳を成し、其の材を達す。夫れ然して後、済々たる多士、以て治を賛け政を裨ふべし。而して風化の美を宣べ、以て君を衛り寇を禦ぎて、邦家の干城となるべし。これ建学造士の本意[34]」と記されていた。このような家臣の人材育成が明確に藩校教育の目的となるとともに、明倫館に寄宿する諸生教育が中心となってゆくことになる。それに応じて、諸生教育の「学業」評価を厳密にせよとの達が出ている。

明倫館諸生之儀、其器量出来立次第、被召仕方有之。別テ被入御精、先年以来追々被仰出之旨有之、改テ不能申聞候。然ラハ於学頭座、篤ト人才ヲ撰入学可申出。一限之中、其功不見ハ、再留不被仰付候。再留ニテハ、屹ト学力出来立、再々留ニ至候テハ、弥才徳成立候様無之テハ、文学御引立ノ御主意ニ不叶候。学校ノ興廃ハ、偏ニ人才之有無ニ在テ、必生員之多少ニ不拘儀ニ候ヘハ、初入再留再々留ニ在リテ、能々進学ノ力ヲ試ミ可申出候。且又学業ノ甲乙役付ノ進退精密撰挙、肝要ノ事ニ候。此段可申聞旨ニ候事。

これより前、諸生の数は増員されていた。寛政九（一七九七）年には、御養生、付食生が合わせて三〇人に増員されている（六七二頁）。最終的には、生徒概数は「寄宿通学生概数百名。但通学生時々増減一定セス。寄宿生定員四十五名、藩費生三十名、内二人扶持ヲ給セラル、者十五名、一人扶持ヲ給セラル、者十五名、自費生拾五名、右維新前」（七五〇～七五一頁）である。

（「天保十一年六月達」、六七六～六七七頁）

重建時で重要な点は、居寮生から藩の役職へのルートが制度的に開かれたことにある。明倫館総奉行、益田玄蕃が嘉永二（一八四九）年、優れた居寮生を藩の役職へ「選挙」することを求めた「奉窺候事」を出し、聞き届けられている。

諸士稽古出精ノ内、文学ハ居寮生ノ科ニ当リ、武芸ハ目録以上ニ相成候面々、且々御役被召仕候。人物選挙仕致言上可置候間、猶其器ニ当リ、御詮議被仰付候様奉存候。

（「嘉永二年三月廿五日伺指令」、六八四頁）

優れた諸生が直接に役職に就くためのルートができたのである。創建期には、諸生は儒者＝学者となることを期待されていたが、ここにいたって、藩の役職に就けるようになった。先に見た滝鶴台が憤懣を抱いた世襲の「封建の治」は、実力主義によって突破されることになったといえよう。藩士たちは萩市内の私塾、あるいは明倫館内で素読の基礎的な課程を学び、優秀な者たちが明倫館内の寮に入り、大学に進み、そこでの優秀者が藩の役職に就くというコースが整えられた[35]。

明倫館が人材育成に主眼を置いたことは、諸生の学ぶ科目の変化にも現われていた。小川國治によると、嘉永五（一八五二）年一〇月一二日、明倫館学頭山県太華は、文学科目と就学について、次のような意見書を提出したという[36]。

明倫館諸生文学の科目を分ち、其器に従ひ、其好に応じ、一科を専務として勉学候は丶、成就の上は治乱の

> 御役の立候人材出来可仕と奉存候。文学の業は宏大なる業にて、一人にて相兼候ては大成仕候儀、至て六ケ敷事に付、経科を本とし、其他の五科好に応じ修学仕力を一科に専に仕候様に被仰付候はゝ、材器成就仕易、成徳達才の本意を得、御実用に相叶可申と奉存候。(37)

多様な「人材」養成を目指したといえるだろう。この意見書は、藩主敬親に採用され、以後、明倫館教育の基本となったという。具体的には天保年間に、山県太華は経学科、歴史科、制度科、兵学科、博学科、文章科の六科を設置した（七四三〜七四四頁）。経学科以外の五科は経学を根本におくことを強調して、「万一御旨意筋ニ戻リ、士道ノ心掛薄ク、詞藻風流ニ泥候歟、又ハ無用ノ書ニ眼ヲ曝シ、不急ノ弁ニ日ヲ費シ候歟、又ハ文弱ノ風有之候テハ、騄尉《りょくい》様是迄御聞及ノ趣ト齟齬ノ思召入モ可被為在、左候テハ甚以恐入候次第ニ付、一段出精有之候様、諸生中エ篤ト可被申伝候。別テ都講舎長之衆ハ、諸生ノ模範タル儀ニ付、身柄言行ハ不能申、引立方ニ厚ク可被尽其心候事（「子二月廿日諭達（按スルニ嘉永五年ナラン）」、六八四頁）とあるように、諸生にたいしては、古文辞派的な詩文偏向を戒めた。(38)

（2）会読における実力と平等

重建時の明倫館では諸生教育が中心に置かれたとはいえ、創建期以来の家臣への講釈聴聞も継続された。(39)一方で、明倫館以外で儒学を教えている「師家」にたいしても、「忠孝仁義ノ旨」を平易に説いた講釈を勧めている。(40)

> 講釈ハ、忠孝仁義ノ旨ヲ随分能和ラケ、俗ニ通シ易ク、平話ニ説聞セ、貴賤トナク、多人数出席仕候様心配可仕候。会ノ儀モ修身斉家ヲ旨トシテ、少壮ノ者合点行キ易キ様、教方第一ニ候。追々心得宜、行状モ正敷、俊英ナル者出来立候ハヽ、相応ノ御仕方モ可被仰付候。
>
> （「天保十三年九月達」、六七九頁）

さらに講釈聴聞ばかりか、自発的に輪講＝会読をするよう求めている。

儒家ハ勿論、在萩在住ノ諸士中、兼テ文学心掛、門弟教導仕候者ハ、世ノ益ニ相成事ニ候。自今以後、月々三日宛、講釈日会日相定置、弥教導相勤可申候。依之長幼ニ限ラス、可成程ハ所用相省キ、其方角又ハ随身ノ師家へ罷超、講釈聴聞仕、少壮ノ者ハ別テ出会、輪講可仕候。（「天保十三年九月達」、六七九頁）

この輪講＝会読奨励の先導者が、明倫館学頭の山県太華だったと思われる。この「天保十三年九月達」には、「師家ノ面々」は太華に相談するよう付け加えているからである。ここで注意しなくてはならないことは、この時期の朱子学派のなかでは、会読が盛んに行われていたという点である(41)。太華は徂徠学から朱子学へと転向したことで知られているが、彼が徂徠学に接した福岡の亀井南冥塾では会読が盛んであったし、江戸の朱子学者たちの間でも同様であった。その意味では読書・教育方法という面でいえば、転向以前と以後で何ら変わりなかった。

会読は、高いレベルの教育を寮内の諸生に施すための方法であった。嘉永二年三月の「文学御規則」には、「大学生会講之者、最初孝経・小学、次に四書、次に五経たるべき事」（『新館規則』）とあり、具体的には次のように定められた（七四三頁）。

二ノ日（巳刻ヨリ）孝経小学会、抽籤輪講討論、
三ノ日（同）大学論語会、前ニ同シ、
四ノ日（同）詩経書経会、前ニ同シ、
七ノ日（同）孟子中庸会、前ニ同シ、
九ノ日（同）易経礼記春秋会、前ニ同シ、

会読が明倫館の教育方法の中心に置かれることは、実力の競争が導入されたことを意味する(42)。さらに、学力差によって生徒を段階づける等級制も導入された。「等科ヲ設テ黜陟《ちゅつちょく》ヲ行フ者左ノ如シ」として、「高足《こうそく》」―「日進」―「専心」―「遊怠」―「擯斥《ひんせき》」の五等級を次のように定めた。

高足、但学業上進セシ者ノ科。日進、但学業特志追日進歩者ノ科。専心、但学業勉強不怠者ノ科。遊怠、但学業ニ怠リ、課業其責ヲ塞ク而已ニテ、研精致サヽル者、此科ニ入ル。擯斥、但遊怠ノ科ニ入リテ、尚且ツ激励セス、心得宜シカラサル者ヲ此科ニ落シ、其悔悟志ヲ改メ、勉励ノ実跡ヲ顕スニ至レハ、相当ノ科ニ再登ス。若又一期間モ其志ヲ改メス、因循無効ノ者ヘハ、学長ヨリ内意申聞セ退校ヲ請願セシム。若シ然ラスシテ、上ヨリ退校ヲ命セラルヽニ至レハ、其人、終身役義等申付ラレ難キ法アレハナリ。

生員一時ノ不応為シテ罰スルニハ、禁足ヲ以テシテ、之ヲ講堂ニ掲ク。其日数ハ罪ノ軽重ニ因テ差等アリ。

（七四八頁）

経学科、歴史科、制度科、兵学科、博学科、文章科のうち、「専心」以下の段階では経学を中心として学び、「日進」段階にいたって、歴史・制度・兵学・博学・文章の五科の専門科目のうち、得意分野を学ぶこととした（「万延元年九月廿二日伺指令」、七一三頁）。それにしても「遊怠」や「擯斥」の露骨な名目は、勉強しない遊惰な者たちを脅しているかのようである。「和風甘雨の万物を長養するがごと」（前出）き徂徠学の悠々とした文学的教養をもった人材育成とは異なる、叱咤激励して強制による人材育成という印象をもたざるをえない[43]。ともかくも、こうした「学業」のみによって等級をつけることは、身分や家柄を否定し、平等化を進めることを意味していたことに注目すべきである。

学校ノ儀ハ、尊卑ノ序ヲ不論、博ク御家来中入込被仰付。只管道義ニ志シ、才徳成立候儀専務ニ候処、動モスレハ、階級持方ニ拘リ、躬行不相協、甚以御心外ニ被思召候。依之御造立ノ御主意ヲ奉シ、弥夜白無油断勤学セシムヘク候。此段与屹可申聞旨候事。

（「天保十一年八月十五日達」、六七七頁）

ペリー来航後の幕末の安政五（一八五八）年にいたると、「人才」を育成するために、館内を「制外」の場として、身分ではなく、「才学ノ深浅」「芸術ノ長短」によって順序をつけることとした。

明倫館ニ於テ、文武之諸芸稽古ノ面々、階級持方ニ不泥、実情ノ修業セシムヘキ儀ハ、昔年御趣意筋被仰聞置、尚近年御再興ニ付、厚キ被仰出ノ旨モ有之候処、今以積年ノ旧習捨リ兼、畢竟其ノ執心薄ク、大身ハ身分ノ御仕成ニ泥ミ、小身ハ下列ニ安セス、其師ヲ軽ンシ、高弟ヲ蔑視シ、肝要其身ノ研究錬磨ノ道ヲ失ヒ、終人才成立ノ為、広大ノ御規則被立置候儀ヲ自然ト狭小ニ仕成シ、甚以御代々様ノ御趣意ハ不相叶事ニ付、依之、向後館内ハ総テ制外ノ筋ニテ、階級ノ次第ヲ不相立、才学ノ深浅、芸術ノ長短ヲ以順次トシテ、諸事取扱被仰付候様、其心得ヲ以罷出可有修業候事。

（「午十二月四日達」、七〇六頁）

「治乱の御役の立」（前出）つ国家有用の人材を育成するときの「階級ノ次第」＝身分の障壁にたいして、明倫館内を「制外」の場とすることで、「才学」と「芸術」のみを基準とする実力の場を確保し、平等化を実現しようとしたのである。

（3） 会読の政治討論の場への転換

ところで、幕末になると、「近来異国船連々渡来候ニ付海防ノ説盛ニ被相行」るために、「在館の諸生ヲ始兼々文学ニ志有之面々」のなかには、「学行ヲ迂遠ノ事ト心得違、剣槍火術等ニ心ヲ馳セ読書ノ功相怠候」（「寅十月十三日内達」、六九四頁）ようになっていた。「文学」に勤めるといっても、明倫館の講釈の場は政治的な持論を演説する場になっていたようである。そのことを示唆するのが次の史料である。

講釈ノ儀ハ、倫理ニ元附、諸事謹方ニ相成候様有之度儀ニ御座候処、諸生余業中共ハ動スレハ、持論蘊奥ヲ尽ス心得ニテ、雑話ニ流レ、無益ノ得失ヲ論シ、況ヤ兵学者流抔ハ別テ過激ニ相成、密封ニテ申出候趣ヲ衆人中ニテ及論議候様成行申候間、師家中エ得ト学術正大ノ旨ヲ不失様、被仰付度、其余上聴等ノ節、不心得ノ講論等有之候ハヽ、其節於御役所取計振モ可有之ト申合候事。

（「万延元年申十一月達」、七一五頁）

こうした講釈の場の政治化の傾向は、会読の場でより顕著であった。会読の場は、「才学」と「芸術」の実力による競争の場であるとともに、政治的な討論の場となる可能性をもっていたからである。この点で注目すべきは、幕末の長州藩政の改革指導者周布政之助らの嚶鳴社《おうめいしゃ》である。(44) 弘化三（一八四六）年に周布は北条瀬兵衛とともに発起人となって、嚶鳴社を結成した。

嗟呼、嚶鳴社の事、予（北条瀬兵衛）豈に復た言ふを忍ばんや。憶ふに予、歳廿四五、萩城明倫館に在り。時に館内、経説を主張し、余事を理めず。予、周布公輔と謀り、此の社を創り、専ら温史・八家文を講じ、兼ねて辞章を攻む。久しうして入社する者十数人なり。相会すれば、則ち討論講究し、古を援き今を徴し、延きて時事に及ぶ。動もすれば、則ち扼腕切歯し、声、隣壁を撼す。毎に旦に達して罷む。(45)

（北条瀬兵衛「杷山遺稿序文」、明治一五年成）

周布らは、経書の会読(46)に飽きたらずに、「時事に及ぶ」政治的な討論をする自発的な結社を明倫館内に創始したのである。安政四（一八五七）年に萩河沿いの洲崎に社屋を移して、嚶鳴社という正式名称を決定しているのも、明倫館内での政治的な討論を憚ったがゆえであろう。

ちなみに嚶鳴社メンバーには、口羽徳祐（一八三四～五九）もいた。口羽は安政二年に、安積艮斎を介して昌平坂学問所の書生寮に入り、翌年に退いている（「書生寮姓名簿」(47)）。嚶鳴社を伝える「杷山遺稿序文」を付した『杷山遺稿』は他ならぬ口羽徳祐の遺文集であった。この他に、嘉永五（一八五二）年に、昌平坂学問所の御儒者古賀侗庵の『海防臆測』を摺って配り、藩当局から処罰されることになる山田亦介も、嚶鳴社メンバーであった。小川亜弥子によれば、嚶鳴社メンバーは、長州藩の天保改革を進めた村田清風が期待した中下層の士であったというが(48)、本稿の関心からすれば、嚶鳴社メンバーは明倫館、昌平坂学問所の書生寮のような会読の場で鍛えられた者たちであったということにも注目すべきである。

さらに、明倫館から吉田松陰の松下村塾に入門する者も現われてくる。その代表者が高杉晋作（一八三九〜六七）である。高杉も、安積艮斎を介して、昌平坂学問所に安政五（一八五八）年一一月に入り、翌年一〇月に退いていた（「書生寮姓名簿」）。高杉もまた明倫館、書生寮で最高水準の経書会読を経験していた。しかし、経書会読の討論が精密であればあるほど、その空虚さを感じたのではないか。居ても立ってもいられない焦燥感を感じたのではないか。とくに高杉晋作の場合、書生寮に入っていたまさにその時、師の吉田松陰が萩から召喚され、獄中にいたのだから、なおさらだろう。

そもそも、明倫館の経書会読と政治的な討論を志向する会読との間には、大きな落差があった。それは、山県太華と吉田松陰との間で交わされた論争のなかに現れている。具体的にいえば、「虚心」の解釈である(49)。太華は、異説を容認する寛容な精神を養う「心術錬磨の工夫」(50)（金沢藩明倫堂「入学生学的」）の場としての会読観をもっていたと思われる。その意味で、当時の昌平坂学問所の朱子学の立場に立っていた。しかし、血気にはやる才能ある若い者たちはそれに我慢できなかったのだろう。

高杉晋作の奇兵隊のなかで行われていた教育もまた、会読という視点から新たな解釈ができるだろう。田中彰は、「諸隊にみられる同志的結合は、私塾グループによる所産であり、奇兵隊自体を、松下村塾に発する「私塾グループの政治的・軍事的組織」」とする海原徹の説を紹介しているからである(51)。海原は、奇兵隊「諸隊の結成以後もそこに私塾時代の教育活動が継承され、いわば諸隊が一種の教育機関としても機能していた(52)」ことを指摘している。実際、諸隊では『日本外史』や『靖献遺言』などの講釈とともに、会読が行われていた。『奇兵隊日記』元治元（一八六四）年六月一四日条には、「文学会之稽古日」を次のように定めていた(53)。

一ノ日、朝修書会

二七、朝新論講左伝会　但壇之浦

四九ノ夕、新論講
五十ノ朝、左伝会
二五八夜、輪読
四九ノ夜、孟子会

また、慶応三（一八六七）年五月一三日条にも、「昨日、諸会読定日決定」とあって、次のように定められている。(54)

一四七之日午後、歩兵書。是ハ隊長押伍不残出勤
二六之日、砲術兵砲退校司令士照準者不残出勤
三八之日、築城書隊長押伍出勤
二六九之夜、左伝文学科其外有志者出勤
五之日、孔子家語少年会読
三八之夜、孟子文学科中等以上出勤

奇兵隊という軍隊のなかで、会読の平等主義と実力主義が発揮されたといえるのではないか。よく知られた奇兵隊内の平等主義は、幕末に突如として現われた現象ではなく、創建期以来の明倫館教育の伝統の上に、幕末の争乱の非常事態のなかで、もっとも最良な可能性が現実化したものだったのである。

四　藩校と私塾

本稿では明倫館における徂徠学から朱子学への学風の転換は、教育内容にとどまらず、教育目的と方法に関っていたことを見てきた。もともと、江戸時代の藩校教育は風俗教化と人材育成の二つの目的をもっていたが、明

倫館の定点観測を通して明らかになったことは、目的でいえば、藩士の風俗教化から人材育成に、そして教育方法からいえば、講釈から会読への転換があったという点である。こうした転換は、明倫館のみの特殊な現象ではなく、広く諸藩の藩校教育の変化としてとらえることができるのではないかと思われる(55)。

こうした展開のなかで改めて指摘しておきたいのは、藩校という学問の場＝学校がもった思想史的な積極的意義である。これまで、藩校は身分制社会の上下の階層秩序に相応しい孝行や忠義の徳目を教える守旧的な側面が強調されてきた。たしかに教育内容が儒学であった限りでは、そうした側面は否定できない。しかし一方で、藩校はまた、身分制社会を超え出る可能性をもっていた。藩校は、厳格な上下の階層秩序のなかで、「才学」と「芸術」のみを基準とする平等化が実現できる「制外」の場となりえたからである。明倫館に限らず、一八世紀後半から藩校の中に採用された会読は、まさにそうした「才学」と「芸術」を競い合う実力の場であって、平等化を実現できる場だった。

もちろん、これまでも江戸時代の学校の思想的な役割は、高く評価されてきた。ただ学校といっても、私塾に偏る傾向があったように思われる。そこでは、公的な藩校と民間の私塾は相対立するものととらえられ、藩校は守旧、民間の私塾は開明という対抗図式の下で、私塾の平等性・実力主義が高く評価されてきた。その代表が、たとえば、広瀬淡窓の咸宜園であった。咸宜園では、身分・学力・年齢を入門時に一旦白紙にして、出発点での機会の平等化を制度化した三奪法があった。また、咸宜園と並んで、吉田松陰の松下村塾も私塾の代表格であった。ことに松下村塾の場合、藩校明倫館の保守的な教育方法に対置されて、その革新的な自由で平等な教育方法が強調されてきた。しかし、これまで見てきたように、松下村塾の教育方法は、明倫館のそれの延長線上にあって、決して特別なものではなかったのである。たしかに本稿で述べたように、明倫館は経書の会読であって、松下村塾で活発に行われたような政治的な討論を排斥していた。しかし、そうであっても、会読の共同読書の場は、もともと政治的な討論の可能性をもっていたことは看過してはならない。その意味でも、松下村塾、さらには奇兵隊に繋がる教育方法は、創建期以来の明倫館の藩校教育の伝統のうえに立っていたのである。

(1) 笠井治助『近世藩校における学統学派の研究下』(吉川弘文館、一九七〇年)二二七三頁。
(2) 『日本教育史資料』第二冊(文部省、明治二三年)。以下、『日本教育史資料』からの引用は、本文中に頁数を記した。また原文にはない句読点をつけた。
(3) この他にも、古典的な研究としては石川謙『日本学校史の研究』(小学館、一九六〇年)、また素読・講釈・会読の教育方法に注目した兼重宗和「防長藩学の教育方法」(『徳山大学論叢』四〇号、一九九三年)などがある。
(4) 前掲註(3)石川書、五二二頁。
(5) 「会読」を中心とした松陰の教育については、拙稿「吉田松陰における読書と政治」(『愛知教育大学研究報告(人文・社会科学編)』六〇輯、二〇一一年)参照。
(6) たとえば、私塾の教育史的役割を強調した研究書のひとつが海原徹『近世私塾の研究』(思文閣出版、一九八三年)である。
(7) 会読については、拙著『江戸後期の思想空間』(ぺりかん社、二〇〇九年)、『江戸の読書会――会読の思想史――』(平凡社選書、二〇一二年)参照。
(8) 牛見前掲『長州藩教育の源流』参照。
(9) 国立国会図書館所蔵。
(10) 前掲『山口県の教育史』七八～七九頁参照。
(11) 『山口県教育史(上)』(山口県教育会、一九二五年)一七頁。『釈菜記録』(毛利家文庫、山口県文書館所蔵)によると、享保一八年二月五日の釈菜では、八二歳・八一歳・八七歳・八四歳・八四歳の士列の老人、八六歳・八六歳・八四歳・八四歳の町人・農民が御目見えしている。また、文久元年二月九日でも、士列五人、庶人四人の御目見えが記録されている。
(12) 『荻生徂徠』(日本思想大系36、岩波書店、一九七三年)三五頁。
(13) 『日本倫理彙編』(金尾文淵堂、一九一一年)巻六、三三三頁。
(14) 『灊水叢書』(近世儒家文集集成14、ぺりかん社、一九九五年)一四六頁。
(15) 幕府の釈奠と明倫館の釈菜については、須藤敏夫『近世日本釈奠の研究』(思文閣出版、二〇〇一年)参照。明倫館の釈菜については、後藤忠盛「毛利藩の釈菜」(『山口県文書館研究紀要』一五号、一九八八年)参照。
(16) 前掲『山口県の教育史』六二頁。
(17) 周知のように、林鳳岡は、御代将軍綱吉の時、それまでの剃髪僧形を改め、畜髪して大学頭となった。釈菜と同様、この点でも明倫館創設時、藩主吉元は林家の先例を踏襲したのだろう。

(18) 長州藩の場合、儒者＝学者を必要とした一つの理由は、朝鮮通信使の接待にあるだろう。山県周南にせよ、滝鶴台にせよ、通信使と漢詩の応酬によって文才を江湖に知らしめた。それは、長州藩にとっても、そうした学者を輩出したことで、名誉あることだった。この他にも、儒者は唐船の漂着の処理などで、漢文を操る筆談役として重要だった。

(19) 小川國治「宝暦・天明期長州藩文教政策と越氏塾」（『山口大学教育学部研究論叢』四二巻、一九九二年）参照。

(20) 前掲註(12)『荻生徂徠』四四二頁。

(21) ちなみに、徂徠自身は学者の養成という点では、林家の五科十等の教育方法について肯定的であった（『学寮了簡書』）。徂徠が嫌ったのは、山崎闇斎流の講釈であった。

(22) 前掲註(14)『灊水叢書』一四六頁。

(23) 前掲註(12)『荻生徂徠』一三七頁。

(24) 同右、一九三頁。

(25) 前掲註(13)『日本倫理彙編』巻六、三三三頁。

(26) 前掲註(12)『荻生徂徠』四五六頁。

(27) 藩校教育に会読を導入した早い例は、宝暦四（一七五四）年一二月に創設された、秋山玉山が指導した熊本藩の時習館である。しかし、明倫館はこれよりも早いことになる。ちなみに、明倫館の諸生の年限は、「功令」に「諸生は館下に游び、三年を一限と為し」とあるように、三年であるが、時習館でも一期三年であった（井上義巳「九州における藩校成立事情の一考察」『九州大学教育学部紀要』七集、一九六〇年）。

(28) 前掲註(19)小川論参照。

(29) ちなみに「人才」の言葉は、宝暦八年一二月直諭に出てくる。「稽古ニ相携リ、空隙ナク候ハヽ、自然ニ左様ノ輩モアルマシク、万事質素ニテ心入モ健カニ相成ヘシ。左候テ抜群ノモノ出来候ハヽ、随分引立、夫々ノ役儀申付、人才モ成就スヘシ。誠ニ国家ノ器用ニテ是アラン」（「宝暦八年十二月直諭」、六六九頁）。

(30) 西尾市岩瀬文庫所蔵。

(31) 先に見たように、それゆえに藩当局は「家業人」の地位を上げて、寺社組から大組に昇格させたのである。

(32) 山口県文書館所蔵『新館規則』（毛利家文庫、嘉永二年正月）。

(33) ただし、同時代の金沢藩のように全家臣を強制的に藩校に入学させたわけではない。あくまで「各自ノ意向ニ任セ検束」（六五八頁）することはなかった。金沢藩明倫堂については、拙稿「金沢藩明倫堂の学制改革――会読に着目して――」（『愛知教育大学研究報告（人文・社会科学編）』五八輯、二〇〇九年）参照。

(34) 石川前掲註(3)書、五二四頁。

(35) 周布政之助（一八二三～六四）は、八・九歳の頃、木村藤太の家塾で習字と素読を受け、一六歳の時、明倫館の教師小倉尚蔵に師事し、天保一一（一八四〇）年、一八歳で明倫館の自賄諸生として入館を許された。翌年、一九歳で付食諸生となり、天保一四年、二一歳の時、明倫館の居寮生となった。二二歳で明倫館廟司役、二三歳で明倫館員外生となった。この間、「藩公の試」に五回、「明倫館秋試に登科」すること三回に及んだ。弘化三（一八四六）年、二四歳の時、北条瀬兵衛とともに、嚶鳴社を創始した。弘化四年、二五歳の時、蔵元検使暫役に任じられて、明倫館を退去した（『周布政之助伝』上巻、「周布政之助年譜」）。

（36）小川前掲註(19)論文参照。

（37）末松謙澄『防長回天史』一編一巻、二五八〜二五九頁。

（38）前掲「文学御規則」には、「詞藻風流に趨り才華に誇り名聞功利に志候儀堅被相禁候」と戒められた。ただ、諸生教育に当たっては、「諸生日々之規定、元文功令ノ旨」（「文学御規則」）とあるように、山県周南が定めた「学館功令」を遵守すべきとされた。

（39）いつ頃からかは不明であるが、一年以上、講釈聴聞の皆勤者には、「賞与ノ例」があった（六五八頁）。

（40）重建時、藩内の家臣ばかりか民衆教育まで、朱子学で統一しようとして、民衆への講釈が行われた。しかし、民衆には受けいれがたく、心学道話が復活した。前掲『山口県の教育史』一一九〜一二二頁。

（41）前掲註(7)拙著『江戸の読書会』参照。特に江戸の昌平坂学問所では会読が教育方法に取り入れられていた。

（42）蘭学者は蘭書翻訳の場で会読をしていた。重建時、明倫館内に設けられた医学館（済生堂）の蘭学教授青木周弼に「西洋学会業日不怠罷出引立仕候様」（「天保十四年達」、六七九頁）と命令している。明倫館内で、諸生たちは緒方洪庵の適塾流の実力競争を間近に見ていた。

（43）徂徠学から朱子学に転換したことの影響があるのかないのか、検討の余地がある。

（44）小川亜弥子『幕末長州藩洋学史の研究』が紹介している。『山口県の教育史』一二六頁参照。

（45）『周布政之助伝』上巻（東京大学出版会、一九七七年）一三頁。

（46）ちなみに、山県太華には『礼記』についての読書ノートがある。下見隆雄「山県太華と「民政要論」」（『内海文化研究紀要』二〇号、一九九一年）参照。それは、『礼記』本文にたいして、諸家の注釈を抜き書きしたものである。会読の場では諸家の注釈間の当否を論じたのだろう。

（47）関山邦宏・橋本昭彦編『書生寮姓名簿』・「登門録」翻刻ならびに索引』（「近世における教育交流に関する基礎的研究」第三次報告書、一九九九年）所収。

（48）小川亜弥子前掲『幕末期長州藩洋学史の研究』四二頁。

（49）前掲註(7)拙著『江戸の読書会』二八七頁参照。

（50）『日本教育史資料』第二冊、一九四頁。

（51）田中彰『高杉晋作と奇兵隊』（岩波新書、一九八五年）

一〇五頁。

(52) 海原徹『近世私塾の研究』（思文閣出版、一九八三年）五八一頁。

(53) 『奇兵隊日記二』（日本史籍協会叢書85、東京大学出版会、一九七一年復刻）三五〇頁。

(54) 『奇兵隊日記三』五八頁。

(55) 入江昭は、「周知のように、江戸時代の学校論は、前半期のそれが風俗論、治教のための学校論（たとえば熊沢蕃山、山鹿素行）であったのに対して、一八世紀以降、藩政改革の一環として学校が構想されるようになると、次第に養才造士をめざす具体的学校論があらわれるようになり、とくに幕末期に至ると、幕府・諸藩の学事担当者による学制改革論や学校論がより具体性をもって示されるようになる」と、江戸時代の学校論史を説いている。入江昭「公議所議員の学校論」（宮地正人編『明治維新の人物像』吉川弘文館、二〇〇〇年）参照。本稿はこうした変化を明倫館を事例として確認するとともに、それが講釈から会読へという教育方法の変化でもあったことを指摘した。

日本儒学における考証学的伝統と原典批判
——G・B・ヴィーコ、A・ベェクらのフィロロギー、そして清代考証学との比較のなかで——

竹村英二

一　西欧における文献学の祖

近代歴史学、あるいは独立した科学としての歴史学がバルトホルト・ニーブール（一七七六～一八三一）やレオポルト・フォン・ランケ（一七九五～一八八六）以前にはじまっていたことについては、すでに岡崎勝世らによる指摘がある。(1)しかし、西欧において、キリスト教的世界観の枠内での「普遍史」から離陸し、客観的「世界史」が台頭してきたのは、どんなに溯ってもゲッティンゲン学派のガッテラー（一七二七～九九）、とりわけ彼の前半の普遍史的業績からの脱却を象徴する『世界史』（一七八五年）、『世界史試論』（一七九二年）、あるいはシュレーツァー（一七三五～一八〇九）あたり、つまりは一八世紀末をその端緒とする。(2)

哲学においても似たような状況だったようで、はるか遠い昔の西ローマ帝国の滅亡以来、長期にわたるキリスト教的歴史哲学の支配が覆えされ、近代の歴史哲学が芽をふいて来たのは、ようやく一八世紀になってからであったとの指摘は、和辻哲郎（一八八九～一九六〇）による。(3)歴史哲学、歴史学のかような発展は、いうまでもなく一七世紀後半よりにわかに盛んとなるキリスト教経典の原典批判、とりわけリシャール・シモン（一六三八～一七一二）やジャン・アストリュック（一六八四～一七六六）らによる『聖書』の著者の複数性の摘発、著述の時期と場所の「歴史性」の析出努力、それらを基盤に、『聖書』が「異なった時代に書かれた諸書を編集した『文献』と考え」るにいたった知的大変動が寄与しており[4]、さらに根源的な次元においてはデカルト『方法叙説』（一六三七年）、アントワーヌ・アルノーらによる『ポール＝ロワイヤルの論理学』（一六六二年）といった書に表徴されるごとくの知的共通感覚をもった知識層の勃興があげられよう[5]。所謂‘Canon’とされる文典の「考察対象化」、〝客観化〟は、のちに触れるG-B・ヴィーコ（一六六八～一七四四）の文献学、そして本稿の主題である一八世紀日本と中国における「経典」への接近の態度、視線との比較対象として、実に重要な問題である。

一方、欧州の「東」においては、ヘロドトス『歴史』の伝統を継承したビザンツの歴史家が、諸民族の言語、宗教、思想の相違、出来事を事実主義的に、かなり「公平に」取り扱おうとの基本姿勢をもって、外国の記録、実地観察、地理学的・民族学的探究の知見等の「材料」にもとづいて「客観的に事の真相を捕え」（傍点ママ）、その上で、「材料の力強い取捨選択によって」「時代の肖像画」を描かんとしていたとするのは、前述の和辻である。逆に西ヨーロッパの物語や年代記は、「その構図と言い、心理的な特性描写と言い、政治的意図や行動の理解と言い、実に幼稚で、ほとんど比べものにならないそうである」とするのは[6]、岡崎によって描かれるガッテラーらによる悲痛な普遍史からの脱却努力の様相とも相通じよう[7]。和辻は、十字軍遠征を契機とするビザンツとの接触、スペインでのサラセン文化との接触まで一〇〇〇年近くにわたって西ヨーロッパは「ビザンチン文化に対してさえもおのれを閉じて」おり、この結果が、西ヨーロッパ諸国・諸地域における上述のごとくの歴史哲学の偏向の元凶であったとしている[8]。

サラセンによるスペイン攻略は七世紀、第一次十字軍による遠征は一〇九六～九九年であるので、西ヨーロッパの歴史哲学はこれらの外部接触の契機以降も長らくキリスト教的感化の下にあったといえようが、「事実」「史実」、あるいは真の意味での「原典」を「客観的」「批判的」に析出し、その他の部分を「虚妄」と断定したり、特定の教義に規定された論述を「妄論」とする旺盛な批判精神に基づきながら歴史的叙述を紡ぐ作業は、ヘロドトス『歴史』の伝統を継承したビザンツの歴史家たちのような「例外」はさておき、すくなくとも一八世紀世界という時空においては、世界史上極めて「稀有」なものであったことを、ここに確認しておきたい。

和辻は、キリスト教義に密接し、きわめて閉鎖的な歴史観を呈した歴史哲学は、「中世を通じて西ヨーロッパの人心を支配した」とし、(9) そして、かような「学界の大勢に反抗するという強い性格、深い確信、明らかな独創性」（傍点ママ）を有した最初の哲学者として、『近代歴史哲学の先駆者』（一九四六年初刊）のなかで、ジャンバッティスタ・ヴィーコをあげる。(10)

大勢に抵抗する精神、「明らかな独創性」を呈示するヴィーコ自身の主張を端的に表す言葉は、『新しい学』と略称される彼の主著、すなわち『諸国民の共通の自然本性についての新しい学の諸原理』(11) の序論にある、「神こそは自然を自由かつ絶対的に支配している知性であ」り、「自然的なかたちでわたしたちに存在をあたえ」、「自然的なかたちでわたしたちを保存している」とのそれまでの認識に対し、「自然のうちに法が存在」し、「人間は自然本性からして国家的な存在である」ことが「この著作においては論証されるだろう」とする宣言めいた言葉(12) である。これは紛れもなく、「諸国民の世界はたしかに人間たちによって作られたのであるから、それの諸原理はわたしたち人間の知性自体の諸様態のうちに見いだされるはずである」との言を継承するものである。(13)

さらに本稿の論旨との関連で重要なのは、この目的のために、「文献学（filologia）、すなわち、諸民族の言語、習俗、平時および戦時における事蹟についての歴史のすべてなど、人間の選択意志に依存することがらすべてにかんする学問の検査に乗りだ」（傍点筆者）し、「そこに諸国民すべての歴史が時間の中を経過するさいの根底に存在している永遠の理念的な歴史の素描を発見」し、「それを知識の形式にまで連れ戻す」との宣言である。(14)

かような基本的学究的態度を基盤にヴィーコは、同書の第三編「真のホメロスの発見」において、『オデュッセイア』を書いたホメロスと『イリアス』の作者であったホメロスとはまったくの別人であったこと、とくに『オデュッセイア』は、トロイア戦争（BC一二〇〇年代中頃とされる）から四六〇年の間隔を経た、ほぼヌマ王・ポンピリウスの時代（BC七五〇〜六七三）に成立したもので、数多の場所において多くの人の手を経て形成された作品であると考えねばならないと結論している。[15] さらに付言すると、この『新しい学』の初版は一七二五年刊、文献学的原典批判の様相が全面にでてくる第二版の刊行は一七三〇年、つまりはさきにあげたガッテラー、シュレーツァーらにおける客観的歴史学の勃興、シモンやアストリュックらによる『聖書』の「考察対象化」に先行するものである。

和辻は、ヴィーコの諸業績、とりわけ「真のホメロスの探求」[16] は、方法としてのフィロロギーの重要性を物語る、フィロロギーの方法によってもたらされた同時代における極めて斬新な学問的成果であり、この成果をして「ギリシア民族の一定の時代の精神」、その「人間の共同意識の表現」としてのホメロスの「発見」を提起し、研究者に「個人」ではなく「人間的な集団心」「共同意識の働き」への強い意識をもつことを喚起した、重要な業績であったとしている。[17] さらにこれは、のちのF・A・ヴォルフ（一七五九〜一八二四）やA・ベェク（一七八五〜一八六七）らによる古代研究に「一つの革命をもたらした」仕事を、ヴォルフより「六十五年前にすでに大体において成し遂げていることを意味する」とも語っている。[18]

無論、和辻のこの言葉を額面通りに承認すべきでないのは、ベェク『文献学的な諸学問のエンチクロペディーならびに方法論』（以下、本稿では『文献学的な諸学問』と略称する）におけるフィロロギーの概念の明確さと精微さ、方法論の体系性がヴィーコのそれを凌ぐものであることからも明白である。[19] また、G・P・グーチはベェクの功績が「古典文献学を歴史科学に変化させ」るものであったと評価するが、[20] これを是とすれば、両者の学問方法が異なる次元のものであるとすることもできよう。さらにヴィーコの見解はのちヴィラモーヴィッツ＝メレンドルフによるその批判と、「個人ホメロス」の再発見を喚起する。[21] そして、和辻自身、彼の戦前期の最重要作品、すなわち『日本精神史研究』『原始仏教の実践哲学』『孔子』といった作品の「すべて」に「予想外」の「影響」を与え、彼をして「倫理学の体系的思索を試みるに当たって、解釈学的現象学に傾」くにいたらせたのも、ヴィーコではなくヴィラモーヴィッツ＝メレンドルフとG・マレーのフィロロギーであったと述懐している。[22]

しかし和辻は、ヴィーコの『新しい学』「真のホメロス発見」において呈示された「事実」、すなわちホメロスの作品が、「約四六〇年の年月の間に、数知れぬ吟唱詩人たちの手を通じて徐々に形成」されたものである事実を論定したことは、とりもなおさずフィロロギー的営為の一到達地点であり、それ故そこにおいて実践される文献の高等批判とその校讐の作業、とりわけ「原典」「本文（経文）」の訂正作業に格別の評価を与えている。[23] また、この論定をもって、ホメロスを「ギリシア民族の一定の時代の精神」、その「人間の共同意識の表現」であると措定し得るにいたったことは、「古代研究」に「革命をもたらした」ものと認定することはできよう。[24]

二　一八〜一九世紀ドイツの「文献学」

本稿の主眼は一八世紀日本の経学、一九世紀日本の考証学を、「文献学」の世界史的発展のなかに位置づけることであるが、その前に、いましばらく同時代の西欧、とりわけドイツにおいて確立をみたこの学問体系について触れておこう。

ドイツ文献学といえば、その始祖とされるF・A・ヴォルフ、その弟子G・ヘルマン（一七七二〜一八四八）、A・ベェク、彼の兄弟子でもあるF・D・E・シュライアマハー（一七六八〜一八三四）らの名があがり、前述のとおり和辻はヴィーコをこの学問体系の先駆者と位置づけている。その中で文献学の「体系性」を飛躍的に高めた人物がベェクであったことは衆目の一致するところであろう。

この体系化を集約し体現する書は、ベェクの死後、彼の弟子たちによってまとめられた『文献学的な諸学問』であるが、村岡典嗣（一八八四～一九四六）は『本居宣長』で、文献学としての宣長学を呈示するにおいて、「歐洲文獻學の由來とベエクの文獻學」と題する極めて長い注記をなし、ベェクの書の「序」の一部を訳出、さらにこの書の「要領」として「文獻學の理念、即ち概念、範圍、及び目的」と題し、六項目にわけて訳出している。[25] これはベェクの文献学の枢要を語り、加え他の隣接あるいは一部重複する学問領域との兼ね合いのなかで文献学を位置づけるものであり、この時代の西欧の文献学の理解に有用なので、まずは、これについてその原文と村岡の訳、安酸の全訳、さらには江藤裕之の研究を勘案しながら概観する。

ベェクは「在来の説」として文献学の比較対象となる六つの学問領域をあげ、これらに鑑みながらの「文献学」の位置づけを行なう。ここにおいてベェクはまず、（1）*Archaologie*（考古学、村岡は「古物学」と訳す）と比較、文献学がこれより網羅的かつ古代に限らない研究であること、（2）*Sprachstudium* すなわち言語研究と比べ、*Sprache* が *Glossa* であり *Logos* ではないのに対し、「文獻學は、單に言語のみを取扱はないで、内容たる思想をも取扱ふ」ものであり、「言語の研究は文獻學の一部」と位置づけている。さらに、（3）単なる博覧（*Polyhistorie*）あるいは多知多識とは異なり、（4）'*Kritik*'（村岡は「考証学」と訳している）とも異なること、さらには（5）「書物の形式美の認識」である文学史は文献学の「主要部」をなすが、文献学がより綜合的であることを述べ、さいごに（6）人文学的研究（*Humanitatsstudium*）との違いを述べている。[26]

この六つの点のなかでとくに本稿の問題意識から注目されるべきものは、（2）（4）である。英語の philology は主に「言語の歴史的研究」の意味で使われ、ドイツ語 *Philologie* はもっぱら「言語学と文学」の意味で使われるのは江藤裕之の指摘するところである。[27] ベェクはこれらの既存の用法と彼のいう *Philologie* を峻別する。

M・ミュラーは言語と理性（思考）を同一視し、*logos* が言語と思考を中心とした人間の知的活動の源泉であり、人間を人文学的な意味での「人間」たらしめるものとするが、ベェクは上のごとく文献学をこの *logos* と相同的な、「内容たる思想」を取り扱う学問と位置づけ、言語研究と区別している。[28]

（4）の *Kritik* に関し、英語では critique, criticism のみならず review, censure 等にも訳され、日本語においてはおよそ批判（学）と訳される傾向があるが、村岡はこれに「考証」との語をあてはめている。[29] 今道友信はこれが、「判断能力のある」という意味のギリシャ語 *kritikos*、さらには「見分ける、区別する、よりよいものを選ぶ」との意のギリシャ語の動詞（*krinein*）に溯る語で、よって「批判」より「批評」との語が的確であるとする。[30] ベェクは *Kritik* を「理智の判斷によつて眞僞を鑒別」する学問と規定するが、その上でこれが、「文獻學の形式的一方面たるに過ぎず」、さらにはそれが「術」に過ぎないとし、文献学と区別する。さらに文献学は哲学ではないが、哲学的作品の形式のみならずその内容をも了解することも任務とするとしている。[31]

三　東西の文献学発展におけるパラレル——文献考証と原典批判において——

さきに引いたように、ヴィーコは「諸民族の言語、習俗、平時および戦時における事蹟についての歴史のすべて」など、「人間の選択意志に依存することがらすべて」を文献学の研究対象としている。さらに注目したいのは、ホメロスが孤高の詩人（一個人）ではなく、その制作には複数の人物がかかわったとすることの考証の文献学史的比較である。この説には、清代考証学諸家による『尚書』偽古文の析出努力の成果との相同性がみられ、とりわけ閻若璩（一六三六～一七〇四）『尚書古文疏證』の、この書が魏・晋間の何人かの作者と鄭沖による増訂を経て、東晋の梅賾により献上されたものであるとの説、さらにはこれに先立つ元代の呉澄『書纂言』、明・梅鷟『尚書考異』における「偽古」箇所の摘発を彷彿させる。[32] また、後述するがヴィーコの「原典批判」は伊藤仁斎（一六二七～一七〇五）、山井鼎（崑崙、一六九〇～一七二八）らの経書批判を想起させる。ヴィーコは一六六八年生まれ、『新しい学』の第二版は一七三〇年の刊行。『古義堂文庫目録』上巻「仁斎書誌略」では、『論語古義』初稿は寛文元（一六六一）年が初出、第二稿本は天和三（一六八三）年以前のものとされている。[33] 山井『七經孟子考文』初稿は享保一三（一七二八）年（山井、徂徠の没年）、三年後に徂徠の弟、北渓の補訂を経た版がでた。[34] 時代下って大田錦城（一七六五～一八二五）の『九經談』は文化元（一八〇四）年、『春草堂集』は錦城一九歳時（天明三〈一七八三〉年）より五五歳時（文政二〈一八一九〉年）までおよそ三六年間に及ぶ彼による詩文の集成である。[35] 閻は一六三六年生まれ、『疏證』の刊行は彼の没後だが、この書は著者二〇歳頃よりの研鑽の成果である。

ベェクの功績が「古典文献学を歴史科学に変化させ」るものであったとのグーチによる評価については触れた。これと深く関連する言説が、王鳴盛（一七二〇～九七）『十七史商権』（乾隆丁未〈五二、一七八七〉年刊）の「序」にある。

蓋學問之道。求于虛不如求于實。議論褒貶皆虛文耳。作史者之所記録。讀史者之所考核。總期于能得其實焉而已矣。外此又何多求邪（中略）史業摩研排鑽二紀餘年始悟。讀史之法與讀經小異而大同。何以言之。經以明道。而求道者。不必空執義理以求之也。但當正文字辨音。讀釋訓詁。通伝注。則義理自見。而道在其中矣（中略）讀史者。不必以議論求法戒。而但當考其典制之實。不必以褒貶為與奪。而但當考其事蹟之實。亦猶是也。故同也。若夫異者則有矣。治經。断不敢駿經。而史則雖子長孟堅。有所失無妨箴而貶之。此其異也。[36]（二オ）

ここで王鳴盛はまず、経は道を明らめる行為だが、しかし、道を求めるとは、必ずしも空に義理を執ってもってこれを求めることではないとし、その後段では文字と音に精通し、訓詁に勤しんで伝注によく通じることが義理を明らめ、道にいたる行為であると論じ、かような「實事求是」にそぐわない学問を暗に批判している。さらに続けて、歴史研究の枢要は「典制之實」「事蹟之實」を深く攻究することにあり、必ずしも議論をもって法戒を求めたり褒貶を論じることに逞しくして与奪をなすことではないと断ずる。その上で、この「實事」を基盤とする経学が史学と相同的であるとする。王鳴盛は「治經」と「讀史」の決定的な差として、前者においてはあえて経に対し駁《けわしく》することを忌避すること、対して歴史研究においては高名な碩学の書であっても箴めることを辞さないことをいう。経を治めるにおいてはただただ「漢人の家法」を「墨守」すること、一師を定め、それに従うことを専らとし、あえて他をとらないこと（同、二ウ）をいうが、これは、彼の『尚書後案』で鄭注を墨守していることにもあらわれている。

　しかしこの『尚書後案』は、「尚書後案。何為作也。所以発揮鄭氏康成一家之學也」[37]と示されるがごとく、鄭注を軸に『尚書』を読むものであるが、これすなわち鄭玄の注が付された編、すなわち伏生の今文二九篇（すなわち安國真古文三四篇）以外を最初から「偽書」としてとらず、巻八に収められる『後辨』において東晋梅賾による「増多」箇所一六編を別だてで列挙し、これらの編が偽書である根拠を滔々と綴っている。自説を展開するにおいては「作偽者」との表現を頻繁に使い、「経文」の「偽古」箇所を忌憚なく摘発している[38]。つまり『後案』とは、「鄭注墨守」との口実をもって、東晋以降通行の『偽古文尚書』を最初から否定してかかっているのである。王鳴盛は、『十七史商榷』にて「駁経」を忌避すると宣言しながら、唐代以降は「経」とされた箇所を実に巧妙に「偽書」として棄却しているのである。

　また、『十七史商榷』でも、たとえば巻二二「漢書十六」「尚書古文編数」においては、「増多」諸編が偽書である根拠を周到にあげる閻『疏證』をふんだんに引き（一オ〜ウ）、その上で、「史記多俗字漢書多古字」（巻二八所収）では、「漢書。譲作攘。漢藝文志亦云。堯之克攘。今尚書堯典云。允恭克譲。此晉人所改。據此諸條觀之。則史記多俗漢書多古」（六ウ）と述べている。すなわちここでは、『史記』と『漢書』に使用される字の性質について議論するなかで、今の『尚書』にある「譲」は「晉人」すなわち東晋初めの梅賾によって改竄されたものであることを前提に論じている。

彼の学問が「科学」的研究への「変化」の重要な端緒であったと言い切れるものであるかは一層の詳察を要しようが、彼の歴史書に対する、そして一部「経」文に対する峻厳な姿勢は、一八世紀東アジアにおける「古典文献学」を基盤とする歴史学の発展における重要な転換点を象徴するものであったとみることもできよう。さらに彼に先行する尚書研究の泰斗、閻若璩は、『尚書古文疏證』第一二二章にて「天下の学術は真と偽なるのみ。偽なる者苟も存すれば、則ち真なる者必ず蝕む所とならん」と極言している。

文献批判の水準、体系性と客観性の度合に関しては王『尚書後案』、惠棟（一六九七～一七五八）『古文尚書考』、江聲（一七二一～九九）『尚書集注音疏』、あるいは銭大昕（一七二八～一八〇四）の諸書、さらには江戸後期の中井履軒（一七三二～一八一七）、吉田篁墩（一七四五～九八）、大田錦城（一七六五～一八二五）、狩谷棭斎（一七七五～一八三五）、松崎慊堂（一七七一～一八四四）らの学問方法と、ベェク'*Encyklopadie*'に整理して述べられるところの文献学的方法が比較対象となろう。

『新しい学』第二版刊行（一七三〇年）から一〇〇年以上を隔てて刊行をみた『文献学的な諸学問』（一八七七年）においてベェクは、文献学とは「年代学、地理、政治史、国家論、度量衡学、農業、商業、家政、宗教、美術、音楽、建築、神話、哲学、文学、自然科学、精神科学、言語」といった諸学術の網羅であると定義している(39)。ここで大田錦城「古言辨」にある以下の文言をみよう。

儒者所業。道德仁義之說。性命理欲之辨。鄒魯淵源之統。名物度数之細。典法経紀之制。治乱興亡之記。下至文章之法。詩歌之律。其事極繁。其學極博。當年不能究其義。累世不能尽其理(40)。

ここで錦城は、学者（儒者）が多岐にわたる研究対象に従事しながらも、その一方では精緻な学究活動が「究其義」「尽其理」、すなわち物事、人びとの思惟と行為の本質、根源を考えることにいたっていないことを批判している。この前段でもこれを目指すことなく字句の些末に拘泥し、あるいは修身の力説に終始する当時の「鉅儒碩師」の学問が批判されている。[41] しかし、ここで着目したいのは上のベェク「文献学」が研究対象とすること、その目指すところと相同性である。「道徳仁義」は哲学、宗教、文学に、「性命理欲」は哲学、精神科学などに相応しよう。「名物度数」は度量衡学、地理、あるいは農業などにも関連するであろうし、「典法経紀之制」は年代学、政治史、制度、さらには一部音楽、美術などとも関わってこよう。そして、「人間精神はあらゆる種類のしるしと象徴」をもち、それを「言語」で伝達し、文献学はこれらも内包した「歴史的行為」「理念」、「歴史記述の中に書き記された歴史認識を再認識すること」であるとのベェクの宣言[42]は、錦城が、学者はただ博学にとどまるのではなく、物事、人びとの思惟と行為の根源を考えるに結果すべきであるとしているのと相通じる。

つぎにここで峻別したいのは、(1)文献批判の水準、体系性と客観性の度合に関する問題と、(2)原典批判の問題である。後者が前者なしには成立し得ないのはいうまでもないが、たとえば仁斎の原典批判の卓越性に関し、武内義雄、和辻哲郎らが賞賛を惜しまない一方、両者は、当時の学問環境故の仁斎における過度の宋学（あるいは「理学」）批判の姿勢、彼の文献批判の体系性、客観性が一八世紀後半期の考証学に比して未だ十分ではないさまを指摘する。一方、武内義雄（一八八六〜一九六六）が力説するように、「伊藤氏家学（仁斎・東涯・蘭嵎の学）は経典の高等批判に立脚して後人の曲解を排し、ただちに聖賢の古義を闡明しようとしたもの」で、徂徠の学は「先秦の古典から用例を捃摭《くんせき》し、これを帰納して古語の意味を闡明し」て「古典の示すところを知ろうとする」、これすなわち「訓詁学的の態度」であるとする。武内はさらにつづけて、「清朝の学者は、一般に宋・明の伝註をすてて漢・魏の古註に溯ろうとしたものであるから、これを漢学と称し得るが、仁斎や徂徠は一切の註釋から離れて古典の原解を求めようとするものであるから、これを漢学を講ずるものという評は当たらない」（傍点筆者）としている。[43]

ただし、笠谷和比古が的確に指摘するごとく、徂徠は先王または六経を規矩とし、「秦・漢」の学問や「唐詩」をことさら重視していた。[44] これは、たとえば東晋以降通行の「増多」各編を「偽書」と忌憚なく摘発した中井履軒らの学とは異なる。[45] 実は武内も、上のごとく「仁斎や徂徠」が「一切の註釋」から「自由に」原典批判を行なっていたとする一方、彼らの方法は「高郵の王氏の態度に似たものがある」とも論じている。高郵の王氏、すなわち清代の考証学の代表的碩学との類似性の指摘は、「原典批判への態度」がどうであったかという問題に鑑みると矛盾した物言いである。

この点はさておき、武内は徂徠以降の日本の諸儒について以下のごとく論じる。曰く、金峨は「一方仁斎の学派を汲み」ながら林家のものと折衷したが、錦城になると「清朝考証学の影響が顕著になって、折衷というよりも考証といった方が適当なような感じもする」。[46] しかし、それだけでなく、「清朝の考証学がひたすら漢学の復興を目ざしているのとは異なって、周・孔の精神を握もうと考えている」。「そうしてこれら折衷派の学者は、文献を基礎において批判的に考えようとするものであるから、どちらかといえば古学派の態度に接近しやすく、自然考証学とも手を握りやすい」。[47]

周知のごとく、金峨（一七三二～八四）、錦城らの学は吉田篁墩（一七四五～九八）、松崎慊堂（一七七一～一八四四）、狩谷棭斎（一七七五～一八三五）、さらに下って幕末の安井息軒（一七九九～一八七六）らの学問にも継承されてゆくのであるが、上の武内の指摘は重要である。すなわち、仁斎、徂徠から江戸後期にいたるまで連綿と存在した日本儒者の学問においては、その〝主語〟は、「漢・魏回帰」「漢学の復興」ではなく、一切の偏りを排し、純粋に文献的に「最適」と判断された「古典」とその「原解」のみに依拠し、吟味・考究することにあったことになるからである。これは、特記されるべき説といえよう。

さて、かような学問態度に関する問題でもう一人注目したいのは、幕末考証学の泰斗であった東條一堂（一七七八～一八五七）である。一堂は上総に生まれ、一六歳頃より一〇年間、皆川淇園に学び、江戸に戻ってからは朝川善庵、亀田鵬斎らとの親交が深い儒者であった。彼の主著『論語知言』の「総説」には、上に述べてきた学問態度を象徴する文言がある。

欲學孔子有道
按道義宇宙人事之祖也。奉天處人。孔子之所主唱。然則可不稱孔子曰宇宙道義之師哉。然人為有二義焉。一則道義。是也。一則業務。是也。道義検束身心之規矩。而使與禽獸異之標的。是也。業務建立衣食住之事。而使身有裨益於國家之技術。是也。故道義不可以私意變。而業務從世運有所可以私革易。然欲以孔子言行悉倣之。却非學孔子之道。徒擬之者也。與偶人何擇焉（中略）以孔子道義之心為心者。則是孔子擴張之本意也。況三人行必有我師。擇其善者而從之乎(48)。

一堂が絶対普遍の「身と心を検束する規矩」としての「道義」と、実際の物質的充実を追求する「技術」としての「業務」を峻別し、後者の選択と推進においては「世運に従」い、「私意」をもって主体的に「革易」すべきと主張、これが、幕末～明治の急激な社会変化に適合的な思想となっていったことについては、一堂の思想を詳析した拙著を参照されたい(49)。本稿では、一堂がここで、「道義」の崇高性、絶対性は孔子が「主唱」するところであり、後学はけっして「孔子自身」を「宇宙道義之師」そのものと称するべきではないとしている点、「孔子の言行」に「悉く倣う」こと、「徒にこれに擬する」ことは偶人形とおなじで、かえって「孔子の道」を学ぶ「主体」となるにはいたらないと主張している点に注目したい。

さらに一堂が「三人行《あゆ》めば必ず我が師有り。その善き者を択《えら》びて而《すなわ》ちこれに従」うべしとの『論語』「述而編」の語を、このコンテクストにおいて採用しているのは、まさに一堂の態度の象徴であり、翻っては経書の文献研究において聖人を絶対視したり無批判に権威と仰いだりせず、それを相対的地位に定位する心的態度の顕現であると考えられよう。

武内にもどるが、彼はさらに、師であった内藤湖南を通じて出会った富永仲基の学問とみずからの研究について、次のごとく語っている。

私は清朝考証学者のやり方を金科玉条として奉じていたが（中略）こうした方法だけでは大きな舞台が開けがたい感じがして、内心行きづまりを覚えていた際（中略）考証学の行き方の上に仲基の方法論を取り入れることによって行きづまりの打開ができると信ずるようになった。（中略）私の研究に少しでも新味があるとすればそれは仲基を学んだところにあるといってよかろうと思う。(50)

無論、この語を額面通りにとるのは拙速であり、武内の学は「個別特殊な考証学の研究法から普遍原則の確立を目指した仲基の学に啓発され」た面があるものの、基盤は高郵王氏の学問、とりわけ彼らにおける古典の「読み」の熾烈さを色濃く残す「舌人の学」であったとする町田三郎の見立て(51)が最も適切であるといえよう。しかしそれでも、武内は、自分の学問の基盤が高郵王氏の学だけではないことを明言しているのである。

では、その、武内が自身の「古典研究」の「尺度基準」として採用したとする富永仲基の「加上法」とはいかなるものであろうか。

凡そ古より道を説き法をはじむるもの、必ずそのかこづけて祖とするところありて、我れより先にたてる者の上を出でんとする。(52)

これは、諸子百家の「立論心理」を考え、その必然としての「相互論難による排他性、相対性」の産物として思想が積み重なって成立していったとの論である。(53)水田紀久いわく、「仲基は、思想形成年代の先後次序を決定するポイントを」、「内容記述の繁簡、擬古的作為の強弱、排他的色彩の濃淡のうちに見出し」、その上で「時間系列に沿って形成過程を解明し、その間に介在する諸問題を考慮しつつ、内容の歴史的展開の様相を虚心に整序し直」した。[54] 彼は「斯道の始祖、聖人を絶対視せず、これらを、ただ後の立論者が権威と仰ぐ偶像と断じ、その超人格をも、思想発達の原則により、ひとしく相対的地位に定位し去っ」たのであり、この意味で仲基は、もっとも徹底した思想史家であった。[55] これすなわち「そっくりそのまま文献批判の方法」であり、「基礎的な思想史研究法」である。そしてそれは、「実証主義をもって基本的条件となす近代科学研究と等質」の学問姿勢であると、水田は結論している。[56]

すでに内藤湖南によってその実証主義的、近代科学的、〝親験実試主義〟的特徴が夙に指摘されている仲基だが、湖南はさらに、仲基の合理的・実証的批判精神のみならず、彼の「加上」説を「思想発達法則」としてとらえ、みずからの東洋学研究にも活用、さらにそれは、武内ら門下にも引き継がれた。[57] 水田はさらに、これは富永が属した「懐徳堂」の気風、「既成思想のいかなる立場にも拘らぬひややかな局外者的姿勢をもって」、「聖賢の道や諸子の説を」「客観的観察対象の位置に押し据え」る気風（傍点筆者）とも相通じるものであるとする。[58]

四　「文献学」としての一八世紀日本の儒学、そして武内支那学
——和辻哲郎のフィロロギー論に鑑みながら——

武内義雄は一八八六年生まれ、主たる業績はすべて二〇世紀に入ってからのものであるが、その一方、京都支那学、そして彼の学問方法は一八世紀日本漢学を色濃く反映させそれを集大成したものである。同世代の哲学者和辻哲郎（一八八九年生）は、武内『論語之研究』を激賞するが、[59] その理由の第一は、やはり、同書において実践される文献の高等批判、とりわけ「原典」批判の手法の精微さ故である。和辻はこの視点からさらに、武内が高く評価する仁斎、山井鼎らにおける「原典の自由な批判」、「シナにおいてはかつて考えられなかったような日

本特有の論語に対する見解」を評価し、かような「原典批判の正道」（傍点ママ）は、これまでのギリシア古典、新旧約聖書、インドの古典に関する一七～一九世紀の欧州の研究者による原典批判と「大体において同一の方法」であったと述べる。[60]とりわけ武内の『論語之研究』は、「わが国の先儒の仕事を継承し完成するという意識をもってなされた」「一時代を画する出来事」であり、そこで「原典批判が遂行せられたことを祝せずにはいられない」と締めくくる。[61]

かような和辻の「フィロロギー」への意識は、師でもあったケーベルの思惟をよく受け継ぐものである[62]と同時に、おそらくはじめて、武内の研究法、とりわけ彼の目録学、文献学の方法を、世界の文献学発展の歴史の比較対象として位置づけ、一八世紀以来の日本の学問水準とその到達点の一である武内の方法を、世界的にみてもいかに高水準のものであるかを論定したものといえよう。とすれば和辻の武内評価は、武内の学問を、「中国学」という限定的な一地域研究から、世界水準の普遍的研究に位置づけ直すものであったとも考えられよう。

武内『論語の研究』「序説」にいわく、「清朝の考証学者は早くから校勘学を取り入れてその上に精緻な訓詁学を樹立したが、書物の原典批判はまだ十分に採択発展せられていない」。またいわく、「清朝の校勘学は我が山井崑崙の七經孟子考文に刺戟せられて起こった」が、「支那の学者は経書を神聖視してこれを批判することを遠慮して」おり、これに対し、「我が仁斎・春臺」らによる『論語』原典の「高等批判」、そして山井らの「原典」「本文（經文）」の訂正は、「これまた我が国の学問が本国の支那を刺戟した一例」であったと力説する。[63]

これは明らかに、武内が尊崇した高郵王氏を含めた清の学者が実践する学問を超えた次元の、学問の「客観性」をも内包するものであるといえよう。

しかして、「わが国の先儒の仕事を継承し完成するという意識をもってなされた」（和辻、前出）武内『支那學研究法』の詳析とそれをフィロロギーの発展史に位置づけた考察は、日本において一八世紀以降発展をみた古典研究、そこでの文献学的達成の世界史的位置づけにつながると同時に、近代以降の日本の歴史学、哲学等の発展の屋台骨として、どのような面がどう寄与したのかを精微に検討するために不可欠な作業である。

上述の論旨に鑑みると、久米邦武（一八三九～一九三一）、重野安繹（一八二七～一九一〇）、田中萃一郎（一八七三～一九二三）といった日本における歴史学の創始者がしばしば述べること、すなわち「明治日本」における「史学研究法」の発展は「清代考証学」を基盤としていた、との論は、当然、再考されるべきであろう。すなわち、「文献の高等批判」と「その校讐」のみなら清儒においても旺盛に試みられていたのだが、「近代」的、客観的帰納的な学問成立の不可欠な条件である知的気候、つまりは、聖人を絶対視せずに相対的地位に定位し、客観的観察対象とする知的気候（前出、水田「解説」参照）の有無は、江戸中期以降の儒者と清儒の間に隔たりがあったとも考えられ、これは決定的な差異であったともいえよう。[64][65]

小括

村岡典嗣は、吉川幸次郎（一九〇四～八〇）以前に徂徠、そして新井白石から国学への学問方法発展のながれ、ことに伴信友の実証研究・書誌学的研究の発展を指摘し、とりわけ日本思想史学の学問方法の基盤としての、この系譜での資（史）料の批判的考証の緻密化、釈義と理解手法の体系化の顕著な発展を指摘する。[66]逆に近代史学の創始者久米邦武、重野安繹、そして大久保利謙（一九〇〇～一九九五）らは、幕末までに清代考証学も包摂しながら発展した儒学における実証研究こそが近代以降の実証研究・書誌学的研究の屋台骨であり、彼ら自身が国史学を確立させるにおいて受容を試みたランケ史学に対する優位性すら語る。[67]

明治の知識層の知的背景、知的基盤が「漢学」にあったのは、中村敬宇（一八三二～九一）、森田思軒（一八六一～九七）、中江兆民ら（一八四七～一九〇一）も夙に力説するが、[68]博物学の発展や国学研究進展の流れも看過できない。[69]

漢学の素養の重要性に関して敬宇は、総じて、「徒ニ文字章句ノ末節ニ思ヲ疲ラセ」る（「論学弊疏」）ごとくの漢学者の知的「性癖」、固陋、蒙昧のハビトゥスを糾弾する一方で、洋学受容における「知的基盤」としての漢学の素養の不可欠性を夙に指摘する。[70]

西田幾多郎（一八七〇〜一九四五）は金沢の四高にて三宅眞軒（一八五三〜一九三四）のもとで漢文を習ったが、眞軒は安井息軒（一七九九〜一八七六）の高弟井口孟篤の門弟で、その「学風と云へば、漢学では最も厳密な学問《（ママ）》的と云ふべき清朝の考証学であつた」と述懐する。[71]（「三宅眞軒先生」）同じ年に書かれた「古義堂を訪ふ記」では、「日本的」なる「学問的方法」の特質として、「事物」「真理」「深い真実」の把握への志向があり、漢学研究においても「宋儒的な理論を排して、孔孟の根本的事実」への「復帰」が目指され、「日本精神には理よりも事へといふ特徴がある」と強調する。[72]さらに、「西洋は学、東洋は教、学よりも教と云ふ人には、往々仁斎徂徠の学の如きを輕視する傾があ」り、「特に徂徠の学の如きは恰も無用の学であるかの如く考へる人もあ」るが、これは大きな誤りで、日本の学問発展においては、「漢学者の復古学」による「刺戟」がことさら重要であったとする。[73]

西田が「理よりも事」の重視を「日本精神」と直結させるのは牽強といえよう。しかし、西田における仁斎・徂徠以来の高い考証学的、書誌学的水準に関する記述、徂徠の学問が「山井鼎の著書七経孟子考文を通じて清朝の学問に影響し」、「後に至つて、我国の学問」に「影響」したとする[74]この哲学者の指摘は、無論、吉川ら京大で同僚であった漢学者連中との知的交流を前提としようが、（a）漢学の素養が、「道徳」「倫理」の「教」としてではなく、「真理」「深い真実」「根本的事実」（傍点筆者）の考証的追究のための「学」として重要であったとしていること、（b）その学的基盤が、一八世紀に淵源するものとしていることの二点において注目に値しよう。これらはまた、旧制高等学校の教育課程の実際において、考証学の碩学から直に漢学教育を受けた哲学者の実体験として、注目されるべきものと筆者は考える。

江戸後期～幕末を代表する「学問の選手」が誰であったか、近代の知的基盤の〝祖型〟は誰のどのような学問であったか、さらにはそれらが近代学問のどの分野の発展に貢献したかについては、吉川、村岡、西田、久米・大久保らの間で差異がある。また、本論ではとりあげなかった前期水戸学における『大日本史』修史事業もこの知的潮流の重要な一側面である。一方、江戸後期までに清代考証学の手法も包摂しながら発展した日本漢学の学問方法で注目すべき点は、「事物」「真理」「深い真実」の飽くなき追究を旨とする〝親験実試主義〟（前出、内藤湖南）であり、その学問的基盤が、洋学受容、それも含めた経験的（実証的）学問の発展の基盤となったこと、さらにはこれと相俟って、儒学世界特有の世界観・価値観の体系からの学問としての自己回転を促し、客観的かつ自立的な知的体系を形成、儒学的世界観に規定されるところの思惟様式、あるいは学問的ハビトゥスからの解放にも寄与した点である。

（1）　岡崎はとくに、一八世紀後半のドイツ啓蒙主義歴史学において、キリスト教的世界観にもとづく普遍史から「科学的世界史」への転換が行なわれていたとする。岡崎勝世『キリスト教的世界史から科学的世界史へ：ドイツ啓蒙主義歴史学研究』（勁草書房、二〇〇〇年）、とくに第二編「ガッテラーと啓蒙主義歴史学の形成」。また、岡崎『科学vsキリスト教』（講談社現代新書、講談社、二〇一三年）は上記の書を一般読者むけに著したもので、とくに第三章が有用である。

（2）　Gatterer, Johann Christoph, *Weltgeschichte in ihrem ganzen Umfange*, Theil 1, 2, Gottingen, 1785, Gatterer, J.C., *Versuch einer allgemeinen Weltgeschichte*, Gottingen, 1792. 筆者は前掲註(1)岡崎書ならびに後述のG.P. Gooch の書を手がかりに、ガッテラーのこれらの書を閲読した。

（3）　和辻哲郎『近代歴史哲学の先駆者——ヴィコとヘルダー——』（『和辻哲郎全集』岩波書店、一九六一～六三年。第六巻、一九六二年）三六一頁。

(4) 前掲註(1)岡崎『科学vsキリスト教』、一九七～八頁、引用箇所は一九八頁。

(5) この点に関する各分野の識者の議論はすでに出尽くした感があるが、上村忠男は、G-B・ヴィーコ（一六六八～一七四四）によるデカルトの「方法」ならびに『ロワイヤルの論理学』の批判、それの反省にたってのヴィーコにおける知的方法の転回について語る（上村「大いなるバロックの森――ヴィーコ『新しい学』への招待――」内山勝利他編『哲学の歴史』中央公論新社、二〇〇七～〇八年。第六巻『知識・経験・啓蒙：人間の科学に向かって』、二〇〇七年）。のち上村訳、ヴィーコ『新しい学』法政大学出版局、二〇〇七～〇八年。第三巻に再録）。

　さらには、法学、医学における「客観的」方法の一六世紀末からの発展、また、同時期においての'Republic of Letters'における文献研究の進展については、各々G. Pomata AN. G. Siraisi (eds.), *Historia: Empiricism and erudition in early modern Europe*, 2005, A. Grafton, *Worlds made by words: Scholarship and community in the modern West*, Harvard University Press, 2009に詳しく、これは歴史学の方法的発展の端緒を一六世紀末頃とする。この説については別に検討の必要がある。

(6) 前掲註(3)和辻『近代歴史哲学の先駆者』、三六四～五頁。

(7) 前掲註(1)岡崎『キリスト教的世界史から科学的世界史へ』、第二編。但しその一方で、前出Graftonなどはルネサンス後期の学者を起点に、Joseph Scaliger, Isaac Casaubonらにおいて発展した「原典批判」についての専著をもって、西欧における文献研究の発展を力説する。これについては別稿にて論じる。

(8) 前掲註(3)和辻『近代歴史哲学の先駆者』、三六五頁。

(9) 同右、三六二頁。

(10) 同右、三八二頁。

(11) とくに和辻が着目するヴィーコの『新しい学』と日本語で略称される書は、*Principj di scienza nuova di Giambattista Vico d'intorno alla comune natura delle nazioni*. In questa terza impressione dal medesimo autore in gran numero di luoghi corretta, schiarita, e notabilmente accresciuta, tomo I e II (Napoli : Stamperia Muziana, MDCCXLIV, 1744) である。この一七四四年版は第三版で、第一版は一七二五年の刊行。ただし、とくに第三巻「真のホメーロス発見」における原典批判の本格的展開の開始は、一七三〇年刊行の第二版以降においてであるのは和辻らが指摘する。本稿では上村忠男訳の『諸国民の共通の自然本性についての新しい学の諸原理』（前掲註5『新しい学』）を利用。これは、上の第三版に第二版（Giambattista Vico, *La Scienza nuova seconda*, giusta l' edizione del 1744 con le varienti del 1730 e di due redazioni intermedie inedited, a cura di Fausto Nicolini を併用の上、訳出されたもの（凡例一）。

(12) 前掲註(5)『新しい学』第一巻、六〜七頁。

(13) 『ラテン語の起源から導きだされるイタリア人の太古の知恵』第一巻「形而上学篇」（一七一〇年）。

(14) 前掲註(5)『新しい学』第一巻、一一〜一二頁。同第一三九条目にも「文献学者とは諸言語および内にあっての習俗や法律と外にあっての戦争、講和、同盟、旅行、通商などの双方を含めた諸国民の事蹟の認識に携わっている文法家、歴史家、批評家の全体のことである」とある（同第一巻、一二三頁）。

なお、ヴィーコのナポリ大学での講義録については『学問の方法』（上村忠雄、佐々木力訳、岩波書店、一九八七年）があり、『自叙伝』は西本晃二による訳（みすず書房、一九九一年）があり、『新しい学』も上村の訳以前に『世界の名著』版（中央公論社、一九七九年、清水純一、米山喜晟訳）があり、各々の「解説」では各分野からのヴィーコの学問的貢献とその意義が語られている。前掲『ラテン語の起源』等も含め彼の一貫したデカルト批判、人文主義的教養思想の立場からの「新時代の学問方法論」批判がその真骨頂とされる一方、松岡正剛は、ヴィーコ『新しい学』は、知識を「事物が作られていく過程と様式についての認識そのもののこと」と考え、「文明の知をその発生時のトポスとともに継承し、その継承のために駆使するトピカの方法を、そのまま新たな科学や学問とドッキングさせて、さらに新しい文明を用意しよう」との試みだったと述べる（ウェブ版「千夜千冊」）。各々それぞれのヴィーコ観、その学問発展史上の意義を開陳するが、本稿ではあくまで文献学的関心からヴィーコを検討するにとどめる。

ヴィーコ『われらの時代』（*De nostri temporis studiorum ratione*）は彼の一七〇八年ナポリ大学での開講講演に加筆のうえ出版されたもの（刊行は翌年）。

(15) 前掲註(5)『新しい学』第三巻、三〜一八頁。

(16) 上村訳では「真のホメロスの発見」だが、和辻は「探究」と訳す。

(17) ただし和辻は、刊行年は同じだが二十数年前（一九二三〜二四年ごろ）の講義原稿をもととする『ホメーロス批判』（和辻『全集』第六巻所収）においては、ホメロスの詩に描かれる英雄とギリシャ人の風習との重大な相違に関するアリスタルコスによる指摘、ホメロスの二詩が別人によるとのクセノーンの説をついだヘラニコスにも言及、これらの点がすでにアレキサンドレイアの学者に指摘されているとする（同、九九〜一〇二頁）。

(18) 一方、前掲註(17)和辻『ホメーロス批判』一〇二頁には、この「批判の仕事として全然新しい生面を開いたのは、何と言ってもフリートリヒ・アウクスト・ヴォルフ」であるとしている。前註のことも含め、和辻自身のヴィーコ評は一定していないようにもみえる。

(19) Boeckh, A., *Encyklopadie u.Methodologie der philologischen Wissenschaften*, 1877. 改訂版は一八八六年。この書は、一八〇九年より続いたベェクによるハイデルベ

ルク大での講義を弟子がまとめたもの。長らく日本語への全訳がなかったが、二〇〇八年刊行の安酸敏眞「アウグスト・ベーク『文献学的な諸学問のエンチクロペディーならびに方法論』：翻訳・註解」その一（『北海学園大学人文論集』四一号）、同その二（同四二号）がその初である。安酸「アウグスト・ベークと文献学」（同三七号、二〇〇七年）はベークと文献学の発展を同時代の学者、学問との関係のなかで論じ、同「解釈学と歴史主義：A・ベークとJ・G・ドロイゼンを中心に」は歴史科学の成立の重要な起点／転換点としてのベークの学問方法を論じる。村岡典嗣『本居宣長』（警醒社書店、一九一一年）にもベェク『文献学的な諸学問』の長い「序」が注で引用されている。また、江藤裕之「フィロロギーと国学」レジュメ（科学研究費補助金事業〈課題番号25370093、代表：竹村〉研究会合二〇一三年六月二二日）、同「フィロロギーとしての国学研究――村岡典嗣と芳賀矢一のフィロロギー理解と国学観――」（『東北大学国際文化研究科論集』二一号、二〇一三年）も参照。

（20） Gooch, G.P.*History and historians in the nineteenth century*, Longmans, Green, & Co., London, 1913. 他社からの重版があるが、最新版は Beacon Press, Boston, 1959 であり、これの邦訳版は林健太郎、林孝子訳『十九世紀の歴史と歴史家たち』上巻（筑摩叢書、一九七一年）。本稿での引用箇所は邦訳版三二頁のものによった。

（21） 前掲註（3）和辻『近代歴史哲学〜』三八七〜八八頁。

（22） 前掲註（17）和辻『ホメーロス批判』序言。

（23） 前掲註（3）和辻『近代歴史哲学〜』三八七〜八八頁。

（24） 同右、三八八頁。

（25） 前掲註（19）村岡『本居宣長』。

（26） 同右、三五三〜五四頁。

（27） 前掲註（19）江藤「フィロロギーと国学」レジュメ。

（28） 江藤裕之「19世紀ドイツフィロローグの究極的関心」（土家他編『フィロロギア』〈渡部昇一先生古稀記念論文集〉、大修館書店、二〇〇一年）。

（29） 前掲註（19）村岡『本居宣長』。

（30） 今道友信『西洋哲学史』（講談社学術文庫、講談社、一九八七年）二九〇〜九一頁。前掲註（19）江藤「フィロロギーと国学」レジュメ七頁注。

（31） 前掲註（19）村岡『本居宣長』、三五三〜五四頁。

（32） 本稿では、『尚書古文疏證』は『皇清經解續篇』所収版（一八八八年）、『尚書後案』は乾隆四五（一七八〇）年の禮堂蔵版（早稲田大学中央図書館蔵）、『尚書集注音疏』は『皇清經解』所収版（一八二九年）を利用。また、『尚書考異』は台湾商務印書館版（一九七八年）、『書説』『書集伝或問』『書纂言』各々の書は『通志堂經解』所収版を用いた。

閻『尚書古文疏證』については野村茂夫「疑「偽古文尚書」考（上）」（『愛知教育大学研究報告』三四号〈人文科学編〉、一九八五年）、野村「疑「偽古文尚書」考（中）」（同三七号、一九八八年）に詳しく、また同書の

『尚書』研究における位置に関しては全釋漢文大系11『尚書』所収の池田末利「解説」を参照。元・呉澄『書纂言』、明・梅鷟『尚書考異』についでは拙稿「久米邦武と『尚書』研究――清代考証学と宋・元・明経学の兼採の様相――」（『東洋文化』〈無窮会東洋文化研究所紀要〉一〇九集、二〇一二年一一月）も参照されたい。

(33)『古義堂文庫目録』は天理大学出版部、一九五六年刊。

(34)『七經孟子考文』は一九三一年の北渓補訂版（慶應義塾図書館蔵）を利用。

(35)『九經談』は文化元年須原屋茂兵衛、秋田屋太右衛門等版、『春草堂集』は旧前田侯爵家蔵尊經閣叢刊第三八二号（双方とも著者蔵）を利用。

(36)本稿では早稲田大学図書館蔵の乾隆丁未（五二、一七八七）年版を利用。

(37)前掲『尚書後案』、一オ。

(38)章立てについては『尚書後案』一オ〜二ウ。「偽書」「偽作者」等の表現については「後辨」の「辨曰」として論述される王鳴盛の語参照。また、これと中井履軒、大田錦城らの『尚書』研究を比較検討したのが拙論「元〜清の『尚書』研究と十八世紀日本儒者の『尚書』原典批判――中井履軒『七經雕題畧(書)』、同収「雕題附言(書)」を題材に――」（東京大学東洋文化研究所『東洋文化研究所紀要』一六七冊、二〇一五年）である。

(39)ここでは前掲註(19)安酸「アウグスト・ベークと文献学」の訳に準じた。

(40)「古言辨」は錦城『春草堂集』巻四所収。引用箇所は一五オ〜ウ。前掲著者蔵のものを利用。

(41)同右、一五オ。

(42)前掲註(19)安酸「アウグスト・ベークと文献学」二〇〜二一頁。

(43)『武内義雄全集』（角川書店、一九七九年）第四巻「儒教の精神」十五「日本の儒教 その四」、一一八〜一九頁。

(44)笠谷和比古「一八世紀日本の「知」的革命 Intellectual Revolution」（笠谷編『一八世紀日本の文化状況と国際環境』思文閣出版、二〇一一年）とくに五〜七頁。なお、徂徠が「六經」を規矩とすることについてはこれまでも幾人もの思想史研究者による指摘があるが、これを、「一切の偏りを排する」にいたっていない根拠とするのは管見の限り笠谷のみであり、ここでは同氏の論考をあげた。

(45)履軒、錦城の偽書批判については拙論、前掲註(38)「元〜清の『尚書』研究と十八世紀日本儒者の『尚書』原典批判」を参照。

(46)前掲註(43)武内『全集』第四巻「儒教の精神」十五日本の儒教 その四、一二〇頁。

(47)同右。

(48)東條一堂『論語知言』については、筆者は前著『幕末期武士／士族の思想と行為：武人性と儒学の相生的素養とその転回』（御茶の水書房、二〇〇八年）執筆の折、現在千葉県茂原市立美術館・郷土資料館蔵の東條家よりの寄贈本、旧豊後国臼杵藩旧蔵本（写本）、東京大学総合図書館所蔵本（写本）、日本名家四書註釋全書本（刊本）等八本の写本と二種の刊本を校合、その異同を検証した。これについては拙著第七章を参照されたい。なお、引用の箇所は安井小太郎編の四書註釋本にのみ存在することも同書に明記した。

(49) 同右書、第七、八章。

(50) 武内義雄『支那學研究法』（前掲註43『全集』第九巻所収）、四六～四七頁。

(51) 町田三郎「舌人の学」（前掲註43『武内義雄全集』第十巻附録「月報10」所収）。

(52) 「翁の文」。本稿では延享三（一七四六）年版、大坂冨士屋長兵衛刊本の複製（東京大学東洋文化研究所所蔵）を利用。引用箇所は仲基『翁の文』に残る同『説蔽』の語とされる。

(53) 日本思想大系四三『富永仲基　山片蟠桃』水田紀久「解説」、六四七～四八頁。

(54) 同右、六七一頁。

(55) 同右、六六四頁。

(56) 同右、六七一～七二頁。

(57) 同右、六五八～五九頁。

(58) 同右、六四七頁。

(59) 和辻哲郎『孔子』（前掲註3『全集』第六巻所収）付録「武内博士の『論語之研究』」。

(60) 同右、三五四頁。

(61) 同右、三五六頁。

(62) 和辻哲郎『ホメーロス批判』序言（前掲註3『全集』第六巻所収）。

(63) 前掲註(43)武内『全集』第一巻所収、四二～四四頁。

(64) たとえば久米邦武『歴史著作集』第三巻「史学・史学方法論」（吉川弘文館、一九九〇年）、第一編「史学の独立と研究」第七「余が見たる重野博士」、重野安繹『重野博士史学論文集』上・下（雄山閣、一九三八～三九年）。また、大久保利謙『日本近代史学の成立』（著作集第七巻、吉川弘文館、一九八八年）はこれらの論点を俯瞰する。

(65) ただし筆者が王鳴盛の事例をもって呈示したように、徹底した客観的姿勢をもった清儒も存在したことは、ここにいま一度追記しておきたい。

(66) とくに思想史学における資料の批判的考証、すなわち資料の真偽、制作の時代・場所の考証方法の確立、そして「所謂訓詁注釈」、すなわち「語句の意義の解明」に出発し、帰納的・文法的基礎をもっての考証の確立について論じたのは村岡典嗣「『続・日本思想史研究』（岩波書店、一九四〇年）第一部三「日本思想史の研究法について」（引用箇所は三七・三九・四三頁）、伴信友の実証学については同『日本思想史研究』（岩波書店、一九三〇年）「近世史学史上に於ける国学の貢献」。『日本思想史研究　第三』（岩波書店、一九四八年）所収の「徂徠学と宣長学との関係」もこの方法的発展系譜の具体例を祖述する。

(67) 前掲註(68)久米、重野の前掲書。

(68) これについては拙稿「江戸時代における漢学学問方法の発展——十八世紀を端緒とする書誌学・目録学、そして原典批判の伝統——」（國立臺灣大學日本學研究叢書一八『思想史から東アジアを語る』に掲載決定済。二〇一五年春刊行予定）を参照されたい。

(69) さらには医学における古医方の発展も含め、一八世紀以降の日本における実証研究の発展については、笠谷和比古が継続的に提唱するところであり、同編の前掲註(44)『一八世紀日本の文化状況と国際環境』はその真骨頂の一であることをここに明記したい。

(70) 前掲註(68)拙稿「江戸時代における漢学学問方法の発展」、とくに第一節。

(71)『西田幾多郎全集』第十二巻（岩波書店、一九六六年）二一二頁。

(72) 同右書「古義堂を訪ふ記」、二一八～一九頁。

(73) 同右、二一八～二〇頁。

(74) 同右、二一九～二〇頁。

〔付記1〕本稿は、いうまでもなく笠谷研究班での研究の成果であるが、同時に二〇一三年四月開始の科研費事業（課題番号25370093、代表：筆者）の成果の一部でもある。

〔付記2〕本稿では原則略字体を用いたが、原文が正字体の場合はそれを用いた（含、書名、人名）。

本多利明の北方開発政策論――『蝦夷拾遺』を中心として――

宮田　純

はじめに

天明期から寛政期にかけての日本社会において、我々が着目すべき時代的潮流として、蝦夷地を中心とした北方問題に対するさまざまな見解の提起があげられる。ロシア南下情勢への関心に基づきながら実施された田沼意次政権による蝦夷地調査や、寛政の蝦夷騒動への対処に鑑みながら模索された次代の松平定信政権による同地への関与をみれば、その具体的対応は異なれども、蝦夷地問題とロシアの動向により複合化された北方事情への対応が重要な政策課題となっていたといえる。

このような通説的な理解は、幕藩制の胎動期から寛政期初頭までの経緯に着目しながら、幕政と蝦夷地との関係史をまとめた菊池勇夫[1]、または、寛政の蝦夷騒動に対する幕府側による処遇の動向を史料的に位置づけた浅倉有子[2]、あるいは、松平定信政権の施策方針に着目しながら、幕府による蝦夷地直轄化の段階的な工程を明らかにした藤田覚[3]、さらには、蝦夷地を内包する北方の島々に対する幕府側の認識を対ロ外交問題との関連下に位置づけた秋月俊幸[4]、といった先学の尽力により成り立っており、どちらかといえば、政治主体側の意向に関心を寄せながら論証された作業であったといえる。

たしかに、これらの成果が天明～寛政期、さらにはそれ以降の明治期にいたるまでの日本国家と北方の関係史の明瞭化に多大な役割を果たしていることは、衆目の一致するところであるが、政治主体のみが北方事情についての情報を独占し、それに基づいた論調が排他的に成立していたわけではなく、民間の立場からの発信もあった。その点を踏まえれば、在野の人物の見解について検討を加える、といった作業は、先学による既存の成果の補強、あるいは、修正といった役割を担うことになるのではないだろうか。そのような問題関心に基づきながら、本稿が注視するのは、民間の知識人に該当する本多利明の見解である。

本多利明（一七四三～一八二一）[5]は近世後期の算学者、あるいは経済学者として知られる人物である。その代表作として、『自然治道之弁』（寛政七〈一七九五〉年成立）・『西域物語』（寛政一〇年成立）・『経世秘策』（同年成立）が列挙されるが、これらは国内生産力の増大化ならびに、国内流通の円滑化を大綱とする経済政策論説であり、日本国全体の富国化、利明の表現でいうところの「豊饒」化を目的としているところに特徴がある。[6]こうした成果の他に、利明は『蝦夷拾遺』（寛政元～二〈一七八九～九〇〉年成立）・『赤夷動静』（寛政三年成立）など、北方事情に関する論説も著している。これらの業績は、田沼意次政権期から松平定信政権期にかけて実施された蝦夷地調査や、同時期におけるロシア南下情報に対する興味関心を基礎として発露されたものであり、概観的な理解を寄せるならば、蝦夷地の処遇や対ロシア外交に関する提言として認められる。

本稿では、このような利明の業績に着目しながら、北方事情についての利明の考えを整理し、一七～一八世紀に特徴的な時代性に鑑みた場合の思想的価値の抽出を試みる。その場合に、北方事情に関する本格的な政策論の嚆矢に該当する史料である『蝦夷拾遺』を分析対象とすることは、第一節において詳述する同書の成立事情からすれば、本稿の設定課題の解決に極めて有効である。そうした前提に基づきながら、同書の歴史的意義についての位置づけを行っていきたい。

一　『蝦夷拾遺』の成立事情

『蝦夷拾遺』は寛政元（一七八九）年一一月の序文が付された著作であるが、同書の成立は、田沼意次政権から松平定信政権へと政治主体が変化し、寛政の蝦夷騒動の発生（寛政元年五月）ならびにそれへの対処、あるいは、ロシアの蝦夷地への接触情報への対応、といった問題が政策課題となっていた時期に求められる。本節では、こうした時代背景と密接な繋がりを持つ同書の成立事情についての整理を行う。[7]その場合に、本稿では、「本田氏策論　蝦夷拾遺」と記した題箋が付された国立公文書館所蔵の和装本『本田氏策論　蝦夷拾遺』[8]を使用する（以下、公文書館本）。同書は、

①立原翠軒（甚五郎）による添書（「十二月九日」の記載あり）
②利明による立原翠軒（甚五郎）宛ての「口演」（「七月十二日」の記載あり）
③本多利明の序文（「寛政己酉年十一月」の記載あり）
④北方の地図（図1下、口絵2）
⑤論説「蝦夷土地開発成就して良国と可成事」
⑥論説「暖国の庶庸人胸中の世話」
⑦論説「蛮書翻訳の世話」
⑧論説「証ある世話」

といった配列により構成されているものであり（①～⑧の丸数字を便宜上付した）、筆跡からすると利明の自筆本ではなく写本であると断定しうる。[9]このような二次資料に相当する同書をあえて検討対象とするのにはいくつかの

理由がある。その一つは、利明の自筆本『蝦夷拾遺』の現存状況が確認できないこと、いま一つは、同書に「編脩地志備用典籍」という落款が残されていることである。この印は文政～天保期における幕府の地誌編纂事業に用いられたことを示しており、同事業の成果である『編脩地誌備用典籍解題』には、

蝦夷拾遺　一巻　一冊 写本

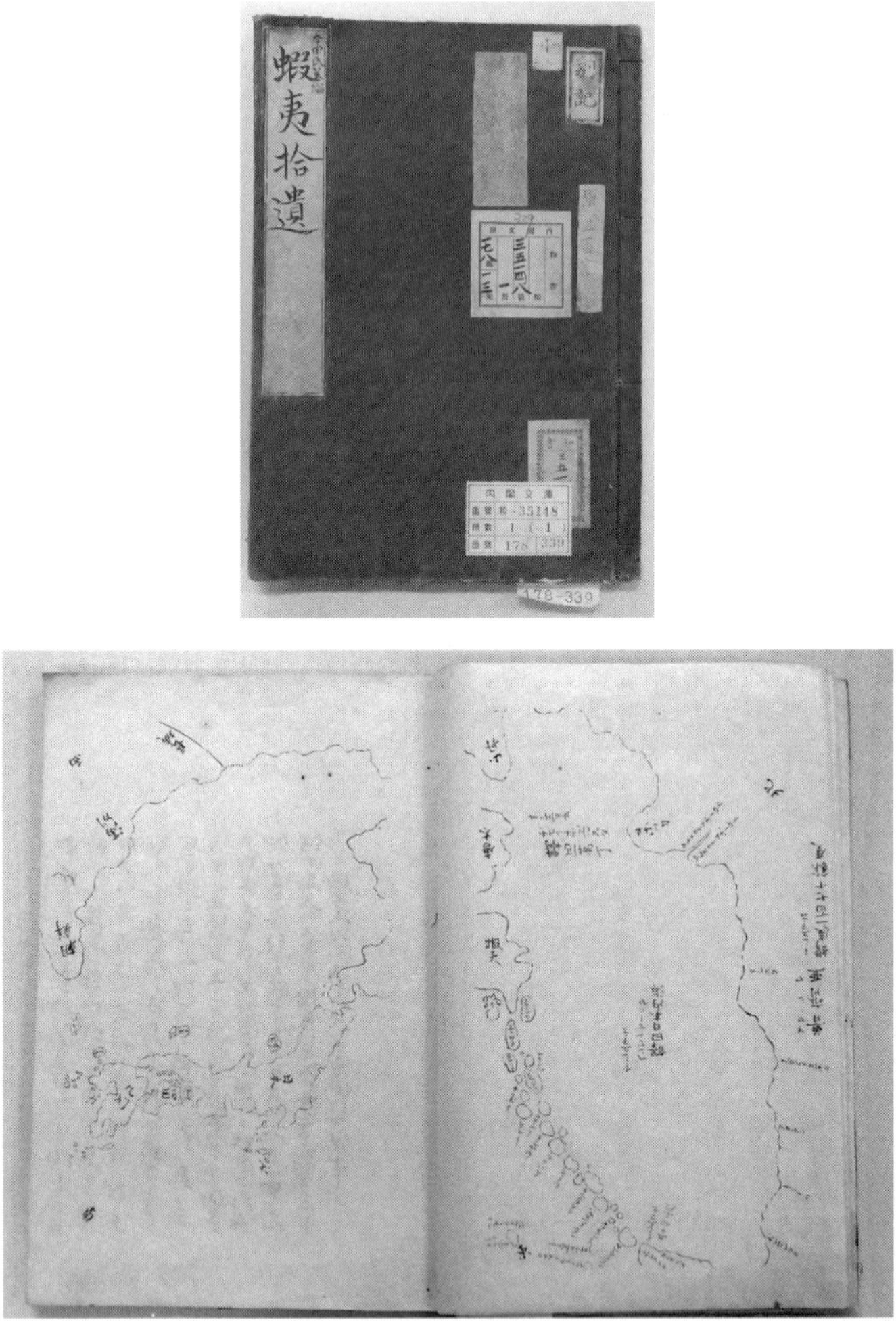

図１　『本田氏策論　蝦夷拾遺』表紙と地図
（国立公文書館蔵）

本多利明撰、利明三郎右衛門と称す、賀州人、寛政元年己酉十一月著す所、大意蝦夷を開発せは良国となるへき事を論説するの書なり、巻中地理・風土・人物の事より蝦夷の事を論したる諸子の書翰その外許多の雑話を載せ、末に潮汐の干満、烈風の起源の事は天下諸土産の運送にかゝはる事にして、人命を救ふの大元なれは、麤略あるましき事なりといふにおはる、其下分注して、是等の議論を詳に誌たる、余かあらはすところの小冊子あり、名つけて道物起源論といふよしを記せり、(10)

という記載が残されており、(11)本書が公的に価値を認められていたとわかる。さらには、国立国会図書館など他の機関に残存する『蝦夷拾遺』(12)と比すれば、公文書館本にはそれぞれ記載時期が異なる①・②が冒頭に書き添えられており、成立事情を時系列的に把握する作業に資すると判断されるからである。

このように、公文書館本に史料的価値を求めた筆者の見解は、「巻頭には利明より立原甚五郎（翠軒）に宛てた書翰を載せ、なお利明が最上徳内をして己に代って蝦夷に赴かしめたことを記し、（寛政元年十一月）更に蝦夷土地開発成就して良国と可成事、その他の点につき利明の論じたものである」(13)と回顧した本庄栄治郎による同書①～③・⑤～⑧の翻刻作業(14)ならびに、それに基づく史料集『本多利明集』（誠文堂新光社、一九三五年）刊行に対する好意的な評価をも意味しているが、そうでありながらも、同氏のコメントは、あくまでも同書の構成・内容についての極めて簡略な概説であり、成立事情について詳述したものではない。したがって、この残された課題を解決する必要がある。

その場合に、利明の活動、幕政の動向、さらには、『蝦夷拾遺』の成立に寄与したであろう利明の門弟最上徳内（一七五五～一八三六年）の動向を時系列として整理し、それぞれの因果関係を可能な限り明瞭化する作業が求められる。その方針に従いながら作成したものが『蝦夷拾遺』関連年表(15)であるが、この表に示した「№」を頼りとしながら、『蝦夷拾遺』の成立事情に関わる諸史料についての細微な検討を加えてゆきたい。

表1　『蝦夷拾遺』関連年表

No.	西暦	年月日	北方問題の動向と幕政	最上徳内の動向	本多利明の動向
1	一七四三	寛保三年			本多利明誕生
2	一七五五	宝暦五年		最上徳内誕生	
3	一七六六	明和三年			江戸音羽一丁目に私塾を開く
4	一七七一	明和八年	ハンガリー人ベニョフスキーの伝達によりロシア南下情報が幕府へ伝えられる		
5	一七七二	安永元年一月一五日	田沼意次が老中へ就任		
6	一七七八	安永七年	ロシア人がノツカマプに来航		
7	一七七九	安永八年	ロシア人がアツケシに来航		
8	一七八三	天明三年一月	工藤平助著『赤蝦夷風説考』完成 ※天明元年四月に下巻脱稿（天明三年一月に上巻成立）		
9	一七八三	天明三年		最上徳内が本多利明の音羽塾へ入塾	
10	一七八四	天明四年	『赤蝦夷風説考』の影響下に田沼意次が勘定奉行松本秀持に蝦夷地調査を指図		
11	一七八五	天明五年二月	田沼政権による幕吏蝦夷地派遣により最上徳内が普請役青嶋俊蔵の従者として同地へ同道		
12	一七八五	天明五年四月二九日	最上徳内が普請役の竿取となる（クナシリ島・エトロフ島・ウルップ島上陸（～天明六年八月））		
13	一七八六	天明六年一月			本多利明著『大日本国の属嶋北蝦夷の風土艸稿』成立（完成は天明八年一月）
14	一七八六	天明六年八月二七日	田沼意次が老中を解任される		
15	一七八六	天明六年一二月	最上徳内が江戸に帰府		
16	一七八七	天明七年四月	最上徳内が単身で松前へ向かう（松前藩による入国拒否で野辺地に滞留し算術・読書を講業する）		
17	一七八七	天明七年六月一九日	松平定信が老中に就任		
18	一七八八	天明八年一月		最上徳内著・本多利明序文『別本赤蝦夷風説考』成立	

19	一七八九	寛政元年五月七日～	寛政の蝦夷騒動		
20	一七八九	寛政元年七月	最上徳内が幕吏青嶋俊蔵と野辺地にて再会したのちにともに蝦夷地へ赴く		
21	一七八九	寛政元年九月	最上徳内が幕吏青嶋俊蔵とともに江戸に帰府		
22	一七八九	寛政元年九月一二日	松平定信がアイヌ蜂起後の蝦夷地とロシア問題の処理を老中らに諮問（松平定信と本多忠籌の議論➡松平定信案：従来通りの松前藩委任と蝦夷地の非開発方針・本多忠籌案：松前藩の転封ならびに幕府役人による蝦夷地開発方針）		
23	一七八九	寛政元年一一月			本多利明著『蝦夷拾遺』③～⑦（別称『本田氏策論　蝦夷拾遺』）成立
24	一七八九	寛政元年一二月	青嶋俊蔵事件発覚		
25	一七九〇	寛政二年一月二一日	最上徳内が青嶋俊蔵事件に連座し容疑入牢		
26	一七九〇	寛政二年五月一日		最上徳内が本多利明宅に仮預保釈となる	
27	一七九〇	寛政二年		最上徳内が『蝦夷草紙』（三巻）を成稿	
28	一七九〇	寛政二年七月一二日			⑧を加筆した本多利明著『蝦夷拾遺』に②「口演」が添付され立原翠軒へ贈られる
29	一七九〇	寛政二年八月五日	青嶋俊蔵事件の事後処理として最上徳内は無罪放免となる（青嶋俊蔵・松前藩の当事者は処罰）		
30	一七九〇	寛政二年八月末	『よしの冊子』に本多利明・最上徳内の情報が記される（八月二八日～九月一〇日の間の記事）		
31	一七九〇	寛政二年八月	本多忠籌による蝦夷地への幕吏派遣案（忠籌案）の採用により最上徳内が普請役下役として登用		
32	一七九〇	寛政二年九月	最上徳内が本多忠籌に『絵入蝦夷草紙』を献上		
33	一七九〇	寛政二年一二月	最上徳内が普請役に昇進する		
34	一七九〇	寛政二年一二月九日			本多利明著『蝦夷拾遺』に立原翠軒による①が添付される
35	一七九〇	寛政二年一二月二九日	最上徳内が普請役として蝦夷地巡検のため江戸出発		

その場合に、最初に分析対象とすべきは『蝦夷拾遺』における③利明の序文であり、その全文は、

浚廟の御時天明五乙巳翌丙午両年の内、本朝の属島蝦夷国界御見届御用被仰出たり。依之彼地江有司可被差遣に極れり、於是利明竊に懐ふに、幸甚成る哉此時に逢ふ事、何卒して彼地へ我党を仮令匹夫に成り共為し遣し度、因之謂を設け、其筋の有司に便り、是を請ふ。漸く成て余か末弟最上徳内といふ無禄人あり、此者を彼地へ先陣に契諾決整したり。小計策に当りて蝦夷土地に遣しけり。東都よりは遥かに数百里を隔たる島成れは、土地風気の異るは必然たり、百菓百穀の出産の豊歉、皆是北極の出度に因りて検査する事にして、則天文算数の預る所なり。依て彼地処々に於て日月星辰の高低を測量し、北極出度を測歛し、山海の諸産を探索し、金銀銅鉄山を穿鑿せしに、甚の最良国なる事、余生涯の案に差ふる事なし、時到らは此事を何卒して上に奏し奉んと常に希ふ所なり、是太平の御代に生遇、御国恩のありかたさを常に忘れかたきの微意なれはなり。

寛政元巳酉年十一月　本田利明甫(16)

というものである。これは、『蝦夷拾遺』執筆の経緯・目的を概説的に利明自身が回顧したものであり、寛政元（一七八九）年一一月段階の手跡（No.23）である。その具体的内容は、天明五・六（一七八五・八六）年の田沼意次政権期における蝦夷地調査の際、利明の便宜により「余か末弟最上徳内といふ無禄人」が代行として派遣されることとなり、その結果、実地見聞を通じた徳内からの情報が利明へと提供され、蝦夷地開発の可能性を模索していた自身の見解の妥当性が証されることとなり、それに基づきながら上申の準備として「余生涯の案」、すなわち蝦夷地開発政策論を成稿化した、というものである。この記載における、「天明五乙巳翌丙午両年」の調査に最上徳内が加わっていたことは、No.11・12・15といった一連の歴史的事実から明白であり、徳内自身の初めての蝦夷地訪問が利明の斡旋により実現し、さらには、そこでの観察体験の伝達が『蝦夷拾遺』の成立に寄与してい

た、と理解しうる。

ただし、同書の成立事情をこの蝦夷地調査の影響下のみに求めるのは、いささか早計であろう。なぜならば、この調査から同書成立までの間（№16～22）にあたる天明七（一七八七）年に、徳内は単身で蝦夷地に向かい（№16）、寛政の蝦夷騒動（№19）の調査を目的とする幕吏青嶋俊蔵と合流（№20）したうえで、再び同地を訪問した後に江戸へと帰府（№21）しているからである。③利明の序文に、このことについての言及はないが、これらの寛政元年一一月以前の経緯を踏まえれば、『蝦夷拾遺』は少なくとも徳内による二度の蝦夷地訪問（№11～15・16～21）の影響下にあった可能性が高いといえる。

本来ならば、以上の理解をもって『蝦夷拾遺』の成立事情についての説明は完結するところであるが、必ずしもそうとはならない。なぜならば、③利明の序文が寄せられた後の出来事との関連についても考慮しなければならないからである。その出来事とは、寛政元年五月に発生した寛政の蝦夷騒動[17]（№19）の処遇に関わる不正調査事件、同年一二月のいわゆる青嶋俊蔵事件[18]（№24）を指す。その当事者である幕吏青嶋俊蔵への取り調べに連座した徳内の入牢・保釈にまつわる経緯と利明との関係性は、

「戌（朱書）五月朔日、此趣近藤吉左衛門え丹後守より口達いたし候事御沙汰有之候は、四月廿九日、吉左衛門を以て越中守殿被仰聞候」

此間御沙汰有之候蝦夷地一件に付、御普請役見習青嶋俊蔵方に居候徳内儀、音羽町壱町目家持三郎右衛門は元徳内え算術師範いたし候ものの趣相聞候間、呼出引請願候哉の段相尋候処、吟味中預け候は丶、一件相済候上にて身分の世話もいたし遣度、依之何卒預り申度旨相願、書付差出候に付、徳内出牢申付、三郎右衛門え預け置申候事[19]。

という寛政二（一七九〇）年五月頃の幕府の公式記録である『蝦夷地一件』の記載から看取しうる。これは、青

嶋俊蔵事件の関係者として入牢し（№25）、取り調べを受けていた徳内が出牢の運びとなり、師である「音羽町壱町目家持三郎右衛門」、すなわち本多利明宅へと仮預保釈となった出来事（№26）を示す内容である。ここで注目すべきは、島谷良吉が指摘するように、徳内が利明宅において『蝦夷草紙』の執筆を進めていたという事実である（№27）[20]。ことさら、こうした経緯を紹介するのは、『蝦夷拾遺』に所収された⑧論説「証ある世話」の冒頭に、

天明五乙巳年より翌丙午年の両歳、我党最上徳内蝦夷諸島江渉海して見聞する所の大略に曰[21]、

という一文が記されており、門弟の最上徳内による「蝦夷諸島江渉海して見聞する所の大略」、すなわち『蝦夷草紙』の内容を参考としながら、⑧論説「証ある世話」の部分を作成したことを利明自身が明記しているからである。このことや、大友喜作による、「五月一日に仮出獄してから丁度一ケ月半で完成し、それに更に本多利明が手を加へ、校訂、補正し、且つ地図を添へたものを「蝦夷草紙」といふのであらう[22]」という見解を踏まえると、⑧は少なくとも徳内が利明宅へ仮預保釈の身となった時期（№26）に加筆された内容であり、整理をすれば、『蝦夷拾遺』の③〜⑦の部分が寛政元年一一月の時点において一旦は成立し、その後、徳内の取り調べ・仮預保釈・『蝦夷草紙』執筆作業の影響下に⑧が寛政二年五月以降に補足として新たに書き添えられた、という理解となる。

こうした事情によりまとめられた③〜⑧を内容としたものが『蝦夷拾遺』の全文であり、

口演　　　　　　　　　　　　　　　　本田三郎右衛門

久々御容態も相窺不申上候、先以残暑之節被成御揃、彌以御機嫌好被成御座旨珍重御儀に奉存候。旧冬は被為掛御心頭、御書被成下、早速四方之進殿より相届難有奉拝見候。其後早速御請可仕筈之処、最上徳内儀久世丹後守様御掛りに而、御糺之筋有之、彼御役所江度々罷出申候。右一件に付万事共差控罷在申候。然処今以不相済候に付為相慎、私方に差置申候。然共何之別條無御座候様子と相聞候、乍去公儀之儀に御座候得は

難計御座候。蝦夷国開業之大意相認差置候間、乍恐御約束に而奉入貴覧候。実に不学短才之妄説、奉入貴覧候も甚以恐入奉存候得共差上申候。不行届所は御慈愛思召を以御佐略被成、御校正被成下候上、可相成儀に御座候ハヽ、

宰相様　御前御沙汰に相成候様仕度心願に御座候。尤此表白川君江は、取次を以極御内々此通り之書奉入貴覧候、且此外に徳内が著述之蝦夷草紙と外題仕候小冊子三巻、絵図入に而此度出来仕候得共、校訂未終候、相済候ハヽ、是又可奉入貴覧候。猶期後使之時候。恐惶謹言

七月十二日　　本田三郎右エ門

立原甚五郎様

猶々徳内一件相済候ハヽ、奇説共御大切之筋共可奉申上候。以上。(23)

という寛政二年七月一二日段階の②利明の「口演」が添付されたうえで、水戸藩士の立原翠軒（甚五郎）（一七四四～一八二三）へと贈られることとなる（No.28）。この場合、利明と翠軒の関係は、「特に注意すべきは利明と水戸の儒者立原翠軒・小宮山楓軒らとの関係である。「本多利明手簡」を見ると、利明は両氏と親交があったようで、常にその意見を述べ、北辺の事情を説き、水路の開鑿・航海の発達・船舶の築造等を慫慂し、また相互に新書珍籍の貸借をなし、自己の著述を示し、翠軒・楓軒等がこれを写し取り秘蔵したことも少くなかった。寛政十一己未年十一月の交には両氏の依嘱により、ひそかに常州を遊歴してその地理を究め、国益増進の方法を献策したという。両者の関係が頗る密接であったことを知るに足るであろう(24)」と本庄栄治郎が指摘しているように、政策論を伝達し合う懇意の間柄にあり、『蝦夷拾遺』の贈呈もその一環に該当する行為であったと理解しうる。

そのような関係性を如実に示すこの「口演」の趣旨内容を整理すると次のようになるだろう。青嶋俊蔵事件の担当者である勘定奉行久世広民による徳内の取り調べを通じた事後処理はいまだ終結していないものの、「私方

に差置申候」と利明宅に保護されている徳内についての悪評はない状況である。「蝦夷国開業之大意」すなわち、蝦夷地開発政策論をまとめた『蝦夷拾遺』を約束の通り謹呈するので、校正を行ったうえで、水戸の徳川治保(25)を意味する「宰相様」や松平定信に該当する「白川君」への上申を取り計らってもらいたい。『蝦夷拾遺』の他に、最上徳内が著すところの「蝦夷草紙と外題仕候小冊子」、すなわち『蝦夷草紙』三巻が完成したので、校正作業が終了したのちに贈らせてもらいたい。

以上の一連の内容から、利明の著すところの『蝦夷拾遺』は、水戸の立原翠軒への贈呈が計られた論説として理解されるが、それを翠軒が入手した形跡はあるのか、その年月日はいつか、という点についても明瞭にする必要がある。幸いにも、公文書館本には、

利明上策は、白河少将御執政之時三郎右衛門封書に而上候草案内々遣候に而御座候、右思召に而御取扱可被
下候已上。

十二月九日　　　　　　　　　　　立原甚五郎(26)

という①立原翠軒（甚五郎）による添え書きが添付されており（No.34）、翠軒が松平定信の老中在任時に「利明上策」に該当する同書を入手していたことは確実であり、さらには、少なくとも寛政二年一二月九日までの間に翠軒の手元へと託されていたことが証される。

ここで、興味深いのは、翠軒への贈呈を目的に③〜⑧に②が添付された寛政二年七月一二日（No.28）から翠軒の受理が認められる①が記された同年一二月九日（No.34）までの間に、『蝦夷拾遺』の成立への寄与が認められる門弟最上徳内の社会的立場が激変している点である。その内情は、②成立の約半月後の八月五日における徳内の無罪放免（No.29）、さらには、

一　先達而遠島ニ相成候御普請役青島俊蔵ニ付候て、夷蝦《（ママ）》へ参候徳内と申もの、本弾侯より御声懸りニて久世

逢候節、御普請役下役ニ被召出候由。右徳内当時音羽町辺山師方ニ同居仕居候よし。一体徳内は至極之気丈もの、こわいと申事を不存、何ぞ御用ニも相立可申もの、よしのさた。（乗邨按ニ此徳内ハ後ニ蝦夷へ専行候最上徳内之事なるべし）(27)

と、松平定信の側近が八月二八日～九月一〇日の間の出来事として『よしの冊子』に記したように、「本弾侯」、すなわち老中格本多忠籌から蝦夷地調査における普請役下役として指名（No.30・No.31）され、一二月には普請役へと昇進（No.33）という動向である。なお、この引用における「音羽町辺山師方」とは、先述の史料『蝦夷地一件』との照合をもってすれば、師である本多利明を意味していることは明白である。

こうした『蝦夷拾遺』成立後の出来事を考慮すれば、②の「口演」が添付された時期（No.28）を境として、徳内を取り巻く社会環境がネガティブなものからポジティブなものへと変質し、徳内の知見の影響下にある同書を執筆した利明の活動状況が自制的なものから発意的なものへと変化し、さらには、利明自身の提言を幕政へと橋渡しする役割を期待された立原翠軒側の受け手としての対応もその状況下に好意的であったと理解するのが適切であろう。したがって、No.23・28・34のように整理される公文書館本『蝦夷拾遺』に所収された三つの日付けが残されたそれぞれの記載は、同書の段階的な成立過程を示すのとともに、江戸の家持町人本多利明・利明の門弟ならびに幕吏最上徳内・水戸藩士立原翠軒といった同書と関わりのある人びとの立場や活動に関する事跡を反映したものであるといえる。

以上の整理に基づきながら、『蝦夷拾遺』の成立事情をまとめれば、次のようになる。寛政元（一七八九）年九月に二度目の蝦夷地調査より帰府した最上徳内から提供された情報を参考としながら、かねてから企図していた『蝦夷拾遺』の執筆が進められ、同年一一月の段階において③～⑦が成立する。ただし、その後に青嶋俊蔵事件の余波を受けることとなり、利明宅に仮預保釈となった徳内による『蝦夷草紙』の執筆作業の影響下に⑧が補足され、ここに『蝦夷拾遺』の全文が完結することとなる。それらに②の「口演」が付されて立原翠軒のもとへ送られるのが翌寛政二年七月一二日であり、それと同時期には徳内の社会的立場が好転し、『蝦夷拾遺』を取り巻く環境も変化する。最終的に翠軒による同書の受理を示す①が添付された時期が同年一二月九日であり、ここに①～⑧を内容とする公文書館所蔵の『蝦夷拾遺』の成立事情が明示される。ただし、利明が要望したように、同書が水戸藩主徳川治保や老中松平定信といった政治主体側の上層部の目に触れることとなったか否かという問題について明確な解答を抽出しえず、(28)この点については今後のさらなる課題として補記するに留まらざるをえない。

二　『蝦夷拾遺』の内容

前節において明瞭化された成立事情を背景とする『蝦夷拾遺』には、北方事情への観点から展開された利明の見解が内包されている。本節では、その具体的な論調について検討を加えてゆく。その場合に、利明の記載が、一つは蝦夷地開発論（⑤論説「蝦夷土地開発成就して良国と可成事」・⑥論説「暖国の庶庸人胸中の世話」）、いま一つはロシア情報についての見解（⑦論説「蛮書翻訳の世話」・⑧論説「証ある世話」）といったように整序されている点を考慮すれば、それぞれの主題ごとの分析を順次進めてゆく方法が適切である。

（1）　蝦夷地開発論

『蝦夷拾遺』における⑤論説「蝦夷土地開発成就して良国と可成事」ならびに⑥論説「暖国の庶庸人胸中の世話」は、蝦夷地開発論の提起に力点を置いており、⑤がその内容量の多くを占めている。なお、⑥は⑤において触れた一説を補完する、いわゆる注釈的な役割を担っている点を先に明記しておきたい。したがって、本項では⑤を中心としながら検討を進めてゆく。

⑤論説「蝦夷土地開発成就して良国と可成事」は、

都て庶人のおもはく、蝦夷の土地ハ雲霧深くして湿地なれは、住み馴さる日本の人抔は中々以て住居なりがたき土地なりと、縦令押して住居するとも、五穀も生ざれば食物乏しく、因りて忽に飢に及はん。殊更湿気を受、疾病を発生し廃人となるべし抔、また往古より日本の農民度々渡海して、耕作をも種々に蒔植仕付等して試みたる事ありと云へ共、終に稔りし例しなし、依て今に至りても開発せざるへし。[29]

という一文から始まっており、蝦夷地に対する旧来の認識が紹介されている。その場合、「住居なりがたき土地」・「五穀も生ざれば食物乏しく」・「疾病を発生し廃人」と記すように、移住による開発には不適な環境を理由として、これまで本格的な開発が企図されてこなかった事情が述べられている。

ただし、利明は、この認識は誤解であるという立場をとる。それは、「蝦夷土地も北極出地四十度より五十三四度に距る土地なれば、甚広大にもあり、北極出地に依りて考勘すれば、諸土産も良果良穀を出産すべき道理なり」[30]、ならびに「我朝の天気に異なる事なし。又冬中の気候は中華北京に等しかるべし」[31]という記載に顕著であり、蝦夷地の気候は日本国や中国と同様であり、緯度に基づいた立地条件からすれば、「諸土産」あるいは「良果良穀」といった生産力の確保が見込める土壌である、という理解が寄せられている。さらに、このような環境論的見解とは別に、利明は、

我朝の不幸の甚しき也、縦令夷狄たりといふ共、元は日本人の種類なれば、明君出てこれに明吏を与へ撫育教導させしめ、渠が困窮の堪へ難きを省き、善悪邪正を糾明し賞罰厳密にあらしむるにおゐては、終に良民となるべき也。[32]

という私見も記している。これは蝦夷地の居住民（夷狄）は本来的に日本人であるのだから、「明君」・「明吏」による「撫育教導」による「良民」化、すなわち日本国の政治主体側の直接的関与により、日本国の人びとと同様の人材育成が同地においても可能である、という判断を示したものである。

これらの自然・地理・人種に及ぶ観点に基づいた見解が、蝦夷地開発論の妥当性を強調する役割を担っていることは明白であるが、それらを根拠としながら、利明は具体的な開発プランを起案している。その大綱は、

初は仁政より始む御領私領寺社領に毎年死刑を行ふべき罪人を委しく助命せしめ、左遷の士をも倶に蝦夷土地に送り遣し、これに監副の明吏を加へて守護なさしめ、能く〳〵蝦夷の土地を教育せしめ、(33)

ならびに、

土民撫育教導の制度は、其土地に是迄用ひ来りたる礼儀あり、此内の宜敷を撰採りて日本の法令を以て保助せしめ、蝦夷土地に都て長者といふて長夷あり、是を直に郷村の名主或は庄屋と役名を給はりて其郷村に賞し、法令をこれに布伝へ、土人に天監使を給はり、民間暦を制作し博く国中に頒行あらば、後々は人道に染り、良民となり良国となるべきなり。(34)

という二つの方針に示されており、一つは日本国主導の移民政策、いま一つは同じく日本国主導による現地居住民をターゲットとした人材育成政策である。

前者は、蝦夷地開発に資する人的資源を「罪人」「左遷の士」に求め、「難有も治平久しければ、歳を逐ひ月を追ふて人民増殖して、国用不足し自然と流浪人多く、刑罰追放人等多くなり、或は無宿こもかぶりとなり、国用を費すは惜むべきの甚敷なり(35)」とみなした彼らの社会的処遇を生産力の増大化へと寄与させるプランであり、彼らの生活体系は、「鍛冶木匠を始に遣し諸職人も追々替りて家宅器材等の制作あるべし、依て銅鉄早速に入用あるべし。また土地に金銀銅鉄の山岳多くあり(36)」、あるいは「冬衣の制作あるべし、また彼地に山岳をかたどりて岩窟を穿ちて罅《ワレメ》となし冬宅なるべし、又魚獣の肉類油等を貯置、冬食の粮となすべし(37)」という記載に明らかなように、住居や諸道具の供給、あるいは冬場の備えに当たる衣服の製造ならびに備蓄用の食糧の確保といった補完政策により保障されるべきであるとみなしている。

なお、ここで触れられるところの「冬食の粮」について、利明は補足的論説である⑥論説「暖国の庶庸人胸中の世話[38]」を作成し、「欧羅巴州の内、拂狼機国より鉄砲を制作して天下万邦に齎して重宝と為せり。却て欧羅巴州より自鳴鐘時計類なり望遠鏡眼鏡類なり測天測器・地体万国図・大洋通船術其外種々の奇功の長器薬物等、誠に牧挙に遑あらす、是彼国の功にして広大なる事いふへからず、其人物の大智大慮才徳天下万邦の及ふ所に非すといへり、此等の諸国皆冬中は肉類油類を以長食に用ひ、百菓百穀を以て次食と為す[39]」という見解を根拠として、穀物に比すれば「肉類油等」が人間活動において優れている点を主張している。

続いて後者に該当する、現地居住民の人材育成政策は、「蝦夷土地」に既存の社会秩序を継続させながらも、具体的には「日本の法令を以て保助」というように、日本国の法制との融合を計り、日本国風に役職の名称変更を行ったうえで、それを社会秩序の基盤としながら指令系統を確立することが適切とされている。それだけでなく、「民間暦」の制作・頒布を手段として、日本国と同様のタイムスケジュールに基づいた生活体系の構築も要望されている。これらの方針が具現化された場合、現地居住民の資質が蝦夷地開発の推進に資する「良民」へと変質し、それは同地の「良国」化へ寄与することとなる、と利明は展望しているのである。

これらの日本国内からの移民政策、ならびに現地居住民の人材育成政策といった二つの大綱的な政策案は、ともに蝦夷地における開発事業に実際的に携わる人的資源の確保を要望したものであるが、「明君」による判断、または「明吏」の現地派遣など、日本国の政治主体による管理・指導体制の枠組みの中で語られているところからすれば、利明のこの起案は、蝦夷地に対して幕府直轄化方針が適切である、といった観点から想起されたものとして理解しうる。

このような、幕府の蝦夷地直轄化に適う人的資源の育成・確保により、同地の開発は、

江川の流水を招き、山岳の渓水を導、或は井を堀、溝を穿ち用水の流行等の便利を量りて田畑を墾耕して、

百穀を蒔植、農業を為さしめば終には良田畑となる事慥なり。(40)

と記すように、水路の整備、田畑の開墾といったインフラ整備に基づきながらの、農業の振興という工程により進められ、結果として「良田畑」が創生されると目されているが、この想定と、蝦夷地は広大な敷地を有し、日本国と同緯度である、という認識を示していた点を考慮すれば、少なくとも、当時の日本国から供給される生産力と同規模の新規生産力の確保を予見していたと考えられる。

以上のプランは、あくまでも蝦夷地を範囲とした起案であるが、この方針が具現化したその先についても利明は言及している。それは、蝦夷地の周廻の諸島、具体的にはクナシリ島以北の一五の島々、ならびに樺太島を対象として語られた、

如此の良地をすて置は、官の過失なりと異国の沙汰も猶恐れあり。庶くは今の内日本国の猛威をもつて武威を布くに於ては、忽ちに島々の土人伏従して日本の法令を守るべきなれば、魯西亜口の十五島の内と、山丹口の唐太島西北の海辺に関所を建、異国と日本の境界ありて、要害堅固にあり度処也。いつれ急務の甚しきにして、人君たるもの麁忽あるましきは此事なり。(41)

ならびに、

親殺関所越通用金銀を似せつくるもの抔は格別、其外死刑を停止せしめ、蝦夷国諸島の庶民と制度改正あるに於ては、蝦夷国も開発成就してつひに良国を儲くへきなり。(42)

という二つの提言に顕著である。なお、ここでいうところの「魯西亜口の十五島」とは、公文書館本への所収が確認される④北方の地図（図1下、口絵2）によれば、「クナシリ・エトロフ・ウルップ・ヤカニル・シモジリ・チリボイ・ケトイ・ウセシリ・ラシヤウ・ラクハケ・モトワ・チルンコタン・ハルヲマコタン・ホロモシリ・ヲレネコタン」(43)である。

引用部の具体的内容の一つは、「魯西亜口の十五島」と「唐太島」にそれぞれ「関所」を設置し、それにより日本の支配下にある領域としての位置づけがロシア側に顕示され、ひいては明確な国境の画定が達成される、というものであり、同地域がグレーゾーンであるという認識を基礎としながら、「良地をすて置は、官の過失なり」と為政者サイドによる領土保全策の遂行が進展しない状況が危惧されている。

いま一つは、これらの領域に、蝦夷地同様の移民政策や現地居住民の人材育成政策を適用させることにより、「蝦夷国諸島の庶民」ならびに「土人」の活力に依拠した開発が推進され、蝦夷地同様の「良国」が誕生するというものである。この見解は本質的に蝦夷地開発プランの適用範囲の拡張を要望したものであるが、その効果が新規生産力の確保のみならず、新たな経済圏の確立にともなう支配領域の既成事実化へも波及し、ひいては、対ロ予防外交の手段となると判断されているところに特徴の一つをみることができる。

これらの提言が示すところの、利明の政策論的な立場は、蝦夷地開発ならびに同地の幕府直轄化路線を支持するものであるが、当時において幕府の北方に対する現実的な政策方針が蝦夷地の松前藩委任ならびに非開発の立場であった点を考慮すれば、利明の提言は明らかに国政方針とは相反している。この点を踏まえれば、利明の提言は幕府の政策方針に対する批判的側面を内包する性質を有するものであった、と位置づけられる。

（2）ロシア情報についての見解

続いて⑦論説「蛮書翻訳の世話」・⑧論説「証ある世話」により構成される、ロシア情報に関する利明の見解について詳述する。すでに第一節において触れたように、⑧論説「証ある世話」がのちの加筆部分である（№28）ことを考慮すると、一見、⑦の内容が主であり⑧はその補完にみえるかもしれない。しかし、公文書館本において⑦は一八行にすぎないのに対し、⑧は一四九行に及んでおり、なぜこのような配分となったのか、という疑問を抱かざるをえない。ただし、⑦・⑧の双方は、ロシア情報についての見解に終始している、といった共通項があり、そうした特徴に鑑みれば、短文の⑦を記した後にこの⑦への加筆を意図しながら⑧が作成され、利明のロシアについての見解がさらに深化した、という理解がのぞましい。したがって、⑧論説「証ある世話」は⑦論説「蛮書翻訳の世話」について補完的に詳述した内容、といった位置づけが妥当である。

こうした理解に基づきながら、まずは⑦論説「蛮書翻訳の世話」について見てゆきたいが、その内容は、

ヲロシヤに救兵を請ふ、是によりヲロシヤ大救兵を出して、国乱の賊党悉く刑戮して国家太平せしといふ、国中の万民尊信伏従せしといへり。国政の制度を請ふに因りて、ヲロシヤ法令を改正せしかは、上下の情能く通し今に静謐なりといふヲロシヤの国々を随ひしか皆此類なりといへり、兵威を以て暴逆にきりとるには非す、謂なき兵は出ざるとなり。(44)

という記載に集約化されている。これは、シベリア国が「ヲロシヤ」、すなわちロシアに救援を要請したのち、ロシア軍の征討により平和が保守されたという出来事についての紹介文であり、結果として、シベリア国の民がロシアに対して「尊信伏従」の態度を持つのみならず、ロシアの国政を模範として法制を導入することとなったという、シベリア併合についての経緯が示されている。

ただし、利明の真意は、こうした事跡の紹介に置かれているわけではなく、「ヲロシヤの国々を随ひしか皆此類なり」という見解を強調するところにある。それは、蝦夷地開発論の項目においてすでに紹介した内容に顕著であるように、利明がロシアの支配領域拡張に対する危機感を有していた点からすれば、自然な主張であり、今後、蝦夷地やその周廻の島々にも同様の接触が積極化される可能性に警鐘を鳴らすべき、という判断に基づいたものと考えられる。

この強国ロシアの支配領域拡張手段を紹介した短文の論説⑦ののちに加筆された⑧論説「証ある世話」は、そ

れと関連して日本との接触事例の紹介を趣旨とするものである。その内容の一つは、

　ウルップ島といふ処あり、此島へ赤夷人（ヲロシヤ国の人也）渉海して滞居する事慥なり、次第〳〵に多く入来り、明和九年年夏中抔には凡六七十人余渡海して、小屋三ヶ所に造立して住居せしといへり。其稼穡には魚漁或は猟虎を採り、本国ムスクバへ送り遣すとなり（中略）近年より漸く此島へ渉り来りて、我儘なる振舞なり。[45]

と記すように、開発論の適用対象下にある領域についてのものである。具体的には、ロシア人が「ウルップ島」へ滞留するようになった後、明和九（一七七二）年段階では、同地における住居の建設、あるいは捕獲物資のロシア本国への輸送が推定され、近年にはロシア人による「我儘なる振舞」さえも見受けられる、といった認識が示されている。さらには、直近の情報として、

　今は既にノツカマツプ（松前所在島の内クナシリ島の向に対す処にて日本商舟の到る処也）へ渉り来りて滞居せしといふ。[46]

と記すように、「今」にいたっては、「ノツカマツプ」、すなわち根室半島に上陸すらしている、という見解が示されている。このような経緯を記したのは、開発の対象地とみなされた日本の支配領域に対してロシアの浸食が漸進的に展開されている、といった情勢を危機的様相として紹介することにより、それへの具体的な対応を促した自説の妥当性を強調するところにある。

　この利明の態度は、ロシアによる日本人漂流民の救助という事例を紹介した文脈における、

　日本の土産も知れ、人物風俗人情までも略知れたりといへり。[47]

という見解とも関連しており、漂流民の救助という偶発的な出来事を通じて、調査・分析対象となりうる「土産」「人物風俗人情」といった日本情報が強国ロシアにより収集されている状況が指摘されている。その一方で、

　近年ヲロシヤより日本国東洋の諸島を検査するといふ説あり。然りと云へとも、いまた確徴すべき拠を得されば信用なりがたし。[48]

とも記しているように、日本国の「東洋の諸島」、すなわち、太平洋側の諸島に対するロシア側の調査については「確徴すべき拠」の不十分さを理由として、事実ではないという判断も示されている。このあたりは、諸情報の取捨選択を経ながら、より確実性の高い事実への接近を試みた結果によって示された柔軟な見解であるといえる。

これらのいくつかの事例に基づくロシア情報についての利明の見解は、強国ロシアの領土拡張方針が、本来的に日本国の支配下にあるべき領域へも反映され、その具体的な接触の兆しがみられる、それと同時に、日本事情についての分析も水面下において進行している、といった国家的危機を顕示したものとして理解される。

この問題意識の提示は、国家的な外交問題の進展を予防すべき政策の提起を促すこととなるが、それに該当する対処策が前項においてとりあげた蝦夷地開発論であることは明白である。その点を踏まえれば、ロシア情報についての見解を記した⑦論説「蛮書翻訳の世話」・⑧論説「証ある世話」の内容は、⑤論説「蝦夷土地開発成就して良国と可成事」・⑥論説「暖国の庶庸人胸中の世話」において主張された蝦夷地開発論の正当性を補強する役割を担っている、と位置づけられる。

おわりに

さいごに、これまでに検討を加えてきた成立事情や特徴的内容に鑑みながら、時勢との関連下における『蝦夷拾遺』の意義ならびにそこに内包される思想的価値を総括的に位置づけて終わりとしたい。

寛政元（一七八九）年~同二年にかけて著された『蝦夷拾遺』は北方事情への関心に基づきながら段階的な作業工程により成立した著作であり、対ロシア予防外交を念頭に置いた北方開発政策を提起したところに特色があるが、北方事情関連の成果としては初発の成果ではない。それは、同書の成立以前である天明年間に成立した

『大日本国の属嶋北蝦夷の風土艸稿』[49]（天明六〈一七八六〉年～同八年）（№13）および『別本赤蝦夷風説考』（天明八〈一七八八〉年）（№18）といった事績への関与が認められることから明らかである。[50] とはいえ、宝永七（一七一〇）年に幕府の蝦夷地巡見に帯同した松宮観山による同地見聞記『蝦夷談筆記』に校訂を加えた複写に該当する前者や、門弟最上徳内の取材記事に序文を寄せた後者、といった北方事情の紹介に力点が置かれた両書に比すれば、『蝦夷拾遺』は開発政策を持論として明確に主張しており、利明みずからが入手した北方事情についての情報を咀嚼したうえで政策論が提示されているところに特質の一つをみることができ、具体的な北方開発政策論の嚆矢として位置づけられる。[51]

その開発案は、幕府の主導下に日本国からの移民政策ならびに現地居住民の人材育成政策を大綱とする開発政策を蝦夷地・北方の一五島・樺太島に導入し、幕府直轄の社会構造のもとで、農業・鉱業による産業構造を創生し、生産力の増大といった収益構造の組成化を図ったものであるが、それだけでなく、経済圏の確立にともなう国境の画定により、日本国の支配領域をロシアに顕示する、いわば、予防外交に資する効果も考慮されている。[52]この提言を時勢と照合させてみると、老中松平定信の主導による蝦夷地の松前藩委任ならびに同地の非開発といった当時の幕政方針と相反することは明白であるが（№22）、『蝦夷拾遺』成立後にあたる寛政三（一七九一）年以降に幕府を経済主体としたアイヌ交易、いわゆる「御救交易」の実施[53]や、同一一（一七九九）年以降に蝦夷地の幕府直轄化[54]が、それぞれ現実化していった歴史的推移に鑑みれば、蝦夷地の幕府直轄化ならびに同地開発論を適切とみなした本多忠籌の見解（№22）と軌をほぼ一にした利明の論調はのちの時勢に先駆する発想として理解しうるのみならず、ロシアとの接触問題を考慮しながら、国際社会の枠組みの中で日本国の政策方針を論じている点において、ヨーロッパ近代社会との交流関係の展開における端境期に生成した巨視的な発想としての価値も認めるべきであろう。

ここで忘れてならないのは、このように位置づけられる発想が、民間の立場から発せられたという事実である[55]。このことは北方事情についての情報が政治主体側に独占されることなく在野へと漏洩していた状況を示しているが、その一方で、同書が利明自身の蝦夷地訪問を経ることなく、あるいは不可測な情報を根拠として著されており、また、肉食の話などにみられるように、信憑性に乏しい内容を論拠としていた側面を考慮すれば、正確な情報の入手経路が民間レベルにまでは未整備であったことを物語っており、『蝦夷拾遺』の成立事情・内容にそのような時代背景をみることができる[56]。

(1) 菊池勇夫『幕藩体制と蝦夷地』（雄山閣、一九八四年）。なお、同氏による他の論説（同『北方史のなかの近世日本』校倉書房、一九九一年。同「海防と北方問題」『岩波講座　日本通史　第14巻』岩波書店、一九九五年）も有用である。

(2) 浅倉有子『北方史と近世社会』（清文堂、一九九九年）。

(3) 藤田覚『近世後期政治史と対外関係』（東京大学出版会、二〇〇五年）。なお、同氏による『日本近世の歴史〈4〉田沼時代』（吉川弘文館、二〇一二年）も時勢の把握に資する好著である。

(4) 秋月俊幸「千島列島の領有と経営」（『岩波講座　近代日本と植民地　1　植民地帝国日本』岩波書店、一九九二年）。

(5) 本多利明の没年月日は文政三年一二月二一日である。これを西暦換算すれば、一八二一年一月二五日となる。

(6) 本多利明は徳川時代に対外交易論を提唱した経済学者として一般的に知られているが、経済政策論説の嚆矢に該当する『自然治道之弁』においては、同論に関する言及は一切ない（拙稿「本多利明の経済思想――寛政7年成立『自然治道之弁』の総合的研究――」『Asia Japan Journal』五号、二〇一〇年）。なお、拙著『本多利明の経済政策思想――『自然治道之弁』による日本国「豊饒」化構想とその後の展開――』（博士学位論文：同志社大学（経済学）平成二三年度甲第四七三号）により、本多利明の経済政策論の体系的な整理が初めて明らかにされた。

(7) 本多利明研究史において、単体として『蝦夷拾遺』の分析を試みた成果は、管見の限りではあるが見当たらない。なお、同書の一部と他書の一部を断片的に繋ぎ合せた論説は数多くあるものの、総じて思想の変質過程に対する整理が杜撰であることから、本稿における指摘を基準とした再考が要望される。

（8）国立公文書館蔵『本田氏策論　蝦夷拾遺』（請求番号：178−0339）。なお、〝本多氏〟ではなく、〝本田氏〟と記されている。本稿における使用史料は、国立公文書館本であるが、同書を翻刻した『本多利明集』（誠文堂新光社、一九三五年）所収版の掲載頁を便宜上記すこととする。

（9）本多利明研究において自筆本として認められるのは、刈谷市中央図書館村上文庫の所蔵するところの『交易論』（請求記号：W5341）・『長器論』（請求記号：W5342）、国立公文書館の所蔵である『贅説』（表題は『万国経済放言　贅説』）（請求番号：182−0433）である。

（10）東京大学史料編纂所『大日本近世史料　編脩地誌備用典籍解題　三』（東京大学出版会、一九七四年）四七四頁。なお、国立公文書館蔵の二点の写本『編脩地誌備用典籍解題』（請求番号：218−0114）・『同』（請求番号：218−0115）を参照したところ、献上本に該当する浄書本の前者には、『本田氏策論　蝦夷拾遺』と全く同じ押印「編脩地志備用典籍」が確認された。また、明治政府により明治一二（一八七九）年から開始された類書編纂事業の成果『古事類苑』（刊行は明治二九（一八九六）年以降）には『蝦夷拾遺』の別称本である『本田利明異国話』の内容が抜粋されて記されている（『古事類苑　地部二』吉川弘文館、一九七六年、一二八六・一二四五頁）。

（11）公文書館本の表紙には、その他に、「此書向山誠齊癸丑複綴七巻載スルトコロノ蝦夷風土記ノ同種ニシテ文中異同詳略アリ」という記載が添付されている。

（12）『蝦夷拾遺』の残存状況についての調査は昭和三〇（一九五五）年段階において、阿部真琴氏により実施されている（阿部真琴「本田利明の伝記的研究（二）」『ヒストリア』一二号、一九五五年、九〇頁）。筆者はその後の動向について再調査を行った。その結果、以下、三機関の所蔵、ならびにその所収内容が再確認された。国立国会図書館には『本田利明異国話』（請求記号：YD−古−3047）という表題が付された和装本があり、③〜⑧により構成されている。なお、同館の整理による書誌データは「本多利明異国話」として公開されているが、史料に付された題簽は「本田利明異国話」である。また、『蝦夷私考　全』とした表題が付された東北大学附属図書館狩野文庫所蔵の和装本（請求記号：狩野文庫和装3−7706−1）も、③〜⑧により構成されている。なお、表紙に「大阪ニ於テ求」の記載がある。さらに、早稲田大学図書館所蔵の『蝦夷拾遺』は、古賀侗庵の整理による『俄羅斯紀聞』第二集第八冊に所収されており（請求記号：ル08　02994　0018）、⑤〜⑥・⑧により構成されている（⑧は後半部のみ抄録）。なお、同館によれば文化一三（一八一六）年頃の写本と推定されている。『本田利明異国話』・『蝦夷私考　全』・『蝦夷拾遺』とタイトルがそれぞれ異なる三点の史料に共通しているのは、公文書館本における①・②が未掲載であることであり、早稲田本にいたっては、内容の多くが省かれている。さいごに、同大学蔵『蝦夷地実記』（請求記号：文庫08　C0201）に⑤・⑥・⑧が所収されていることを補足しておきたい。

(13) 本庄栄治郎『日本経済思想史研究（下）』（日本評論社、一九六六年）、一一四頁。なお阿部真琴は、本庄の翻刻作業について「集（『本多利明集』——筆者註）などの「拾遺」には、一七九〇年七月一二日立原翠軒への「口演」、一二月九日翠軒の手書をつける」（前掲註12安部論文、九〇頁）と記している。

(14) 本庄栄治郎の校訂による「本多氏策論　蝦夷拾遺」（前掲註8『本多利明集』）には④北方の地図の部分は未翻刻・未掲載である。

(15) 前掲の菊池・浅倉・藤田・秋月諸氏の成果、ならびに、島谷良吉『最上徳内』（吉川弘文館、一九七七年）といった北方関係史を専門領域とする成果、さらには、阿部真琴「本田利明の伝記的研究(一)～(六)」（『ヒストリア』一一号～一三号・一五号～一七号、一九五五～一九五七年）・本庄栄治郎「本多利明の研究」（『日本経済思想史研究(下)』日本評論社、一九六六年）・塚谷晃弘「解説　本多利明」（『日本思想大系四四　本多利明　海保青陵』岩波書店、一九七〇年）といった利明研究の泰斗による成果に基づきながら作成した。なお、「北方問題の動向と幕政」・「最上徳内の動向」・「本多利明の動向」の三項目に類別化したが、それぞれが相互に深い関係をもつ事跡については、区分線を消去してある。

(16) 前掲註(14)「本多氏策論　蝦夷拾遺」（『本多利明集』、二九六～二九七頁）。

(17) 寛政の蝦夷騒動は、寛政元（一七八九）年五月に発生した飛驒屋久兵衛の請負場所におけるアイヌの蜂起事件である。菊池勇夫は「場所請負商人飛驒屋久兵衛による不等価交換・酷使労働の強制に原因していた」（前掲註1書、一一八頁）と指摘している。

(18) 青嶋俊蔵事件については、菊池勇夫による「普請役見習青島俊蔵は「俵物御用」の名目で派遣され、「蝦夷騒動」の内実をさぐる「間者」であったが、寛政元（一七八九）年七月一五日松前に上陸し、松前藩役人と深く交わり、騒動の原因や、ロシア人関与の真偽などについて情報を集め、帰府して一一月三日幕府へ詳細な報告をもたらした。ところが「間者」でありながら、その分を忘れて「蝦夷地騒動」に関し松前藩役人と公然と接触を持ち、さらに「松前国政の儀も彼是」助言したという嫌疑がかかり、翌寛政二年一月二〇日入牢となり、八月五日遠島に処せられ、同一七日牢中で「病死」した」（前掲註1書、一二二頁）といった整理が有用である。

(19) 「蝦夷地一件」（北海道篇『新北海道史　第7巻史料1』北海道、一九六九年、四六七～四六八頁）。同書については、国立公文書館所蔵の『蝦夷地一件』（請求番号：178-0184）を閲覧した。この引用から、松平定信（「越中守」）が本多利明を知っていたことをうかがい知ることができる。なお、寛政二（一七九〇）年七月段階の記録として、「一　俊蔵彼地え召連参り候徳内儀、志摩守家来え内通等いたし候儀可有之哉と呼出、入牢申付、再応吟味仕候処、羽州村山郡楯岡村百姓間兵衛忰候処、幼年より医業を心掛、去丑年御当地え出、本石町好身方に罷在音羽町壱町目家持三郎右衛門弟子に成、算術天学修行いたし罷在候処、去る午年、俊蔵蝦夷地御用に付罷越候節、竿取に被雇、彼地えも立入、地理人気心掛見届罷帰（中略）志摩守家来え内通等可相成儀も無御座候段申之、不埒の筋相聞不申候間、出牢の上、前書算術の師匠、三郎右衛門え預置申候。落着の節無構旨申渡候様可仕候」（同書、四九五～四九六頁）というものもあり、大友喜作により紹介されたことがある（大友喜作「解説」『北門叢書』第一冊、北光書房、一九四三年、二〇三頁）。

(20) 前掲註(15)島谷書『最上徳内』、一九六頁。なお、最上徳内著『蝦夷草紙』（前掲註(19)『北門叢書　第一冊』）には、天明六（一七八六）年・寛政元（一七八九）年の記事が散見する。したがって、同書は、複数回にわたる蝦夷地渡航により入手した情報により成り立っていることがわかる。

(21) 前掲註(14)「本多氏策論　蝦夷拾遺」（『本多利明集』、三〇九頁）。

(22) 前掲註(19)大友「解説」、二〇八頁。

(23) 前掲註(14)「本多氏策論　蝦夷拾遺」（『本多利明集』、二九五～二九六頁）。

(24) 前掲註(13)本庄書、一〇二頁。

(25) 山下恒夫は水戸藩六代藩主徳川治保から彰考館総裁である立原翠軒に送った書状を紹介している。その内容は寛政四（一七九二）年のロシア船来航時の対応策についてのものであるが、その中に「先達て本多七郎《（ママ）》左衛《（ママ）》門が策は余り曠大の儀にて、宜敷儀も中にはこれあるべく候へども」（山下恒夫「解題」『江戸漂流記総集別巻　大黒屋光大夫史料集　第三巻』日本評論社、二〇〇三年、七二〇頁）という記載がある。『蝦夷拾遺』の成立後の記録ではあるが、利明が治保から認知されていたことは確実であろう。

(26) 前掲註(14)「本多氏策論　蝦夷拾遺」（『本多利明集』、二九五頁）。

(27) 水野為長「よしの冊子」（『随筆百花苑　九巻』中央公論社、一九八一年、一九三～一九四頁）。なお、国立国会図書館所蔵の水野為長「よしの冊子」（駒井乗邨編『鶯宿雑記』請求記号：YD–古–526・YD–古–697）を参照した。松平定信の老中在職期間の記録に相当する『よしの冊子』は、定信のブレーン水野為長が天明七（一七八七）年六月一九日から寛政五（一七九三）年七月二三日まで書き留めた見聞であり、田内親輔の抄録を経て駒井乗邨により編纂されている。

　同書には、寛政五年一月二七日～二月一九日の間の出来事として、「一　米倉丹州にて急ニ廿人扶持ニて儒者を抱候由。是ハ間違のよし。素人了見ニて日本人の外ハ皆唐人と心得居り候ニ付、万一オロシヤ人領知《（ママ）》へ来候節、筆談の為に抱候由。儒者でハいくまい、夫より音羽町の本多三郎右衛門が弟子でも抱たがよかろふ。と笑候てさと仕候よし」（同書、四六七頁）という記事もあり、ここでは明確に「音羽町の本多三郎右衛門」という名が記されている。したがって、この時期に松平定信が本多利明を認知していたことは確実である。なお、「米倉丹州」とは武蔵国金沢藩主米倉昌賢を指している可能性がある。

(28)『蝦夷拾遺』成立以前における利明と松平定信の関係について、門弟による「先生蘭書に因て渡海の法を考へ、大船製作の法を弁し、乗渡正しき理を詳にして国家の用に備へ、異国来襲の時は戦艦となし、常は国用を達す、誠に国家の重器なり、此の一條をハ松平越中侯御老中白川侯也聞召、奉達上聞、本多翁を御呼立、渡海の法を乗試可申よし被仰付、御船奉行向井将監殿に被仰渡、蝦夷地を乗廻し「カムサスカ」辺までも渡海すへきよしにて、金子千五百両御渡しあり、これによりて千二百石積の船を造作して天明四年四月出帆す。委しき事は渡海新法と云ふ書に記す如し。故に爰に記さす」（宇野保定述・河野通義写「本多利明先生行状記」『本多利明集』誠文堂新光社、一九三五年、四〇二頁）といった文政九（一八二六）年九月六日段階の回顧があるが、そのような史実は確認されない。なお、同書については東北大学附属図書館狩野文庫蔵『本多利明先生行状記』（請求記号：狩野文庫和装3-6875-1）を参照した。

(29) 前掲註(14)「本多氏策論　蝦夷拾遺」（『本多利明集』、二九七頁）。

(30) 同前、三〇二頁。

(31) 同前、二九九頁。なお、同書においては「三九九頁」と記載されているが誤植である。

(32) 同前、二九八頁。なお、同書においては「三九八頁」と記載されているが誤植である。

(33) 同前、三〇〇頁。

(34) 同前、三〇一～三〇二頁。

(35) 同前、三〇六頁。なお、この理屈はのちの経済政策関連論説において頻繁に記されることとなる。管見の限りではあるが、この論理が明記された嚆矢が『蝦夷拾遺』である可能性がある。

(36) 同前、三〇一頁。

(37) 同前、三〇五頁。

(38) ⑥論説「暖国の庶庸人胸中の世話」は、ヨーロッパ諸国に比すれば「暖国」に属する日本国の「庶庸人」、すなわち利明の見解といった意味を持つ。

(39) 前掲註(14)「本多氏策論　蝦夷拾遺」（『本多利明集』、三〇七～三〇八頁）。

(40) 同前、三〇一頁。

(41) 同前、三〇四頁。

(42) 同前、三〇四頁。

(43) 国立公文書館本における記載をそのまま転記した。川上淳の作成による「蝦夷地・千島周辺地図」（同著『近世後期の奥蝦夷地史と日露関係』北海道出版企画センター、二〇一一年、扉絵）と照合すると、「クナシリ島・エトロフ島・ウルップ島・ブロトン島・シムシル島・チェルボイ島・ケトイ島・ウシシル島・ラショワ島・ライコケ島・マツワ島・シャシコタン島・ハルムコタン島・パラムシル島・オンネコタン島」が利明の記載に該当すると考えられる。なお、『蝦夷拾遺』を翻刻した『本多利明集』（誠文堂新光社、一九三五年）には未掲載である。

(44) 前掲註(14)「本多氏策論　蝦夷拾遺」『本多利明集』、三〇八～三〇九頁。阿部真琴は「「蝦夷拾遺」の一章「蛮書翻訳の世話」（北ダッタン＝シベリア併合の記事）もさきのノート（工藤平助の「赤蝦夷風説考」を写したもの——筆者註）の一節で、「風説考」は利明のひとつの基本テキスト（たね本）であったことはわかる」（前掲註12論文、八八頁）という見解を示している。

(45) 前掲註(14)「本多氏策論　蝦夷拾遺」（『本多利明集』、三〇九～三一一頁）。

(46) 同前、三一一頁。

(47) 同前、三一二頁。

(48) 同前、三一三頁。

(49) 『大日本国の属嶋北蝦夷の風土艸稿』において「開発」に触れた文言は、利明の見解を記した「独言」部の「北極出地凡四拾度より五拾度に及び我　本邦江都の方位にては寅卯の間にカムサスカ当る辺クナシリよりカムサスカまでは其遠き計りかたく候得共天度を以測るに凡六七百里程もあり凡寒国には候得共ホルトガルフランスゼルマニア等の気候なり阿蘭陀よりは暖国なり耕地開発後漸々米穀も出来可申歟」（函館市中央図書館蔵『北蝦夷の風土艸稿』請求記号：種別：郷土／背ラベル：貴重書庫K08ホン6003／資料番号：1810649754）という記載のみである。なお、同史料の内容についての詳細は、拙稿「徳川時代の北方開発政策論——本多利明著『大日本国の属嶋北蝦夷の風土艸稿』を中心として——」（『中央大学経済研究所年報』四四号、二〇一三年）を参照されたい。

(50) 阿部真琴は、「北方問題への関心のやや確かなしるしを、北夷という号にとるとすれば、それは利明訂・永井正峯「天元大意隠題解」（一七八二）や「答于鈴木氏算題」・「再訂三条図解」（ともに一七八四）などでみられる。他方北方関係の著作は「大日本の属島北蝦夷之風土草稿」（一七八六）が最初なので、しかもこれは松宮観山「蝦夷談筆記」のノートにすぎない。ついで工藤平助の「赤蝦夷風説考」からロシアの歴史、その東方進出の記事を写して、同名のノートを作っているが〈最上徳内著・本田利明訂『赤蝦夷風説考』〈成立年不特定・天明年間と推定〉——筆者註〉、いずれにしても幕府の蝦夷地調査に先だつものではない。（中略）北夷の号から、北方問題への利明の関心は八〇年代に証明されるとしても、当初は平助の後塵たるをまぬかれず、子平の先覚ともいえないのではないか」（前掲註12論文、八八頁）という見解を示しているが、蝦夷地調査に基づく見解を挿入した『別本赤蝦夷風説考』の位置づけを明瞭としたうえで、あらためて阿部説と向きあう必要があるだろう。

(51) 筆者の構想は、代表的な本多利明研究者である塚谷晃弘による「北方問題部門であるが、この部門での最初の論稿と目されているのは「大日本の属島北蝦夷之風土草稿」（一七八六年一月）だが、別名「北蝦夷風土記」として伝わるものもあり、内容は松宮観山「蝦夷談筆記」の抜萃とみなすべきである。ついで「赤蝦夷風説考」（一七八六年）、ただし、最上徳内著、利明訂で工藤平助の同名の書と内容がひとしい。「天明六丙午蝦夷地見聞記」（一七八八年）も内容の点で疑問多く、利明の見解を表明したものとしては、「蝦夷拾遺」（一七八九年十一月以降「蝦夷風土記」など異名本も多い）をむしろ初めとしたい」（前掲註15論文、四四九～四五〇頁）といった位置づけを参考としながら、それへの適宜な修正を施す作業により利明の北方開発政策論の体系化がはかられる、というものである。

(52)『蝦夷拾遺』において提起された開発論は日本国との流通経路の結合にともなう国内市場の活性化を強調したものではない。その適用領域の拡張を目していたとはいえ、蝦夷地・一五島・樺太島を対象としているように、あくまでも局地的であり、それにより形成される経済圏は限定的である。したがって、本格的な経済政策論説の嚆矢に該当する『自然治道之弁』（寛政七〈一七九五〉年）成立以降に展開される、「渡海運送交易」政策を根幹に据えた日本国「豊饒」化構想を組成する主要論説の一つ、とは認められない。ただし、『蝦夷拾遺』において「我朝は島国にして四方を環海を稟て、諸土産を運送するに甚便利なり、依て国中に飢饉はなき筈を、動もすれば餓死人の出来するは、官の過失にして羞べきの至なり。大舶制作の免許有り、国中諸産の剰を運送して歉を保におひては、永久に餓死人はあるまじきなり。教導の制度立つ時は、運送の大案を司る大舶師出来する時は、永久に落投破船なく、国中の諸土産運送と丶こふりなし、剰歉平均にして人命を救ふへき事別書あり依て措く」（前掲註14「本多氏策論　蝦夷拾遺」『本多利明集』、三一三頁）という考えを記している点を考慮すれば、蝦夷地開発論を想起しながら、日本国「豊饒」化構想についても模索し始めていた、という理解が適当である。なお、本引用における「別書」とは、脱稿化されていない構想の下書き・メモ書きの類と推定する。

(53) 前掲註(1)菊池書、一二〇頁。

(54) 藤田覚は、「十八世紀後半以降の幕府の蝦夷地政策は、田沼期の直轄・開発政策、ついで寛政改革期の松前藩委任・非開発政策と激しい振幅を示し、寛政十一年（一七九九）に東蝦夷地の仮上知、享和二年（一八〇二）に東蝦夷地の永上知、文化四年（一八〇七）に蝦夷地一円上知、文政四年（一八二一）に全蝦夷地の松前藩還付という経過をたどる」（前掲註2書、一五九頁）と簡潔にまとめている。

(55) 中井信彦は、本多利明の提言に先んじた、あるいは同時代人としての蝦夷地開発論者として、その嚆矢に該当する並河天民や、坂倉源次郎、平澤旭山、工藤平助、土山宗次郎、平秩東作、林子平、古川古松軒、菅江真澄、新山質、大原左金吾、平賀源内、最上徳内、本多利明の名をあげ、「以上列挙した並河天民以下最上徳内まで十四人、町人に非ざれば小禄の幕吏であり、町学者に非ざれば流浪の庶士周遊の文人であつて、そこに強弱濃淡の差こそあれ、孰れも皆当時の幕藩体制から逸脱した人々であつたことを知るのである。蝦夷の研究、蝦夷地の開拓は実にその様な人々によつて推し進められたのであり、本多利明に認められた「現状への不満」の由つて出づる所も自ら理解せられるであらう。それと同時に、此等の人々の地位を思ふ時、新しい思想、新しい学問を積極的に生み出すだけの社会的地盤のなかつたことが痛感せられるのであつて、利明や源内が幕府や諸侯への建策に急にして研鑽の途に専らであり得なかつた原因も其処に帰せられるのである」（中井信彦「蝦夷研究と蝦夷地開拓――日本民族学の東雲――」『史学』二一巻三、四号、一九四三年、一九六～一九九頁）という見解を示している。

(56) 『蝦夷拾遺』の成立事情・内容についての検討を経ながらも、同書について残された課題がいくつかある。その一つは、同書の流布状況ならびに影響力の分析であり、いま一つは、『蝦夷拾遺』のソースになった諸情報の悉皆調査である。これらの踏査に基づきながら、本多利明研究を進展させてゆくことが必要である。

幕末から明治、後期水戸学「影」の具現者——久米幹文を中心として——

上村敏文

はじめに

明治三五（一九〇二）年に出版された岡井愼吾『新體日本文學史』（金港堂書籍）の序論に「明治昭代ノ光ニハ、文ノ園生ノ色香モ日ニソヒ、月ニ盛ナリ。見ヨ、本居豊頴・久米幹文翁ノ擬古文」、と冒頭に本居に次いで幹文の名がみえる。その後、福澤諭吉、坪内逍遥、幸田露伴、尾崎紅葉、森鷗外、正岡子規と、現代にも人口に膾炙する作家が続いている。

ところが、久米幹文に関してだけは、戦後歴史の中に埋没しまったくその名前すらも記憶されてはいない。幹文についてその残された日記、また明治期の記録をひも解いていくなら水戸学をある意味において「集大成」させた影の存在ということもできるのであるが、国文学はもとより歴史学の世界でも研究されることは現在皆無となってしまった。

戦後出版されたものとしては、幸田成友の『凡人の半生』(1)の中に、第一高等学校教授(2)としての幹文の様子を微かに垣間みることができる。

國文學は二十二三年頃、非常の勢を以て復興し、従来外國語に心酔した生徒の心理に熾烈な影響を與へたことは言ふまでもあるまい。この科の長老は久米幹文先生である。[3]

さらに成友は第一高等学校教授諸氏の中から国文学担任の冒頭に最晩年の幹文翁をあげている。

水戸の人で背低く、眼鏡を鼻の先にかけ、山羊のような顎髯がある。書物を机の上に置かず、四十五度位に兩手でたてて讀まれる。『大鏡』がお得意で、講義は實に甘いものであつた。先生の腰間には竹製の茶筒のやうなものがぶら下つて居る。それが先生の鉛筆入で、教場へ入つて一禮の後、やをらガウンの下から竹筒を捜つて鉛筆を取出し、恰も日本筆を取扱ふやうに、鉛筆の先を一嘗し、殆どそれを垂直に持つて出席簿を記入せられた。今から書いてゐると、先生の容姿が見えるやうだ。[4]

明治二二（一八八九）年、学校が一ツ橋から本郷追分の新築に移った時の様子と合わせて、幹文翁のことを学生の立場から観察している。『大鏡』が得意であったとするのは大八洲学会《おおやしまがつかい》を結成し、『大八洲史』を編纂している時であったからであろう。また、講義が甘いという印象は、晩年眼病を患い体力も相当に減退している人生の最終節を迎えんとしている時であったためか、あるいは弘道館の「伝統」のためかもしれない。

往時の弘道館についての記録によると、「落第といふものがなかつた。その代りに卒業式もない、即ち文武の道を修むるのにこれで卒業したといふことはないといふのが水戸藩の教育の根本方針を成してゐたが爲である[5]」。

一　桜田門外ノ変における幹文とその後

久米幹文が、歴史の「表舞台」に登場するのは、桜田門外ノ変である。『水戸藩史料』（上編巻三二）[6]では、桜田事件の顚末を、「萬延元年庚申の部五」の項に、「茲に三月三日の事に立ち戻り當初の物情」を詳らかに記録している。同時に斉昭の薨去と勅書返納に対しての藩を二分する大混乱の有様を、藩内外諸史料を収集し網羅的に掲載し、この巻を終結させている。

続く「櫻田事件の後の物情」においては、事件当日桜田門付近に詰めていた諸侯および諸郭門守衛より三月三日付の幕府宛報告として六通を併記する。

一　上杉弾正大弼家来　矢島數馬
一　松平大膳大夫内　井上平右衞門
一　日比谷御門番片桐石見守内　篠田甚左衞門
一　松平相模守内　山本三七郎
一　馬場先御門番　戸田七之助内　生沼藏人
一　酒井雅樂頭内　宮地嘉兵衞

さらに、井伊家からの届出書、並びに別紙被害状況について「即死」「深手」「手疵」「薄手」の四項目で実名とともに記録している。

続いて脱藩したとはいえ「水戸殿元家来」として自首をした水戸浪士たちの身柄を預かっていた細川越中守家老による三月三日戊上刻付、幕府への上申書が掲載されている。(7)

最後に水戸藩における動向を記録する。すなわち、徳川慶篤の水戸家老宛三月三日付書状(8)として「此度之事柄不容易と心得」、並びに「一切出府不致候様尤達之上罷登候（中略）謹愼致シ不作法等之儀無之様可相心得事」と指示している。使者は奥祐筆森亥之吉、小十人目付藤田傳八郎、徒目付小川源六郎、同井出徳太郎四名が事件翌四日早朝、江戸藩邸を出立している。

しかし、水戸への報せについてはこれより早く斉昭のもとに伝わっていた。

是の夜櫻田の變報水戸に達す是れ徒目付久米幹文孝三郎が新宿驛水戸街道に出張中、畑以德の急行に會し直

に之を水戸に急報せしものなり(9)、

水戸への急通報第一報が久米幹文により水戸蟄居の斉昭のもとに慶篤からの書状よりも早く届いていたのである。その小書きにも「此の急報は江戸の飛脚よりも先きに達したるものなり」と明記している。

桜田の一挙を目撃した水戸急進派監察方畑以徳なる者が水戸に赴く際、水戸街道新宿に出張していた久米幹文と遭遇して詳らかに事件を伝え、蟄居中の斉昭に父子二代にわたり重用されていた幹文に託したものと思われる。同史料中の斉昭の手記(10)によると、三月四日夜八ツ時に最初の通報を受けたことになる。

一方、今回焦点を当てている久米幹文の自筆日記である「水屋日記(11)」には欄外に細字で短く、次の通り記しているだけである。

三月三日　於桜田御門外書生刺井伊大老

日記は安政六（一八五九）年五月一四日、徒目付拝命の翌日以降「見習」「代番」「泊番」「明番」「御用番」とだけの記述が続き、事件前年六月四日からは、「平田延胤来話」など、個人名が出始め、六月一二日からはまた「晴」「陰雨」「大暑」など天候と合わせてほとんど記録ともいえない記述が続く。

その後、個人的な状況が単語として、たとえば「眼疾」とだけ記録される。この頃から眼病に苦しみ始めて、晩年にいたるまでこの持病が断続的に続いていたと思われる。以後も七月一五日「眼疾」の記録の後、八月二日、二七日と一二月二二日と不連続となり、翌年事変が起きた三月に記録が飛んでいる。事件当日の本人自身の所在、そして斉昭に急報したことも一切記録していない。そしてあたかも何事もなかったかのように丁を改めて万延元年に移行している。

桜田門外の事件から一五日経過した安政七（一八六〇）年三月一八日、万延に改元されているのであるが、日記の日付は万延元年三月一一日(12)から再び始まる。

幕府の側からは、「大老の非命を忌みて萬年も延ぶべきを望むと共に、朝廷が之を機會に開運を欲し、萬事心の儘にのぶべきの意を寓したりと傳ふ」[13]とあるように、この時期内外を取り巻く状況は切迫するものがあり、水戸藩においても尊王攘夷を奉ずる親斉昭派内においても、密勅を朝廷に返納すべきとした鎮派と、密勅を返納しない立場の激派（のちの天狗党）と、朝廷ではなく幕府に返納すべきとした非斉昭派の門閥派（諸生党）による抗争が深刻の度を極めた。この抗争についても幹文はまったく記していない。というよりあえて記録していないのであろう。自身は親斉昭派の尊王であることは間違いのないところであるが、後年にいたるまで攘夷に関しては触れていない。

新しい丁の日記冒頭は、歌会出席から始まっている。すなわち、

萬延元年三月十一日陰雨、松屋歌會に出席、兼題落下浮水

ちる花の　なかるるみすは　さくら川　鮎はしる瀬も　ふまれさりけり

事件を暗示する和歌を詠んではいるが、事件について具体的に触れようとはしない。

安政五（一八五八）年八月八日に、幕藩体制のもとで従来の慣習を破り、直接水戸藩に下された幕政改革等を求めた勅諚（いわゆる戊午の密勅）により、この扱いを巡って、幕府から返納を求められ紛糾する藩内と、おそらくは返納阻止を断行しようとしていた激派の監視の密命を徒目付として斉昭から受けていたと推測される幹文が、江戸藩邸に先駆けて報せを水戸の斉昭に通報しているにもかかわらず、自筆日記の「水屋日記」においては、まったく触れようとしないのは、幕府からの厳しい監視下にあって、あえて記録には残さなかったと考えられる。以降悠長な歌会出席の記録が続くことは、目まぐるしく動転する時代とは裏腹に、かえって事態の深刻さを物語っている（本稿末の年表参照）。

一方、動揺する水戸藩で桜田事件に対する基本的方針を建白したのは、幹文の次兄である漢学者で弘道館訓導、

事変当時助教の石河幹脩幹次郎[14]であった。そして幹脩の五項目からなる建白書[15]がこの事件に対する水戸藩の基本姿勢となる。すなわち「鎮静且閑暇」、「無益之御固等ハ御止メ候」、「誰ヲ仇と可申様無」、「御恭順之御誠意相貫き候」、「御三家様之忠勤御孝道」と、冷静にこの善後策を講じている。幹脩は、「弘道館創立意見書」、また『弘道館述義評言』、『詩説訓蒙』等を代表的著述として残している。

当時の幹文の姿勢も本家実兄と同じ軌道上にあったと思われる。『増補水戸の文籍[16]』によると幹文は慶応元（一八六五）年、弘道館訓導に就任している。

二　久米幹文の来歴について

久米幹文は石河幹忠の第三子である。文政一一（一八二八）年に水戸城下浮草町に生まれ、明治二七（一八九四）年に没している[17]。姓は藤原、字公斐、号は水屋の他に桑園があるが、これは現在東京大学農学部前の西片町にあった老中阿部正弘の邸宅跡に久米幹文が移り住んだ時、その庭に桑が多く植えてあったのをみて藤田東湖が名付けたとされている[18]。

安政元（一八五四）年一二月二一日、二六歳の時に久米博愼彦太郎の養子となり即日小普請組を拝命している。

久米家は、「水府系纂[19]」によると佐竹義宣の重臣大久保祐衛門を祖とするが、水戸徳川家においてはそのまま土着、浪人として久米村に在住し、その後、地名を取り久米姓を名乗る。安永九（一七八〇）年一〇月三日に初めて久米家は切符を賜り、水戸徳川家代々の墓所（現茨城県常陸太田市）を管理する瑞龍役人となった。博高（幹文義理の祖父）については、「水府系纂」によると、「合力」（文化七年）、「江戸史館物書」（文政五年）、「東藩文献志御編修、系纂書出江戸取調掛兼史館文庫役」（文政一〇年）、「駒籠屋敷学問教授」（天保元年）、「歩行士トナリ史館勤務」（天保三年）、「弘道館勤務」（天保一二年）、「馬廻組」（天保一四年）、「侍讀」（弘化二年）、「諸公子、松姫八重姫侍讀」（弘化四年）、「格式御次番列」（嘉永四年）と、詳細にその役職が記録されている。

しかし、その嫡子であり幹文の養父博愼に関しては「江戸歩行士」（嘉永二年）の記録と、水戸徳川斉脩正室の孝文夫人霊柩に従い瑞龍山にいたるとの記述がされているだけである。同様、幹文に関しても、「小普請組」（安政元年）、「江戸歩行士」（安政二年）、「歩行目附、小十人組」（安政六年）、「水戸勤、土蔵番」（元治元年）の記録が短くあるだけで、斉昭没後に親斉昭派の人物故に幽閉され、沈潜していた時期の記録は現在のところみつかっていない。

一方、石河家に関しては、会澤正志斎が書いた墓誌の中に、実父石河幹忠の母親である伴正智女がとりあげられ、その中で石河氏が平国香の末裔であり、常陸の名族であることが記されている。

石河氏平國香之裔、而常陸之名族也。亦世仕本藩。婦人有一男二女。幹忠、字公恕。[20]（石河婦人伴氏墓誌）

「水府系纂」にも同様の記録が残されている。

常陸大掾國香ノ裔ナリ[21]

実父石河徳五郎幹忠は、同じく「水府系纂」によると「勘定奉行」（天保一一年）、「北扱郡奉行」（天保一四年）、「書院番組」（弘化二年）、「奥祐筆筆頭頭取」（嘉永六年）、「格式留守居同心頭列」（安政二年）、として活躍しているが、最大のブラックボックスは、京都での活動である。尊王攘夷、将軍継嗣問題等の喧しい中、安政四（一八五七）年七月一六日に京都での宴会後に突如客死している。山川菊栄は、このあたりについて、

当時の鷹司関白は斉昭の姉婿であり、石川徳五郎という思慮綿密な、藩の代表にふさわしい人物が連絡係りとして常駐していた。後にこの人が中気で急死[22]

と書いている。幹文の遺稿集『水屋集』[23]にも、この実父幹忠の死を回顧して、幕府の水戸藩に対する嫌疑が厳しい中、今後の政局舵取りに大きな影響を及ぼすことを危惧していたことが記されている。

父君につくはかりの人もなく又事のさまも容易ならす万に一もあやまらんにハ幕府の嫌疑いみしきころなれハ中々にさるすちの事ハ思ひたえてん

さらに同書には、水戸藩だけでなく禁中においてもその死を悼んでいることが、次のように短く記されている。

雲の上にもいたくをしませたまひ

また前後に三条内大臣実満公、中山大納言、広橋殿、万里小路殿等の名前が登場し、石河幹忠が、京都と水戸との間を密接に取り持っていたことをうかがい知ることができる。

明治になり幹文が復権を果たし朝廷に仕えることができたのは、幕末に実父幹忠が京都との太い関係を構築していたことと無関係ではないであろう。

幕末明治初期については、幹文自身はおそらく水戸のどこかに「幽閉」(24)されていたためであろうか、墓誌以外に活動記録を見出すことは出来ない。またこの時期の日記も散逸してしまっているため、水戸においての記録は、前掲の明治二七（一八九四）年、幼少時代幹文から学問、歴史の何たるかを授かった清水正健起草『増補水戸の文籍』（増補昭和八年）の中に、

諱は幹文。字は公斐。孝三郎と稱し。水屋と號す。石河徳五郎幹忠の第三子なり。出でて久米氏を繼ぎ。慶応元年。弘道館訓導となる。後朝廷に仕へ。明治二十七年歿す。年六十七。（傍線筆者）

幕末明治初期の来歴が不明の時期に朝廷に関係していたことが、わずかに記録されているだけである。

他方、久米幹文の墓誌についての研究、水戸學大系刊行會『水戸學辭典』(25)により、学問の系譜と明治五（一八七二）年以降の幹文の来歴の大枠を知ることはできる。

水戸藩士久米博慎の嗣となる。文政三年本居内遠の門に入るがのち平田門にかわる。漢詩文に長じ、徳川斉昭の知遇を得て小石川邸にて国事に尽すが、斉昭没後は維新まで幽閉せられ危難を経て屈せず明治五年教部

省に徴され、相模の寒川神社、讃岐の田村神社、飛驒水無神社、阿波大麻比古神社等の宮司を歴任し、明治七年十二月皇大神宮権禰宜に轉じ権少教正を兼ねる。神宮教会のために尽力す。明治十五年六月東京帝大講師、第一高等学校教授となり国文国史を講ず。明治十五年に設立された皇典講究所には養父小中村清矩、本居豊頴、物集高見等と共に教師。人と為りは純潔、敬神愛国の情厚く、又好く後進を導く。在る人のために欺かるれども意と為さずして、吾は誠を盡すのみと尤も歌文に秀で大家と稱せられる。國文の國史なきを憂い大八洲史を著はす。又、大鏡、神皇正統記等を校訂し、日本文栞を編す。明治十九年に設立された保守系歌文学会「大八洲学会」の会主となり、古典派歌人として重きをなす。二十七年十一月十日駒込西片町の宅に没す。年六十七、染井に葬る。友人、其遺稿を集めて水屋集を著す。

この墓誌を記録したのは内藤耻叟であった。幹文同様、あるいはそれ以上に幕末明治初期の激動を体験している内藤は、水戸天狗党の武田耕雲斎と戦う一方で慶応元（一八六五）年には弘道館教授頭取に就任。しかし家老鈴木石見守との抗争で獄につながれ、明治元（一八六八）年に出獄するが脱藩ののち、別名を名乗りながら米沢、仙台など東北各地を移動している。[26]「官員録」によると、明治一〇年ごろから内藤姓に戻り、明治一四（一八八一）年頃から学問の世界で活躍を始め幹文と同時期の明治一七（一八八四）年に東京帝国大学文化大学講師を経て教授に就任している。

三　明治一五年以降の久米幹文

（1）東京帝国大学を中心とする教授歴

前述墓誌には、「明治十五年六月東京帝大講師、第一高等学校教授となり国文国史を講ず」とある。

幕末から明治初期に表舞台に立つことはなかったが、明治半ばあたりから学者としての頭角を表し始めているようである。現存する官員録・職員録に登場するのは明治一六（一八八三）年、東京女子師範学校助教諭としてであった[27]。同年九月一日の「水屋日記」にも、「東京大學助教授拜命」と俸給が記録してある。

晩年にいたるまで幹文と志を同じくして活動をした小中村清矩は「布教の爲そとの國に在らるる事多かりしかバ、しバしがほどおほつかなき年を重ねたりしに、十五年の秋、東京大學に古典講習科をおかれし時、総理にすすめて、そのをしへの司に任せられ」（大八洲学会明治二七年記録）と、墓前棺前にて読み上げている。

当時の東京大学総理は加藤弘之、文学部長は外山正一、教授（豫備門事務兼）として小中村清矩、助教授に井上哲次郎の名前がある。

そして「官員録」第六巻[28]、明治一八（一八八五）年には助教授判任として久米幹文の名前が確かに記載されている。この時小中村清矩は従六位、幹文と同門の小杉榲邨[29]は文部五等属として併記されている。この年から東京女子師範学校は完全に独立した形で別記されており、ここには幹文の名前はない。

明治一九（一八八六）年から東京大学改め、帝国大学文科大学教授兼同学長として外山正一を筆頭に前述の小中村、物集高見、そして内藤耻叟の名前が教授として出て来る。

（2）集大成としての『大八洲史』と大八洲学会

明治二〇（一八八七）年から四年間にわたり出版されていく『大八洲史』は、久米幹文が中心となって編纂されている。文体は水戸彰考館の『大日本史』とは異なり仮名交じりで漢字にはすべて振り仮名が施してあり一般人が誰でも読むことができる体裁となっている。全国的に注目され、幹文が亡くなった明治二七（一八九四）年には、この出版母体となった大八洲学会会員は二九七九人を数えている。

『大日本史』が神武帝から始まるのに対して、『大八洲史』は古事記と同じく「天地のはじめ」より書き起こしている。また時代区分を、「太古」「上古」「中古」「近古」「近世」として五分割し、編年体に従い孝明天皇までの記述を試みている。明治一九（一八八六）年までには、すでに最初の三巻の草稿が仕上がっていた。

丁度この頃は東京帝国大学、第一高等学校、皇典講究所等で教鞭を取っていたが、この前後に東京帝国大学の職は後進にゆずっている。(30) 明治二〇年代以降は、今まで蓄積してきたすべてを絞り出すように精力的に出版を開始している（本稿末史料①）。幹文自身はこの『大八洲史』の編纂と、大八洲学会運営に晩年の魂のすべてを傾注した。

幹文のこの強い思いは、「大八洲學會の微意」と題して、その趣旨を記しているが、その中にすべて含意されている。以下、箇条書きに転記する。

一、封建の世ハ、おのおのまがきをかまへて、人をいれじとせし故に交通して、何事もおもふがままなれバ、吾學の道をおしひろめんとするにも、ふるき株をまもらんやハとて、この大八洲學會をまうけたり、

一、歳月ハ人をまたず、今人ハ古人となり、今ある書も追々ほろびて、つひに人も書もうせはてぬべし、さるときハいかに時世ハひらけゆくとも、おそらくむかしながらの日本國にあらずなりゆかん、豈遺憾の極みならずや、

一、古典國史制度などの遠隔において、師友のたすけなくてハ、とてもきはめはつべきにあらず、然るを上に略述するが如き實況なれバ、みるみるこの國の衰運をまねくに似て、かへすがへす遺憾やみがたけれバ、吾輩奮發して大八洲學會をまうけ、友となり弟子となりて、互に問答講究し、且ハ六國史三鏡の類の、學者先生困苦せし、校本、その他有用の書籍を世にあらハして、三千七百万の同胞兄弟とともに、この大利益をわかたばやとおもひおこしつ、

一、六國史の類ハ漢文なり、三鏡の類ハ雅文なり、初學の人には解しかぬる所あらんとおもへバ、更に假字が

きの國史二様をつくるべし、
一、その文體ハ三鏡より一きはくだして、さとりやすきやうにかくからに、今の假字新聞をよむほどの人ハ、いともたやすくよみ得べし、

その趣旨に違わず、「老若男女を論せず」（「学会会員規則」第四条）として、入会金五〇銭であるが、「篤志にして清貧の者は入會金を要せず」（同四条）として毎月学会誌を発行し郵送、添削を行っている。

並行して明治二四（一八九一）年には私設の大八洲学校を創立し、国書を専門に後進を養成することを始めている。学会記事に「大八洲學校之件」としての寄稿文に「天下の學風偏に西洋に傾て、自國を餘所げにしたる状あるに依て、大に内外人の軽侮を招きつるはてに、夢さめて思へハ、我をいやしめて他をのみあがめつるハ大なる失錯なりけり」と、私設学校を始める動機を記している。

現在、幹文の自筆は南大曹旧蔵名家書翰集所収鈴木弘恭宛書簡等極めて限られており、稀少かつ貴重であるが、養父小中村清矩が正五位に叙された時の祝の寄書文として、変体仮名を駆使して書かれた幹文の擬古文の遺風をしのぶことができる記録が残っており、最晩年の幹文の文体をみることができる（本稿末史料②）。[31]

四　明治における「大家」としての記録――桑園の翁幹文――

幹文の長兄石河幹孝の弟子の一人である栗田寛（一八三五〜九九）は、『大日本史』を最後にまとめた大立者として一般には知られているが、幹文とも密接な交流があったことは、「水屋日記」によっても明らかである（本稿末史料③）。栗田は、幹文からも学問の手ほどきを受けており、学問の師弟関係は晩年まで強くつながっていた。[32]芳賀登は、水戸学の中心的な人物として栗田のことを「水戸を世に有名ならしめる学者であった」としている。[33]

この栗田の門弟で『大日本史』の編纂に生涯を捧げた清水正健の師承について、水戸市教育委員会『水戸の先

人たち』は、以下のように記している。

慶應元年（一八六五）正健は久米幹文の門に入り勉学に励んだ[34]。正健の研学に多大な影響をあたえ、正健が一生を通して修史に徹したのも、久米に教えを受けたからであろう[35]。

水戸弘道館について詳細に記述している名越漠然は、以下のように家塾の重要性を書いている。

家塾教師は弘道館の附属物のやうではあるが、實際は至つて大切なもので、訓育の方からいふと却つて基礎ともいふべきものであるから、茲に特記しておく。初めは弘道館で句讀素讀まで教へる設備であつたが、後にはこれを廢めて十五歳以下は皆私塾でやらせる事になつた[36]。

清水正健自身は、その後栗田に師事するが、後年栗田が東京帝国大学教授として招聘されるとき「大日本史完結せざるうちに見捨てゆくのか[37]」と悲しむと同時に怒り、彰考館をやめてしまった。

それに対して大学を去り、『大八洲史』編纂により一般人の教育に傾注した幹文には敬意を覚えたのであろう、終生師としての尊敬を忘れなかった。

久米水屋は、余が幼児句読の師なり。

としている[38]。

明治三、四〇年代の書籍を渉猟してみるに、たとえば『洋學大家列傳』に南梁漫が「久米幹文は余か畏友なり、少時、姑らく漢學を攻めしか、幾何もなく、これを棄て國學に歸し、遂に一家をなす、現に第一高等學校の教官たり、其歌詞は世に傳ふるもの極めて多く、選集に雑誌に、これを記録せさるものなし[39]」とし、水戸学の大家安積澹泊と並び称している。中央のみならず地方においても、福岡の郷土史には「故久米幹文先生、爲皇國、國學之大家[40]」と、幹文没の翌年に記録している。

第一高等中学校を卒業した内海弘蔵は、慶長から明治三七（一九〇四）年までの学者の逸話集の中で、文部大臣が来校し久米の古代史の講義を聴講した様子を克明に記録している。

先生のやさしき眼は見る見る光彩を加へ来りぬ。静かに『我は今ここに古代史を講ぜんむとす。事は尊き我が建国の昔勇武絶倫と聞こえし香取、鹿島二神降臨の上にかかれり、願くば此處に大臣の高聴を煩さむ』と、やがて朗々たる音吐は満堂に響き渡りぬ。（中略）恍乎たる先生の風丰、まことに人をして仙か神かを疑はしむるものありき。(41)

と、克明に記している。

久米の他には、林羅山、中江藤樹、山崎闇斎、徳川光圀、伊藤仁斎、貝原益軒、新井白石、荻生徂徠、荷田春満、本居宣長、平田篤胤、藤田東湖、会澤正志斎、吉田松陰等々の名前が連なる中に明治の代表的学者として久米幹文の名が登場してくるのである。

また同時期、『落合直文集』によると、幹文が第一高等学校で主任であったことを記録している。(42)

これ程までの大家が、省みられなくなったのは、いくつかの理由が考えられるが、最大の原因はやはり幕末、烈公の側近として父子二代にわたって「影」の役割を担っていたことではないかと推測される。

五　水戸学の光と影

尾藤正英は、「『弘道館記』を中心とする水戸学には、一つの統一ある思想の体系が認められるのに反し、前期以来の水戸藩の学風を通観すれば、その中には多様な思想傾向がふくまれることになり、全体としての思想的統一性は見出されない(43)」とするが、その一方で、岩崎允胤による「義公光圀の精神を大切に守って修史事業の完成へと努力するとともに、やがて、時代の急務に直面して、国家、政治、軍事、文化、教育などの諸問題を、かれらなりに全面的、根本的に、しかも体系的に考察することを迫られたところに、うまれた(44)」と考えることもできるという指摘もある。

幕末にはロシア、イギリス、そしてアメリカの外圧が幕藩体制を根幹からゆるがす「国難」に遭遇していたため、『大日本史』編纂当初の元禄の安定期に入らんとする時代背景とは当然のことながら異なっていた。中心線をどこに置くか、すなわち「国の形」を一体どこに据えるかという点においての焦点は揺るがないが、後期水戸学にとって、「戊午の密勅」「継嗣問題」を代表とする問題は不幸というか、むしろ悲劇であった。いわゆる改革派（天狗党）、門閥派（諸生派）の熾烈な抗争の末、水戸から有為な人材を多く失うことになった。「水戸學は水戸藩といふ現實に存した實踐體の活動と離る可らざる關係をもつ實學」[45]という実学実践の学問という評価の反面、「幕府の儒者達から奇異の眼を以て視られ、水府學とか天保學とか謂はれた」[46]ように、徳川宗家からも異端視され、また内部にあっても対立構造が時に深刻であった。

水戸学については、名越時正が昭和一五（一九四〇）年の『史学雑誌』に寄せた「水戸学派に醸発せる神道思想」以降、「水戸学派における神道論の形成――『神道集成』の編纂を中心として――」（『神道史学』一九五五年）、「水戸光圀と神道――その神祇観と『神道集成』――」（『水戸史学』一四、一九八一年）、「後期水戸学派の神道観――神書局の創設について――」（『神道大系月報』五七、一九八六年）等、体系的にまとめている。その梗概は[47]、

一、中世的秘伝主義を否定し合理主義に基づく神道の自由研究。
二、卜部家、渡会家等の家伝を絶対視せずしてこれを超えた批判のもとに神道論を展開。
三、神道を祠官社寺司の神道から国民日用の道として普遍化。
四、行事式法を絶対視する立場よりも神道の思想を尊重。
五、史学研究の方法を用いて神道史の究明に集中。
六、倫理思想のみならず、政治・教育・外交・経済等の根底にあるものとして神道を把握。

七、仏教、儒教主義による神道否定論を排しつつ自主的な日本学の確立を主張。

以上七か条において、宗派（教派）神道とは異なるとしている。(48)

このいわゆる「後期水戸学」の特に「神道史の究明」という点で、幕末の志士に敷衍し影響を与えた会澤正志斎の『新論』、藤田東湖の『弘道館記述義』は重要であった。

光圀の思想にもあったように、「水戸学」は必ずしも神道に固執しているわけではなく、儒教、仏教の優れた所をも汲んでいく姿勢はあったにもかかわらず、次第に尊王と攘夷が結びついてゆく。

しかし、排外的傾向に進む一方で、海外の進んだ技術を斉昭は積極的に取り入れようとしていたことも忘れてはならない。幹文の実父石河幹忠は反射炉建設担当となり、嫡男石河幹孝は軍艦奉行（文久元年）に就任している。

この石河父子の動向は、会澤の『新論』において「虜の長枝」と呼んだ「巨艦・大砲を中心とする欧米技術、文明を学習し、これらをわが国内に導入すべし、（中略）さらには海軍を組織し航海術を学び水兵を訓練するなどして、それらの操作法にも習熟して自由な運用が可能なレベルを達成し、もって万全な形の国防体制を確立した上で欧米列強の侵略行動に対抗すべし(49)」という笠谷和比古が鋭く指摘する後期水戸学の指向の延長線上、否、中核に幹文の実父石河幹忠、実兄幹孝はいたことを示している。

（1）幹文の対外意識

ところで、幹文はいかなる対外意識を有していたのであろうか。遺稿を集めて編纂された「水屋集」をひも解いてみよう。

かの國々の人とものまうてくるをみるに　たけ立高く　かみの毛あかくまなこゐ薄みとりにおもてハいろ白くて我國人とハいたくかはれるハあやしや　おなし天の下にすみなからいかてかくかはれるならまし　その

遠つおやの事かけるものをみるにいささか天つ神のをしへをたかへし故に　とかめをうけて子孫の末まで罪をのかれぬ
（六五頁）

と、その異人の異形は、「罪」のゆえと推測している。さらに、

かけまくもかしこき二はしらの御祖神のおのころ志まにあまくたりまして天のみ柱をめくらふとて女神御ことさき立ましゝほとにうまれ給へる蛭子の神ハ三年まてあしたゝぬ故にあし舟にのせてなかしすてつとあるにあらすや　その神やかてかの國人のおやなり（中略）それ外つ國に流れつきて男女二はしらあれ出つるかその子孫世にほひこりて彼國の人民とはなれるなり　みおやの神に捨てられつるうらみと　もとつ國を志たふ心とあひましこりてとかくにこなたへよりこんとするからにおのつからの行かひの道ハひらけにたり
（六五頁）

夢の中のことではあるが、蛭子と外国人との関係について言及している。前後するが、幕末の「水屋日記」に、万延元年遣米使節に随行した村山伯元から余吾良琢への書簡を筆写している（本稿末史料④）。

村山伯元は塩田順庵の第二子として天保三（一八三二）年に生まれ、のち奥御外科村山自伯法眼の養子となった。武鑑によると、養父自伯の屋敷は幹文の邸宅の近く本郷弓町にあった。伯元は渡米航の紀行として「奉仕日録」を残している（『万延元年遣米使節史料集成』第二巻より）。

万延元年遣米使節に同行した肥後藩士木村鉄太の同日の日記[50]にも、村山書簡と類似する記録が詳細に展開されている。村山伯元の視点は医師として人物、特に女性の異質性に眼を見開いたようである。日米協会の記録にも「鬼女の如し[51]」とある。幹文もこの異人観に注目し、日記に全文を転載しているのであろう。

（2） 水戸学とキリスト教

水戸藩の耶蘇教排斥はさまざまな史料により自明のことである。その主たる理由は、会澤正志斎が『新論』で指摘しているように国土侵略の憂いを有していたからであった。斉昭が幕府へ建白書の中にも「横文字の國はみな邪宗門に御座候処、邪宗門の主意は、他宗門のものを己が宗門のものを己が宗門え引入れ追々世界丸ニ其宗門にいたし候」（「水戸藩史料別記」巻三）と、キリスト教への警戒心を喚起していることからもわかるように、徹底した排耶蘇であることは間違いない。

幹文もこの流れの中にいる。明治一四（一八八一）年一二月六日の幹文から丸山季夫に宛てた手紙に「東奥地方ハ後来外教ノ天草トナルベキ形勢相見え候間　今ヨリ専ら大事ニ至ラザル様到度　苦心ノ余奔走」[52]とある。

江戸初期において切支丹に対しては、本人のみならず累代に及び厳しい拷問が課されたことは記録に残っているが、その一方、水戸では美談として以下の逸話が伝えられている。

概略すると、慶安三年皆川藤衛門という切支丹が当局の調べを受け牢死した。妻もまた病死して一男二女の幼児が残され、この三人も切支丹の子として牢舎に入れられたが、手伝いの女「まん」は役人に哀訴しともに入牢し養育すること一〇年におよんだ。光圀はこれを聞いてその忠節に感心し、「まん」と子供たちを出牢させ男の子は「まん」の養子として屋敷と金二〇両を与えさらに歩行士に取り立てた。女の子たちは他へ養子分に遣わすよう取り計った。水戸の人々は、「まん」の忠節をのちのちまで語り伝えたという[53]。

水戸学を通底するものは徹底した排耶蘇である。しかし、国学者本居宣長をして「きりしたんの国にては、その法を以てその国を治ること、漢国にて、漢国の道を以て治むるも同じことなり」（「答問録」）、また徳川斉昭の「日本ニてこそ邪法ニ候へ共、彼国ニおいてハ広大深遠の道法政教と見え候」[54]を援用し、渡辺浩は「「耶蘇教」は、対外侵略のみならず、国内統治においても優れた「術」なのではないだろうか[55]」とさえも指摘している。中村正直などは、『天道溯原』[56]を通して、文明国の「天道」であるキリスト教を広めることにより「文明開化」はより早く到達できると信じた。[57]

その一方で、明治二〇年前後から、対キリスト教の「代替物」としての皇室がクローズアップされてくる。明六社の一員の西村茂樹などが「至貴至尊の皇室」（『日本道徳論』一八八六年）を民心が皇室に帰向することを提案する。[58] 渡辺は「天皇制は一面で現代欧州の模倣」[59]と考えた。

この頃、幹文はキリスト教に対しての論評はまったくしていない。明治二四（一八九一）年の内村鑑三の不敬事件は第一高等中学校における「大事件」であったはずであるが、この時期の日記にも、遺稿集にも何も記していない。晩年の「大学者」幹文には、もはやこの「大事件」には関心がなかったのであろうか。ただひたすら国史の研究とその流布に尽力している。

村岡典嗣は、「水戸学」を中核とする国学的思想は、十分な学問的省察をされずに喧伝され利用されたが故に「その結果不知不識自己陶酔に陥り、自ら誤り世を――指導者階級を始め一般を、誤らせ、自ら諸々の方面に作用し（中略）、神がかり性が累ひして、徹底的研究を妨げ、安易な神秘化に陥らしめ、又増上慢的傾向を招き、かくて国民の叡智をくもらしめ」[60]と断じ、一方で国学の排儒仏的態度を問題であるとしつつも、「明治の国学者福羽美静が、六年国学三大人を祭つた際奏した祝詞では（中略）、儒仏はもとより基督教に対しても、寛容な態度をとり、外国文化を普く採入れ」[61]と、国学者全体が排仏、排儒、そして排耶蘇など偏狭に陥ることも必ずしもなく、そして本居、平田に続く国学の歴史の中にもその痕跡を見ることができるとしている。

一方、水戸学の流れを汲む冨山昌徳[62]は、聖書を通して水戸学の本質を明らかにしようとした。

キリスト教、そして漢訳聖書は、後期水戸学から明治の国学者だけでなく幕末の志士にも間接的にではあるが甚大なる影響を与えていた。[63] 光圀に関しては徴証することは出来ないが、切支丹に対して「記録に残されないのは、之は當然の事であるが、研究して眞理を攝取した形跡のある事は、水戸學者の等しく認める處[64]」としている。

しかし、冨山が指摘するように「墮落せる歐米の敎會中心主義の基督敎は矢張り第二の天主敎に過ぎない。彼等牧師の墮落、墮落した敎會に集合する墮落クリスチャン、これ皆我等の敵にして同時に日本の敵であり、イエス・キリストの敵[65]」とまで言い切っている。内村鑑三の無教会の流れをくんでいるため、教会に対するその舌鋒は厳しく「基督敎ならざる基督敎が國體に合はない[66]」と断じているのである。

むすびに

「凡歌よむ人は書をよまず、書よむ人は歌をよまず、よめるも拙くだどして、大方學問と詠歌と二つながら打合いて兼よくする人はすくなきもの也」（吉田令世「聲文私言」『神道大系』一〇二）にある通り、歌の道と学問はなかなか両立し難いが、久米幹文に関しては、和歌も書（学問）も高いレベルで調和してできた文字通り大家であった。

幕末の志士の精神的支柱としてのいわゆる「（後期）水戸学」について、戦後積極的にとりあげられることは、少なくとも歴史学の世界においてはほとんどなくなった。黒住真は、「幕末の開国間近な時期になると、排耶論は再浮上し、たとえば「水戸学」などでは、排耶書を集成・再刊するとともに、「邪教」に対する危機感とそれに内的な防衛の度を高めるべきだとする議論をおこなった[67]」としている。

しかし、義公（水戸光圀）が自選の碑文で指摘しているように、「神儒を尊んで神儒を駁し、佛老を崇めて佛老を排す[68]」という姿勢は重要である。すなわち、神道のみを絶対視するのではなく、外来の宗教としての仏教、儒教を徒に排斥することではなく、冷静に深く学ぶことによりその本質に触れ、それだからこそ当時の儒仏、特に仏教のあり方に対しては厳しい政策を取ったのであった。

同様に神道に関しても、「伊勢の御師なにがし大夫などいふもの、毎年、御祓・御供・暦・鮑やうの物を（中略）くばりめぐる。我れ聞く、神は不浄を避くと。況や伊勢は日本の宗廟なり。祓・供物なんど、凡下の輩たやすく拜受すべき事にあらず[69]」と、穢土にはむやみに配り歩く性質のものではないと断じている。諸仏教の頽廃については「盂蘭盆會に先祖を祭り、施餓鬼を修するはあやまれり[70]」と断じ、むしろ困窮する者に施しをすべきであり、本来の仏の根本の教えに帰一すべきとしている。

儒教において朱舜水を招いたように、仏教においても明から長崎興福寺に招かれていた曹洞宗禅僧心越を礼を尽くして水戸の天徳寺に招聘[71]していることは単なる廃仏でない証左である。

義公が、大日本史序冒頭に史記伯夷伝によって修史の志を得たことは衆知のことであるが、同時に「我が主君は天子也、今将軍は我が宗室なり、あしく了簡仕、とりちがへ申ましきよし」（『桃源遺事』）と、国史編纂の闡明を通し、幕府の『本朝通鑑』とは異なる水戸の立場、すなわち皇室の藩屏、幕府の輔翼としての自覚を明瞭にしたのであった。

以後、明治三九（一九〇六）年に『大日本史』が完成するまでの約二五〇年の編纂事業、この愚直なまでも透徹した「結晶」は、戦前の遺物として忘却されて良いものではなく、その背骨にある「日本的精神」を再認識する必要がある。

この点丸山真男は、後期水戸学の尊王攘夷論を体系づけた会澤の『新論』が「国体・形勢・虜情・守禦・長計の五項目より成り、国体の尊厳より説き起こして、世界情勢と欧米列強の東亜侵略の方策を述べて、之に対する防衛体制と根本対策の両面から論じた頗る組織的な論作[72]」であることを指摘している反面、会澤の説く国防国家体制を具現する際「今之ヲ施行セント欲セバ、宜シク民ヲシテ之ニ由ラシムベクシテ、之ヲ知ラシム可カラズ」（巻之四）を敷衍し、「「愚民」観は『新論』のみならず後期水戸学全体に陰に陽に纏ひ付いた色彩をなしてゐた[73]」と断じているのは、江戸期の儒学一般の根本通弊と軌を同じくするとしている。

しかしその一方で、身分は低くとも『大日本史』の完結に傾注した栗田寛、清水正健らに代表されるように市井の中から学問を志した人物に初期教育を施し、あえて東京帝国大学を辞し、現代に先駆ける本格的かつ全国的通信教育を通して、すべての人々に門戸を開き、「国学」「史学」の一般教育に尽誠した「無名」の久米幹文は、後期水戸学「影」の具現者と再評価されることは充分に可能なことであり、今後その残された書籍を研究することは、新たな視点を史学にもたらすのではないだろうか。

《参考》

【史料①】　久米幹文の主たる書籍等

水屋日記	安政六年五月～文久二年四月　個人蔵
國造本紀考	文久元年
道之栞・教道大意	明治一四年
水屋日記	明治一六年二月～一七年一〇月三一日
摸本何雪漁印譜　閲	明治一九年
水屋集　草稿	明治二〇年三月～二三年二月
大八洲史	明治二〇年～二四年
日本文栞	明治二二年
古今宇治抄	明治二三年
大鏡　校	明治二三、二四年
校訂神皇正統記　校	明治二四年

帰家の日記　校　　明治二四年
松乃志づゑ　上、下　編　　明治二四年
桑園の翁幹文　國めぐりの記　　明治二四年
續日本紀宣命略解　述　　明治二六年
水屋日記　　明治二六年八月より
水屋集（遺稿集）　　明治二八年

【史料②】寄書祝（草稿）全文[74]

寄書祝　久米幹文

世にあふて　はかせの君は　言たまの　さきはふ国の　名に
おへる　ふみ乃こと益〳〵　あら玉乃　年月まねく　あかね
さす　ひるよるとなく　いやたかに　そこにおもひ　いやふかに
こゝにおもひて　すへらきの　代々のふるこそ　つはらかに　かき
あらはし　まつふさに　ときさとし　常々大ミかとに　つかへ
まつると　いそしみし　いさをもしるく　むかしより　ま
れなりといふ　七十の　よはひかさねて　今はよに　われ老
にきそ　つかさうし　かへしまつれは　かしこきや　吾
大君　洋めたまひ　をさめたまひて　五しな乃位　たまひ
つ　うみの子ら（産みの子ら）　をしへの子らハそこをしも　あやに

たふとみ　盃を　いやとり〳〵に　徳洋き　ことほきまつれ　魂
あへる　したしき友ハ　千代にませ　八千代にませと　言あけして
よふなるこゑに　わか葉さす　山さくらとそとよみ
たりける　おしかへし　君かふけりし文くるま乃
いく七十か　またもめくらむ

【凡例】改行は原文通り、原則として変体仮名は通常の仮名に修正した。また意味の切れる場所にスペースを挿入し、意味の取りづらい箇所には傍注を補足した。[75]

【史料③】「水屋日記」（抜粋）

（表紙）「水屋日記明治十九年十一月一日ヨリ同二十二年十月五日ニ至ル」

◎明治二十年一月（抜粋）

土　一日晴、年賀渡辺総長始麻布・番町・牛込・小石川
月　三日晴、年賀白山神社、見樹院ノ光瑩始人々、入夜帰
火　四日晴、北風、午前本居氏来訪
金　七日晴、大八洲学会事務所ヲ訪
月　十日晴、午後八洲学（ママ）事務所初集会、入夜帰　○寛未亡人来宿
木　十三日陰、登学　○午後端久子哥会ニ慎　○栗田ゟ端書来
金　十四日雨、登学　○午後栗田氏へ序文稿郵送ス
土　十五日晴、西北風強、登学　○橋道守・石河幹正・又福羽美静・秋山光係・黒部講へ書ス

火　十八日雪ふりくらす、積尺余也
水　十九日晴、登学　○魚住氏来話、入夜帰
月　廿四日陰、天皇、先帝御二十年祭ニ付、西京へ御出の為、御発輦あり、依テ
　　諸官衙休暇ヲ給ル

【史料④】「水屋日記」万延元年より

　遣米使節村山伯元[76]サントウイスゟ余吾良琢[77]江書ノ通之写（部分）

此土地之者ハ至而色黒ク、婦人ハ多く跣ニ而、眼中スルトク、凡日本ニ而申候へハ、淫乱之狂女ニひとしき体ニ而、只々驚計ニ御坐候、昨日着岸、未タ見物も不仕候間、風俗之義委細ニハ分り兼候得共、悪俗地ニ御坐候、奇事も可有之候得共（中略）一日之中、変化無極也、出帆後、風も不引、飲食起居とも至而健ニ御坐候、奉行初一同一日も早く帰国を祈居、七月盆前ニハ無相違帰府之積ニ候、此書状も一同ニいたし、右サントウイスゟ支那広東ニ居アメリカ人江
相廻、夫より長崎へ廻し江戸江送候様、此度同伴之アメリカ人取計ニ而、指出候人数多ゆゑ書状かさはり不申候様ニとの事ニ而、無滞（拠カ）右様之国江参候事計申上候

　二月十五日、於サントウイス島　　村山伯元

　　余語良琢様

（1）幸田成友「凡人の半生」（『幸田成友著作集』第七巻、中央公論社、一九七一年）五七頁。成友は幸田露伴の弟であり、明治二〇年代の学制が目まぐるしく変化する中で、この著作は教育行政史としても貴重な記録である。

（2）明治二七年一一月七日水曜日「官報」（内閣官報局）第三千四百九号、叙任及辞令、「六級俸下賜（十一月六日文部省）第一高等學校教授　久米幹文」と記録されている、この三日後、一一月一〇日に幹文は帰幽している。

（3）久米幹文直系子孫の家では、数学者と伝えられていたが、国文学者であったことは、幸田成友の記録によっても間違いない。戦後、久米家において数学者としていた理由は定かではないが、おそらく幕末、明治維新期の水戸藩内の熾烈な内部抗争が戦後の現代までも影響している可能性が高い。弘道館内外での熾烈を極める抗争については、名越時正『水戸学の研究』（神道史学会、一九七五年）を参照。

（4）前掲註（1）幸田書、五七頁。

（5）宇野哲人・乙竹岩造他『藩學史談』（文松堂、一九四三年）三八一頁。

（6）『水戸藩史料』上編坤巻三二、九〇九～九四三頁。

（7）『水戸藩史料』は、「客観的」に事件双方の立場を網羅的に掲載している。ここでは桜田門外の事件当日の三月三日の書簡を徹底的に所収している。

（8）小書きに「是れ三日の夜の事なり」とある。水戸への出立は翌早朝であった。

（9）前掲註（6）『水戸藩史料』、九二〇頁。

（10）前掲註（6）『水戸藩史料』、九二〇頁本文中に「三月四日夜八ツ時」の時刻とともに「驚きて申聞」と記録されている。

（11）安政六年五月四日から文久二年正月一〇日までの一帖。個人蔵。しかるべき機関に寄贈するまで、一時的に筆者上村が預かる。縦二三・五×横一六・五センチ。表紙には「水屋日記」とあり、収録する年間を記してある。幕末明治初期の日記は散逸。

（12）すでに元号改正を平田、あるいは本居らの筋から知っていたのか単なる誤記かは不明である。

（13）三宅雪嶺『同時代史』（岩波書店、一九四九年）一頁。

（14）『水戸の文籍』には、幹修幹二郎となっている。また「石河」ではなく「石川」として、「明善」を号として掲載している。明治元年没、享年五〇。

（15）詳細は前掲註（6）『水戸藩史料』、九三三～九三七頁参照。

（16）『水戸の文籍』茨城県歴史館第三六五七号（昭和四八年四月一日付印鑑）。久米幹文の弟子である清水正健が明治二七年に起草し「茨城日報」に掲載していたものを、同三五年に増補、さらに大正一一年増補修正し、昭和八年七月周防山口で改めて増補訂正したもの。

（17）同右書、昭和八年改訂版所収。

（18）阿部正弘・徳川斉昭と交流があったためであろうか、久米家が譲り受けている。その正面玄関に藤田東湖の直筆の書で、このことが記してあったという伝聞であるが、残念ながら現在その文書は散逸してしまっている。

（19）茨城県立歴史館歴史資料室所蔵（写し）を参照（原本は徳川ミュージアム所蔵）。

(20) 会澤正志斎著、名越時正編者『会澤正志斎文稿』（国書刊行会、二〇〇二年）一六一頁。
(21) 「水府系纂」六八巻、二八頁。
(22) 山川菊栄『山川菊栄集別巻　覚書幕末の水戸藩』（岩波書店、一九八二年）一六四頁。
(23) 幹文遺稿集。明治二八年一一月。大八洲館。幹文が逝去してから一年後に本居豊穎、小杉榲邨他、加藤弘恭が中心となって編纂した、歌文と幹文の評論など。
(24) 後述の墓誌には「幽閉」と記録されているが、場所は特定できない。
(25) 高須芳次郎『水戸學辭典』（水戸學大系刊行會、一九四二年）四〇頁、「水屋久米君墓誌銘幷序」（内藤耻叟記）他参照。
(26) 内藤の兄弟は水戸にとどまったため斬殺されている。
(27) 寺岡寿一編集『明治初期の官員録・職員録』第五巻（寺岡書洞、一九八〇年）一〇四頁。
(28) 同右書六巻、一二一頁。
(29) 久米幹文、小中村清矩、千家尊重らと同門の本居豊頴の弟子筋に当たる。
(30) 明治二〇年以降、東京帝国大学には名前を見つけることができない。
(31) 早稲田大学所蔵。写（自筆）明治二一（一八八八）年一二月二一日消印。
(32) 石河竹之介幹孝。天保九年に御床机廻、同六年西扱郡奉行、万延元年奥祐筆頭取格式、文久元年軍艦奉行、同元年書院番組等を歴任。石河家惣領。
(33) 芳賀登『近代水戸学研究史』（教育出版センター、一九九六年）三四頁。
(34) 水戸の教育は、弘道館だけではなく、私塾が大きな位置を占めている。
(35) 水戸市教育委員会『水戸の先人たち』（二〇一〇年）三五八頁。
(36) 名越漠然『水戸弘道館』（茨城出版社、一九四三年）七八頁。
(37) 前掲註(35)『水戸の先人たち』三五八頁。
(38) 『水屋文籍考』所収「間宮松屋」の項一一八頁。
(39) 小宮山綏介編「久米幹文の旧作」（『洋學大家列傳』博文館、一八九七年）一五一・一五二頁。
(40) 「遠賀郡郷友会第八年期報告」一八九五年。
(41) 通俗教育研究会編、内海弘蔵「久米幹文文部大臣の臨校と古代史の講義」（『逸話文庫　學者の巻』大倉書店、一九一一年）二二四〜二二六頁。
(42) 落合直文『落合直文集』（明治書院、一九二七年）三頁。
(43) 尾藤正英「水戸学の特質」（日本思想大系53『水戸学』岩波書店、一九七三年）五六二頁。
(44) 岩崎允胤『日本近世思想史序説　上』（新日本出版社、一九九七年）二九三頁。
(45) 松本純郎『水戸学の源流』（国書刊行会、一九四五年）二六頁。

(46) 闕山延『水戸學精髓』(誠文堂、一九四一年)序。
(47) 梶山孝夫『水戸派国学の研究』(神道史学会、一九九九年)六〇三頁。
(48) 前掲註(3)名越書、一三八頁。
(49) 笠谷和比古『武士道　侍社会の文化と倫理』(NTT出版、二〇一四年)一五三頁。
(50) 木村鉄太『肥後国史料叢書』第二巻(青潮社、一九七四年)三四〜六七頁。
(51) 日米協会『万延元年第一遣米使節日記』(東京堂書店、一九一八年)三二頁。
(52) 神道学会「久米幹文書簡」(『神道學』出雲復刊第七号、一九五五年)六〇頁。
(53) 「光圀の文教振興と宗教政策」(『水戸市史』中巻一)八一一・八一二頁。
(54) 大奥年寄姉小路宛書簡、弘化三年八月一日。
(55) 渡辺浩『日本政治思想史　十七〜十九世紀』(東京大学出版会、二〇一〇年)三四五頁。
(56) Wiliam Martinが、キリスト教布教のために記した。会津藩士の山本覚馬もこの書を読んで、入信したといわれている。「ソレ道ノ大原、天ヨリ出ヅ。斯ノ言、最モ確論タリ。其ノ謂フ所ノ天ハ、蒼蒼ノ天ニアラズ。乃チ宇宙ノ大主宰ナリ」(冒頭)。中村正直は明治一四年、訓点を付して刊行した。
(57) 「今ヤ宇内人民一般ノ開化ヲ賛クル者、基教(キリスト教)ニ如ク者ナシ」(『明六雑誌』三号、一八七三年)。
(58) 西村は、「何ぞ宗教の力を仮ることを須《もち》ひん」と、していることから、この時点においては、キリスト教に対峙する存在としての皇室を宗教として捉えている。
(59) 前掲註(55)渡辺書、四一九頁。
(60) 村岡典嗣著、前田勉編『新編日本思想史研究』(平凡社、二〇〇四年)所収「日本精神を論ず　敗戦の原因」、三七九頁。
(61) 同右書、四〇二頁。
(62) 稲葉満・山下幸夫編『内村鑑三の継承者たち　無教会信徒の歩み』(教文館、二〇〇三年)に、「路傍の一伝道者」として紹介されている。結核を患いつつ、その療養を続け、断食など厳しい修道生活の中で無教会と出会い、塚本虎二主催の聖書集会により回心を経験する。個人伝道と執筆を通し、水戸学に生気(神の愛)を入魂することにより、その真価が発露すると考えた。
(63) 守部喜雅『聖書を読んだサムライたち　もう一つの幕末維新史』(いのちのことば社、二〇一〇年)参照のこと。佐幕派の中からキリスト教信仰を持つ者が多く、静岡においての研究は、佐野真由子「日本の近代化と静岡幕臣たちとキリスト教と」(上村敏文・笠谷和比古編『日本の近代化とプロテスタンティズム』教文館、二〇一三年)。
(64) 冨山昌徳『聖書より觀たる水戸學の本質』(一粒社、一九三六年)三三四頁。
(65) 同右書、三三七頁。

(66) 同右書、三三八頁。
(67) 黒住真『複数性の日本思想』（ぺりかん社、二〇〇六年）一九八頁。
(68) 高須芳次郎編『水戸學全集4』（日東書院、一九三四年）四六頁。全文原文は前掲註(43)日本思想大系53『水戸学』四四九頁補注参照。
(69) 同右書「西山公随筆　神祇」二頁。
(70) 同右書、一〇頁。
(71) 文禄二年、佐竹義篤が創建し、建長七年に徳川家康から朱印五〇石を賜っていたが、寛文五年頃から遷化のため荒れ果てていたのを義公が惜しみ、再興することを志している。元禄五年に開堂式が執り行われたが、永平寺始め四方から集まった僧侶は一七〇〇人余に及んだと、高須芳次郎『水戸學の人々』（大東出版、一九四二年）一二三頁に記録されている。
(72) 丸山真男『日本政治思想史研究』（東京大学出版会、一九五二年）三五〇頁。
(73) 同右書、三五一頁。
(74) 未公開史料。本文に年月日の記述はない。小中村の贈位の明治二七年頃と類推される。個人蔵。現在、筆者預かり。
(75) この「寄書祝」の宛先は不明であるが、交友関係から小中村清矩である可能性が高い。解読に当たっては笠谷和比古氏の古典ゼミと、横山輝樹氏には全面的に協力していただいた。
(76) 御番外科村山伯元淳、二八歳との記録がある。村上泰賢編『幕末遣米使節　小栗忠順従者の記録』（上毛新聞社、二〇〇一年）一八八頁。
(77) 嘉永二年の地図に「余吾良琢屋敷」とある。また東京名所図会には、「余吾古庵屋敷」として、寛永元年に幕府より賜り、坪数は四二六坪、三勺二才とある（『新撰東京名所圖會』四八編、一九〇七年、八三頁）。

付表　久米幹文関連略年表

西暦	年号	月　日	久米幹文、石河家関連	その他重要事項
1828	文政11	10月20日	水戸浮草町に石河幹忠第３子として生まれる	
1829	12	10月		斉昭、第９代藩主となる
1834	天保５	９月		斉昭、神武陵修復を幕府に建議
1838	9	９月		「弘道館記」成る
1843	14	１月		小石川邸内に、江戸弘道館
1844	15		蟄居。以後８年水戸に謹慎	斉昭謹慎命令。嘉永６年まで
1844	弘化元	５月		斉昭、幕府から致仕謹慎の命
1846	3	７月		斉昭、阿部正弘に海防に関する意見書を提出
1851	嘉永４	12月		吉田松陰、会澤正志斎訪問
1852	5	２月		『大日本史』紀伝刻本173巻朝廷および幕府に献上
	5		石河幹忠奥御祐筆頭取	藤田東湖蟄居解かれる
1853	6	６月		ペリー浦賀に来航
1854	安政元	11月	石河幹忠、反射炉建設担当	
	元	12月21日	幹文26歳、久米家の養子となる。即日小普請組	
1855	2	12月28日	切符を賜り、江戸歩行士	
1857	4	６月17日		老中阿部正弘没
	4	７月16日	石河幹忠京都にて客死。62歳	
1858	5	８月		戊午の密勅降る
1859	6	５月14日	御徒目付、32歳。西片町に移転	
	6	７月		斉昭永蟄居、一橋慶喜隠居謹慎
	6	８月14日	小十人組即日諸公子附となる	
1860	7	３月３日		桜田門外の変
1860	万延元	３月11日	松屋歌会出席。兼題「落花浮水」	
	元	３月21日	加藤千浪家の歌会に出席	
	元	３月24日	山田清の歌会に出席	
	元	４月14日	萩園の歌会に出席	
	元	４月16日	駒込蓮光寺歌会に出席	
	元	８月15日		斉昭没
	元	11月８日	太田氏歌会に出席	
	元	11月11日	松屋歌納会出席	
1864	元治元	３月		天狗党の乱
	元	４月９日	水戸勤	
	元	11月７日	土蔵番となる。養父の養女を娶る	
1865	慶応元		弘道館訓導となる	
1867	3	３月24日		徳川昭武、ナポレオン３世と謁見
1872	明治５		教部省仕官	

1874	明治７		寒川神社(相模)、水無川神社(飛驒)田村神社(讃岐)、大麻比古神社(愛媛)宮司歴任	
1875	8	３月	大神宮権禰宜	
1876	9			明治天皇東北第１回御巡幸
	9		大神宮権少教正	
1879	12		奥羽２国(東北６県)布教	
1881	14	４月	東京大学編輯所	
	14		道之栞：教道大意	
	14			明治天皇東北第２回御巡幸
1882	15		東京大学講師	
1883	16	７月31日	本郷西方町老中阿部正弘邸跡に転居	
	16		日本書紀校合開始	
	16	９月10日	東京大学助教授	
1886	19	11月１日	大八洲史校正	
	19	４月	大八洲史学会設立	
	19	11月	大八洲学会会員767名	
1887	20	２月６日	大八洲史印刷	
	20		『金澤名勝題詠集』(佐藤忠蔵著)に幹文和歌掲載	
1889	22		日本文栞	
1890	23		古今宇治抄	
1891	24	２月19日		間宮八十子(幹文義理姉)死去
	24	５月９日	『校訂神皇正統記』序文、飯田武郷と校訂	
	24		大八洲学校設立	
1893	26		續日本紀宣命略解述	
1894	27	４月	碑文「勅宣日宮」撰文(佐々木舜永書)	
	27	11月７日	従７位拝命	
	27	11月10日	幹文帰幽。67歳	
1895	28		遺稿集「水屋集」(佐藤竜太郎編)	

Ⅲ 文化

藩校における楽の実践――弘前藩校稽古館を例として――

武内恵美子

はじめに

儒学において楽は礼と並んで尊重されるべきものである。その重要性については、『論語』で繰り返し語られ、また『礼記』に「楽記」が挿入されていることなどから確認できる。しかし、その内容は非常に曖昧であり、具体的な楽曲や演奏方法等については記されていないことから、本国である中国でもすでに古代から議論の余地のあるものであった。

江戸時代に林羅山（一五八三〜一六五七）が徳川家康に仕えるようになって以降、武士層に急速に発展した日本の儒学においても、楽は尊重すべきものであることは間違いなく、さまざまな形で思想的展開をみた。しかし、楽は単なる思想的な言説ではなく、実践されるべき音楽であったはずである。近世の武家社会に展開した儒学では、楽の実践はどのように捉えられ、行われていたのだろうか。本稿は、各藩における武士の教育機関であった藩校に焦点を当て、楽がどのように扱われたのかを検討する。それによって近世における楽の思想的背景と実践および楽を取り巻く文化状況の一端を解明することを目指したい。

藩校の研究としては、笠井助治が『近世藩校の総合的研究』[1]をはじめとして、『近世藩校における出版書の研究』[2]、『近世藩校に於ける学統学派の研究』[3]を著しているほか、奈良本辰也編『日本の藩校』[4]、鈴木博雄『近世藩校に関する研究』[5]、近年では沖田行司『藩校・私塾の思想と教育』[6]などがあるが、残念ながら楽についてはほとんど触れられておらず、笠井の論考のうち、藩校全般に関する概要説明の箇所に若干触れられている程度である。一方楽については、小島康敬編『「礼楽」文化――東アジアの教養――』[7]を中心として、昨今少しずつ研究が進められている状況であるが、藩校での楽実践について扱っている論考は管見に入らない。

近世の儒学が武家社会で展開されていることを考えれば、藩校における楽教育の実態を把握することは、一般的な武士がどの程度楽というものを認識し、あるいは実践したのかを検討する一つの目安となるのではないかと考える。以下、藩校における楽の実践を、弘前藩を事例として検討する。

一　儒学における楽の解釈

儒学において楽は、論語の頃から「礼楽刑政」と列記されるように、非常に重要なものとして扱われてきた。『論語』の泰伯編に、「興於詩、立於禮、成於樂。」（詩に興り、礼に立ち、楽に成る）[8]とあるように、人格形成の根本として楽を評価され、人格形成を完成させるために楽が必要であることが示された。

さらに『礼記』第一九編の「楽記」には、

禮以道㆓其志㆒、樂以和㆓其聲㆒、政以一㆓其行㆒、刑以防㆓其姦㆒。禮樂刑政其極一也。（礼を以て其の志を導き、楽を以て其の声を和し、政を以て其の行いを一《す》べ、刑を以て其の姦《よこしま》を防ぐ。礼楽刑政その極は一なり。）[9]

と示すように、先王が行った理想的、倫理的な治国の規範として「礼楽刑政」をあげ、楽が政治に関連する重要項目として捉えられていたことを示している。ここで楽について「声を和す」とされているように、楽はその根

本を声に置き、それを和することで人心を統治する術として捉えられていた。なぜなら、右記文言に先立ち、楽の起こりを、

凡音之起、由二人心一生也。人心之動、物使二之然一也。感二於物一而動、故形二於聲一。聲相應故生レ變。變成レ方謂二之音一。比レ音而樂レ之、及二干戚羽旄一謂二之樂一。（凡そ音の起こるは人心より生ずる也。人心の動くは、物これをして然らしむるなり。物に感じて動く、故に声に形わる。声応ず、故に変を生ず。変、方を成す、これを音という。音を比して之を楽にし、干戚羽旄に及ぶ、これを楽という[10]。）

と説明しているように、楽の根本は人心が感応して声として発せられたものが音となり、楽を形成すると考えられたためである。すなわち、楽は心が感じた結果である。したがって、

是故其哀心感者、其聲噍以殺。其樂心感者、其聲嘽以緩。其喜心感者、其聲發以散。其怒心感者、其聲粗以厲。其敬心感者、其聲直以廉。其愛心感者、其聲和以柔。（是故に、其の哀心感ずる者は、其の声噍りて以て殺ぎ、其の楽心感ずる者は、其の声嘽かにして以て緩く、其の喜心感ずる者は、其の声発みて以て散り、其の怒心感ずる者は、其の声粗くして以て厲しく、其の敬心感ずる者は、其の声直くして以て廉しく、其の愛心感ずる者は其の声和かにして以て柔ぐ[11]。）

と述べられるように、喜怒哀楽等すべての感情から楽が生じるのであり、楽は人心の物事に感応した結果であるとされるのである。これらのことから、楽を用いることは声を和し、声を和するということは人心を和するということであると解釈される。つまり、

是故治世之音安以樂、其政和。亂世之音怨以怒、其政乖、亡國之音哀以思、其民困。聲音之道、與レ政通矣。（是の故に治世の音は安らかにして以て楽し。其の政和えばなり。乱世の音は怨みて以て怒る。其の政乖けばなり。亡国の音は哀しみて以て思う。其の民困しめばなり。声音の道は政と通ず[12]。）

とあるように、音にはその時の状態が現れると解釈される。治世が整っていれば穏やかな音であり、乱世であれば哀愁が漂う。ここから、「亡国の音」という認識が起こり、最後に述べられるように、楽は単に儀式を彩るものではなく、社会的秩序をもたらすための政治的手段として捉えられたのである。

「礼楽刑政」の考え方は、『論語』にも「事不成、則礼樂不興、礼樂不興、則刑罰不中」（事ならざれば礼楽興らず。礼楽興らざれば刑罰中らず）[13]とあるように、礼楽が刑罰に先んじて述べられており、少なくとも『論語』では礼楽が刑政よりも論理上、重要な事項として扱われている。

礼楽が刑政の対の語として扱われるように、礼と楽は相対的なものとして認識されている。「楽記」楽礼編では、

王者功成作レ樂、治定制レ禮。其功大者其樂備、其治辯者其禮具。（王者功成りて楽を作り、治定まりて礼を制す。其の功大なる者は其の楽備わり、其の政治弁き者は其の礼具わる。）（中略）樂極則憂、禮粗則偏矣。及二夫敦レ樂而無レ憂、禮備而不レ偏者、其唯大聖乎。（楽極まれば則ち憂い、礼粗ければ則ち偏る。夫の楽に敦くして憂い無く、礼備わりて偏らざる者に及びては、其れ唯だ大聖か。）[14]

とあり、聖人のみが行うことができる完全なる秩序の実現は、礼楽によるところが大きく、政治的な安定は礼楽と切り離して考えることができないとする。このような考え方は「楽記」のみならず『荘子』などにも見られる、基本的な方向性である。また、

仁近二於樂一、義近二於禮一。樂者敦レ和率レ神而從レ天、禮者別レ宜居レ鬼而從レ地。故聖人作レ樂以レ應天、制レ禮以配レ地。禮樂明備、天地官矣。（仁は楽に近く、義は礼に近し。楽は和を敦くし、神に率いて天に従い、礼は宣を別ち、鬼に居て地に従う。故に聖人は楽を作りて以て天に応じ、礼を制して以て地に配ぶ。礼楽明備して、天地官す。）[15]

に表されるように、聖人の治めるべき整った世界とは、政治的なものだけでなく万物が相整った世界である。天地が整うとおのずから礼が整い、自然世界の刻々と変化する状態を和するために楽をもって応える。このような

自然界をも含めた治国に欠かせないのが礼楽であり、

樂著㆓大始㆒、而禮居㆓成物㆒。著不㆑息者、天也著不㆑動者、地也、一動一靜者、天地之間也、故聖人曰㆓禮樂㆒云。（楽は大始を著し、而して礼は成物に居る。著れて息まざるものは天なり。著れて動かざるものは地なり。一《あるい》は動き一は静かなるものは天地の間なり。故に聖人曰く「礼楽と云う」と。[16]）

と述べられるように、世界の根源である天と地の間の万物の平定を礼楽で表現する。したがって、礼と楽が備わって初めて治国が成るのであり、楽がいかに重要なものとして捉えられていたかが理解できるのである。

では、儒学でいう楽とは具体的にどのようなものを指しているのかという問題に関しては、楽、すなわち音というものが刹那的なものであり、同じものを記しておくことも残しておくこともできず、前段の思想で表現されるように刻々と変化していく芸術であるという特徴故に、孔子が生きていた時代でさえすでにほとんど残っていない状態であった。その中で述べられているのが、《韶》である。『論語』衛霊公編では「樂則韶舞（楽は則ち韶舞である）[17]」と述べられており、また八佾編には、

子謂韶、盡美矣、又盡善也、謂武、盡美矣、未盡善也、（子韶を謂う。美を尽せり、又善を尽くせり。武を謂う。美を尽くせり、未だ善を尽くさざるなり、と。[18]）

と示されるように、孔子は《韶》について美と善を備えた楽であると評価している。一方で《武》に関しては、美はあるが善は足りない、つまりいわゆる楽としては不十分であると述べている。『論語』述而編では「子在齊、聞韶三月、不知肉味、曰、不圖爲樂之至於斯也」（子齊にありて韶を聞く。三月肉の味を知らず。曰く、図らざりき、楽を為ることの斬に至らんとは）[19]と記され、孔子は斉の国で《韶》を聞いたとされる。

一方、「楽記」には、

大章、章㆑之也。咸池、備矣、韶、繼也、夏、大也、殷周之樂盡矣。（大章は之を章らかにするなり。咸池は備わ

るなり。韶は継ぐなり。夏は大いなるものなり。殷周の楽は尽くせり。[20]

とあり、《大章》《咸池》《韶》《夏》の四種類の名称があげられている。これらは黄帝・堯・舜・禹および殷・周の六代の楽である。すなわち《大章》は堯、《咸池》は黄帝、《韶》は舜、《夏》は禹の音楽を指すとされる。「楽記」では殷の湯王、周の武王の音楽は省略されているが、『周礼』「大司楽」によれば、湯王の楽は「大濩《だいご》」、武王の楽は「大武」とされている。[21]これらの楽曲はそれぞれの代の音楽という意味であり、孔子の時代でさえ《韶》以外はあげられていないことから、もはや聞くことができない伝説上の楽曲であったと考えられる。《韶》ですらすでにほとんど実態がわからない状態であり、一方で同時代的な音楽は淫楽とされてしまうことを勘案すれば、礼楽における楽は、春秋時代でさえすでにほぼ実態を持たない、論理的音楽論として言及されたものであったといえるだろう。

二　昌平坂学問所

徳川家康は学問の振興を志し、文禄二（一五九三）年、藤原惺窩（一五六一～一六一九）を招いたのを初めとして、惺窩の紹介により林羅山を登用し、朱子学を倫理規範の基礎とした。林羅山は慶長一二（一六〇七）年に出家して道春と名乗り、徳川家光まで三代にわたって仕えた。徳川家光は、道春に対し寛永七（一六三〇）年に上野忍岡の土地一三五三坪および金二〇〇両を下賜し、道春は塾舎と書庫を建築した。これが昌平坂学問所の前身である。ただしこの時代の学問所は幕府の公的な教育機関という位置づけではなく、あくまでも林家の私塾であった。

寛永九（一六三二）年には尾張藩主徳川義直より寄進を受けて孔子廟を造営し、翌一〇年二月一〇日に初めて釈奠を実施した。廟には徳川義直筆の「先聖堂」と記した扁額が掛けられ、学問所と合わせてこの施設を聖堂と呼ぶようになった。同一一年二月には故駿河大納言徳川忠長の旧邸の一部を移築して書院を建て、慶安四（一六五二）年には幕府により廟が改築されるなど、官費や大名家等の寄進によりたびたび改築が重ねられた。しかし、明暦三（一六五七）年正月一八、一九日間にわたって生じた大火（振袖火事）で、忍岡の廟・塾舎は無事だったが、林家の本宅と書庫が類焼した。これに落胆した道春は病床に臥し、そのまま死去した。

一方、学問所としての聖堂に関しては、道春時代に幕府の命によって開始した『本朝編年録』の編纂が中断していたが、寛文二（一六六二）年に幕府より続行を指示され、寛文四年より塾舎内に編纂所を設置して行われるようになった。この事業については幕府より関係者へ月俸九五人扶持が支給され、同一〇（一六七〇）年に編纂が終了したのちは、その費用がそのまま塾生の教育料とされたため、官費による教育が行われるようになった。さらに、寛文一二（一六七二）年には幕府より材木を下賜され舎が増築された。

また、たびたび林家の聖堂を訪れていた五代徳川綱吉の命により、聖廟が元禄四（一六九一）年に湯島に移転された。湯島の聖堂は忍岡と異なり正式な幕府の孔子廟とされ、綱吉みずから講釈を行ったり大規模な釈奠が実施された。一方、廟とともに学問所も湯島に移され、官費による教育が行われてはいたが、聖廟と異なり学問所はまだ幕府直轄ではなかった。

その後、度重なる火災や、六代および七代将軍との関係が希薄だったこと等により、規模は縮小されていった。

八代将軍吉宗の時代になると、湯島聖堂を林家の家塾および釈奠を行う場に留めない方向性が打ち出された。享保二（一七一七）年には広く武士階級のみならず一般庶民にも自由に聴講を許す等、一般開放することで精神教育の場として活用しようとした。また享保三年には林羅山の四男の孫にあたる林信如、林信篤の門人の人見行充（桃源、一六七〇～一七三一）、木下順庵の次男木下寅亮（菊潭、一六六七～一七四三）、荻生徂徠の弟観（北渓、一六七三～一七五四）の四名に学舎の講師を命じた。林家以外の人物が講師を務めるのはこれが初めてであった。しかし一方で、春秋二回の釈奠の規模を秋に揃える形で縮小を図ったり、式典後の饗宴の廃止、費用は初期に幕府が寄進した祀田一〇〇〇石から支出すること等の是正が行われた。このようにさまざまな慣例を廃し本来あるべき姿へ戻す方向性が示されたが、それは聖堂の規模縮小に直結することに他ならず、その経営は厳しいものとなったことは想像に難くない。

天明七（一七八七）年、松平定信が一一代徳川家斉の老中首座に就くと、文教政策に着手し、寛政二（一七九〇）年に異学の禁を実施するとともに、衰退していた学問所の再生を図った[22]。まずは天明七年に聖堂の再建に着手、続いて聖堂における講釈の実施を指示した。翌天明八年には芝野彦輔（栗山、一七三六〜一八〇七）、寛政元年には岡田清助（寒泉、一七四〇〜一八一六）、寛政三年には尾藤良佐《りょうすけ》（二洲、一七四五〜一八一四）を、寛政九年には佐賀鍋島藩の儒臣であった古賀精里（一七五〇〜一八一七）を聖堂附儒者として登用し、また同年学舎の改築を命じた。寛政四年には旗本・御家人の一五歳以上の子弟に対する学術試験である学問吟味を、翌寛政五年には一五歳未満の直参の子弟に対する試験である素読吟味を実施し、以後三年ごとに試験を行うことを命じた。

一方で、七代目の大学頭であった林信敬（錦峰、一七六七〜九三）が寛政五年に没した後、幕府は美濃岩村藩主松平能登守乗蘊《のりむら》の第二子衡《たいら》（述斎、一七六七〜一八四一）に林家を継がせた。さらに寛政九（一七九七）年一二月には祭祀田の税収および学糧、塾糧をすべて勘定奉行の支配としたことで聖堂および学問所は正式に幕府に組み込まれた。また享和元（一八〇一）年八月には、聖堂を含めたすべての建物が学問所として統一され、以後は「昌平坂学問所」と称された。

こうして昌平坂学問所は、旗本を教育する幕府直属機関となり、通学・寄宿も含めすべて官費で運営された。教育は初期には林家と上記の学問所附儒者が主に担当したが、のちに安芸の頼春水（一七四六〜一八一六）、薩摩の赤崎貞幹《ていかん》（一七三九〜一八〇二）に依頼するなど、外部からの招聘も行われた。

明治元（一八六八）年江戸城開城ののち、学問所は大総督府の所管となり学校と改称、翌明治二年には大学校を経て大学と改めて大学別当が管理した。また、旧幕府が開設していた洋書調所（開成所）・医学所を再興して開成学校・医学校と改め、大学別当の管轄とした。しかし明治四年七月に大学を廃して文部省を設置、大成殿は文部省博物局の博物館、旧講堂は書籍館の閲覧室となり、学問所としての歴史に幕を下ろした。

三　藩　校

昌平坂学問所の流れを受けて、諸藩でも学問の奨励が進められた。笠井治助によると、藩校の設立は、主に私塾が藩校へ発展したもの、藩の監督の下で儒臣に家塾を開かせたものをのちに藩校としたもの（半官半私）、藩主が城内に講堂を設けたものが藩校へ発展したものの三種類の形態があるとされる。[23]

藩校の設立時期に関しては、寛永から天和年間（一六二四〜八四）に尾張藩の明倫堂（藩祖義直時代）[24]、盛岡藩の作人館（寛永一三年）、岡山藩の花畠教場（寛永一八年）、桑名藩の立教館（寛永一二年）、会津藩の日新館（寛永年間）[25]、大村藩の五教館（寛文年間）、鹿島藩の弘文館（寛文年間）の七校が、さらに貞享から寛延年間（一六八四〜一七五一）に三四校、宝暦から安永年間（一七五一〜八一）には二五校が設立、その後天明から享和年間（一七八一〜一八〇四）にかけて五九校が開校、文化から天保期（一八〇四〜四四）にさらに七二校、弘化から慶応年間（一八四四〜六八）には三三校が設立されたとされている。江戸期を通じて全国で計二三〇校が開設された。ただし、宝暦以前に設立と数えられた藩校の多くは中断しており、ほとんどは宝暦以後に設立または再建されたものである。

中断しているとはいえ、寛永から天和年間に設立された藩校は、上野忍岡の聖堂の動向と呼応したもの、貞享から宝永にかけての一五校は綱吉の、また正徳から享保年間の一三校は吉宗の学問奨励の影響を反映したものであろう。しかしほとんどの藩校は天明期以降の設立であり、その頃の藩校の設立は、松平定信による寛政改革とともに、武士階級の教育や藩政改革等、各藩の状況に起因する。

明治四（一八七一）年七月の廃藩置県により藩校は廃止され、多くは翌明治五年八月の学制発布の際に中等または高等学校へと移行した。

藩校における教育内容は、時代や各藩の方針によって異なるが、松平定信による寛政改革で異学の禁以外にも文武奨励、素読吟味、学問吟味等が示されたことから、寛政期以後の多くの藩校で文武両道が遵守された。本稿では武道については触れないが、文道教育としては、漢学・習字から始まり、宝暦の頃から皇学・医学が加えられ、天明期以降に算学・洋学が、文化以降にいたって天文学および音楽が架設されたと笠井は分析している(26)。また、施設が整ったところでは教科書等の出版も積極的に行われた。軍事的必要性から外国語から物産書、数学書、西洋軍事科学技術書、西洋式軍隊訓練等、さまざまな洋学書が研究・翻訳されることによって、西洋近代科学技術の知識が全国的に普及し、近代化を促進させたことも藩校の特徴としてあげられる。さらに、たとえ小藩では規模や内容に不備があったとしても、文武両道による総合的教育が、全国的な藩校の展開によって人材育成として行き届いていたことで、明治文化を迎える素地を培っており、また地方文化の開拓に貢献した教育・文化的意義が甚大であったと評価されている(27)。

四　弘前藩校「稽古館」の概要

弘前藩校は、会津藩の日新館、水戸藩の弘道館、長州藩の明倫館、熊本藩の時習館、薩摩藩の造士館など、全国的に有名な藩校と比較すると、取りあげられることが少なく、あまり注目されてこなかった。しかし、弘前藩校は楽を考える場合に非常に重要な藩校であると考えられる。まずは、その概要をとらえておきたい。

弘前藩は、陸奥国津軽郡に存在した藩である。藩主は津軽氏で、弘前城を藩庁とした。津軽氏は初代より文道を好んだ。四代藩主津軽信政（一六四七～一七一〇）は山鹿素行（一六二二～八五）に師事し素行の門人が藩に召し抱えられた。同藩の宝暦改革の中心人物である乳井貢（一七一二～九二）にも素行の思想的影響がみられるなど、その影響は多大であったとされる。[28]

六代藩主津軽信著（一七一九～四四）の代に大坂の懐徳堂の助教であった五井蘭州（一六九七～一七六二）を一時召し抱えるが、思想的に大きな影響はなかった。七代藩主信寧（一七三九～八四）は戸沢惟顕（一七一〇～七三）を召し抱え、戸沢は八代藩主信明（一七六二～九一）の守役を務めた。

八代藩主信明は戸沢惟顕ののち、荻生徂徠門下の宇佐美灊水（一七一〇～七六）に師事した。信明は熊本藩六代藩主細川重賢（一七二一～八五）を介して松平定信と懇意であった。寛政三（一七九一）年には四代藩主信政の頃から続いていた城中講釈の定例化を整備し、藩校設立を検討していたが、同年急死したため遺言として託した。九代藩主寧親（一七六五～一八三三）は寛政六（一七九四）年に学校設立の総責任者として津軽永孚（一七七三～一八二八）を任命し、昌平坂学問所や熊本藩校時習館を規範として、寛政八年に学舎が完成、稽古館と名付けられ、同年八月から授業が本格的に開始された。寛政九年には江戸藩邸内にも学問所が設けられた。同九年二月二六日には釈奠が、三月三日には養老礼が行われた。以後釈奠は毎年行われるようになった。

文化五（一八〇八）年、凶作と蝦夷地警固による財政難のため、稽古館は規模縮小の上、城内に移転し、教科は経学・書学・算学に限定された。その後も規模縮小は続き、慶応二（一八六六）年および三年に教科の取消・変更、停学・退学の規定、高禄者の嫡子に対する個別教育等の規定改正が行われた。明治に入ると解体し、漢学と英学が別々に教育されていたが、それも明治四（一八七一）年の廃藩置県で廃止され、翌明治五年に旧藩立学校廃止の布令を受け、私立学校に転換し、東奥義塾が設立された。[29]

寛政八年の稽古館設立当初の設定教科は、経学・兵学・紀伝学・天文暦学・数学・書学・法学・武芸・医学・奏楽であった。また安政六（一八五九）年には蘭学が追加された。開設当初は八代藩主信明以来の影響として徂徠学的傾向が強く、経学の内容にも「大学」「孟子」「中庸」が採用されないなど、朱子学とは性格を異にした内容であったとされる。また奏楽すなわち雅楽の教習が行われ、釈奠の際にも利用されていたことは特筆すべき特徴であった。しかし、津軽永孚が寛政一一（一七九九）年に退くと次第に徂徠学から方向転換が図られ、文化七（一八一〇）年には宋学（朱子学、以後引用以外は朱子学と表記）へ改められた。

規模の縮小により、文化五（一八〇八）年には教科が経学・書学・数学に限定され、規定の年齢に達した者に限り、志望により一科目もしくは数科目を兼修することが許可され、また兵学の学習が義務付けられたものの、兵学も含めて講釈の回数は削減された。さらに慶応二年から三年にかけて、奏楽や諸礼の教科が廃止されるなど、縮小傾向は加速したが、一方で国内外の緊張状態から、武芸は奨励された。

稽古館では出版事業が活発に行われており、その大部分が素読本であった。また寛政一〇年以降明治にいたるまで暦の作成も行われていたことが特徴的であると評価されている[30]。

五　稽古館における楽の実践

弘前藩校稽古館では、前述の通り楽が教習されていた。本節ではどのようにして楽が行われたのかについて検討する。

稽古館の開設準備および開設当初の詳細な史料はあまり残存していない。主な史料は『新編弘前市史』資料編三（近世二）[31]に掲載されているが、たとえば弘前市立弘前図書館（以下、弘前図書館と表記）所蔵の『稽古館創記』から引用している、「二七九　学校御用掛の職名・人員・俸禄等」「二八五　学官の任命」「三〇九　経学・兵学・数学・天文暦学の教科書」等には楽に関する記載はない。また、一方、「二九七　国師ほか各職掌」としている事項には、一部「楽」の文字が見られるが、これは実際の楽の演奏等ではなく、『楽記』を指していると考えられる。[32]

一方、『日本教育史資料』掲載の弘前藩の部分の「行儀規」および「学規」には次のような記載がある。

行儀規　同上[33]

（中略）

一、學校中雅樂器之外散樂等之遊藝器翫ヒ候儀堅ク禁止仕候様但雅樂器ト雖休日之外弟子ノ分者七時前不許之

（後略）[34]

學規　寛政十一年定

（中略）

一、生徒學雅樂者申牌後會習其休暇日午牌以後不禁爲之若夫散樂諷謡一切不許在學中爲之

（後略）[35]

これらの記載から、藩校内において雅楽器を用いた演奏が行われていたこと、雅楽の教習が行われていたことがわかる。

しかし、先述の通り、文化五（一八〇八）年には教習内容が「経学幷書学・数学之三芸計」[36]に限定されており、その中には奏楽は入っていなかった。さらに文化七年には学問所の学風を朱子学に改める触が出されていることから、[37]奏楽の教習が継続していたかは不明であるが、慶応二（一八六六）年一一月二八日の触に「一、奏楽幷諸礼之義ハ当分御止メ被仰付候」[38]とあることから、慶応二年の時点で正式に教科から外されたことがわかる。しかしそれは裏を返せば、その時点まで奏楽が学習内容に組み込まれていたということである。

この件に関しては、弘前図書館岩見文庫蔵『奏楽御用留』に次のように詳細が記載されている。

一、奏楽之義、御趣意ニ而御開業被遊候、然ニ時勢不得止事段々衰盛ニ及候ニ付絶伝ニ至候而者以之外ニ付、此度寺社江取懸候様演舌致し候間、学問所奏楽取扱之面々右之趣差含教授致し候様、猶又学問所ニ而も稽古有之候所、近来取懸候族も無之趣ニ付是迄取懸候族并分望之族も文武芸道差障無之様取掛セ度候間、右之趣取扱之面々江申談候様、

慶応二寅ノ三月七日

右之趣於御城山野主馬殿御演舌楠美泰太郎《小司》承之、

一、奏楽之儀、当分之内学問処御止被仰付候間取扱於宅教授いたし候様、尤御道具宅下ケ被仰付候事、

慶応三卯年二月廿日

一、以手紙致啓達候、一季御手当是迄之通被下候様被仰付候、此旨申入候、以上、

卯九月廿一日　奏楽取扱中様　小司(39)

慶応二年三月七日に、奏楽が近年の時勢のために衰退していることはもってのほかなので寺社はもっと演奏するように、と指導されているので、学問所の奏楽もそれを考慮した上で指導するようにと伝えたところ、学問所の方では近来稽古を行う者もいなくなっていると述べられていた。ここから、慶応二年三月段階ではまだ学問所での奏楽実習は廃止されていないこと、しかし実質的には学習者がおらず、教習は途絶えがちであったことがわかる。そしてこれまで雅楽に取り掛かっていた者たち（教授方）もこれから教習を望む者も、文武芸道に支障がないように取り掛かるようにということが教授方に申し渡された。そして約一年後の慶応三年二月二〇日付で、奏楽については当分の間学問所では停止となり、教授方の自宅にて行うよう仰せ付けられた上で、道具、すなわち雅楽器が下げ渡されることが下知された。同文書には具体的にどのような楽器が下げ渡されたのか、個別の楽

器名は記載がないが、弘前図書館所蔵の『稽古館蔵書目録(40)』の最後の項目に次のような楽器の記載がある。

楽器
一　鞨鼓　一面　撥添　胴木地
一　同　右同　胴唐草模ヨウ付
一　太鼓　右同　胴木地
一　同　右同　胴牡丹唐草
一　同　右同　同
一　鉦鼓　右同　二面
一　笙　五管箱入
一　篳篥　四管
一　横笛　五管
一　箏　一面
一　篁　一管
一　和琴　一面
一　調子竹　一管

この『稽古館蔵書目録』には年紀がない。一方もう一点存在している『稽古館御蔵書員数目録(41)』には嘉永元（一八四八）年の年紀があるが、こちらには楽器の目録は掲載されていない。したがって、『稽古館蔵書目録』記載の楽器がどの時点で保有されていたのかは不明であるが、少なくともこれらの楽器が寛政八年以降に学問所に所蔵され、使用されていたことは間違いないだろう。これらすべてが慶応三年段階まで揃っていたのかも不明ではあるが、これらのうちのいくつかが下げ渡されたと考えるのが順当である。

この楽器一覧を見る限り、琵琶を除くほぼすべての雅楽器が揃えられていたことがわかる。また和琴もあることから、唐楽ばかりではなく国風歌舞も視野に入れていたことがうかがえる。[42]これらの種類がほぼ下げ渡されたとしたら、自宅での教習に不足はなかっただろう。

ところで、演奏や教習には楽譜も必要であるが、楽譜に関しては、『稽古館蔵書目録』には、雑書の部に『琴譜』小十冊が一点あるのみである。『琴譜』は、現在弘前図書館に同名の書が所蔵されているが、[43]これは雅楽の箏譜ではなく、七絃琴の譜である。もし現存の『琴譜』が蔵書目録にある『琴譜』と同じものであったとすれば、雅楽の譜ではないことになる。また、『琴譜』がどのような種類の楽譜であれ、目録に記載されているということは、楽譜類が記載事項から排除されたわけではないことを示している。これらのことから、学問所内には『琴譜』以外の楽譜は所蔵されていなかったと推測できる。したがって慶応三年の下げ渡しの中に譜面についての記載がなかったとも考えられる。

『奏楽御用留』の記載に戻ると、慶応三年九月二一日に、一季手当はこれまで通り支給されることが小司の楠美泰太郎に伝えられたとある。このように、慶応二年までは学問所内での奏楽の教習は建前上行われていたが、慶応三年二月までの間に教習を停止し教授方の自宅教習となった。しかしこれは教習の停止という意味ではなく、あくまでも教習場所の移転という方向で処理されていることは、自宅での教習方にも手当が支給されたことからもうかがえる。

これらは、弘前藩において、奏楽、すなわち雅楽の演奏が単なる娯楽や教養の一環ではなく、学問所において学ぶべき重要な科目として捉えられていたことの証左となる。学問所の縮小は何度も行われていたにも関わらず、また教習者が実質的に存在しないような状況になっていたにも関わらず、ほぼ最後まで教科として置かれていたことからは、楽というものが、弘前藩の武家社会において必要なものと認識されていたことを示していると考えられるのである。

六　弘前藩における奏楽の実態

（1）　奏楽の目的と場

それでは、弘前藩ではなぜこれほどまでに楽の教習を重要視していたのであろうか。それが使用されたであろう場あるいは機会の問題と思想的な問題から考察したい。

弘前藩が藩校において楽の教習を実践してきた背景には、釈奠の実施に際する奏楽の必要性があげられる。

弘前図書館には『釈奠御儀式』と題された写本が二冊所蔵されている。一方は寛政九年二月二六日と年紀のあるもので[44]、他方は年紀はないが、一頁目に「御日記方」という印がある[45]。また『新編弘前市史』資料編にも国文学研究資料館に陸奥国弘前津軽家文書として所蔵されている『釈奠御儀式』の翻刻がある[46]。これらは弘前藩における釈奠の進行を詳細に示したもので、釈奠中の奏楽についても記述されている。同史料中には奏楽に関する担当については、

大楽正　一人　学頭
　麾を執り楽を節する事を掌る、
「（貼紙）小楽正　一人、　添学頭階下ニ立、　大楽正之節楽ヲ賛く、」
楽工　学官学生之内より相勤之、
　楽を奏する事を掌る[47]、

とあり、特に楽工の箇所に楽官学生のうちから務めると記載されていることが注目に値する。寛政九年当時の奏

楽の担当者については、『学校御用留』にその氏名が次のように記載されている。

今度釈菜之節、奏楽御用有之候間、兼平弁之助・野呂半次・土門八郎・間宮久蔵義右御用懸被仰付候、

一、間山甚五郎申出候、水木金吉・森左市・吉崎小源次義諸勤引取被仰付度義伺之通被仰付候、此旨申入候、

以上

二月朔日(48)

ここから、寛政九年の釈奠(49)において申し出をした人物も含めて、奏楽に従事した人物の名が八名分判明する。また、同じ『学校御用留』の同年二月二八日条には、釈奠に関わった人物が記載されており、その中に楽人も記載されている。その抜粋は次の通りである。

来ル廿一日於表御書院釈菜之御規式御習被仰出候間、別紙之面々継肩衣ニて罷出候様、尤五ツ時揃被仰付候、

此旨夫々御申通可有之候、以上

二月十八日

（前略）松田常蔵《大楽正》、土岐惟一《小楽正》、（中略）間山甚五郎《登歌箏兼》（中略）都谷森甚弥《太鼓》、吉崎小源次《鞨鼓》、野呂左門《鉦鼓》、笠原半蔵《笙》・斎《同》藤勝弥・間宮官蔵《同》、館山又次郎《笛》・土門八郎《同》・間宮久蔵《同》、兼平弁之介《篳篥》・野呂半次《同》、以上(50)

この史料によると、先の文書にあげられた八名のうち六名の名前が一致する。ただし、二名は記載されておらず、また先の文面では見られない人物が八名記載されている。この史料には彼らの担当した役職や楽器も記載されており、どのような編成で奏楽したかが判明する。それによると、登歌箏廉、太鼓、鞨鼓、鉦鼓、笙三名、笛三名、篳篥二名であり、これは『稽古館蔵書目録』に記載されていた楽器類とほぼ同じであることもわかる。なお同書には、楽器の一つ前の項目に「御祭器」と題して釈奠の道具類を記している。つまり、これらの史料からは、稽古館における奏楽の教習は釈奠での演奏が主目的のひとつであり、稽古館に所蔵されていた楽器もまた釈

奠の奏楽に用いられたであろうと推測できる。釈奠は稽古館の行事としては非常に重要なものであり、毎年実施する釈奠で奏楽を用いない、あるいは外部に依託するという方向に変更しない限り、奏楽の需要は確実に存在していた。そしてそれを存続させるためには次代を担う奏者を育成する奏楽教習は必要不可欠であったことが推察される。こうして慶応二年にいたる約七〇年にわたって、稽古館では奏楽教習が実施されたと考えられる。

（2）演奏者

弘前図書館に所蔵されている『奏楽御用留』の最終的な年紀は慶応二（一八六六）年であり、『釈奠御儀式』が記された寛永九年当時から約七〇年後のものである。同書の翻刻はすでに行っているので詳細はそちらを参照されたいが[51]、同書は天保一四（一八四三）年、安政五（一八五八）年、文久二（一八六二）年に行われた藩主奏楽聴聞に関する記録、および慶応二（一八六六）年から翌三年にかけての奏楽教習停止に関する記録であり、全体で約三〇名の演奏者の氏名が記載されている。

そのうち天保一四年の条に、『学校御用留』に記載された一四名のうちの一名、兼平弁之助の名前が見出せる。兼平弁之助は寛政九年二月一日および二月一八日条の両方の記事に記載されている人物であり、おそらくこの時点で教授方であったと推測されるが、四六年後にも奏楽御用を仰せつかった者として名前の記載がある。このことは、同じ教授方が長く活躍していた実態を示しており、この間奏楽および教習が行われてきた証拠となるだろう。また名は異なるが、兼平・館山・吉崎の姓を名乗る人物も記載されていることから、寛永九年時に奏楽を行っていた者の親族ではないかと推測される。一方でまったく異なる姓の者も多く記載されており、非世襲が一般的であったこともうかがえる。つまり、ある一定の一族だけが奏楽を担ったわけではなかったということである。

また、『奏楽御用留』において頻繁に名前が記載される斎藤善兵衛という人物は、御馬廻与力であることも記されている。このことから、彼は専業の奏者ではなく、稽古館での教習の結果演奏技術を習得した藩士であると判断できるだろう。慶応二年時点までそれが確認できるのは、細々とでも稽古館における教習および奏楽が続けられ、奏楽御用に奉仕するための人員を輩出していた証拠として捉えることができる。

（3）演奏曲目

『釈奠御儀式』には釈奠の式次第およびその運用が詳細に記載されている。そこにはどの時点で奏楽を挿入するのかが細かく指定され、合わせて曲目も記載されている。分量が多いのですべてを引用することはできないが、一部を抜粋すると、

> 此節楽正跪て麾をあけ柷を鼓して五常之楽を奏す、楽一成し終而楽正麾を偃せ敔を戞し楽止む、凡楽皆楽正麾を上柷を鼓し、楽作り麾を偃せ敔を戞して楽止む（中略）
> 賛道御先立致、五常之楽作る、以後堂下接神之楽皆五常之楽を奏す、(52)

とあり、開始後にまず《五常楽》が演奏されていたことがわかる。さらに式が進むと中程では《越天楽》を演奏し、さらに後半で《太平楽》、最後の退出時には《慶徳楽》を演奏することが記載されている。

一方、『奏楽御用留』には、天保一四年の聴聞の際は《賀殿》《林歌》《青海波》《抜頭》《合歓塩》の五曲、安政五年は《五常楽》《越天楽》《抜頭》《蘭陵王》《林歌》の五曲、文久二年は《賀殿》《五常楽》《林歌》《太平楽》《抜頭》の五曲が演奏されたことが記されている。それぞれ一～二曲重複しており、また安政五年および文久二年には釈奠の際に演奏する三曲も含まれているが、釈奠では使用しない曲も六曲含まれており、少なくとも合計一〇曲の演奏ができたことがわかる。

先述の通り『稽古館蔵書目録』には楽譜の記載はないが、弘前図書館には何点か楽譜の所蔵がある。そのうち、

表1　弘前市立弘前図書館所蔵　楽関係書籍一覧

資料名	内容	著者編者	年紀	備考
龍笛仮名譜	竜笛譜、50曲の楽譜	太秦冬昌	寛政9（1797）	目次の曲のうち最後の数曲、太鼓譜、鞨鼓譜はなし
横笛楽譜　乾	竜笛譜、7曲の楽譜			
笛譜	竜笛譜、25曲の楽譜			曲によって箏譜の書き込みあり
こと歌	篳篥譜、13曲の楽譜			
琵琶調子並譜	琵琶の調子の解説、楽譜なし			流鶯舎雑書
調子合法	雅楽の調子等の解説、楽譜なし	太秦昌隆	元禄14（1701）	
幽蘭譜附琴左右手法・琴手法図・調琴法	幽蘭の奏法解説書	荻生徂徠（双松）		三上道順写本
琴経指法・附曲十六	奏法解説および琴譜（明清楽）	張大命編		
魏氏楽譜	明清楽譜	魏皓編	寛政12（1800）	樋口直行書
水月居琴譜	琴譜（明清楽）			
琴譜	琴譜（明清楽）			
琵琶譜　上巻	明清楽譜	小石山人	清嘉慶23（1818）	

楽に関係すると考えられるものを一覧表にまとめたものが表1である。笛譜として『龍笛仮名譜』[53]『横笛楽譜』[54]『笛譜』[55]の三点、篳篥譜として『こと歌』[56]一点が雅楽の楽譜である。理論書としては『琵琶調子並譜』[57]や『調子合法』[58]がある。

『横笛楽譜』は龍笛譜で、《五常楽》《越天楽》《慶徳》《太平楽》《抜頭》《陪臚》《林歌》の譜が掲載されている。これらは『奏楽御用留』であげられていた演奏曲目とほぼ一致する。

『龍笛仮名譜』も書名が示すように龍笛譜であり、目次には音取を含めて五四曲の曲名および龍笛指南、太鼓譜、鉦鼓譜、鞨鼓譜があげられているが、実際には五〇曲分の龍笛譜と龍笛指南と思われる笛の図と鉦鼓の簡単な概説が掲載されており、目次に示された最後の数曲は掲載されていない。

掲載されているすべての笛譜に太鼓譜、《越天楽》《林歌》《抜頭》《青海波》《羅陵王》《五常楽》《慶徳》《合歓宴》にはさらに鉦鼓譜が書き込まれている。また、『奏楽御用留』であげられていた曲についてはすべて網羅されている。

『笛譜』も二五曲分の龍笛譜であるが、そのうち《越天楽》《五常楽》《老君子》《太平楽》には箏譜が書き込まれている。つまりこの三冊で笛譜・箏譜・太鼓、鉦鼓の譜が揃っていることになる。

一方『こと歌』という題箋が付された写本は、譜を検証したところ、題箋に反して琴や箏の譜ではなく、すべて篳篥譜であった。内容は、《賀殿》《胡飲酒》《酒胡子》《蘭陵王》《武徳楽》《五常楽》《越天楽》《慶徳》《老君子》《三台急》《陪臚》《林歌》《萬歳楽》の一三曲の篳篥譜となっている。ここでも釈奠で用いられる曲は網羅されており、聴聞の際の曲も含まれるが、弘前藩で記録があるすべての曲の譜が入っているわけではなかった。

『琵琶調子並譜』および『調子合法』はどちらも調弦方法や調子の関係、奏法等の解説書で、楽曲の譜は掲載されていない。『琵琶調子並譜』は二丁の薄物で譜はまったくないことから、欠損または同名書の一部を写したものかもしれない。一方『調子合法』は楽器間の調子の関係、渡物の規則、楽譜の記載方法と演奏方法、大神惟季伝「懐竹抄巻第一　横笛篇」等を合綴した専門的な楽書である。[59]

これら弘前図書館の楽譜類がどのような経緯で所蔵されたのかは不明だが、『龍笛仮名譜』は昭和五〇年に個人より寄贈されたものであることを示す押印がある。また楽譜類には弘前藩で実際に演奏された曲目のほとんどが掲載されていること、笛譜に箏譜や打物の譜が記入されていること、多くの楽譜に書き込みが見られる点を鑑みると、演奏者（学習者）が所持し実際に使用していたものである可能性が高い。笙譜の所蔵はなかったが、演奏者の家に伝えられた可能性も考えられる。

このように、『稽古館蔵書目録』記載の所蔵楽器、『釈奠御儀式』他の奏楽の記録、弘前図書館所蔵の楽譜類により、稽古館および弘前藩では活発な奏楽習慣があったことがわかるのである。

（4）琴・明清楽

一方、弘前図書館の楽関係蔵書類を見ると、表1のように、雅楽関係とほぼ同数の琴（七絃琴）および明清楽関係書籍があることに気付かされる。『幽蘭譜附左右手法・琴手法図・調琴法』[60]は荻生徂徠が研究した、後水尾天皇（一五九六～一六八〇）が狛家に下賜した琴の古譜『碣石調幽蘭第五』の奏法ならびに琴の奏法、調弦法を合本した写本で、三上道順という者が写したと奥書されている。『琴経指法・附曲十六』[61]も琴の奏法の解説および一六曲の琴譜である。また『水月居琴譜』[62]と『琴譜』は同じ形態の写本で、『水月居琴譜』の目次に掲載されている三二曲のうち二〇曲が『水月居琴譜』に、残り一二曲が『琴譜』に掲載されていることから、この二冊は上下巻一組の琴譜であることがわかる。

また、『魏氏楽譜』[63]は、笛の楽譜であるが、内容は明清楽曲である。巻末に龍笛・篳篥・笙の調音や管の説明が付されているので、それらの楽曲を龍笛または篳篥で演奏することを想定していたようである。奥付に「寛政十二載庚申年九月良辰　鼎齋　樋口直行書」とあることから、寛政年間に明清楽を雅楽器で演奏するという奏法が存在していたことになる。この写本は明治三九年一〇月に個人より弘前図書館に寄付されたものである旨の印があることから、図書館が明治以降に古書店等から購入したのではなく、『龍笛仮名譜』同様、個人の所蔵本であったことがわかる。

『琵琶譜　上巻』[64]は日本の琵琶ではなく中国琵琶のための奏法解説および楽譜である。内表紙に「嘉慶己卯鐫　琵琶譜　小緑天蔵板」とある版本で、奥付に「嘉慶戊寅秋月　竹君華燦録幷校　呉門王敬文鐫」とあり、清で嘉慶二四（一八一九）年に編纂された琵琶譜であることがわかる。

これらの書物は、正確にはいわゆる「釈奠の奏楽」のためのものではない。ただし、先述のように、『稽古館蔵書目録』に唯一記載のある楽譜関係の書物が『琴譜』であった。この『琴譜』と弘前図書館所蔵の『琴譜』

（『水月居琴譜』）が同一であるかは不明だが、「琴譜」と題された書物が蔵書の中に入っていることは看過できないのではないだろうか。

琴は箏と混同されることが多いが、まったく別種の楽器である。ここでいう琴は、和琴ではなく現在の中国でも演奏習慣がある七絃琴、別名古琴である。孔子も琴を嗜んだと記されるほど非常に古くから存在し、儒学や文人世界と深い関係を持つ楽器として知られている。江戸時代に入り、明末の禅僧、東皐心越（一六三九～九九）が来日して琴の奏法を伝え、文人や儒学的思想を有した者の間で流行した。荻生徂徠が琴の研究を行い、浦上玉堂（一七四五～一八二〇）をはじめとして、文人的生き方に共感、憧憬の念を持つ者たちが演奏に親しんだのであり、一般的な人々の娯楽として普及したわけではない。したがって、これらの楽譜や理論書は、弘前藩においてそのような文化的背影を有する琴に親しみ、探求した人々が存在したことを示しており、かつ稽古館においてもそれを行っていた可能性を示唆する。

第四節でも触れたように、八代藩主信明は宇佐美灊水に師事していた。またこれも先述したが、弘前藩の藩政改革に多大な功績を残したことで知られる乳井貢は山鹿素行の影響が大きいとされるが、荻生徂徠や太宰春台の思想も色濃く受け継いでいるといわれる。一方で乳井は朱子学については苛烈に批判したこともまた知られている。藩校開設時と同時代ではないが、やはりこれらの人物が存在し影響を及ぼしていた弘前藩では教育内容には徂徠派の影響が強く、稽古館設立当時も徂徠派の傾向が色濃く出ていたのが特徴であった。蔵書に琴譜が入っているのもそのような背景からである可能性があり、また弘前図書館のこれらの蔵書からも、徂徠の影響を強く受けながら七絃琴および明清楽に親しんだ人々の存在をうかがい知ることができる。

琴や明清楽は、それ自体が直接礼楽と結び付くものではないが、荻生徂徠以降、礼楽思想における楽の実践を考える上で注視しなければならない事項である。弘前藩における琴の実践もまた、その証左であるといえるのではないだろうか。

七　藩校および昌平坂学問所における楽

以上のように、弘前藩においては非常に活発に楽の実践が行われていたのであるが、それでは、このような状況は他藩でも同様であったのだろうか。

明治期に旧幕時代の教育体制を調査し明治二三年から二五年にかけてまとめられた『日本教育史資料』は、後年の編纂資料ではあるが、網羅的に各藩の教育状況を記している。この資料で楽の教習について調査したところ、奏楽あるいは教習が記されている藩は、弘前藩のほか、会津藩・水戸藩・佐倉藩・豊岡藩・赤穂藩・豊浦藩・高松藩・萩藩・熊本藩の九藩にとどまった(65)。それぞれの記載概要については表2を参照されたいが、教科として楽（音楽・雅楽）を教習している藩としてあげられているのが、弘前藩・水戸藩・佐倉藩・赤穂藩・豊浦藩・高松藩・熊本藩の七藩であり、釈奠で用いたり演奏会を実施している藩としてあげられているのが会津藩・豊岡藩・萩藩の三藩であった。したがって、藩校において楽の教習をしていたと考えられる藩はわずか七藩程度であったと推測される。全国に二三〇を超える藩校が存在したことを勘案すると、藩校では楽の教習は驚くほど行われていなかったことがわかる。このことから、藩校における楽の教習は一般的なことではなく、むしろ非常に特異であったといわざるを得ない。しかし、現在この七藩に共通する事項は見いだせていない。今後その理由を、教習していたとされる七藩の実態調査から解明し、その理由に何らかの共通性があるかを検討しなければならないと考える。

一方、各藩校の手本となったであろう、幕府の学問所たる昌平坂学問所ではどうだったのだろうか。

第二節でも述べたが、昌平坂学問所では、林家の私塾であった頃から敷地内に聖堂を建設し、釈奠を実施して

表２　『日本教育史資料』にみる各藩の楽実践

藩名	藩校名	開校時期	楽に関する記載
弘前藩	稽古館	寛政８年	学科ハ寛政開設ヨリ文化五年マテ文武両道具備ノ学制ニシテ皇漢学筆道算法医学習礼兵学雅学及(中略)
会津藩	日新館	享和３年４月	毎月会日ヲ設ケ大学校ニテ音楽ヲ調奏ス
水戸藩	弘道館	天保12年	髎音楽役十五員　管頭已下並ニ小十人組已上ヲ以テ之ヲ兼ヌ　笙、笛、髎、篳、大鼓、鞨鼓、筝、琵琶等ヲ学習シ孔廟及祖廟ノ祭祀ニ供ス生徒亦之ヲ学フコレヲ得但課業ノ限ニ非ス
佐倉藩	成徳書院	天保６年10月	内附属〔六芸所〕礼節所、音楽所、弓術所、馬術所、書学所、数学所　礼節書数は日用之急務音楽ハ性情を養ひ人材を育するの事(中略)音楽所於二階合奏(中略)右何れも便利に従ひ差支無之様定日相立可致稽古候事
豊岡藩	稽古堂	天保４年２月	雅楽ハ大石松軒今井三郎右衛門等建校ノ前ヨリ之ヲ習ヘリ然ルニ本校ニ在テハ持ニ釈奠ニ用イルノミ
赤穂藩	博文館	安永６年７月	雅楽往年森織部中村永応寺住職按察使等堪能ナリ藩士等就テ学へり本校ニ在ツテハ時ニ釈奠森家祖先祭典ニ用ユルヨリ博文館ニ於テ会日ヲ立之レヲ習ハシム。釈奠職員奏楽ハ定員ナシ
豊浦藩	敬業館	寛政３年６月	音楽
高松藩	講道館	元禄15年創設、元文２年再興、安永９年正月講道館と改称	経史輪講詩文会及ビ兵学音楽武家ノ礼式教習等ハ各日ヲ別テコレヲ勉ム
萩藩	明倫館	享保４年創設、嘉永２年再建	音楽会毎月３回
熊本藩	時習館	宝暦５年正月、文化７年再興	定日ヲ以時習館ニ於テ教授ス但平日ハ師範ノ自宅ニ於テ修業ス

いた。その開始は寛永一〇（一六三三）年二月一〇日に林道春によって行われたもので、林家の私的な行事であったが、徐々に徳川家との関係を強めていき、徳川家光、家綱からたびたび聖堂の改修の補助を受け、道春の死後は春斎が祭酒となって釈奠を行っていった。その形式は道春が寛永一二（一六三五）年二月に行った釈奠を規範とし、万治二年には八月にも挙行し、以後春秋二回の実施を定型化した。さらに春斎は寛文四（一六六四）年二月の釈奠で初めて楽を奏させた。その際の記録は、『昌平志』に、

（萬治）四年甲辰二月、上丁、釋㆓菜孔子廟㆒、始用㆓合樂㆒、遜按、去冬京師樂工狛近元、

奉レ職來二於江戸一、稽留逾レ年、會値二春丁一、請與二子姪及其徒高庸等數輩一膽二拜廟貌一、因請奏二樂於庭一、明年四月有事二於日光山一、近元等復奉レ職而往、畢レ事來二於江戸一、再過二忍岡一、請與二樂生三十餘人一舞二於廟庭一、釋奠奉樂訪二於此一[66]

とある。ここから、京都楽所の狛近元に聖廟前での奏楽を依頼して実施したこと、さらに翌年四月に日光山での奏楽のために狛近元が下行した際、再度臨時の釈奠を実施したこと、その際楽生三十余名を廟前の庭で舞わせたことが記されている。つまり、楽人は京都楽所の狛近元に派遣を依頼しており、釈奠のために塾内で教習し演奏技術を習得していたのではなかったことがわかる。この際春斎は釈奠に礼楽が備わり周の古に復したと喜んだとされる[67]。

さらに寛文一〇（一六七〇）年に実施された釈奠がその後の典例となったとされるが、その際に務めた楽師は『庚戌釈菜記』に次のようにあげられている。

伶工
鞨鼓　安季治
太鼓　秦兼伴
笙　多忠行
篳篥　狛光信
笛　狛高重[68]

これらの人物はすべて京都から下向した楽家の者（雅楽の専門の演奏家）であり、寛文四年と同様に学問所内の学生や教師ではなく専門家によって奏楽されたのである。さらに元禄四年には幕府の聖堂が建設され、以後幕府の正式な釈奠行事が湯島で行われていくが、その演奏家は楽所の楽人が変わらず務めていたようである。時代が下って高橋勝弘『昌平遺響』に記載された慶応二（一八六六）年の記録に「京都より下れる伶人数名は皆の衣冠を着け、西廊に坐して樂を奏せり、樂器は笙、篳篥、羯鼓、磐（矩形に曲り弔したる石）などを用ゐたり」と記載されている。(69) これらの史料から、最初期から幕末にいたるまで、昌平坂学問所における釈奠の際の奏楽は京都方の楽人が行っていたことがわかる。つまり、昌平坂学問所では、釈奠の奏楽のために教育を施し、学問所内で演奏者を賄うということが行われていなかったのである。それは昌平坂学問所の各種史料から奏楽教習が見出せないことからもわかる。

各藩は藩士を昌平坂学問所で学習させ、帰藩した者が藩校において活躍することで、各藩校は昌平坂学問所の形に近い状態になっていたといわれている。弘前藩もまた同様であり、開設当時は徂徠学の傾向が強かったものを、昌平坂学問所で学んできた藩士たちが朱子学へと変化させていったことが知られている。弘前藩校は奏楽については昌平坂学問所と同様の傾向を取らなかったが、多くの藩校で、昌平坂学問所で教習していない奏楽はとりあげられなかった可能性があるのではないかと考える。

しかし、各藩でも釈奠は実施されていた。昌平坂学問所では、釈奠の際には京都から奏者を招聘したが、各藩校では同様にできるわけではなく、かつ学問所において教習も行っていない場合、釈奠の際の奏楽は困難であったことは想像に難くない。楽の教習を行っていない藩校の場合、釈奠の記録を見ても奏楽の様子を見出すことはできないことが多い。そのような藩で楽をどのように捉えていたかについては今後検討していきたい。

八　弘前藩における楽実践の意義と文化としての楽

以上、甚だ簡単ながら他の藩校や昌平坂学問所の奏楽の状況と比較したときに、弘前藩における奏楽の実態は非常に特徴的であることが認められた。

藩校が存在した時期は、実際には藩の財政状況も逼迫し、また時代的にも幕末の難しい時期にさしかかっていた。それにも関わらず奏楽の教習が実施され、またそれが継続されたことは、弘前藩および稽古館の大きな特徴であるといえるだろう。

先述のように儒学において楽が非常に重要なものとして捉えられたにしても、また釈奠の実施に際して楽を奏することが主目的であり、かつ昌平坂学問所では楽付きの釈奠が行われていたにしても、多くの藩の釈奠で奏楽の様子が見いだせない状態を鑑みれば、釈奠には楽が必ずしも必要不可欠であるとは認識されていなかった、あるいは省略可能であると解釈されていた可能性は捨てきれない。また、財政的な面からも途中で削除される可能性もあっただろう。それでも弘前藩では最後まで奏楽を止めなかったのである。さらに『奏楽御用留』によれば、天保一四（一八四三）年、安政五（一八五八）年、文久二（一八六二）年の三回にわたって藩主の奏楽聴聞が行われた。専門の演奏家が存在する上方から遠く離れた弘前の地で、稽古館に関わる藩士のみならず、藩主みずから雅楽に親しんだことは注目に値する。

天王寺方の在京楽人であった東儀文均（一八一一～七三）が嘉永六（一八五三）年に江戸へ下向した際、田安家当主徳川慶頼（一八二八～七六）をはじめ、諏訪藩主諏訪忠誠（一八二一～九八）、越前敦賀藩主酒井忠毗（一八一五～七六）、美濃高須藩隠居松平義建（一八〇〇～六二）等と交流したことが、文均の記した『楽所日記』に記されていることなどから、当時、藩主や旗本、さらにその家臣らが楽会を催し雅楽に親しんでいたことが解明されつつある。(70) 弘前藩主および藩士のこのような雅楽愛好もまた、当時のこのような武家社会の指向を反映していると も考えられるが、江戸ばかりでなく、弘前の藩校で教習を行うほどであったのは、単に嗜好だけではない、思想的背景を伴っていたと考える方が自然であろう。

すでに述べたように、弘前藩では稽古館開設当時、徂徠学の傾向が強かったことが知られている。徂徠は熊沢蕃山以後、楽の実践を追及し、その影響が多大であったことでも知られている。釈奠に楽が必要であり省略不可能だとした姿勢は、そのような思想的背景が働いたものではなかっただろうか。その後藩校では朱子学への軌道修正が行われたにも関わらず、奏楽教習は廃止されず、釈奠行事においても楽が用いられ続けたのは、その重要性が学派を超えて弘前藩士に深く浸透していたことを物語っているように感じられるのである。

さらに、七絃琴および明清楽の状況を勘案すると、弘前藩における楽は、礼楽の実施という枠を超えて広く文化として定着していた感がある。弘前という土地は、楽のみならず、地歌箏曲や三味線音楽、また平家琵琶にいたるまで、音曲が非常に幅広く愛好され独自の展開をみた地である。そのような文化的素地の上で、弘前藩における奏楽の習慣は、礼楽の体現という大義名分を持ちながらも、自身の儒学思想あるいは文人への理解を深めながら愛好され、定着していったのかもしれない。藩校が近代の基礎を築いたと評価されるように、弘前藩における楽の実践は、弘前の近代音楽の素地を築いたともいえるのではないだろうか。

本稿でとりあげた弘前藩の思想と楽実践のあり方は特異な例である可能性が高いことを認識しながら、他藩においては礼楽の実践がどのように捉えられ、展開されたのか、また藩によってどのように異なるのか等を今後さらに追及していきたい。

（1）笠井助治『近世藩校の総合的研究』（吉川弘文館、一九六〇年）。
（2）笠井助治『近世藩校における出版書の研究』（吉川弘文館、一九六二年）。
（3）笠井助治『近世藩校に於ける学統学派の研究』上下二冊（吉川弘文館、一九六九年）。
（4）奈良本辰也編『日本の藩校』（淡路社、一九七〇年）。
（5）鈴木博雄『近世藩校に関する研究』（振学出版、一九九五年）。
（6）沖田行司『藩校・私塾の思想と教育』（日本武道館、二〇一一年）。
（7）小島康敬編『「礼楽」文化——東アジアの教養——』

（ぺりかん社、二〇一三年）。
(8)『論語』（木村英一訳者代表『論語・孟子・荀子・礼記（抄）』中国古典文学大系第三巻、平凡社、一九七〇年）泰伯篇、四二頁。
(9)「楽記」（竹内照夫『礼記』中、新釈漢文大系二八、明治書院、一九七七年）五五七頁。
(10) 前掲註(9)書、五五六頁。
(11) 前掲註(9)書、五五七頁。
(12) 前掲註(9)書、五五八頁。
(13) 前掲註(8)書、子路篇、六八頁。
(14) 前掲註(9)書、五六七頁。
(15) 前掲註(9)書、五六九頁。
(16) 前掲註(9)書、五七〇頁。
(17) 前掲註(8)書、衛霊公篇、八五頁。
(18) 前掲註(8)書、八佾篇、一八頁。
(19) 前掲註(8)書、述而篇、三六頁。
(20) 前掲註(9)書、五七一頁。
(21) 下見隆雄『芸術論集』中国文明選一四（朝日新聞社、東京、一九七三年）四〇頁。
(22) ただし寛政異学の禁は林家の門下に対し新規の学説に惹かれて風俗を破る者があることについて注意喚起したもので、一般の異学を禁止したわけではない。
(23) 前掲註(1)笠井書、一三〜一四頁。
(24) 前掲註(1)笠井書では寛文期設立とされているが（二頁）、現在一般的には寛延二（一七四九）年創立とされる。
(25) 前掲註(1)笠井書では寛文期とされている（二頁）。
(26) 前掲註(1)笠井書、二四三〜二四七頁。
(27) 前掲註(1)笠井書、二七二〜二七三頁。
(28) 新編弘前市史編纂委員会編『新編弘前市史』通史編三（近世二）（弘前市企画部企画課、二〇〇三年）五七一〜五七二頁。
(29) 前掲註(28)書、五九七〜五九九頁。
(30) 前掲註(3)笠井書、上巻九七頁。前掲註(28)書、五九三〜五九五頁。
(31) 新編弘前市史編纂委員会編『新編弘前市史』資料編三（近世二）（弘前市企画部企画課、二〇〇〇年）。
(32)「国師職掌　国師之職掌、泮宮之法、統学官以治建国之学、政令国之弟養之以道成其才徳焉、都下自十歳以及三十、都下外自十五歳以及三十皆入学乃教之徳行道芸、（中略）六経、一曰詩、二曰書、三曰礼、四曰楽、五曰易、六曰春秋、（中略）六芸、一曰五礼、二曰六楽、三曰五射、四曰五馭、五曰六書、六曰九数、（後略）」（傍線は筆者）とある。前掲註(31)書、八五二頁。
(33)「寛政十一年定」のこと。
(34)『日本教育史資料』（文部省総務局、一八九〇年）巻三、七一五頁。
(35) 前掲註(34)書、七二〇頁。
(36) 前掲註(31)書「国日記」文化五年二月二日条の翻刻（八六二頁）。

(37)　前掲註(31)書「封内事実秘苑」文化七年一月一六日条（八六三頁）より。
(38)　前掲註(31)書「朧月集」慶応二年一一月二八日条（八七〇～八七一頁）より。
(39)　弘前市立弘前図書館岩見文庫所蔵『奏楽御用留』（GK七六八―九）。
(40)　弘前市立弘前図書館八木橋文庫蔵『稽古館蔵書目録』、YK―〇二九―二。
(41)　弘前市立弘前図書館八木橋文庫所蔵『稽古館御蔵書員数目録』、YK〇二九―三。
(42)　あるいは徂徠学・国学等の研究対象として所蔵されていた可能性もあるが、それについての検討はあらためて行うこととする。
(43)　弘前市立弘前図書館岩見文庫所蔵『琴譜』、W七六八―二二。
(44)　弘前市立弘前図書館岩見文庫所蔵『釈奠御儀式』、GK一二四―一。以下、寛政九年版とする。
(45)　弘前市立弘前図書館岩見文庫所蔵『釈奠御儀式』、GK一二四―二。
(46)　前掲註(31)書、八七五～八八二頁。国文学研究資料館陸奥国弘前津軽家文書本を底本としている。これも年代不明となっている。
(47)　前掲註(31)書、八七七頁。弘前市立弘前図書館所蔵本では文言が異なる、あるいは貼紙がないなど、若干の異同がある。
(48)　前掲註(31)書、八八三頁。
(49)　釈奠と釈菜は厳密には意味が異なるが、文書類では同じ行事をどちらの表現も用いることもある。ここでも文書中には釈菜と記されているが、弘前藩の行事は一般的に釈奠と記されることが多いため、本稿での表記は以下釈奠に統一する。
(50)　前掲註(31)書、八八三頁。個人所蔵の文書。
(51)　武内恵美子「資料紹介『奏楽御用留』（弘前図書館岩見文庫蔵）」（『弘前大学国史研究』一三一号、二〇一一年）、七六～八二頁。
(52)　前掲註(31)書、八七九～八八〇頁。
(53)　弘前市立弘前図書館所蔵『竜笛仮名譜』W七六八―三〇。
(54)　弘前市立弘前図書館所蔵『横笛楽譜』W七六八―二七。
(55)　弘前市立弘前図書館所蔵『笛譜』W七六八―一四。
(56)　弘前市立弘前図書館所蔵『こと歌』W七六八―二三。
(57)　弘前市立弘前図書館所蔵『琵琶調子並譜』（流鶯舎雑書）W七六八―二六。
(58)　弘前市立弘前図書館所蔵太秦昌隆『調子合法』（元禄一四年）W七六八―二〇。
(59)　渡物とはいわゆる移調のこと。西洋音楽と異なり、調子毎に構成音間の関係（音階）が異なるので、雅楽における移調は旋律が変化することになる。
(60)　弘前市立弘前図書館所蔵荻生徂徠『幽蘭譜附左右手法・琴手法図・調琴法』（三上道順写）W七六八―一八。

(61) 弘前市立弘前図書館所蔵張大命編『琴経指法・附曲一六』W七六八―一七。
(62) 弘前市立弘前図書館所蔵『水月居琴譜』W七六八―二一。
(63) 弘前市立弘前図書館所蔵魏皓編『魏氏楽譜』（寛政一二、樋口直行写）W七六八―一。
(64) 弘前市立弘前図書館所蔵小石山人『琵琶譜　上巻』（清嘉慶二三）W七六八―二。
(65) 国立歴史民俗博物館企画展示図録『楽器は語る――紀州藩主徳川治宝と君子の楽――』（二〇一二年）内「釈奠と藩校」では名古屋藩明倫堂等数校があげられているが、筆者は該当箇所を確認できなかった。
(66) 犬冢遜退翁『昌平志』（同文館、一九一一年）学校編、五五頁。（　）は筆者注。
(67) 須藤敏夫『近世日本釈奠の研究』（思文閣出版、二〇〇一年）二一頁。
(68) 内閣文庫所蔵『庚戌釈菜記』。
(69) 高橋勝弘編『昌平遺響』（一九一二年）八頁。
(70) 南谷美保「江戸時代の雅楽愛好家のネットワーク――東儀文均の『楽所日記』喜永六年の記録より見えるもの――」（『四天王寺国際仏教大学紀要』四〇、二〇〇五年）二一～四三頁。

〔付記〕本稿は科学研究費補助金、挑戦的萌芽研究「弘前藩における「楽」思想の成立と近代への社会的影響」（研究課題番号二三六五二一五九、平成二三～二五年度）による成果である。

大武鑑「大名付」と板元と大名家——江戸出版の仕組み——

藤實久美子

はじめに

武家の名鑑である武鑑《ぶかん》は、江戸時代の本屋が編集、改訂、刊行したロングセラーブックである。本稿の表題にある、大武鑑は「大名付《だいみょうづけ》」（第一巻・第二巻）二冊、「役人付《やくにんづけ》」（第三巻・第四巻）二冊、計四冊で一セットの「四冊物」の武鑑のことである。(1)「大名付」とは大名家について記した武鑑をいう。そのレイアウトや記事内容については、後掲の図1（「寛政一二年刊行、須原屋茂兵衛版『寛政武鑑』第一巻　越前丸岡藩主有馬家」）ほかを参照していただきたい。これに対して江戸城本丸および西丸と御三卿（田安徳川家・一橋徳川家・清水徳川家）付の幕府役人について記した武鑑は「役人付」と呼ばれている。(2)

本稿では、武鑑の板元たちはどのようにして情報を入手していたのかを、とくに一九世紀初めの様相を示す肥前大村藩主大村家史料を中心に用いて考察する。この考察を通じて、武鑑というパッケージ商品が出来あがるまでの、大名家（とくに江戸留守居(3)）と板元とのやり取り、江戸の出版の仕組みの一例が示されるであろう。また筆者の積年の疑問、すなわち細密でキレの良い板面を作りだす技術を出版工房は持ちながら、なぜ大武鑑の「大名付」には摺り上がりに不揃いがあるのか。なぜ大武鑑の「大名付」には判読不明な部分が含まれているのか。なぜ、現代の感覚からすると不良品ともいえるものが売られたのか。この疑問に対する答えを導き出すことになろう。

ただし、このとき「大名付」の記事のどこに注意していくかは重要な点である。本稿では、大村家史料の内容に即して系図部分の変化についてみる。大名家による系図編纂については、日本中世史料論[4]からの刺激をうけて、一九九〇年代後半以降、アーカイブズ学、書籍史料研究、編纂事業や藩祖顕彰事業の政治史という観点からの考察、「家」のイメージ化という新しい視点からの研究[5]など、その進展は顕著である。加えて、系図研究と武鑑を結びつけた宮野弘樹の研究[6]がすでに提出されている。宮野は筑前福岡藩主黒田家の系図編纂と武鑑の系図部分の文言変化との連動を指摘している。これらの成果をうけて、本稿では江戸の出版の仕組みという観点から、大武鑑の系図部分の分析を行うことにしたい。

以下、第一節では武鑑について簡単に説明する。

一　武鑑について

武鑑の現存最古版本は寛永二〇（一六四三）年刊行の京都の本屋甚左衛門版『御大名衆御知行十万石迄[7]』である。記載対象は領知高一〇万石以上の「大大名」である。ついで古いのは寛永二一年刊行の京都・草紙屋九兵衛版『御もんづくし[8]』で、領知高一万石以上の「小名」を含めた、いわゆる大名が掲載されている。

大名は領知の経営にあたるとともに、寛永一二年以降、原則、江戸への参勤交代、江戸の拝領屋敷に妻子と家臣団の一部を住まわせることを義務づけられた。在府中の大名は、将軍家との主従関係を確認する幕府の諸儀礼に出席した。また大名家は公儀役として、将軍の守衛、手伝い普請、江戸城・城門や幕府諸施設の警衛、使節の応接にあたった。これらの遂行には居所が必要であり、大名家は屋敷の経営にもあたった。この社会状況のなかで、大名家間での連絡、幕府役人との交渉が必要とされ、大名家や幕府役人の情報を提供する実用書として、武鑑は刊行されたものと考えられる。

武鑑は慶応三（一八六七）年一一月に終刊を迎える。同年一一月刊行の須原屋茂兵衛版『袖玉武鑑』の、ある本の後ろ表紙には「此後東都にて武鑑出来申さず候事、是にて留め」と墨書されている。[9]「東都」は江戸のこと、「是にて留め」は「これにて終わり」という意味である。極めて印象的な言葉である。一〇月一四日大政奉還の報をうけて、徳川将軍家を頂点とする編集を武鑑はやめるのである。ただし、武鑑様式の名鑑は慶応四年二月下旬まで、その発刊が確認される。[10]

以上のように武鑑は、一七世紀中ごろに刊行され始め、幕府が瓦解する一九世紀半ば過ぎまで発刊され続けた。その間の寛文後期から正徳期（一七一一〜一六）にかけての四〇年間に、板元たちの工夫によって武鑑は内容を充実させた。「大名付」では大項目一四のうち[11]（1）家系、（2）紋所、（3）大名家当主と家族、（4）参勤交代、（5）江戸市中行列道具、（6）船印、（7）領知、（8）江戸屋敷、（9）蔵屋敷、（10）江戸定詰の家臣の一〇項目が、この時期に出そろう。

天和期（一六八一〜八四）以降は江戸の板元のみがその出版に携わるようになる。武鑑は発刊当初こそ京都で作成され、人名や地名また紋所を覚えるための教本であったと推察されるが、[12]次第に江戸という土地との結びつきを強め、現場で役立つ実用書、江戸城の下馬先見物の際のガイドブック、江戸土産の一つとなっていく。武家に関する情報を集約した武鑑は、現況を知る術であるとともに、将軍の城下町・江戸を象徴するものとなっていった。

武鑑は幕府の御用達町人である出雲寺を通して幕府に納められた。たとえば、慶応二年の記録によれば、奥向一九部、老中の執務室である御用部屋に一部、側衆二部、合わせて二二部（「奥向御用之分拾九部、御用部屋御用壱部、御側衆之方同断弐部共、都合二十二部御買上相成候由」）が、町値段で買い上げられている。(13) 武鑑は幕府の用務に供された。武鑑は一つの判断基準、一つの指標を示すものともなっていたと考えられる。

武鑑の発行部数は、須原屋茂兵衛・出雲寺の二板元を合わせて、年間二〜三万部といわれている。造本費用は、慶応元年八月に須原屋茂兵衛から江戸の町奉行所に提出された武鑑の値上げ願書によれば、(14) 表1のようであった。(15) 板元側が試算した幕末期の数字であるとはいえ、紙代の高さが際立っている。(16) 発行部数や丁数の増加は造本費用を押し上げる。武鑑出版の仕組みを、ここからは看取できる。

表1　武鑑の造本費用内訳

経費内訳	元治武鑑（4冊＋1冊・584丁）	袖玉武鑑（1冊90丁）
紙代	10匁1分8厘6毛（64.8%）	1匁1分1厘4毛（55.2%）
表紙代	5分	6厘6毛
摺手間	2匁4分8厘2毛	3分2厘3毛
製本代	7分	1分4厘
外題・上袋	1分2厘	4厘
糸・綴り代	2分7厘5毛	5厘
板木代	1匁4分6厘（9.3%）	2分8厘6毛（14.2%）
小計	15匁7分2厘3毛	2匁　1厘9毛

また板元の利益率（純利益が価格に占める割合）は直接小売りした場合は大武鑑・略武鑑（抄録版一冊物）ともに一〇%前後、武鑑をほかの問屋へ卸したときの利益率は大武鑑で二・五%、略武鑑で一%強である。武鑑の利益率は低い。

武鑑の売価は、天保一三（一八四二）年以前は、出雲寺版の大武鑑『大成武鑑』は銀一二匁、略武鑑『有司武鑑』は銭一四八文であった。仮に金一両を三〇万円、銀六〇匁、銭六貫二〇〇文で換算すれば、大武鑑は六万円、略武鑑は七一六一円となる。その後、値上がりして、元治元（一八六四）年に出雲寺版の『大成武鑑』は銀一四匁五分、略武鑑は銭一八八文、須原屋茂兵衛版の大武鑑『元治武鑑』は銀一三匁四分、略武鑑『袖珍武鑑』は銭一七二文、略武鑑『袖玉武鑑』は銭一八四文であった[17]。

値段だけみると高いように感じられるが、表1に書き入れたように、須原屋茂兵衛版『元治武鑑』は総丁数五八四丁。厚さは九・三センチである。『袖玉武鑑』は総丁数九〇丁。厚さは一・三センチであった。値段相応の利用価値があると判断されて、購買されたものと理解できる。

武鑑の奥書・上袋には、刊行年を記し、毎月改であることが記されている。この「毎月改」について真偽を確かめるために調査を行ったところ、たとえば、遺存武鑑が比較的多い、元治元年に須原屋茂兵衛版の大武鑑『文久武鑑』は年五回、『袖玉武鑑』は年一五回、合わせて二〇回の改訂が、慶応元年に出雲寺版の大武鑑『大成武鑑』は年七回、略武鑑の『有司武鑑』は年一四回、合わせて二一回の改訂がなされていた[18]。

このように頻繁に改訂された武鑑であるが、記事の変更は埋木[19]による部分抹消、入れ木による部分修正[20]によって、多くの場合は対処された。すべての板木が彫り直される再版は少ない。それは経費がかかるとともに、再版のための出版手続きと手続き料が原則として必要なためである。その結果、本稿の冒頭に記したように、とくに大武鑑の「大名付」では輪郭鮮やかにすっきりと印刷された丁と、板木がすり減って判読不可能な丁が、一冊のなかに混在している。これについて詳しくは第四節で考えたい。

二　「大名付」の項目および系図改訂の概況

武鑑の基本情報は寛文後期から正徳期にかけて出そろう（前述）。正徳期に武鑑の構成（冊数つまり冊立て）・書型・様式も固定化する。その理由は、利用しやすい体裁が板元たちの工夫によって整えられたことのほか、享保七（一七二二）年一一月に江戸町触、享保八年三月に大坂町触、同年四月に京都町触[21]として出された「書籍取締令」が大きく影響している。

「書籍取締令」は五条からなり、第三条では、人びとの家筋・先祖に関する真偽不明の事柄を、新しい作品として作り、世間に流布させることを禁じ、もしも関係者より訴え出られた場合は厳しく審議するとした。第五条では、徳川家康のことはもちろん、徳川将軍家に関する書物は、板本・写本ともに売買を厳禁とする。事情があって作成・頒布するときは奉行所の判断を仰ぐようにせよと定めた。また「書籍取締令」は、江戸の出版物の場合、享保六年に幕府より公認された書物問屋仲間の構成員に水際での監視が命じられた。これにより書物問屋仲間の構成員が所持する板株の権利は間接的に幕府によって擁護され、構成員数もある程度固定されたため[22]、出版界の秩序化を促進した。結果、武鑑の構成の変更、大名家・幕府役人の記載順の変更は、書物問屋仲間を自立的に運営した行事たちの判断を超えるところから[23]、町奉行、ときに老中の判断を仰いだうえで、企画段階で却下、または発刊されても絶版処分を受けた[24]。加えて書物問屋仲間の構成員の既存の権利を侵害するとして、新しい武鑑株の板株（株立て）は著しく抑制された[25]。

享保八年以降に大武鑑「大名付」で増えた大項目は、（1）時献上の時期と品目、（2）大名火消、（3）菩提寺・宿坊、（4）幕府大礼時の大名当主の着装のみである[26]。

それぞれの項目の初出時期は次の通りである。（1）は延享四（一七四七）年刊行の若菜屋版『泰聖文明武鑑』、（2）（3）は宝暦一〇（一七六〇）年刊行の出雲寺版『大成武鑑』、（4）は宝暦一三年刊行の出雲寺版『大成武鑑』である。

幕末の大武鑑における「大名付」の大項目数は一四、小項目数は須原屋茂兵衛版で四五、出雲寺版で六四を数えるが、右で確認したようにそれらは漸次増加したわけではない。享保八年以降幕末までの百四十余年間では延享四年・宝暦一〇年代という限られた二つの時期に記載が始まっている。また享保八年以降に新たに株立てされた武鑑は略武鑑または将軍家や幕府の大礼時に臨時的に発刊された武鑑に限られる（表2）。「書籍取締令」発令

表2　出雲寺の武鑑出版状況

和暦	西暦	記事
元文元	1736	万屋版武鑑株を購入後、武鑑出版開始
元文4	1739	武鑑株を売却(1759年まで休止)
宝暦9	1759	武鑑株を買戻し後、須原屋茂兵衛と争論
宝暦10	1760	『大成武鑑』再版
安永7	1778	略武鑑の出版をめぐり、須原屋茂兵衛と争論
安永8	1779	同上
天明5	1785	この年の『大成武鑑』刊行後、休止
天明8	1788	『大成武鑑』刊行再開
寛政6	1794	武鑑刊行休止
寛政8	1796	須原屋茂兵衛版綴り直しのうえ、自店『大成武鑑』として幕府上納が発覚し、問題化
文化12	1815	須原屋と内談成立。金180両を支払って『大成武鑑』の板株を取得
文化13	1816	『大成武鑑』の改正は実現せず。須原屋版綴り直しのうえ、幕府上納。この時、御三家付家老5家の扱い方も問題化
文政元	1818	『大成武鑑』再版
文政6	1823	8冊物『大成武鑑』を発刊、処罰
文政13	1830	略武鑑を岩戸屋・唐本屋と相合版で出版
天保7	1836	『大成武鑑』再版
天保8	1837	『御宣下御大礼御用掛御役人付』発刊
天保9	1838	『西御丸御造営御用掛御役人付』発刊
天保10	1839	『会計便覧』『県令集覧』『昇栄武鑑』『(判物給付等)御用掛御役人付』発刊
慶応3	1867	『大成武鑑』終刊

と書物問屋仲間の公認の影響は大きかった。

武鑑の「大名付」の項目数は出雲寺版の方が多い。情報量の多さからいえば、出雲寺版の方が使い勝手が良いとされよう。だが、出雲寺と須原屋茂兵衛の板株は「持ち株」という権利によって細分されており、それぞれに特徴がある[27]。出雲寺版と須原屋茂兵衛版の武鑑について甲乙はつけがたい。ただし表2に示したように、出雲寺の武鑑出版が安定するのは天保期である。武鑑株を所持した出雲寺の江戸店の経営は不安定で、武鑑株を手放すなど武鑑を休刊している期間が長い。継続発行の点からは、元禄二（一六八九）年版から現存本が確認できる須原屋茂兵衛版に軍配はあがろう。

このように、これまでの研究によっ

て、大武鑑「大名付」の大・小項目の初出時期については明らかにされている。しかしながら、小項目内における文言等の変化、つまり幕府統制・出版界の秩序化の枠内で行われた変更はどのようなものであったか。この点については、これから検討してゆく必要がある。その第一歩として本稿では、大武鑑「大名付」の系図（大項目「家系」の下の小項目の一つ）部分の文言変化をみていきたい[28]。

系図部分の文言の変化について、その概況をみるために、小田原藩主大久保家、宮津藩主のち中津藩主奥平家を例として、表3・表4を作成した。

大名家の系図は、表3・表4に示したように、延宝九（一六八一）年刊行の書林善右衛門版『大譜江戸鑑』から掲載される。その後、貞享二（一六八五）年刊行の松会三四郎版『本朝武鑑』、同三年刊行の板元不明版『太平江戸鑑』にも系図は掲載される。だが、内容に変化はない。そのため、表3・表4には記入していない。つまり、表3・表4は系図部分の文言変化のみを捉えるものである。また表中の「出典1」は典拠とした武鑑に関する情報、「出典2」は『江戸幕府大名武鑑編年集成[29]』の収録巻と収録頁（第二巻二七七頁の場合は「2-277」と略記する）である。なお『江戸幕府大名武鑑編年集成』では享保一六年以降については五年ごとに一冊を収録するとしているため、ここでは一応の目安をつかむにとどまっている。

表3・4からは、(あ)延宝期から正徳期にかけて、両家の系図部分の文言が変更される時期は必ずしも同じではない。仮に時期が同じであっても板元・武鑑名が違う。(い)両家は正徳期から宝暦期まで系図部分の文言に手を加えていない。(う)奥平家では明和年間に、藤原氏から村上源氏に改めた。また貞久（生没年不詳）、家昌（生没年一五七七～一六一四）以下五名の説明と徳川将軍家との関係、徳川将軍家からの恩恵（将軍からの一字・領知拝領など）についての文言を加えた。(え)大久保家では安永九（一七八〇）年にも大幅に文言を加筆している。徳川将軍家からの恩恵（将軍からの一字・領知拝領など）である。(お)大久保家では、徳川将軍家からの恩恵（鎗道具・

表3　小田原藩主大久保家の武鑑系図文言の変化

No.	刊行年	人名	人名説明	出典1	出典2
1	延宝9 (1681)	藤原忠世	七郎右衛門	書林善右衛門版『大譜江戸鑑』	2-277
2	元禄11 (1698)	藤原忠員	平右衛門	松会三四郎版『本朝武林系禄図鑑』	4-344
3	元禄12 (1699)	藤原忠武	宇都左衛門五郎 又云宇津	須原茂兵衛版『東武綱鑑』	4-410
4	宝永3 (1706)	藤原忠俊	宇都宮 宇津左衛門五郎忠武男	須原茂兵衛版『御林武鑑』	5-260
5	宝永5 (1708)	藤原忠俊	宇都宮 宇津左衛門五郎忠武長子	須原茂兵衛版『正風武鑑』	5-345 346
		忠朝	実右京亮教澄長子		
6	宝永7 (1710)	藤原忠俊	宇都宮 宇津左衛門五郎忠武男	山口屋権兵衛版『一統武鑑』	6-37
7	正徳元 (1711)	藤原忠俊	宇都宮 宇津左衛門五郎忠武長子	須原茂兵衛版『正風武鑑』	6-125
8	宝暦10 (1760)	藤原忠俊	(本姓)宇都宮 宇都宮左近将監泰藤七代 宇津左衛門五郎忠茂長子	出雲寺和泉掾版『大成武鑑』	10-447
9	安永9 (1780)	忠隣	為　執政職	須原屋茂兵衛版『安永武鑑』	12-59
		忠常	於　御前元服、賜　御諱字		
		忠総	於　御前元服、 為日向守家成養子		
		忠職	母奥平美作守信昌息女、而 東照大権現之御外孫也		
		忠朝	実右京亮教隆二男、 依　台命再賜小田原城		
10	寛政12 (1800)	忠職	母奥平美作守信昌息女、而 東照大権現之御外孫也、賜肥前国 唐津城、蒙西海九州鎮護職	須原屋茂兵衛版『寛政武鑑』	13-63
11	弘化2 (1845)	忠職	母奥平美作守信昌息女、而 東照大権現之御外孫也、御鑓・御長 刀腰網代打揚之御乗物拝領、賜 肥前国唐津城之時所命西国探題職	須原屋茂兵衛版『弘化武鑑』	16-79 (16-282 参照)
		忠真	天保七年申九月 御手自御紋附御鞍鐙虎皮 御鞍覆拝領、腰網代打揚乗 物、爪折傘免許		

表4　中津藩主奥平家の武鑑系図文言の変化

No.	刊行年	人名	人名説明	出典1	出典2
1	延宝9 (1681)	平貞久	監物	書林善右衛門版『大譜江戸鑑』	2-256
2	元禄16 (1703)	平信昌	児玉　奥平 美作守	井筒屋三右衛門版『元禄武鑑大全』	5-107
3	宝永3 (1706)	平貞久	児玉 奥平監物	須原茂兵衛版『御林武鑑』	5-269
4	正徳2 (1712)	藤原貞久	不比等公二十二代 児玉氏行後胤	山口屋権兵衛版『賞延武鑑』	6-180
5	正徳5 (1715)	藤原貞昌	不比等公二十二代 児玉氏行後胤 奥平監物貞久長男	山口屋権兵衛版『文明武鑑』	6-452
6	明和2 (1765)	源貞久	村上源氏 村上天皇之皇子具平親王之後胤	須原屋茂兵衛版『明和武鑑』	11-43
7	明和7 (1770)	源貞久	村上源氏 村上天皇之皇子具平親王十二代 赤松播磨守源則景十代	出雲寺和泉掾版『大成武鑑』	11-187
		家昌	賜　御諱字、野州宇都宮領十万石 母　東照大権現御長女加納姫君 号　盛徳院殿以下同腹		
		家治	為　御猶子、賜　御称号・御諱字、 嗣長沢家領上州長根		
		忠昌	賜　御諱字、総州古河城主領 十一万三千石、依 家光公台命、家綱公為補佐		
		忠昌女子	雲州太守堀尾山城守忠晴室 台徳院殿御猶女、従駿府　御入輿、		
		忠隆	賜　御諱字、加納城主領十万石 無嗣子、家断絶		
8	安永4 (1775)	忠政	信昌隠居領十万石相続	須原屋茂兵衛版『安永武鑑』	11-335
9	安永9 (1780)	源信昌	村上天皇皇子具平親王十二代 赤松播磨守則景男、上州 奥平領主九八郎氏行十三代	須原屋茂兵衛版『安永武鑑』	12-46
		家昌	賜御諱字、 母東照大権現御長女亀姫君、 後称加納殿、以下皆御同腹		
		家治	東照大権現為御養子、賜 御称号・御諱字、依　台命 嗣長沢家、		

		忠昌	賜御諱字、蒙 家光公　台命、奉補佐家綱公也		
		忠昌女子	堀尾山城守忠晴室 台徳院殿為御養女、自駿府 御城雲州江御入輿		
		忠政	賜御称号・御諱字、而信昌 隠居領相続、加納城主		
		忠隆	賜御諱字、加納十万石 無嗣子、家断絶		
10	寛政2 (1790)	忠明	東照大権現為御養子、 賜　御称号、為長沢家 名跡、領上州長根、賜 秀忠公御諱字	須原屋茂兵衛版『寛政武鑑』	12-353
11	寛政12 (1800)	家治	東照大権現為御養子、賜 御称号・御諱字、依　台命 嗣長沢家領上州長根	須原屋茂兵衛版『寛政武鑑』	13-50
12	弘化2 (1845)	忠明	東照大権権為御養子、賜 御称号、領上州長根、賜 秀忠公御諱字	須原屋茂兵衛版『弘化武鑑』	16-62
		忠昌	賜御諱字、蒙 家光公　台命、奉補佐 家綱公		

打物・乗物・虎皮鞍覆・立傘の使用許可）[30]に関して、弘化二（一八四五）年まで変更が認められるという五点を指摘できる。

このうち（い）は全体傾向ではないので注意しておきたい。『江戸幕府大名武鑑編年集成』によれば、享保期に萩藩主毛利家、延享期に彦根藩主井伊家・鳥取藩主池田家・小倉藩主小笠原家・郡上藩主金森家・福岡藩主黒田家・盛岡藩主南部家・奥州中村藩主相馬家・浜田藩主松井松平家、寛延期に井伊家・大洲藩主加藤家において、系図部分の文言に変更がみられる[31]。

一方、板元側の状況は以下の通りである。（あ）の時期は、表3・4中の「出典1」欄から推察されるように、松会三四郎・山口屋権兵衛・須原屋茂兵衛などが競合していた。（う）・（え）の時期は、争論の後、宝暦一〇年に出雲寺が再版した『大成武鑑』（前掲の表2参照）、および須原屋茂兵衛が出版する『（年号）武鑑』という二種類の大武鑑が競合することになり、行われた変更であると推察される。

三　板元による情報収集

板元は間接的に諸情報をどのようにつかんだのか。板元たちによる情報の収集方法については、武鑑の序文・跋文が参考になる。そのなかの一つ、寛文一二（一六七二）年刊行の経師屋加兵衛版『正極江戸鑑』[32]の序文を紹介しよう。

正極江戸鑑といふは、予既ニ数年以来、御礼日之早朝より払レ霧、下馬口祇候して拝二御登城・退出之諸大名一ヲ、毎月十七日東叡山御参宮、廿日同所御参堂、廿四日増上寺御仏詣之大・小名行列道具・駕籠紋を書写、欲レ令二板行一、

経師屋は、数年来、幕府の礼日に早朝より江戸城の下馬先に出て登城・退出の大名の行列具を、徳川家康の月命日である一七日には東照宮、三代将軍徳川家光の月命日の二〇日には寛永寺、二代将軍徳川秀忠の月命日にあたる二四日には増上寺という具合に、将軍の霊廟や葬地に参詣する大名の行列具を、観察して筆写しているとする。

江戸城の下馬先は、登城中の大名や旗本の供連れが主人の退出を待つ場所で、情報が行き交う所であった。下馬先は武家の行列を見物する人たちに武鑑を売り広める所ともなった。また将軍廟などへの参詣路は『藤岡屋日記』の筆者が店を開いていた外神田の御成道のように、情報が行き交う場所であった。

次に紹介する史料は、嘉永五（一八五二）年に作成された町奉行所宛、須原屋茂兵衛（八代目）店預り人の返答書の一部である。[33]

一、御役替改正仕儀者日々御下馬先へ罷出承り合セ、尚又下座見衆へ問合セ仕り改正仕来罷在候処、御大切御

転役之御儀万一改メ違等有レ之候而者奉二恐入一候儀与奉レ存、近来天保十亥年中より御役御屋敷御家来様へ相伺承り合セ改正仕候、幷ニ御用達町人名前武鑑へ差加へ候儀調方古来之儀者如何仕候哉難二相分一候、近来之手続ニ引当候得者当人より職名・性名書差越候得者差加へ申候、改メ方之儀御武家様方御役替同様ニ者改正行届兼申候儀ニ御座候、

須原屋も江戸城下馬先、下座見を重要な情報源としている。しかし「役人付」の情報については正確を期すために、天保一〇年以降は大名家や旗本家の役宅を訪ねて、家臣から情報を得ている。幕府出入の御用達町人に関しては、本人から職名・姓名書を示されれば掲載するとしている。

なお板元に対して御用達町人や武家家臣が掲載を申し入れ、それには手間賃の支払いがともなったことは、松平定信の家臣水野為長が記録した風聞書「よしの冊子」から明らかになる。以下、引用する。

武鑑町人の名前之所ニ、此通り古来より御用達の苫屋久兵衛より一段筑前屋ハ上ニ出し、且又外の御用達町人共よりハ二字程高く認め候よし。是ハ須原屋が筑前屋ニこび候や、又ハ筑前屋の威勢ニて須原屋へ申付候や。（寛政二年条）[34]

板元の須原屋茂兵衛が、幕府の廻船方御用達の筑前屋作右衛門の名前を同業の苫屋久兵衛[35]よりも一字上げ、他の廻船方御用達よりも二字上げで記したのは、筑前屋へのへつらいか、威勢に押されてのことかとの巷の憶測を書きとめている。

また「よしの冊子」には、武鑑の板面に盛り込まれた約束事の一つ、字体（楷書が上で、草書が下）をめぐって、「一、武鑑ニ家老・用人などの姓名を、真ニて書せ候ハ百疋ヅ、差出候よし。真ニ無レ之平常体ニてさし置候をバ、何も入不レ申候由。真ニて書せ候と百疋ヅ、出候由」（寛政二年条）[36]とある。草書から真書への入れ木による変更を銭一〇〇疋（現在の金で四八三九円）で、板元は請け負っていると伝える。

このほか、中山道にあった宿の一つの望月宿の本陣を務めた大森家に伝存した史料から、寛政三（一七九一）年に板元の出雲寺に新規の記載を求めたところ、本陣一人につき銭一〇〇疋、今後の改名には一人につき銀一匁（現在の金で五〇〇〇円）を出金することを条件に商談が成立していることがわかる。[37]これらの事例から、遅くとも寛政期、武鑑の記事の変更にあたって、申し入れ者より板元への金銭の支払いが行われる場合があったとしてよいであろう。

では大名家から板元への申し入れはあったのか。その場合、どこで意思決定はなされ、どのような手続きや費用がともなったのか。節を改めて述べる。

四　系図文言の変更と手間賃支払――「見聞集」――

文化元（一八〇四）年九月から一二月にかけて、肥前大村家（二万七九七〇石余）では、江戸と国元の間で書簡を通じて、大武鑑の系図文言の変更について相談を重ねている。この様相は「見聞集」六九「武鑑御系文御書入之事」[38]として一括された要文集から明らかになる。「見聞集」には、江戸と国元との意見交換はもとより、他大名家への聞き合わせ、板元の須原屋茂兵衛・出雲寺の返答内容などが記されている。興味深い史料であるため、長文になるが、以下に一部を引用する。

〔史料1〕文化元子年武鑑御系文御書入ニ付、初発御在所江伺越候御用書之要文

①一、有馬家も本国肥前と武鑑ニ有レ之、御家紋御同様御高前と申　純御字下ニ御用ひ　此方様上ニ被レ成二御用ひ一候者、中古以来之儀ニ者候得共、有馬家御二男御末家方純上ニ被レ成二御用ひ一（中略）御系図拝見不レ仕候而、武鑑のミ之評判候者、有馬家之御末流ニ而も候半と、若哉申も無二余儀一候（中略）、

②一、武鑑御書入被レ成ニ付而ハ　公辺御伺抔入候趣ニ候ハヽ、勘弁ものニ候得とも、須原屋限りニ而相済候者、

御古キ御由来御書入奉レ願度下ニ而之心根ニ御座候、然上者　御家古キ御領地之訳、扨又有馬家との御由縁ニ付、若哉外方疑も候節分明仕事ニ御座候、仍先江内々須原屋承合候処、ちと書入にぶり申候訳之儀ハ、書記候而者混もの手数相増、御一統様御望自然と殖可レ申候、尤少輔を大輔、左衛門を右衛門と書直し、且減文等仕候義者事安有内ニ御座候、殖候儀者致兼申候得共、近頃薩州様・小田原様・郡山様ゟ御書入御ケ条被二　仰付一書入差上申候、当時は御一統御断申上候心得御座候、武鑑一部七匁五分之定、直段新規殖候而者、板元之心痛と相成候故、右之通外ニ意味無二御座一候、乍レ然一向御断仕候と申訳ニ無レ之、被二　仰付一次第随分書入可二差上一候、然時は何程位之字数ニ御座候哉と申候付而、此儀　御両殿様思召奉レ窺、其上増減尊慮次第之御儀ニ而、ケ様と極而難二申通一候得共、三・四十字程ニも可二相及一哉と致二物語一候迄ニ御座候、

③一、彫刻之上之挨拶向承合候処、極而何程と難二申上一と申候得共、心得迄押而承候処、十五金程も被レ下候ハヽ、と案外之舌音ニ御座候、当時御差問之衆方大金之儀浮と難二申上一、近頃之御例小田原様・郡山様之振合承候処、別紙之通小田原ゟは相調次第早速及二御報一との趣御座候、須原屋余り不都合之言便、殊ニ武鑑之根元は出雲寺和泉方と及レ承候故、為二承合一一瀬喜惣次差遣候処、此三・四年来武鑑方は相休居候、乍レ去来早春ゟ武鑑改板取懸り申筈ニ御座候、其節者御屋敷方江罷上候而、御書入願受瑣細ニ彫刻仕候、御調立置被二下置一候様ニと、和泉方ニ而致二物語一候由申聞候、改板之節者おもい〳〵之御趣意諸家様ニ而も御書出可レ有二御座一候、付而者板本瑣細故和泉方繁昌可レ仕候、須原屋御書入は金高ニ相拘り候ニ付而ハ、重而ニも可レ被レ遊哉、尊慮御伺メ置候者、脇方之振合ニ而、下料出来候様得と談方有レ之、まいものニ無二御座一候、此節出雲寺咄之趣書付取候而、則奉レ懸二御目一候、改板之上ハ万代不易之御書入、肴代位之儀者有内歟と被レ存候、尤脇様其節之可レ随二御振合一候、出雲寺之振合誠ニ所希候、遠国故御伺メ候儀往返手間取可レ申、未レ下問有レ上之儀ニハ候得共、前を以達二　御聴一置候者　大殿様（第一七代目当主・九代藩主大村純鎮）[39]、太守様（第

二八代目当主・一〇代藩主大村純昌）思召之程、篤と御伺御書載可レ被二仰付置一と奉レ存、右之通御座候、（中略）

九月八日　　　　　　　　　　　　山川　連

橋口　達様

隈紀八郎様

原三嘉喜様

史料1の①の冒頭には、大武鑑「大名付」の系図文言の変更に向けて大村家が動き出すきっかけが記されている。すなわちそのきっかけとは、丸岡藩主有馬家（五万石）、大村家はともに「本国肥前」としていた。この点は、定紋が同じであること、石高は有馬家の方が高いこと、系図部分の当主ほかの名前との関連から問題視された。とくに名前に関して、藤原純友の系譜をひく両家は「純」を代々引き継ぐ通字としている。ただし通例、有馬家の当主は「純」の字を下に置き、二男や末流では「純」の字を上に置く。一方、大村家の当主は「純」の字を上に置く。これらの情報を総合化すると、有馬家の末流に位置する大村家とのイメージを与える（図1・図2）[40]。

これについて、江戸留守居の山川連は、無理からぬものがある（「武鑑のミ之評判候者、有馬家之御末流ニ而も候半と、若哉申も無余儀候」）と認めている。その上で、大村家に関する誤ったイメージが広まることを危惧し、その危惧が取り除かれることを希望する。戦略的に情報を使用することに精通していた江戸留守居、そして中堅クラスの家臣の心の奥底（「下ニ而之心根ニ御座候」）が、ここには表出されていよう。

②では、武鑑の系図文言を変更するにあたって幕府の許可は不要である点[41]がまず確認されている。また変更にあたっては領主としての大村家の来歴、有馬家との関係も明瞭にするべきことが指摘されている。

つづけて、板元須原屋茂兵衛とのやりとりが書かれる。須原屋は系図文言を増やすことに気が進まない様子で

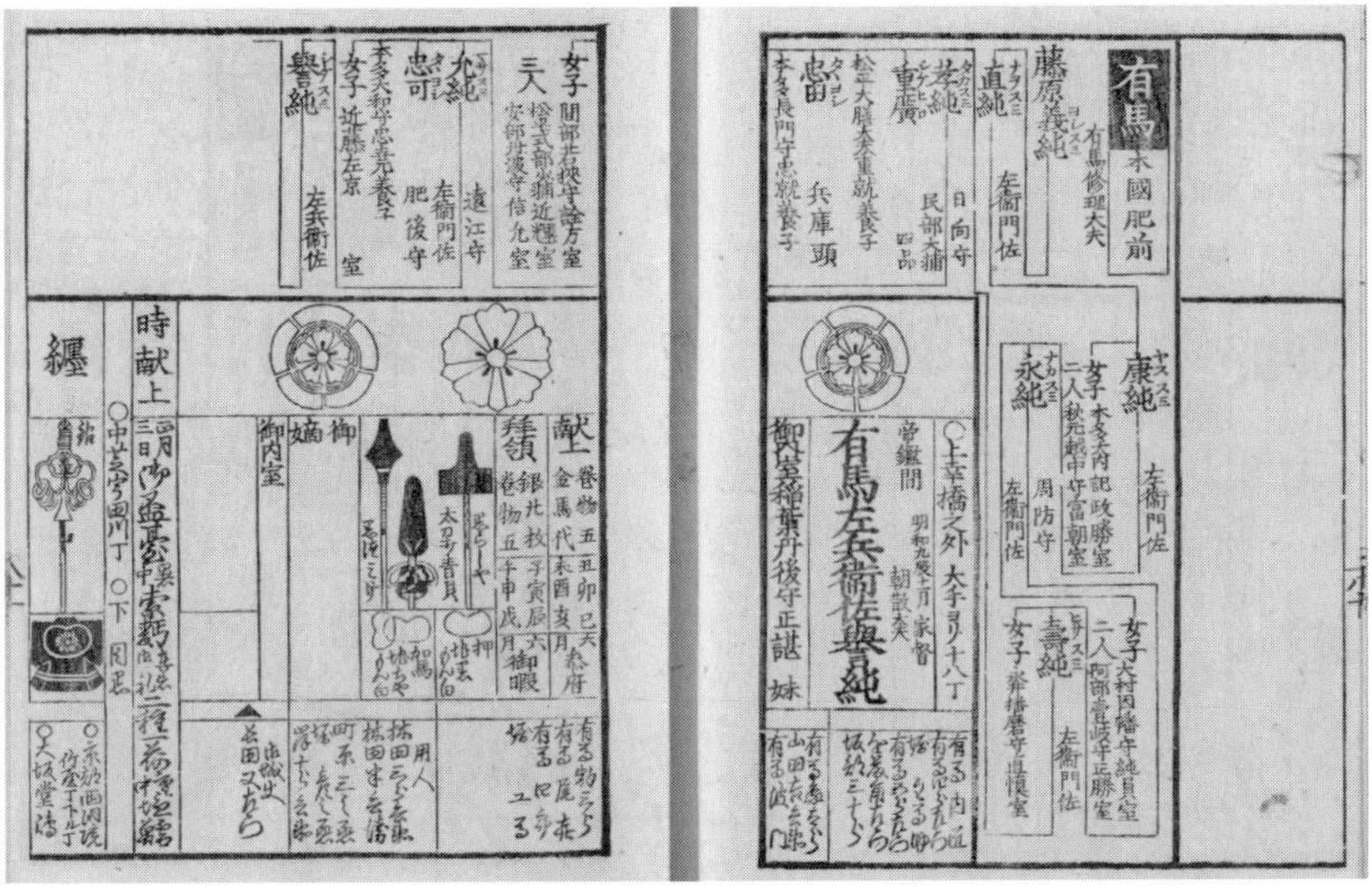

図１　寛政12(1800)年刊行、須原屋茂兵衛版『寛政武鑑』第１巻　越前丸岡藩主有馬家
80丁裏〜81丁表（国立国会図書館蔵）

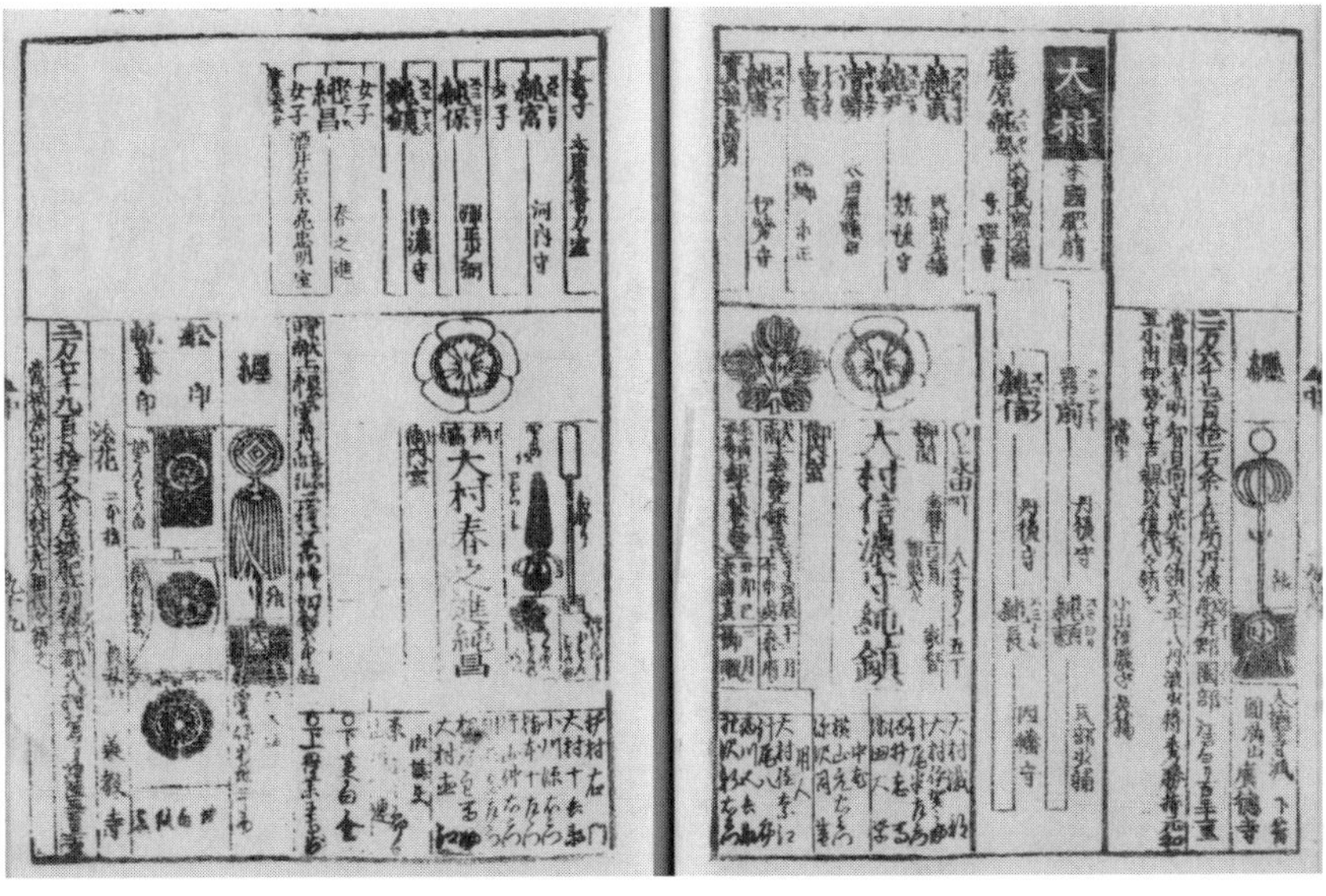

図２　同上、肥前大村藩主大村家　98丁裏〜99丁表

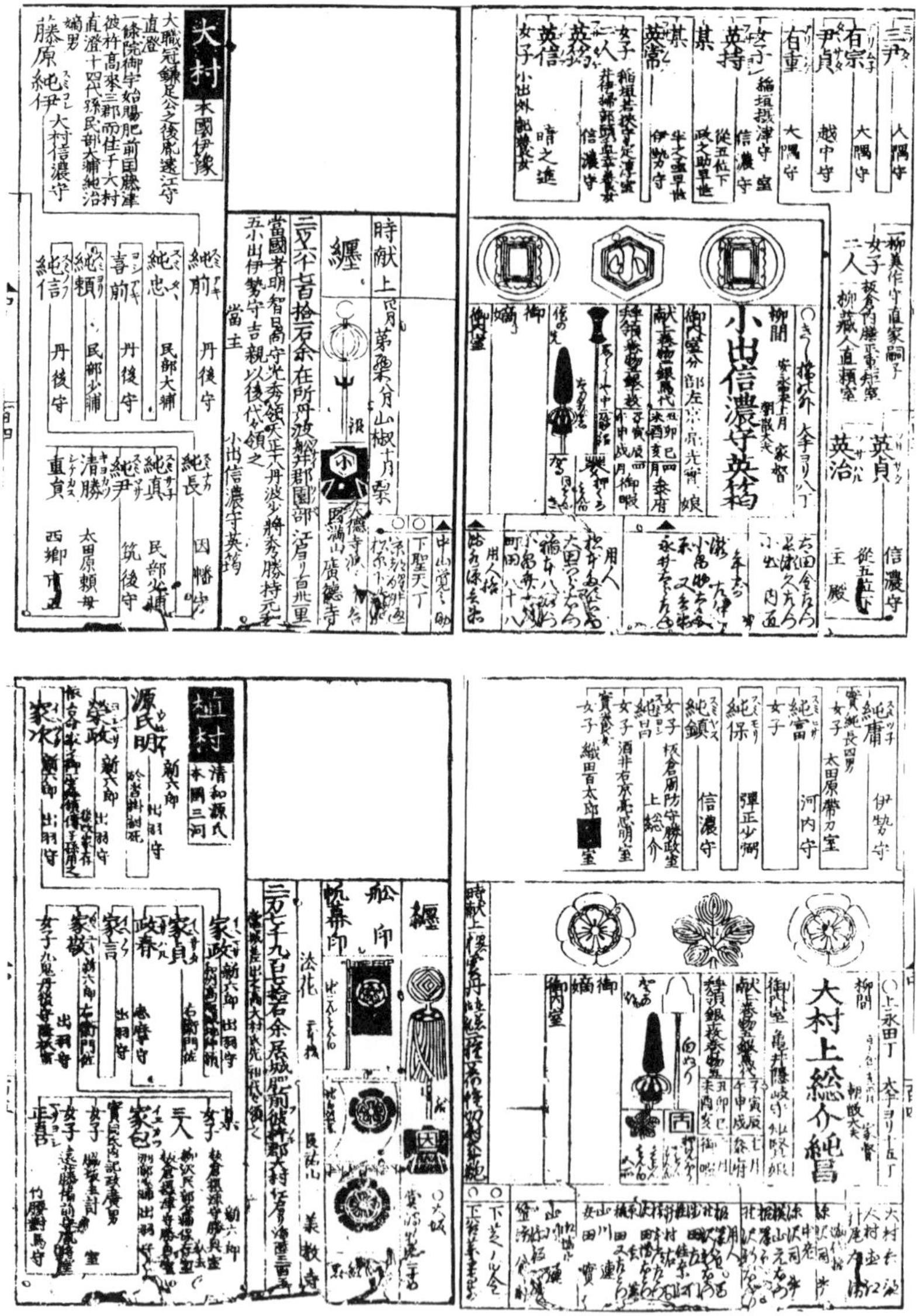

図3　文化2(1805)年刊　須原屋茂兵衛版『文化武鑑』第2巻　肥前大村藩主大村家　104丁表～105丁表（深井雅海・藤實編『江戸幕府　大名武鑑編年集成』第13巻、東洋書林、2000年）

あった（「ちと書入にぶり」）。その理由は、繁多な作業、他大名家への影響の二点である。そのため、一字の入れ替え、文字数の減少は問題はないと須原屋はいう。近年、薩摩藩主島津家、小田原藩主大久保家（前掲の表3に示したように寛政一二年に加筆している）、郡山藩主柳沢家より指示を受けて対応したが、現在は一律に断っている。武鑑の売価は銀七匁五分と定められており、文字数の増加とそれにともなう丁数の増加は板元の懐が痛むことになるので、極力、断りたいという。板元の利益率の低さ、造本費用については先に記した通りである。しかし、須原屋との話はここで終わらない。具体的にはどれほどの字数を増やしたいのかと須原屋より尋ねがあり、山川は三〇～四〇字であろうと答えている。

③は、手間賃を知りたい大村家に対する須原屋の答えである。須原屋は「手間賃は金一五両（四五〇万円）である」という。思いのほかの高額であり、道理に合わない言いぶりである（「案外之舌音」・「余り不都合之言便」）。藩の財政は必ずしも良好ではなく、軽々に判断できる金額ではないため、山川は小田原藩主大久保家と郡山藩主柳沢家に問い合わせた（後掲の史料2）。

また「武鑑といえば出雲寺」という風聞があることから、同役の一瀬喜惣次を板元出雲寺和泉方に派遣し、様子を聞かせている。一瀬によれば、出雲寺は、現在、武鑑刊行を停止しているが、来春（文化二年）には再版準備にとりかかる予定であるという。再版にあたっては、諸大名家に聞き合わせるつもりである。系図部分の文字数を増やす、文言を変えるなど、各家思い思いの要請に細やかに対応したい。準備をして待っていて欲しいという。[42]

これを聞いて江戸留守居たちは次のように考えた。出雲寺の大武鑑が出版されれば、須原屋との手間賃値引き交渉も可能になろう。出雲寺より書付も渡された。確かな話である。もっとも、系図部分の文言は連綿たる家系を示すものであり（「万代不易」）、主家にとって大事なことであるから、出雲寺に肴代を渡すことにしよう。大村家が出雲寺の対応に安堵している様子がうかがえる。

しかしながら、出雲寺に大武鑑再版の目途、それも来春再版の目途があったかどうかは不明である。文化一二年、出雲寺は須原屋に金一八〇両を支払って『大成武鑑』株を買戻し、同一三年に内容改正に手を尽くしたが、幕府の判断により却下されている[43]。出雲寺が大武鑑『大成武鑑』を再版するのは文政元年のことである（表2）。

〔史料2〕

小田原之留守居江問合返書要文

旦那系図之内書載候様御承知、成程少々為レ直候儀ニ御座候、正面ニ而者甚高直ニ申候様ニ付而、町与力出入之内不二一通一者御座候、付而取扱ニ而金子三両程差出候而相済申也、表向ニ而者左様ニ而者出来不レ申候、且又書入ニ付而　公辺江一向取計不レ仕候、手前ニ而申談取計候儀ニ御座候、右之御心行ニ而被二仰付一候様奉レ存候、

郡山留守居ゟ之返書要文

被二仰下一候通、先年武鑑系図之所書入申付候得共、其以前　公辺向御届等之儀決而無二御座一候、直ニ須原屋江申付認為レ直候儀御座候、尤其節須原屋江彫刻之入用遣申候、

史料2は大村家の江戸留守居から大久保家、柳沢家に問い合わせたことに対する返答である。

これによれば、大久保家では町方与力に口利きをさせ、手間賃金三両程度で須原屋との交渉が成立したこと、幕府に届け出はしていないという二点を返答している。なお、大久保家の系図部分の文言の変更は寛政一二年の事例を指すと思われる。一五文字の加筆である（表3「忠職」の項の下線部）。やはり柳沢家も幕府に事前の届け出は行っていない。須原屋と直に交渉し、彫刻手間賃を支払った旨を答えている。

〔史料3〕前件御用書之返書、十一月十四日到来、如レ左（中略）

④一、須原屋前件之通ニ候得者、出雲寺之方御申付可レ然候、出雲寺瑣細之改板仕候者、須原屋も可レ致二新刻一、其節者定而彼方ゟ願出可レ申、左無レ之候共、其節ニ相成御書入之所被二仰聞一候者、手軽相済可レ申候、

⑤一、是迄之武鑑ニ　円通院様ゟ書出有レ之候訳は不二相知一候得共、強而其訳有レ之儀共不レ被二　思召一候、近来は御一統巨細之御時節ニ候得者、いつれニもケ様ニ御書出無レ之候而者不二相済一候処、此節御心付被二仰越一候趣　御両殿様被レ遊二　御大慶一候、此段宜申越旨　御意ニ御座候、将又弥御堅固御勤被レ成之旨珍重存候、猶重而可レ得二　御意一候、恐惶謹言、

十月廿三日　原三嘉喜

隈紀八郎

橋口　達

山川　連様

史料3は国元から江戸に送られた書簡の一部である。④では、先の③にあった出雲寺の話を腹蔵ないものとして大村家は受け止めている様子がみてとれる。出雲寺の再版がなされれば、須原屋の方から情報収集に訪れて来よう。仮に訪ねて来なかったとしても、その折に手間賃の引き下げ交渉を行えば良いとしている。

⑤では、そもそも第一八代目当主・大村純忠（生没年一五三三～八七、円通院）から起筆してきたことに、現時点では理由を見出してはいない。時節柄、他家にならって起筆時期を早め、さらに系図に詳しい説明文言を加えよとする方針が、国元の前藩主大村純鎮・現藩主大村純昌より示されたこと、山川の勤務姿勢を誉め、これからも心して役儀に励むようにと伝えられている。

〔史料4〕武鑑書入出来ニ付而、十二月十六日之便、御在所江申越候要文

一、兼而被二　仰付一候武鑑御書入之儀、御出入町同心小川平兵衛相契、日本橋近町之名主樽屋三郎右衛門、大

久保様之節も相働候由、付而平兵衛ゟ三郎右衛門申談、須原屋江及二相談一候処、先達而も申上候通、御書入流れニ相成候様ニとのミ心中故、下料申落不二相成一漸金子八両ニ而書入候様申取、彫刻出来候、付而今便弐部差上申候、御両殿様可レ被レ入二高覧一候、（中略）

十二月十六日　　山川　連

橋口　達様

隈紀八郎様

原三嘉喜様

史料4は江戸から国元に送られた書簡の一部である。これによれば、町方同心小川平兵衛が口利きをし、大久保家の時にもその役を果たした町名主樽屋三郎右衛門が須原屋と交渉し、手間賃金八両で折り合いがついた旨、新しい武鑑が出来あがったため二部を国元へ送る旨が記されている。文化元年九月八日から始まった大武鑑の系図部分の文言の変更は一二月一六日に決着した。国元・江戸留守居、板元須原屋の素早い対応であった。

では、文化二年刊行、須原屋茂兵衛版『文化武鑑』で系図部分の文言を確かめておきたい（図3）。本国は「肥前」より「伊予」に改められ、第一六代目当主・大村純伊《すみよし》（生没年?～一五三八）より起筆され、純伊について五一文字の説明（「大職冠鎌足公之後胤遠江守直澄（平出）一条院御宇始、賜肥前国藤津《ふじつ》・彼杵《そのき》・高来《たかき》三郡而住于大村、直澄十四代孫民部大輔純治嫡男」）がある。ちなみに、幕府官撰の『寛政重修諸家譜』では、本国にかかわって「藤原純友」については、大村純鎮提出の大村家系図にもとづき、「（藤原）純友は伊予の河野高橋前司友久が男にして良範が嗣となり、承平年中謀反し、天慶六年阿波の鳴門に入水す。年四十九といふ」とされ、肥前入国にかかわる「直澄」については、「純友が二男を播磨介諸純とし、讃岐国琴弾にをいて戦死す。其男を直澄とし、はじめ河野七郎といふ。（中略）肥前国藤津、彼杵、高木（来）三郡を賜ふ」とされている。[44] つまり、大村家での当該期の家系に関する見解が武鑑の板面に反映されたのである。

以上が大村家史料の内容と若干の補足である。改めて要約し、本事例が示すことをまとめておきたい。大村家では、文化元年に江戸留守居山川連から国元へ聞き合わせがなされた。国元では家老が対応し、現藩主および前藩主の意向を確認したのち、系図部分の文言を変更するという指示が出された。発案は江戸留守居であり、現藩主および前藩主の意思として行われた系図部分の文言変更であった。つまり、大武鑑は大名のイメージ化に好悪ともに影響を与えると、世故に長けた江戸留守居は承知し、情報収集を行いつつ国元に良策を進言し、これを検討の結果、藩主・前藩主が受け入れたのである。まずこの点を確認しておきたい。(45)

つぎに江戸では、事前に他大名家の留守居、板元の須原屋茂兵衛・出雲寺から情報を得ている。須原屋は他大名家の先例を紹介しつつ、手間賃金一五両を支払えば対応すると毅然とした態度である。ここからは、遅くとも寛政期から文化期に、大武鑑の系図部分の文言の変更には大名家から手間賃を支払うことが常態化していたこと、その具体的な見積金額・支払金額が浮かびあがった。大武鑑「大名付」の出版の仕組みの一端が明らかになった訳である。改めて前掲の図1・2・3を比べてみよう。板元との関わりを絶っていると板木は摩滅したまま、判読不明な摺り上がりで置かれたままになる。板元と頻繁に交渉し、大名家より手間賃を支払えば、大武鑑の「大名付」は鮮明に摺り上がるという仕組みである。

また史料からは、つぎの点が明らかになる。武鑑休刊中にも関わらず、須原屋が示す手間賃は高額であると、出雲寺は大村家に同情を示している。結果として空手形も繰り出している。一方、大村家は出雲寺の言を信用している。痛々しい。

その後、大村家の江戸留守居は出雲寺をあきらめ、須原屋との値引き交渉に臨んだ。この値引き交渉では、懇意の町方同心小川平兵衛が仲介役をつとめ、小田原藩主大久保家の時と同じように町名主樽屋三郎右衛門が一定の役割をはたした。大久保家・大村家は特定の町方与力・同心に一定の扶持を与える「御用頼」の関係を維持していたのであろう(46)。

なお、金一五両から金八両への減額は須原屋にとって過重な負担であったであろう。それは繰り返される須原屋の「渋り」から看取できる。したがって、大名家の「御用頼」町方与力・同心を介しての、町名主からの圧力が、須原屋の手間賃の値下げに結びついた点は重視されて良い。大名家の江戸留守居との交渉では強気に対応した須原屋であるが、町名主の顔を立てざるを得ない立場にあった。江戸という土地で須原屋が武鑑出版を行う場合、そこにかかる諸力として、幕府からの統制、株仲間内の力関係、幕府の御用達町人である出雲寺の御用を笠に着た動き(47)についてはかつて指摘したことがある。これに加えて大名家・旗本家の「御用頼」を介しての町名主による周旋を想定しておく必要があることが本事例によって示された。

おわりに

武鑑の特徴は板元が情報を収集し、編纂して、発行した点にある。これは明治一〇(一八七七)年以降の「官員録」の編集に際して、月一回、太政官をはじめとする諸官省庁へ出版社代理人が出頭し、名簿の謄写を申請して、許可されていたこととは違う(48)とは、大方の察しはつく。では、板元はどのようにして情報を収集したのか。この疑問は、「大名付」略武鑑(須原屋茂兵衛版『袖珍武鑑』、出雲寺版『万世武鑑』)の板面は一律に鮮明であるが、大武鑑の「大名付」では大名家によって摺り上がりが不均一であることから、筆者の中で増幅していた。

この疑問に対して、本稿では寛政期から文化期の様相を示す大村藩主大村家史料を中心に分析した。結果、武鑑という一つのパッケージ商品が完成する過程で板元に集約される情報の源は多様であったことが明確になった。板元は江戸城の下馬先での取材、下座見・役宅の家臣という独自に切り開いたルートで情報を収集するとともに、複線的な申し入れによって情報を得ていた。略武鑑では省略される大名家の系図部分[49]は、とくに大名家が手間賃を支払うことによって変更された。変更のための系図部分の埋め木などの修正作業は、大名が権威で押し切り、板元に強制したものではなかった。板元と手間賃をめぐって折り合いがつかなければ、特定の町方・同心与力の口利きと町名主の交渉力に大名家は頼るという状態にあった。

つぎに指摘したいのは、実用書としての機能を第一としながらも、大武鑑の「大名付」は「家」のイメージ化に力を発揮したのではないかという点である。高野信治は、大名家では「家」を中心に据えた編纂物、記録類の作成や顕彰行為によってイメージの形成を図ったとする[50]。もっとも、高野は公儀との関係、大名の家臣団維持・領国経営という側面から論を立ち上げている。これに対して、江戸という地域、出版文化という筆者の視点から考えれば、公儀・大名・家臣・領民という垂直的関係ではなく、家格差はあるものの大名家集団という水平的関係のなかで、まず大武鑑の「大名付」の系図部分に大名家は注意を払った。つぎに大名各家で創造された「家」のイメージを大武鑑の「大名付」を媒介にして、不特定多数の人びとに伝えようとする、大名家の積極的な意志がここには認められるといえまいか[51]。この意志は一時的なものではない。たとえば中津藩主奥平家では、正徳二（一七一二）年に平氏から藤原氏に本姓を改め、明和二年に村上源氏に改め、同七年から徳川将軍家との縁戚、将軍家からの恩恵文言を加え、字句の変更は弘化二年まで連綿と続けられた（表4）。

右の大武鑑を通じての「家」イメージの伝播に関する大名の心境は、天保三年の序をもつ池田定常「思い出草」[52]に代表されよう。

武鑑といふもの、もとより書價の撰する所なれば商確するに足らずといへとも、世に流布して遠つ国のひな人は是を信し偽をも実にとも思はする事なれは、一訂ありたき事也、

このような大名の心境を慮る江戸定詰家臣の気持ちは、大村家の江戸留守居山川連の行動に表出されていた。

さらに重要であるのは、これを察しつつも、板元須原屋は大武鑑「大名付」の改版をあえて行わない。大名家が妥当であるとする金額は、板元須原屋の算盤勘定とは合わない場合もあった。須原屋は金銭の支払いが明らかになってのち、はじめて「大名付」に埋め木などの修正を施す。不良と感じられる商品の背後には、江戸出版の仕組み、板元須原屋の計算が隠されていた。

（1）徳川御三家（尾張徳川家・紀伊徳川家・水戸徳川家）の付家老五家を、大武鑑「大名付」のレイアウトそのままに出版した須原屋茂兵衛版『御三家方御付人』と出雲寺版『御三家方御付』を五冊目の武鑑とする向きがあり、刊行時にも一セットで販売され、利用者もそのように受け止め、史料所蔵機関などでも保存されている。しかし、幕府はこの『御三家方御付人』と『御三家方御付』を武鑑とは別の商品とすることで出版・販売を許可している（拙稿「武鑑の出版と書物師出雲寺――十代目源七郎一件を中心に――」『江戸文学』一六号、ぺりかん社、一九九六年、のち中野三敏監修『江戸の出版』ぺりかん社、二〇〇五年に再録）。そのため筆者は、史料保存上ではなく、研究上においては出版・販売の手続きの過程から、大武鑑は四冊物を指すとして考察を進める。

（2）板元とは、現代の出版社と販売取次と小売を兼ねた本屋のことである。

（3）大名家の江戸留守居には、（1）大名不在の際に江戸屋敷の総責任者、（2）幕府や他の大名家などとの交渉・連絡を職務とする物頭・平士の階層から選ばれるものの二種類があるとし、そのうえで（2）の江戸留守居について、笠谷和比古「大名留守居組合論」（『近世武家社会の政治構造』吉川弘文館、一九九三年）、同『江戸御留守居役――近世の外交官――』（吉川弘文館、二〇〇〇年）、山本博文『江戸お留守居役の日記――寛永期の萩藩邸――』（読売新聞社、一九九一年）は解明している。本稿の江戸留守居も（2）を指す。

（4）網野善彦『日本中世史料学の課題――系図・偽文書・文書――』（弘文堂、一九九六年）。

（5）高野信治『シリーズ士の系譜1　大名の相貌――時代性とイメージ化――』（清文堂、二〇一四年）。

（6）「福岡藩主黒田家の系譜の変遷について」（『市史研究ふくおか』六号、福岡市博物館市史編さん室、二〇一一年）。

（7）栗田文庫所蔵（影印版に深井雅海・藤實久美子編『江戸幕府大名武鑑編年集成』第一巻、東洋書林、一九九九年がある）、五季文庫所蔵（影印版に渡辺守邦「〔人倫

名」・御大名衆御知行十万石迄——解題と影印——」『実践国文学』六一号、二〇〇二年がある）。

（8）国文学研究資料館所蔵三井文庫旧蔵資料（影印版に『江戸幕府大名武鑑編年集成』第一巻がある）。

（9）国文学研究資料館所蔵三井文庫旧蔵資料。

（10）江戸の板元・須原屋茂兵衛と出雲寺万次郎が、京都の出店または本家に、武鑑株を移譲し、新しい名鑑、とくに略武鑑の系統をひく横小本・美濃三つ切本の名鑑の出版に着手するのは慶応四年五月以降である（拙稿「政府系本屋の維新史——名鑑の編集出版を中心に——」箱石大編『戊辰戦争の史料学』勉誠出版、二〇一三年）。

（11）大項目一四は、便宜上、筆者が設けたものである（拙著『江戸の武家名鑑——武鑑と出版競争——』吉川弘文館、二〇〇八年）九八～一〇一頁。

（12）前掲註(7)渡辺論文を参照のこと。

（13）国立公文書館所蔵内閣文庫「御勝手帳」第二七冊、請求番号181—100。

（14）南和男「幕末武鑑の値段」（『日本歴史』三二四号、一九七五年）、国立国会図書館所蔵「市中取締書留」二〇八、二〇九慶応元年、請求番号八一二—五。

（15）表1で小計とするのは表1に掲げた物品費・手間賃のほかに、再版時には出版手続き料（仲間入用、吟味料など）が必要なためである。

（16）造本費用はジャンルによって差がある。宗教書『蓮如御縁起』五冊物、全一三七丁では、紙代は三八・四％、板木代五二・四％であり、板木代が経費の過半を占めている（蒔田稲城『京阪書籍商史』臨川書店、一九二九年、一九八二年覆刻）七九頁。

（17）前掲註(14)南論文。

（18）拙稿「武鑑の改訂状況（嘉永元年—慶応四年）」（拙著『武鑑出版と近世社会』東洋書林、一九九九年）二九六～三〇六頁。

（19）埋木とは、古い情報部分である板木の一部分を削りとって、何も彫っていない小片を埋め込んで、塗りつぶし印刷すること。抹消するときに行われる技法である。

（20）入れ木は、板木の一部分を削りとって誤りなどを訂正する技法の一つである。入れ木部分の板面は、元の板面よりも少し出っ張っている場合があり、墨付きの具合から板本を見ていると訂正箇所をすぐに見つけることができる。なお近年の板木研究によって、入れ木は予め小片に文字などを彫ってから、元の板木に埋め込んだことが解明されている（永井一彰『板木は語る』笠間書院、二〇一四年、三〇二～三〇五頁）。

（21）伊藤孝夫「近世日本の出版権利関係とその解体」（京都大学法学会『法学論叢』一四六巻五・六号、二〇〇〇年）。

（22）拙稿「江戸書物問屋の仲間株について——出版界の秩序化——」（笠谷和比古編『一八世紀日本の文化状況と国際環境』思文閣出版、二〇一一年）。

（23）江戸書物問屋は三組（通町・中通・南組）からなり、

各組から二名ずつ行事が選出された。

(24) 文化一三(一八一六)年九月、出雲寺源七郎が計画し、不許可とされた武鑑の改正案は以下の通りである。①「大名付」における大名の記載順の変更、②江戸城内の殿中席のうち「大広間席」の大名の位置変更、③交代寄合・高家衆を独立させ新巻三とする、④大名家の隠居の扱い方、⑤門番・火の番・江戸城「本丸付」以外の役人と寄合の扱い方、⑥大名の装束に関する情報の増補、⑦「諸役前録略記」の改訂増補、⑧「役人付」の記載順の変更である。町奉行は「武鑑増補之儀、有来候事者格別、新規之儀者無用ニ可致」とした(前掲註1拙稿)。

(25) 本屋の階層性からいって書物問屋仲間よりも下位にある地本問屋は略武鑑や臨時の武鑑、一枚摺の武鑑の作成・販売に活動を制限された。

(26) 前掲注(11)拙著、一〇二~一〇四頁では小項目をもとに、享保八年以降に六項目増加したとしているが、本稿では大項目を基準に考える。

(27) 斎藤文蔵「幕末維新時代出版の武鑑研究(三)」(『歴史地理』二三巻五号、一九一四年)。

(28) このほか、紋所および紋所数の変更、領知記事の変化に、今後、焦点をあてて考察したいと考えている。

(29) 全一八巻からなる。註(7)を参照のこと。

(30) 江戸市中での大名家の行列具の別と格式の上下については、小川恭一『江戸幕藩大名家事典』下巻(原書房、一九九二年)に詳しい。

(31) 大名家の編纂史料から、元禄一二(一六九九)年に対馬宗家では石高記載変更、宝永二(一七〇五)年岩国・吉川家は記事の削除を指示している。ただし、大名家の事情は一様ではないため、今後、個別に検討していきたい。

(32) 橋本博編『改訂増補大武鑑』上巻(名著刊行会、一九六五年)一二〇頁。

(33) 国立国会図書館所蔵旧幕引継書類「市中取締類集」遠国伺之部「嘉永三戌年十月武鑑ニ高三善右衛門名前書載有之儀ニ付堺奉行より掛合調」。

(34) 「よしの冊子」一五(森銑三ほか編『随筆百花苑』第九巻、中央公論社、一九八一年、二六三頁)。

(35) 苫屋(飯田)久兵衛については、飯田久子「近世大坂における幕府御用達廻船商の記録――苫屋・飯田家文書「先年ゟ御用向幷勤方明細書」について――」(『大阪商業大学商業史博物館紀要』八号、二〇〇七年)を参照した。

(36) 「よしの冊子」一四(『随筆百花苑』第九巻、一九七頁)。

(37) 前掲註(18)拙著、一九四~一九八頁。

(38) 藤野保・清水紘一編『大村見聞集』(高科書店、一九九四年、一一六五~一一七七頁)。なお、大村市立史料館所蔵『九葉実録』に「見聞集」の一部は採録されているため、明らかな誤記と思われる部分は照合して訂正した。

(39) 勝田直子「校訂大村氏系譜」(『九葉実録』別冊、一九九九七年）。

(40)　寛政一二年刊行、須原屋茂兵衛版『寛政武鑑』の大村家の系図部分は読めないほどに摩滅している点に注意していただきたい。

(41)　他の事例では、諸家に聞き合わせたところ、武鑑記事の変更にあたって「御内用頼」の老中に報告、奥右筆に相談したとしている。本事例が一般的であったかについては後考に付したい。

(42)　風聞に反して、出雲寺の武鑑発刊は元文元（一七三六）年である（『江戸の武家名鑑』一三二～一三四頁）。

(43)　前掲註(1)拙稿。

(44)　『新訂寛政重修諸家譜』第一二巻（続群書類従完成会、一九六五年）一八八頁。なお、「直澄」を大村家初代とするのは、元禄一六（一七〇三）成立「大村世譜」である。また、歴代当主に法華宗の追号と命日が定められるのは天明八（一七八八）年三月二一日のことである（勝田直子「大村氏系図の疑問と経過」『肥前大村』三号、一九九三年）。

(45)　原・隈・橋口の役職の特定にはいたっていないが、山川芳樹「大村藩政機構調(七)第十代藩主大村純昌時代」（『大村史談』三七号、一九九〇年）を参照した。

(46)　岩淵令治『江戸武家地の研究』（塙書房、二〇〇四年）六二〇・六二一頁。

(47)　拙稿「江戸書物問屋仲間の構造と板権の実効性――武鑑株を事例に――」（『江戸文学』四二号、二〇一〇年）。

(48)　「官員録」の情報源については、拙稿「政府系本屋の維新史」を参照のこと。

(49)　略武鑑で省略された項目は、家系のほか、大名家家族・領知の歴代領主名・江戸定詰の家臣名である。

(50)　前掲註(5)高野著書。

(51)　筆者がかつて示した作業概念を用いれば、閉鎖系の「知」として作成、保存された系図を、ある時期に出版物である武鑑を利用して、開放系の「知」に転換させる大名の意志と換言することができる。拙著『近世書籍文化論――史料論的アプローチ――』（吉川弘文館、二〇〇六年）を参照のこと。

(52)　『随筆百花苑』第七巻（中央公論社、一九八〇年）一六〇頁。

宝永地震と近松の浄瑠璃――『心中重井筒』の場合――

原　道生

はじめに

宝永四（一七〇七）年一〇月四日の午後一時頃に、四国南方沖合の南海トラフ周辺で発生した、いわゆる「宝永地震」が、日本各地に甚大な災害をもたらしたという事実は、周知の事柄と思われる。[1] なかでも、それにともない直後に生じた津波のための被害も加わって、大坂の市街地は、大変深刻な打撃を蒙るところとなったのである。その折に見られた、さまざまな具体的様相は、同時期における官民双方の人びとの手によって書き留められたおびただしい数にのぼる記録類を通して、かなり詳細に知ることができるだろう。[2]

ところが、少々意外なことに、この大坂にとっての未曾有の大事件を題材としてとりあげた演劇あるいは文芸作品は、管見の限り、極めて少ないものしか見受けられないという状態なのである。

ここで、検討の対象を芝居に絞って言及するならば、この宝永に先立つ元禄年間には、まず歌舞伎で、次いで人形浄瑠璃の分野において、大坂市内に起こった異常な出来事を、時を置かずに舞台化して観客に提供するという「世話物」が新しく生み出され、人びとの関心を集めて大きな流行を見せるにいたっていた。そして、さらにいえば、この時期には、そのような世話物を成立させる基盤ともなっていたものとして、それらの元となる事件を直ちに歌や語りに脚色して市中に流布させる、芸能的・娯楽的なメディアともいうべき歌祭文《うたざいもん》、読売《よみう》りの類いなども盛んに行なわれて、世間の人びとの物見高い好奇心に応えるための仕組みが、広く確立していたのである。

したがって、そのような時代の風潮を勘案するならば、平素はまったく想像もされなかったような厖大な規模にわたる家屋の倒潰や焼失、堀沿いの地の浸水、大小の川船や橋梁の破損、二万人を超えるとされる圧死者・溺死者の発生[3]等々に、突然見舞われることとなったこの大災害は、右の如き大衆的な諸文化の作り手たちにとっての格好な取材源ともなり得る出来事であったに違いない。しかしながら、先にも述べた通り、現在、筆者の知る範囲内では、それに該当する事例は、非常に少ないものでしかないのである。なぜそのような事態が生じることになったのであろうか。

けれども、残念ながら、現在の筆者には、その理由についての解明を果たせるだけの力が欠けている。そこで、止むなく、そのことは後日の課題に譲ることにして、ここでは、そうしたごく少数の事例の中から、代表的なものの一つとして、地震の年の一二月に、大坂竹本座で初演された近松門左衛門作の世話浄瑠璃『心中《しんじゅう》重《かさね》井筒《いづつ》』をとりあげて、宝永地震と大坂の演劇作品の関連の一事例を具体的に検証してみるということにとどめたい。

ただし、この『心中重井筒』と宝永地震との関連をめぐっては、すでに阪口弘之によって、広く当期の道頓堀興行界の動向を視野に入れながら、行き届いた考察を加えた、説得力に富む論考が公けにされており[4]、そこに問題の基本は、尽されているといってよいだろう。そのため、以下の本稿においては、同氏の驥尾に付しつつ、しかし、氏とは若干異なる角度から、この宝永地震の折に大坂で起こった出来事を、作者近松がどのようにして劇化しているかという事柄に関して、いささかの考察を試みることにしたい。

一　震災関連の諸事例

前記の通り、宝永四（一七〇七）年一二月に初演された『心中重井筒』は、その四年以前の元禄一六（一七〇三）年五月に、作者近松にとっての最初の世話浄瑠璃である『曾根崎心中』が上演されて以来、彼の世話物としては七作目、そのなかの心中物としては五作目に当たるものだった。(5) そして、それら心中物諸作のなかにあって、一家の主人で妻子のある町人の男が馴染みの遊女と心中をするという、のちにはしばしば見られるようになる深刻な人物設定は、本作において初めて試みられたものだったのである。

そのため、作者近松は、作中、それ以前の世話物よりは、かなり込み入った人物関係を構想し、彼らをめぐって複雑な筋立てを展開させているのだが、ここでは、以下、本稿のテーマである宝永地震と関連の深い部分のみをとりあげることとし、その箇所の理解にとって助けとなる範囲内での梗概を紹介しておくことから始めることにしたい。ちなみに、本作中で、作者が直接地震時に関わる事柄に触れている部分は、次に言及してゆく二つの箇所である。

（1）第一の事例――先々月の避難騒ぎ――

本作は、当期の世話浄瑠璃の通例に従い、上中下の三巻から構成されているが、そのうちの上之巻、「万年町《まんねんまち》紺屋《こうや》徳兵衛内の場」における女房おたつのセリフのなかに、一つ目の該当箇所が見られるようになっている。ここでは、まずそこへいたるまでの筋立ての概略を、開幕以前の出来事として設定されている状況をも含めて、以下に示すことにする。掲出の人物関係図と関連地図も、併わせて参照願いたい。

大坂万年町の紺屋吉文字屋《きちもんじや》宗徳は、妹娘のおたつに婿を取って家業を譲り、隠居の身となって、鑓屋町《やりやまち》に住む姉娘の許で暮らしている。このおたつには、先夫との間に小市郎という子供がいるが、今では、南の色町六《ろっ》軒町《けんまち》の色茶屋重井筒屋の主人の弟徳兵衛を、二度目の入り婿に迎えはしたものの、遊び好きで意志薄弱な夫徳兵衛と頑固で吝嗇な父宗徳との板挟みになって、常に苦労の絶えないままに、貞淑な女房として一家を支えていた[6]。ところが、徳兵衛は、そうした身の上であるにもかかわらず、重井筒屋の抱えの遊女おふさと深い仲になり、妻のおたつを悲しみ苦しませることはもとより、実家である重井筒屋の主人夫婦、つまり実兄と義姉にも多くの迷惑をかけ続けているのである。

その年の師走の一五日、徳兵衛は、おふさに必要な銀を調達するために、おたつの留守中、その印判を勝手に使い、口入れ屋から銀を借り入れてしまった。一方、そのことを知ったおたつは、妻の自分を踏みつけにした夫の振舞いに傷つけられながらも、事の真相が宗徳に知られることのないよう、懸命に夫を庇って、父をごまかし、その場を無事に切り抜けることに成功する。けれども、そうした妻の苦心の言いわけを曲解した徳兵衛は、却って妻に不義の疑いをかけて罵倒したために、さすがのおたつも、ついに夫の仕打ちに堪えかねて、日頃抑えに抑えてきた夫への恨みの数々を、訴え続けることになるのだった。

図1　人物関係図

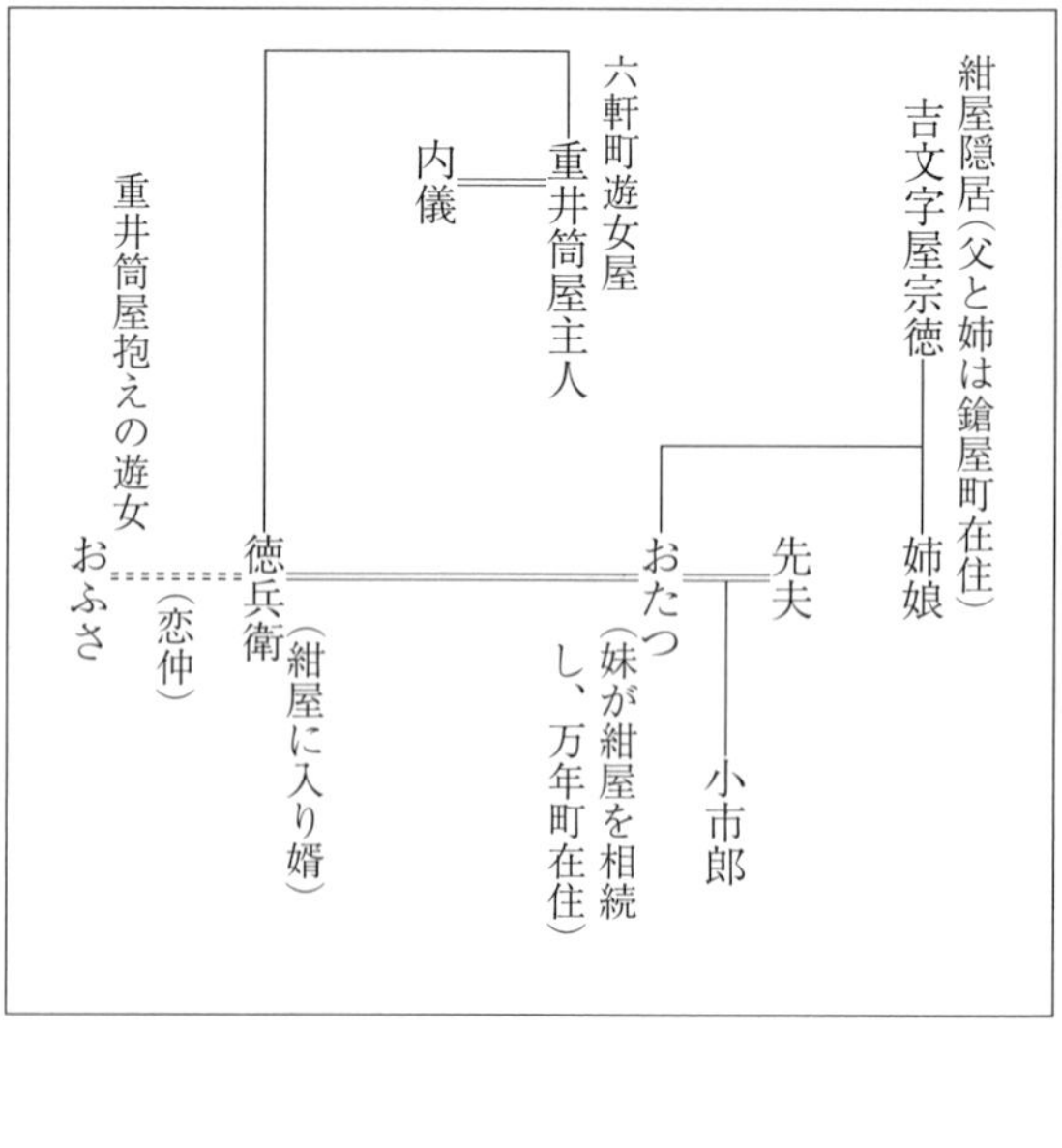

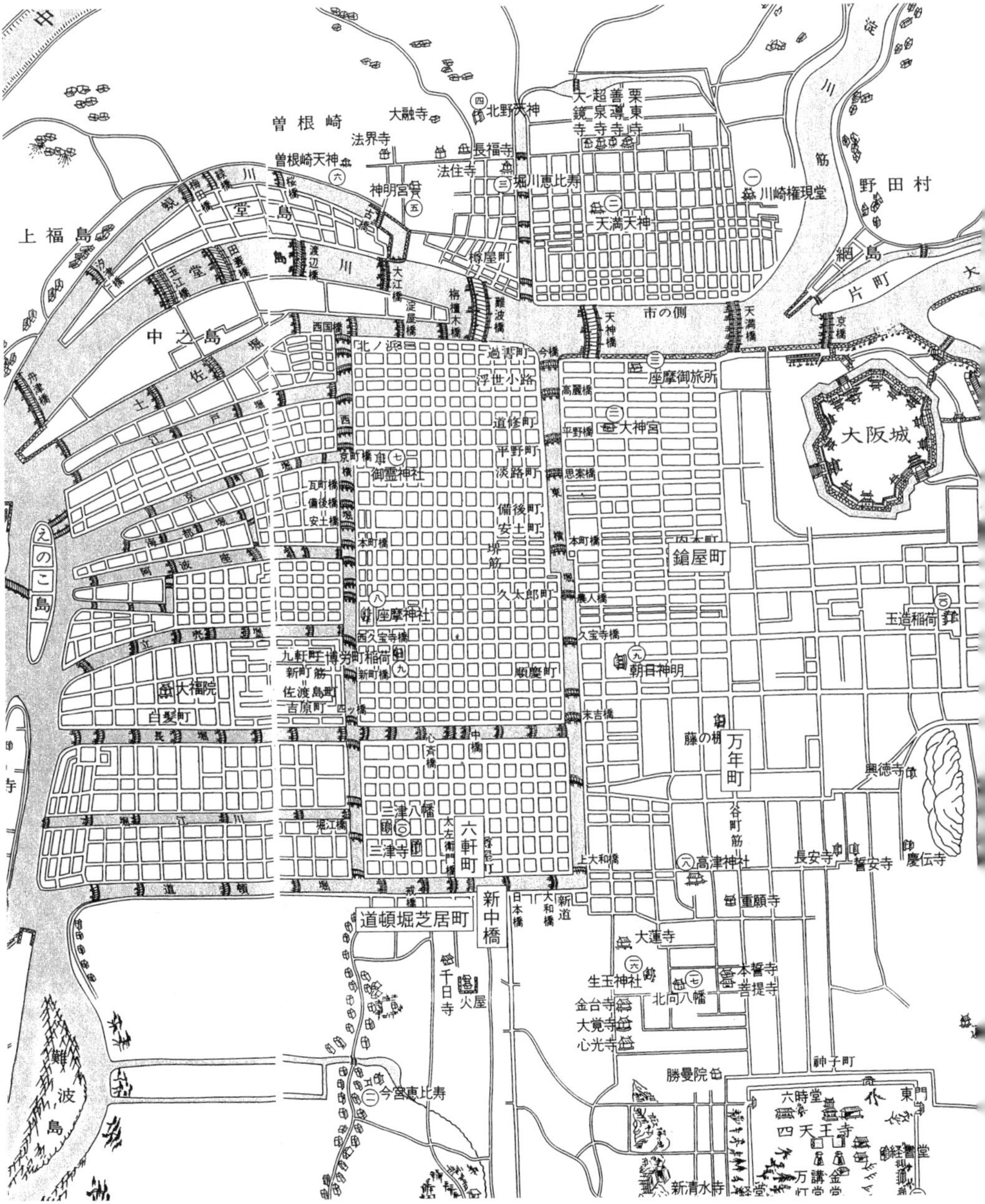

図２　関連地図（宝永初期の大坂）
『近松門左衛門集１（日本古典文学全集）』（小学館、1972年）に加筆

少々入り組んだ設定のゆえに、梗概の紹介が長びいてしまったが、右の末尾に見られるおたつの夫への恨み言のなかで、作者は、宝永地震に関連する事柄を語らせているのである。そのため、これも、いささか長い引用になってしまうけれども、次節で分析を加える必要も出てくるので、そこでの彼女の発言を、次に掲出しておくことにしよう。ただし、文意をとり易くすることを考えて、比較的関連が薄い部分は省略に従い、その箇所においては、どのようなことが述べられているのかの要約を、〔 〕で補っておくことにする(7)。

なう徳兵衛殿、酷《むご》うござる、つらいぞや。不義せうものと見据ゑたら。なぜ付き張つてもゐもせいで。元日から元日まで、よう行き所もあることぞ。（中略）〔あなたの留守中に訪れた父親をごまかし、穏やかに帰した私の苦心に対して〕恨み受ければ是非もなし。女房の口から推参ながら、いはゞこなたは人でなし。ふさと挨拶切れぬげな。余所外《よそほか》でもあることか。兄御の内の奉公人、躾《しつけ》、意見もすべき身が。客衆とやらの害になり、身代《しんだい》の妨げと。兄嫁御のねすりごと、聞きづらや聞きにくや。ア、それも道理。又あとの月の騒動に。一家が寺へ退いての時、見舞ひに行つて見届けた。余《よ》のお山衆は押し退けて、ふさ一人を大事にかけ。こゝらで心底《しんてい》見せ顔に、けば〳〵しい仕方ども。側に居るは知つた衆、こなたよりわしが顔。阿呆らしう見えたやら、まぶられて帰りしぞや。（中略）〔それにもかかわらず、あなたは妻の私をさんざん踏みつけにした振舞いをしているが〕これでも男のかはいゝは。さてもいかなる因果ぞや。（後略）

右の引用本文のうち、傍線を付した部分、中でも、特に二重傍線をつけた「又あとの月の騒動」が、二か月以前の一〇月に発生した宝永地震の折の大坂市中の大混乱をさしてのものであることは、前記の阪口論文によって、現在定説となっているところである。ただし、この際、参考までにいささか蛇足を加えれば、この叙述が宝永地震と結びつけられ理解されるにいたるまでには、以下のような、若干の経緯が存在したのだった。

江戸時代以来、昭和元（一九二六）(8)年にいたるまで、本作の初演年時は、他によるべき資料もないままに、信憑性に乏しいとされる『明和版外題年鑑《げだいねんかん》』（一七六八年）の「宝永元年四月十六日　竹本座」という記載に従っていた。そのため、それが宝永四年の災害と関連づけられるべくもない状態が続いていたのである。たとえば、近代以降最も早い時期に刊行された水谷不倒による頭注付きの撰集『新釈挿図近松傑作全集　二』（早稲田大学出版部、一九一〇年）が、その解題の「年表」において、宝永四年の項に「十一月（ママ）四日五畿内大地震」と記し、また、右の詞章に対しては、「火事などに逢ひ寺へ立退きしものか」との頭注を施してはいながらも、地震との関連に対してはまったく関心を示していないということなど、前記のような事情に照らして、当然の事態といって差し支えないだろう。

しかるに、それに対して、黒木勘蔵は、大正一五（一九二六）年一一月刊行の『近松名作集　上（日本名著全集江戸文芸之部）』（日本名著全集刊行会）の解題において、本作下之巻冒頭の道行「血汐《ちしお》の朧染《おぼろぞめ》」中で列挙される、道頓堀芝居町の七軒の芝居の座本や出勤俳優についての記述を根拠にして、本作が宝永四年末の初演である旨を推定し、以来、その考証が妥当なものと認められて、今ではそれが定説となっているのである。

しかしながら、その後に公けにされた本作への諸注を検証してみると、この「騒動」が右の地震の折のこととされるまでには、相当の年時が必要とされており、管見の限りでは、昭和四七（一九七二）年三月刊行の『近松門左衛門集　一（日本古典文学全集）』（小学館）収録の森修・鳥越文蔵・長友千代治らによる頭注が、最初の事例となっている。もちろん、それ以後のものでは、この見解が、自明のこととして踏襲されてゆくことになるのだが、反面、なぜそのように、先の黒木説が直ちに反映されることがなかったのかを推察してみると、最も単純な理由としては、それまでの注釈者がそのことに気づくのが遅かったという事情に加えて、本文中の「又あとの月」[9]の記述の解釈に不安定なものが残されていたからなのではないかと思われる。すなわち、以前より、この「又あとの月」に関しては、諸家ともに、「又」「あとの月」と二語に分けて読むことによって、前者を接続詞で「それに加えて」の意に解し、「あとの月」は、ごく一般的に用いられる「先月」の意と取っていたために、本作初演が一二月のことであるとすれば、この叙述は一一月のことをさすものとなり、一〇月の地震という事実との間にひと月のズレが生じてしまうという点で、その確定が躊躇されるという事情も働いていたのではないかと考えられるのである。

けれども、そのことに関しては、実は、早くに阪口によって、「又あとの月」は「復後月《またあとげつ》」、つまり「先々月」の意と解すべきことが提起され[10]、その結果、一二月よりふた月以前の一〇月の地震をさすものと解して差し支えないものであるとの指摘がなされていたのである。したがって、本来ならば、この「又あとの月」に関しては、「先々月」という一語と見なして、それが一〇月の地震をさすものとの解釈が疑問の余地なく定着してしかるべきであったのに、前記の通り、諸注、必ずしもこれをそのままに取り入れているというわけではなかったのだった。この点は、速やかに改められる必要があるものと思われる。

以上、この記述をめぐっての諸先学の考証の紹介に手間取って、紙数を費してしまったが、まだ解として世に徹底していない憾みがあるために、余計な差し出口ながら、言及を試みることにした次第である。

なお、この語句のことをも含めて、この傍線部分に関しては、災害に関わる記述としても重要と思われるし、何よりも、近松の作劇・人物造型の特色を見る上でも注目すべきところが大きいと考えられるので、今は、右についての検証のみにとどめ、あとで節を改めて、考察を加えることにしたい。

(2) 第二の事例——中橋の復旧——

作中、宝永地震に直接関連する叙述が見られる二つ目の箇所は、中之巻「六軒町重井筒屋の場」における地の文冒頭の、月は早。渡り初めして。中橋《なかばし》や。

なんと中橋架けたの。欄干渡すばつかり。春は町中渡り初め。（後略）

という詞章と、やがてその場に訪れてきた徳兵衛に対し、兄の重井筒屋主人が、世間話の話題として口にする、というセリフの中にある、道頓堀に架けられていた「中橋」修復工事の件に言及している部分である。

この宝永地震の大坂における特色は、地震にともない太平洋上に発生した津波が、北上して紀淡海峡を通り抜け、大阪湾へと到達して、そこから木津川、安治川等々の河口に流れ込んだ後に、当地特有の、網の目のように張りめぐらされた堀川を逆流するにいたった結果、地震そのものによる以上の災害に見舞われることになったという点にあったとされている。周知の通り、この大坂の市域は、南北に長く続く東部の上町《うえまち》台地と、淀川、大和川など多くの河川の流入によってその西方に形成された低湿の地であったために、古くから治水、利水のための大規模な河川工事による整備が行なわれていたのだった。なかでも、一七世紀頃には、道頓堀その他、数多くの堀川の掘削、改修が重ねられ、市内全体に、恰も毛細血管のように交叉して行きわたる堀川と、それに架けられた大小無数の橋とによって、水上・陸上の交通・物流が保証され、それが商業都市としての大坂の繁栄を支えるものとなっていたのだが、不運なことに、この時には、まさにそうした市街構造そのものが、まったく裏目に出てしまったという次第だったのである。ちなみに、その際の実態は、次に引用する専門家の記述に記される通りの惨状であったらしい。

大坂湾に流入する安治川や木津川の河口から市街地へと浸入した津波は、大坂市中を縦横に廻る堀川に沿って更に内部へと遡上した。この時、安治川や木津川の河口付近に碇泊していた多数の大船が、河川を遡上する津波に押し上げられて幾筋もの堀川を遡行し、堀川に浮かぶ川船に次々に衝突していった。津波による大船群の遡行によって、大坂市中の幾つもの堀川内で川船が大破・転覆して多数の溺死人が生じ、堀川に架かる橋が大船の衝突で崩落するなど、大坂の市街地は多大な被害を蒙った[11]。

そして、そのような津波による被害は、道頓堀においても甚だしく、『宝永度大坂大地震之記』[12]には、「地震後大洪水波にて、大船道頓堀川日本橋辺押込、橋多く損し候」とあり、さらにその詳細を伝える『月堂見聞集』[13]には、「凡橋の破損三十六ケ所」として、道頓堀その他の諸河川の橋名を列挙するなかに、「太左衛門橋、九左衛門橋、中橋」と、前掲の「中橋」の名があげられているのである。したがって、先に掲出した『心中重井筒』中之巻中の二つの引用本文は、この一〇月四日に落橋した中橋の復旧作業が、すでに年末には進捗しつつあり、新年には渡り初めも可能になるだろうという、明るい見通しを伝える記述と見てよいように思われる。だとすれば、こうした現在進行中の復興事業の当て込みの叙述の上に、災害後まだ間もない大坂の街の逸速い立ち直りのさまを喧伝しようとする作者の意図をうかがう阪口の見解[14]には、肯綮に当たるものがあるといえるだろう。

なお、先に引用した津波の被害を伝える論文[15]で、筆者の西山昭仁らは、「中橋」を「日本橋より一本東側に位置し、後に下大和橋となる」と注記しているが、この時、道頓堀川で流失した「中橋」は、現行諸注が『南水漫遊』を引いて考証する通り、日本橋より下流（西）にあり、六軒町には南接して、同地と南岸の道頓堀芝居町とを繋ぐ「新中橋（のちの「相合橋」）」のことと解する方が妥当なものと考える。

ちなみに、この津波の際における道頓堀の芝居町の被災状況に関しては、それを具体的に伝える資料がない。わずかに、『大地震記　宝永四年十月』[16]中の「地震当日得幸事」の章に、今回の地震で「浪華中ニ大ナル仕合三アツテ救《スクヒ》トナレリ」として、その一は、昼間のことだったので、死者などの被害が少なくて済んだこと、その二は、この日、市内の駄馬が役のため、全部上町のお城の辺りに集められていたので、市中で馬に絡んだ混乱がなくてよかったこと、その三としては、数日前の九月二八日に徳川家宣の子家千代が生後二か月半で死去したために「鳴物停止」の措置がとられ、「芝居惣テ息居《ヤスミイ》タリ、若平日ノ如クナラハ道頓堀七八箇所ノ芝居イクハクノ人ソ詰置《ツメオキ》騒動セハ如何ホトカ人ヲ傷《ヤブ》ラン而ルニ今日芝居止タル日ニ当リシハ大ナル仕合ナリ」というように、人出による騒動がなくてよかったということがあげられているのみなのである。

そのため、この記述からは、この日がたまたま見物客の来ない日だったので犠牲者が出なかったということはわかっても、それ以上に、劇場を始め、芝居町そのものまでもが無事であったのかどうかについての判断は下しかねるといわざるを得ないだろう。ただ、いずれにせよ、先に黒木による初演年時考証の根拠になるものとして紹介した、本作道行文中の、この年末における芝居町七の櫓を詠み込んだ叙述には、これも阪口の見解の通り(17)、大震災後二か月にして全部の芝居の再開を企図する道頓堀興行界の人びとの気概というものが歌われて、人びとを元気づける役割を果たすことになっていたという事情は、うかがわれるものと思われる(18)。

二　近松独自の構想と人物造型

宝永地震という特異な題材を、本作中に取り入れるに際して、いかにも近松ならではと思わせられる特色が発揮されている点は、前節においては分析を保留した上之巻中の引用本文（三七〇頁掲載）に見られる女房おたつの夫に対する恨み言、なかでも、傍線を付した部分あたりの脚色をめぐってのものといってよいだろう。

そこでは、たとえば、中之巻中で触れられる中橋の流失などといった、地震の折の現象が、単に言葉の上での当て込みとして用いられるという程度のことではなく、たまたまその災害に巻き込まれたことによって、顕在化させられてしまった、ある町人夫婦の日常生活中における、ささいな、しかし当事者である妻にとっては極めて深刻な一つの出来事が、その時、最も辛い立場を強いられることになった彼女の回想として、自身の口から語られるという高度な手法を通して、すこぶる的確に描き出されるものとなっているのである。以下、その次第を、前掲の引用本文に沿いつつ、考察を試みてゆくことにしたい。

作中、まずその一件は、先々月、つまり一〇月四日の地震・津波の折に、重井筒屋の一家が、抱えの遊女たちともどもに、市内の「寺」へと避難した際に起こったこととされている。

もっとも、この時の六軒町の被害状況に関しては、作中にも触れるところがなく、また、現実の記録類にも伝えられてはいない。ただし、津波の道頓堀遡上によって中橋も落ちたという事実(19)から推定するならば、実際に水害を蒙ったか否かは不明としても、少なくとも危険の迫る状態にあったであろうということは、確実であったと見ても差し支えないだろう。

ところで、古来、地震・火災の折などには、廓における遊女たち大勢の犠牲死が、しばしば話題にされたりもするものだが、この宝永の大坂でも、前掲『大地震記(20) 宝永四年十月』中の「藪下遊女多死事」の章には、

浪華市中遊女町数多アル中堂島藪下ト聞テ繁栄殊ニ他ニ勝タリ、（中略）而ルニ慳貪《ケンドン》無慙《ムザン》ノ主人アツテ思惟セルハ此地震騒動ニ紛レ遊女逃失ヤセント畏《ヲソレ》ヲ成シ共ニ因《ツナキ》テ下屋ニ押入或ハ二階ニ逐《ヲヒ》上テ梯子ヲ引確《カク》リ固メテ出ル事ヲ不レ許《ユルサ》、悲哉就中此ノ町一宇モ不残崩ケレハ争《イカ》テカ佑《タスカ》ルヘキ様《ヤウ》ハ無シ、押罩《コメ》ラレシ遊女九十人余一時ニ死失ケレハ偖《サテ》不仁ノ仕形ナリト憎《ニク》マザルハ無リケリ

という痛ましい事実のあったことが伝えられている。だとすれば、そのことに比べて、女たちをともない寺へ避難をした重井筒屋は、情け深い主人として設定されていたといえるのかも知れない。

そして、その避難先が「寺」とされていることも、やはり、同書の「大潮涌出諸人逃走事」の章には、津波を逃れようとする群集が、皆東方の上町方面へと泣き叫びながら走り続け、最後は、

扨思イ〱ニ上町ニ足ヲ止メ高原生玉天王寺其外寺町ノ寺々縁ニ任《マカセ》テ馳入五日十日宿ヲナセリ、（中略）寺数多ナレトモ一宇ノ寺ニ五百人七百人ニ過《スキ》テ男女入込ケレハ本堂方丈ニ至マテ男女雑居《サコ》シテ臥ケルカ夜深更ニ及マテ小児ノ啼声囂《カマヒス》シク、夜明レハ本堂方丈ノ恐レモナク若キ女最媚《ナマメキ》並テ化粧《ケハイ》シ梳《クシケツリ》スルハ何異様ナルニ

ソ見ニケリ、又庫裏ニ入テ見渡セハ女ノ下部五人七人赤蔽膫《マヘタレ》ニ手繦《スキ》カケ飯ヲ炊其風情見ル人興ヲ醒《サマ》シ在家ニ至ル思ヲ成セリ、

との記述が収録されている。そこには、寺町の寺々に逃げ込んだ人びとの営む避難生活の一端が、大変リアルに描き出されていて、印象的なものがあるといえるだろう。

もっとも、右の記事の場合の避難者たちは、遊女屋ではなく、堅気の庶民たちらしいが、実際には、遊女屋の事例もあり得たであろうし、仮にそういう事実がなかったとしても、この時の近松が、「一家が寺へ退いての時」という設定を構想するに当たっては、まさに右掲のような現実の事態が、その念頭に想起されていたに違いない。恐らく、そこでは、寺の大きな広間の中で、思い思いの位置にその座を占めつつ、不安で無聊な毎日を送る避難者たちのなか、一群の遊女たちの花めいた存在が、嫌でも人びとの目を引き、興味の的になっているという光景が想定されていたと見てよいのではなかろうか。作中、おたつの回想するあの日の一件の背景には、こうした事態が存在していたと考えられてよいだろう。

ともあれ、そこでの作者は、このように、宝永地震を題材としてとりあげながらも、直接、地震・津波そのもののさまや、その被害の状況自体を描き出そうとするのではなく、そこから派生してきた事柄、つまり、思いがけなくその余波を蒙ることになった人びとのその後の人生の一コマを劇化して示すという、いわば間接的な方法を試みようとしているのだった。

この時、重井筒屋一家の避難した寺が、どの辺であったかの設定は、作中、何も触れられてはいない。けれども、常識的に考えれば、日本橋よりは東、万年町に近いあたりと見てもよいのではなかろうか。もし、また、仮にそうでなかったとしても、親戚付き合いの常として、徳兵衛、おたつの夫婦は、兄たちの見舞いに出向かないわけにはいかなかったはずである。しかしながら、おたつにとって、この義兄一家へ見舞いに赴くということが、

何とも気の進まない話であったという事情は容易に推察されるに相違ない。なぜなら、夫徳兵衛が抱えのおふさと深い仲になっているということが、重井筒屋にとって、どんなに迷惑なことであるかの愚痴、皮肉は、いつも義姉から繰り返し聞かされて居たたまれない思いを強いられているところだし、また、そこに避難している店の男女たちは、皆、当然徳兵衛とおふさとの関係を熟知しているわけだから、そこへ見舞いに訪れて行くおたつは、事情を知った者たちの好奇に満ちた目の前で、夫の愛人である当のおふさと顔を合わせなければならないという堪え難い破目に陥ることは必至という事態が予測されているからなのである。ちなみに、こうした衆人環視の只中で、夫を挟んで馴染みの遊女と女房とが出会うというような状況は、大勢の人間が寺に避難するというこの異常時だからこそのことであり、現代なら知らず、当時の平素の日常生活の中では、まずあり得ないことと見なすべきだろう。したがって、その点においても近松は、震災という題材を、自作のこの場の異色な状況設定の上で非常に有効に活用しているのではないかと思われる。

が、そのことはともあれ、結局この日、夫婦は、揃って見舞いのために寺を訪れることとなった。

しかるにその時、おたつは、さらに、予め覚悟していた以上に強烈な屈辱感を味わわなければならなくなったのである。それは、同行した夫の徳兵衛が、おたつの見ている前であるにもかかわらず、とりわけおふさばかりを相手にして、並外れてこまごまとした心遣いを示す行動をとり続けるという振舞いに及んでいたからなのだった。

もっとも、そうした徳兵衛の振舞いは、いかにも彼らしいところなのであって、別におたつを苦しめようとの意図はなく、ひたすら不自由な毎日を強いられているおふさを不憫に思ってのことと解されてしかるべきものなのだが、実際には、それがおたつを深く傷つけるものとなってしまっているということは、断るまでもないだろう。加えて、この時、その場に居合わせた店の者など顔見知りの人びとは、そこでの夫婦の行動、なかでも、おたつを気の毒には思いながらも、その実、彼女がどのような反応を見せるかを、さりげなく、けれども、津々たる興味を寄せながら見守っていたという事情も、容易に想像されてくるに違いない。

そして、一方、当然そのことを十分察知しているおたつとしては、いかに激しい屈辱感に捉われたとしても、今この場にいるこの人びとの視線の前では、はしたなく取り乱すさまを見せたりしてはならないことはもとより、一寸した内心の動揺すらもうかがい知られることのないよう、懸命に自分を制しながら、帰宅しなければならなかったという経緯が、さながらに感じ取られるように描かれているのである。(21)

こうして、寺への見舞いの折に彼女が味わわされた辱めの記憶は、その後、約二か月の間、何とか自制されてはきていたが、先の梗概においても紹介した、師走の一五日の夫の妻を踏み付けにした行動を契機として、遂にその抑制の限界を超えてしまったものとなり、自身にとっては、最も思い出したくないはずの、あの日の出来事にまつわる悔しかった思い出の一部始終を、恨みを込めて夫に語りかけるという成り行きとなったのだった。その時の彼女の発言の冒頭、「女房の口から推参ながら、いはゞこなたは人でなし」との一句は、それまで耐えてきた彼女の我慢の程度がいかに強いものであったかを如実にうかがわせる言葉に他ならない。

けれども、そうして夫の不実をなじり続けた彼女だが、その最後には、一転して、「これでも〔こんなひどい目に合わされても〕男のかはいゝは。さてもいかなる因果ぞや」と、さんざんに苦労をさせられながらも、他ならぬその夫を結局は愛し続けずにはいられないという、まさに我ながら「因果」としかいうことができないような、彼女の複雑に屈折した心情がそのままに吐露されるところとなっているのだった。ちなみに、この種の「因果」な愛に苦しむ男女の交情というものも、近松作の浄瑠璃に、繰り返し見られるテーマとなっている。

宝永地震という、大坂にとっての未曾有の大災害を題材としてその作品に取り入れた近松は、それそのものを直接舞台化するという方法をとることなく、そこから派生した事柄である被災者の見舞いの際の出来事という脚色を構えることを通して、彼独特の優れた構想の展開と、リアルに造型された登場人物たちとより成る世話物世界の具象化に成功していると評されてしかるべきだろう。

（1）　宝永地震に関する全国的な記録史料は、東京大学地震研究所編『新収日本地震史料』（日本電気協会発行）のうちの『第三巻別巻』（一九八三年）一冊に、網羅的にまとめて収録されている。また、その他、同叢書の『補遺』（一九八九年）『補遺別巻』（一九八九年）『続補遺別巻』（一九九四年）の三冊にも追加分が掲載されている。

（2）　前掲註（1）参照。なお、その他にも、二〇一二年七月二五日から八月二六日にかけて、大阪歴史博物館において、特別企画展「大阪を襲った地震と津波」が開催され、宝永地震に関する古文書類も展示されていた。

（3）　矢田俊文「一七〇七年宝永地震と大坂の被害数」（『災害・復興と資料』二号、二〇一三年）による。

（4）　阪口弘之「都市芸能としての浄瑠璃——近松の大坂意識——」（『都市に対する歴史的アプローチと社会的結合（大阪市立大学大学院文学研究科都市文化研究センター（21世紀COEプログラム研究拠点）「都市文化創造のための人文科学的研究」事業報告書）』二〇〇七年）。

（5）　正徳五（一七一五）年秋以前の時期の近松作の上演年時に関しては、正確な日時の確定のできる資料に乏しく、厳密にいえば、「推定」にとどめておくべきものが大半を占めている。実をいうと、この『心中重井筒』も、その例を漏れるものではないのだが、ここでは、繁雑を恐れて、特に差し障りの生じそうもないものの場合には、「確定」並みの扱いをすることにした。なお、本稿における諸作の成立年時は、原則として、『近松全集　第十七巻』（岩波書店、一九九四年）掲載の「年譜」によっている。

（6）　本作中では、おたつと最初の婿とが死別なのか生別なのかには、まったく触れられていない。また、その再婚の相手に、色茶屋の次男の徳兵衛という、堅気の紺屋とはまるで不似合いな家柄・人柄の男がどうして選ばれたのかの事情に関しても、何もうかがわせるものがない。総じて、この種の近松世話物の状況設定としては、なぜそのようなことになったのかの経緯についての説明は、省筆されることが多く、すでに事態はそうなってしまっているという時点から舞台化され始めることの方が一般的のように思われる。

（7）　『心中重井筒』の引用本文は、原則として『近松門左衛門集2（新編日本古典文学全集）』（小学館、一九九八年）による。

（8）　厳密にいえば、後述のように、昭和改元以前の大正一五年一一月のことである。

（9）この表記に関しては、『近松全集　第五巻』（岩波書店、一九八六年）所収の本作の底本大阪大学図書館所蔵、山本九兵衛・九右衛門版八行三二丁本のそれに従った。
（10）阪口弘之「世話物の中の大坂」（『近松研究』六号、一九七二年）。なお、これには、他に、佐藤彰『古浄瑠璃正本集加賀掾編　第五』解題（大学堂書店、一九九三年）、鈴木光保「近松作「丹波与作待夜の小室節」初演考——宝永四年末上演説への疑問を中心に——」（『名古屋大学国語国文学』九〇号、二〇〇二年）にも、同意を示す論がある。また、前掲註（4）も参照。
（11）西山昭仁・小松原琢「宝永地震（一七〇七）における大坂での地震被害とその地理的要因」（『京都歴史災害研究』一〇号、二〇〇九年）。
（12）前掲註（1）の第三巻別巻所収。他に『大阪編年史』にも引用。
（13）『続日本随筆大成』別巻2（吉川弘文館、一九八一年）。
（14）前掲註（4）参照。
（15）前掲註（11）参照。
（16）前掲註（1）の『第三巻別巻』所収。なお前掲註（11）の西山・小松原論文では、天明八（一七八八）年六月筆写の現存本を紹介した上で、その原本の成立が、地震発生時に比較的近い頃であったろうとの推定を試みている。
（17）前掲註（4）参照。
（18）本節後半の津波の災害をめぐっての考察に際しては、前掲註（1）～（4）（11）の他に、西山昭仁「宝永地震（一七〇七）における大坂での震災対応」（『歴史地震』一八号、二〇〇三年）、長尾武「宝永地震（一七〇七）による大坂市中での津波遡上高」（『歴史地震』二六号、二〇一一年）、磯田道史「大阪を襲った津波（磯田道史の備える歴史学）」（「朝日新聞ｂｅ」二〇一三年五月一一日付）を参照した。
（19）前掲註（13）参照。
（20）前掲註（16）参照。
（21）傍線を付したおたつのセリフを中心とするあたりの原文の叙述は、その場で実際に起こっていた出来事についての的確な描写と、それを語り伝えている際のおたつ自身の心情の反映とが巧みに重ね合わされて優れた表現となっているのだが、紙数の余裕もないために、本稿ではそれへの言及は割愛する。なお、本作に見られる近松の表現力の問題に関しては、拙著『近松浄瑠璃の作劇法』（八木書店、二〇一三年）で部分的に触れたことがある。

『道の幸』『諸国風俗問状答』からみた松平定信の文化政策の背景

森田登代子

はじめに

江戸時代に、地方の生活・風俗・文化調査の報告が存在したことを紹介したのは、柳田国男である。「たしか文化十二三年の頃のことであった。屋代弘賢が其二三の友人と共同して、風俗問状と云ふ小冊子を印刷し、依頼文を添へて之を各地方の友人へ送って答を求めた。此頃の江戸の生活を標準として四季の行事並に冠婚葬祭の各条項に亘り、諸国の風俗の異同を問はんとした」(『郷土研究』四巻九号、一九一六年一二月)(1)。しかしこの問状への返書はそう多くはなかったらしい。調査自体は成功ではなかったというのが昭和四〇年代の民俗学者たちの意見である(2)。それでも中山太郎が内閣文庫所蔵などに現存する返答をまとめ、『諸国風俗問状答』として出版された(3)。

柳田国男が提唱した常民の生活文化における全国的調査は、明治以降、風早八十二解題『全国民事慣例類集』(日本評論社、一九四四年)や恩賜財団母子愛育会編『日本産育資料集成』(第一法規出版、一九七五年)などへ継承されていったのだが、地方文化の生活や風俗などの集積にたいする全国的な調査の嚆矢は『諸国風俗問状答』と考えられ、江戸時代の都市文化を記した喜多川守貞『近世風俗志』や喜多村信節（筠庭）の『嬉遊笑覧』とともに、地方の庶民生活や風俗を知る貴重な資料であるのは間違いない。

地方の生活レベルを文化事業として調査しようとする気運は、一七世紀後半の寛文・延宝の頃から興った。江戸初期、幕府によって交通機関が整備され、海道往来の制限が緩み、商品が流通しやすくなり、社会状況が整備され始め、地域にも目を向けるようになったことが考えられる。藩領の事物を調査し殖産に繋げようとする諸藩の思惑も自領の地誌類の編纂事業を推し進める契機となり[4]、風俗習慣や生活伝承など、地方の生活文化を記録しようとする試みがなされ、さらに文献や事物の考証研究へと繋がっていった[5]。江戸中期になると、個人の旅への関心やその記録もより活発となっていく[6]。ただこれらはすべて地域を限ってのことで、全国的規模での同時調査というわけではなかった。

話を『諸国風俗問状答』に戻そう。文化一二・三年頃、全国の藩儒や知人に問状を送った屋代弘賢《やしろひろかた》はこの時五〇代後半、江戸城奥祐筆であり、全国に藩儒や多くの知人がいた。そうだからといって、一介の書記官に民間の生活文化について全国調査を発案し実行に移すことができる力があったのだろうか。それとも幕府上層部からの指示を受けたり代弁したものだったのだろうか。全国調査の動機や背景は何だったのか。それに昭和の民俗学者が指摘する屋代弘賢の限界とはどういうことなのだろう。少ないと批判された答状の数や回答者の内訳からその糸口が見いだせないだろうか。またなぜこの時期に全国調査をおもいたったのだろうか。そこには屋代弘賢や幕府上層部の意図や思惑があってのことなのだろうか。またその評価には当時の社会的状況、幕府や朝廷側の対応なども加味されるべきではなかろうか。そのような疑問に応えるべく、本論文では、当時の文化行政や地方へのまなざしに触れながらその様相を探ろうとするものである。まず、問状を発案した屋代弘賢の概略を述べたい。

一　屋代弘賢

屋代弘賢（図1）は宝暦八（一七五八）年の生まれ。通称太郎、幼名詮虎、詮賢、弘賢、号は輪池、持明院流の能筆家、蔵書家で、永く幕府右筆を務めた[7]。弘賢は御家人一五俵一人扶持屋代忠大夫佳房の子で、七歳（明和元〈一七六四〉年）で、幕府右筆森伝右衛門尹祥《まさよし》について書道を学び、その後、和歌を冷泉為村・為康、学問を塙保己一・松岡辰方《まつおかときかた》らについて学ぶ。天明元（一七八一）年二四歳のとき、江戸城西ノ丸に出仕、右筆となる。松平定信に認められ、のちには奥右筆詰勘定格となり食録も増加し御目見以上となる。寛政五年二月、塙保己一が和学講談所設立を許可され会読が始まる[8]。門下生であった屋代弘賢は塙保己一主導の『群書類従』編集に携わり、のち和学講談所の会頭にもなった[9]。

享和元（一八〇一）年、五〇俵増し禄一〇〇俵となった（文化元年と記す史料もある）。文化二年正月ロシア人に与える答書を担当し、六月二日、白銀三〇両を褒賞として給わった[10]。実務家としての豊かな知識と勤勉さ、そして持明院流能書家としての弘賢の技量から、幕府編纂事業にも用いられ、『寛政重修諸家譜』『藩翰譜続編』『干城録』『古今要覧稿』[11]などの編纂に従事した[12]。

図1　屋代弘賢肖像
（『先哲像伝』国立国会図書館蔵）

このように弘賢は幕府の国家事業に深く関与し、柴野栗山をはじめ多くの儒学者や塙保己一の和学講談所関係の国学者たちとの関係が築かれていった。これらの幕府の文化政策は、老中松平定信が大きく関与しており、屋代弘賢はその実践者として重用された[13]。屋代弘賢は幕臣としての俸禄は多くはなかったが、晩年は数百人の弟子をかかえ、文通仲間を含めれば三〇〇〇名に及んだといわれる。親交のあった人びとは柴野栗山、成島司直、小山田与清《ともきよ》、大田南畝、平田篤胤、石原正明（石原喜左衞門）、大坂西川奉行新見正路、山崎美成《よししげ》、中山信名、松沢元孝（老泉、和泉屋庄次郎）、石川雅望（宿屋飯盛）、横田茂語《しげつぐ》（袋翁）など。また毎月一五日は屋代弘賢の知友が集まって、持ち寄りの文章を披露しあう会合を開催した（『弘賢随筆』）。そこでは岩崎常正（一七八六～一八四二、号灌園、本草学者）、栗原信充（一七九四～一八七〇、柳庵、幕臣・有職故実家）、山本清任、榊原長行、志村知孝、曲亭馬琴、その息子の琴嶺（滝沢興継）らがいた。あらゆる階層に及ぶ仲間たちと蔵書の貸借や情報交換をおこなった弘賢はいわゆる〈知のネットワーク〉の中心的人物でもあったとも解せられるだろう(14)。

後年、このような広汎な人間関係を擁した要因に、青年期の京への旅があげられる。弘賢は寛政四年一〇月、公命をもって儒官柴野栗山(15)とともに京畿に赴いた。弘賢三五歳の時である。これは江戸しか知らなかった弘賢にとっていろいろな意味で知的好奇心を満足させる旅となった。弘賢はこの時の印象を紀行文『道の幸』（寛政六年）として残している。この柴野栗山との上洛の契機のひとつとなったのは、再建された御所に納める賢聖障子《けんじょうしょうじ》の確認であった。

二　御所再建と「賢聖障子」——尊号事件の裏に——

天明八（一七八八）年正月晦日（戊申正月二九日）、京都団栗坂辻子《どんぐりざかずし》から出火。禁裏・仙洞御所・女院御所・二条城をはじめ多くの建物が焼失した。光格天皇は聖護院を仮御所とし、御所造営を幕府に依頼した。再建にあたっては、有職故実家であり長年御所を研究していた裏松光世（固禅）の労作『大内裏図考証』が参考にされた(16)。寛政元年三月着工、寛政二年一一月二一日、光格天皇は新造なった内裏へ還幸する。還幸行列は人びとの関心を大いに惹いたようで、行幸見物の案内書が出まわり、大勢の庶民が見物を楽しんだ。

新造なった御所内紫宸殿の賢聖障子の制作指導を、冠服などの図像考証も含め松平定信から託されたのは柴野栗山だった。[17] 栗野栗山は尾藤二洲や古賀精里とともに寛政の三博士と称せられ、異学の禁の推進者であり、定信の信任が篤かった。栗山は後世に恥じない賢聖障子作成を望み、朝廷の文章博士である菅原（五条）為徳と菅原（高辻）福長の忠告や確認も受け、綿密な図像考証をおこなった。[18] 賢聖障子が紫宸殿に貼り立てられたのは寛政五年一〇月晦日である。要請されてから実に四年五か月を要した。

栗山は寛政四年一〇月三日、賢聖障子の検分・視察の内示を受け（公示は六日）、九日京へ出発する。これに同行したのが屋代弘賢であった。賢聖障子の絵を担当した住吉広行は九月末に出発していた。ところで上洛にはもう一つ目的があった。京・大和の文化財や書蹟の調査である。この調査は柴野栗山と住吉広行編集『寺社宝物展閲目録』として幕府に提出され、[19] 柴野栗山と住吉広行は帰府して一か月後に幕府から褒美を貰った（「文恭院御実紀」一四）。ところが実際に現地の文化財を調査し報告書を書いたのは屋代弘賢のはずなのだが、彼の名が記されていないのである。次節でとりあげる『道の幸』には、江戸から京までの栗山との道中記と京大和の文化財調査の実務的な報告が克明に記されており、弘賢の仕事であったことは間違いない。なぜ屋代弘賢が外されたのか。その理由を『道の幸』を読み解きながら考えたい。

三　『道の幸』からみえてくるもの

弘賢は『道の幸』で上洛の動機を次のように説明する。

ゆたかなる政四とせ神な月の頃、柴野彦輔ぬし、賢聖障子ものせられしことによりて、上京有へきよし聞こゆ。住吉広行は、長月末つかた、とくたちぬとか。三日の夜、やつかれもまかるへきよし、内々の御さたあり。此たひの事には、はしめよりあつからさりけれは、なにことにかはと思ふものから、いなむへきすちにもあらねは、うけかひぬ。こゝらの年ころ、都のゆかしかりけれは、いとうれしくて、心のうちに旅の用意ともするほと、六日にそおほせことはくたりぬ。さるにてもなにの道にかくは物せらるもにやと、彦輔ぬしにとひたれは、そのことにて侍り、此たひかゝるついてに、都近きあたりに、ありとある古き筆の跡、うつしてたてまつれとのことなり。されはゑは広行に、手はそこにと思ひかまへたる也ときこゆ。筆の道は、年月このむかたのことなれは、いといと嬉しさ、たとへんかたなく、かつはこころのあはたゝしさいふはかりなし。[20]（句読点筆者）

弘賢は「此たひの事には、はしめよりあつからさりけれは、なにことにかはと思ふものから、いなむへきすちにもあらねは」と、上京理由ははっきりとはわからないけれど拒否する理由もない。柴野栗山（彦輔）に尋ねると、京師にある寺社の書蹟を書写するだけということだった。それ以上の理由は伏せられ、深い意図はない口ぶりだった。持明院前宰相宗時（正二位、権中納言）弟子の森伝右衛門から書道を学んだ弘賢にとって、公家書道の中心地である京に上る嬉しさは喩えようがなく、欣喜雀躍したことと推測される。[21]

一〇月九日、寅の刻、駿河台を出発、江戸帰着は一二月二八日、およそ八〇日間の旅程である。東海道街道筋の駿河の清見寺、尾張の熱田神宮や裁断橋、近江の田村神社などの往路の寺社関係宝物類を鑑賞し調査をおこなった。

『道の幸』の前半部分は、土地にちなんだ故事来歴や創作した漢詩を加えた名所旧跡案内か観光案内となっており、文化人の手になる旅の見聞記の体裁がとられている。

後半では、京・大和の四〇以上の寺社調査報告が中心である。三二日間は京都を基点とし、宇治二日、宇治から奈良の旅に一日、奈良（斑鳩・信貴山・当麻・飛鳥の地域）の社寺の調査に一七日間費やした。調査全体を通じて、第一級の文化財とされている事物も多数存在するものの、怪しげな事物が貴重品扱いされていたり、明らかに贋作というのも混じったりしていると弘賢は報告している。

京都滞在中には、実に多くの人びととの出会いがあった。有職故実家の藤原貞幹（藤貞幹）とは旧交を温めた。[22] 書蹟調査などの文化財調査の場所への連絡は柴野栗山が手配済みだったが、それ以外の便宜は貞幹がはかってくれた。弘賢がどうしても会いたかった書道の師、宗時にも会えた。御所内見物では年中行事障子（衝立）に書かれた宗時の文字を実際に拝見することもできた（後述）。にわか勉強だが額字の免許も取れ、弘賢の目的は果たされた。高橋釆女正宗孝に入門し、包丁道の手ほどきも受けた。柴野栗山の紹介で皆川淇園とも初対面できたし、画では円山主水（応挙）の弟子角野藤四郎や、尾崎縫殿頭（『平安人物志』に尾崎縫殿頭は大伴積興との名あり。国学者）にも会った。弘賢はのちの広汎な知のネットワークの礎を、この京の滞在中に得たのであった。

一より興味深いのは、禁裏の内部を見学したことである。それは一〇月二六日と一二月一三日のことだった。一〇月二六日の様子は次のようである。

時雨ふる。又みそれふる。いとさむし。雪もすこしふる。けふも大師の書うつす。（中略）此度かく上京しけるにつきては、御所を拝見せましと、おもひさためけるに、やつかれは、古き筆の跡うつすかたのことのみなれはとて、ゆるされす。本意なさ、いふはかりなし。あまりのことにや、おもひねの夢に、賢聖障子ものする所にゆきて、こゝかしこ見めくるに、いとたふとくかたしけなさ、たとへんかたなし。こゝに、白き直衣に、ふたあいのさしぬききたる老人のおはせしか、こちとて、先にたちて、陣の座よせ障子、左青鎖門、宣仁門、宣陽門、代軒廊なとをしへて、何の節会には、かゝることこそあれ、陣の議はさる様してなと、いひきかするを、いとうれしく、しりに立ておけは、紫宸殿の馳道をへて、無名門の前に行。折よくも、修理職の出ぬる跡、すこしあきてあり。ふるふしのそきてみれは、此内は殿上にて、御倚子、日給の御簡をはしめ、台盤もすへてあり。限あれはあまの羽衣ぬきかへておりそわつらふ雪のかけはしと聞へしも、六位蔵人の五位にものせしなといひきかす。おそろしさも嬉しさも、たうとさも、かた（カ）しけなさも、つたなきふてには、いかてのへつくすへきとそおほへし。けさより時雨あける空、いとゝかきくもり、雪うちちりて、桜橘の枝にかゝれるも、いとめつらしき折から所からなれは、あさくとも深くめてまし降にふれけふ九重の庭の初雪。見るもの皆めつらしき折しもあれ雪打ちれる九重の庭と、心のうちにおもひつゝけて、南殿にのほれは、野州をはしめ、いしいしの人々居なみて、賢聖障子をしとみによせたて、あるは堂上にひらにをきて、何くれとせはしものせらる。奥のかたにいりて、かひまみしけれは、中殿のかたいとよくみゆ。吾師とあかめし持妙院前黄門きみのかゝせ給へる、年中行事の障子見ゆ。朽木かたの御帳もみゆ。かしこきいはんかたなし。此折からにや、御帳もなく、御簾なともなし。おなしくは御装束有て、見ましかはとおもふうちに、人々あかれ出ぬるにおとろきて、左掖門を出。袖かさして雪をしのきつつ、内侍所のまへを過るとおもへは、たひのやとりに、子の鼓、枕ちかくおとろかす頃にそありける（傍線筆者、以下同じ）

普通は許されない御所内見物だが、直衣指貫着用の老人が手招きし御所の中に入れてくれた。殿上人のみ昇殿できる紫宸殿内に描かれた賢聖障子や、宗時が揮毫した年中行事の障子まで拝見する僥倖に浴した。椅子・当直の簡《ふだ》・台盤などの文物もしっかり見届けた。しかし弘賢は思寝の夢だとことわっている。本当に夢物語なのだろうか。つづいて一二月一三日も御所見物の夢を見た、と記す。

折々くもる。あたゝかなり。十六日にはこゝをたつへきもよほしとて、物ともとりしたゝめつ。こよひは内侍所御神楽なりときゝて、おもふやうならましかは、まいりて御遊の音を聞奉らましをとおもひつゝ、ぬるよのゆめに、前黄門のきみに供奉して、日華門の廊にひかへをる。夜やうやうふけて、亥の半にいたる頃ほひ、警蹕の声すれは、おそろしなからすへりいてゝ、鳳輦の御倉のかけにうつくまりぬ。やかて殿上人四五輩、脂燭さしつれつゝ、殿下御裾ものせさせ給ひて出御なる。尹の宮の若宮、またいといとけなくて、御後にまゐらせ給ふ。かしこさいはんかたなし。内侍所に渡御ならせ給ふとおほしくて、御かしはて、御鈴のをと、いとかうかうし。庭上にかりやをまうけ、まん引めくらせしうちに、笛篳篥のねとりきこゆ。さて和琴のねとりきこゆなるは、御所作とか音よりはしめて、御手のけたかさ、身の毛もいよたちて、さらに此世のこと、はおほへす。うたひものは、先あちめの作法、これそけに、神代のことにもやと、感にたへ侍り。庭火、もとの曲は綾小路大納言、末の曲は六角右兵衛権頭、まんのうちはいかにそやと、やをらはひよりてのそきたれは、衛士代、庭火たきたる前に、人長、榊をかさしてたちたり。庭上東西南北に、こも二かはしきて、上に膝突にやあらん、所作の公卿着座し給へる、ほのかに見ゆ。本末の曲御所作はて、、入御ならせ給ふ。出御も入御も、十八間廊を渡らせ給ふほと、玉体いとあさやかにて、おかまれさせ給へり。そらおそろしきまておほゆ。入御の、ち、所作公卿起座。怜人南の座に東上の北面に着、公卿殿上人は北の座に東上南面也。猶末々いとおほかり。此ゆめのあまりふしきに覚えけるま丶、あけの日、前黄門のきみにとひ奉りければ、さるさまに露たかふ事なし、とこたえへ給ひしは、夢なからも、いといとうれしきことかな。

弘賢は持明院宗時（前黄門）の書蹟に傾倒していたことを述べたが、宗時の弟子に、裏松固禅、藤原貞幹、高山彦九郎などがおり、同じ流派の誼《よしみ》というか仲間の交流があったようである。そのような公家書道の人的ネットワークを用いて、あるいは公家たちが便宜を図ってくれ彼らの手引きで、夜中、内侍所前庭で行われる秘儀でこの世のものとも思えない神楽の一部始終を拝見したのである。その上玉体を拝む感激も味わった。ただしこれも「おもひつ、ぬるよのゆめ」、つまり夢の中の話だという。翌朝、夢の内容を宗時に告げると「その通りだよ」との返答だった。弘賢は「夢でも嬉しい」と禁裏で拝見した神楽の様子を日記にしたためたのである。

『道の幸』の末尾には、神楽に参列した公卿名と担当した楽器、それに内侍所前庭の挿絵も含み、「御神楽散状写　寛政四年十二月十三日」の日付がある。実はこの神楽は光格天皇の御代に再興された秘儀であり、演者の中に持明院宗時も含まれていたのである。夢ならば神事参列者の名前を正確に筆記できるわけがないだろう[23]。持明院家は代々筆道・鷹匠・神楽を生業とする公卿で、その宗時が「その光景は露、違わない」と断言しているのである。

話が出来すぎている。弘賢は夢ではなく実際に真夜中の神楽を見物したことは間違いない。それではなぜ一介の幕吏である屋代弘賢に禁裏見物と秘儀の神楽見物の機会が与えられ、有り体にいうと黙認されたのはなぜなのか。はたまたこれは夢と弁解したのはなぜなのか。

四　尊号事件の後処理

寛政四年から五年にかけての朝幕間は緊張関係にあった。それは天明八年の御所炎上後の造営問題や長年くすぶっていた光格天皇の尊号事件の後始末の時期と重なったからである。尊号事件とは、光格天皇が実父の閑院宮典仁親王に天皇の譲位後の称号（＝尊号）である太上天皇の尊号を所望したことである。尊号問題は禁裏炎上とその後の再建でしばらく沈静化していたが、寛政元年、朝廷は尊号の御沙汰書を所司代に提出した。これに対し四年八月二三日、幕府は尊号宣下御無用の旨を奏上し、一一月一三日朝廷尊号宣下御見合の旨を仰せ出した。

結局、尊号は認められなかった。両者には険悪な雰囲気が流れた。とりわけ朝廷側の強硬派は、武家伝奏や議奏だった光格天皇側近の中山愛親・正親町公明・広橋伊光の三人だった[24]。長年わだかまっていた尊号事件を終結させるべく、中山愛親・正親町公明・広橋伊光ら三卿の召集と関東下向が松平定信から決定が下された。寛政四年一〇月一日のことである。一方、柴野栗山と屋代弘賢に、新造の御所紫宸殿内に置かれる賢聖障子製作のための検分・視察と京・大和の文化財調査のため上洛の内示が下されたのは一〇月三日だった。時を同じくして、幕府方二人の上洛と三公卿の江戸下向の命が下ったのである。そしてこの二つの案件を指揮したのがほかでもない松平定信だった。

先に、定信は天明八年正月晦日の御所炎上に対応するべく、三月二二日皇居造営の総督（渋沢栄一『楽翁公伝』年譜四四頁）となり、五月九日（『楽翁公伝』は八日）京師へ発駕し、二二日入京、すぐに内裏へはせ参じ朝廷関係者を慰撫した。禁裏・仙洞御所に参内拝謁し、大女院（後桜町上皇）・女院（欣子内親王、光格天皇中宮）にも参入し、見舞い品を献じた。御所造営については関白鷹司輔平《たつかさすけひら》と協議し、帰路は大坂を廻り儒者中井竹山に引見し、[25]六月二七日江戸に戻った。

尊号事件の顛末を渋沢栄一が著した松平定信の伝記『楽翁公伝』（〈楽〉で示す）と『徳川実紀』「文恭院御実紀」一四から追ってみると、「寛政五年二月十日中山愛親・正親町公明両卿江戸に到著す。十一日・十六日・二十二日両公卿を対問す〈楽〉」「十六日中山前大納言愛親卿。正親町前大納言公明卿めされて参向あり。けふまうのぼり白木書院にして宿老面謁あり。こははじめ　主上その生親閑院宮典仁親王に。太上天皇の尊号まいらせたくおぼしめされ。仰立られしに御差留あり。やがてこの両卿をぼしめし下されて。御問対ありしなり」、「三月七日中山・正親町・両卿に閉門を申し付く、両卿二十二日に京都に帰著す〈楽〉」「三月七日中山前大納言愛親卿旅館にありて閉戸せしめらる。これは尊号御内慮取計方不行届によりこたび鞠問有しに。不束の答。軽率。其他失体の段。不埒によりての咎なり。正親町前大納言卿同じ事により逼塞せしめらる」となる。

幕府経済は逼迫していたが、定信は以前から朝廷との関係維持に腐心し、御所新造に力を注いだ。その一方で定信は、御所再建後、尊号事件に連座した公卿の処分を実施したのである。

京都の任務を終え一二月二八日に帰府した柴野栗山は一月二八日、「儒臣柴野彦助邦彦聖賢（ママ）画像調たりしを褒せられ黄金二枚を賜ひ。同じ事により住吉内記慶舟銀五十枚賜ふ。狩野養川惟信　禁裏より御所望の御屛風認しにより時服給」った。[26]褒賞とかたや処罰がほぼ同時期になされ、これらの指示を下したのがいずれも松平定信だったのである。

幕府老中松平定信と関白鷹司輔平が御所再建や尊号事件を友好的に交渉していたことは事実だが、総体的にみれば、朝幕間に緊張関係があったことは否めないだろう。幕府は直接公卿を処罰するという強硬な態度で臨んだのであり、「朝幕間の協調体制に楔を持ち込む事件」とされたのである。[27] しかし公卿が江戸で詰問され、朝幕間に緊迫した空気が流れているさなか、幕府側のそれも無位の御家人が文化財調査の合間をぬって二度も禁裏に忍びこみ秘儀見物も可能だったこと、それを夢の話にたとえ『道の幸』に記した。なぜか釈然としない。

五　柴野栗山と屋代弘賢の関係

京へ同行した柴野栗山と屋代弘賢の関係も検討を要するだろう。柴野栗山は当時、五七歳。異学の禁の中心人物として松平定信の信任篤く、その依頼を受けての御所造営の考証と賢聖障子製作を担った。一方、栗山より年齢が二廻りも若く、江戸城での地位も低い弘賢は栗山の随員の立場に近い。それは『道の幸』の文中に弘賢自身が儒学者柴野栗山に恭順の意を表していることからも看取される。とはいえ、京への旅が二人の初顔合わせだったとは考えにくい。というのも彼らの交遊を示す往復書簡が早稲田大学中央図書館に残っているからである（図2）。印記は千崖文庫（加藤諄旧蔵）と五味均平で「屋代弘賢書簡　柴野栗山宛　返事朱書添」一一通である。弘賢から正月二九日、三月二三日、六月三日、八月朔日、八月一〇日、八月二七日、一〇月四日、一〇月一八日、朔日、一〇月六日、一一月五日付の書簡が軸装になっている。朱書で返書する形式で柴野栗山の文が行間に挟まれる。弘賢からの文面は書物の貸与と書写の許可願いが中心で、柴野栗山が編纂した通史『国鑑』[28]（天明八年）や『八紘訳史』『隷訳』『林家系譜』などの書物の名があがっている。また寛政三年、中井竹山が松平定信に献上した『草茅危言』の清書についての内容や賢聖障子に関する確認事項の記述がある。往復書簡は日付のみで何年に書かれたかは不明だが、書面の内容から上洛以前の往復書簡と推測される。また「屋代太郎吉」の自署から判断して、一連の手紙は、寛政四年一〇月以前の往復書簡と推測する。(29)

文面では、寛政二年柴野栗山が著した『ももしき』（別名『御造営記』附『寛政度造営図』『賢聖障子名臣冠服考証上下』）に関係する事柄も話題にのぼっている。また和学講談所を設立した国学者塙保己一の名も認められた。とすれば、二人の間には弘賢の国学の師である塙保己一が介在したこと、書物の貸借を頻繁におこなうほどの親しい間柄だったことなどが看取される。上洛前からすでに二人は知り合いであり、それゆえ柴野栗山は能筆で実務家の弘賢を推挙し、寛政四年秋、二人は京へ旅立ったと考えるのが妥当ではあるまいか。

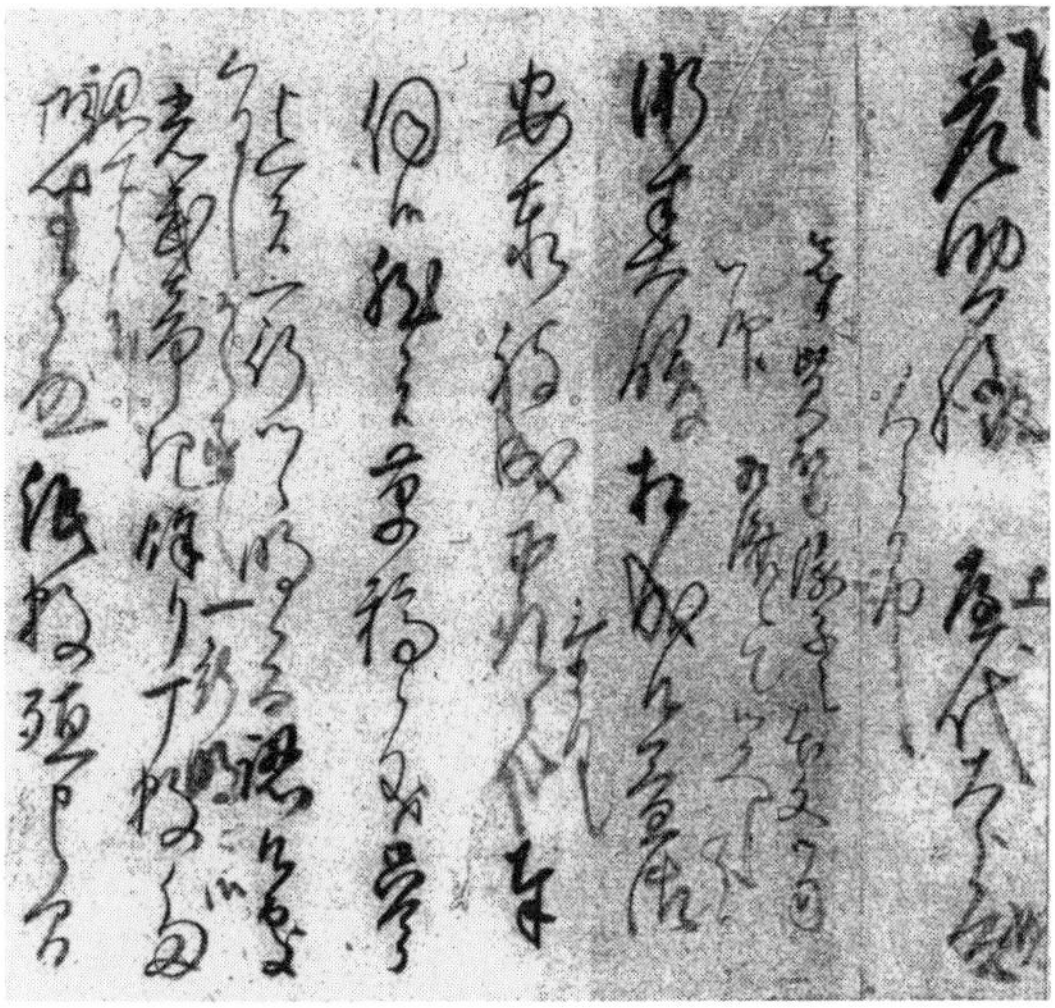
図2　屋代弘賢書簡（柴野栗山宛、返書朱書）の賢聖障子について述べた箇所（早稲田大学図書館蔵）

ところで、柴野栗山と屋代弘賢は賢聖障子の考証と京・大和の文化財調査だけのために上洛したのではなく、松平定信に重用された栗山には、別の幕命も下されていたと推理できないだろうか。柴野栗山は五二歳で松平定信に召し抱えられるまで徳島藩儒のかたわら、長く京での学問三昧の生活をおくった。皆川淇園や大坂にあった混沌社盟主の片山北海や尾藤二洲などの国学者や儒学者との親交も結んでおり、儒官や公卿、文化人を巻き込んだ豊穣な友人関係が構築されていたはずである。とすれば、栗山は本来の任務のほかに、朝廷側の情報収集と軋みのある朝幕関係の修復の可能性を探る役目も帯びていたのではないか。京・大和の文化財調査と御所内紫宸殿

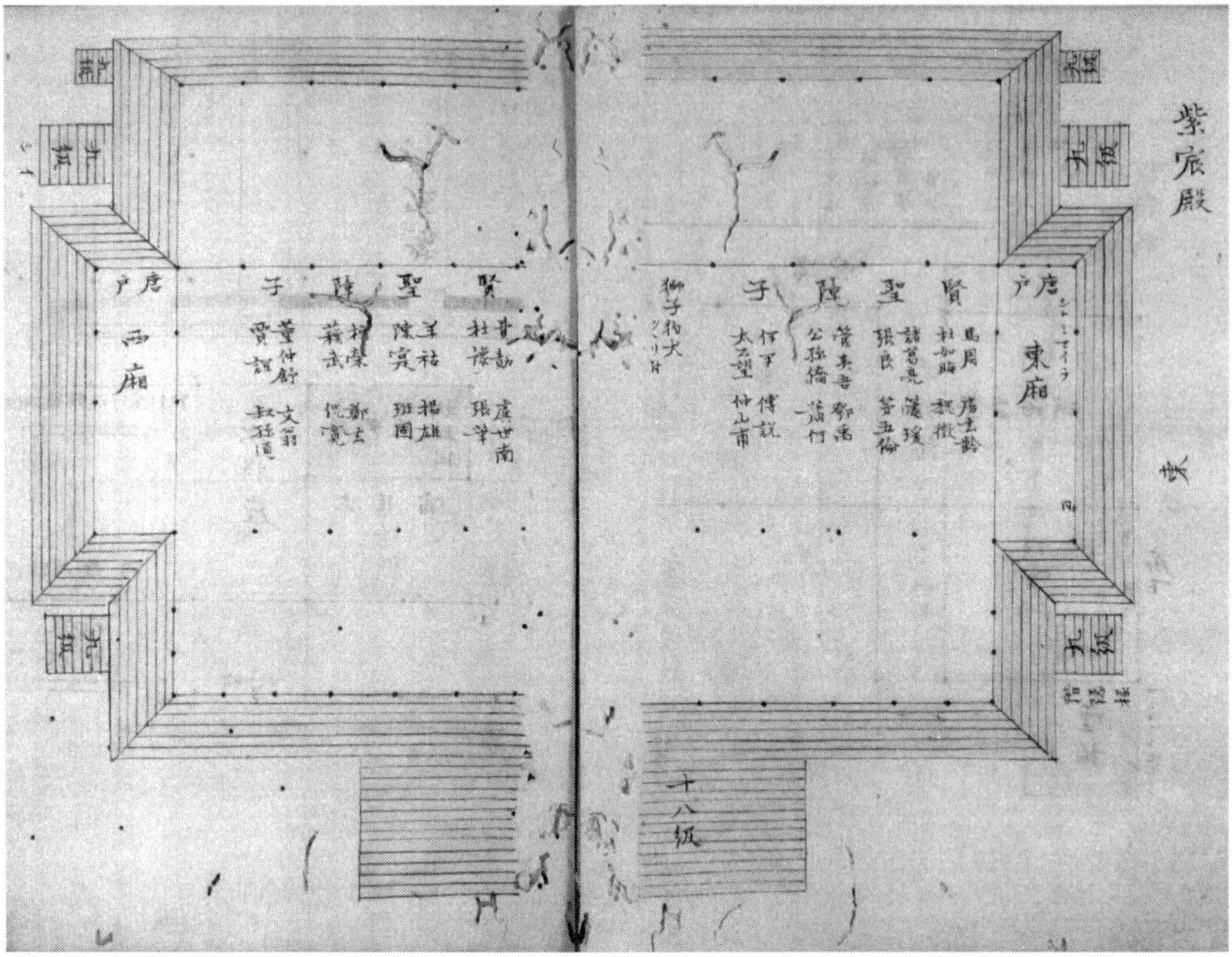

図3　紫宸殿内賢聖障子の図（柴野栗山『ももしき』別名『御造営記』所収／早稲田大学図書館蔵）

の賢聖障子の検分が京で実施され、同じ頃に江戸で尊号問題を終息させる。大きな緊張や摩擦をおこさず、天皇側近三人の逼塞または閉門で終結を見たのも、柴野栗山らの尽力があったとみるのが順当なのではないか。もちろん松平定信の指令であることはいうまでもないだろうが[30]。

そう考えると、尊号問題で朝幕関係が険悪なこの時期に、弘賢が禁裏内見物と神事見物を許された謎が解けるのではないか。

栗山は、もともとは朝廷を取り巻く京都在住の知識人ブレーンといった方が的確かもしれない。江戸と京都の間の儒官・公卿・幕府の右筆などの官吏の間には親交があり、おのずとネットワークのようなものが構築されていたとしても不思議はない。尊号事件を巡って朝幕関係が険悪だとしても、それに関わっているのは一部上層部の公家たちであって、実務担当者間では冷静に処理できる関係や友好的な交流が続いていたのではないか。光格天皇還幸に見られる尊皇の高まりという新しいイデオロギーの構築はもう少し時代が下った時のことであろう。

翻って、国学に造詣が深く朝廷の有職故実に関心のあった弘賢が上洛すれば、まずは御所拝観を希望したことは容易に察しがつくことである。だが無位無冠の彼に昇殿がかなうわけはない。しかし『道の幸』の一〇月二六日と一二月一三日の記述からも知られるように、弘賢は禁裏内を見て回り、再興された神事を見物し、さらには光格天皇の姿すら垣間見たのである。これが現実でなくて何であろう。

屋代弘賢が禁裏内に潜りこむには誰かの手引きがあったはずであろう。柴野栗山の従来の交友関係者なのか、それとも筆道の師である持明院宗時につながる地下官人なのかはわからない。だがこの件がおおやけになれば、屋代弘賢の昇殿は不敬にあたり関係者に迷惑がかかり、朝廷からの叱責がないとも限らない。そこで屋代弘賢の上洛は私的な旅と見なしてしまったのではないか。そう考えると、文化財調査報告書である『寺社宝物展閲目録』には編纂者としての屋代弘賢の名が記されず、柴野栗山と住吉広行だけに褒賞が与えられ、弘賢には褒賞がなかったこともうなずけよう。

知識欲の旺盛な屋代弘賢としては、朝廷の行事を記録に留めたい気持は抑えられなかった。その結果が自身の紀行文『道の幸』での韜晦の文章となったのであろう。いずれにしても柴野栗山と屋代弘賢を上洛させ、朝廷関係者との懐柔策を探り、その一方で反駁する公卿を処罰したのは、松平定信だろうということも加えておきたい。

弘賢は、『道の幸』の最終章は、「つくつくとおもひめくらせは、海山の見るめはさらなり。さらぬ所も、国かはり郡あらたまりぬれは、をのつから風土のことなるけちめみへて、むかし国郡をわかたれしは、おほろけならぬこと、おもひしりぬ」となっている。国がかわり郡が違えば、自然と風土の特異性や固有性が見えてくる。弘賢にとって今回の文化財調査の旅は、江戸から京までの道中の自然と地域固有の風俗や習慣に目を向ける絶好の機会を与えてくれた旅となった。上洛は〈地方へのまなざし〉を認識する旅でもあったのである。

六　『寺社宝物展閲目録』から『集古十種』へ

『寺社宝物展閲目録』が機縁となって、享和元年『集古十種』八五冊が編まれた。『集古十種』は、松平定信を中心に、柴野栗山・広瀬蒙斎・屋代弘賢・鵜飼貴重・谷文晁らによって、残存する文物一八五九点を碑銘・鐘銘・兵器・銅器・楽器・文房（文房具）・印璽・扁額・肖像・書画に分類し編纂したものである。屋代弘賢が関与した『寺社宝物展閲目録』の事物のいくつかが『集古十種』に加えられた。『寺社宝物展閲目録』と『集古十種』は、個々には寺社の宝物とされていた事物を、実証的な眼で調査し記録したという点では、現在の我々が理解する文化財の報告書と同じようなものであろう。松平定信とその部下たちによる〈文化財〉という認識が芽ばえはじめた編纂事業の第一歩といえるだろう。(31)

松平定信が指示した地誌関係の出版物で『諸国風俗問状答』に先行する地誌に、寛政年間から着手した『白河風土記』一四巻がある（文化二年完了）。これは現在の福島県白河市小峰城付近の沿革や地域、それに産業や特産物を解説する。もっとも地方の風土の独自性に注視したものではなかった。そこで弘賢は藩儒や文化人などの幅広い人的ネットワークを利用して、より具体的な地方の文化情報を収集しようとし、文化一一〜一三年頃、「諸国風俗問状」として発信したのであった。問状には、各地域の季節の行事・婚礼・葬礼・出産・法事をはじめとする通過儀礼、習俗・風俗・慣習など現代の我々に通底する文化を総合的に網羅しようとした質問事項が揃えられていた全国規模の情報収集という意気込みとは裏腹に、返状が多くなかったことが、現代の民俗学者から指摘されたことは先述した。だが彼が発案した質問項目は、従来の地誌とはまったく異なっていた。(32)註(32)に掲げたのはその項目の数例である。明らかに有職故実から派生した行事がみられ、御所での見聞が役に立ったものと推測される。

『諸国風俗問状答』のうち、松平定信に関係するのは、「奥州白川領答書」と「伊勢国白子領風俗問状答」である。「奥州白川領」答書には、「右屋代弘賢より頼候趣にて、月堂よりもねもころに頼み越」というのと、「相尋ね候て、右の答申遣候扣、反古にせんもほいなければ爰に記し畢。鶩宿答書」の付記がある（註3の⑮参照）。懇ろに頼んできた月堂も答書した鶩宿も松平定信の家臣で、(33)屋代弘賢・駒井乗邑（鶩宿）・田内親輔（月堂）の間には松平定信を介した親密な繋がりがあったと見るべきだろう。(34)だが松平定信は文化一二年に老中を辞し、この全国調査に直接参与することはなかった。白井哲哉は、「書物編纂の作業は松平定信の影響力の盛衰に強く規定されていたと言わざるを得ない」し、「書物編纂の作業過程に一時停滞が見られる背後には、幕閣の政策変更があった」と推察している。(35)松平定信不在で、弘賢ひとりが問状を全国の知人に送ったとしても強制力があったはずはない。それほど多く問状が戻ってこなかったのもやむを得ないことだったかもしれない。

おわりに

本論文では屋代弘賢の紀行文『道の幸』と『諸国風俗問状答』を中心に、当時の幕府の文化財政策を探った。御所焼失と再建、光格天皇の尊号事件と立て続けに問題が生じ、朝幕関係がぎくしゃくした時期、松平定信は御所内賢聖障子の検分や文化財調査という名目で腹心の幕臣を京都に派遣した。尊号事件に対する見せしめとしての公卿の処罰はあったが、江戸と京都間の知的ネットワークに助けられ、屋代弘賢は御所内や神事を実際に見聞し、有職故実の知識を得ることができたことが『道の幸』から知られる。またそれが後年の『諸国風俗問状答』として結実する。

松平定信は書物編纂に大いなる関心を持っており、官撰による書物が多く編まれ、それが文化財政策の促進の原動力となった。地方にたいするまなざしが芽生え、地誌書物編纂の一端を担うこともできたが、松平定信の影響力が大きかったことがその限界ともなった。文化年間に屋代弘賢が全国に風俗問状を発したのは、松平定信が老中を退いたのちのことであり、大きな効果を得ることは難しかった。それでも『諸国風俗問状答』は、地域の生活風俗の相似や差異を知る全国的な調査の嚆矢であり、江戸後期の地方の文化を知る重要な資料であることは紛れもない事実である。

（1）『日本庶民風俗生活資料集成』第九巻　風俗（三一書房、一九六九年）の平山敏治郎解題からの引用（四五三頁）。同書と中山太郎編著『校注諸国風俗問状答』（東洋堂、一九四二年）は、ともに「國」を用いるが、本論文では「国」で統一する。

（2）問状への返答が少なかった理由として、中山太郎は屋代弘賢が問状を送った藩儒たちは、生活習慣の調査を儒学とは関係がないと等閑視し、あるいは調査には相当の知識や努力を払わねばならず、下手なことをして江戸の奥儒者に笑われるよりは、近寄らぬこそ賢明と敬遠された点などを指摘する。前掲註(1)『校注諸国風俗問状答』四〜六頁。ただし前掲註(1)『日本庶民風俗生活資料集成』では、この中山太郎編著の『校注諸国風俗問状答』の不備を指摘。三隅治雄も、今でこそ文化財や、観光資源などといって関心が大きいが、当時は民間伝承・郷土芸能・民俗芸能などはその地域の生活習慣的なものと卑下され、土地の記録にとどまっていたこと、調査の仲介を依頼した人物は武士階級、和漢の書籍に通暁した詩歌に親しむ文献学派で、庶民の民俗を自然体で理解し伝達する力に欠けていたことなどを指摘。

（3）『諸国風俗問状』のうち返答が発見されたのは以下の通り（前掲註1『日本庶民風俗生活資料集成』第九巻　風俗より）。那河通博や菅茶山、駒井乗邑、田内親輔など、弘賢の友人の名前が見える。

①羽後（出羽国）秋田領（文化十一年十二月）応答者那河通博（挿絵は彩色あり）

②備後国福山領（文政元年六月）（挿絵多数）編者菅茶山

備後福山藩「福府家中儒医伝」に菅茶山の名あり。「文化十五年戊寅年三月朔日、先達て屋代太郎殿幷数寄屋御坊主益地了順」

③備後国深津郡本庄村「右、御請書、諸書に見へたる事にたよらす、俗語世説古のはなし伝へ、今有様の事を第一仕、綴り申候故、誤事多く御座候。此段御賢考被下度

奉願上候。已上」
④備後国品治郡「文化十五年四月」
⑤備後国沼隈郡浦崎村「右は風俗御尋に付、当村相吟味御答書指上候　文政元年六月　沼隈郡浦崎村庄屋　笠井治右衛門」
⑥越後長岡領
（文化十四年一月）「公儀奥祐筆屋代太郎様より、箇条書を以諸国の風俗御問合有之、依て七ヶ組、当町、新潟迄御尋の上、夫々御答の帳面被成御渡し、取調べ可申旨無急度御年寄中より御頼ながら、被仰聞候付、御家中の風俗をも少々書加へ、同年八月下旬清書にて指出候　秋山多門太」

（文政十一年七月十八日）「屋代弘賢大人より諸國の風俗を尋られし時、長岡の領内にては村長ともより書上たる旨を、同藩儒官秋山多聞太ぬしにえらませられしとぞ、則これの一巻はかの問の答なり。今より五とせ六とせさきに見侍りしかと、さのみをかしからすと見過しけれとも、風俗につきていさゝか見あはせするふしも又なきにあらす。かれこたみかり得て写しおきぬ。　小泉善之介」
⑦『北越月令』鈴木重胤序文
⑧三河吉田領（文化十四年三月）応答者遠江国新居今切御関所在番、三河国吉田家中、中山弥助美石（中山彌助は三河国吉田藩士、本居大平の門人、国学者）
⑨丹後峯山領（返書は発見されているが、屋代弘賢の手元には届けられなかったようである）
⑩若狭小浜領答書（応答者若狭遠敷郡小浜組屋六郎左衛門橘恒久、横綴三五～六枚）
⑪大和高取領「高取藩　吉川覚兵衛橘茂周誌」（『不忍文庫』『阿波国文庫』の印あり。かつて屋代弘賢の所蔵であったと判断）
（異筆）「この書は、文政のころ、幕府の命により、屋代弘賢事とりて、古今要覧の撰述ありし時、諸藩におほせて各地の風俗を上書せしめたるもののひとつなる由、友人小杉榲邨より聞きとりぬ　明治二二年二月購得　小中村清矩」。小中村清矩は幕末の国学者、和学講談所講師。『古事類苑』編纂に従事。
⑫淡路国風俗記
⑬阿波国答書
⑭阿波国名西郡高川村答書
⑮陸奥国白川領（応答駒井乗邑）「右屋代弘賢より頼候趣にて、月堂よりもねもころに頼み越有之付、御城下天神町魯駅俗名あら物や嘉兵衛、須賀川安藤辰三郎、柄目村内山官左衛門、北平山熊田伊右衛門、上小居村内山忠左衛門等へ相尋ね候て、右の答申遣候扣、反古にせんもほいなければ爰に記し畢。鶯宿答書」
⑯常陸国水戸領答書（天理大学附属天理図書館）
⑰伊勢国白子領風俗問状答
⑱紀伊国和歌山風俗記
⑲肥後国天草郡答書
本居大平旧蔵書に諸国風俗と題したもの六種、いずれも

屋代弘賢の問状に応じたもの（阿波国風俗二種、天草風俗一冊、陸奥国信夫郡伊達郡風俗記一冊、年中行事記伊勢白子一冊、若山風土記一冊、荊萩峯風俗一冊、①～⑲の答書と重複アリ）

(4) 白石哲哉「江戸幕府の書物編纂と寛政改革」（『日本歴史』五六三号、一九九五年）。

(5) たとえば、保科家『会津風土記』（寛文年間）、浅野家『芸備国郡志』（寛文二年）、水戸徳川家『新編鎌倉志』（貞享二年）、鳥取池田家『作陽志』（元禄四年）、筑前黒田家『筑前風土記』（元禄一六年）。筆者が個人名のものでは、黒川道祐日次記（延宝四年）、名古屋玄医『民間歳時記』（延宝九年）など。時代が下っては、保科家『奥州会津長江荘風俗帳』（貞享三年）、『磐城平藩風俗帳』、『会津風俗帳』（文化四年）がある。中山太郎は前掲註(1)『校注諸国風俗問状答』で、上記の地誌は年中行事や、名勝旧跡の列挙、天然資源の報告書にとどまると指摘。

(6) 松江重頼『毛吹草』、古川古松軒『西遊雑記』『東遊雑記』、鈴木牧之『北越雪譜』ほか。江戸末期には紀行文や探検記録が大幅に増える。

(7) 『森銑三著作集』第七巻（中央公論社、一九七一年）と、小杉榲邨述「源弘賢翁の小伝」（『古今要覧稿』第六稿所収）を参考にした。小杉榲邨は国学者、国史学者『古事類苑』の編集に従事。後年、上野不忍池のほとりに蔵書五万冊を納めた書庫を築き「不忍文庫」と命名し、その名にちなんで輪池と号す。不忍文庫については、朝倉治彦編『屋代弘賢不忍文庫蔵書目録』全六巻（ゆまに書房、二〇〇一年）のほか、国立国会図書館蔵『不忍文庫書籍《しよじゃく》目録』や慶應義塾図書館蔵『屋代弘賢・不忍文庫蔵書目録』がある。蔵書は、文学・歴史・哲学など人文科学にとどまらず、自然・社会科学の文献も含み、近世期の学術分野をすべて包括する。晩年、阿波国藩主蜂須賀家に売却。

(8) 「寛政七年九月六日塙検校保己一裏六番地にて地かしたまはり和学講談所を取建。猶も永続のため町地下されし」（『文恭院殿御実紀』一九）。

(9) 『和学講談所御用留抄』（『続群書類従』第一六巻所収）。和学講談所の門人は奈佐《なさ》勝皐《かつたか》（旗本、一七四五～九九）、屋代弘賢、横田茂語《しげつぐ》（袋翁、一七四五～一八三五）、松方辰方（藩士）ら。

(10) 千坂廉斎『北叟遺言』と新村出「乙丑（文化二）の新年に屋代輪池が詠める異国情調の歌」（『続南蛮広記』）ともに前掲註(7)『森銑三著作集』第七巻、一二六頁。氏家幹人「『文政雑記』『弘賢随筆』ほか絵図細目」（『北の丸』三九号、二〇〇七年）にも、書道の技を見込まれ外交文書の清書をしたとある。

(11) 『古今要覧稿』（国書刊行会、一九〇五～〇七年、には挿絵なし）江戸後期の類書（小杉榲邨《こすぎすぎむら》の解説）。わが国初の官撰百科事典。自然・社会・人文の諸事項を分類し、その起源・歴史などを古今の文献をあげて考証解説。文政四年一二月～天保一三年に計四五回（五六〇巻）にわたって幕府に献上。前掲註(10)氏家論文によると、原本は天保一五年、江戸城本丸炎上で消失。

(12)　これらの官撰の書物は完成のたびに褒賞が贈られた（『徳川実紀』や『森銑三著作集』屋代弘賢の名があがる史料のみ記す）。

・「文化三年十二月十六日つとめて、雪ふりぬ。うすくつもれるをふみわけてまうのぼりつゝをれば、午の終にやらん、執政の方々土圭の間に列座せさせ給ひ、参政の方々侍座せさせ給ひ、近藤ぬし（孟卿）、秋山ぬし（松之丞維棋）、長谷川（弥左衛門安辰）、安尾、都築（市之助）、光郷、やつがれ、廉等めして、藩翰譜続篇したゝめをはりしをねぎらはせ給ふとて禄給はるよし、長岡のきみ（牧野忠精）仰をつたへられ、近藤ぬしは時服二領、秋山ぬしは黄金一まい、安尾、光郷はしろがね百五十両づつ、やつがれと廉とはしろがね百両づゝ賜りぬ（後略）」（『屋代弘賢雑著』（前掲註7『森銑三著作集』第七巻、一二七頁）。

・「文化四年む月廿日あまり四日荻野董長（号海塢、通称八尾吉）、根津正路（通称清次郎）、井上玖《たま》（字子瓊、通称作左衛門）、高野知至《ちかゆき》（通称高之助）、篠本為直（通称彦次郎）、さゝもと廉（通称久兵衛）、やしろ弘賢、男谷思孝（号燕斎、通称彦四郎）ら、妙行精舎につどひて、瀬名のもとの源五郎ぎみ、波多野のもとの次郎八、いみな保春ぬしのみたまにあへ奉る。そのゆへは、藩翰譜続篇ならびに、備考系図をえらびをはりてたてまつりしほどに（後略）」（前掲註7『森銑三著作集』第七巻、一三〇頁）。

・「文政七年七月二十二日奥右筆所詰勘定格屋代太郎その精勤を賞せられて永く謁見を許さる」（「文恭院殿御実紀」五九）。

・「弘賢は諸家と共に堀田摂正敦の発議に成つた『干城録』の編纂に携はり（中略）、天保六年十一月十七日編集者一同は賞賜せられ、弘賢も銀十五枚を土圭の間に於て賜つた」（前掲註7『森銑三著作集』第七巻、一四三頁）。

・（天保四年）七九歳の時「白がね百五十両賜」る（同右、一五三頁）。

(13)　高澤憲治『松平定信』（吉川弘文館、二〇一二年）一〇五頁・二六九～二七〇頁。

(14)　岡村啓二『江戸の蔵書家たち』（講談社選書メチエ、一九九六年）、高橋章則『江戸の転勤族』（平凡社選書、二〇〇七年）からは、近世後期、蔵書や狂歌を通じて拡がっていく男性の文化サロンの実態が読み取れる。屋代弘賢を中心とするサロンも同様であろう。

(15)　柴野彦輔（名は邦彦、号栗山、字彦輔（彦助）、一七三六～一八〇七）。讃岐高松生まれ。一八歳で江戸昌平黌で学び、京都に移り国学を修めた。のちに阿波の蜂須賀家に仕え京で家塾を開く。松平定信に請われ昌平黌の教師を務め、幕府の教育政策の中心となる。ときに五三歳。詩文にも長じる。異学の禁の中心人物「柴野栗山」『森銑三著作集』八巻、中央公論社、一九七一年）。なお渋江抽斎の父は柴野栗山の門人。

(16) 裏松光世（固禅）（一七三六〜一八〇四）は、天明八年に完成した『大内裏考証図』五〇冊を、寛政九年一二月一〇日に朝廷へ献上。持明院宗時から書道を、柴野栗山から儒学を学んだ藤原貞幹らも固禅の研究を手伝った。

(17) 紫宸殿の柱と柱の間に取り付けられた、賢聖三二人を描いた障子。東側の四面に馬周、房玄齢、杜如晦、魏徴、諸葛亮、蘧伯玉、張良、第五倫、管仲、鄧禹、子産、粛何、伊尹、傅説、仲甫、太公望、西側の四面に李勣、虞世南、杜預、張華、羊祜、楊雄、陳寔、班固、桓栄、鄭玄、蘇武、倪寛、董仲舒、文翁、賈誼、叔孫通を描く。高山彦九郎は『寛政江戸日記』寛政三年五月一五日条で「五条家佐野小進賢聖障子の事にて柴野が誤書を出したるを見る」と批判。七月一八日条では「柴野女儒」と貶す。なお障子画は住吉広行（通称内記。一七五四〜一八一一。幕府御用絵師、住吉家五代目）。

(18) 鎌田純子「賢聖障子の研究——寛政度を中心に——」（『金鯱叢書』第三五輯、二〇〇九年）。

(19) 『寺社宝物展閲目録』は『続々群書類従』第一六（一九〇九年）に収載。「寛政四年、柴野彦助（栗山）住吉内記（広行）等幕命を奉じて、山城大和地方の古社寺宝物を点検せし時の目録にして、朱書にて各意見を附したり。黒川氏蔵写本を底本とし、別本を以て校訂す」とある。

(20) 本稿で使用した『道の幸』は、早稲田大学図書館蔵ル〇四 〇一五五九。ほかに加藤諄旧蔵と千崖文庫本。加藤旧蔵本は、屋代弘賢撰、友人の小野茂語識の序あり。オリジナルに近い。ほかに国立公文書館に徳川昭武旧蔵本（写本）があるが、「小野茂語識」と「御神楽散状写」は含まず。また近藤瓶造所蔵本の刊本には、近藤圭造編『在採叢書』（一八八五年）と安藤更生・加藤諄編『道の幸』（二玄社、一九五五年）がある。

(21) 筆道持明院流については、科学研究費補助金研究成果報告書「近世公家文化の成立・展開・流布に関する基礎的研究」（代表西村慎太郎）を参照。また持明院家の家職と森尹祥の関係については、西村慎太郎「近世公家家職研究の展望」（国文学研究資料館『調査研究』三三号、二〇一二年、三一頁）参照。

(22) 天明九年（寛政元）、藤貞幹からの書状を受け取ったことが屋代弘賢の日記に載る（前掲註7『森銑三著作集』第七巻「屋代弘賢」、一五四頁）。

(23) 「寛政四年十二月十三日　内侍所臨時御神楽、本拍子綾小路宮内卿俊資卿、末拍子　六角右京権大夫光通卿附歌　綾小路前源大納言有美卿、櫛笥前大納言隆望卿、鷲尾前大納言隆建卿、庭田中納言重嗣卿、石野前中納言基棟卿、大原前中納言重度卿、持明院前中納言宗時卿、石野三位基綱卿、河鰭三位實祐卿、大原刑部卿重尹卿、櫛笥少将隆邑朝臣、石野常陸権介基憲朝臣、六角上総権

介和通朝臣、慈光寺右衛門佐尚仲、河鰭少将公陳基敦、笛　四辻中納言公萬卿、篳篥　季政朝臣、和琴（御所作）近衛召人　忠卿朝臣、季康朝臣、久弘朝臣、忠職、維寧、忠賢、景和、久宣、忠勇、多忠同、多忠告、多久視　多忠得、人長　多忠林」（『道の幸』早稲田大学図書館本）。なおこの一二月一三日の旬「御神楽散状写」は『存採叢書』の方にもあり。ただし持明院が持妙院、四辻中納言公萬卿が満卿となってる。

(24) 長澤慎二「近世後期における朝廷の意思決定過程――尊号事件を事例として――」（『地方史研究』三三七号、二〇〇九年）。

(25) 中井竹山は寛政三年に『草茅危言』（寛政元年自序）を著し松平定信に献呈。

(26) 『文恭院殿御実紀』一四、一二一〇頁。

(27) 前掲註(24)長澤論文、三七頁。

(28) 高澤憲治は編纂事業について、「まず天明八年一〇月には民衆教化のテキストとして使うため、中国の史書である「資治通鑑」の綱目作成を聖堂付儒者の柴野栗山に命じている。寛政二年には、幕臣の屋代弘賢を参加させ、文化年間に「国鑑」という名で完成させている」と述べる（前掲註13書、一〇五～一〇六頁）。両者は古くから関係があったことが知れる。

(29) 「弘賢は太郎を称する前には太郎吉といった」（前掲註(7)『森銑三著作集』第七巻「屋代弘賢」、一七三頁）とあり、寛政四年頃迄は屋代太郎吉を使っていた。それゆえ柴野栗山との往復書簡の「屋代太郎吉」の署名も上洛以前と推察される。

(30) 前掲註(24)長澤論文には、尊号問題の「勅問」に対する公卿の賛否とその理由という表を掲載。反対は鷹司輔平と鷹司政熙、保留は三名、賛成は三六名。結果的には、強硬な賛成論を主張した光格天皇側近の三名のみが処罰の対象となった。

なお渋沢栄一『楽翁公伝』（岩波書店、一九三七年）の第一一図、子爵松平定晴君蔵「将軍家斉公親臨光格天皇宸翰御製詩記二通」に「上なるは柴野栗山の撰する所にて、その門人吉田克の竹簡に書せるものなり」とある。安永年間京都在住の柴野栗山はすでに天下の名士であったから、朝幕間の橋渡しにふさわしい人物とみなされたのだろう。

(31) 前掲註(4)白石論文。

(32) 質問項目のうち、年中行事や通過儀礼に限っても、七種粥、卯杖、節振舞、神事、仏事、彼岸、涅槃、修二会衣かへ、製菓、晦日祓、七日まじない、節分、月待妊婦着帯、産所作法、子供祝、深曽木、男女元服、誕生の祝、婚礼、葬礼、七日法事など有職故実から派生している。農民や庶民の文化が孤立したものではなく、総合的な視野から眺められるような質問状を作成した。

(33) 月堂は桑名松平藩の士、田内親輔《たのうちしんすけ》の号である。松平定信は『宇下人言』を月堂に保管させていた。鶯宿は駒井乗邨（乗邑）の号で、白川藩家臣、藩主転封の折、桑名へ移った。
(34) 「弘賢の博覧なるはさら也、書学もまた和漢古今を究めて其右に出づる者なし（田内の談也）」（前掲註7『森銑三著作集』第七巻「屋代弘賢」一六七頁）。弘賢と田内親輔とは懇意だったことがしられる。
(35) 前掲註(4)白石論文、八〇頁。

東北農村における結婚パターンの変容
——一八・一九世紀の歴史人口学的分析——

平井晶子

一　近代への人口学的離陸

家族や人口は社会の基層を構成し、社会の変化を深いところで突き動かす。その家族・人口の視点から徳川社会における近代化への胎動を示すこと、これが本稿のねらいである。

いずれの社会であれ、近代化、殊に産業化は急激な人口増加をもたらす。しかし、日本の場合、産業化が本格化する五〇年前の一八四〇、五〇年頃から人口が増加し始めていた。鬼頭宏によると、日本の人口は過去一万年のあいだに四回の人口増加期（「四つの波」）を経験したという[1]。第一の波は縄文早期から中期、第二の波は弥生から平安時代まで、第三の波は室町時代から江戸初期にかけて、そして幕末から現代までが第四の波である（昨今、この第四の波が終焉を迎え、日本は人口減少社会へ突入した）。近世中期は人口が停滞していたが、明治が幕を開ける直前に現代へつながる大きな変化が生じ、「徳川体制からの人口学的離陸」が起きていた[2]。

一七世紀に見られた人口変動の第三の波については、速水融によってそのメカニズムが解明されてきた[3]。一六世紀、各地で大規模な新田開発がはじまり、それまでは結婚することなく大家族に抱えられていた人びとが独立し所帯を持つことができるようになり、結果として、出生率が上昇し人口が増加したと考えられている。ところが、一九世紀中葉に本格化する第四の波、すなわち近代への「人口学的離陸」についてはまだ全容解明にはいたっていない。いち早くこの「徳川体制からの人口学的離陸」に着目した落合恵美子は、一八世紀に全国へ広がっていった堕胎・まびきを忌避する思想の拡大がその背後にあるのではないかとの見通しを示し、命をめぐる観念の変化が徳川社会の底流で動き始めたこと、赤子をめぐる観念の近代化が、いわゆる近代化に先駆けて芽生えていた可能性を示唆した(4)。また、川口洋は幕末にはじまる種痘の普及が乳幼児死亡率を押し下げ、結果として人口増加につながったのではないかとの見通しを示した(5)。落合は出生をめぐる観念の変化から、川口は死亡に関わる医学の発展から幕末に生じた「人口学的離陸」に接近し、それぞれに説得的な見解を示してきた。しかし、いずれもまだ傍証という段階であり、包括的な理解のためにはさまざまな角度からのさらなる考察が必要と思われる。

筆者も、家族とライフコースの変容を手がかりに、一九世紀中葉に生じた人口学的変化の背景を探ってきたものの一人である。私たちが思い描く「家」らしい家が、東北農村において一般化したプロセスを検討するなかで、近代への「人口学的離陸」と家族の変化(「家」の生成)が密接に関連している可能性が見えてきたからである(6)。そして「家」が成立し世帯が安定する裏で、ライフコースの均質化(結婚や出生、養子や相続などがパターン化する)が起こっていたこと、世帯の安定とライフコースの均質化が連動し、家族が安定的存在となったことが人口増加を下支えしたとの仮説を提示してきた。ただし、筆者の仮説はわずかに一地域の分析によってえられたものにすぎず、現在は、この仮説がどの程度一般化できるのか、東北地方の他村の分析を加えて検証作業を行っている段階である。「家」の確立については、すでに別稿で検討し、世帯の永続性が一九世紀に入り強化されることを人口学的条件や社会経済的条件の異なる村の資料から検証し、先の仮説を補強する結果がえられている(7)。本稿では次なるステップとして、ライフコースに焦点を移しライフコースの均質化という変化が他村でも生じていたのかどうかを検証してみたい。とくに、結婚パターンに焦点をしぼり、その変容について考察する。

二　結婚パターンと近代化

日本の伝統的結婚の特徴は、（西洋との対比で見た場合）次の三つにまとめられる。[8] ①結婚がプロセスであること、②プロセスである故に離婚が多いこと（嫁または婿の成員権が完全に移行するまで数日から数年、ときには数十年かかるプロセスであること、プロセスのあいだは実家の成員権を失っていないため離婚が容易なこと）、③地域差が大きいこと、である。

明治が幕を開けた一八八三（明治一六）年、日本の離婚率（人口一〇〇〇人あたりの離婚件数）は三・三八‰と世界的に見て極めて高水準にあった。[9] この値は離婚が増えたといわれる現在の離婚率（二〇一二年の一・八七‰）よりもはるかに高く、現在のアメリカの離婚率（二〇一一年の二・八一‰）よりもまだ高い。まして離婚率が低かった同時代の西欧（一九〇〇年のフランスの離婚率は〇・二‰、一九二六年のイングランドは〇・一‰）と比べると「野蛮」といわれるのも納得してしまうほどの違いである。[10] 当然「文明国」をめざす明治政府にとって、この高い離婚率は「野蛮」の象徴であり、早急に改善しなければならない課題と認識されていた。ところが、一八八三年の統計開始以降、離婚率は着実に下がり続け、昭和初期には一‰を切っている（その後も、離婚率低下は続き、第二次大戦後、世界でもトップクラスの「離婚の少ない日本」が誕生した）。では、なにが離婚率を低下させたのか。

明治から昭和にかけての離婚率の推移に注目した坪内良博と坪内玲子は、明治民法が施行された一八九八年と翌九九年の二年間だけで離婚率が二・二七‰から一・四〇‰へ激減したことに注目し、「民法自体が離婚に対して何らかの抑止的な効果を及ぼしたと考えざるをえない」と結論づけた。[11] 明治民法の導入という手続き的な問題

（登録の問題）ではなく、民法そのものが影響を与え「上から」の影響で離婚率が低下したと説明する。たしかに民法が大きな影響を与えたことは紛れもない事実であろう。だとしても、これほど短期間で「上から」の影響を内面化しえたのはなぜなのだろうか。この急激な離婚率低下の背景を探るためにも徳川期における結婚（離婚）パターンの変化を検討する。

三　資料と方法

（1）戸口資料を用いた歴史人口学的分析

本稿では、東北二か村の戸口資料（人別改帳ならびに宗門改帳）を利用し、歴史人口学的手法を用いて東北農村の結婚パターンを分析する。戸口資料はその名の通り名前や年齢、続柄が羅列されているだけの資料であり、長らく〝退屈な〟資料とみなされてきた。しかし、個人や世帯ごとに時間軸で繋ぎ人口指標を導き出す歴史人口学が発達したことにより、その価値が一変した。過去に生きた名もなき人びとの人生を数百人、数千人単位で再現できる資料であると気づかれたからである。たとえば、いつ、だれがだれと結婚し（離婚し、再婚し）、何人の子どもを生んだのか、その子たちは無事に育ったのか、育ったとすれば、だれが相続し、誰が離家したのか。いわゆる出生、結婚、死亡や移動をつぶさに知ることができるのである。

以下では、奥羽山脈の太平洋側と日本海側に位置する二つの農村、奥州安達郡仁井田村（現在の福島県本宮市）と羽州村山郡山口村（現在の山形県天童市）の戸口資料をもとに、一八世紀から一九世紀にかけての結婚パターンを分析する。(12)

奥州安達郡仁井田村については、一七二〇（享保五）年から一八七〇（明治三）年までの一五一年間の人別改帳（一四六年分）をもとに作成したデータベースを、日本海側の羽州村山郡山口村については、一七三三（享保一八）

年から一八七二（明治五）年までの一四〇年間の宗門改帳（九八年分）から作成したデータベースを用いる[13]。第一節で述べた仮説は仁井田村の分析からえたものであり[14]、以下では、その仮説を検証するために山口村の分析を加え、比較検討を行う（山口村は、行政的に上組・中組・下組に分かれており、宗門改帳も組ごとに作られていた。ここでは、もっとも残存状態がよい中組〈以下、中山口村とする〉の宗門改帳を用いる）。

仁井田村[15]は、郡山と二本松の中間に位置する阿武隈川流域の街道沿いの農村であり、この地方のなかでは比較的肥沃な地域といわれている。それでも一八世紀後半は飢饉が多く人口が著しく低下した。この深刻な事態に対し、藩も多大な関心を寄せ、人口増加策などを導入したが、成果をあげるにはいたらなかった。

中山口村[16]は、一般に降雪量が多いといわれる村山地方に位置するが、中山口村のある現在の天童市周辺は比較的降雪量が少ない。しかも、早くから紅花など冷害に強いと思われる換金作物の栽培が盛んであり、米への依存度が比較的低かったことから、冷害の被害がその分小さく、飢饉の頻出した一八世紀であってもあまり大きな飢饉に見舞われることがなかったと考えられている[17]。

両資料とも世帯を単位に成員の名前、続柄、年齢が記載されている[18]。加えて、仁井田村でも中山口村でも移動の際のメモ（貼り紙や朱書き）がたくさん残されており、結婚や出生、奉公の実態把握を可能にしてくれる。たとえば結婚の場合「去暮縁付」や「去九月嫁ニ遣ス」とのメモが、離婚の場合は「離縁ニヨリ立戻」や「離縁ニ付立帰」などのメモがあり、新たに資料に登場した人や途中でいなくなった人の異動理由が概ねわかるようになっている。

（2）人口と世帯の概要

速水融によると、奥羽地方の人口は、一八世紀後半に減少しはじめ、一九世紀中葉から増加に転じるものであ

図1　人口の推移
（仁井田村1720-1870、中山口村1733-1872）

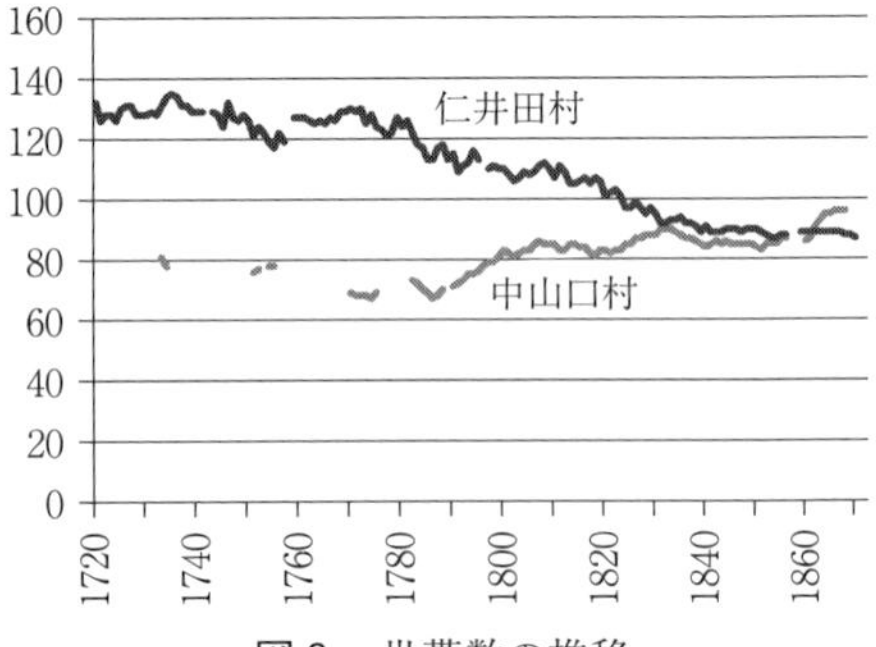

図2　世帯数の推移
（仁井田村1720-1870、中山口村1733-1872）

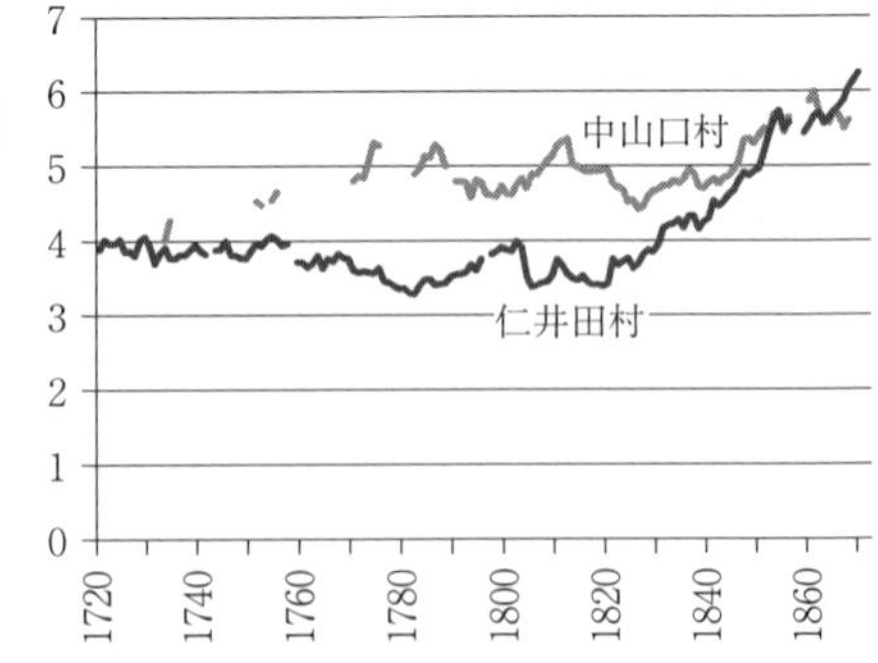

図3　平均世帯規模の推移
（仁井田村1720-1870、中山口村1733-1872）

り、その人口変動パターンは〈安定—減少—増加〉と推移するとまとめられている。[19] 奥羽山脈の太平洋側に位置する仁井田村の人口（図1）は、観察をはじめた一七二〇年に五四〇人だったが、一七七〇年以降減少しはじめ、一八二〇年には三六六人にまで落ち込む。その後徐々に回復に向かい最終的には観察初年の水準まで回復しており、速水のいう東北パターンで推移したことがわかる。他方、日本海側の中山口村の人口（図1）は、一七三三年の観察初年に三二五人で、その後しばらく安定しているが、一七七〇年代から一八四〇年ごろまでのゆるやかな増減を経て、一八四〇年代以降、本格的な増加に転じる。つまり、中山口村の人口は、東北パターンとはやや傾向を異にする。中山口村と同じ村山郡山家村の歴史人口学的分析を行った木下太志も、一八世紀から一九世紀の人口が〈順増—停滞—増加〉と推移したことを示しており、村山郡では東北的人口減少期（一八世紀後半からの減少）を経ることなく一九世紀の本格的な人口増加へつながった可能性が高い。[20]

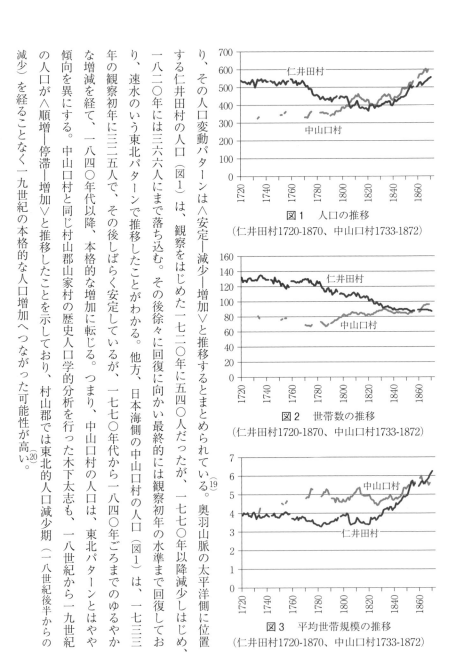

仁井田村の世帯数（図2）は、観察を始めた一七二〇年に一三二戸で、その後しばらく安定し、一七八〇年以降漸減し始め、最後（一八七〇年）には九〇戸を下回る。それに対し、平均世帯規模は一八二〇年代までほぼ四人であったものが、一八三〇年以降に拡大し、最終的には六人を越えている（図3）。世帯規模の分布をみると、前半は単身世帯が一五％、二～三人の小規模世帯が三割と半数近くが三人以下の小規模世帯であったが、人口が増加しはじめ、平均世帯規模が拡大した一九世紀中葉以降、単身世帯や小規模世帯（二・三人）がほとんどなくなり、八割が中規模世帯（四～八人）になっている。

中山口村では、世帯数（図2）は観察初年（一七三三年）に八一戸でスタートし、いくぶん増減はあるものの大きく変化することなく維新を迎えている。その代わり一九世紀中葉に人口が増えると、平均世帯規模が五～六人へ拡大している（図3）。世帯規模の分布では、（仁井田村ほど極端ではないが）一九世紀中葉の人口増加期に単身世帯や小規模世帯（二～三人の世帯）が減少し、四～六人の中規模世帯や、九人以上の大規模世帯が増えている。

世帯の推移をまとめると、両村とも、一八世紀前半の人口安定期は平均世帯規模が小さく、かつ世帯規模の分散が大きかったが、一九世紀中葉の人口増加期になると小規模世帯が少なくなり、中規模世帯へと均質化していたことが確認できた。さらに、すでに行った世帯分析により、中規模世帯が一般化した一九世紀以降、世代を越えて永続する世帯が増加し、一九世紀中葉には「永続性」が世帯の一般的特質になっていたことを付け加えておく。(21)

以上のように、新たに分析に加える中山口村は、奥羽山脈を挟んで仁井田村の反対側に位置するだけではなく、人口変動パターンや農業生産の特徴などでも、仁井田村とは対照的地域である。家族を取り巻く環境や諸条件が違うなかライフコースパターンにどのような異同があるのか、比較対象としては興味深い地域といえよう。

四　結婚パターンの変容

（1）仁井田村の結婚

仁井田村の結婚は概して初婚年齢が低く（初婚年齢、男性二〇・二歳、女性一五・一歳）、離婚率が高い（結婚の三割が離婚）[22]。しかも、表1にまとめたように、一八世紀末から一九世紀初頭の変革期を挟んで、一八世紀的結婚（一七二〇〜八〇年）と一九世紀的結婚（一八一〇〜七〇年）で、結婚年齢や離婚パターンに大きな違いが見られた[23]（詳細は中山口村との対比で検討するため、ここでは変化の概要を整理する）。

たとえば一八世紀的結婚では、結婚はいろいろな年齢で起きるイベントであったが、一九世紀的結婚になると、男女とも、結婚年齢が「適齢期」（結婚が一番多く起こる年齢層）に集中してくる。男性では初婚年齢も、再婚を含む全結婚の結婚年齢も、ともに「適齢期」化したが、女性では再婚を含む結婚全体の結婚年齢のみ「適齢期」化した（女性の初婚年齢は一八世紀から均質だったためこちらは大きな変化が生じていない）。一八世紀の男性の場合、長期間奉公に出ていたために晩婚になったケースが多く初婚年齢を分散させていたが、このような晩婚が一九世紀になると減少し、初婚年齢が「適齢期」化した。

再婚も含む全結婚で生じた（一九世紀的結婚における）「適齢期」の形成は、戦後の高度成長期のような集中度はないものの、一定の年齢までに結婚がほ

表1　女性の結婚パターンの変容（仁井田村、1720-1870）

18世紀的結婚（1720-1780）		19世紀的結婚（1810-1870）
結婚—奉公—出産	結婚のタイミング	実家で労働—結婚—出産
13歳から16歳	初婚年齢	16歳から19歳
24歳	初婚可能年齢	24歳
結婚後10年以上	離婚可能期間	結婚後５年以内
10％	40歳以上の結婚率	2-3％

出所：平井晶子『日本の家とライフコース』（ミネルヴァ書房、2008年）166頁。

ぼ完了するという点で〝緩やかな〟適齢期と考えられる。女性の変化を例に取ると、一八世紀的結婚の場合、一〇代前半から結婚しはじめ一六歳までにほぼ全員が結婚するが、その後、離別や死別が多かったために再婚が頻繁であり、三〇代や四〇代でも結婚イベントがふつうに発生していた。それが一九世紀になると三〇代、四〇代での再婚が減少し、結婚はほぼ二四歳までにしか起こらないイベントとなった。離婚率も死別の割合もほとんど変化していないにもかかわらず、このような変化が生じていた。

その背景として注目したいのが、離婚のタイミングが制限されるようになったことである。結婚年齢が分散していた一八世紀、結婚してからおよそ一〇年間、離婚はいつでも起きるライフイベントであった。それが一九世紀的結婚になると結婚後の五年間に集中してくる。第二節で述べたように、日本の結婚は数日から数年（ときには十数年）かけて行われる「プロセス」であり、そのプロセスのあいだは離婚が容易であった。離婚のタイミングに制約がかかるということは、このプロセスの期間が短かくなったこと、言いかえると、嫁や婿が特定の年齢までに婚家の正式なメンバーにならなければならないことを意味するのではないか[24]。

仁井田村では一九世紀中葉までに世帯の特性も変化しており、永続性を備えた「家」が一般化していた。この「家」をスムーズに運営するため、離婚・再婚という再チャレンジへの道を維持しつつ、再チャレンジまでの期間を限定し、早めに世帯の主要メンバーを固定するという戦略がとられたのではないか。つまり、仁井田村では安定した「家」を求めたのと同じ心性が、結婚パターンの均質化を生み出していたと考えられる。

このような結婚パターンの変化は仁井田村独自の事情によって生じていたのか、それとも広く東北農村に一般化できる可能性をもつ変化なのか、中山口村の事例を加えて検証してみる。

（2） 結婚年齢

表2は両村の男女別初婚年齢を示したものである。中山口村の初婚年齢は、仁井田村（女性一五・一歳、男性二〇・二歳）よりもそれぞれ三、四歳高く、女性一九・一歳、男性二三・一歳である。それでも、東北以外の、たとえば美濃国西条村（女性二二・五歳、男性二八・八歳）や肥前国野母村（女性二五・四歳、男性三一・八歳）と比べるとやはり早く、早婚の東北的パターンを踏襲している(25)。

表2　出生コーホート別平均初婚年齢
（仁井田村1720-1870、中山口村1751-1872）

	仁井田村				中山口村			
	男性		女性		男性		女性	
	年齢	N	年齢	N	年齢	N	年齢	N
1720-49	20.8	113	13.7	114	(21.4)	7	(14.8)	13
1750-79	20.1	102	15.0	80	25.1	45	18.5	47
1780-09	20.3	76	15.9	80	23.4	89	19.4	96
1810-39	19.2	98	16.3	95	22.2	104	19.7	123
平均/小計	20.2	389	15.1	369	23.1	245	19.1	279

中山口村の女性も、仁井田村同様、一八世紀の段階から初婚年齢は比較的規範化されており、ほとんどの女性が二〇代前半までに結婚していた。他方、男性は、こちらも仁井田村同様、一八世紀の段階では初婚年齢の分散が大きい（分散していた要因も仁井田村とほとんど同じで、長期間の奉公のために未婚期間が長くなったケースがほとんどであった）。それが一八世紀末から三〇歳以上での初婚が減り徐々に均質化していった（図4と図5）。

次に、再婚を含む全結婚についてその年齢を求めてみた。表3に示したように、仁井田村の女性の場合、一八世紀の段階では「適齢期」（一〇～二四歳）に生じる結婚が全結婚の七十数％であり、三〇代、四〇代の結婚が二割以上もあった。しかし、時代が下るにつれて「適齢期」の結婚発生率が高くなり、幕末にはほぼ九割に達している。すなわち、幕末には二五歳を過ぎた結婚はかなり難しいという状況になっていたことがわかる。男性では、結婚年齢の変化（初婚年齢と再婚年齢の変化を両方含む）は女性より一層顕著で、一八世紀初頭は「適齢期」（一五～二九歳）の結婚発生率が六割にも満たなかったが、幕末には八三％の結婚が「適齢期」に起こっている。

次に、中山口村の全結婚を対象とする結婚年齢の変化を見てみる（表3）。中山口村の場合、少し変化の時期がずれているが、それでも一八世紀後半から結婚年齢が均質化するという傾向は同じであった[26]。一八世紀中葉、中山口村の女性の結婚では、「適齢期」（一五～二五歳）に発生した結婚は全体の六割でしかなかったが、幕末には八六％に、男性でも、一八世紀中葉は六割しかなかった「適齢期」（一七～二七歳）の結婚発生率が、幕末には七六％へと増えている。

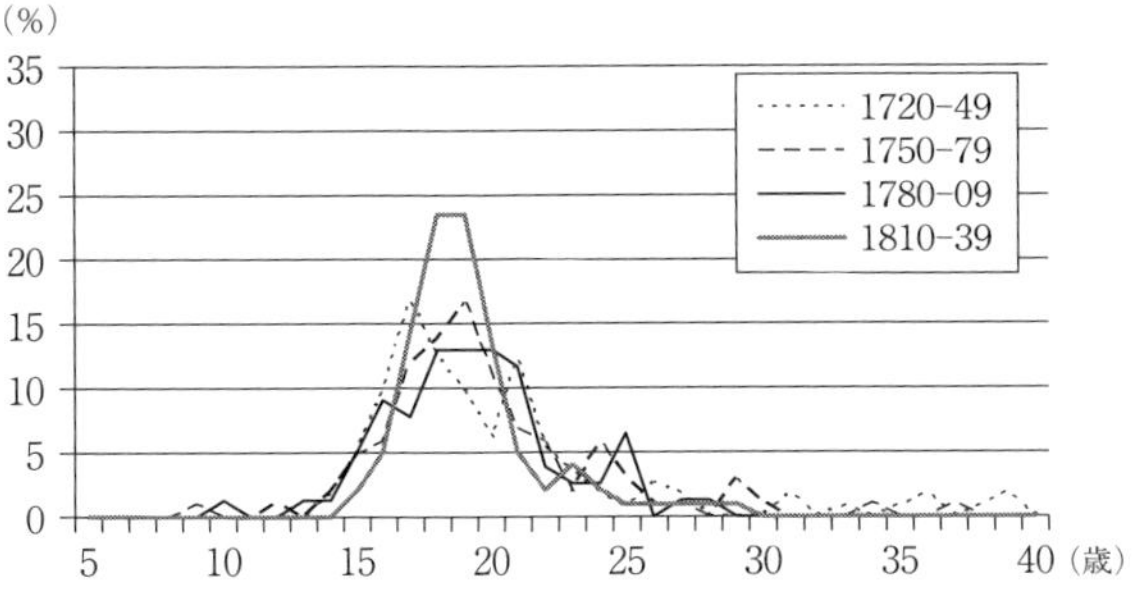

図4　男性の出生コーホート別の初婚年齢の分布
（仁井田村、1720-1839）

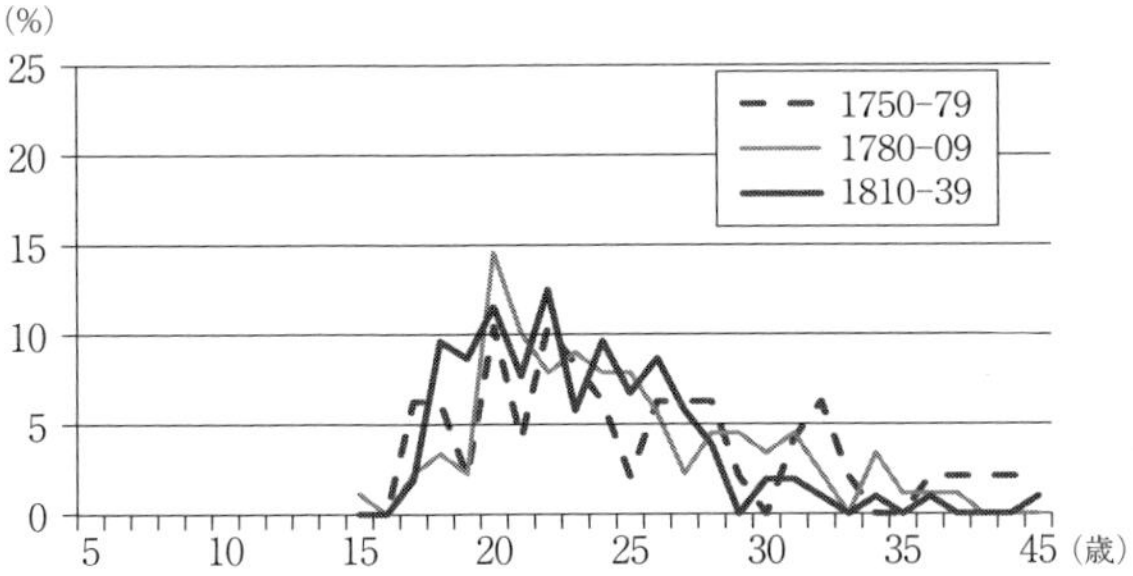

図5　男性の出生コーホート別初婚年齢の分布
（中山口村、1750-1839）

表3　「適齢期」の結婚発生率（％）
（仁井田村1720-1870、中山口村1751-1872）

	仁井田村		中山口村	
結婚年	女性（10-24歳）	男性（15-29歳）	女性（15-25歳）	男性（17-27歳）
1720-49	74%	59%	-	-
1750-79	78%	72%	63%	67%
1780-09	80%	70%	77%	56%
1810-39	80%	80%	82%	63%
1840-70	87%	84%	86%	76%

註：再婚を含む全結婚の結婚年齢を求め、特定の年齢層（もっとも結婚が集中する年齢層＝「適齢期」）に発生した結婚の割合を求めたもの。

表4　出生コーホート別離婚率：仁井田村（1710-1839出生コーホート）

	1710-49	1750-79	1780-09	1810-39	1710-1839
離婚の割合 （離婚数／結婚数）	28.7% (82/286)	30.8% (56/182)	36.2% (54/149)	28.8% (54/184)	30.7% (246/801)
5年以内に発生した離婚の割合 （5年以内の離婚数／離婚総数）	56.1% (46/82)	76.8% (43/56)	75.9% (41/54)	86.8% (46/54)	71.5% (176/246)

註：出生コーホートは妻の出生年を基準とする。

表5　出生コーホート別離婚率：中山口村（1750-1839出生コーホート）

	1710-49	1750-79	1780-09	1810-39	1710-1839
離婚の割合 （離婚数／結婚数）	- -	20.0% (22/110)	17.1% (21/123)	11.7% (17/145)	15.9% (60/378)
5年以内に発生した離婚の割合 （5年以内の離婚数／離婚総数）	- -	63.6% 14/22	85.7% 18/21	82.4% 14/17	76.7% 46/60

註1：出生コーホートは妻の出生年を基準とする。
　2：死別か離別か不明なケースが多いため村外への婚出のケースは除く。

中山口村の変化は仁井田村ほどはっきりしたものではなかったが、確かに同じ方向への変化が生じていた。では、仁井田村で見られた「結婚年齢の変化と離婚パターンとの関連」は中山口村でも見られるだろうか。

(3)　離婚

仁井田村では結婚の三割が離婚で終わっており、徳川社会でももっとも離婚が多い地域のひとつである。しかもこの高い離婚率は近世を通じて維持されていた。ただし、表4に示したように、一五〇年間、同じパターンで離婚が起こっていたわけではなく、離婚のタイミングは一八世紀的結婚と一九世紀的結婚で大きく変わっていた。一八世紀中葉に結婚した場合（一七一〇〜四九年生の結婚）、結婚後五年以内に離婚するケースは離婚全体の半分しかなく、離婚は結婚後の一〇年程度のあいだいつでも起こりうるイベントであった。それが一九世紀の結婚（一七八〇〜一八〇九年生と一八一〇〜三九年生の結婚）では、結婚後の五年以内に発生する離婚が離婚の九割を占めるまでに増えている。

「いつでもできる」離婚から「するなら早く」へと、その位置づけが変化した。

では、中山口村ではどうだろうか。表5に示したように、中山口村では離婚率そのものが仁井田村の半分であり、その離婚率も時代とともに下がっている。一八世紀後半の結婚（一七五〇～七九年生の結婚）では、結婚の二割が離婚で終わるが、一八世紀中葉の結婚（一八一〇年以降生の結婚）では、離婚で終わるのは一割しかない。ただし、離婚のタイミングは仁井田村と同じように変化していた。表5からわかるように、一八世紀後半の結婚（一七五〇～七九年生の結婚）では、五年以内に起きた離婚は離婚全体の六四％だったが、一九世紀中葉の結婚（一七八〇～一八三九年生の結婚）では、五年以内の離婚が離婚全体の八四％にまで増えている。中山口村では、離婚は「いつでもできる」ものから「しない方がいいが、するなら早く」というものへ変化していた。

結婚年齢の均質化の背後にあった離婚のタイミングの変化、これはいったい何を意味するのか。筆者には、結婚や離婚をめぐる統制が強化されたことのあらわれに思えてならない。当然のことながら、一八世紀であれ一九世紀であれ、個人の事情だけで結婚や離婚が成り立つわけではない。この前提はかわらないが、一八世紀の結婚では個々の家の事情が斟酌され、個別の事情が優先された結果、結婚年齢や離婚のタイミングに相当な幅があったと思われる。それが、一九世紀になると、個々の事情が全面的に無視されたとは思わないが、それに加えて「あるべき結婚」が広く共有されるようになり、その「好ましいパターン」を踏襲することへの期待や圧力が強くなり、結婚パターンがひとつの方向に収斂したのではないか。

五　東北農村から見た徳川社会の近代化

これまで分析した仁井田村と中山口村は、奥羽山脈の両側に位置するというだけではなく、人口変動パターンも社会経済的状況も対照的な地域であった。しかも結婚年齢や離婚率は、中央日本や西南日本と比べると、早婚や高離婚率で括ることはできても、けっして「同じ」といえるほどには共通してはいなかった。にもかかわらず、一八世紀から一九世紀にかけての結婚パターンの推移に注目すると、同じ方向への変化が同じような流れで起きていた。すなわち、結婚パターンが均質化していた。仁井田村の分析で見いだした仮説、一九世紀に入り東北農村で確立した「家」らしい家は、ライフコースの均質化と連動して生じた変化であり、それが一九世紀中葉からの人口増加を下支えした、という仮説が、結婚パターンの均質化という点に限ってではあるが、中山口村の事例からも確認できた。

「家」確立の背後に、結婚年齢を「適齢期」に固定化する動きや離婚のタイミングへの制約を強める変化が生じていたことは、安定した「家」で生きていくには、「緩衝材」として離婚の可能性は維持するが、それは「家」の安定性を損ねない限りにおいて認めるものであり、一定の制限を設けたうえで（離婚を社会がコントロールしたうえで）許可するという態度のあらわれだったのではないか。このことを踏まえて、第二節で述べた近代日本の離婚率低下を考えると、近代に生じた離婚率低下は「上から」の近代化のみで達成されたものではなく、一九世紀から続く「下から」の結婚パターンの変化、言いかえると離婚への規制を強化するという態度の形成が少なからず影響していたのではないだろうか。

「家」の成立＝ライフコースの均質化、がどのように一九世紀中葉の人口増加（近代への「人口学的離陸」）につながったのか、本稿では直接関連づけることはできなかった。しかし、家族（家族生活への人びとの視線）が変化した過程を解き明かしていくことで、いずれなんらかの見通しが持てるのではないだろうか。

家族や人口から近代化を眺める営みは、ときに蟻が大木を見上げているような果てしない作業に感じられることもある。しかし、二つめの村の分析を進めるなかで、やはり一九世紀初頭から、社会の基層に横たわる人口や家族に近代化への動きが始まっていたとの感を強くした。もしこれらの〈マグマ〉が動き出していたとするなら、なにがそれを突き動かしたのか、実証研究を深めつつ、もう少し広い視野でその動因を考えていきたい。

（1）鬼頭宏『人口で見る日本史』（PHP研究所、二〇〇七年）。
（2）落合恵美子「近世末における間引きと出産」（脇田晴子、S・B・ハンレー編『ジェンダーの日本史(上)』東京大学出版会、一九九四年）では、一八世紀末からはじまる人口増加への動きを「徳川体制からの人口学的離陸」と位置づけている。
（3）速水融『近世農村の歴史人口学的研究』（東洋経済新報社、一九七三年）。
（4）前掲註(2)落合「近世末における間引きと出産」。
（5）川口洋「牛痘種痘法導入期の武蔵野国多摩郡における放送による疾病災害」（『歴史地理学』四三巻一号、二〇〇一年）。
（6）平井晶子『日本の家族とライフコース』（ミネルヴァ書房、二〇〇八年）。
「家」の成立時期は地域差が大きく、少なくとも近畿農村では一八世紀初頭に成立したと考えられている。本稿は、地域差が大きいことを理解しつつも、紙幅の都合から地域性の議論は行わず、東北地方に限定して結婚パターンの変容を論じる。
（7）平井晶子「東北日本における家の歴史人口学的分析」（笠谷和比古編『一八世紀日本の文化状況と国際環境』思文閣出版、二〇一一年）。
（8）落合恵美子「歴史的に見た日本の婚姻」（『家族社会学研究』一五巻二号、二〇〇四年）。
（9）離婚率のデータは国立社会保障・人口問題研究所『人口統計資料集』（二〇一四年版）を参照。
（10）フランスの離婚率は、坪内良博・坪内玲子『離婚』（創文社、一九七〇年）の二八頁の表3、イギリスの離婚率は、同書二四頁の表2を参照。
（11）前掲註(10)坪内良博・坪内玲子『離婚』の一四八頁参照。
（12）戸口資料を用いた歴史人口学の分析方法については、速水融『歴史人口学の世界』（岩波書店、一九九七年）や落合恵美子「家族史の方法としての歴史人口学」（野々山久也ほか編『家族研究の理論と技法』文化書房博文社、一九九九年）を参照。
（13）従来、人別改帳と宗門改帳では成立の経緯がちがうため同列に扱うことは好ましくないと考えられてきた。しかし、本稿の分析対象がいずれも一八世紀以降で、両者の機能が村人の把握という点で共通している時期であること、実際の記載内容からみても戸口資料としての機能を十分に備えていること、単年度分ではなく長期間継続して利用するため戸口資料として利用可能かどうかの判断が十分可能であることから、ここでは両村の資料を歴史人口学的手法で分析し比較検討することが可能と判断した。

(14) 前掲註(6)平井『日本の家族とライフコース』。

(15) 仁井田村の概況や人別改帳の詳細については、成松佐恵子『江戸時代の東北農村』(同文館出版、一九九二年)や前掲註(6)平井『日本の家族とライフコース』を参照。仁井田村の戸口資料は世界でもっとも優れた戸口資料のひとつであり、多くの歴史人口学的研究が行われている。一例をあげると、Antoinette Fauve-Chamoux and Emiko Ochiai eds., *The Stem Family in Eurasian Perspective*, Peter Lang, 2009 に収録された論文などである。

(16) 山口村の戸口資料を用いた研究には、大藤修『近世農民と家・村・国家』(吉川弘文館、一九九六年)、佐々木潤之助『幕末社会論』(塙書房、一九六九年)がある。前者ではおもに「家」観念が、後者ではおもに階層分化が論じられている。

(17) 村山郡の社会経済的状況については、木下太志『近代化以前の日本の人口と家族』(ミネルヴァ書房、二〇〇二年)の第三章を参照。

(18) 戸口資料に記載された単位が何を意味するかは資料ごとの検討が不可欠である。両資料とも、現住人口を単位に帳面が作成されていること、世帯規模が不自然に大きくないこと、世帯数が固定されておらず毎年変化していることなどから、実質的な「社会的単位」で作成されたものと判断し、便宜的に世帯と称することとする。

(19) 速水融「近世奥羽地方人口の史的研究序論」(『三田学会雑誌』七五巻三号、一九八二年)。

(20) 村山地方の人口変動パターンが東北パターンでない点は、おもに換金作物(紅花など)が盛んに栽培され、稲作への依存度が低かったためと考えらる(木下前掲註17『近代化以前の日本の人口と家族』参考)。

(21) 前掲註(7)平井「東北日本における家の歴史人口学的分析」。

(22) この時期の初婚パターンの地域性については、黒須里美・津谷典子・浜野潔「徳川期後半における初婚パターンの地域性」(黒須里美編著『歴史人口学からみた結婚・離婚・再婚』麗澤大学出版会、二〇一二年)を、東北的結婚の特徴については、黒須里美「婿取り婚と嫁入り婚」(同前書)を参照。

(23) 平井晶子「結婚の均質化と『家』の確立」(落合恵美子編『徳川日本のライフコース』ミネルヴァ書房、二〇〇六年)、前掲註(6)平井『日本の家族とライフコース』。

(24) 嫁や婿の実家と婚家の所属の二重性やあいまいさ、その移行に関しては、森本一彦『祖先祭祀と家の確立』(ミネルヴァ書房、二〇〇六年)も参照。

(25) 西条村については、前掲註(22)黒須・津谷・浜野「徳川期後半における初婚パターンの地域性」の表1-2、野母村については、中島満大「近世後期海村における初婚・離死別・再婚」(『比較家族史研究』二七号、二〇一二年）の表1参照。

(26) 仁井田村と中山口村では「適齢期」の年齢幅はずれている。いずれの村でも、男女別にもっとも結婚が集中する年齢を取り出すために生じたずれであり、変化の傾向を分析する本稿の論旨には影響しないものと考えている。

〔謝辞〕　本稿は、文部省科学研究費創成的基礎研究「ユーラシア社会の人口・家族構造比較史研究1995-1999」（代表：国際日本文化研究センター速水融名誉教授）により作成されたデータベースを使用した。データベースの作成を一貫して指導されました速水融先生、資料の利用を許可下しました所蔵者のみなさま、基礎データシート（BDS）を作成した慶應古文書室の皆様、速水プロジェクトの皆様、データの整理・入力を担当されました成松佐恵子先生、データベースプログラムを作成されました北海道大学の小野芳彦先生に、この場を借りてお礼申し上げます。

一九世紀における剣術の展開とその社会的意味

魚住孝至

はじめに

本稿では、一九世紀初期から幕末までの剣術の展開に焦点をあてて、剣術が果たした社会的意味を考えたい。剣術といっても、旧来の形《かた》を稽古する形剣術と、防具を着け竹刀で打ち合う撃剣《げきけん》とでは担った社会層が異なる。城下町の武士たちが形剣術を行ったのに対して、撃剣を行うのは地方の豪農層が多かったことに注目しながら、一九世紀後半に撃剣流派が主流になる過程とその背景、幕末に撃剣の町道場が果たした役割を解明する。反幕・討幕運動の中で斬り合いが続発するが、最終的に江戸城無血開城が実現したことについても、当事者たちの剣術鍛練の影響から考えてみたい。そして明治維新以後、断絶と再編成を経て近代剣道が成立するまでを論じる。

一　一九世紀初期の社会と剣術の状況

(1)　武士社会の階層構造と刀が持つ意味

近世剣術を考える前提として、武家社会の階層構造と刀が持っていた意味を考えておく必要がある。

武家社会は内部でいくつもの階層に分かれていた。岡山藩などの史料を詳しく分析した磯田道史の研究によると、大名家臣団では役職や格で細かく分かれていたが、大きく見れば士格の侍《さむらい》層が約四分の一、徒士《かち》層が約四分の一、足軽以下が約二分の一で、家禄と格で厳格な階層構造をなしていた。格によって、衣類や履物、土下座も含め敬礼様式まで生活上の細かな差異が設けられており、通婚、養子の範囲はほぼ同格間に限られていた。侍と徒士以上が正式な武士であり、それに相応しい社会的威厳が付与されていた。

こうした階層構造は、近世を通じて厳格に守られたが、中期以降、軍役の変化や家中の窮乏によって内容が大きく変わってくる。侍層は高禄であり、同じ格での婚姻・養子縁組を繰り返して再生産が可能なので、伝統主義となり保守化する。徒士層は実務を担った層だが、世襲の家禄は低く設定されているので、役職に就こうとする昇進への意欲は強い。無役では副収入を得るための内職が必須となる。足軽は譜代と一代抱えに分かれるが、家禄だけでは結婚が難しいため独身者が多く、後期には跡株としてその地位を実質的には売買することも多かった。(1)

幕臣の場合には、俗に旗本と呼ばれる御目見と、御家人と呼ばれる御目見以下に分かれる。幕府の法令では「侍」は下級の若党クラスを指し、「徒歩《かち》」は、組に属した一代抱えの蔵米取りの御家人であって、用語法が多少異なるが、禄や格に関しては、先の三層に相当する違いが認められ、一代抱えの下層では、所謂御家人株が実質的に売買されていたのは共通する。

足軽以下の中間・奉公人は、町人や近郊の村から一時的に雇い入れられ、雇用期間中は刀を差し武士の風体となる。後期になるほど、この層が増えるが、奉公期間を過ぎても武家風を続けることが多かった。後期には、経済力を持った町人や豪農層の者が増えるが、嫡男は家を継いだが、次男以下は武家奉公人となったり、足軽や御家人の跡株を取得して武士化することも多かった。

また武士でも、さまざまな事情で失職した浪人が多数おり、農村には苗字帯刀を許された郷士が広範に存在していた。また献金や特に働きがあったため苗字帯刀を許された豪農・豪商も存在する。近世後期になると、武士と農民との間に境界身分というべき層が大きくなっていたのである。

刀は武士の象徴であるから、特に境界身分の者にとって帯刀は憧れであった。武士の出自でない者が、刀を差せるようになると、通常の武士以上に武士らしく振舞おうとする傾向があった。

武士は刀を人前ではむやみに抜かなかった。戦いや敵討ち、武士の一分に関わる場合以外、抜かない。刀は切れるように常時磨いておくが、鞘の内に納めておくというのが、武士の美学であった。

(2) 二つの剣術――形剣術と撃剣――

剣術は、近世初期以来、刀の代わりに木刀や竹の袋撓《ふくろしない》を使って、流派の形《かた》（勢法《かた》・組太刀）を学ぶことであった。形は、相手が打ち込んでくるのを、いかに捌《さば》いて勝つかを範型として示す。形を稽古する中で、相手との空間的かつ時間的な「間合」を摑み、勝てる「理合」を体得する。師匠が間合や速さを変えて打ち込み、それに応じて勝つ感覚を身に着けさせる。絶対に下がらず、相手に打たれる距離まで踏み込んで、相手に打たせてから、わずかな「間合」の違いを取って勝つ。形を稽古することによって、相手の太刀の下まで踏み込む勇気とともに、この一本でいくという覚悟を養成する。「務めて英雄の心を知る是極《ぜごく》一刀」という新陰流の締めの形の名前は、その目指すところを示している。刀は切れるもの故に、かえって切る以前の自制が強く働いた。打つ以前に勝てる「間合」を見切ることができるよう、身の鍛錬とともに、気を錬り、心を錬る。身を捨てて冷静に余裕を持っていられることが大事で、心は「無心」となることが究極とされ、禅を学ぶようにいわれることがあった。「龍を誅する剣、蛇に揮はず」（新陰流目録）、自《みず》ら学ぶ剣は、龍に対するごとき高尚なものであって、地を這う蛇に使うようなものではない、というのであり、武士として学ぶ剣術は、実戦的な斬り合いの術ではなく、武士の独立の気概、戦う覚悟を培うものとされていたのである。

流派によって形はさまざまで、全国諸藩で多様な流派が展開した。江戸初頭には武者修行をして他流試合も行われていたが、一七世紀半ば以降、他流試合は厳しく禁じられた。侍層や徒士層の武士たちは、武士の嗜みとして、城下町の侍コミュニティの中で代々同じ道場に通い、師匠や先輩から一対一の稽古をするとともに、武士としてのさまざまな作法や教養を学んでいたのである。

ところが一八世紀初期から、防具を着けて竹刀で打ち合う撃剣が展開する。まず直心影流《じきしんかげりゅう》が面・籠手《こて》・胴を工夫し、袋撓を使って安全に打てるようにした。一八世紀半ばに一刀流中西派が、面に蒲団と垂《たれ》を付け、籠手を厚くし、袋撓では撓《しな》いすぎるので、四本の竹を鹿革で束ねた竹刀（現在の竹刀の原型）を工夫して打ち込み稽古をするようにしてから一気に広まるようになった。

撃剣流派でもそれぞれの流派の形があり、その形を学んで技に習熟してから、撃剣で実地に試すというのが建前であった。形稽古では決まったやり方なので、実際に打ち合えばどうなのか分からないが、撃剣であれば、実地に打ち合うので、競技的な面白さがある。より激しい運動になり、稽古による実力の伸びも分かりやすい。ただ竹刀は刀とは異なり、打ちどころも防具を着けた面、籠手、胴などに限定され、技は異なる。撃剣が盛んになるにつれ、刀の遣い方とは離れて、競技として勝つことに焦点が移っていく傾向があった。

撃剣新流派は流祖も郷士や浪人が多く、受容層も下級武士や浪人、武家奉公人、豪農層や町人層であった。(2) 撃剣であれば試合も出来、実力によって強くなれる。出自、身分に関わりなく、撃剣の鍛錬で強くなれば一人前の武士として周囲に認めさせることができる。一八世紀末から下級武士以下を中心に撃剣は急速に広まっていった。

一八世紀末の剣術流派の全般的な様相を伝えるのが、備前藩士・三上元龍編『撃剣叢談』（一七九〇年成立）で、剣術一一四流派が解説されている。それ以前の『本朝武芸小伝』（一七一六年）と『武術諸系譜』（一七六七年）に載せられている五三流派は旧来の流派であるが、新出六一の内、江戸に道場があるとする三〇流派の多くが撃剣をやり始めたとみられる。一八世紀末には撃剣の新流派はまだ少数であり、一九世紀に大きく展開するのである。

（3） 一九世紀初期の剣術の状況

①関東近郊の撃剣の展開

一九世紀初頭の文化二（一八〇五）年、幕府は農民の武芸禁止の布達を関八州御領・私領村々へ発した。関東で農民が盛んに武芸、特に撃剣を行っているのが目に余るので禁止令を出したのである。

特に関東で農民の剣術が盛んであった理由として、幕領・旗本領・大名領が分散して入り組んで領主的支配が弱体であり、治安維持・警察的取締も村役人層に委ねられていたこと、関東は武士の発生の地で尚武の気風があり、中世武士の系譜の者は帰農しても武士の子孫としての矜持を持ち、武芸の伝承もあって、武芸鍛錬していたこと、献金などで準士格、郷士格を得たり、武家奉公人となって、武士的気風を身につけていたこと、五街道の宿駅・河岸場を中心に横行する無宿・博徒や、頻発する一揆・打毀しへの対処として武芸稽古していたことなどが、指摘されている(3)。

ただこれらは関東に顕著であったが、近世後期には全国にもほぼ同様の事情があり、農民が剣術を行うのは全国的に見られた。特に関東で盛んであったのは、何より関東が全国の武士が参府する大都市江戸の後背地であった点が大きいと思われる。撃剣の流派では江戸で奮わなければ関東の豪農層に教線を拡げようとしたし、地方の流派が江戸に道場を進出させることもあった。

②武者修行からみる撃剣の全国的な広がり

一七世紀後半以来、他流試合は厳禁されていたが、撃剣になると他流とも試合が安全に出来るので、一八世紀末から撃剣流派の者が地方を回って他流試合をしていたようである。

神道無念流の大原伝七郎の『剣術修業帳』が撃剣の武者修行の最古の記録とされるが、寛政一〇（一七九八）年八月から翌年七月まで、関東から九州まで一二か国六九か所、計三〇〇人近い人と立ち合っている。(4)武蔵から甲斐、伊勢を廻って、備前・備中に行き、九州各地を巡って、長州、伯耆経由で戻っている。城下町で藩士との立ち合いは備前・備中と肥後だけで、他は村であり、地方の流派と試合をしている。特に熊本、八代、日向では一〇日以上、四〇日以上も長期滞在して新陰流や武蔵流など旧来流派の者と多く立ち合っており、すでに武者修行のルートがあったと思われる。

一九世紀に入ると、「文化期回国英名録」（関東・甲信一四三か所一六三試合）や「文化期末西南地方英名録」（中国・四国・九州一〇四名）、「文政期撃剣英名録」（中国・四国・九州一〇八系統九七九名）などがみられ、武者修行をして他流試合が盛んに行われていた様がうかがえる。(5)ただほとんどは宿場町や農村部に居住する武士や農民との試合であり、各藩の師家は少なく、他流試合の禁止は強かったのである。撃剣は江戸で始まったが、それを受け入れて大きなものにしたのは、地方の豪農層であり、それを基盤として江戸の武士層へと広まったようである。

二　一九世紀中葉の撃剣流派の展開

文政末期までには、撃剣流派も三、四代を経て、江戸の町道場に多くの門人を集めるようになっていた。これまでの形剣術の流派では、道場主は武士としての禄を得ており、芸により収入を得ようとする発想はなかった。これに対して、浪人や郷士、農民出身の撃剣の道場主は、多くの門人を集めて、その指導により生計を立てるように図った。江戸の町道場主は多くの門人を集めるべく、教え方も工夫した。これに対して地方に地盤を置く流派では、門弟が地元で安定していた分、大きな変化はなかった。撃剣流派にも地方と中央との違いがあった。

（1）主な撃剣流派とその宗家

撃剣の新流派で有名な人物は、ほぼ寛政期（一七八九〜一八〇三）に生まれ、文政期（一八一八〜二九）に自分の道場を開いている。各流派の創始から三、四代目という者が多い。主な流派とその担い手をあげる。

①直心影流《じきしんかげりゅう》

撃剣の工夫を始めた流派だが、四代後に男谷精一郎（一七九八〜一八六四）が出た。男谷は、父が御家人株を購入して幕臣となったが、一三歳で平山行蔵の内弟子となり兵学から弓馬、剣術など全般を学んだ。二〇歳で同族の旗本男谷家の養子になるが、このころ直心影流の団野源之進の門に入り、四年で免許皆伝となり、文政一〇（一八二七）年、団野の本所亀沢町道場を継ぐ。天保二（一八三一）年に書院番に昇格する。この地位の高さもあって当代随一とされた。

②神道無念流

二代戸賀崎熊太郎、三代岡田十松が諸国武者修行をして「勝負を以て仕立てる教え」（『撃剣叢談』）で拡がった。四代斎藤弥九郎（一七九八〜一八七一）は、越中国仏生寺村の農民の生まれで、江戸に出て旗本家僕になったが、一五歳で十松の撃剣館に入門、数年でたちまち先輩を凌駕して代稽古をし、師の没後には嗣子を補佐して道場経営に努めるが、同門の伊豆代官・江川太郎左衛門の後援を受けて、文政九（一八二六）年に練兵館を開いた。

③北辰一刀流

千葉周作（一七九四〜一八五五）に始まる。千葉は陸前の郷士で父から北辰流を学ぶが、一五歳の時父弟とともに上って江戸近郊の松戸に移り、この地の浅利義信に学び、ついで中西派一刀流三代目の道場で学び、修行四年で免許皆伝を受けた。二七歳の時、北関東から東海地方を武者修行し各流の得失を知り、一刀流の改組の必要を感じて、北辰一刀流を称して日本橋に玄武館を開いた。門人が増え三年後、文政八（一八二五）年に玄武館を神田お玉が淵に移した。一刀流の八段階の免許を三段階に簡易化、合理的な教えで人気を博した。弟定吉も桶町に道場を構えて補佐した。

④鏡新明智流《きょうしんめいちりゅう》

一刀流、柳生流など四流を取り入れて創始された流派で、二代桃井直一が寛政期に築地あさり河岸に士学館を移し、三代直雄（一七八六～一八五二）が、竹刀打込稽古、試合剣術を取り入れてから、道場は盛況を示した。

⑤心形刀流《しんぎょうとうりゅう》

本心刀流、柳生流、一刀流などを取り入れて一七世紀末に創立されたが、伊庭《いば》宗家は、門人の中から技術・人物の優秀な者を選んで相続させることを家憲とした。八代・伊庭秀業（一八〇七～五八）も養子だが、竹刀打込稽古を導入して下谷に練武館を建て中興した。

天保初期には試合剣術が盛んな九州から久留米藩の大石進や加藤田平八郎が、江戸の流派に挑戦した。特に大石は五尺の長い竹刀を使い、突き技を多用して、刀の長さに相当する三尺二寸の竹刀を使う江戸の撃剣道場を次々と破って、衝撃を与え、これ以降、江戸でも四尺前後の長尺の竹刀が流行することになる。けれども男谷は、刀ではそんな技は使えないと批判していた。

（2）天保後期、撃剣流派の社会的認知

撃剣の諸流派が武士社会の中で正式に剣術として認められるようになるのは、諸藩や幕府が実施した天保の改革を契機としてであった。

天保期には「内憂外患」は深刻であった。天保の飢饉が起こり各地で一揆や打毀しが頻発し、天保八（一八三七）年には大塩平八郎の乱が生じた。藩の財政は膨大な借金が累積していた。加えて異国船が出没、海防が大きな課題となった。各藩でも幕政でも、財政再建、人材登用、軍備増強（海防には洋式砲術導入）によって権力強化が図られた。多くの藩で旧来の家老層の合議制に代えて、藩主の下で実務を担う徒士層や能力ある者が登用され、彼らが実権を握るようになる。この改革に成功した藩が、雄藩として幕末に活躍することになる。

まず水戸藩が徳川斉昭の下で改革に乗り出した。検地をして、財政基盤を固め、「尊王攘夷」を掲げて国防増強に力を注いだ。水戸藩は『大日本史』編纂以来、尊王思想が基調にあったが、改革の直前に領内大津浜にイギリス船員が上陸する事件があり、危機感は強く、洋式砲術を導入して攘夷を図ろうとした。改革を主導した藤田東湖は神道無念流を学んだので、藩士教育にも実用を旨として、撃剣を取り入れ、天保六年には千葉周作に、九年には斎藤弥九郎に指導を託した。一二年に藩校弘道館が仮開館した時には斎藤弥九郎は数十日滞在して指導した。千葉周作も一〇〇石を給され、弟子の海保帆平が招聘されている。

町道場主でも藩の剣術師範となれば、藩士教育全般に責任が出来る。千葉は門弟に玄武館の隣の東條一堂の儒学の塾で学ぶことを勧めていた。また斎藤は、剣術を教えた江川太郎左衛門が伊豆の代官に就任して以来、その手代となって、大塩の乱の際には事情を探り、海防では砲術や蘭学を学んでいた。そのこともあって練兵館の壁書には、毎朝稽古前に素読し、「稽古非番にては手習、学問、兵学、砲術油断なく心掛」よと書かれていた。

勝海舟（一八二三～九九）は直心影流の男谷精一郎の甥で旗本であったが、天保九年から門下の島田虎之助の家に住み込み剣術修行をしている。剣術の奥意を極めるには、まず禅学を始めよと勧められ、坐禅もしながら四か年の猛烈な稽古で、島田の代稽古を務めるまでになったが、島田から西洋兵学を学ぶように忠告を受けて、二〇歳頃より蘭学を本格的に学び始めている。

天保一二年から幕府の天保の改革が始まった。老中水野忠邦は高島秋帆の洋式砲術を採用して、江川太郎左衛門に学ばせている。武芸を奨励し、心形刀流の伊庭秀業は御書院番に取り立てられた。水野は、絶対主義的強化を図って江戸や大坂周辺の上知令を発したが、諸大名の反対により撤回し、改革は二年余りで失敗に終わった。ともかく天保期の藩政や幕政の改革により、撃剣新流派は社会的に認められ、道場が武士の塾と化した。これに応じて、武士層が多く入門するようになり、また地方から留学するようになる。

（3）他流試合の解禁

天保末年までに大藩でも他流試合が解禁され、諸流派の自由競争時代に入っている。この頃から藩校にも武術稽古場が設けられ、撃剣諸流派が採用されるようになっていた。

嘉永元（一八四八）年の『諸国剣家姓名録』は、廻国武者修行を受け入れ試合する諸国の剣術家二四二名の藩名・流派・姓名を記載している。(6) 三河の西尾藩の新陰流系剣術師範で、天保期に男谷の下で修行した田代辰益の記録である。東北から九州まで全国八〇藩二〇〇名が載せられ、九州二七藩八〇名、中国一六藩四八名、関東九藩二五名、四国八藩一八名、東海北陸九藩一三名、東北七藩一二名、近畿四藩五名とする。九州が飛びぬけて多いが、中国、関東も多く、藩士層でも試合をする流派が全国的に広がっていたのである。流派としては、直心影流二八藩三五名、新陰流一三藩二一名、一刀流一三藩一三名、神道無念流七藩八名、心形刀流三藩五名などである。撃剣流派としては、直心影流と神道無念流が広く分布する。旧派では新陰流が、江戸や尾張などの柳生の本流は試合をしないが、九州・中国の道場では試合をしていた。一刀流も全地域にみられるが、北辰一刀流は二藩二名で、新興のため藩士層では少なかった。

（4）撃剣の理論——千葉周作の論——

この時代の撃剣理論をもっとも鮮明に打ち出しているのが、北辰一刀流の千葉周作である。「北辰一刀流組遣様口伝書」(7)をみると、ほぼ一刀流の形を稽古するが、突きを多用した遣い方に変え、北辰流の形二本を付け加えたものであった。実際には竹刀打込稽古が主体であっても、一刀流の形稽古を表としていた。剣術を行う意味も、武士の本来の独立した精神を培うものとする点でも変わりがないが、その上で撃剣の理論化を図っていた。弘化年間（一八四四～四八）から一二年玄武館で修行した高坂昌孝が明治一七年に刊行した「千葉周作先生直伝　剣術名人伝」は、安政二（一八五五）年に没する千葉の最晩年の思想を伝えている(8)。

「業《わざ》に明らかなりとも、理に闇くてはならぬことなり」と、日夜工夫したという千葉の理論は非常に明晰である。この流の稽古の特色である打込の理由を「剣術打込十徳」として、「業烈しく早くなる事、打ち強くなる事」以下、息合ひ、身体遣い、太刀遣い、眼付、打ち間、手の内など、技に即して具体的に述べている。撃剣の技は「剣術六拾八手」として「面業二拾手」「突業十八手」「籠手業十二手」「胴業七手」「続業十一手」と打突部位に即して分け、技の名称も「追込面」「左構面」「摺揚面」などほぼ技の内容に即した名称で分類している。

敵の制し方を「太刀を殺し、業を殺し、気を殺す」の「三つの挫《くじ》き」として説明する。また攻めの機会は、相手の「起り頭」「受け留めたる処」「尽きたる処」と示す。「剣者瞬息、心気力一致」とまとめている。稽古は、まず「その流派の趣意を守る」、その上で「その趣意になずまず、一段破り」、さらに「右、守・破の意味も離れ、無念無相の場にて、この上のなき処に至る」として、「守・破・離」を説く。伝統的な形稽古を基礎として、撃剣への展開を正当化する理論である。

以上のように、千葉の理論は、撃剣が広まり競争的となった状況の中で、多くの門弟を指導する中で合理化されたものであったといえる。

三　幕末期の社会の大変動と剣術が果たした社会的意味

（1）黒船来航から安政期

嘉永六（一八五三）年六月の黒船来航によって、危機が一気に顕在化した。ちょうどこの頃、江戸の撃剣町道場は最盛期であった。伊庭は水野失脚とともに書院番を辞して練武館道場の経営に集中していた。寛政生まれの世代の道場主の息子や養子である玄武館の千葉栄次郎、練兵館の斎藤新太郎、士学館の桃井直正などが活躍していた。その道場に地方の藩から多くの藩士が遊学してくる。特に天保の改革以降、それぞれの藩と関係した道場に遊学することになる。長州藩は練兵館に、水戸藩は玄武館に行くことが多かった。

①黒船の余波と剣術修業がもたらす藩を越えた交流

長州藩の吉田松陰が江戸に出たのは嘉永四年であったが、萩に武者修行にやって来た時に知り合った練兵館の斎藤新太郎に、東北を修行した折の人々を紹介され、一二月から翌年四月にかけて水戸から東北を旅行している(9)。松陰は水戸で会沢正志斎と数度会って水戸学の真髄と尊王攘夷思想を直接学んだ。この東北行に藩の手形の交付を待たずに出発したので、松陰は士籍を剝奪され、萩に戻された。翌年遊学の許可を得て再び江戸に出て、黒船来航に遭遇、その翌年のペリー再来航時に渡航を企て米艦に乗り込むが拒否され、やむなく自首、萩の獄に送られ、後に松下村塾を開くこととなる。

また桂小五郎（木戸孝允）も練兵館の斎藤新太郎と縁が深い。嘉永五年に萩に剣術指南で招かれた新太郎が江戸に帰る際に、剣術修業を目的に藩推薦の五人とともに私費留学の形で同道して江戸に出た。黒船来航後、江戸防衛のために台場を作るよう幕府に命じられた江川は、斎藤弥九郎を用人、桂を従者として海岸を見分している。桂は、江川と斎藤を通して西洋砲術と西洋事情を学ぶとともに、練兵館の塾頭となることから、他藩の志士にも知られて、後に活躍する地盤を築いた。

坂本龍馬は剣術修業のため江戸に出たのが嘉永六年四月で、千葉周作の弟・定吉の桶町道場で学ぶが、二か月後の黒船来航に驚いた。一二月には佐久間象山に入門、帰郷後も蘭学塾で西洋事情を聴いている。

幕臣では、勝海舟が剣術で門人も持ちながら蘭学の塾を開いていたが、黒船来航に際して、幕閣に上書して江戸の防御のため砲台を造り軍艦を備えることなど軍制と政治の改革を求め、以後登用されることになる。

旗本の小野鉄太郎が飛驒代官であった父を亡くして江戸に戻ったのは嘉永五年七月であった。彼は尊王攘夷思想を抱いていたが、この当時は剣・禅の修行に打込み、千葉の玄武館に入る一方、山岡静山に槍を学び、静山が急死するやその妹と結婚、山岡姓を継いで、山岡鉄舟を名乗るようになる。

江戸の撃剣町道場は諸藩の士が集ったので、安政から文久期にかけて藩を越えた情報交換の場となり、その人脈を通じて危機意識を共有して、蘭学、海防の問題意識、尊王攘夷思想なども伝播していったのである。

②講武所の開設

黒船来航を受けて、幕府は講武所、海軍伝習所、蕃書調所などを新設して、安政の改革を始める。

講武所は、安政三（一八五六）年四月に築地に開設されたが、剣術、槍術で武士の戦闘意欲を涵養するとともに、洋式砲術の研究に取り組んだ。剣術は「実用」を目的に形の稽古はやめ、試合稽古として、撃剣各流の名手を集めた。旗本の男谷精一郎と窪田清音《すがね》（田宮流居合剣術）を頭取とし、剣術教授方は一一名、心形刀流三名、直心影流、一刀流各二名、北辰一刀流、神道無念流、柳剛流、田宮流各一名が選ばれた。竹刀の長さもあまりに長いと実用を離れるとして、三尺八寸以内とされた（これより短い流派もある）。幕府によって流派を超えた組織が作られて、従来の形稽古を行わず、専ら撃剣の試合稽古をしたことは、剣術史上画期的な意味を持っていた。剣術・槍術は時に将軍の台覧があったが、講武所の推薦に変更したので、以後、旧来の流派から選ばれなくなる。

かつて旧来の流派から「百姓の剣」と批判された撃剣が剣術とされたのである。講武所は安政七年二月には神田小川町に移転、専任の講武所奉行が新設され、常設機関の体裁を整えた。撃剣の諸流派が集められ、竹刀の長さが統一され、試合のやり方も整備されたので、講武所の剣術が近代剣道の直接の基盤となるのである。

③『万延武術英名録』――関東近郊の民間での撃剣の広がり――

当時の関東における民間の撃剣の広がりを示すのが、『万延武術英名録』である[10]。北辰一刀流の真田玉川と無双刀流の江川英山編で万延元(一八六〇)年刊行。英名録は、回国修行の時に携行した小帳簿で、試合稽古をした道場で署名してもらったものだが、両者の英名録を合わせ編集したらしい。関八州(相模・武蔵・上野・下野・常陸・下総・上総・安房)の六三二名の国郡町村、藩、流派、姓名、花押を載せる。両人の知る範囲であって、英名の基準が一定でなく、各人の技量や道場規模、門定数なども不明など問題はあるが、当時の関八州の剣術事情をうかがわせる資料である。江戸は別に英名録を刊行する予定だったので記載はない(これは未刊に終わった)。

六三二名の内、藩士の数はわずか四二名で、記載なしの三七名とを除けば、他はほぼ在村の剣術家であり、幕末における在郷の郷士・豪農層への剣術が広範な広がりが分かる。国別でみると、武蔵が三〇九名で半数を占める。狭い地域でも多く記載があるのは、編者たちの出身地で、門人たちも載せたからだと思われるので、他との比較では少し割り引いて考える必要があるが、最も盛んであったことは確かである。次いで上総七〇、下総六六、上野五八、相模三九、下野三〇などである。常陸は一六だが、政治情勢から入国しにくい状況にあり、少なかったようである。流派別にみると、柳剛流一四九、北辰一刀流一三六、神道無念流六四、天然理心流六四、甲源一刀流三二、小野派一刀流二七、直心影流二七、一刀流二七、念流二三、鏡新明智流一三などである。柳剛流と北辰一刀流、神道無念流、直心影流などが多い。中央の流派が地方にも根を広げていることが分かる。天然理心流は武蔵・相模、甲源一刀流は武蔵・上野、念流は上野・武蔵にほぼ限られ、地方流派といえる。撃剣においてはこれら関東近郊の分厚い愛好家層が中央の流派を支えていたのである。

（2） 文久から元治期——テロの時代——

安政末期から文久年間は、開国に向けた条約交渉と将軍継嗣問題が絡んで、権力闘争が激化した時代であった。この時期に剣術は、刀で斬り合いが演じられることになる。

安政五（一八五八）年老中・堀田正睦は、日米通商条約の勅許を得ようと参内したが、孝明天皇は、自分の代より外国と通商するのは「神州の瑕瑾《かきん》」となるとして反対した。摂関家は幕府の説得に応じようとしたが、岩倉具視など下級公家八八名が列参して条約拒否を唱え、朝議も天皇の意を受け条約拒否に決した。このため堀田は責任を問われて蟄居に追い込まれ、譜代の井伊直弼が大老に就任して、局面が一気に変わることになる。

①安政の大獄と桜田門外の変

大老井伊は、勅許なしに条約に調印、次期将軍を紀伊の慶福に決定し、反対派を一掃し力で抑え込もうとした。抗議した一橋派の諸侯に蟄居を命じ、開明派官僚を更迭、反対派の志士を断罪した。長州の吉田松陰も犠牲となったが、大義のためにやむに已まれぬ思いで身を挺する志士が立つことを求めた「草莽崛起」論は、門人を介して広まり、体制に不満を抱く多くの若者に行動を促すことになった。

安政の大獄で反対派を有無をいわさず処分した井伊大老への恨みは大きかった。血の粛清が血の復讐をよんだ。安政七（一八六〇）年三月の桜田門外の変は、幕府の権威の失墜と人数が少なくても、権力者個人を倒して局面打開が図れることを示した。以後、刀で斬り殺し合うテロの時代に入る。

幕府は、講武所の教授方、修行人五〇〇人を三組に分け、泊り番とした。翌文久元年四月、将軍護衛のために「奥詰」を新設、戸田忠道、榊原鍵吉ら、講武所の精鋭六〇名をあて、一〇月には伊庭軍兵衛ら二一名が増員された。その後、和宮降嫁、将軍家茂上洛などが相次いだので大幅に増員されて、最終的には約五〇〇名にもなった。剣術鍛錬の意味は大きく変わったのである。

幕府は、従来の軍制とは別に新たに西洋式軍制の陸軍を創設し、歩兵・騎兵・砲兵を編成した。

②文久期の尊王攘夷運動と刀が持つ意味

最も不穏だったのは京都であった。幕府や藩、朝廷の旧来体制への不満から下級武士や、境界身分の者が志士と称して、反対派を斬り殺すテロに走った。天皇が攘夷を望むのに幕府は反しているので、尊王攘夷という大義が立つ。鬱積した不満があった体制への反抗を正当化する理論であった。「天誅」——天に代わって誅するとして、殺人を正当化した。これらのテロを実行したのは、浪人、郷士、豪農出身の下層の武士であった[11]。彼らは武士たるべく振る舞おうとし、国事のためやむにやまれぬ思いで果敢な行動に走ったのである。

すでにピストルも入っていたが、刀は武士の魂なので不可欠とされていた。文久二年一二月、福井藩の政治顧問となった横井小楠は、肥後藩の江戸留守居役に招かれた宴会の席を刺客に襲われた時に、戦わずに福井藩邸へ刀を取りに行ったことが、「士道忘却」として肥後藩で問題にされ、士籍を剥奪され、謹慎を余儀なくされた。海外に行っても刀は礼装として不可欠であった。ヨーロッパ諸国を巡った文久の幕府使節団も刀を佩いていた[12]。

③浪士組と新選組

文久二（一八六二）年から三年は、こうした志士の暗躍が暴発した時期であった。幕府は、同三年初めに危険な浪人の懐柔を狙って、将軍上京に先だって警護のために「尽忠報国」の志厚き浪士組を公募した。玄武館で出会った清河八郎と山岡鉄舟の発意によるとされるが、「尽忠報国」は浪士たちには尊王攘夷とほぼ同義に受けとられた[13]。当初の一〇〇人の見込みを大幅に上回って二五〇人が集まったが、判明する二二〇人の出身身分は、農民一二八、浪人七四、郷士一一、藩士二である。腕に覚えのある剣術家が応募したが、農民層が半数を超え、武士も浪士ばかりであった。彼らの出身国は上位から武蔵八〇、上野六二、甲斐五六、常陸四三で、他は一〇台から一桁で、東北から九州まで三四か国に及ぶ(14)。江戸での募集なので関東が多いのは当然としても、関八州の三か国で全体の八割近くになる。一行が中山道を下ることもあってか、甲斐・信濃も多かった。先の『万延武術英名録』に載る人物もいるが、在地から離れられる豪農の次男・三男が中心だったとみられる。

幕府は上京後の浪士隊の不穏な動きを警戒してすぐに江戸に戻したが、近藤勇（一八三四〜六八）ら一八名は京都に残留し、新選組を結成した。近藤は多摩の豪農の出で、天然理心流第四代宗家を継いでいたが、浪士組に試衛館の門弟五人と一緒に応募していた。新選組となってやがて芹沢鴨を暗殺し、局長となる。新選組は京都守護職の会津藩に属し、見廻組とともに京都を徘徊する尊攘派志士を取り締った。元治元（一八六四）年六月には尊攘派志士が会合する池田屋に斬り込み、七名を斬殺、二三名を捕縛した。以後も討幕志士の取締に努めるが、近藤らは多摩の豪農の出であったが故に、より一層武士らしくあろうとして「誠」と染めた旗の下、規律も厳格であった。途中、副長の土方歳三が関東に戻って隊員を募集したが、慶応元（一八六五）年には一三四名にもなっている。農民でも武士となれるルートには魅力があった。慶応三年六月には、全員幕臣に取り立てられた。彼らは幕臣の誇りを持ち、翌年から翌々年にかけての戊辰戦争でも最後まで戦うことになる。

④武士層の美学

豪農や浪人出身の志士と新選組とが壮絶な斬り合いをしたのに対して、この時代でも侍層や徒士層の武士たちはほぼ斬り合いをしていない。志士たちは仲間内での情報と志操の高まりからテロを行ったのに対して、上層の武士たちは接する情報もその判断の影響力も違っており、何より刀で斬り合うことには抵抗感が強かった。

志士と上層武士の認識の位相の違いは、開国論者の勝海舟を斬ろうと訪れた坂本龍馬と千葉重太郎が、勝から世界情勢と海軍の必要性を説かれて感服してただちに弟子入りしたという話に劇的に示されている。勝は、若い時代に剣と禅で勇気と胆力を培ったので刺客にたびたび襲われても、「手取りにした」と誇らしげに回想している。ただし文久三年勝が京都で刺客三人に襲われた時に、龍馬に頼まれ警固していた土佐の岡田以蔵がただちに一人を斬って追い払った。郷士の出で数多くのテロも手掛けた岡田に対して、勝は後日「人を殺すを嗜むなかれ」と注意したが、岡田は「先日もしわれ在らずば、先生の首は体を離れん」と言われ反論できなかったという(15)。また旗本の山岡鉄舟も剣と禅を修しており、実戦では一度も刀を揮わなかった。長州藩の侍層の桂小五郎も練兵館塾頭となった腕前であったが、刀を実際には揮わず、「逃げの小五郎」といわれた。ただ桂は現実には配下にテロを指示していた。郷士でも富裕な家の出の龍馬も刀を揮ったことはなく、襲われた時はピストルを撃って逃げたという。

文久三年の八・一八事件で、京都守護職の会津藩と桑名藩、それに薩摩藩が結束して長州勢力とそれに通じる公家を追放、京都のテロもようやく沈静化した。尊王攘夷運動も、前年の薩英戦争、翌年の下関戦争で、近代兵器の威力を見せ付けられ攘夷の実行不可能が明白となって急速に衰えた。薩摩と長州の二藩はイギリスと手を結んで、討幕運動へと転換した。

(3) 慶応期――軍制の近代化の中での刀の意識――

以降の幕末の最終段階の政局に、刀や剣術が力を発揮したわけではない。むしろ刀を否定していかに近代的な軍隊を創出できるかが鍵であった。けれども人々の意識は刀に強く縛られていた。武士たちは、銃を担ぐ兵隊になることに強い拒否感を持っていた。そのため長州征伐で動員が課せられた松本藩が農兵を組織する時に、農民に認めた特権の一つが平時でも帯刀を許すことであった(16)。

長州藩では、文久三年に攘夷実行の報復に四か国艦隊によって砲台が占領された時、国土防衛のため、武士と農民を混成した奇兵隊が誕生した。隊員は兵舎に起居し、最新の西洋軍制によって徹底した訓練を受けて強力な近代的な軍隊が誕生したが、写真に映った隊員は誇らしげに刀を差している。奇兵隊は厳しい隊法で統制されたが、逃亡すれば斬首されたし、盗みであっても切腹を強要されたことがあった。武士でない故に、かえって武士道を強調して、戦慄させて規律を徹底したのである。(17)奇兵隊は強力で、元治元年、幕府に恭順する長州藩の政府に対して高杉晋作がクーデターを仕掛けて反幕府の藩政を確立する拠点の軍隊となった。そのため慶応二年、幕府軍が三方面から攻めてきた時も、最新式の銃を装備して、旧式の幕府軍を破る中核の軍隊となった。

文久三年には、関東でも江川代官所は幕府から設置の許可を受けて農兵を組織したが、その時、豪農層の撃剣の道場が一つの拠点になった。この農兵は、慶応二年の武州世直し一揆の鎮圧に力を発揮した。

慶応三年には幕府も慶応の軍制改革を行い、旧来の組織も西洋式の陸軍に再編成し、講武所は陸軍所となり、奥詰となった剣術家などは遊撃隊に編成した。歩兵隊は幕府が直接雇用する形で整備され、またフランス軍事顧問団が直接指導する伝習隊が設けられた。軍制が急速に近代化される中で、剣術家たちもついに銃隊に置き換えられたのである。

（4）江戸無血開城——剣術鍛練で培われた覚悟と刀を抜かない理想——

時代は急速に変化した。慶応三年一〇月、将軍慶喜は大政奉還を上表した。これに対して一二月の王政復古のクーデターで実権を握った薩長主体の新政府は、翌年一月の鳥羽伏見の戦いで官軍となり、三月には東海道・中山道を下って江戸に迫った。幕府軍は近代化した海軍と陸軍も持っていて戦える戦力を持ち、勝算はあった。けれども戦闘となれば江戸は焦土となり、大量の人々が死に、長期戦となれば英仏が介入する危険もあった。勝は一月末に陸軍総裁となるや、ただちに戦えば勝てると主張するフランス軍事顧問団を解雇した。幕府側では主戦論を唱える者が多かったが、慶喜は恭順し、二月には江戸城を出て上野寛永寺に蟄居した。和宮などのルートで官軍側と交渉しようとしたが、うまくいかず、官軍の総攻撃を前にした三月五日、参謀・西郷隆盛と直接交渉を試みて、山岡鉄舟が派遣された。

①山岡鉄舟の覚悟

山岡は、勝の西郷宛書状を持ち、薩摩人・益満休之助が同道したが、官軍の陣中を三日かけて突破し、静岡の陣中で西郷に直接面会、慶喜の恭順の意思を伝え、書状を手渡した。山岡は、戦闘回避の必要を説いて、官軍側の七項目の和平条件を引き出したが、慶喜を備前へ預ける項については、幕臣の忠義心を説いて受け入れられないと強く反論、西郷の善処の約束を取りつけた(18)。

山岡は陣中突破の時、少しも恐れず堂々たる態度であったので官軍も手を出せず、直談判でも慶喜の処置は勅意だとして強く迫る西郷に対して一歩も引かず、ついに譲歩を取り付けたのは、その気迫によるものであろう。西郷は後に山岡を評して「命のいらぬ、名もいらぬ、金もいらぬ、なんとも始末に困る人」と言ったとされる。山岡は、剣術に打ち込んでおり、後に「自己あれば敵あり、自己なければ敵なし」として「無刀流」を開くようになることも考えると、この直談判を成功させたものは、剣術の鍛練の賜物といってよいであろう。

②勝海舟の覚悟と武士同士の特異な交渉

江戸城無血開城は、三月一四日の勝―西郷会談で決定した。勝は幕府の全軍を預かる立場で、慶喜の恭順の意思と日本国の将来をにらんでの処置を考えるので、その政治的判断は複雑であるが、交渉する時の態度に剣術による鍛練と思われるものがみられる。後年、勝自身、「本当に修業したのは剣術ばかりだ」、剣術の奥意を極めるため禅も修めたが、「坐禅と剣術とがおれの土台となって、後年大層ためになつた」、「いつもまづ勝敗の念を度外に置き、虚心坦懐、事変に処した。それで小にして刺客、乱暴人の厄を免れ、大にして瓦解前後の難局に処して、綽々として余地を保つた」と語っている。[19] 当時、主戦論が高まる中で、味方に狙われる危険が大きく、実際交渉に出掛ける時にも狙撃を受けたという。勝は「みンな、敵がいゝ」と覚悟し、「かうなつたらかう、あゝなつたらあゝと、みんな考へて置いたのだ」[20]。勝は、山岡に持たせた書状でも和平成らずば幕府の軍艦での攻撃も可能だと言及していたし、会談の前にも万一戦闘になった場合、江戸を焦土とする策まで手立てしていた。

三月一四日の西郷との会談で、慶喜の恭順にもかかわらず攻撃するのは薩長の「私」であり、巨大な被害をもたらすことを強調して、江戸総攻撃中止を求めた。互いに全軍の処置を一存で決する自信を持った上で、相手を信頼して初めて可能な交渉で、剣術の一対一の立合いにも似た交渉であった。勝は、江戸城を明け渡すが、幕府の軍艦をすぐ引き渡せないことから主導権を握って、幕府の軍備を即座に引き渡すことが無理なことと慶喜の処置についての譲歩を引き出して話をまとめた。「西郷は、おれのいふ事を一々信用してくれ、その間一点の疑問も挟まなかつた」、「いろいろむつかしい議論もありませうが、私が一身にかけて御引受けします」と言った。西郷の「大局を達観して、しかも果断に富んで居たには、おれも感心した」と、勝は回想している。[21]

信義を重んじる誇り高き武士の間で成り立った特異な交渉であったが、これを実現するのに向けた両者の苦労は並大抵なものではなかった。勝は幕府軍が暴発しないように苦心惨憺している。西郷も駿府の総督府、さらに京都に戻って新政府の了承を得て、四月一一日に江戸城無血開城にこぎつけたのである。

③武士の美学

主戦派の一部は上野に脱走、彰義隊となったがその中核は、豪農出身の旧家臣たちであった。[22] また幕府海軍も奥羽列藩同盟と連携しようとし、その敗戦後、さらに箱舘に籠って交戦することになる。けれども幕府軍はついに戦うことがなかった。維新後も反乱を企てることもなかった。剣術はつねに鍛練しながらも、刀を抜いて切り合うことを厳しく禁じていたが、幕府軍は近代化した海軍と陸軍を急速に整えて戦闘力を磨きながら、ついに実戦で戦うことなく、国の公に殉じたといってよい。剣術は武士の嗜みで、最も象徴するものであったが、刀を抜かずして勝敗をみる精神は、幕府が瓦解する時にも発揮されたといってよいであろう。

四　明治維新後の剣術——近代剣道への道——

(1) 明治初頭——武士の解体と近世剣術の終焉——

江戸城総攻撃を控えた慶応四(一八六八)年三月、五箇条の御誓文が発せられ、新政府の方針が示された。七月には江戸を東京と改称し、九月には元号が明治に改元された。翌年には戊辰戦争も終結、天皇が東京に移り、急速に近代国家が建設されることになる。

明治二(一八六九)年の版籍奉還により土地と人民は天皇へと戻されたが、明治四年までは旧体制が続き、武士は家禄を保証され、帯刀していた。明治四年の廃藩置県によって藩は廃止され、中央から知事が派遣されて中央集権国家が成立した。大名・公家は華族に、武士は士族に、足軽は卒族に、農工商は平民に位置づけ直された。武士が完全に否定されるのは、六年に徴兵令を公布、士族・平民にかかわりなく成人男子に兵役を課し、九年に、秩禄処分によって家禄が全廃され、廃刀令によって帯刀が禁じられた時であった。この時には、九州を中心に士族の反乱が起こり、翌一〇年には戊辰戦争の中核を担った薩摩軍が西南戦争を起こしたが、いずれも徴兵され近代的に調練・装備された政府軍によって壊滅させられた。こうして武士の時代は終焉したのである。

武士の嗜みであった形剣術は消滅し、ただ一部が古武道として伝承されるだけとなった。他方、撃剣も講武所に集められた一流の遣い手たちは、維新後ほぼ全て剣を捨てざるを得なかった。江戸の町道場も断絶した。明治六年に元講武所教授方・榊原鍵吉が入場料を取って撃剣の試合を見せる撃剣興行会を開催して評判を取り、同類の興行会が各地に出来たが、新政府は警戒して、華美を理由に禁止した。撃剣の職業家への道は閉ざされた。

（2）明治一〇年代――剣術の再編成への芽――

明治一〇（一八七七）年以降、剣術は意味を変えて、近代社会の中で再編成されることになる。

①警察剣術の形成

剣術は警察で残った。西南戦争の際に警視庁抜刀隊が白兵戦で活躍したことから、剣術が見直され、明治一二年頃から警察に武術世話係が置かれて、警察官に剣術を指導するようになった。鏡新明智流の上田馬之助や逸見宗助、神道無念流の根岸信五郎などが警察に奉職している。明治一四年には天皇や皇族を護衛する皇宮警察が設けられ、一六年には撃剣を稽古する済寧館が設立された。こうして護身術や護衛の術として、警察は近代日本に剣術の命脈をつなぐルートとなった。次世代を担う高野佐三郎、内藤高治、山田次朗吉は、いずれも一時期警察の武術世話係になって修練を積んでいる。(23)

②山岡鉄舟の剣術開眼とその影響

講武所の教授方・世話役で明治になっても剣術家として生き残ったのは榊原鍵吉と山岡鉄舟であった。鉄舟は幕臣だったが、西郷に特に頼まれて明治五年から明治天皇の侍従になった。維新後も剣と禅の修行を続け、明治一三年、四五歳で剣において大悟し、中西派一刀流の浅利義明に極意の会得を証された。「自己あれば敵あり、自己なければ敵なし」「敵と相対する時、刀に依らずして心を以て心を打つ」として「無刀流」を称した。

鉄舟は、明治一五年に春風館を興して門弟を指導するが、朝から晩まで一日二〇〇面を一〇〇日続ける立切稽古を始めた。二〇〇人もの相手と次々と打ち合い身体を限界に追い込む中で「無我」「無心」になることを目指した。一七年には一刀流の本流・小野忠明を継いだ九代の小野業雄に出会い、宗家相伝の一刀流の組太刀を稽古し、翌年には相伝伝授されて、一刀流正伝無刀流を名乗るようになる。鉄舟は、撃剣の中に一刀流本来の形剣術を受け取り直して「無刀」を究極としたのである。鉄舟は小野家伝来の伝書を譲られ、また『五輪書』など他流の剣術伝書も収集したが、特に近世中期の『猫の妙術』が説く、敵に勝つより戦う心を超越した境地を至高とした。明治一七年からは門下に試合を実質上禁じて、精神修養の面を強調した。鉄舟は同二一年に亡くなるが、その門弟たちは剣術の人間教育を主張することになる。

③学校教育への採用否定と剣術書の刊行

明治一六年、文部省は学校教育に撃剣、柔術を採用することの可否を体操伝習所に諮問したが、伝習所は調査して、翌年、二術の利害得失を挙げ、身体の発育に平等均一を欠き、「粗暴の気風」「非なる勝負の心」を助長する、一斉教授も困難として採用するには時期尚早という結論を答申した。これ以後、武術の近代化が図られる。

他方、一七年には根岸信五郎著『撃剣指南』、高坂昌高著『千葉周作直伝　剣術名人法』、広瀬真平編『千葉周作・同栄次郎両先生遺伝　剣法秘訣』が刊行された。神道無念流と北辰一刀流の教えが残ったのである。高坂の著作は先に論じた内容であるが、近代剣道が理論化する時に基盤となった。

④地方における撃剣の存続

地方で展開した撃剣は、武士階級の解体後も存続した。武士よりも豪農層を基盤として競技性を主とするものだったからである。庶民は維新の際に変革を期待したが、負担がかえって重くなり、藩閥政府への不満も高まっていた。自由民権運動の中で明治一五年頃から結社が盛んになり、撃剣によって「壮士」を養成したり、「運動会」と称して撃剣の大会を開催したりもした。岐阜の「愛国交親社」は、剣術指導で社員を獲得する方針を取り、社員二万八〇〇〇人に及び、民権運動の激化事件にも関係していたという。一五年頃から警察剣術が拡充されるのは、こうした民権運動家から撃剣の名手を引き抜いて、取り締まる側の警察官としたからでもあった。

明治二一（一八八八）年刊行の『皇国剣術英名録』には、関東地方に東京、信越を加えた合計二三五三名が載せられている。(24) 編者の朝井定一は実は幕末の『万延武術英名録』の編者の一人の江川英山であったが、以前が六三三名だったのと比べれば、三・五倍にもなる。国別人数の上位は武蔵が一一四一、下総三二四、上野三二〇、常陸二四一、下野一二八である。幕末には政治情勢から自由に入れなかった常陸が大幅に増加しているのを除けば、それぞれほぼ三〜五倍になっており、分布の比率の傾向はそれ程変っていない。流派別でも、神道無念流六一五、柳剛流三八六、直心影流三〇二など、幕末の撃剣流派が圧倒的上位である。念流一七五、甲源一刀流九五など地元に根付いたものも大幅に増えている。北辰一刀流は八九と七割近くに減り、新選組に関係した天然理心流は五と激減した一方、荒木流一五五や天自流一七六などの新興流派がみられるが、総じて幕末の撃剣の拠点のネットワークは存続し、拡大していた傾向がみられる。

明治維新で武士階級が解体され、江戸の町道場が断絶し、政治制度も生活も近代化したにも関わらず、人々の意識は案外持続しており、撃剣は地方の文化として存続していたのである。[25]

（3）　明治二〇年代――近代剣道の形成へ――

明治国家は、明治二二年に大日本帝国憲法を発布、翌年国会を開設、教育勅語も公布し、二七、八年の日清戦争に勝利することにより、天皇制国家体制を確立した。

①学校教育への編入運動

東京帝国大学卒の少壮エリート嘉納治五郎は、柔術を大胆に組み替えて柔道とし、明治二二年に「柔道一班とその教育的価値」を文部大臣に講演した。翌年、第一高等学校に撃剣部が結成され、学生層が課外活動で撃剣を始めていた。翌々年、日比野正吉が『撃剣教育論』を刊行、体育法、護身法、精神上に及ぼす効益を論じた。二六年からは撃剣の学校教育の正科編入の嘆願書が文部大臣や国会に数次にわたり提出される。この運動の担い手は、長野や武蔵、東京の豪農層で自宅に直心影流などの道場を設けていた者であり、最初の請願書には『皇国剣術英名録』編者の朝井も名を連ねる。「士族編入申請中」と付記するところに、彼の武士への憧れが示されている。

②世代交代と大日本武徳会の展開

明治二八年の日清戦争の戦勝直後、京都に大日本武徳会が組織された。その年一〇月の演武会には撃剣には三八六名が出場した。松崎浪四郎や根岸信五郎などの幕末から生き残った剣士たちも「精錬証」で賞された。

一方、直心影流を榊原から継いだ山田次朗吉は武徳会に誘われたが入らなかった。山田は、競技性を否定し、江戸期の剣術伝書を広く収集し、後に『日本剣道史』を著すが、その中で「剣道興て七百年」「一貫の道統を能く維新後に継ぎたるものは、吾が直心影流を以て最とす。旧師歿して以後は、名の実に副はず、技の法に叶はざるもの多く、撃剣は熾《さか》んなるに似たるも、道術は破れたるに庶幾《ちか》し」として、武徳会結成の前年の榊原の死で「剣道年表」を終えている。(26) 幕末の剣術を知る世代は、この頃までにほぼ没しており、世代交代は顕著であった。

大日本武徳会は一八〇〇人足らずの会員で発足したが、皇族を総裁とし、内務官僚や知事、警察も会員募集に協力させ、各地に支部を設けたので、会員数は二年後に一〇万人を越え、四年後には二〇万人を突破する。その明治三二(一八九九)年、武徳会本部に武徳殿が完成した。正面に天皇の玉座を設え、天皇制国家の「創られた伝統」を表す武徳殿は、以後各地の支部に建てられる道場のモデルとなる。この年、新渡戸稲造はアメリカにおいて英文で"*Bushido*"を著し、以後、武士道が高唱されるようになる。その流れの中で、明治の剣術は、新世代によって創られた伝統としてナショナリズムの一端を担うことになる。

(4) 二〇世紀初頭――近代剣道の成立――

明治三四(一九〇一)年、二〇世紀に入った。この頃から「撃剣」に代わって「剣道」と称するようになる。

嘉納が柔術ではなく「柔道」と称して成功したのに影響されていた。維新から三〇年を経て、担い手は明治になってから撃剣を始めた世代になっていた。武徳会は、日露戦争が終わる三八年には一〇〇万人を越える一大組織となっていた。明治四四（一九一一）年になって、撃剣・柔術が学校教育に正科として導入されるようになる（文部省が名称を「剣道・柔道」に改めるのは一九二六年である）。これに伴い、武道専門の教師が養成され、学校教育に合わせた集団指導法が整備されるようになる。大正元（一九一二）年には武徳会は「大日本帝国剣道形」（戦後「日本剣道形」と改称）を制定、形剣術の伝統をわずかに伝えることになる。武徳会は剣道にも段位制を取り入れ、段位を発行、審判規定を統一して競技化を進める。こうして二〇世紀初頭に近代剣道が確立したのである。

おわりに

近世には武士たちは、本物の切れる刀を常時帯刀したが、刀は鞘の内で常に磨きながら、しかも抜かないことが誇りだった。至誠、忠義、愛国を高調し、刀を振り回したのは浪士、郷士、豪農層の出身者が多かった。武士にとって刀は本来、武士の独立不羈の精神を象徴し、勝負の観念を超越して、私を越え、公の大事に自らを犠牲にすることを理想としていたのであり、江戸城無血開城にその極みが表れたといえるのではないか。

明治維新後に創られた剣道は、剣術の護身や護衛の面と、競技の面を展開しながら教育的性格を加え、近代的に組織化されたものとなった。剣道は近世剣術の撃剣を受け継いだものであったが、その意味は大きく異なるものとなったのである。

（1）　磯田道史『近世大名家家臣団の社会構造』（東京大学出版会、二〇〇三年／文藝春秋文庫、二〇一三年参照）。

（2）　渡邊一郎『幕末関東剣術英名録の研究』（渡邊書店、一九六七年）。

(3) 拙稿「一八世紀における武術の再編成――社会的背景とその影響――」（笠谷和比古編『一八世紀日本の文化状況と国際環境』思文閣出版、二〇一一年）。
(4) 全日本剣道連盟編『剣道の歴史』（二〇〇三年）五〇一～五〇二頁参照。
(5) 榎本鐘司「文化文政期の西南地方における剣術他流試合の動向」（『南山大学紀要』一巻一九号、一九八七年）。
(6) 前掲『剣道の歴史』二四三頁に簡易な一覧表掲載。
(7) 著者は千葉周作の弟子だが不明。『日本武道大系』第二巻（同朋舎出版、一九八二年）所収。
(8) 渡邊一郎編『史料明治武道史』（新人物往来社、一九七一年）所収。なお、後に曾孫の千葉英一郎編『千葉周作遺稿』（一九四二年刊）はこれに基づいた内容である。
(9) 日本思想大系『吉田松陰』（岩波書店、一九七八年）所収の嘉永五年九月四日付斎藤新太郎宛書状（七一～七四頁）、および『東北遊日記』（四五二～四六八頁）参照。
(10) 前掲『幕末関東剣術英名録の研究』七三～一二四頁に影印掲載。
(11) テロの襲撃を実行する時には、藩に累を及ぼさぬよう藩士でも脱藩して浪人となることが多かった。
(12) 私的写真には丸腰・着流や洋装姿も見られるが、公的には刀を佩くのは慶応四年まで変わらない。日本の使節が帯刀しなくなるのは、明治四年の岩倉使節以降。
(13) 松浦玲『新選組』（岩波新書、二〇〇三年）参照。
(14) 平川新『全集日本の歴史』第12巻「開国への道」（小学館、二〇〇八年）三一五頁の表参照。
(15) 勝海舟『断腸の記』（『日本の名著　勝海舟』中央公論社、一九七八年）三四四頁。
(16) 松本藩の慶応元年の「覚」。志村洋「幕末の軍夫・農銃徴発と大庄屋――松本藩を事例に――」（『近世の地域と中間権力』山川出版社、二〇一一年）二四頁。
(17) 井上勲「志士の日記」（『日記に読む近代日本1幕末・明治前期』吉川弘文館、二〇一二年）一二三～一三一頁。
(18) 山岡自身の「駿府談判筆記」は明治一五年三月で、当時の内容とは異なる。松浦玲『勝海舟』（筑摩書房、二〇一〇年）三五九・八一八頁参照。
(19) 勝海舟（江藤淳・松浦玲編）『氷川清話』（講談社学術文庫、二〇〇〇年）二九二・二九四頁。
(20) 勝海舟（江藤淳・松浦玲編）『海舟語録』（講談社学術文庫、二〇〇四年）二五五頁。
(21) 前掲『氷川清話』七五頁。西郷は「敬天愛人」を奉ず。
(22) 上野の彰義隊は、旧一橋家臣を中心に元来は慶喜の警護を目的に参集した。隊長渋沢誠一郎は豪農出身、天野八郎も旗本と称するが、元来は豪農の出身。山岡は勝にも言われて、解散を勧告しに行ったが、不調に終わった。
(23) これら三人は文久二、三（一八六二、三）年の生まれ。高野は祖父から中西派一刀流を学び、維新後には鉄舟門にも入った。内藤は維新後に水戸で北辰一刀流を学び、山田は榊原道場で直心影流を学んだ。
(24) 前掲『幕末関東剣術英名録の研究』三一頁。影印掲載。

(25) 福沢諭吉は、明治二六（一八九三）年から二八年にかけても日に一〇〇〇本もの居合抜き数稽古をしていた。

(26) 山田次朗吉『日本剣道史』（一橋剣友会、一九二五年）剣道年表、五四〇頁。

Ⅳ 科学

中根元圭と三角法

小林龍彦

はじめに

江戸時代前期の京都を代表する暦算家に中根元圭（一六六二～一七三三）がいる。元圭は、近江国浅井郡八木浜の医師中根定秀の二男として生まれた。幼少のころより暦算学に秀でて、父定秀の勧めにより京都に出て修養を積んだ。算学は田中由眞（一六五一～一七一九）、暦学は渋川春海（一六三九～一七一五）に学んだという。元圭の才能は暦算学だけでなく、漢学、律と度量衡さらには異体字の研究にも及び、まさに博学多芸の人と呼ぶに相応しい人物であった。そのような能力が引き寄せたのであろう貝原益軒、尾形光琳、荻生徂徠、名古屋玄医など時の文人・医学者とも親しく交流を持っていた(1)。

京都を中心に研究活動を進める中根元圭であったが、享保年間の初めに、幕臣にして関孝和の高弟であった建部賢弘の邂逅を得ると、八代将軍徳川吉宗（一六八四～一七五一）に拝謁して数学や暦学の下問を賜るまでにいたった。このことは吉宗による数理科学推進政策の一翼を担うことを意味していた。

享保一一（一七二六）年春、清朝中期を代表する暦算家梅文鼎（一六三三～一七二一）の遺著『暦算全書』（雍正

二年版）が舶載された。これは寛永七（一六三〇）年以来実施されてきた耶蘇教関係書籍の輸入禁止政策を、享保五（一七二〇）年正月、将軍吉宗が「天文暦数ノコト御穿鑿ニ依テ西洋天文書ノ禁ヲ弛」[2]めたことにともなって我が国にもたらされた一冊であった。『暦算全書』は、同年秋、建部賢弘に預けられ訓点和訳の台命が下されたが、建部は数学・暦学のみならず漢学にも精通していた中根元圭をもってその任にあたらせたのである。『暦算全書』の訓点和訳は享保一三（一七二八）年の冬にほぼ終わった。[3]

中根元圭は享保一三年の『暦算全書』の訓点和訳終了後、『八線表算法解義』（成立年不詳）と題する一冊を著した。これは近世日本の暦算学者として、初めて三角法の原理を理解し、これを『授時暦』研究への応用を試みたものであった。また、享保一七（一七三二）年には、将軍吉宗の命に従って、太陽の高低と月の影の長さの観測をもとに、地球から太陽と月までの距離を計算した。この計算において三角法が用いられたことはいうまでもない。

これまで中根元圭による右記のような研究はほとんど顧みられることがなかったように思われる。確かに、元圭によるこれらの研究は、近世日本の暦算学発展史上における重要性はさほどではないであろう。しかし、我が国おける三角法の受容という観点に立てば、それは有意な事象であったことになる。そこでこの小論では、中根元圭による三角法の研究を彼のノートから具体的に紹介し、あわせて近世暦算学史上の意義について論じることにしたい。

一　中根元圭と『八線表算法解義』

(1) 元圭と三角関数表

右で触れたように、『暦算全書』の訓点和訳は享保一三年冬には終了し、中根元圭は江戸から京都に帰還した。

その際元圭は、後述するように、『暦算全書』と三角関数表の写本を持ち帰ったように思われる。そして、それら最も新奇な数学である三角法を暦学研究へ応用しようと試みたのである。

成立年紀は不明ながら、「平安平璋著」と記名する写本『八線表算法解義』（全一七丁）が現存している。この写本は国内の少なくない研究機関が収蔵していることから見て、近世の暦算家に比較的読まれた史料であることが分かる。

さて、劈頭に見える署名にあって、「平安」が京都を指すことはいうまでもない。それに続く「平璋」は、洛都に住む中根元圭であることを意味している（写真1参照）。写本の表題から直ちに了解されるが、これの主題が三角法の研究であることは言を俟たない。

では、どのような内容なのであろうか。写本の第二丁は、この丁の下半分に描かれる「全図」の説明にあてられている。引用しよう。

先、半径一寸ノ八線ノ数ヲ挙ク
正矢　二分
正弦　六分
正切　七分半
正割　一寸二分半
余矢　四分
余弦　八分
余切　一寸三分弱
余割　一寸六分強半

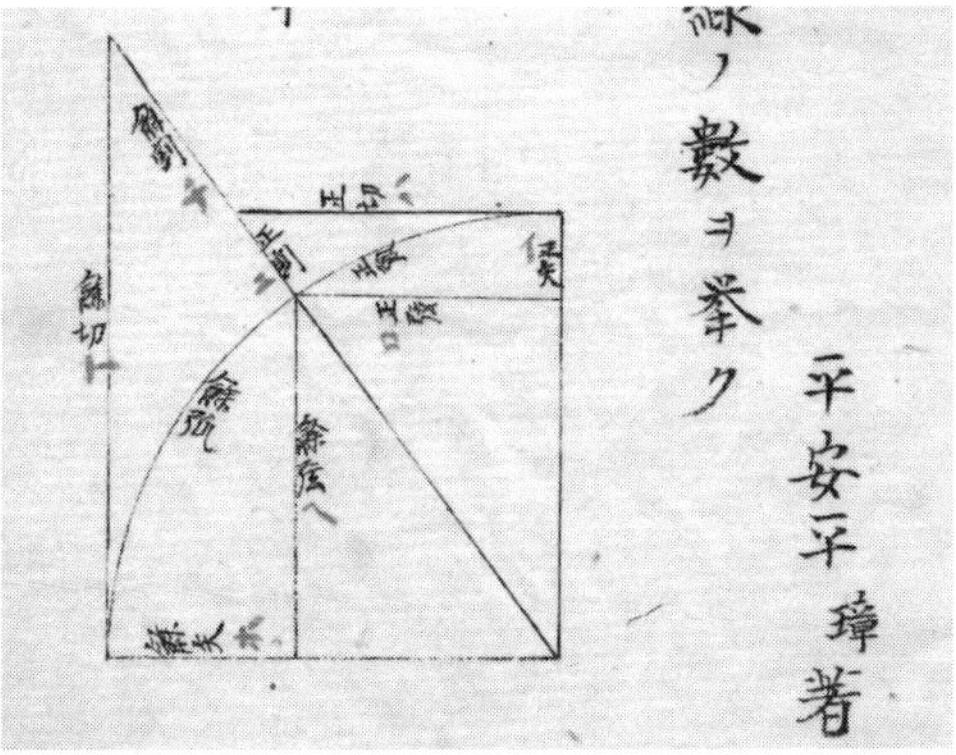

写真1　『八線表算法解義』第1丁（筆者蔵）

右件ノ数ハ度分ニカカハラス、唯八線ノ整数ヲ挙テ、初学ヲシテ其号ト数トヲシラシム。

右に見える用語は、「全図」と呼ばれる四分の一円内に生じる各線分の名称を示したものである。「切」（現在では接）を除けば、現今の三角法の用語と一致し、近世中葉の伝来以降我が国に定着して久しいものである。各線分の名称が八種類あったことから「八線」と呼ばれ、それらの数値表も『割円八線表』あるいは『割円八線之表』と称された。三角関数表のことである。中根元圭の「全図」での用例は、半径が一寸の時の八線すべての値が表示されている。余切の値は一・三三三三……と続くが、少数第二位以下を切り捨てて「弱」とし、余割についても一・六六六四……を「強半」で示している。

かつて加藤平左衛門は、元圭の『八線表算法解義』を評してつぎのように述べたことがある。(4)

本書ノ著作年代ハ不明デアルガ其ノ内容カラ見テ西洋風ノ支那暦書ガ輸入サレテカラ作ツタモノデアルコトハ明カデアル。我国ニ於ケル洋風ノ三角法ノ書トシテ最モ古イモノデアル。……本書ニハ線ノ字ヲ使ツテ居ラヌ。此ノ点及ビ右図ハ数理精蘊ノソレト一致スル。

ここにおいて加藤が元圭の著作を「我国ニ於ケル洋風ノ三角法ノ書トシテ最モ古イモノデアル」と指摘したことはまったく正当である。そのうえで加藤は「本書ニハ線ノ字ヲ使ツテ居ラヌ。此ノ点及ビ右図ハ数理精蘊ノソレト一致スル」と付言して、「線」の字がないことおよび第二象限に四分の一円の図が描かれることが『数理精蘊』からの影響であるかのように示唆した。

このような加藤の発言に対して、まず、指摘しておきたいことは、中根元圭の弟子の幸田親盈が『八線表算法解義』の解説書『八線表解義術意』を著したのが享保一七（一七三二）年仲夏であったことである。清朝康熙帝の肝いりで、雍正元（一七二三）年、天文・暦学、数学および音律の集成書ともいうべき『律暦淵源』一〇〇巻が刊行されたが、これは『御製暦象考成』（上編一六巻、下編一〇巻、表一六巻）、『御製律呂正義』（上編二巻、下編二巻、続編一巻)、『御製数理精蘊』(上編五巻、下編一〇巻、表八巻) の三部からなっていた。まさに『数理精蘊』はそれの数学部に含まれる一部であった。近世日中文化交流史研究の泰斗大庭脩の調査によれば、『律暦淵源』の我が国への伝来は宝暦一一(一七六一)年の記録をもって初見とする。(5) これ以前に『数理精蘊』が単独で伝わった形跡もいまのところ見当たらない。こうした事実に照らせば、享保一七年以前に元圭が『数理精蘊』を見る機会はなかったことになる。

さらに、各線分への「線」の文字の使用についていえば、確かに、『数理精蘊』は八線のすべてに「線」の文字を付けていない。『暦算全書』の伝来の翌年、『西洋新法暦書』に収録された三角関数表の刊本『割円勾股《かつえんこうこ》八線表』と写本『割円八線之表』が中国から持ち込まれた。これら刊本と写本を校合してみると、写本の書名に「勾股」の二文字がなく、「之」の一字が付加されたこと、刊本の内題「八線表」につづく中国人編著者の名前がすべて削除されたこと、(6) 本文の項目である「暦書法数部」が削除されたこと、さらに写本の「八線表全図」の説明で「正割線」と「正切線」が書き落とされたことを除けば、あとはまったく同一の内容になっている。すなわち名称「線」の有無の問題に立ち返れば、正弦と余弦を除く六線に「線」の一字がすべて付けられているのである。では、中根元圭はなぜ「線」を削除したのか、あるいは、なぜ使用しなかったのであろうか。筆者の推測では、元圭の写本作成の目的と関連していたと思える。それは、新来の三角法を分かりやすく、捷径な計算法として普及させることに主眼をおけば、おのずから主要な用語以外は簡素な表記になった、ということである。

さらに、加藤平左衛門は「右図ハ数理精蘊」と同じといっていた。ここでいう右の図とは元圭の写本に描かれる「八線表全図」を指す。「八線表全図」の図が写真1に見るように、第二象限にあたることは『割円勾股八線表』と『割円八線之表』も同じである。『数理精蘊』も同様である。このことに関しての加藤の指摘は正しい。問題は、第二象限のことではなく、八線に与えられた線分名の位置にある。それは、ここまで見てきた中国の天文・暦学書と比して正弦・余弦の二つの線分名の位置が入れ替わっていることにある。元圭が訓点和訳した『暦算全書』も当時の漢籍天文・暦書と同じ位置名称になっている。しかし元圭のそれは異なっているのである。いまこの疑問に対する明確な解答をもたないが、元圭の図を右に九〇度回転させて、第一象限の図として見ることも解釈の一つになろう。元圭がそのような意図をもって書いたと思えなくもないが、今後の考察を俟つことにしよう。

ついで、現代的な角度概念による用法をつぎのように説く。

次ニ度分ニ依テ其八線ノ数ヲ挙ク。仮如、二十二度三十分、半径一寸トスレハ、

正矢　七厘六一二

正弦　三分八二六八

正切　四分一四二一

（以下略――筆者註）

其四十五度已上ハ反復シテコレヲ挨《オス》ヘシ、……唯恨ムラクハ諸線ノ尾数忽位ニ止テ、奇零ノ強弱ヲ収棄セルコトヲ。他日閑暇アリテコレヲシテ、杪《サツ》位ニ至ラシメンコトヲ欲スルノミ。

例として、二二度三〇分の各値が列挙されるが、これらは『割円勾股八線表』（もしくは『割円八線之表』）にある数値をそのまま書き写したもので、いわば三角関数表の使い方の練習問題ともいえる。これらの数値を示したうえで元圭は「唯、恨ムラクハ諸線ノ尾数忽位（一〇万分の一――筆者註）ニ止テ、奇零ノ強弱ヲ収棄セルコトヲ」と難じるのであった。ここで元圭が参照している『崇禎暦書』系の三角関数表は、半径を一〇〇、〇〇〇とする六桁の表であった。数値が六桁にとどめられたことは、『割円勾股八線表』の前半部分に収録された「列表法二条」の二項[7]で「大表之全数、或八位、或九位、十位、今小表止全数六位、以便推算」と述べられたことと関

係している。本来ならば三角関数表は八桁から一〇桁の大表を使って計算するのであるが、『割円勾股八線表』では小表の六桁をもって計算に供する、としたことであった。「割円八線表用法」を読んで、三角関数表の使い方と応用法を理解した元圭は、忽《こつ》位以下の数値に収棄を表わす用語の強弱を付加していないことに不満を持ったのである。そして、他日の暇を見て忽位以下の微少な数値の計算が叶うことを希望した。

（2）三角法の暦術への応用

右のように三角関数表の用法と数値について言及したのち、元圭はこれの暦術への応用を試みようとする。原文を引用しよう。

凡、八線表ヲ以テ、諸数ヲ求ムルコト、猶、立成ニ依テ諸差ヲ得ルカ如シ。コレヲ授時暦太陰遅疾ノ立成ニタトフルニ、度分ハ、猶、限数ノ如シ。六線八線ノ内、正矢、余矢二線ヲアケズ。故ニ六線也各数ハ、猶、積差ノ如シ。其度分ト次ノ度分トノ線数ノ差ハ、猶、損益分ノ如シ。（以下略――筆者註）

ここでの元圭の主張を要約すれば、以下のようになろう。

すなわち、八線表を用いて角度や線分の長さを求めることは、暦術にあって立成表から諸差を求めることと共通する。たとえば、『授時暦』に載る太陰遅疾（白道上を運行する月の速さの遅疾）にあっては、三角関数表の度分は立成表の限数、正矢と余矢を除く六線の値は積差と呼べるもので、各度分の線分の数値差は『授時暦』の損益分と同じである。

この説明に続けて「六線ノ内ノ正弦、余弦二数各三、四件ヲ挙テ太陰立成ニ擬スル」と述べて、正弦と余弦の損益表が表される（写真2参照）。この損益表に「表数横書　今数直書」とする添え書きが付けられる。元圭が所持する三角関数表は横書きであった。それはまさに『割円勾股八線表』の数値表が横書きであったからに他ならない。ここではそれを縦書きにして示す、というのである。元圭が縦書きで表した損益表を横書きにしたものが表1である。正弦値は九〇度までは増加関数であり、余弦はその反対の減少関数となる。したがって表1では、正弦値は益分、余弦値は損分と書かれる。これらの差分表を使えば、分以下の値の計算が可能となる。たとえば、

十九度〇二分二十七秒ノ正弦

を求める場合。

表から、一九度〇二分と一九度〇三分の正弦値の益分は〇〇〇二七であるから、この値を用いてつぎのように計算すればよい。

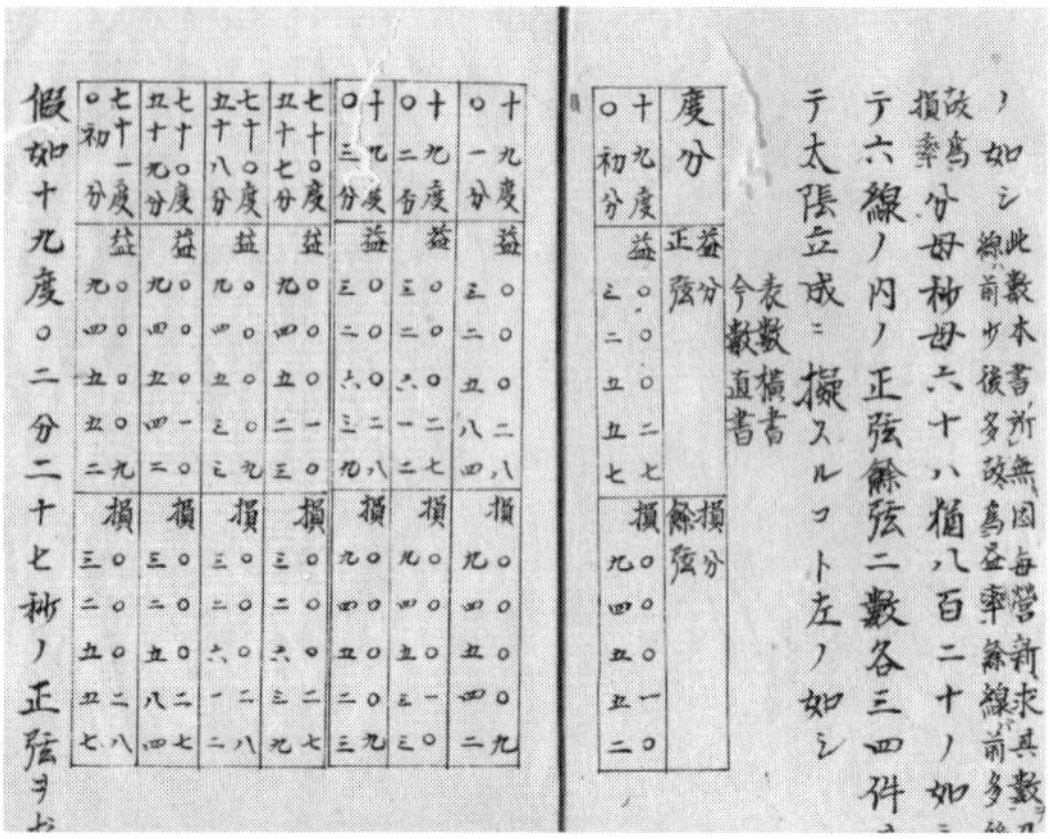

写真2　正弦余弦の損益表
（『八線表算法解義』第3丁ウ～第4丁オ）

表1　正弦余弦の損益表

度分	益分 正弦		損分 余弦	
19度0初分	益	00027 32557	損	00010 94552
19度01分	益	00028 32584	損	00009 94542
19度02分	益	00027 32612	損	00010 94533
19度03分	益	00028 32639	損	00009 94523
70度57分	益	00010 94523	損	00027 32639
70度58分	益	00009 94533	損	00028 32612
70度59分	益	00010 94542	損	00027 32584
71度0初度	益	00009 94552	損	00028 32557

27秒×益分27÷60＝12

これを一九度〇二分の正弦値三二六一二に加えれば、

32612＋12＝32624

すなわち、

19度02分27秒の正弦値＝32624

分以下の秒数の計算法についても『割円勾股八線表』「表中用線相求法九條」の一条で以下のような解説が加えられていた。(8)

若、度分外有設秒、表中所無也、而求各正線、則、用中比例法取設秒、上下之両正分相減、餘為差、以差数乗、設秒数為実、以全秒六十為法、而一得数、以加於設分下、所得数幷為所設度分秒数。

元圭が例題とした計算は、右記の「相求法」に従って計算すれば容易に求められる。このような計算手順を確認したうえで「此法ハ暦法ニイマタ用サルコトナル故ニ、授時ノ太陰遅疾ノ立成ヲ用テコレヲ求ム」と触れて、『授時暦』の太陰遅疾の計算に応用しようとするのである。

仮如、積四度六十九分ノ初末ノ限数ヲ問

答曰　初五十四限三百四十七分、末一一三限四七三分

初限ヲ求ムル術曰、云積四度六十九分ヲ置テ、立成ヲ俟テ、五十四限ノ積四度六六八二ヲ減シテ（割註略——筆者註）、残二分十八秒ニ八百二十ヲ乗シテ一七八七六ヲ得ルヲ実トス。五十四限ト五十五限トノ積差即益率五百一十五ヲ以除テ三百四十七分ヲ得ル。即、五十四限三百四十七分トス。（末限の計算法は省略——筆者註）

（積4度69分－積4度6682）820÷515＝347

54限＋347分＝初54限347分

このような『授時暦』の限数を求める問題を論じたのち、元圭は円弧背の問題へと関心を移す。

此二術ニ擬シテ、或ハ径、矢アリ、或ハ径、弦アリ、或ハ矢、弦アリテ、背ヲ求ムルニ用ルナリ。

中根元圭が『八線表算法解義』を著す以前に、元圭の盟友建部賢弘は円弧背の長さを求めることに成功していた。享保七（一七二二）年に著した『綴術算経』がそれである。建部はその計算法を元圭に見せて、帰納法について議論を交わしたことがあった。(9) したがって元圭は、建部の無限級数展開による円弧背の求長法を理解したうえで、このような弧背の議論をしていることになるのであるが、その目的はあくまでも三角法による求長法を示すことにあったのである。さて、弧背の問題は四問載せられているが、ここでは第一問の問題と解法を現代訳にして紹介しておく。

（一）直径と矢の長さを与えたときの弧背の長さを求める方法

いま下の図（図1）において、直径BD（$2r$）を八寸、矢BEの長さ（c）を一寸とするとき、円弧背ABC（s）の長さを求めよ。

答曰　円弧背 s は五寸七分八一八強

計算法　半径四寸の内より、矢一寸を減じれば、残りは三寸。これを半径四寸をもって除けば、七五を得る。これを線分EOの余弦の値として、三角関数表からこの値を調べると四一度二四分有奇であることが分かる（割註略――筆者註）。そこで七五〇一一（四一度二四分の余弦の値）を列して、これより七五を減じれば残り一絲一忽（諸線は皆忽の位をもって末尾としている）。この値を実とする。二四分と二五分との余弦の差は一絲九忽であるから、これを法として、実を

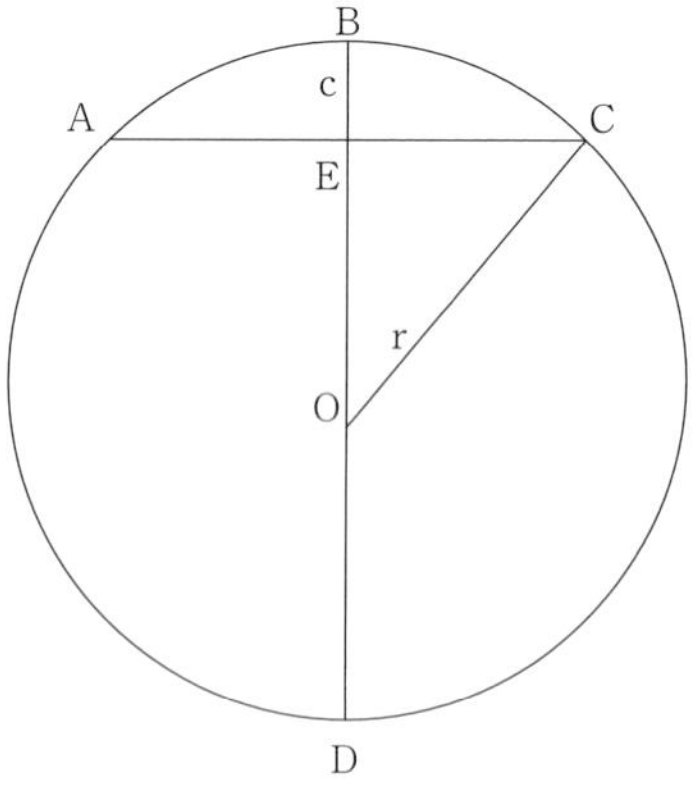

図1　円弧背の図

法で割れば五七九を得る[10]（割注略——筆者註）。これをもって∠COBは四一度二四分五七九と定めることができる。度以下分の値は六〇をもって約すれば四一度四〇九六五となる。この度数に周率三五五と直径八寸を乗じて、二〇三四〇半周一八〇度と径率一一三を相乗じた数をもって割れば、弧背の長さ五寸七分八一八強を得る。

【解説】

$$(r-c) \div r = \cos\theta$$

この値を三角関数表で調べて四一度二四分五七九を得る。これを度数に換算すれば、四一度四〇九六五（θ）となる。ここで、求める弧背の長さをs、直径を$2r$（八寸）、中心角をθ、円周率をπ（355/113）とおけば、

$$s = \theta \times (\pi \div 180°) \times 2r$$

とする式を得る。この式にそれぞれの値を代入すれば、

$$s = 5.78187836\cdots$$
$$= 5寸7分818強$$

これに続く以下の（二）～（四）は（一）の応用になる。

（二）径、弦アリテ背ヲ求ム

（三）径、矢アリテ背ヲ求ム（矢九寸——筆者註）

（四）背、径アリテ矢及弦ヲ求ム

つづく（五）は、夏至の日の夜の長さを求める問題である。冗長になるので、問題の趣旨と結論から導かれる比例式を示しておく。

（五）夏至全夜分ヲ求ム

授時ニ云トコロノ夏至、極ヲ去ル六十七度四十一分一十三秒ヲ置テ、表象九十度ヲ乗シテ、天象九十一度三

十一分四十三秒（授時立成之数）……三千七百九十八分二十一秒ヲ得、夏至全夜ノ分数トス（授時日、三千八百十五分九十二秒）

夏至全夜分ヲ求ル術

一　北極出地余切線

二　全数

三　冬至赤道緯度切線二三度三五一五四ノ切線（授時ノ数ノ地度ナリ）

四　減度正弦

法、二率、三率相乗シテ、一率ニ除キ、四率ヲエル

（図略——筆者註）

右の四率による比例式を導いて答を得るのである。

(六)午中表影ヲ求ム

この問題は、京都の緯度を三五度半、冬至の日道が赤道の外二三度九〇分にあるときの正午の表影の長さを求めるものである。求め方を略記すれば、三五度半に二三度九〇分を加えて五九度四〇分を得る。これを天象九一度三一四三から減じれば三一度九一四三となる。この値の度以下を分秒に直せば、三一度二七分三〇秒弱となる。これを弧度として正弦値を調べれば五二一八七、余弦は八五三〇二となる。これよりつぎの比例式を立てて四率の影の長さを求めることができる。

一率　正弦

二率　余弦

三率　表（八尺——筆者註）

四率　影の長さ

（図略——筆者註）

以下(七)〜(一一)までは表題のみを示すことにする。

（七）表影ヲ以北極出地ヲ求ム
術右（（六）術――筆者註）ニ準ス
（八）黄赤道差ヲ求ム
（九）依黄道積度求内外度
（一〇）白道積差ヲ求ム
（一一）白道半交極遠極近赤白道ノ極差ヲ求ム

元圭は以上をもって『八線表算法解義』の記述を終えるが、ここまでの議論から分かるように中根元圭の著述目的は、新規伝来の三角法を従来の暦術研究にどのようにして応用するかを、具体的な例をあげて示すことにあったといってよいであろう。

二　中根元圭の『日月去地面実数一巻』

享保一七（一七三二）年は中根元圭が七一歳にあたる。この年の五月、徳川吉宗は元圭に新たな聖命を下した。それは、地球から太陽と月までの距離を求めよ、とする難題であった。これまでの我が国の古人も計算を試みたであろうが、それは容易く求められるものではなかった。そこで元圭は、計算の基本データを入手するために、同年五月、まず伊豆下田において太陽の高低を観測した。(11) さらに八月から一〇月にかけて相州鎌倉にあって毎日太陰の表影を実測した。(12) それらの観測結果をもとにして著したのが『日月去地面実数一巻』である。(13)

この写本冒頭の序文は、近世日本の暦算学者として太陽と月までの距離計算を初めて行った者のみが知る苦闘の様子が描かれている。当時の貴重な証言として主要な部分の漢文を読み下し文にして引用しておこう。

壬子之歳八月既望

官、某等ニ命シテ、毎日太陰午位ノ時刻ニ到臨ノ表影ヲ実測セシム。十月戊寅ニ至テ功畢ヌ。其ノ得ル所ノモノ二十六條ヲ以テ、諸ヲ簡牘ニ記ス。又、臣璋ニ命ヲ下セリ。此ニ因テ、日月高低ノ里数ヲ算シ験ム。臣愚、嘗テ謂ラク、凡ソ天象ノ遠近ヲ語ル者ハ大率、其ノ言荒唐ニシテ、依リ拠ル可難シ、指シテ究メザルコト年有リ。而シテ今恭ク厳命ヲ奉シテ、固辞スルコト能ズ。乃シ妄リニ心ヲ潜メ、思ヲ苦メ、加ヲ累テ、略々得ル所有ニ似タリ。誠歓ニ堪ヘズ。伏シテ惟レハ、昭代文武古ヲ稽ヘ、諸道ヲ精明ニシ、授時ノ一事ニ於テハ、最モ聖意ヲ留ム。臣、駑材ノ如シト雖トモ、亦、聖徳ニ頼ツテ、勉励シテ、以テ其ノ哀ヲ啓コトヲ得タリ。豈ニ大幸ニアラザルヤ。是ニ於テ、謹テ其ノ術ヲ記シテ、奉シテ以テ進呈ス（後略――筆者註）

冒頭の年紀「壬子之歳」は享保一七年のことである。年紀に続いて研究の趣旨が述べられ、以降それら計算の基礎となる「術意図」（図２）と計算過程が克明に示される。以下にそれらを原文に従いながら説明していくが、「術意図」には筆者による補足説明が挿入されていることをお断りしておきたい。文中の割書は元圭による注釈、「　」は筆者による補足である。

「計算法」

九月初六日庚寅、名づけて甲とする。

月影一尺六寸表長さ一尺

去天頂五七度〇三分三三分母六〇

降視五六分三五分母をもってこれを約せば、九三分九二秒を得る。術中、約数を用る

正弦八分三厘九二一

余弦五分四厘三八二

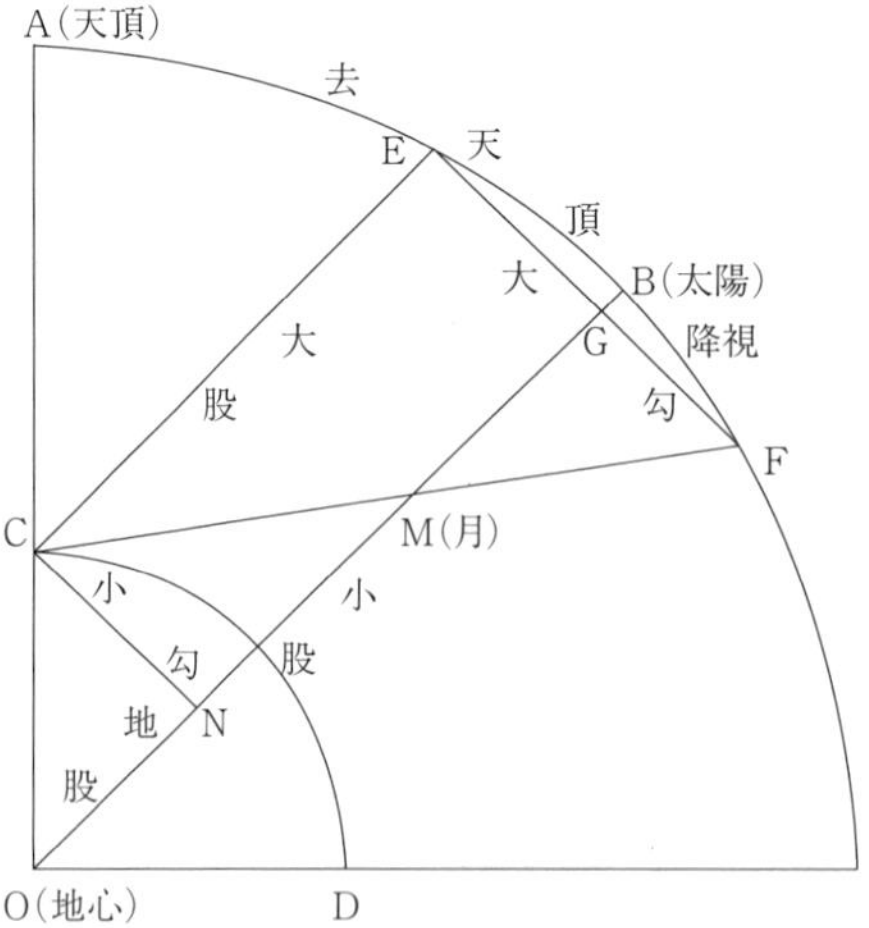

図２　術意図

甲術曰く、

天元一を立てて地半径[14] r（CO）＝0＋r とする。これに正弦（sin0．83921＝sin 甲）を乗じれば、

小勾（CN）＝（0＋r）sin 甲＝$r$sin 甲　(1)

この(1)式に降視降視は固より半背（BF）のことであるが、今ここで加えるところは、半背に代えて半弦（GF）を当てる。その理由は半背と半弦の差が微少であることによるを加えると、

大勾（EGF）＝甲降視（GF）＋$r$sin 甲　(2)

また、地半径（r）をおいて、これに余弦（cos0．54382＝cos 甲）を乗じれば、

地股（NO）＝（0＋r）cos 甲＝$r$cos 甲　(3)

ここで、天半径[15] R（BO）＝57度29分58秒分秒はともに一〇〇とする。これは三六〇度をもって周天の度となすものである[16]から地股を引けば、

大股（CE）＝$R-r$cos 甲

＝57度29分58秒－$r$cos 甲　(4)

となる。ここで直角三角形の辺の比例を考えれば、

大勾：大股＝小勾：小股

∴小勾×大股＝大勾×小股

この比例式に(1)、(2)、(4)式を代入すれば、

（甲降視＋$r$sin 甲）小股＝$r$sin 甲（$R-r$cos 甲）　(5)

を得る。この(5)式に大勾×地股を加えれば、大勾×月去地心数となる。すなわち、

（甲降視＋$r$sin 甲）小股

＝$r$sin 甲（$R-r$cos 甲）＋（甲降視＋$r$sin 甲）$r$cos 甲

＝R・$r$sin 甲＋$r$cos 甲・甲降視　（甲式）

一〇月一四日戊辰、名づけて乙とする。

月影二寸五分一厘

去天頂一三度四九分二二

降視一六分二（分母をもってこれを約せば、二七分を得る）

正弦二分三厘八八八

余弦九分七厘一〇五

乙術

また、甲術と同様にして、大勾×月去地心数を求めれば、

（乙降視＋$r\sin$乙）小股＝$R\cdot r\sin$乙＋$r\cos$乙・乙降視　（乙式）

を得る。ここで甲式に乙式の大勾（＝乙降視＋$r\sin$乙）を乗じると、

（甲降視＋$r\sin$甲）（乙降視＋$r\sin$乙）小股＝

（$R\cdot r\sin$甲＋$r\cos$甲・甲降視）（乙降視＋$r\sin$乙）

（甲降視＋$r\sin$甲）（乙降視＋$r\sin$乙）小股＝

（$R\cdot r\sin$甲・乙降視＋$r\cos$甲・甲降視・乙降視）＋

（$R\cdot r\sin$甲・$r\sin$乙＋$r\cos$甲・甲降視・$r\sin$乙）　（左寄A）

また、乙式に甲式の大勾（＝甲降視＋$r\sin$甲）を乗じると、

（乙降視＋$r\sin$乙）（甲降視＋$r\sin$甲）小股＝

（$R\cdot r\sin$乙・甲降視＋$r\cos$乙・乙降視・甲降視）＋

（$R\cdot r\sin$乙・$r\sin$甲＋$r\cos$乙・乙降視・$r\sin$甲）　（左寄B）

これより、左寄A－左寄Bして、

0＝R·$r$sin 甲・乙降視＋$r$cos 甲・甲降視・乙降視－R·$r$sin 乙・甲降視－$r$cos 乙・乙降視・甲降視＋$r$cos 甲・甲降視・$r$sin 乙－$r$cos 乙・乙降視・$r$sin 甲

これより俗術を得る。すなわち、

乙降視（R·$r$sin 甲・＋$r$cos 甲・甲降視）－甲降視（R·$r$sin 乙＋$r$cos 乙・乙降視）＝実

$r$cos 乙・乙降視・$r$sin 甲－$r$cos 甲・甲降視・$r$sin 乙＝法

これら右式に数値を代入し、R＝57度2958 にとり[17]、実如法而一[18]すれば、

r＝21分26秒半弱（0.21265度――筆者註）　(6)

を得る。ここで、(6)×2×周率（π）とすれば、

2π r＝1度34分弱

＝地球の周＝10, 800里[19]

となる。したがって、

1度＝8, 000里微強

よって、

R－r＝57度08分32秒

この値に一度＝八、〇〇〇里微強を乗じれば、

R－r＝456, 665里[20]

すなわち、地上から太陽までの距離となる。また、地心から月までの高さを求めるには、

r・sin 乙＝小勾（＝05分08秒弱）　(7)

この(7)式に乙降視を加えれば、

小勾＋乙降視＝大勾（＝32分08秒）　(8)

また、

$r \cdot \cos$ 乙＝地股（＝20分65秒弱）　(9)

を得て、これより天半径 R を減じれば、

R －地股＝大股（＝57度08分93秒）　(10)

ここで次の比例式から小股を求める式を導けば、

小勾：小股＝大勾：大股

∴（大股×小勾）÷大勾＝小股　(11)

すなわち、

（$R - r \cdot \cos$ 乙）$r \cdot \sin$ 乙÷（$r \cdot \sin$ 乙＋乙降視）＝小股

＝9度04分03秒　(12)

これより、

（小股＋地股）－ r ＝月高

＝9度03分42秒

を得る。これに一度＝八、〇〇〇里を乗じれば、

月高＝72,273里(21)

以上が中根元圭による太陽と月までの距離の計算法である。計算結果を見れば分かるように、いずれも概算と呼べる程度のものでしかなかった。特に、太陽までの距離の差は著しいといわねばならない。このように数値が

乖離する主たる要因は太陽と月を同一軌道面で捉えて計算しようとしたことにあった。さらにいえば、基礎データとなった月の影の精度に問題があったことも指摘できるであろう。

元圭の計算法は即座に理解されなかったようで、のちに、将軍吉宗に請われてであろう幕府天文方の西川忠次郎正休（一六九三～一七五六）を解註、多々良保佑（一七〇八～八四）を校正として『日月高低考』[22]が著された。同書は、元圭による計算法を詳解したものであるが、加えて西川による個別の解説「日月高低測算名目解」「目鏡月径測考」も付された。年紀はそれぞれが「甲子歳八月」（延享元〈一七四四〉年）と「延享二年」と誌されているから、元圭没後の著述であることが分かる。これにおいて、西川は日月高低計算のアイデアが『暦算全書』にあることを指摘した上で、計算に用いられた数値などの根拠が不明である、と批判している。多々良こと戸板保佑も元圭の方法を「此術中根子大謬也」と批難をしたのである。

確かに、元圭が述懐するように日月高低の計算は「其言荒唐ニシテ依リ拠ル可難シ」ことであった。しかし、将軍吉宗の厳命によって固辞することができず、苦心惨憺の末に活路を見いだした元圭の「誠歓ニ堪ヘズ」とする喜びは、後人の批判の先にあった。

三　門下生への三角法の伝播

中根元圭の門人であった幸田親盈（一六九二～一七五八）は『八線表解義術意』[23]と題する写本を著している。これは『八線表算法解義』に表れる術語や術文を簡潔に解説したもので、幸田は元圭による三角法の研究を継承した一人と指摘することができる。写本の奥付は「享保十七年歳次壬子中夏」とあるから、元圭の『八線表算法解義』は享保一七年の仲夏以前に成立していたと考えることができる。また、幸田の解説文中に「末葉ノ半天径鈐、先生昔日乗除率ト名ルモノナリ」と触れる一節がある。元圭が使った用語「半天径鈐」について付言したものであるが、これは先生が「昔日」に「乗除率」と名付けた術語である、としている。昔日がどれほどの過去を指さすかは不明であるが、幸田の『八線表解義術意』が元圭の助言の下で著述された可能性を示唆する一言と見なせる。再度指摘すれば、幸田の写本の奥付は享保一七年仲夏とあった。この年は、元圭が将軍吉宗の命に従って相州鎌倉で太陽の観測を実施していた時期と重なる。ことによると元圭は、弟子の幸田を手代として鎌倉での太陽観測に同道させ、作業にあたらせていたのかも知れない。その際、三角法の基本を幸田に伝授したとも考えられる。

なお、筆者による目下の調査では、元圭の子息中根彦循（一七〇一～六一）に三角法に関わる著作のあることを知らない。彦循は父の江戸参勤に同行し、建部賢弘や久留島義太などから算学の手ほどきを受けていた。また、父に代わって建部賢弘の下問に応え『累約術』などを著すほどの算学者であった。そのような彦循が父の没後、洛中切っての算学者として中根派を牽引していたことは当然であった。既述したように弟子の幸田親盈に三角法を教授したこと、また、父の傍らにいて研究を幇助した事実に鑑みれば、継嗣の彦循に三角法が教授されていたことを疑う余地はない。

まとめ

ここまでの議論を整理すれば、中根元圭による三角法の研究の意義は以下のようにまとめることができる。

（一）『割円勾股八線表』の「用法」から三角法の使用法を理解し、その応用例を日本人として初めて著したこと。
その際使用した三角関数表は六桁であり、『割円勾股八線表』の値を用いた。

（二）三角法を『授時暦』の数値精度の検証に用い、暦術への応用を図ったこと。

（三）数値精度は兎も角として、三角法を用いて弧背の長さを求めることを試みたこと。

（四）享保一七年五月以降、太陽と月の高低と影の長さを観測し、これらの数値を基にして太陽と月までの距離を計算した最初の日本人であること。

清朝中期を代表する暦算学者の梅文鼎の学問姿勢は、中国の古典的暦算学体系の中に西洋の新知識を積極的に吸収消化することを基本としていた。したがってそこには、これまでの東アジアの暦算学に見ることのなかった中国と西洋の学術が融合された中西折衷型の学問が誕生していた。寛永七年以来実施されてきた禁書令は、八代将軍徳川吉宗によって緩和されたが、世の中には依然としてそれらの書籍に対する警戒感は残っていた。そのような時代の潮流にあって、『暦算全書』は中西折衷の暦算学書として、我が国の暦算学者の注目を集めることになったのである。中根元圭はこれの訓点和訳に携わった当事者であった。この事実は、これまでとはまったく異なる新しい学問体系に触れる中根元圭の五感を震わせるに十分であった。鋭敏な元圭は、東アジアの暦算学にあって未成熟であった三角法の重要性をいち早く認めたのである。その意味において、元圭は近代西洋数理科学の申し子ともいえる三角法の魅力に惹かれた最初の一人であったのである。

（1）中根元圭と一族のことは、小林龍彦「中根元圭の研究（Ⅰ）」（『数学史の研究』RIMS研究集会報告集一七八七号、二〇一二年）二九～四三頁を参照されたい。
（2）『近藤正齋全集』第三（国書刊行会編、一九〇六年）「好書故事巻第四十二　撰集二十二」一四六頁。
（3）小林龍彦「『暦算全書』の訓点和訳と序文について」（『科学史研究』五〇巻二五九号、二〇一一年）一七四～一七六頁を見よ。
（4）加藤平左エ門『和算ノ研究　雑論Ⅱ』（日本学術振興会、一九五五年）一一三～一一四頁。
（5）大庭脩『江戸時代における唐船持渡書の研究』（関西大学東西学術研究所、一九六七年）七一八頁。
（6）削除の理由は、編著者にイエズス会宣教師が含まれていることによるのであろう。
（7）『割円勾股八線表』同書、三丁ウ。
（8）同右書、三丁ウ～四丁ウ。
（9）小林龍彦「建部賢弘と中根元圭」（『数学文化』二二号、二〇一四年）四一～四三頁を見よ。

(10) 商は〇・五七八九四七…となるが、元圭は小数点以下第四位を切り上げて、〇・五七九としている。

(11) 『三正俗解』の跋文による。

(12) 最上徳内『測量算策書』（東北大学附属図書館蔵岡本文庫蔵：請求番号岡本写〇八九五）による。

(13) この写本の書名は、中根元圭の孫弟子にあたる千葉歳胤が「元圭先生所述之也」（『大議天文地理考序』宝暦九年一二月）と誌していることによっている。将軍吉宗に献上した写本に書名がなかったことから、後世では『地径算法』（東北大学附属図書館狩野文庫蔵：請求番号狩—二一三七一）、『日月高測即高低里数之術』（日本学士院蔵：請求番号六六八四）、『天高計術』などの書名で流布したものと思われる。

(14) 地球の半径、CO＝DO.

(15) これは地球の中心から月（太陰）の表面までの距離にあたる。

(16) $R=\frac{1}{2\pi}\times 360^\circ=57^\circ 2958$としたものである。したがってこの時の$\pi$の値は三・一四一五九一五……用いていることになる。

(17) 術文中に$R-r$＝57度08分32秒とあって、r＝21分26秒半弱と与えられることからR＝57度2958となることが分かる。Rを度で表すことは、$2\pi R$＝360度としたことによる。

(18) 実÷法のこと。

(19) 1度＝30里。したがって、360度×30里＝10, 800里となる。

(20) 456, 665里×4 km＝1, 826, 660km

(21) 72, 273里×4 km＝289, 092km

(22) 岩手県奥州市立水沢図書館立生館文庫。戸板保佑蔵書からの写本で「天文秘書之十六」（目録番号二八〇）とする。

(23) 『明治前日本数学史』第三巻、一一五頁によれば、幸田の研究として、他に、『白山暦解義』『推積年日法術』（享保一九年）『天文大成』などが知られる。また、『日本音楽大事典』（平凡社、一九八九年）の「中根元圭」の項に出現する「元圭の門からは、琴学でも知られる幸田子泉」とは、幸田親盈その人のことである。

〔付記〕　この小論は京都大学数理解析研究所 RIMS 研究集会「数学史の研究」において「中根元圭の研究(Ⅲ)——禁書緩和令と中根元圭——」（二〇一三年八月）および「中根元圭の研究(Ⅳ)——『八線表算法解義　全』の研究——」（二〇一四年九月）、と題して発表した原稿を大幅に加筆修正したものである。

〔謝辞〕　本研究は平成二六年度日本学術振興会学術研究助成基金助成金（基盤研究(C)）課題番号二三五〇一二〇四によって行われたものである。記して謝に代えたい。

高松松平家博物図譜の成立──一八世紀博物図譜の模索──

松岡明子

はじめに

博物学という視点から見ると、江戸時代、なかでも一八世紀は日本にとって大きな変化の時代であった。一七世紀初頭に伝えられた李時珍の『本草綱目』は、広く普及して中国本草学に依拠した学問の土壌を築いたが、宝永六（一七〇九）年刊行の貝原益軒著『大和本草』において国内の動植物が多数紹介されたことで、日本の博物学はその一歩を踏み出した。享保年間（一七一六～三六）には、八代将軍徳川吉宗の政権下で諸国産物調査や薬種の国産化政策が行われ、社会全体に実用的な物産学の発展が促されるとともに、自然界に対する博物学的関心の高まりが生まれた。また、同じ頃に行われた洋書の輸入緩和は、西洋からの新たな知をもたらし、黎明期の日本博物学に刺激を与えたのである。

このような変化は、動植物を描いた博物画のあり方にも影響を及ぼした。『大和本草』に添えられた挿図は本文を補う素朴なものであったが、やがて博物画はそれ自体多くの情報を備えた図へと発展してゆく。本草学者に限らずさまざまな人びとの手で多種多様な博物図譜が制作され、ことに博物学に関心をもつ大名たちは美術品と

表1　高松松平家博物図譜一覧

図譜名	帖名	図数	表紙裂	付札	付札表記	備考
衆鱗図	一	194	菱宝尽	砂子A	漢字・カナ	海水魚
	二	189	菱宝尽	黄無地	かな	海水魚、長崎持込・汪竹里賛
	三	297	檜扇橘	砂子A	漢字・カナ	無脊椎・淡水魚
	四	43	檜扇橘	砂子A	漢字・カナ	海水魚(雑)
衆禽画譜	水禽	85	牡丹唐草	砂子A	カナ	
	野鳥	74	檜扇橘	砂子A	漢字・カナ	
衆芳画譜	薬草 第二	172	牡丹唐草	砂子B	漢字・カナ(一部)	
	薬木 第三	120	牡丹唐草	砂子B	漢字・カナ(一部)	
	花卉 第四	208	牡丹唐草	砂子B	漢字(一部)・カナ	
	花果 第五	174	牡丹唐草	砂子B	漢字(一部)・カナ	
写生画帖	雑木	190	牡丹唐草	黄無地	かな	長崎持込・程赤城賛
	雑草	218	牡丹唐草	黄無地	かな	長崎持込・王世吉賛
	菜蔬	177	牡丹唐草	黄無地	かな	長崎持込・程剣南賛

註：砂子A・Bは砂子の種類の違いを示す。

見まがうような美しい博物図譜を生みだした。そのなかでもひときわ精緻で美麗な図譜として知られるのが、高松藩一二万石の藩主であった松平家に伝来する四種の博物図譜（以下、松平家図譜）である。一八世紀半ばに成立したと考えられる松平家図譜には、後世まで写し継がれた多くの転写図の存在が確認されており、博物学史上に及ぼした影響の大きさを考えても江戸時代を代表する博物図譜のひとつといってよいだろう。

松平家図譜については、これまで図の転写関係を軸として主に後世の図譜との比較を中心に研究が重ねられてきたが(1)、本稿では四種の図譜を植物、鳥類、魚類の分野別に分け(2)、それぞれ先行する図譜等と比較しながら各図の分類や配列(3)、描き方について検討し、中国や西洋の影響も探りながらその特徴と成立背景について考察したい。

一　松平家図譜の概要

個別の検討に入る前に、まず松平家図譜全体についての基本的な情報を確認したい。高松松平家には、植物を描いた「衆芳画譜」四帖と「写生画帖」三帖、鳥類を描いた「衆禽

図１　高松松平家博物図譜
高松松平家歴史資料（香川県立ミュージアム保管）

画譜」二帖、魚類など水棲生物を描いた「衆鱗図」四帖からなる一三帖の博物図譜が伝来している(4)（表1、図1）。いずれも錦の表紙の装丁で、ほぼ同じ大きさの雲母《きらび》引きの台紙(5)約五〇枚を折本状につなぎ、その表裏両面に手描きの彩色図を貼って動植物の名称等を記した付札を添えている。これらは高松藩の五代藩主松平頼恭（一七一一～七一）が作らせたもので、頼恭の事績を記した「増補穆公遺事」(6)には次のように記される。

一、物産の学問御好み被成、草木鳥魚・金銀玉石・骨角羽毛に至る迄種々御取集、唐土・朝鮮・琉球・紅毛に至る迄の産物御取揃へ被成御箱組に被成被置候、（中略）

一、草木鳥信彦云、水鳥計也魚は画工に命せられ真物を持て正写し被　仰付、漢名和名御正し被成　候て附札に被　仰付候、其内魚図は別て精密にして世上に無之物故、宝暦一二年壬午正月廿九日御内々にて公方様へ御上げ被成候、

頼恭が集めて「箱組」にしていたというさまざまな産物は現存していないが(7)、画工に描かせた草木鳥魚の図が松平家図譜と考えられる。そのうち「魚図」は、宝暦一二（一七六二）年に一〇代将軍徳川家治に献上されており、松平家の魚類図譜が当時から高く評価されていたことがうかがえる。現存する目録から類推すると、献上されたのは「衆鱗手鑑」二帖で、「衆鱗図」とはやや構成の異なる図譜であったようである(8)。

膨大な数に及ぶ動植物の調査や絵画化、同定、編集といった作業には多くの年月と人手を要したと思われるが、松平家図譜がいつ、誰の手で制作されたのかを明確に示した記録は見つかっていない。

ただし、宝暦五（一七五五）年に「讃州侯図本」を写したという熊本藩主細川家の鳥類図巻や、同一二年の魚類図譜献上の記事は、松平家図譜またはその素材となった図が当時すでに存在したことを示しており、これらの手がかりから、図譜の制作は宝暦年間を中心に行われたと推察される。(9)

制作者については、後世の記録になるが、高松藩家老の木村黙老（一七七四～一八五六）が著した随筆「聞ま、の記」に次のような記事がある。(10)

公（頼恭）亦広く和漢の鳥獣、草木、虫、魚、金石、貝類を集め其形象を真写し和名漢名蘭名を記し給う、源内都て是にあずかり助く、

高松藩士であった平賀源内（一七二八～八〇）は、宝暦四（一七五四）年に辞職して、江戸の本草学者田村藍水の下で学ぶが、同九年から一一年まで再び高松藩に仕官し、二度目の辞職ののち、江戸で代表的著作『物類品隲』（一七五三年刊）を刊行する。再仕官の時期、源内は藩内で採薬を行い、藩主の帰国に随行する傍らで貝の採集・調査をするなど頼恭の近くで精力的に本草学の仕事をしていることから、松平家図譜の制作にも何らかの形で関わっていたと考えてよいだろう。(11)

図を描いた人物については、宋紫石の弟子で源内とも交流があった讃岐の絵師、三木文柳(12)とする説(13)などがあるが、結論は出ていない。しかし、総計二〇〇〇点を超す図は、描き方の違いなどからみて複数の人物の手で描かれていることは確かである。

制作された図譜のうち「写生画帖」全三帖と「衆鱗図」第二帖は、長崎まで持ち込まれ、交易に来ていた清人に見せられた。(14)これら四帖には、植物や魚の名を尋ねた松平家側からの質問と、それに対する清人の返答および讃語（詩文）が記されており、各図の名称を同定する作業が行われたことが確認できる。質問文を作成したのは漢学者の平沢元愷（一七三三～九一）、回答した清人船主は汪竹里、程剣南、王世吉、程赤城の四人で、彼らが記

した讃語の年記は、いずれも頼恭が没した六年後の安永六（一七七七）年六月となっている。[15] 当時の本草学において、和名と漢名の同定は極めて重要な作業であったが、現実に長崎まで持参して清人に問うた事例として注目に値するだろう。

大名道具に相応しい豪華な装丁で統一された松平家図譜は、一見すると鑑賞用の手鑑のように美しい。しかし、整えられた外観とは異なり、その制作は一貫して計画的に進められたわけではないようである。たとえば表1のとおり、同種の図譜でも表紙裂が異なることや、付札の表記方法が統一的でないことなどはその一例といえる。以下、それらの差異にも注目しながら各図譜について分野別に考察したい。

二　植物図譜――「衆芳画譜」と「写生画帖」――

江戸時代の博物図譜に転写図が多いことは、すでに指摘されているとおりである。[16] 収められた図が実写図か転写図かという問題は、図譜の特性を明らかにする上で非常に重要な要素となる。松平家図譜については諸先学の調査により後世に数多の転写図が確認され、それらの原本、つまり実写図としての評価が定まりつつあるが、植物図譜については見直しが求められそうである。というのも、熊本藩主細川重賢（一七二〇～八五）が作らせた植物図譜「錦繍叢」と「聚芳図」（いずれも永青文庫蔵）は、松平家の二種の植物図譜からの転写図を多く含むことが指摘されていたが、詳細な比較を行った結果、松平家図譜を原本とする転写関係だけでは説明できない図があることが判明したのである。[17] そこには、両家の図譜の原本となった第三の図譜の存在が考えられるが、その検討は今後の課題とし、ここでは松平家の植物図譜がすべて実写に基づくものとは限らず、転写図も含んで構成された「編集型図譜」[18] の可能性があることを前提として確認しておきたい。

改めて松平家と細川家の植物図譜を比べると、近似する図は多いものの、名称は必ずしも一致せず、図の並びにいたっては大きく異なっている。(19)同じ図を写しても、植物名の同定は各家で行い、他の図とあわせて独自に編集が行われたのである。したがって、「衆芳画譜」と「写生画帖」に収められた図の名称や表記、配列は、松平家における植物図譜制作の考え方を反映したものと考えてよいだろう。

計七帖の付札に着目すると、「衆芳画譜」のうち「薬草」・「薬木」は金砂子で装飾した紙に漢名を記し、和名・俗称などをカタカナで追記するが、「花卉」・「花果」では多くがカタカナの俗称などを記し、漢名を添えている。また、「写生画帖」は三帖すべてが長崎に持参した際に付したと思われる黄色の札にひらがな書という様式で統一されており、植物図譜の中に大きく三種の表記が混在していることがわかる。「写生画帖」については清人に見せることを意識した表記と考えてよいが、「衆芳画譜」にある漢名（漢字表記）と和名・俗称（ひらがな・カタカナ表記）の違いは、植物を同定する作業の段階の違いを示す可能性がある。

そこで、漢名を主とする帖に収められた植物を見ていくと、「薬草」の表裏面、「薬木」の裏面に収められた図は、『本草綱目』草部のうち草之一から八までの内容に沿って並べられていることが確認できた。欠けている図も少なくないが、『本草綱目』をもとに編集が行われたことは間違いない。しかし、残る「薬木」の表面は、『本草綱目』の木部・果部などに所載の植物が見られるものの、配列は大きく異なる。漢名の表記は本草書によった編集の可能性を感じさせるが、現時点では典拠が見当たらず、和名・俗称を主とする残りの帖についても参考とした資料は特定できなかった。各帖に記された帖名を見ると、『本草綱目』や『大和本草』等の本草書、享保期の産物調査で用いられた分類のいずれとも一致しない。『本草綱目』に依拠した編集が行われた部分でも、『本草綱目』が「山草、芳草、隰草、毒草、蔓草、水草」と分類するのに対し、「薬草、薬木」と大まかな帖名を付すのみである。加えて「写生画帖」では竹や瓜、豆など素人でも同種とわかる図がまとめられていないなど、充分に編集が行われていない印象を受ける。清人に漢名を尋ねた背景には、このような同定作業の不足もあったのだろうか。

「写生画帖」に記された墨書をみると、平沢元愷による質問文の中に『本草綱目』『救荒本草』『斉民要術』『閩書南産志』といった中国の本草書や農業書、地誌などの名が見える。『大和本草』等の解説からの引用もあるだろうが、これらの書物をもとに漢名の正否や効用を尋ね、回答する清人側も適宜『本草綱目』などを引用しながら、「中土」での呼び方、使われ方などを書き込んでいる。(20) 江戸時代前期の本草学は『本草綱目』によって日本の植物を理解しようとしたが、「衆芳画譜」の一部の配列や「写生画帖」の問答は、一八世紀半ばにおいても『本草綱目』を基本においた植物把握が重要であったことを示している。

しかし一方で、「衆芳画譜」に和名・俗称の図が多数残され、「写生画帖」の全図について漢名を尋ねたということは、それだけの図が日本に自生する植物の調査、観察によって描かれたことも意味している。つまり、『本草綱目』の内容を補う目的で図を描いたのではなく、身の周りにある植物を描き、それを理解するための体系として『本草綱目』が使われているのである。そうであれば、「衆芳画譜」「写生画帖」の構成や名称表記の混在は、『本草綱目』という大きな知を用いながら、日本在来の植物を探求し、理解しようとする取り組みの過程を示すものといえるのではないだろうか。

次に、各図の描かれ方について考えたい。近世本草学の基本書となった『本草綱目』の挿絵はごく素朴な図であったが、日本で刊行された貝原益軒の『大和本草』（一七〇九年刊）や寺嶋良安の『和漢三才図会』（一七一三年刊）に掲載された植物図も、まだ同定作業を行うには難しい概略図とでもいうべきものであった。しかし、宝暦九（一七五九）年から同一三年にかけて刊行された『花彙』（小野蘭山・島田充房）や平賀源内の『物類品隲』（一七六三年刊）になると、葉や茎などの形状が細かく表現され、図の精度は格段に上がる。この変化は、絵画的な技術の差ではなく、植物を認識する視点の違いを反映したものとみてよいだろう。(21) 松平家図譜との直接的な影響関係は認められないものの、背景にある自然科学的関心の高まりは注目される。

手描き彩色の植物図の先行例を探すと、いわゆる享保の諸国産物改にともなって描かれた絵図が、一八世紀前半に全国的な展開をみせた作例として知られる(22)。享保一九(一七三四)年の公達によって全国の動植物や農産物などが調査され、その内容を補う絵図として元文三(一七三八)年頃までに制作されたものである(23)。現存する絵図を見ると必ずしも専門の画家が描いたとは限らなかったようで、葉の形や枝の付き方、花や実、根の姿は把握できるが、葉脈や樹皮などはほとんど描かれていない。それに対して、松平家図譜は複雑な葉脈や樹皮の特徴を描き分け、花の蕊や柔らかな繊毛まで表現している。産物帳の絵図を拡大して見たかのような図は、それだけ観察の眼が細部に向けられたことを示しており、両者の間に明確な植物認識の違いがあることをうかがわせる。

ところで、版本や産物帳の絵図では、植物を全体像や枝先などの一図で示すのが基本だが、松平家図譜ではそのような図の他に、必要に応じて花や実、根や枝の部分図を加えている。さらに、時には幹を切って断面を示し、殻から実をとりだし、果実や種を半分に割るなど、その描写は外観だけでなく内部や断面にまで及んでいる(図2)。このような図は先行する日本の植物図譜にほとんど見られず、その源泉は西洋の植物図にあると考えられる。一八世紀にはドドネウスの『草木誌』(一五五四年初版)やスヴェールツの『花譜』(一六一二年初版)などが舶載されており、後者には部分図を添えた植物図が複数掲載されている。両書に断面図が含まれているかは確認できていないが、少なくとも一七世紀末に日本を訪れた博物学者ケンペルの著作『廻国奇観』(一七一二年刊)には、日本の植物が部分図や断面図とともに描かれており(図3)、西洋の植物図ではすでに用いられていた手法であったことがうかがえる。

もうひとつ注目したいのが、松平家図譜の中に散見する植物の複雑な重なりである。たとえば「衆芳画譜 薬草」の「白芷《びゃくし》」(図4)では、葉をつけた枝が根の前に描かれるが、葉先の一部は根の後ろに廻らされている。

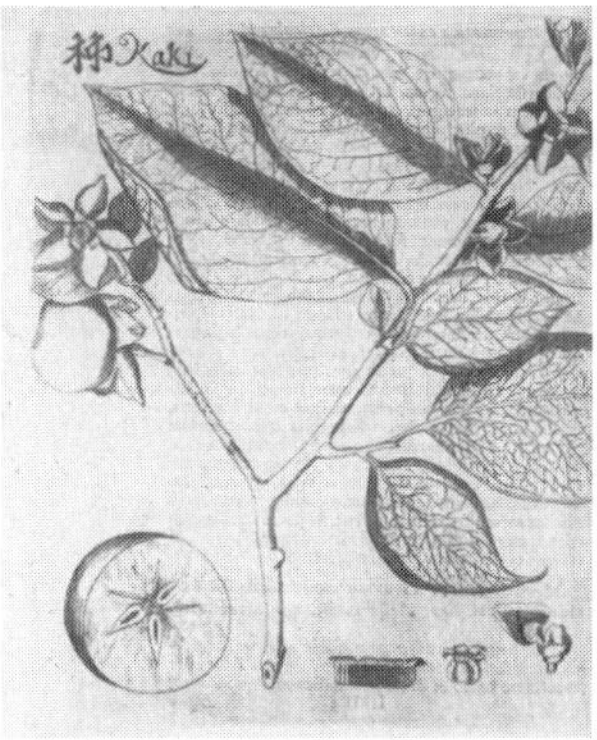

図3　ケンペル『廻国奇観』（同志社大学図書館蔵）

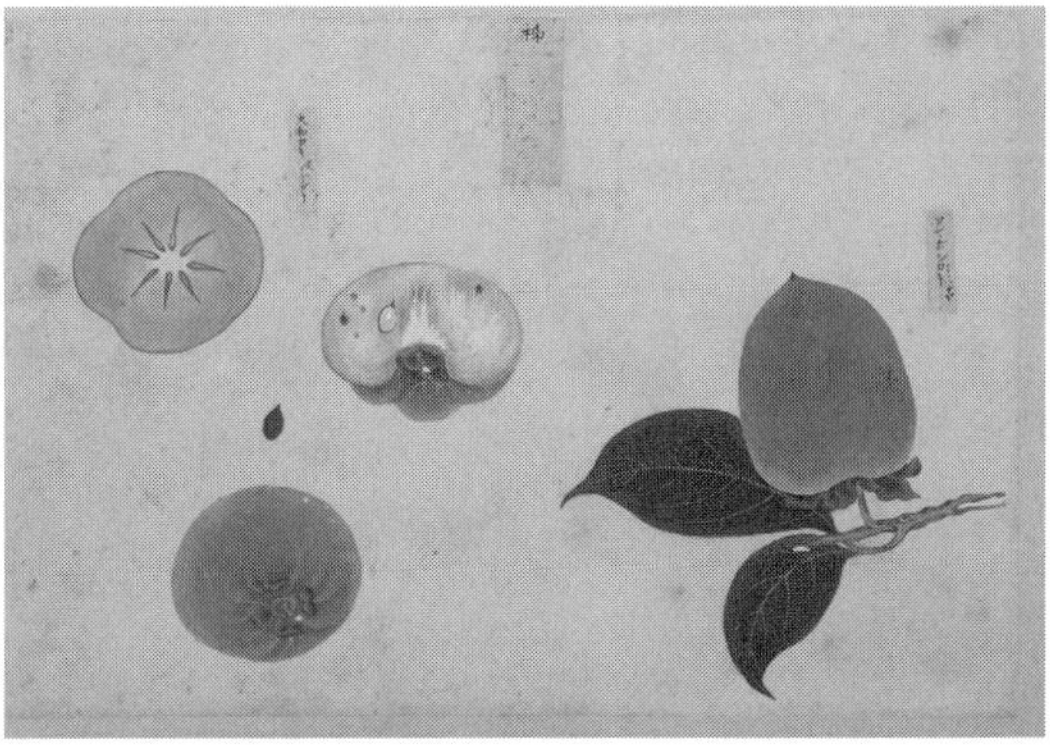

図2　「衆芳画譜 花果」のうち「アマボシカキ／柿／大和ガキ」

図5　スヴェールツ『花譜』（国立国会図書館蔵）

図4　「衆芳画譜 薬草」のうち「白芷」

このような重なりは、先行する日本の図譜には類例がないが、スヴェールツの『花譜』に似た例が見いだせる（図5）。図に前後の立体感をもたせる複雑な重なりは、画面に複数の部分図を描く西洋の植物図の手法として発達したものではないだろうか。そうであれば、「白芷」図はいち早くその手法を採りいれて日本の植物を描いたことになる。

松平家の植物図に認められる自然科学的視点や西洋書との親近性は、それらが転写図であったとしてもほぼ同時代の図譜から写されたことをうかがわせる。したがって、「衆芳画譜」と「写生画帖」は、日本の植物に対する知的探求心を根底に、西洋の絵画手法や『本草綱目』などの中国本草学の枠組みを使いながら、実写、あるいは転写によって集めた植物図を整理し、把握しようとした一八世紀の本草学をめぐる状況を、制作過程の痕跡としてとどめた図譜ということができるだろう。

三　鳥類図譜――「衆禽画譜」――

松平家の鳥類図譜は、江戸時代を通じて数多く転写された。たとえば、宝暦五（一七五五）年に「讃州侯図本」を写したという奥書がある熊本藩主細川重賢の「游禽図」（永青文庫蔵）[24]は、全二六図のうち二〇図が「衆禽画譜」とほぼ同じ図である。しかし「游禽図」の図の順番や名称は「衆禽画譜」と必ずしも一致せず、「衆禽画譜」にない猛禽類の図や、細部が異なる図なども含まれることから、写されたのは「衆禽画譜」とは別の図譜か、または現在の画帖装に調えられる以前の時期であった可能性が考えられる。細川家に伝えられた転写図は、『観文禽譜』（一七九四序）を著した佐野藩主堀田正敦（一七五八～一八三二）の「堀田禽譜」（東京国立博物館蔵）にも写され、墨書から頼恭、重賢に続き「高須侯」を経て正敦の図譜に写されたことが判明する。[25]転写図には讃州侯由来と注書する例もあることから、松平家の鳥類図譜は実写に基づくオリジナルの図と見られ、大名間の転写を皮切りに広がったものと考えられる。

現在、「衆禽画譜」には「水禽」と「野鳥」の二帖が伝来している。先行書を見ると、『本草綱目』や『和漢三才図会』（一七一三年刊）は鳥類を「水禽、原禽、林禽、山禽」に分け、『大和本草』（一七〇九年刊）は「水鳥、山鳥、小鳥、家禽、雑禽、異邦禽」とするなど、統一的な分類は確立されていなかったようである。管見の限り「野鳥」という区分は他に見えず、「衆禽画譜」独自のものである可能性もあるが、この帖名は題簽の墨書が判読しづらいことから近代の所蔵ラベルを参照したものであり、当時から「野鳥」と称していたかは定かでない。また、収録図が少ないわりに種類が幅広いため、補遺的にまとめられた帖である可能性もある。(26)

「水禽」帖は、先行書における「水鳥」の収録種が「鶴」から始まるのに対して「マガン」から始まり、雁や鴨、鴫《しぎ》などの種類が豊富なのが特筆される。図の配列は先行書の並びと一致する部分もあるが、鴨類と鴫類が並行するように同じ台紙に貼られるなど、分類を意識した厳密な並びより、収まりよく図を貼ることが優先されたようである。「衆禽画譜」には空白や白紙も多く、配列のルールについては慎重に検討する必要があるが、現状では依拠した書物等は特定できず、複数の先行書を参考にしながら編集されたと推察される。

鳥を描いた版本の先行例を見ると、『大和本草』などの挿図はいずれも簡素で、鳥の外観的特徴がようやく摑める程度にすぎない。一八世紀には「飼鳥」趣味の流行を背景として『喚子鳥』（一七一〇年刊）をはじめとする養禽書も出版されたが、これも図は大まかな描写にとどまっている。一方、手描き図である享保年間の産物帳絵図を見ると描写は詳細になり、巧拙や緻密さの違いはあるものの、多くが側面をやや見下ろすような視点で羽根の模様が見えるように表現するなど、基本的な描き方は「衆禽画譜」と共通している。これは、鑑賞画として掛軸や屏風に描かれた花鳥図にも指摘できるもので、鳥の形状や特徴を伝えやすいだけでなく、古くから花鳥画の題材として鳥が描かれてきたことにより、鳥図の様式が築かれていたことに起因すると考えられる。

図6　「衆禽画譜 水禽」のうち「シヤクナギ／ウミスズメ」

図7　狩野探幽筆「飛鶴図」（京都国立博物館蔵）

その様式の影響を、「衆禽画譜 水禽」の「シャクナギ」（図6）に見ることができる。飛翔するさまを上方から捉え、首を逆S字に曲げて嘴を開く姿は、文正筆「鳴鶴図」（相国寺蔵）にはじまり狩野探幽や伊藤若冲らが写し継いだ伝統的な鶴の図像（図7）を思い起こさせる。不自然な首の曲りは観察に基づく表現ではなく、おそらく死んだ個体をもとに既存の図像を用いて描いたものだろう。似た例は「ダンナンカモメ」をはじめとする複数の図にも見られ、博物学的関心に応える図譜でありながら、対象の客観的な絵画化を徹底するのではなく、伝統的な図像も使いながら描かれている点は注目される。創作の要素が加わっても生きた姿を描くことが重視され、その際、鳥図については花鳥画の伝統に裏付けられた様式が活かされたのである[27]。

一八世紀前半に成立した手描きの鳥類図がほとんど遺されていないことや、後世の図譜に与えた影響の大きさからみて、「衆禽画譜」、あるいはそれとほぼ同じ図を含んでいた松平家の鳥類図譜は、手描き彩色の鳥類図譜としては初期の成立と考えてよいだろう。現存する二帖については、分類や配列の根拠とした資料が特定できず、松平家独自の構成である可能性が高い。従来の図譜にない詳細な描写は対象を実見して描いたものと思われるが、一部に既存の図像に沿った創作的な「生きた姿」が含まれている点は注意を要する。

この生き生きとした精彩ある姿を求める志向は、松平家の他の図譜にも共通しており、たとえば「衆鱗図」に収められた水棲生物は、観察個体すべてが図のとおり鮮度の良い状態ではなかっただろうし、植物にも虫喰いなどの描写はごくわずかしかない。精緻な描写は、観察を重ねたうえで最も健全な状態を表現したものであり、そこに博物画としてのフィクションが存在する点は認識しておく必要がある。同時に、松平家図譜の背景にある博物学的な関心が、対象の正確な生態把握にまで及ぶものではなく、色や形、質感といった外面的な要素に集中していることを、「シャクナギ」の図像は象徴的に示しているといえるだろう。

四　魚類図譜――「衆鱗図」――

宝暦一二（一七六二）年正月二九日、松平頼恭は一〇代将軍家治に魚類図譜「衆鱗手鑑」二帖を献上した。松平家に伝来する「衆鱗手鑑目録」によれば、献上図譜に収められた図の数は「衆鱗図」の約七割、各図の名称は長崎に持ち込まれた「衆鱗図」第二帖がひらがな、残る帖が漢字とカタカナで記されるのに対し、「衆鱗手鑑目録」は漢字や真仮名などで記しており、「衆鱗図」に記された名称と一致するものは七割強ほどである。(28)「衆鱗図」が「衆鱗手鑑」の原本か、あるいは控えのようなものか、その位置づけについてはまだ結論は出ていないが、転写された後世の図から見ると、両者の図は完全には一致しないものも含まれていたようである。以下、「衆鱗手鑑目録」も参考にしながら、「衆鱗図」に収められた図の数や構成について、先行する魚類図譜と比較しながら考えたい。

「衆鱗図」に先行する魚類図譜には『訓蒙図彙』（一六六六年刊、六〇品）、狩野常信筆「草花魚貝虫類写生図」（一六六一～一七一二年、六七品）、『和漢三才図会』（一七一三年刊、一二六品）、「日東魚譜」（一七一九年序、二六一品）、

『菜魚図讃』（一七三八年序、一四九品）などがあるが、「衆鱗図」の収録図は七二三点と格段に多く、その描写も飛躍的に精緻であることから、本格的な魚類図譜の初出と評価されている。(29)

「衆鱗図」には分類を示す言葉の記載はないが、「衆鱗手鑑目録」は「海魚」「河魚幷湖魚」「雑部」の順で分類されており、「衆鱗図」にこれを当てはめれば第一～二帖は「海魚」、第三帖表が「雑部」、同裏が「河魚幷湖魚」、第四帖は同定できていないものも含む補遺的な内容となる。先行する魚類図譜の構成をみると、魚類の分け方や順番は一様ではなく、図譜ごとに分類が試みられていたと類推されるが、いずれも河や湖に生息する淡水魚が最初に紹介されるのに対し、「衆鱗図」は海水魚から始まるのが特徴である。淡水魚を先に載せるのは、中国本草書の影響と思われ、内陸部の広大な中国では海水魚より淡水魚の方が親しまれていたことによるものだろう。これに対し、瀬戸内に位置する高松藩領では海が圧倒的に身近な存在であり、海水魚を先に並べた構成は、制作者の観察対象への距離感を反映したものと考えられる。

「増補穆公遺事」を紐解くと、頼恭と魚の関わりが見えてくる。

　沖合へ御釣に度々御出あり、安（庵）治浦御殿にて五三日つゝ御滞留も有、春も瀬居島へ御出及生崎御殿にて一二夜御滞留も被成候、(30)

頼恭は、帰国のたびに頻繁に船で沖合に出ていたようで、時には漁師たちとともに網を引いて鯛や鰆などの漁を見物し、浜に引き上げられた大鱶《ふか》を打ち殺して料理した。また、鯛、鰆《さわら》をはじめ鮪なども食し、鮟鱇や鰹を好んだとも記されている。

年代は不明ながら、次のような興味深い記述もある。

　或年御居間に水船を居置潮を酌入、小なる海魚種々生置れにし付、水御門より毎日汐水を取入候迚御門を開き在之しに、(31)

文中の「水船」がいかなるものかは確認できないが、室内に水槽のようなものを据え置いてさまざまな海水魚を泳がせていたという。高松城は瀬戸内海を臨む水城で、堀には海の魚が泳いでいる。頼恭の周りにあったこの恵まれた環境が、独自の配列で海の生物を数多く含んだ図譜の制作を可能にしたのだろう。

「衆鱗手鑑目録」の奥書には、次のように記される。

封内至于東都海浜鱗甲随見命画工図、別目次二巻附之、宝暦十二年壬午正月二十九日併献焉

頼恭が江戸と国元の往来の中で見たものを描かせたことを示す貴重な手がかりだが、道中での観察は時間的・行程的な制限があったと考えられるため、主要なフィールドは、全国の産物と情報が集中する江戸と、瀬戸内にある讃岐の地であったに違いない。「衆鱗手鑑目録」では、全四六二種のうち五一種に産地や方言が書き添えられているが、その八割強が讃岐に関わるもので、それ以外は伏見産が四種、他は各一種であることも、制作背景にある地域性をうかがわせる。

「衆鱗図」が、先行する魚譜を遥かに凌ぐ数の図を収め、海水魚から始まる独自の構成を立てるのは、江戸や国元を中心として独自に調査を行い、その成果に基づいて制作されたことを示している。中国本草学による発達した土壌のあった植物分野に比べると、魚類、特に海水魚の情報は、先行書に求めることに限界があった。そのような状況も、フィールドワークによる新たな魚類図譜の誕生を促す要因となったと考えられる。

五　「衆鱗図」の表現技法について

これまで見てきたように、松平家では植物、鳥類、魚類の博物図譜が制作されていたが、将軍に献上されたのは魚類図譜のみである。「別て精密にして世上に無之物故」（「増補穆公遺事」）と記されるとおり、何よりもその「精密さ」ゆえに、当時から突出した評価を与えられていたのである。人びとにそういわしめた具体的な特徴を、

図8　「衆鱗図 一」のうち「鯛 牡」

「衆鱗図」第一帖の「鯛 牡」（図8）を例にしながら紹介したい。

魚図は、頭部を左、尾部を右にした側面を描き、背鰭や尻鰭を広げ、本来は一枚しか見えないはずの腹鰭を二枚広げて描くのが特徴である。[32] 体表を覆う鱗や無数の斑点、皺などは細部まで描かれ、鮮やかな彩色が施される。これだけでも従来の魚類図譜を凌ぐ緻密さだが、さらに特筆されるのは本物の魚のような鱗の金属的な輝きとみずみずしい質感、台紙から浮き上がるような立体感が表されている点だろう。鱗の輝きは、紙の上に銀箔を貼り、その上に線を描いて彩色することで表現する。「衆鱗図」に収められた鯵や鰯、鰆などの魚にはすべてこの技法が用いられ、鯉や金魚など一部の魚には金箔が使われている。さらに、魚の目には漆か膠のようなものを塗って潤いを表すほか、体表の一部を実際に胡粉で盛り上げて陰影を作りだしている。こうして制作された図は、すべて輪郭線にそって丁寧に切り抜かれたのち、雲母引きの台紙の上に貼って仕上げられているのである。

「衆鱗図」には、魚以外にもイカやカニ、クラゲなど多様な生物が含まれ、対象に応じて表現技法も使い分けられているが、いずれも精緻な描写、質感や立体感にこだわった表現と、図の切り抜きは一貫している。描くことに加え、まるで工芸品のような表現技法を用いることで、頼恭の魚類図譜は献上品となるべき「精密さ」を得たのである。「衆鱗図」の表現技法は、個々に見れば特別新しいものではない。金箔は古くから仏画などに用いられ、胡粉による盛り上げ彩色も各種の絵画作品にみられる。しかし、対象の質感を迫真的に表現する目的でこれらを組み合わせて用いたところに「衆鱗図」の新規性が指摘できる。特に、金属箔を用いた鱗の表現と、図の切り抜きについては先行作例が見当たらず、松平家図譜が初出であったと見てよいだろう(33)。

もうひとつ、「衆鱗図」の特徴として注目したいのが、筆致の均質さである。鑑賞を目的に描かれた通常の絵画に比べると、博物図譜では描線の肥痩や省略といった強弱の表現が抑えられる傾向にあるが、「衆鱗図」ではそれが際立っている。全七二三点の図は、描き手による巧拙はあるものの、ほぼすべてが細く均一な線で描かれ、描線や彩色に省略はない。なかでも圧巻なのは鱗の描写で、配列や大きさの変化も意識しながら、描き始めから終わりまで省略、強弱のない均質な細線で貫徹されている。「鯛」の鱗も見事だが、ヒラメ・カレイ類の描写はさらに細かく、一図を描き上げるのに相当な時間を要したことが想像される。

これらの図を描いた作者については、小豆島の画家三木文柳や楠本雪渓とする説があるほか、高松藩のお抱え絵師が関与した可能性も視野に含めて検討されているが、結論にはいたっていない(34)。しかし近年、「衆鱗図」に収められた数点の図の裏に「カヅマ／伊織」「八郎」「小弥太」という人名の墨書が確認された(35)。これらの人物が何者かは判明しておらず、描き手であるかも確定できないが、具体的な人名が明らかになったことに加え、図譜制作に複数の人物が関わっていることを示す点でも注目される。

「衆鱗図」の特異な表現技法に関わる史料として、狩野派に学んだ筑前の絵師、林守篤が著した『画筌』（一七一二年序）の中に、次のような一文がある(36)。

鷹の絵に眼を漆にて書たる有、師曰、是絵の法にあらず、工匠等がすべきこと也。

一方、秋田蘭画の画家でもあった久保田藩（秋田藩）藩主の佐竹曙山は、みずから著した画論「画法綱領」（一七七八年）で次のように述べている。

画工永雲能鷹ヲ画ク、眼心ヲ点スルニ漆ヲ用ユ、社中コレヲ悪テ画法ヲ廃スルト終ニ交ヲ絶ツニ至ル、笑ニ絶タリ、画ハ本似タルヲ貴フ、

西洋画法を学んだ曙山の主張は、当時としてはまだ新しかっただろう。中国画論を起源とする美術思想が主流であった一八世紀前半には、気韻生動が第一とされ、外形を似せるために技巧を尽くすことは高く評価されなかった。守篤が記すように、鷹の眼に漆を点じるのは、画壇の中心的流派であった狩野派の画家たちにとって「工匠等がすべきこと」と認識されたのである。そう考えると、「衆鱗図」の表現技法は、狩野派画家たちが評する「工匠等」の技の集大成とでもいうべきものである。複数の素材や技法を駆使して、形や色だけでなく質感・立体感まで表現する徹底した姿勢は、一般的な絵画観にしばられた画家にとっては常識破りのことであったに違いない。この点に着目すれば、「衆鱗図」の描き手は当時の絵画の規範に捉われない人物、たとえばごく無名の画家や藩士、あるいは実際に工匠と呼ばれる人びとであった可能性も視野に入れながら検討する必要がでてくるだろう。

「衆鱗図」に共通する筆致の均質さについては、時代背景を考えると西洋から輸入された博物書の影響も看過できない。一八世紀には、ヨンストンの『動物図譜』（一六六〇年刊）やウィラビーの『魚類誌』（一六八六年刊）などの西洋書が日本にもたらされており、挿図として収められた細密な銅版画が人びとの心を捉えていた。情趣を排した均質な細線を用いる「衆鱗図」は、先行する日本の魚類図から一歩離れ、むしろこれらの銅版画の客観性や緻密さとの親近性を感じさせる。しかし、銅版画で使われる陰影法は「衆鱗図」には見られない。均一に細部まで表現する線描は採り入れたが、西洋画の光と影の概念は吸収されなかったのである。代わりに、西洋画に

劣らぬ立体感を表現するために既存の技法を組み合わせて考案されたのが「衆鱗図」の表現技法だったのではないだろうか。

おわりに

松平家図譜の考察を通して見えてきたのは、日本の動植物に目を向けることで広がった情報を、中国や西洋の知識・技法を採りいれながら客観的に表現しようとした一八世紀博物図譜の手探りの取り組みにほかならない。絵画的にも優れた動植物図を数多く収める松平家図譜は、江戸時代博物図譜の白眉と称される一方で、図に付随する文字情報の少なさが指摘されてもきた。しかし、これは情報の「欠如」ではない。松平頼恭は、本草学者たちとは異なる観点から自然物に眼を向け、純粋にみずからの好奇心に従って博物学的探求を行った。そして、膨大な書物をたよりに動植物の名称や由来、活用法を明らかにするのではなく、身近な動植物の形や大きさ、色や質感などを高い精度で絵画化し、視覚的に示すという方法でその実績を残したのである。眼前にあるものを可能な限り忠実に表現し、画帖に収めたのは、箱組にした貝や鉱物と同じように、動植物を精彩ある姿で収集しようとする意識に裏づけられたものでもあっただろう。

観る者の目を今なお驚かせる「衆鱗図」の迫真的な図は、西洋の絵画とは根本的に異なる発想で描かれている。図を実際に盛り上げ、金属箔等で光や質感を表現し、それを切り抜いて画帖に貼るという特異な制作方法は、外部の知を吸収しながら写実的表現を模索したひとつの極みとして、一八世紀の日本で新たに生み出されたものであり、その物質的な実在感をともなう表現は、多種多様な水棲生物を画帖に収めて「所有」するという欲求を満たすことも可能にしたのである。

(1) 主な論考は以下のとおり。磯野直秀「日本博物学史覚え書(Ⅰ)」(『慶應義塾大学日吉紀要 自然科学』一四号、一九九三年)、磯野直秀「『衆鱗図』と栗本丹洲の魚介図」(『慶應義塾大学日吉紀要 自然科学』一五号、一九九四年)、今橋理子『江戸の花鳥画』(スカイドア、一九九五年)。

(2) 松平家伝来の「衆鱗図」には魚類だけでなく無脊椎動物なども含まれるが、本稿では総称する際に便宜上「魚類」という語を用いる。

(3) 本来は全図の分類を確かめ、その配分なども比較検討する必要があるが、本稿では文字として記された分類名や動植物の名称をもとに考察した。本草の分類思想については下記に詳しい。山田慶兒「本草における分類の思想」(『東アジアの本草と博物学の世界』上、思文閣出版、一九九五年)。

(4) いずれも高松松平家歴史資料(香川県立ミュージアム保管)。以下に全図掲載。『高松松平家所蔵 衆鱗図』第一~四帖・研究編(香川県歴史博物館友の会博物図譜刊行会、二〇〇一~〇五年/東海大学出版会からも五冊組で二〇〇五年に発行)、『高松松平家所蔵 衆禽画譜』水禽・野鳥(香川県歴史博物館友の会博物図譜刊行会、二〇〇五年)、『高松松平家所蔵 衆芳画譜』薬草第二・薬木第三(香川県歴史博物館友の会博物図譜刊行会、二〇〇七~〇八年)、『高松松平家博物図譜 衆芳画譜』花卉第四・花果第五(香川県立ミュージアム、二〇一〇~一一年)、『高松松平家博物図譜 写生画帖』菜蔬・雑草・雑木(香川県立ミュージアム、二〇一二~一四年)。

(5) 台紙の法量は、「衆禽画譜 水禽」のみ三八・一センチ×四八・七センチでやや大きく、他はすべて約三三センチ×四八センチである。

(6) 「増補穆公遺事」(香川県教育委員会編『新編香川叢書史料篇一』、一九七九年)四五~四六頁。

(7) 「松平頼恭公採集草木衆帳目録」(鎌田共済会郷土博物館蔵)から、かつては少なくとも七〇〇点ほどの植物が収集されていたことがうかがえる。竹内乕夫「草木衆帳と衆芳画譜——博物趣味の殿さま、松平頼恭公——」(『植物と文化』一一号、一九七四年)。

(8) 「衆鱗手鑑目録」(高松松平家歴史資料)は、前掲註(4)『高松松平家所蔵 衆鱗図 第四帖』に掲載。なお「衆鱗手鑑」については、磯野直秀により原本の一部または転写図と考えられる資料の存在が報告されている。磯野直秀「『衆鱗手鑑』残欠の出現」(『慶應義塾大学日吉紀要 自然科学』四三号、二〇〇八年)。

(9) 拙稿「高松松平家伝来博物図譜と平賀源内」(『静電気学会誌』三六、二〇一二年)。

(10) 高松市図書館編『読み下し聞くままの記』(高松市図書館、一九九三年)三一~三二頁。

(11) 平賀源内と松平頼恭、松平家図譜との関係については以下参照。木村陽二郎『日本自然史の成立 蘭学と本草学』(中央公論社、一九七四年)二三七~二五八頁、城

福勇「博物好きの藩主松平頼恭」（『平賀源内の研究』創元社、一九七六年）四三四～四五〇頁、芳賀徹『平賀源内』（朝日新聞社、一九八九年）、江戸東京博物館他「平賀源内展」図録（東京新聞、二〇〇三年）、前掲註(9)拙稿。

(12) 拙稿「絵師三木文柳考」（『香川史学』二九号、二〇〇二年）。

(13) 前掲註(7)竹内論考、木村陽二郎「松平頼恭と三木文柳」（『江戸の動植物図 知られざる真写の世界』（朝日新聞社、一九八八年）一八～一九頁。

(14) 「魚鱗水鳥草木の正射夥敷出来手鑑数帖に相成候上、長崎表へ被遣交易に参居候清人へ見せ漢名御正し有りしに、魚類は彼地に稀なれば委敷不存迚讃語のみ仕、外は段々漢名を正し感入候讃仕指戻申候」（前掲註6書、七六頁）。

(15) 前掲註(11)城福論考、磯野直秀「日本博物学史覚え書一一」（『慶應義塾大学日吉紀要 自然科学』三〇号、二〇〇一年）、錦織亮介「博物図譜と四人の中国人船主」（前掲註4『高松松平家博物図譜 写生画帖 雑木』）。なお、錦織亮介は、四人の船主が同時に長崎にいたのではなく、同一年記を書くことを求められていたのではないかと指摘している。

(16) 磯野直秀「江戸時代博物図譜における転写」（『東アジアの本草と博物学の世界』上、思文閣出版、一九九五年）、前掲註(1)今橋書など。

(17) 拙稿「高松松平家の植物図譜――『衆芳画譜』と『写生画帖』――」（前掲註4『高松松平家博物図譜 写生画帖 雑木』）。

(18) 前掲(16)磯野論考、三二六頁。

(19) 細川家の博物図譜については以下参照。西山松之助「真写文化史上の細川重賢」（『民俗学研究所紀要』第一二集、成城大学民俗学研究所、一九八八年）。

(20) 前掲註(4)『高松松平家博物図譜 写生画帖』に全文掲載。

(21) 大場秀章は、『花彙』の挿図を「江戸時代中期の日本に植物学が実存した証し」と評している。大場秀章『江戸の植物学』（東京大学出版会、一九九七年）七四頁。

(22) 近衛家凞（一六六七～一七三六）筆「花木真写」も注目されるが、進取的な作品のためここでは略する。同作品については以下参照。前掲註(1)今橋書、源豊宗・北村四朗・今橋理子『植物画の至宝 花木真寫』（淡交社、二〇〇五年）。

(23) 安田健『江戸諸国産物帳 丹羽正伯の人と仕事』（晶文社、一九八七年）。なお、図は下記書を参照した。盛永俊太郎・安田健編『享保元文諸国産物帳集成』第一～一九巻（科学書院、一九八五～九五年）。

(24) 前掲註(4)『高松松平家所蔵 衆禽画譜』に全図掲載。

(25) 前掲註(1)磯野論考「日本博物学史覚え書Ⅰ」、前掲(1)今橋書、長岡由美子・林純子「堀田正敦編『禽譜』について1・2」（『MUSEUM』五二一号・五二四号、

一九九四年)、今橋理子「『衆禽画譜』と飼鳥愛好の時代」(前掲註4『高松松平家所蔵 衆禽画譜』)。

(26) 「増補穆公遺事」では、鳥の図について「水鳥計也」と注書する点も注意を要する(前掲註6書、四六頁)。

(27) 河野元昭は、江戸時代の画家たちが描いた客観主義に基づく絵画が、伝統に基づく心象的枠組みを与えられていたことを指摘している。河野元昭「江戸絵画と客観主義」(高階秀爾監修『江戸のなかの近代』筑摩書房、一九九六年、二八二〜二八三頁)。

(28) 前掲註(1)磯野「『衆鱗図』と栗本丹州の魚介図」。

(29) 磯野直秀「『衆鱗図』について」(前掲註4『高松松平家所蔵 衆鱗図 研究編』)。

(30) 前掲註(6)書、六二〜六三頁。

(31) 前掲註(6)書、六一頁。

(32) 磯野直秀はこれを「腹鰭見開き様式」と呼び、松平家の魚類図譜の特徴と指摘している(前掲註29磯野論考)。

(33) 鱗への金属箔の使用については、やや時代が下る細川家伝来の「毛介綺煥」(永青文庫蔵)の中に類例が確認できるほか、絵師三木文柳とその弟子たちの作品にも同様の技法が用いられている。前掲註(12)拙稿。

(34) 前掲(11)城福論考、前掲註(13)木村論考。松平家図譜の画家をめぐる諸説については前掲註(12)拙稿にまとめた。

(35) 前掲註(17)拙稿。

(36) 坂崎坦編『日本画論大観』(アルス、一九二七年)一七頁。

〔付記〕 執筆にあたり公益財団法人松平公益会のご協力をいただきました。記して謝意を表します。

蘭書による西洋天文学の受容の始まり
――『ラランデ暦書』の入手・翻訳をめぐって――

和田光俊

一　西洋天文学の受容方法

近世日本における西洋科学の受容史のなかで、天文学は医学と並んで比較的早くから受容が始まった分野のひとつである。天文学には正確な暦を作るという現実的な目的があったが、同じく実際上の目的をもつ医学の場合とは異なり、長崎等で直接西洋人から技術を学ぶことはできなかったため、書物を通じた研究にならざるをえなかった。しかし、天文学に関しては『解体新書』（安永三〈一七七四〉年刊）のような蘭書の翻訳もすぐには行われなかった。オランダ語解読の困難という言語上の問題以外に、天文学においては、西洋で使われていた太陽暦そのものではなく、中国を中心とするアジア地域に特有の太陰太陽暦に適用しなければならないという問題があった。この問題に関して、中国においては、明朝末から清朝にかけて入国したイエズス会宣教師による著書やその漢訳書、中国人による解説書等が多く著された。清朝では西洋人が欽天監に登用され、西洋天文学を取り入れた暦である時憲暦が採用されていた（一六四五年施行）。

したがって、日本における西洋天文学の受容は、まず中国経由での漢訳西洋天文暦学書を通じて始まることとなった。享保五（一七二〇）年に徳川吉宗が西洋天文学を用いた改暦のために禁書令を緩和したのは中国経由の漢訳西洋天文暦算書に対してであったし、その後の寛政の改暦でようやく実現した西洋天文学を取り入れた寛政暦（寛政九〈一七九七〉年成立、翌年採用）は漢訳西洋天文暦学書の『暦象考成』に基づくものであった。

蘭書を通じた西洋天文学の本格的な受容が始まるのは、寛政改暦後の寛政末から享和年間、ちょうど一九世紀になるころである。

それ以前にも、改暦を計画し、蘭書の導入に熱心だった松平定信の命により、長崎の阿蘭陀通詞・本木良永が翻訳したものはあったが、実際の改暦には活かされなかった。本木により天明八（一七八八）年に翻訳された『阿蘭陀永続暦和解』は、天文方の吉田秀升《ひでのり》により「天度に合不申」として採用されなかったし（寛政元〈一七八九〉年）[1]、寛政四（一七九二）年に翻訳された『星術本原太陽窮理了解新制天地二球用法記』は、地動説を紹介するなど、のちの社会への影響はあったものの、天文方で利用されることはなかった。

また、本木良永に学んだ志筑忠雄は、英国人ケイルの著書の蘭訳本を翻訳し、『暦象新書』（上編寛政一一〈一七九九〉年、中編寛政一二年、下編享和二〈一八〇二〉年成立）としてニュートン力学などを紹介したが、幕府・天文方にとりあげられることはなかった。

これは、正確な暦の作成にしか興味を示さなかった天文方には、天体の構造や運動原理などは関係がないと思われたためであろうが、当時の彼らにとっては理解の範囲を越えていたというべきかもしれない。

それでも、寛政の改暦後、五星（惑星）の研究にとりかかった天文方・高橋至時《たかはしよしとき》は、中国経由ではなく、直接西洋からの知識受容を模索しはじめる。

寛政暦が基にした『暦象考成　後編』は、戴進賢（ケーグラー）らによって一七四二年に完成し、すでに修正版の時憲暦に取り入れられていたものだが、太陽と月の運動に対して、それまでの円運動の組み合わせではなく、ケプラーによる楕円軌道を適用したものであった。しかし、五星と呼ばれる惑星である水星・金星・火星・木星・土星の運動に関しては触れられていなかったため、五星については従来の『暦象考成　上下編』（一七一三年成立）に従わざるを得ず、至時としては不満が残るものであった。

『暦象考成　後編』に続く、五星の楕円運動を扱う書が見つかればよかったのだが、それは存在しなかった。中国に西洋天文学を持ち込んだのはイエズス会宣教師であったため、その理論はコペルニクスの太陽中心説（地動説）ではなく、地球中心説（天動説）に基づくものであった。『暦象考成　上下編』は、地球の周りを回る太陽の周りを五星が回るというチコ・ブラーエの体系に基づいていたし、『暦象考成　後編』も太陽と月に楕円軌道を用いたとはいえ、太陽を焦点とする楕円軌道を地球が回るケプラー理論ではなく、地球を焦点とする楕円軌道を太陽が回るものであった。これを五星に応用しようとすると、地球を焦点とする楕円軌道を回る太陽を焦点として、五星がそれぞれの楕円軌道を回るという複雑なものにならざるをえない。そのせいもあってか、五星を楕円軌道で扱う漢訳西洋天文暦書は現れなかったのである。

そこで、至時は、より正確な五星の観測値や計算方法を求めて、西洋の暦や書物を探すことになる。

二　高橋至時について

幕府天文方の高橋至時は、通称を作左衛門、号を東岡・梅軒という。明和元（一七六四）年に大坂定番同心であった高橋徳次郎文輔の子として生まれ、安永七（一七七八）年に家督を継いで大坂定番同心となったが、麻田剛立に天文・暦学を学び、寛政七（一七九五）年三月に師の推挙で幕府暦学御用を命じられて間重富とともに江戸に行き、同年一一月天文方となる。新暦である寛政暦の作成には、麻田剛立の下で間重富とともに研究していた『暦象考成　後編』が用いられることになる。改暦後も観測・研究を続けたが、文化元（一八〇四）年に四一歳の若さで病没する。病弱であったにもかかわらず、のちに述べるように『ラランデ暦書』の研究に没頭したため命を縮めたといわれている。

日本全国測量による正確な地図作成で有名な伊能忠敬は、至時に天文・暦学を学び、全国測量は緯度一度の長さを実測することによって地球の大きさを求めるために至時とともに計画されたものであった。至時と忠敬は浅草・源空寺に並んで眠っている。至時の長男の景保《かげやす》は父の跡を継いで天文方となるが、シーボルト事件に連座して獄中で病死した。次男の景佑《かげすけ》は、渋川春海以来の天文方である渋川家に入り、天文方として天文・暦学の研究を深め、のちに天保暦を作成する。

なお、至時の妻は、大坂鉄砲組同心・永田元右衛門清賢の娘で志勉《しめ》と言い、至時が江戸に行った寛政七年の一〇月に二九歳で亡くなっているが、以下のような逸話が残されている。

大坂で天文暦学を学んでいた頃、至時は屋敷になる柿の実を売って貧しい家計の助けとしていたが、夜に来る柿盗人の番をするために勉学がおろそかになるのを見かねた妻は夫の留守中に柿の木を切り倒させ、夫を学問に専念させたという話である。

『兎園小説』の中に「賢女」（文政八〈一八二五〉年、屋代弘賢）[2]として載せられているこの話は、ある時期には有名であったらしく、大谷亮吉編『伊能忠敬』（一九一七年）では「口碑による」として紹介され、「既に人口に膾炙せる所なり」とあるが、[3]幸田露伴が『伊能忠敬翁』（一八九三年）と『伊能忠敬』（一八九九年）の中に取り入れているほか、坪内雄蔵（逍遥）の『国語読本　尋常小学校用』（一九〇〇年）にも「高橋東岡の妻」として載せられていた。[4]

三　高橋至時による五星研究と蘭書・西洋暦書の探索

寛政の改暦後、寛政暦では五星について正確な楕円軌道を適用できずに終わったことに不満であった至時は、改めて五星の研究を開始する。

一般的に用いられる頒暦については、太陽と月の動きさえ正確であれば問題はないのであるが、太陽・月と五星を合わせた「七曜暦」を暦の完成形と考えるならば、太陽・月のみに楕円軌道を適用し、五星に楕円軌道を適用しないのは片手落ちだと考えたのかもしれない。一方で、至時は純粋に学術上の興味から五星の研究に没頭するようになったと思える節もある。

間重富宛の寛政一二（一八〇〇）年一一月一〇日付書状には次のように書かれている。[5]

一　金星、荒増《あらまし》には出来仕候へ共、漸弟谷〔チコ〕の測と近測計推試候故、聢《しか》とは相定堅〔難〕く御座候。崇禎暦に、多禄某〔プトレマイオス〕の三測有之候。是等も推可申奉存候。未懸り不申候。

（中略）

五星中にて火金二星、至て難扱ものに御座候。崇禎書にも、火星句〔旬〕已西行と申候。或は無法の動とも申候程にて、西洋にても六ケ敷ものに御座候故、此節火星にも懸り申候。

（中略）

扨《さて》、崇禎書に大に誤写有之候故、先崇禎表にて推試候上にて、新考法にて推算仕候故、大に手間取、且推算仕候上にても、平行・最高・正交等、進退加減も無之候ては合不申、此に合候へは彼に合不申、余程六ケ敷面倒成るものに御座候。乍去、工合能まいり候節は、甚面白く、真に食事も寐る事も忘れ申候。此楽しみ有之候故、懸り居られ候。

（〔 〕内は引用者注、以下同じ）

しかし、同じ書状には次の記述もあり(6)、孤軍奮闘ぶりがうかがわれる。

金火荒増片付置、又々土木に懸り申度候。四星出来候上にて、水星には懸り可申とも奉存候。水星は測量難成にはこまり入申候。扨、金星には、水星の如くなる平行の差は無之相見へ申候。初均と次均のみにて、合し候様相見候。何れ往古へも手を渡し不申候ては、誠に出来とは難申、容易成仕事には無御座候。右五星取調は、手伝・下役等に任せ候ては気遣に候間、小拙壱人にて致し候故、埒明不申候。

他方で、新たな観測値や計算方法を得るために、西洋の暦や暦学書の探索を行っている。同じ寛政一二年一一月一〇日付間重富宛書状に蘭書を探していることが書かれている(7)。

日月食は唐書にも数多載記し有之候。五星の精測は決て無之候故、崇禎暦に寄候外致方無之候。何卒西洋暦学家の実測書見度ものに御座候。依之、蘭書御取寄の義、相願候事に御座候。尤、天文暦術に係り候諸数・絵図等有之候蘭書、御取寄罷成候様と奉願候。即、長崎奉行え御下けに相成候由に御座候。当年持渡りにも、申上候所有之候は丶、無程参り可申と楽しみ申候。ウーヘン〔教科書カ〕如きものも御取寄相成候様仕度候。

実際、いくつかの蘭書を借りて研究していることもわかる。同じ書状の中にも次のような記述がある(8)。

一　水星に平行進退差有之候は、桑名侯〔桑名藩主松平忠和〕の蘭書に有之候。是は水星の初均、未真数に無之と、太陽平行を用ひ候と、の故にて可有之奉存候。

ただし、同じ書状の以下のような記述を見ると(9)、内容の理解はともかくも、オランダ語がどこまで理解できていたのか疑問も残る。とはいえ、わからなかったのは人名や書名の読みであって、意味はある程度理解できていたようである。

一　先達て御噂申上候哉と覚申候、松浦侯〔平戸藩主松浦静山〕の蘭書、堀田より両日の間借請見申候内、七曜諸数有之候。用法記と同数に御座候。尤、地天半径一十万と致候故、数も精敷御座候。書名知れかたく候処、先日、前野

蘭化〔良沢〕珍敷小拙方へ参り被申候故、表題の写しを見せ候処、

書名　ナチュルキュンデ

作者　ベンヤミン」マルチン

姓　名

荷蘭都　アムステルダム之板

千七百六十四年再板

右の通に知れ申候。弟谷後の新測と奉存候。五星の最高、正点〔交〕の平行も有之候へ共、年数千七百六十四年の数とも不被存候。早々に戻し候故、委細に写し不申、残心千万奉存候。（傍線ママ）

至時宛ての享和元年九月一四日付の間重富書状には次のように記されている。(10)

一　扨公儀「ボイス」御拝借御覧之由、桂川〔甫周〕様ニも二冊御借之由、彼ノ方ニ八冊有之候哉ニ被存候、扨々よき事被遊候、

「ボイス」については、のちに述べる『ラランデ暦書管見』の中でも「蘭書「ボイス」、ウヲールデンフック」として触れられており（第一冊、一八丁オ）、百科事典の中の記述、特に数値を参考にしていたようである。

他にも渋川景佑蔵書「暦書目録」の「東岡先生著述遺稿之部」には、

和蘭人ヨハンリリウスアーノルドゴローフ抄録　三

蘭書ウーヘンスコール抄録　一

ウーヘンスコール七曜行度考　一

ゴロンデデルスタルレキュンデ和蘭天学名物訳拾　一

という名前が見られる。(11)

蘭書探索は、あらゆる伝《つて》を使って行われ、伊能忠敬や間重富にも依頼していた。

　享和元（一八〇一）年七月二日付、伊能忠敬宛て書状（12）

猶以御頼申候イギリス暦ハ如何御手ニ入候哉。万一御手ニ入候ハバ、何卒御相談ノ上飛脚ニ御出し被遣被下度、此節五星ニかゝり居申候故、誠ニ渇者の飲を欲するより甚敷候。心中御遠察可被下候。

　享和二年五月二八日付、高橋至時宛て間重富書状（13）

一　蘭書、イギリス、フランス暦書、或ハ推歩暦等之義委く被仰下奉承知候、いつれニも相はかり一計策可
　仕候、左様ニ思召可被成下候、委く貴答ニ不及候〔ママ〕被成下候、

また、次に示すのは、享和二年の江戸参府でやって来たオランダ商館長ウィレム・ワルデナールの日記から一八〇二年三月二九日（月）の記述である（14）。

午後、大通詞助左衛門〔石橋〕がやって来て、将軍のために、奉行の名において、私がイギリスの暦を持っていないかどうか、もし持っていなければ、蘭船到着の際に、手に入れることができないかどうかを尋ねた。そして、これは内々での要求である、何となればイギリス人は日本に来ることを禁止されているので、彼らの品物を持ち渡ることは許されない、従って将軍はそれを公式に私に要求させることはできないからである、と言った。これに対し私は、そのような暦書は持ち合わせていない、それで蘭船が到着の際、もう一度有無を私に尋ねてもらいたい、しかしもしそれが無かった場合には、バタビアではおそらく入手することができるだろうから、私はバタビアに手紙を書きましょう、と答えた。

イギリス人は日本に入国できないからイギリス暦も公式には持ち込めないというのが本当かどうかは疑問であるが、いずれにせよ、イギリス暦が欲しいという要求は、将軍が直接要求したとは思えないので、おそらく天文方の至時からの要望を伝えてもらったものと思われる。

このように蘭書や西洋暦書を探索する中、『ラランデ暦書』を入手することになる。

四　『ラランデ暦書』の入手

享和三（一八〇三）年二月、至時は若年寄堀田正敦より、旗本の成瀬某が所蔵していた『ラランデ暦書』を調べるようにと渡される。

『ラランデ暦書』は、フランス人天文学者ジェローム・ラランド著[15]の『天文学』（*Astronomie* 一七六四年初版）の第二版（一七七一～一七八一年刊）のストラッベが蘭訳した書『天文学あるいは星学』（*Astronomia of Sterrekunde* 一七七三～一七八〇年刊）で、本文四巻に付録を加えた五冊本であった。ほかに、八冊本と九冊本が存在し、至時が手にした原本は残っていないが、日本でも国立天文台や国際日本文化研究センターなどに所蔵されている。近年では、電子スキャンされた電子版をインターネットでみることができるが[16]、機械的にスキャンされているため、折込みの図や表が切れているのは残念である。

本書は当時の一般的天文学に関する浩瀚な書であり、「天文学」あるいは「星学」と訳すべきものであるが、至時も最初は「アストロノミア」や「天文書」などとしていたものの、最終的には「暦書」とした。この書を「暦書」と表現したことに、至時はじめ当時の天文方の本書の捉え方・扱い方が象徴的に表されている。

この『ラランデ暦書』入手の経緯については、至時自身が『地球橢円形赤道日食法』に次のように記している[17]。

享和癸亥（三年）ノ春、参政堀田摂州侯（正敦）和蘭人（ママ）「ラランデ」之暦書全部五冊取シラブベキトノコトニテ下ル。コレヲ一覧スルニ、西洋「フランス」国「パレイス」ノ地ニテ撰述ノ暦書ヲ、和蘭人ノ其国語ニ訳セシモノ也。其書近日「フランス」「アンゲリヤ」二国ノ名暦ノ諸説ヲ集メ撰ミテ、暦法ノ書トナシタル也。西洋紀元一千七百八十余年ノ彫刻セシモノニテ、其論説ハ一千七百七十年コロマデノ成説ヲ取レリ。実ニ大奇書ニシテ、精詳ナルコト他ニ比スベキナシ。コレヲ以テ見レバ、暦象考成後編ノ日月諸均モ猶尽サザルモノアリ、且ツ五星法皆新測ヲ以テ法ヲ建ツ。其測数ノ精密ナルハ論ナシ。

（句読点を補い、割注は省き、新字体にするなど適宜表記を改めた）

『ラランデ暦書』の最終的な訳である『新巧暦書』の序文には、至時の長男・景保あるいは次男・景佑が次のように記している。[18]

享和癸亥〔三年〕春。官以舶来洋暦新書。下先考〔亡父＝至時〕閲覧。先考一閲。歎称曰。果是矣。果是矣。

本書の価値を認め、これこそまさに求めていた書であると判断した至時は、当然、借用の継続を希望したであろうが、これは一時的に借りたものであり、一度持ち主に返さなければならなかった。

此書十数日ノ後返シ上ル。[19]

本書の持ち主であった旗本の成瀬某というのは、長崎奉行の成瀬正定であると思われる。この時代、蘭書は大名や阿蘭陀通詞の注文でなければ購入することはできず、一般向けに市中に出回るものではないので、入手できる人は限られていた。長崎奉行であれば公的であれ私的であれ蘭書を入手することができたと思われる。当時の長崎奉行は二人制で、長崎在勤奉行と江戸在府奉行を一年ごとに交替していたが、成瀬正定は肥田頼常と交替で、享和二（一八〇二）年九月に長崎から江戸に戻り、翌享和三年九月まで江戸にいたので、時期的にも合っている。

この「奇書」については、享和三年三月のものと思われる間重富の高橋至時宛て書状に次のように書かれている。[20]

奇書之儀、御返シニ相成候儀、扨々御残心ニ思召恐入奉存、未タ御役人様迄ニて〔ママ〕公房様ニ御存之なく候故ニ奉存候、此書持人不宜儀も可有之候得共、僅ニ八拾金、小子も常ニ候ハ、いか様ニも御相談可仕候へ共、

此節の儀何か取込残心ニ奉存候、余り之事ニ御座候て愚按申上候、

大坂の裕福な質商で一一の蔵を持ち、十一屋と呼ばれていた間重富にとっては、八〇両くらいの金は出せなくはないという気持ちはあったものの、実際に出せるわけでもなく、公儀のことに口は出せずに見守るしかなかったようである。

享和三年六月八日付間重富宛ての至時の書状には、なかなか入手できずに焦る気持ちが示されている[21]。

当春返上之蘭書未夕下り不申、成瀬氏ニ掛合可申と度々御殿ニて心掛候共、折悪敷掛違ひ逢ひ不申内、近頃は病気ニて引込被居候由、其後は小児共麻疹ニて暫く他行も不仕候故、猶々相分難く御座候、此書後編後の加精のものニて、此書有之得は最早後編はなくても事欠キ申間敷と存候程ニ御座候、

購入までに時間を要した理由はわからないが、ひとつの要因として値段の問題があったかもしれない。八〇両という値段は書物としてはかなり高いものである。時代は下るが嘉永三（一八五〇）年に、阿波の小出兼政は、長崎に一五両で出ていた『ラランデ暦書』五冊を一二両で入手している[22]。また、文化初期と思われるが、大坂の豪商升屋の主人である山片重芳の「書物目録」を見ると、間重富取次のアトラス（地図）一巻が三二両という例はあるが、他の蘭書は一冊数両から十数両というところである[23]。一冊六〇〇頁程もある大部な書とはいえ、五冊で八〇両というのは高いように思われる。

しかし、おそらく当時の日本に一組しかないものは、言い値で買うしかなかったのかもしれない。実際に八〇両であったかどうかは不明だが、結局幕府で購入し、天文方に渡されることになる。

其後同年《享和三》秋七月ニ至テ永ク同僚三人ヘワタシ下サル。此ニ於テ熟覧スルコトヲ得タリ[24]。

五　至時による『ラランデ暦書』の研究

ようやく『ラランデ暦書』を入手した至時は、本書の解読と研究に没頭する。その成果については、まとまった書にするまでの時間が残されていなかったが、『ラランデ暦書管見』という稿本の形で残されている。『ラランデ暦書管見』は全部で一一冊あるとされるが、そのうち八冊のみがまとまった形で残されている。第一冊は享和三年二月の稿とされており、堀田正敦から渡されて十数日で返却する前までに書かれたもの（後日手を入れている）であり、第二冊以降は、同年七月に幕府が購入したものを入手した後、七月から九月にかけて書かれたものである。その他、原書第五冊である付録の数値表について『ラランデ暦書表用法解』（享和三年三月稿）をまとめている。

『国書総目録』よると『ラランデ暦書管見』八冊が、羽間《はざま》文庫（大阪歴史博物館）、伊能家（伊能忠敬記念館）、日本学士院の三か所に所蔵され、うち、羽間本は「自筆稿本」とされている。学士院本は伊能本の明治四三年の複写本であり、伊能本は羽間本を基にした写本で、羽間本が最もオリジナルに近いとされつつも、羽間本を自筆稿本とすることには異論がある。

中山茂は『日本思想大系』の解説で「複数の写し手によるものであって至時の自筆本とは考えられない」としており[25]、上原久は、「羽間本には各冊ともに「間五郎兵衛蔵書之印記」という蔵書印が押されてあって、これが本来重富蔵本としての写本であることを示して」おり、至時自筆の稿本ではないと結論づけている[26]。また、渡辺敏夫も同様に「その筆跡の鑑定は困難だが、明かに少くとも二人の手が入っていると思われるし、また至時自筆本に重富が自分の蔵書印を押したとは考えられない」[27]としている。

至時の自筆かどうかについては慎重な判断が必要であるが、重富の蔵書印があるから自筆稿本ではないとは必ずしもいえず、[28] 書込みの状況なども含めて勘案すれば、自筆の可能性もあると考えられる。

なお、「羽間文庫」は、間重富の蔵書がそのまま継続保存されたものではなく、明治以降いくつかに分かれて保管されていたものを、羽間平三郎氏が再収集したものである。上原久『高橋景保の研究』には、「羽間平三郎氏未亡人の言」に基づき、

羽間家に現存する「暦書管見」は、重富から代々伝えられて、現在の羽間文庫に引継がれて来たものと一般には考えられている。事実は先代の平三郎氏が、大正末期に伊勢から出た古書一車をまとめて購入した中に、偶然入っていたものである。

とあるが、[29] 伊勢山田の御師《おんし》・飛鳥氏の旧蔵書であった可能性は高く、一度伊勢に移されていた間家の旧蔵書が再び戻ってきたともいえる。[30]

また、間重富の長子・重新の「先考大業先生事迹略記」によると、文化一〇（一八一三）年二月に高橋氏役所の火災で『ラランデ暦書』の原本は焼失したが、重富の作らせておいた写本を使うことができたとある。[31] この時に『ラランデ暦書管見』稿本の原本が焼失したかどうかは不明である。しかし、同年三月二六日付高橋景保の伊能忠敬宛て書状には「亡父遺書三箱火中ヨリ取り出し」とあるので、[32] 無事であった可能性も高い。

『ラランデ暦書管見』全体の冊数については、もともと一一冊あったうちの八冊のみが残っているとされている。渋川景佑蔵書「暦書目録」の「東岡先生著述遺稿之部」には次のようにある。[33]

刺蘭《ラランデ》迭暦表目録・刺蘭迭天文書目次和解　合巻一冊
西暦管見目録　一
西暦管見　十一

渡辺敏夫は、「至時の遺稿は確かに一一冊あったが、現存するもの八冊というのは、三冊が失われたのではな

く、重富或は何人かによって手写の際、八冊に削除されたものが残り、元来の一一冊は現在所在不明というのが実情である」とし、第九～一一冊について、羽間文庫の中からそれらの候補を推測している(34)。なお、『新巧暦書』の序には「訳述西暦管見十三巻。表八巻」とあるが(35)、『西暦管見』一一冊に『剌蘭迭暦表目録・剌蘭迭天文書目次和解』と『西暦管見目録』の二冊を加えたものであろう。

『ラランデ暦書管見』の内容は、原書の主要な部分を抜き出して抄訳し、解説を加えたものである。至時はオランダ語をあまり理解することができず、時間的にも限られていたため、原書各冊の巻末にある図と表をたよりに、そこから本文を辿って、主だったところを解読し、抜き書きしたものと思われる。

大谷亮吉は『伊能忠敬』の中で、次のように評価している(36)。

このラランデ暦書管見は暦書全部を精訳すべき第一歩として先づ其最も主要なる部分及参考に資すべき項目等を通読するに従ひこれを抄訳し或はこれが解説を加へ或は自家の意見を併記せしものなり。書中至時は屢其蘭語に通達せざるが故に原書大意のある処を推測して記述せる旨を告白せるも光行差及其他物理的現象に関する僅少の事項を除きては大体に於て能く原書の要点を捕捉するを得て訳説、論議共に正鵠を失せざるのみならず原書の方式等に誤植ある場合に於てもこれに誤らるゝことなく却て其誤を指摘訂正せるを見るべし。本書が僅々五六ケ月の少日子中に病臥の身を以て然も極めて不十分なる語学上の素養を以て編述せられたることを思へば以て如何に至時の精力絶倫にして学識高遠なりしかを察するに足るべし。

至時はほとんどオランダ語ができなかったにもかかわらず、内容をかなり正確に理解することができたと考えられてきた。大槻如電『新撰洋学年表』には、次のように書かれている(37)。

東岡の蘭学に於ける其文字と若干の名詞とを知るのみ。大槻磐水〔玄沢〕其他蘭医家の助力を受くると雖も星暦の如き専門高遠の学術とて容易に講読する能はず。因て必要と認むる条条を抄訳し年来研修せし星学を応用し僅々六个月間に十一冊の此書を作れり。

至時もみずから『ラランデ暦書管見』の中に「予蘭語ヲ知ラス故ニ解シカタシ」（第一冊、一三丁オ）と書いており、他の箇所にも、意味が理解できない、他日再考すべし、などと書いている。しかし、『ラランデ暦書』入手前から蘭書を目にし、十数日のうちに『ラランデ暦書』の価値を見極め、半年ほどの短期間で『ラランデ暦書管見』一一冊分を解読・解説したことを考えると、アルファベットやアラビア数字はもちろんのこと、「若干の名詞」だけではなく、かなりの語彙を知っていたと思われる。(38)大槻玄沢らの蘭学者もほとんどは医者なので、天文学書の解読にどこまで協力できたかは疑問である。また、至時宛て間重富書状（享和元年六月カ）に「蘭学家ニは天学を不好故に」とあるように、(39)蘭学者と天文暦学者は別という意識もあったようだ。至時の天文暦学の知識・経験とオランダ語の知識をもって、おそらく単独で解読を行ったものと思われる。

六　『ラランデ天文書目次和解』について

ここにひとつの史料がある。

国立国会図書館所蔵（W三八三―N四）

『和蘭人ラランデ天学書全部五巻惣目録之内和解』（内題）

『天文書目次和解』（外題）

写本一冊、共紙表紙、本文一三丁、縦二四・三糎×横一七・一糎

内容は『ラランデ暦書』の目次の和訳であり、著者や成立年は不明である。国会図書館の登録は平成六年九月二一日だが、入手時期や入手経路は不明で、「帝国図書館」等の蔵書印はない。

墨書の本文に朱書細字の書込み、さらに墨細字の書込みがある。本文は『ラランデ暦書』の目次項目の訳が列記されているが、原書のすべての項目ではない。また、冊や頁数などは墨書では書かれておらず、抜けた項目とともに、細字の朱書の書込みで補われている。

表紙見返しに朱書で次の書込みがある。

享和三年癸亥二月十五日　御殿ヨリ堀田摂津守殿秋山松之丞を以御下ケ

御用向御見合ニ可相成哉旨相見候上可申上旨被仰渡御下ケ也

堀田摂津守は若年寄・堀田正敦、秋山松之丞は奥右筆・秋山惟祺《これよし》のことであり、この二人は寛政九（一七九七）年に改暦によって天文方・至時らとともに褒美を賜っている。(40)

堀田正敦から『ラランデ暦書』を調べるようにと渡された時期については、至時の『地球楕円形赤道日食法』に、享和三年春に渡され十数日後に返したと書かれており、さらに『ラランデ暦書管見』第一冊の成立が享和三年二月であることから、享和三年二月のことであったことは知られていたが、この史料の書込みには、それが享和三年二月一五日であったこと、直接堀田正敦からではなく、秋山惟祺から手渡されたことが書かれており、おそらく至時自身の書込みであろうと思われる。さらに本文中の「クワドラント」（四分儀）への注として「官庫之称観星鏡者即此物也」（八丁オ）との書き込みがあることからも、書込みをしたのが幕府天文方の人間であることがわかる。

渋川景佑蔵書「暦書目録」の「東岡先生著述遺稿之部」に『刺蘭迭暦表目録』とともに合巻一冊とされている『刺蘭迭天文書目次和解』という書があるが、(41)本史料がこれに相当するのではないかと思われる。

朱書書込みが至時によるものだとすると、墨書本文の著者は誰であろうか。至時が堀田正敦から『ラランデ暦書』を受け取ってすぐ誰かに作らせたか、あるいは、堀田正敦が『ラランデ暦書』と一緒に至時に渡したものであろうか。阿蘭陀通詞か蘭学者であろうか。天文暦学の知識はある程度あるようだが、それほど詳しいわけでもなく、オランダ語も完全ではない印象を受ける。たとえば、Comeeten を「彗孛《すいはい》」と訳しており、これは『天経或問』などに見られる漢語であるが、朱書で「Comeeten　彗星ナリ」と書込みがされているように一般的な用語ではないようである。Planeeten を本木良永は初めて「惑星《まどひぼし》」と訳したが、ここでは「五星」「六曜」「七曜」などの従来の語で訳している。

長崎にいる阿蘭陀通詞に渡す時間的余裕はなかったと思われるが、享和三年にはオランダ商館長の江戸参府はなかったものの、オランダ商館長から将軍家へ贈る献上物に付き添って出府した阿蘭陀通詞（参府休年出府通詞）はいたので[42]、時期によっては可能性がないわけではない。一方で、江戸にいた蘭学者のほとんどは医者であり、天文学書をどこまで翻訳できたかは疑問であるが、彼らの可能性もある。

ところで、表題に「和蘭人ラランデ天学書」とあるように、この訳者は「ラランデ」のことをフランス語版原著者ではなく、オランダ語版の翻訳者であると勘違いしていたようだが、このことは、至時が『地球楕円形赤道日食法』で「和蘭人「ラランデ」之暦書」と書いていることと関係があるように思われる。至時が比較的初期に著した『西洋人ラランデ暦書表用法解』（享和三年三月）の本文冒頭には「和蘭人ラランデ之アストロノミア暦書表用法」とあるが、それに続いて「此ノ書の数ハフランス国府「パレイス」ノ数ナリラランデト云ルモ思フニフランスノ人ナラン」（一丁オ）とあり、至時も途中で誤解に気づいたようである。その後は「和蘭人」ではなく「西洋人」や「西人」を用いている。

至時は当初この『目次和解』を基にして『ラランデ暦書』の全体像を把握し、その後、自分で詳細に調べていったと考えられないだろうか。至時によると思われる朱書書入れと『ラランデ暦書管見』との関係も含めて、さらなる調査が必要である。

七　高橋至時以後の『ラランデ暦書』研究継続とその後

至時の死後、『ラランデ暦書』の翻訳・研究は天文方で継続される(43)。最初は間重富や高橋景保に受け継がれるが、あまり進まず、最終的には渋川景佑と足立信頭によって『新巧暦書』（文政九〈一八二六〉年序）にまとめられる。『新巧暦書』の序には、次のように書かれている(44)。

而西洋之書。文義難通。先考〔至時〕多方咨詢。日夜研究。僅八閲月。訳述西暦管見十三巻。表八巻。

（中略）

観其不凡力矣。惜哉罹病。蓄念終不能果而易簀。於是乎家兄景保與間重富謀。而継其志。将訳術全書。以紹先考之素意。未幾景保新承旨補訂万国全図。又重以修輯満洲辞書。重富亦与地図之挙。旁承古尺纂考之旨。各其任重而力不遑。於是景佑与足立信頭。従事於斯。

この『新巧暦書』を基にして「天保暦」（天保一三〈一八四二〉年）が作られることになる。しかし、『新巧暦書』は『ラランデ暦書』の全訳ではなく、従来の暦書の形式をとったものであった。間重富が全訳を試みようとした草稿が羽間文庫には残されており、文化八（一八一一）年に天文方に設置された蛮書和解御用として阿蘭陀通詞の馬場佐十郎が参加したにもかかわらず、結局完全な翻訳は作られなかった。

また、阿波の小出兼政は、独自に『ラランデ暦書』を入手し、養子の小出光教、高畠深斎とともに翻訳したが、その『蘭垤訳暦』（嘉永五〈一八五二〉年前文）はやはり従来の暦本の形式であった。

結局、天文方を中心とする天文暦学者は暦作製にしか興味を示さず、ラランデの天文書も「暦書」でしかなかったのである。

なお、天文方がラランデ以後も洋書を探していたことを示す史料がある。天保一〇（一八三九）年五月に天文

方七名の連名で若年寄林肥後守忠英に出した願書である。(45)

先達而フランス人クウエテレット著述仕候暦書を、阿蘭陀人ロバット彼国之語ニ而翻訳著述仕候星学書弐冊、御買上之儀奉申上候処、先難被及御沙汰旨被仰渡候、然ル処、右書籍者近年之板ニ而、近来発明之儀茂載有之、御見合ニ茂相成候品ニ御座候間、可相成者長崎表ニ而御取入ニ相成候様仕度奉存候、且又漢土ニ而導〔遵〕用仕候暦象考成上編法中五星法并後編法之儀、最早暦元之年を相距候儀百十ケ年余ニ茂御座候間、当時之下編法後編法共遵用仕間敷奉存候、左候得は、日用〔月〕五星何れ茂新法撰述仕候儀与奉存候間、右津暦測源〔律暦淵源〕中之暦書之外、別ニ新法之暦書出板仕候ハヽ、持渡候様仕度奉存候、且又一躰当暦法者、元来西洋暦ニ原キ候儀故、西洋諸国暦書之内ニ者考合ニ相成候品数多可有御座候間、新撰之暦書星学書并其外西洋ニ而古人之星学ニ名高キ者之著述茂見当候ハヽ、阿蘭陀船入津之節持渡候様仕度奉存候

右之趣唐方并阿蘭陀来船人共江申渡候様、長崎奉行江被仰渡被下候様仕度奉存候、依之此段申上候、以上

亥五月

渋川助左衛門（景佑）
山路弥左衛門（諧孝）
足立左内（信頭）
吉田四郎三郎（秀茂）
渋川六郎（敬直）〔蔵〕
山路金之丞（彰常）
足立重太郎（信頭）〔順〕

最初に述べられているのは、ベルギー人ケトレー著『星学の基礎』の蘭訳本のことで、のちに御内用方通詞を

通じて購入されたが、天保改暦に当たってどれだけ利用されたかは不明である。また、ここでもまだ『暦象考成』以後の新しい中国暦書を期待しており、西洋天文学の太陰太陽暦への応用の問題は残されていたのかもしれない。

その後、天保暦の後には新しい暦は作られず、幕末を迎え、さらに明治五（一八七二）年に太陽暦採用が決定される。ここに暦のための蘭書による西洋天文学受容は終わり、その後、天文学は、暦とは別の科学として、蘭書だけではなく英書等によって、学習・研究されるようになるのである。

（1）「天文方代々記」（『天文方関係史料』大崎正次、一九七一年）三四頁。
（2）『日本随筆大成』第二期一（吉川弘文館、一九七三年）三〇〜三一頁。
（3）大谷亮吉編『伊能忠敬』（岩波書店、一九一七年）六九六頁。
（4）『日本教科書大系』近代編六（講談社、一九六四年）二六六頁。
（5）有坂隆道「寛政期における麻田流天学家の活動をめぐって――『星学書簡』の紹介――」（『日本洋学史の研究Ⅴ』創元社、一九七九年）二八八〜二八九頁。
（6）前掲註(5)有坂論文、二九〇頁。
（7）前掲註(5)有坂論文、二八九〜二九〇頁。
（8）前掲註(5)有坂論文、二九〇頁。
（9）前掲註(5)有坂論文、二九一〜二九二頁。
（10）有坂隆道「享和期における麻田流天学家の活動をめぐって――『星学書簡』の紹介――」（『日本洋学史の研究』創元社、一九六八年）二〇〇頁。
（11）渋川景佑蔵書「暦書目録」（『天文方関係史料』大崎正次、一九七一年）一〇六頁。
（12）上原久・小野文雄・広瀬秀雄編『天文暦学諸家書簡集』（講談社、一九八一年）六七頁。
（13）前掲註(10)有坂論文、二七四頁。
（14）日蘭学会編、日蘭交渉史研究会訳『長崎オランダ商館日記　一』（雄松堂出版、一九八九年）一七〇〜一七一頁。
（15）ラランドについては以下に詳しい。シュザンヌ・デバルバ「ラランデの生涯（一七三二〜一八〇七）と業績」（『天文月報』九八巻五号、二〇〇五年）。
（16）Google Books で閲覧できる〔二〇一五年一月三〇日

閲覧）。
Vol.1 http://books.google.com/books?id=uEOgAAAAMAAJ
Vol.2 http://books.google.com/books?id=NESgAAAAMAAJ
Vol.3 http://books.google.com/books?id=skSgAAAAMAAJ
Vol.4 http://books.google.com/books?id=QUWgAAAAMAAJ
Vol.5 http://books.google.com/books?id=zUWgAAAAMAAJ

（17）『地球楕円形赤道日食法』享和三年三月稿、羽間文庫所蔵、一丁オ〜ウ。

（18）『新巧暦書』文政九年序、国立天文台所蔵、巻一、一丁ウ。

（19）前掲註（17）書、三丁オ。

（20）前掲註（10）有坂論文、三〇八頁。

（21）前掲註（10）有坂論文、三二〇頁。

（22）横塚啓之「ラランデ暦書と小出兼政」（『天界』九八〇号、二〇〇七年）六頁。

（23）有坂隆道「山片重芳の蘭癖収集品」（『日本洋学史の研究Ⅶ』創元社、一九八五年）一二九頁。

（24）前掲註（17）書、三丁オ。

（25）中山茂「高橋至時と「ラランデ暦書管見」」（『日本思想大系六五　洋学　下』岩波書店、一九七二年）四七三頁。

（26）上原久『高橋景保の研究』（講談社、一九七七年）一八五頁。

（27）渡辺敏夫「高橋至時の「ラランデ暦書管見」について」（『蘭学資料研究会研究報告』一九八号、一九六七年）。

（28）井上智勝「羽間文庫の高橋至時関係資料」（『天文月報』九八巻六号、二〇〇五年）。

（29）前掲註（26）上原書、一八一〜一八二頁。

（30）井上智勝「解題」『大阪歴史博物館所蔵　羽間文庫古典籍・古文書目録』（大阪歴史博物館、二〇〇六年）七〜一〇頁。

（31）渡辺敏夫『天文暦学史上に於ける間重富とその一家』（山口書店、一九四三年）四六八頁。

（32）前掲註（12）書、一一八頁。

（33）前掲註（11）書、一〇六頁。

（34）前掲註（27）渡辺論文。渡辺敏夫『近世日本天文学史上巻』（恒星社厚生閣、一九八六年）二三六〜二三八頁。

（35）前掲註（18）書、巻一、四丁オ。

（36）前掲註（3）大谷書、六九〇〜六九一頁。

（37）大槻如電『新撰洋学年表』（柏林社書店、一九二七年）八八頁。

（38）前掲註（26）上原書、二〇七〜二一〇頁。

（39）前掲註（10）有坂論文、一九一頁。

（40）『続徳川実紀』一、寛政九年一二月二七日の条（『新訂増補国史大系』四八、吉川弘文館、一九六六年、三七〇頁）。

(41) 前掲註(11)書、一〇六頁。

(42) 片桐一男『阿蘭陀通詞の研究』（吉川弘文館、一九八五年）二五七〜二六一頁。

(43) 嘉数次人「天文方のラランデ天文書研究」（『天文月報』九八巻五号、二〇〇五年）。

(44) 前掲註(18)書、巻一、三丁ウ〜四丁ウ。

(45) 前掲註(42)片桐書、三〇七〜三〇八頁。

江戸後期幕府・諸藩の近代化努力と大砲技術

郡司　健

はじめに

ペリー来航後、徳川社会は以前にも増して著しく変化し、西洋兵学や大砲技術が一層注目されるようになる。とはいえ、西洋兵学や洋式大砲技術はそれ以前からすでに幕府や諸藩にとって重大な関心事であり、和流（伝統）から反対を受けながらもその受容に多大の関心が払われてきた。その最大の出来事は、天保一二（一八四一）年の徳丸原における高島秋帆の西洋銃陣操練であろう。高島秋帆の父高島四郎兵衛は、当時、西日本を中心に広く流布した荻野流・天山流（荻野流増補新術）の師範であった。秋帆は、荻野流・天山流を基礎としオランダ商館を通じて西洋の大砲技術を取り入れて高島流（西洋流）砲術を確立した。高島流は西国の佐賀藩・薩摩藩等を中心にかなり浸透していた(1)。

秋帆は、阿片戦争に大きな危機を抱き、わが国でも西洋式兵備・銃陣を採用すべきであることを幕府に上書した。江川英龍らの支持のもとに実施された秋帆の徳丸原操練では、とくに砲身の短い忽砲《こつほう》（ホイッツア）および臼砲《きゆうほう》（モルチール）によるボンベン弾・ガラナート弾の威力が幕府・諸藩に大きな影響を与えた(2)。

天保一三（一八四二）年一〇月江川英龍はそのようなボンベン弾・ガラナート弾等の炸裂弾を平射（水平射撃）しうる碧山子砲（ペキサンス砲：Paixhans-Gun）の取り寄せを願い出た（「碧山子砲取寄せの上申」）。[3]

一　天保～嘉永期における幕府・諸藩の大砲技術

高島秋帆の徳丸原における洋式銃陣操練以後、江川英龍・下曽根信敦の影響もあって、幕府だけでなく佐賀藩・薩摩藩・萩藩・諸藩もペキサンス砲（ボンベカノンあるいはボンカノン）等の自家製造か江川英龍らへの発注を試みている。この間の大砲技術等に関する幕府・諸藩の主な動きは以下のとおりである。[4]

天保一五（一八四四）年九月――佐賀藩主鍋島直正はオランダ軍艦に乗り込み当時世界最強といわれたボンベカノン（ペキサンス砲）を初めて見た。[5]老中水野忠邦の失脚により、九月には鳥居燿蔵が町奉行を罷免された。一一月には江川英龍が鉄砲方を免ぜられ時服を賜った。江川英龍は嘉永六年のペリー来航時に復活するまで活動の重点を支配地の韮山に置き、佐賀藩への協力（砲台備砲・反射炉築造）や韮山塾教育等に力を注いだ。

弘化二（一八四五）年一〇月――佐賀武雄領主鍋島茂義はフランス将校ペキサンスによる著作の蘭訳本（「フランス海軍によるボンベカノン試射実験」一八三五年刊）[6]を購入した。翌年二月鍋島茂義はペキサンス蘭訳本の邦訳を長崎オランダ通詞西記志十[7]に依頼した。

弘化五（一八四八：嘉永元）年七月――鍋島茂義がペキサンス書の邦訳の抜書・付図を佐賀藩主鍋島直正に献上した。

嘉永二～三（一八四九～一八五〇）年――反射炉に関するヒューゲニン大砲鋳造法の邦訳が相次いで公刊された（後述）。萩藩では八〇ポンド・三六ポンドボンベカノンの鋳造と発射試験がおこなわれた。

ペキサンス砲に関しては邦訳本『百幾撤私』（ペキサンス）等によって広まっていったとみられる。[8]幕府は、嘉永三（一八五〇）年に二四ポンドカノンおよび八〇ポンドボンベカノンを外国から輸入するとともに、わが国でもこれを鋳造するにいたったとされる。(9) 薩摩藩でも、嘉永三年に鋳製方で八〇ポンドボンベカノンを完成しており、(10)ほぼ同時期に鋳造されたといってよい。

二　天保・弘化期の萩藩における大砲技術

文化一四（一八一七）年萩藩は、天山流周発台・合武三島流（森重流）大筒と鉄砲ならびに弓馬刀槍とからなる新たな陣法（「神器陣」）を考案し、大がかりな操練をおこなった。銃砲を取り入れた神器陣は当時斬新であった。しかし、当時の海防・異国船対策からは、この陣法で採用されていた五百目玉周発台等では必ずしも十分とはいえず、西洋砲術とともに陣地砲・要塞砲への関心が高まっていった。

天保一二（一八四一）年、高島秋帆が徳丸原で操練をおこなって以来、萩藩でも西洋銃陣・ボンベン弾・ガラナート弾（小ボンベン弾）やゲベール銃等の導入が焦眉の急となった。そこで萩藩は同年七月、秋帆が長崎に帰る途中、粟屋翁助・郡司源之允・井上与四郎を秋帆に入門させ、長崎に派遣して砲術・銃陣を学ばせるとともに、「向風走り之阿蘭陀作之船作り方」や、「阿蘭陀流大筒張調」（洋式大砲鋳造法）の修得と秋帆高弟の招請等を命じた。(11) 彼らは、長崎で高島流砲術・西洋銃陣を研究、「ボンベン玉その他伝書銃陣編立の大意等を会得」して帰萩、西洋火器・銃陣について建議した。高島流は荻野流・天山流を基礎としており、大組隆安流大筒打であるが荻野流も修めていた源之允らにとってその大意修得はさほど困難ではなかった。(12)

天保一四（一八四三）年四月一日には藩兵三万五〇〇〇人近くと馬一三三五頭を動員して、萩近郊の羽賀台で神器陣の大規模演習をおこなった。藩士の士気を鼓舞するとともに、異国船の来襲に備え軍事組織と兵器の近代化を強く認識せしめるためであった。四月にはまた菊ケ浜台場で源太左衛門・源之允親子の指導のもと新造大砲

（一貫六〇〇目玉筒＝約一三ポンド砲）の試射がなされた。藩主・藩士も見学し、この頃から砲術演習の重点は陣地砲へ移り、多くの藩士が砲家に入門するようになった(13)。

その後、弘化四（一八四七）年三月に日向延岡藩士吉羽数馬を招聘し、源之允と遠近付大筒打郡司次郎兵衛が接待と演技補佐の任に当たり、羽賀台でその西洋流砲術の技を演じた。このときは、おもに二六ポンド忽砲（ホイッツル）および一六ポンド臼砲（モルチール）に各種ボンベン弾を装着し合計一八回にわたり発射した(14)。この段階では砲身の短い忽砲と臼砲にとどまるが、その器械類はすべて萩の鋳造所で準備することにより、砲技とともに器機類でも洋式大砲技術の準備が整った。それとともに、これらの炸裂弾を発射しうるボンベカノンないしペキサンス砲の製造と使用が可能となった。

三　萩藩におけるペキサンス砲の鋳造・実験

嘉永二（一八四九）年一二月から翌年四月にかけて、萩藩では八〇ポンドボンベカノン（ペキサンス砲）の鋳造とボンベン（焚焼弾）・実弾等の発射実験ならびに三六ポンドボンベカノンの鋳造・試射がなされた。その時の記録は「八〇ポンドボンベカノン諸規則」（原題「八十封度伯以苦冊子佛郎西砲術家暴母珀迦炳諸規則」）および「三六ポンドボンベカノン諸規則」（原題「三十六tt暴母珀迦炳諸規則留」）として、幕末に洋式大砲製造等で活躍する砲術師範郡司千左衛門（覚之進）家に残された（現在萩博物館保管(15)）。

（1）当文書の記載順序

この文書「八〇ポンドおよび三六ポンドボンベカノン諸規則」全体の記載順序は次のとおり。

［1］八〇ポンドボンベカノン諸規則表書、［2］八〇tt（＝ポンド）焚焼弾等の木管（信管）（木管図、五〇tt弾

等の木管の説明）、［3］木管を挿入するための砲弾断面図、［4］砲弾断面と「櫬盤《しんばん》」（コロス：炸裂弾の底部に添える木製の基盤）の図、［5］嘉永三年三月一三日鉄薬方で各種木管仕込みと翌日の試し打ちの記録（四回分の木管・砲弾・火薬等の内訳と結果）、［6］実弾（実丸、櫬盤付き）直径七寸の図と製造指示（一二月二五日鋳造）、［7］三月一四日・一五日試射（一四日四回、翌一五日二回の試射内容と結果）、［8］ペキサンス砲砲身構造図と各寸法、［9］筒の孔径（七寸二分八厘）図、［10］試丸規七寸二分（試射用弾丸口径七寸二分）図、［11］〜［13］砲架車軸図、［14］八〇ttボンベカノン大砲鋳型に真金（中子）を入れた図、［15］〜［16］包緘・八〇tt薬匙・八〇tt玉竿、［17］砲架側面図、［18］〜［21］八〇tt薬匙図等・八〇ttボンベカノン砲耳（耳軸）図、［22］大砲搭載砲架正面図、［23］〜［26］砲架各種部品図、［27］嘉永三年三月一三日焚焼弾仕込み、一番から四番までの試射状況・結果、［28］各種部品、［29］〜［31］別仕様八〇tt焚焼弾図・八〇tt櫬盤、焚焼弾内部構造、［32］三六ttボンベカノン諸規則表書、［33］三六ttボンベカノン鉄盒弾《てつごうだん》、［34］三六ttボンベカノン葡萄弾、［35］三六tt鋳型設計図、［36］八〇tt・三六tt真金図と作り方。

(2) 八〇ポンドボンベカノン諸規則表書

まず八〇ポンドボンベカノン諸規則には次のような表書がみられる。

嘉永二年己酉十二月五日
八十封度伯以苦冊子　佛郎西砲術家　暴母珀迦炳諸規則
木管　ボムベン　実丸　試丸規孔　玉割　焚焼弾　櫬盤
孔撥薬匙ハ原本脱漏……
砲術全書ノ規則を以てヘキサンス砲薬室ニ比例シ用ユ（以下略）

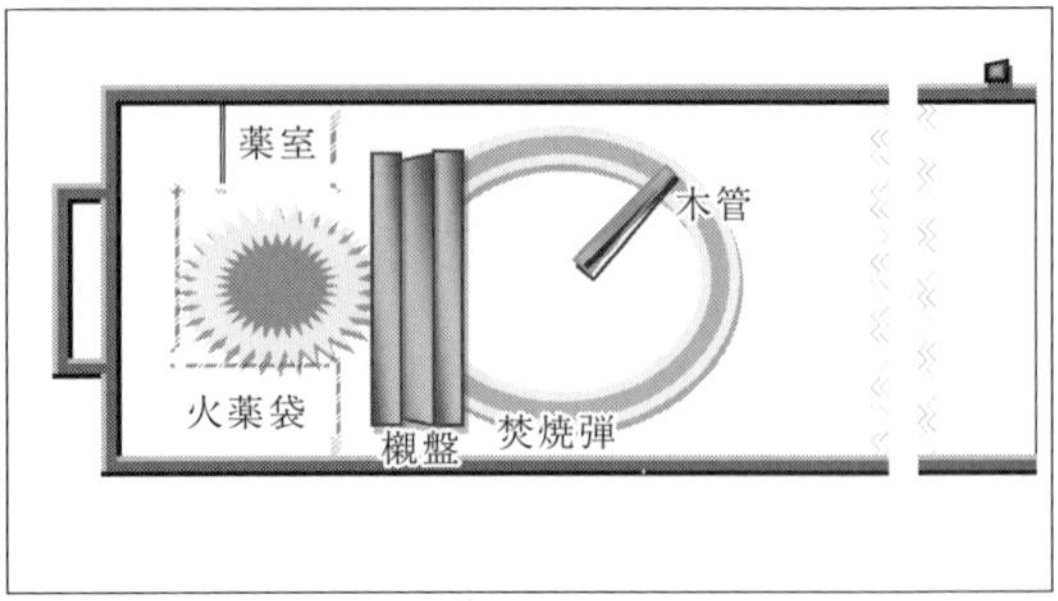

図1　80ポンドペキサンス弾の構造

これはフランス砲術家ペキサンス（伯以苦冊子）の八〇ポンド（封度）ボンベカノン（暴母珀迦炳）の諸規則に関するものであり、「木管　ボムベン　実丸試丸規孔　玉割　焚焼弾　櫬盤」は、この文書の［2］～［31］までの大まかな記載順と要点を示している。

（3）八〇ポンドペキサンス弾の構造（木管・櫬盤）

まず焚焼弾および実弾の構造（とくに木管と櫬盤）・規格・作り方と試射について図解されている［2］～［8］。それは、この大砲の炸裂弾砲としての基本的で革新的な特徴を示している。八〇ポンドペキサンス砲は標的（敵艦）に向けて炸裂弾とくに焚焼弾（ボンベン弾）を平射することを主目的とする。木管はこの焚焼弾の時限信管であり、三月一三日に八〇ポンド弾木管（長さ約一七・八八センチ）の燃焼試験をおこなったところ、一八秒であったことが記載されている［2］。ボンベン弾とも称される焚焼弾にはこの木管が挿入されるだけでなく、基底部には櫬盤（コロス）が付設される［4］。櫬盤は火薬袋の着火・爆発の際に引火・暴発を防ぐためのものである。実丸（実弾）についても同様に櫬盤が用いられる［6］。別仕様の焚焼弾・実弾等も作成され、その構造・寸法・重量・火薬量等が規格別に記載されている［29］～［30］。

（4）大砲砲身・砲架（砲台車）等の図

ペキサンス砲の大砲砲身図には、砲身各部分の寸法等が記載され、その上方には、完成日、薬室（火薬挿入部分）の寸法、口径・砲長等が記載されている［8］。

三月十三日朝　薬室　四寸九分六厘一七毛九一（約一五・〇三センチ）　右の通りに仕立袋薬入付……鋳製方出来上り　巣中口径七寸二分八厘（約二二・〇五八四センチ）・惣長八尺八寸八分（約二六九・〇六四センチ）・巣中の長さ（砲腔長）七尺六寸七・三分（約二三二・四九センチ）・弾大七寸二分七厘〇九（約二二・〇三センチ）・小七寸二分〇五一（二一・八三センチ）等　（括弧内のセンチ換算は筆者付記）

その形状は、上田帯刀の『西洋礮術《ほうじゅつ》便覧初編上』（嘉永三年）やペキサンス砲訳書『百幾撤私』の巻頭図におけるペキサンス砲の形状と同じである。砲架側面図［17］および砲架正面図［22］は、『百幾撤私』における正面図とほぼ同じであるが、それぞれの箇所に寸法が記入されている。

（5）大砲鋳造設計図（円筒鋳型設計図）

円筒鋳型設計図［14］は八〇ポンドボンベカノンの円筒鋳型の中央に真金（中子）を固定する方式の設計図であり、一〇層に積み重ねられた各円筒鋳型の各層の寸法や中子および砲尾の寸法とネジ等が記されている。

（6）ペキサンス砲の発射試験

嘉永二年一二月二五日に焚焼弾（四七斤半・四八斤・四〇斤）をそれぞれ鋳込み、実弾（六〇斤・五八斤）も二つ鋳造し、大砲砲身は、嘉永三年三月一三日朝には完成している。そして、同一三日から一五日にかけて、①焚焼弾・②実弾および③別仕様の焚焼弾について各種条件を変えて試射をおこない、その結果（着弾状況等）について記録している（①［5］、②［7］、③［27］）。

（7）三六ポンドボンベカノン諸規則および真金の作成

①表書

三六ポンドボンベカノン諸規則に関してはまず次のような表書きが見られる［32］。

陸戦銅造礮重さ二千百六拾二斤（一二九七・二キログラム） 口径五寸六分一厘（一六・九センチ）薬室径三寸三分・長三寸七分九厘　惣長サ六尺八寸三分（二〇六・九センチ）砂試身量二千百斤　捨頭四百二十五斤　（砲身略図――省略）

三十六tt暴母珀迦炳諸規則留　扣

木管　柘榴弾　焼夷弾　実弾　鉄盒弾　葡萄弾　包鍼針　櫬盤　礮図一枚

（括弧内のキログラム、センチ換算は筆者付記）

②砲弾図

三六ポンドボンベカノン鉄盒弾は櫬盤の上に鉄の子玉三四個を五層に納めた円筒として図示されている［33］。葡萄弾は、三六ポンドボンベカノン葡萄弾の櫬盤の中央にはめ込まれた棒を中心に麻縄で連結した子弾を納めた円筒として図示されている［34］。葡萄弾は発射すると麻縄でつながれた子弾が標的に絡まって爆発・破壊するように工夫されている。ここで鉄盒弾には「十三拇《どいむ》忽砲の分割」、また葡萄弾には「十三拇忽砲規則に従う」と添え書きされている。弘化四年の西洋砲術演技では忽砲および臼砲による各種ボンベン弾をすでに使用しており、それを応用したことがうかがえる(16)。

③三六ポンドボンベカノン鋳型設計図と鉄真金（中子）の作成

三六ポンド石型図（鋳型設計図）には嘉永三年四月二日の日付があるので、この日に鋳込まれたのであろう。こちらは七層の円筒鋳型が用いられている［35］。真金（中子）の図では鉄真金が炭粉・雲母等の薬剤を何度も塗りつけては乾かし仕上げていくことが示されている［36］。これより八〇ポンド砲も三六ポンド砲もいずれも鋳型の中央に鉄幹（中子）を据えることにより中空の砲身を鋳造する中子方式・核鋳法による鋳造であることがわかる。

このように嘉永二～三年にかけて萩藩で八〇ポンド・三六ポンドボンベカノンをいちはやく鋳造・試射実験したことは評価されて良い。それは、円筒鋳型・中子方式（核鋳法）によりしかもネジ構造を用いた青銅砲であり、和流鋳造技術で当時最新・最強の洋式大砲を製造していたのである。(17)

（8）ペキサンス砲の諸元と製造

なお、ペキサンス鉄製砲のフランスで製造された初期の諸元（スペック）は、口径二二センチ（八・七インチ）、砲身の全長二八四・四八センチ（九フィート四インチ）とされる。(18)萩の砲と口径はほぼ同じであるが、砲身は初期諸元の方が約一五センチ（萩の砲は二六九・〇六四センチ）長い。

ペキサンス砲（ボンベカノン）では、おもに鉄盒弾（榴弾）および葡萄弾を使用し、発射後一八～一九秒で発火する時限信管が用いられたことがわかる。ペキサンス砲で使用される弾丸は、本来、着弾と同時に発火する「着発弾」である。これにこだわって終生研究し続けたのは江川英龍であり、江川一門がロシア人の協力を得て着発弾の完成・製造にいたったのは実に安政二（一八五五）年であった。(19)

嘉永三（一八五〇）年八月、吉田松陰は九州（平戸）に遊学した。松陰はとくに阿片戦争について書かれた『阿芙蓉彙聞』に衝撃をうけ、さらに平戸藩砲術師範豊島権平から『百幾撒私』を借りて読み、その要点を「西遊日記」に詳しく記録している。(20)

嘉永四年に江川英龍は会津藩の注文する青銅製一五〇ポンドペキサンス砲を長谷川刑部に鋳造させた。嘉永六年には萩の郡司右平次（喜平治）が八〇ポンドペキサンス砲、二四ポンドカノン各一門・一八ポンドカノン五門等を鋳造している。[21]

嘉永六（一八五三）年六月のペリー艦隊の備砲は、基本的にはペキサンス砲と米国海軍将校ダールグレン（J. A. Dahlgren）がこれを改良したダールグレン砲とが主力であった。この時、応接掛をつとめた浦賀奉行与力中島三郎助が船艦搭載のペキサンス砲等について詳しく質問したが、その知識にペリー提督・艦隊将校らは驚き警戒した。[22]この時、すでに幕府・薩摩・長州等では、当時の世界的な大砲技術水準に近いところに達していたとみられる。[23]

嘉永七年一一月、下田事件で野山獄に投獄されていた吉田松陰は兄杉梅太郎との往復書簡の中で、「八十封度へキサンス試発之有り、海中へ落す」と記載している。[24]この頃もペキサンス砲等が実戦に向けて試射されていた様がうかがえる。

四　反射炉・鉄製大砲鋳造活動

(1)　幕府・諸藩の反射炉への取り組み

ペキサンス砲は、わが国においては蘭訳本の翻訳とオランダ船に搭載されたオランダ製大砲（ボンベカノン）を通じて関心が高まった。オランダ船では旧式の青銅製四八ポンド砲の砲腔をえぐって大きくし、八〇ポンド砲に改造すること（「四八斤鑽開八〇斤」）もおこなわれていた。しかし、ペキサンス砲は元来鋳鉄製であり、それゆえ、鉄製大砲の製造にも強い関心が寄せられた。[25]

このこともあって、鉄製大砲の鋳造法について書かれた、ヒューゲニンの著書（『ロイク王立鉄製大砲鋳造所における鋳造法』）が大いに注目された。[26]そこでは鉄製大砲の鋳造にあたり熔鉱炉・反射炉・鑽開台（砲腔穿孔装置）の三設備が必要とされたが、とくに「反射炉」に注目が集まった。

このような背景のもと、弘化二（一八四五）年から三年にかけて周防出身の洋学者手塚謙蔵（律蔵）はヒューゲニンの大砲鋳造法を翻訳し（大島高任協力）、嘉永二（一八四九）年一〇月には韮山の矢田部郷雲・石井脩三らが翻訳した（『和蘭製鉄製炉法』）。嘉永三（一八五〇）年初頭には先の手塚律蔵の訳書（『西洋鉄熕鋳造編』）や佐賀藩の伊東玄朴・杉谷雍介・後藤又次郎・池田才八の訳書（『鉄熕全書』）が公刊され、嘉永五（一八五二）年には金森錦謙の翻訳（『鉄熕鋳鑑』）が公刊された[27]。これらをもとに佐賀・薩摩等諸藩や幕府（韮山）によって反射炉の築造が試みられた。

(2) 佐賀藩の活動

嘉永二（一八四九）年、鍋島直正は三島で江川英龍と二度目の会見を行った。翌嘉永三年に佐賀藩は江川の協力のもとに、反射炉の築造に着手する。一月から五月にかけて佐賀藩本島藤太夫は韮山を数度訪問し、長崎砲台備砲や反射炉に関する情報を得た。江川英龍は長谷川刑部を佐賀へ派遣し、佐賀藩は築地（呉服町）で反射炉の築造を開始した。嘉永四年には築地反射炉を完成し、大砲の鋳造に着手した[28]。

佐賀藩は幕府の要請に応じて、嘉永六（一八五三）年九月には多布施に公儀御用の石火矢鋳立所を設置し、翌嘉永七年三月二七日には新たな反射炉が操業を開始した。これにより、安政四（一八五七）年七月に築地反射炉が停止されるまで二つの反射炉が並行して鉄製大砲の鋳造にかかり、幕府や阿波藩等の注文や自藩の備砲を鋳造していった。閏七月には水戸藩反射炉築造の応援に佐賀藩士（力武弥衛門）を派遣することになった[29]。

安政五（一八五八）年に佐賀藩はオランダより「電流丸」を購入した。佐賀藩の場合反射炉での鋳造は三六ポンド砲と三〇ポンド砲が中心であったが、安政六年七月から公儀献上用一五〇ポンド鉄製砲三門を鋳造している。このとき一五〇ポンド砲の砲尾付属品（金具）には原料として電流丸船底のオランダ鉄バラストを使用したが、砲身用の原料鉄としては用いなかったとされる。和鉄の場合、当初は品質的に必ずしも満足なものではなかったかもしれないが、さまざまな工夫により比較的上質の鉄製大砲が造られたようである。[30]

佐賀藩は、安政五年に製鉄機械一式（錬鉄炉設備・圧延機等）をオランダから九万両で購入したが、財政支出の過大と国家的規模の事業であることを理由に幕府に献納し、長崎製鉄所に送っている。[31]

（3） 薩摩藩の活動

薩摩藩では嘉永四（一八五一）年に島津斉彬が藩主となり、翌嘉永五年には反射炉・熔鉱炉・鑽開台の築造にとりかかった。斉彬は前年鍋島直正から入手したヒューゲニンの訳書（手塚本）に基づいて、[32]城中に反射炉の実験炉を建造した。嘉永五（一八五二）年、別邸仙巌園（磯庭園）で反射炉・熔鉱炉・鑽開台の建設にとりかかり、「集成館事業」を開始した。これにより、従来からの鋳製方による青銅砲の鋳造と集成館での鉄製砲の鋳造とが並行して進められるようになる。[33]

嘉永六（一八五三）年夏には反射炉（一号炉）が完成したが、炉の温度が思ったように上がらず、耐火レンガも熔解するなどにより、結果的に取り壊さざるを得なかった。熔鉱炉の方は、安政元（一八五四）年秋には完成し、製鉄にも成功したが、水車を動力として利用したため火力が弱く、鉄製砲鋳造のための材質の安定確保までにいたらなかった。[34]反射炉の方は耐火煉瓦等の改良を図り、安政四（一八五七）年五月頃に二号炉がようやく完成した。その後、鉄製一五〇ポンドボンベカノンの鋳造にも成功している。翌安政五年に鹿児島を訪れたカッテンディーケは、一五〇ポンドの青銅砲（バイアン砲）はすこぶる綺麗に仕上げられていたが、鉄製大砲の方はあまり手際よくできていなかったという感想を述べている。[35]このこともあってか、文久三（一八六三）年の薩英戦争では鉄製大砲はほとんど用いられなかったようである。このとき反射炉は砲撃による破壊を免れたが、その後撤去され、その跡に七基の焼炉（熔炉）が設けられた[36]。

薩摩藩だけが「本来の姿」である三つの設備を建設したことは高く評価される。ただし、和鉄の品質には問題があり、結果的に高炉が必要であった。水戸藩においても薩摩藩の協力の下に那珂湊で反射炉が建設された[37]。このとき炉の築造・操業に従事していた大島高任はのちに釜石で高炉製鉄の工業化を成功させている。

（4）幕府（韮山）の活動

嘉永六（一八五三）年六月のペリー来航後、幕府は江川英龍を勘定吟味役とし、さらに七月には台場普請取調方を命じた。彼は、おもに台場設計（縄張御用）と備砲製作を担当した。江川は、品川台場に必要な大砲を、湯島鋳砲場による青銅砲と、佐賀藩反射炉ならびに幕府の反射炉築造による鉄製大砲とによって調達しようとした[38]。七月に江川は反射炉築造を建議し、一二月に認められ、下田で建設にとりかかった。翌年、ペリーの再来航時に米水兵が反射炉の現場に侵入したため、機密保持のため反射炉を韮山（中村鳴滝）に移築した。一〇月には韮山反射炉連双二基のうち一基（東南炉）が完成した[39]。

一一月、大地震と大津波によりロシア軍艦ディアナ号が遭難・沈没した。江川英龍は戸田で代船（ヘダ号）の建造にとりかかったが、翌安政二（一八五五）年一月に死去した。その後、安政二年・三年にも地震・天災等が起き工事は大幅に遅れた。安政四（一八五七）年二月には佐賀藩から技師一一人が韮山に派遣され、九月には東南炉で一八ポンド砲を鋳込み、一一月には西北炉も熔解を開始した。安政五年三月には韮山反射炉製一八ポンド鉄製砲の試射に成功した[40]。試射には一応成功したが、従来の砂鉄銑では必ずしも上質の大砲はできなかったようである。反射炉による鉄製大砲は五〇門のうち一四門しか完成品とならなかった（三六門不良品）。

翌安政六（一八五九）年一月二五日には銅製八〇ポンド砲四門・二四ポンド砲一門を鋳造したが、その後も大風雨等により小屋や反射炉が破損し、幾度か修復を繰り返した。文久三（一八六三）年七月から翌元治元（一八六四）年二月の間には講武所派遣者と江川家中による鋳砲がおこなわれたが、製品はほとんど失敗であったとされる[41]。同年七月には反射炉を滝野川に造るという上申があり、一一月には韮山反射炉の廃止が提案された[42]。なお、文久三年には湯島大小砲製作場を廃止し、関口大砲製造場への移転が開始され、翌元治元年には関口で最初の銅製砲（四斤山砲：前装式施条砲）が造られた[43]。

（5） 長州藩の活動

①鉄筒製造と江戸藩邸での大砲鋳造

萩藩では江戸初期から萩郊外の松本と青海の二つの鋳造所で、梵鐘等銅器とともにおもに異国船打払いのために大砲の鋳造もおこなっていた。天保一五年には松本の鋳造所の当主郡司喜平次と青海の鋳造所の郡司富蔵とは荻野流一貫目玉青銅砲を二四門以上鋳造した[44]。喜平治は、天保一四（一八四三）年から弘化四（一八四七）年の間に、一貫目筒一六門を含む和流青銅砲四七門、洋式青銅砲（臼砲・忽砲）一五門、銑鉄大筒（六〇〇目〜二〇〇目筒、雹砲）四一門を製造している。この時点で、喜平治が鉄製大筒を多数造っていたのは注目される[45]。

嘉永六年のペリー来航後、九月一五日に幕府は大船建造禁止令を解除し、一〇月には洋式砲術奨励を発令した。一一月一四日に幕府はペリー再来航に備えて、品川台場警備を川越・会津・忍藩に、大森海岸警備を彦根に、相模海岸警備を長州藩と熊本藩に命じた。一一月長州藩は松本の鋳造所を藩営とし、同鋳造所当主右平次（喜平治）と大組大筒打郡司武之助（源之允嗣子）両人を大砲鋳造用掛とした。相州警衛に必要な大砲を江戸の葛飾砂村別邸で鋳造するため、年末に右平次を弟子二名とともに江戸にのぼらせた。翌嘉永七年一月より砂村別邸にて佐久間象山の指導に基づき右平次は西洋式大砲（二四ポンド・一八ポンドカノン）の鋳造を指揮した[46]。八月晦日には武州大森演砲場で二四ポンド砲・一八ポンド砲・六ポンド軽砲の新造大砲の試射がなされ、桂小五郎・来原良蔵・郡司覚之進・道家龍助・粟屋彦太郎・井上壮太郎・藤井音之進ら藩士一四名が砲手として参加した。[47]

②萩反射炉の試作

桂小五郎は、安政二年七月に造船術修得のため中島三郎助に入門した。しかし、中島の長崎海軍伝習所行きにより、中断された。[48]その後、長州藩は軍艦製造へ動き出し、蒸気船製法・操法の伝習のため藩士を長崎や戸田（桂）等に派遣した。[49]なかでも、藩は大船ならびに鉄製砲の製法（反射炉）等の伝習のため岡義右衛門・山田宇右衛門・藤井百合吉・工匠小澤忠右衛門を佐賀・長崎・鹿児島に派遣した。彼らは佐賀藩に伝習を願い出たが、鉄《てつ》熕《こう》鋳造は未熟であり、担当者が長崎出張で不在という理由で断わられた。一方で、小澤忠右衛門が藩から託された「旋風台雛形」は、佐賀藩主の希望していたものであり[50]、このこともあって、本島藤大夫の世話により彼らは反射炉や水車仕懸（錐鑽台）について学び、築地反射炉等について詳しい図面を作成できた。[51]

萩では安政三（一八五六）年の年明けから反射炉等の築造に向けて準備にとりかかり、四月には反射炉築造錐通水車仕掛取建掛や玉薬調薬・台場築造用掛等の人事も決まり、反射炉の試作もなされた。萩に現存する反射炉遺跡はこの時の試作炉ないし試験炉とみられる。[52]

しかし、反射炉の本格築造は結果的に見送られることとなった。一一月一九日の沙汰書には次のように記されている。

……先般雛形築調御筒其外鋳造試ミ被仰付候、然処本式ニ築造被仰付候へハ、平錐台其外何程之御物入可有之哉掠了も不相立、其上去冬江戸表地震災、彼是別而御銀繰も御六ケ敷折柄付、右御役所一応引払被仰付哉、先当分御見合ニ可被仰付哉。但反射炉ニ付てハ初発肥前ニおゐて築造被仰付候処、未研究中半途之趣有之候哉、鋳造之御筒不宣由ニ付、追々伝習等被仰付候様相聞候処、元来銃砲之儀ハ破裂之恐れ第一之儀ニ付、尚

又利害得失詮儀被仰付弥熟得仕候上取立被仰付度、且御手当銀詰旁ニ付、先本書之通被仰付度候事。辰十一月十九日御藏元両人江渡之。(53)

ここでは、反射炉の試作を仰せつけられたが、さらに本式に築造するとなると、平錐台（鑽開台）等の準備にいかほどの資金を要するか分からない。また、昨冬の江戸表の震災復興のための資金繰りも困難である。そこで今回は一応御役所を引払い、当分見合せることになった。初発の肥前も、大砲は必ずしもできが良いとはいえずまだ研究（伝習）を要する状態であり、銃砲は破裂の恐れのあることは一番重要な問題である。なおまた利害得失を検討し、さらに一層技術習熟してから再開してはどうか、ということであった。

③軍艦製造と中断した反射炉の再開運動

安政三年、長州藩は萩小畑恵美須岬造船所を開設し、戸田の船大工を招聘して、一二月二七日に丙辰丸（戸田号同型、スクネール形）を完成・進水した。これにより軍艦製造への期待が一層高まった。安政五年三月に藤井百合吉は、反射炉によって銅砲を鋳造し、かつ水車機をもって砲腔を鑽開することを建議し、さらにその方法を研究するために長崎へ出掛けた。しかし藩は、一諸侯がこの大工廠を起こすのはとうてい損益の相償う所ではないと悟り、遂にこれを断念した。(54)

安政五年七月二一日、山田亦介は御手当御密用方御取計兼軍艦製造御用御引請を命じられた。(55) 長州藩は八月以降、長崎海軍伝習所に海軍直伝習（航海術・運用術）を目的とする桂右衛門らに加えて、西洋砲術（郡司千左衛門）・砲台築城法（藤井百合吉）・西洋諸学術（中島治平）を目的とする藩士、さらに来原良蔵を筆頭に陸軍直伝習（小隊操練）を目的とする藩士を順次派遣した。(56)

一二月二三日、山田亦介は長崎の来原に書状を送り、高竈《たかかまど》（反射炉）築造は軍艦製造にとって第一に重要（「高竈築成義此度造艦之第壱ニ候」）であり、砂鉄・土塊を送るので、前年より砲術修行を志して長崎にいた郡司富蔵に与え懸命の習熟を督励するよう要請した[57]。翌安政六年二月一日丙辰丸の長崎着港によってこの書状を受け取った来原良蔵は、二月一五日付の山田への返書のなかで、高竃築造の練習に用いる砂鉄・土塊はこれでは十分でなく富蔵が藩に追加を願い出た旨を記している[58]。

このように軍艦製造の機運が高まり、船艦機関の製造における反射炉の効用が再び注目されるようになった。しかし、『忠正公伝』によれば、「反射炉の築設は有司の間に議せられたりしか、夫の戊午密勅よりして外に向かって国事に鞅掌するの機運時運を促進したるか為めと財政調理の関係よりして遂に其儘になりしなり」と述べている[59]。かくして、この試みもまた挫折した。

むすびにかえて

安政六（一八五九）年六月に長州藩は洋式軍艦の建造にとりかかった。万延元（一八六〇）年四月には村田蔵六（大村益二郎）を藩に正式に召し抱えた。五月軍艦庚申丸が進水した[60]。八月には萩の江向にガラス製造所が設置された[61]。九月、山田亦介は江向の水車大砲錐通御用掛を命じられた。砲兵隊編成に必要な大砲の新鋳のため、郡司千左衛門は一一月一一日に大砲鋳造御用掛に任命された。文久三（一八六三）年、千左衛門の指揮により萩の沖原に新しい鋳造方が開設されたが、現在残されている「沖原鋳造方模型写真」（萩博物館蔵）によれば、阿武川から水を引き込む形で水車設備が設置され、三基の熔解炉から鋳造された砲身を鑚開（穿孔）するようになっていた[62]。この年には来るべき欧米連合艦隊の来襲にそなえて一層の大砲を増産するため、小郡福田（現山口市内）で反射炉が造られたとされる。また長門深川（上ノ原）にも反射炉が存在したようであるがいずれも詳細は不明である[63]。

下関戦争では長州藩は八〇ポンドペキサンス砲を一五〇ポンド砲に鑚開して使用した[64]。敗戦の結果一〇〇門近い大砲が英仏蘭米四ヶ国に鹵獲された。薩英戦争や四国連合艦隊との攘夷戦争における、英国のアームストロング砲等との技術格差はもはや如何ともし難いことが明らかとなった。[65] 薩摩や長州の開国への方針転換は、幕府や他の諸藩と同様、基本的には海岸防衛のための巨砲（要塞砲・台場砲）の自製中心から、内戦のための野戦砲（施条砲）の自製・購入への重点移行を促すこととなった。いわば、内在的・自発的な近代化から大幅な技術導入へと大きく舵を切った。外国勢力と対抗するための新技術の導入のためには、一藩（分権的幕藩体制）ではもはや財政的に不可能であり、強力な中央集権政府が必要となったことも、歴史の必然とはいわないまでも、時の流れであったかもしれない。それを可能としたのはある意味で徳川社会における幕府・諸藩等の伝統技術の蓄積と西洋化受容による近代化努力であったとみることもできるであろう。

（1）勝海舟『陸軍歴史I』（講談社、一九七四年）三二～三六頁：「巻一　陸軍改制の端緒一」第一条。拙稿「長崎歴史散歩――大砲技術の歩みとともに――」（『大阪学院大学通信』四一巻八号、二〇一〇年）九～一九頁。

（2）前掲註（1）勝書、四六頁：「巻一　陸軍改制の端緒二」第一三条。小西雅徳「高島平蘭学事始」・「史料編」（板橋区立郷土資料館『開館記念特別展　高島平蘭学事始』二〇一二年）一一〇～一五一頁。拙稿「江戸後期幕府・諸藩における西洋兵学受容と大砲技術――ペキサンス砲の衝撃と幕府・諸藩の対応――」（『大阪学院大学通信』四三巻九号、二〇一二年）一一～一三頁。

（3）前掲註（1）勝書、七八頁：「巻一　陸軍改制の端緒二」第一七条。

（4）前掲註（2）拙稿、一～二〇頁。拙稿「江戸後期における洋学受容と近代化――佐賀藩・薩摩藩の反射炉と鉄製大砲技術――」（『大阪学院大学通信』四二巻一一号、二〇一一年）二一～二三頁。

（5）武雄市図書館・歴史資料館編『武雄の時代――西洋砲術導入の軌跡――』二〇一二年）八一頁。秀島成忠編『佐賀藩海軍史（全）』（知新会、一九一七年）一二頁。

（6）蘭訳本の書名は次のとおり。Paixhans, H. J., *Proefnemingen. Gedaaon door de Fransche Marine omtrent de Bombe-kannons*, 1835. これよりペキサンス砲、ボンベカノン（砲）、さらにはボム・カノン、爆母砲などと呼ばれるようになった。最近ではフランス語の発音に従い、ペクサン砲と称されることが多い。なお、フランス語版原本（報告書）名は次のとおり。Paixhans, H. J. *Experiences faites sur une arme nouvelle*, 1824.

（7）前掲註(5)武雄市図書館他書、八一頁。武雄歴史資料館（http://www.city.takeo.lg.jp/rekisi/jinbutu/text/nisi.html)。片桐一男『阿蘭陀通詞の研究』（吉川弘文館、一九八五年）二五六～二五九・四〇六頁。

（8）ペキサンス著書（蘭訳本）の邦訳本『百幾撒私』は嘉永七（一八五四）年・安政二（一八五五）年に小山杉渓によって公刊されているが、それ以前にもすでに写本等を通じて読まれていたとみられる。鹿児島大学蔵書『盆鼇葛農』は、「フランス砲軍の将ペキサンス（百幾撒私）著「ボンベカノン」一八二二年刊の蘭訳本より重訳、安政二年の訳」とされる。(http://ir.kagoshima-u.ac.jp/collection/handle/123456789/454 26)。また、徳弘家資料：「百機山斯経験書」（上中下三巻）は、順天堂所蔵の翻訳書からの写本、訳者不明・刊行年不詳とされる。坂本保富『幕末洋学教育史研究――土佐藩「徳弘家資料」による実態分析――』（高知市民図書館、二〇〇四年）三二二頁。

（9）荘司武夫『火砲の発達』（愛之事業社、一九四三年）一〇三・一〇九頁。

（10）松尾千歳「薩摩藩の鋳砲事業に関する一考察――幕末の台場砲鋳造を中心に――」（『尚古集成館紀要』一一号、二〇一二年）一八頁。

（11）毛利家文書『長崎大年寄高嶋四郎太夫江　郡司源之丞其外炮術入門として長崎被差越旨一件　天保十二丑八月』天保一二（一八四一）年、山口県文書館所蔵。なおこれに関しては次著にも詳しい。末松謙澄『修訂　防長回天史　上』（柏書房、一九六七年）八〇～八二頁。小川亜弥子『幕末期長州藩洋学史の研究』（思文閣出版、一九九八年）二七～二八頁。

（12）前掲註(11)末松書、八一～八二頁。

（13）萩市史編纂委員会編『萩市史（第一巻）』（萩市、一九八三年）、八四五～八四七頁、前掲註(11)末松書、八二～八四頁。

（14）前掲註(11)末松書、八五～八六頁。その詳細は拙稿「天保・弘化期における長州藩の西洋兵学受容と大砲技術――神器陣と西洋兵学の導入――」（『伝統技術研究』五号、二〇一三年）二九頁参照。

（15）この詳細に関しては、拙稿「嘉永期長州藩における西洋兵学受容と大砲技術――ペキサンス砲の衝撃――」（『伝統技術研究』六号、二〇一四年）二〇～二七頁参照。

（16）ここで一三拇（ドイム＝センチ）忽砲は、口径約一三センチの忽砲であり、約二五ポンド忽砲にほぼ相当する。通常、口径（弾径）二〇ドイムより大きな炸裂弾がボンベン弾、これ以下の炸裂弾をガラナート弾（小ボンベン弾）と呼ぶ。幕末軍事史研究会編『武器と武具　幕末編』（新紀元社、二〇〇八年）八二頁。

（17）円筒鋳型方式による鋳造は萩の鋳造所や石州龍雷砲図（井上流）に見られる。同じ中子方式（核鋳法）でも長方形の木製枡箱の中に大砲の鋳型を半分ずつ作り、これを合わせて鋳型にする半割形枡による方法もある。半割形枡法はおもに小田原や江戸など関東での鋳造絵図（たとえば胝定昌『大砲鋳造絵巻』）にみられる。これに関しては拙稿「和式大砲の鋳造法――江戸のものつくり・伝統技術考――」（『大阪学院大学通信』三九巻五号、二〇〇八年）参照。ネジ構造は和流大砲の特徴であるが、すぐれたネジの場合砲尾を強化するとともに、これを外して砲腔を掃除し火薬類の残滓等を除去することができる。当時、高価で貴重な大砲の維持補修にとって重要な意味があったと考えられる。なお、反射炉による鉄製大砲の鋳造にあたっては砲腔をあらかじめ空けないで砲身を鋳込み、その後に鑽開台で砲腔を穿孔する方法（穿孔方式、実鋳法）がとられる。

(18) BooksLLC, *Artillery of France*, Tennesee, 2010, p.111.

(19) 江川英龍は安政二年一月に死去する前にロシア人の教示を得て着発弾をついに考案した。その後子息英敏ら江川一門によって六月二日着発弾の試射がなされ、製造がなされた。前掲註(2)拙稿、四八頁。大原美芳『江川坦庵の砲術』（私家版、一九八七年）六五～六七頁。佐賀藩本島藤太夫は、安政三年一月に江川氏（英敏）より「露西亜傳来之秘密着発弾之儀」について伝授されている。本島藤太夫「松之落葉　巻三」（杉本勳・酒井泰治・向井晃『幕末軍事技術の軌跡――佐賀藩資料『松之落葉』――』思文閣出版、一九八七年）一八四頁。

(20) 吉田松陰「西遊日記」（山口県教育会編『吉田松陰全集　第九巻』大和書房、一九七四年）七〇～七三頁。

(21) 前掲註(11)末松書、二二一頁。山本勉彌・河野通毅『防長ニ於ケル郡司一族ノ業績』（藤川書店、一九三五年）八・一二頁。

(22) 土屋喬雄・玉城肇訳『ペルリ提督　日本遠征記(二)(三)』（岩波文庫、一九七三年）(二)二三二頁、(三)一四頁。洞富雄訳『S・M・ウイリアムズ　ペリー日本遠征随行記』（雄松堂、一九六七年）九〇～九三頁。前掲註(4)拙稿、三六～三七頁。

なお、ペリー艦隊に搭載されていた砲種に関しては、前掲註(15)拙稿、三一・三七頁参照。八〇ポンドペキサンス砲は射程距離一四一〇メートル（炸裂弾）、一五〇ポンドペキサンス砲は最大射程三〇〇〇メートル（実弾）、有効射程一〇〇〇メートル、九インチダールグレン砲は口径二二・九センチ、砲長三・三メートル、最大射程一五五四メートルとされる。大内建二『大砲と海戦』（光人社、二〇一〇年）七〇頁。前掲註(9)荘司書、一〇四～一一一頁。前掲註(16)幕末軍事史研究会編書、八一～八二頁。淺川道夫『お台場――品川台場の設計・構造・機能――』（錦正社、二〇〇九年）一一七頁。

(23) 前掲註(22)淺川書、五〇頁。前掲註(15)拙稿、三一・三八頁。

(24) 吉田松陰「書簡」（吉田常吉・藤田省三・西田太一郎『日本思想大系五四　吉田松陰』岩波書店、一九七八年）

一四八頁。

(25) 長沢家古文書「内海へ築タル台場ノ法則」前掲注(19)大原書、一〇〇頁。前掲注(9)荘司書、一一〇頁。前掲註(22)淺川書一一四頁。

(26) Huguenin, U., *Het Gietwezen In's Rijks Ijzer-geschutgieterij Te Luik*, 1826. この第一巻の復刻（オランダ語版・ペーパーバック）は入手可能（ただし図面は含まれていない）。

(27) このあたりの事情は次の文献に詳しい。吉田光邦「幕末反射炉考」（『人文学報』一九号、一九六四年）三一・三九頁。芹澤正雄『洋式製鉄の萌芽（蘭書と反射炉）』（アグネ、一九九一年）第一、二、四章。

(28) 前掲註(4)拙稿、一五頁。石川岩夫編『高島流砲術史料　韮山塾日記』（韮山町役場、一九七〇年）五九・六二・六四頁。秀島成忠『佐賀藩鉄砲沿革史』（肥前史談会、一九二四年）三三三頁。

(29) 前掲註(28)秀島書、三三二〜三三三頁（安政二年の鋳造記録）。前田達男「幕末佐賀藩における反射炉の鋳造記録(二)」（『産業考古学』一五一号、二〇一四年）九頁。この時期多布施反射炉の四炉中三炉が完成し、品川台場に三門納品したとされる。佐賀市教育委員会『幕末佐賀藩反射炉関係文献調査報告書』（二〇一三年）一〇四〜一〇八頁。

(30) 大橋周治編著『幕末明治製鉄論』（アグネ、一九九一年）五六〜六一頁。これが、佐賀藩における鉄製大砲鋳造「記録」の最後であり、慶応元年頃まで多布施反射炉は稼働（二四ポンド鉄製砲二門鋳造）していたと推測される。前掲註(29)佐賀市教育委員会書、一一三〜一一五・一二三頁。なお、アームストロング（野戦）砲は、文久三年から試製に着手し、元治元年八月に製造したという記録がある（前掲註28秀島書、三四〇頁）。しかし、本島藤大夫『松之落葉　巻四』によればこれは輸入であり、実際は慶応三年に九ポンド砲と六ポンド砲（野戦砲）各一門を模造するにとどまるとされる（大橋同上書、五五頁）。前掲註(19)杉本他書、三一〇頁。

(31) 前掲註(30)大橋書、六七頁。ちなみに多布施反射炉築造の時、幕府から一〇万両借用したとされる。前掲註(27)吉田論文、三五頁。

(32) 市来四郎編述『島津斉彬言行録』（岩波書店、一九四四年）四一頁。松尾千歳「薩摩藩熔鉱炉建設の経緯」（薩摩ものづくり研究会（代表長谷川雅康）『集成館熔鉱炉（洋式高炉）の研究——薩摩藩集成館熔鉱炉跡発掘調査報告書——』二〇一一年）五頁。前掲註(30)大橋書、八九頁。伊東・杉谷らの訳書『鉄熕全書』（の一部）も入手されたと思われるから、佐賀藩も薩摩藩もこの二種類の翻訳書を参考にしたであろうが、手塚本を中心に反射炉を築造したようである。長谷川雅康「ヒューゲニン原著について」（前掲薩摩ものづくり研究会書）一一〜一二頁。同「ヨーロッパの製鉄史におけるヒューゲニン著『ロイク王立鉄製大砲鋳造所における鋳造法』の熔鉱炉」（前掲薩摩ものづくり研究会書）一二〇〜一二一頁。

(33) なお、薩摩藩は江戸でも嘉永六年に田町藩邸で佐久間象山を招聘し八〇ポンドボンベカノン砲を製造したが、試射で破裂した。また、安政元年頃に渋谷藩邸で一五〇ポンド砲・八〇ポンド砲を鋳造したとされる。前掲註(10)松尾論文、二〇頁。前掲註(32)松尾論文、三頁。

(34) その主たる原因は、動力として水車を利用して送風し火力を強くして製鉄したが、水不足・水力不足により鞴(吹子)の力が弱く、これが結果的に反射炉による鉄製砲の品質に影響したようである。前掲註(32)松尾論文、九～一〇頁。前掲註(30)大橋書、九〇～九一頁。

(35) 水田信利訳『カッテンディーケ 長崎海軍伝習所の日々――日本滞在記抄――』(平凡社、一九六四年)九六～九七頁。前掲註(10)松尾論文、二〇頁。

(36) 前掲註(32)松尾論文、三頁。前掲註(30)大橋書、九七～九八頁。前掲註(4)拙稿、二九～三四頁。金子功『反射炉Ⅰ・Ⅱ――大砲をめぐる社会史――』(法政大学出版局、一九九五年)一七三頁。

(37) 前掲註(10)松尾論文、三〇～三一頁。前掲註(30)大橋書、九二頁。前掲註(36)金子書、三五二～三五三・三五八～三六五頁。

(38) 勝海舟『陸軍歴史Ⅱ』(講談社、一九七四年)二七八～二九七頁:「巻一〇 砲台築造上」第一九条～第二二条ほか。前掲註(1)勝書、二八九～二九〇・三〇九～三一二頁:「巻六 銃砲鋳造二」第二条・第一〇条。前掲註(22)淺川書、一〇七頁。仲田正之『江川担庵』(吉川弘文館、一九八五年)一九六～二〇〇頁。

(39) 前掲註(1)勝書、二五二～二五四頁:「巻五 銃砲鋳造一」第一二条・一三条。

(40) 完成までに、六年余の歳月と総工費五三一一両、その他諸経費二〇〇〇両余を要したとされる。前掲註(38)仲田書、二三〇頁。

(41) 前掲註(30)大橋書、一一八～一二一頁。菅野利武「韮山反射炉の大砲復元鋳造について」(『JACT NEWS』一九九八年九月)一六七二五～一六七二三頁。仲田正之『韮山代官江川氏の研究』(吉川弘文館、一九九八年)五七五頁。

(42) 前掲註(38)勝書、五～七・八五～八六頁:「巻七 砲銃鋳造三」第一条・第一一条。慶応元(一八六五)年から滝野川で工事に着手し、韮山反射炉の器械類を運ばせた。反射炉が完成したかどうかは不明とされる。大松騏一『関口大砲製造所』(東京文献センター、二〇〇五年)七四・一二三～一二五頁。大橋周治は滝野川鋳砲場は稼働したと推測している。前掲註(30)大橋書、一三五～一三六頁。

(43) 前掲註(38)勝書、一三～五一頁:「巻七 砲銃鋳造三」第五条・第九条・第一三条・第一四条・第二二条等。前掲註(42)大松書、九二～九八頁。

(44) 拙稿「享保期の異国船対策と長州藩における大砲技術の継承――江戸中期の大砲施術の展開――」(笠谷和比古編『一八世紀日本の文化状況と国際環境』思文閣出版、

二〇一一年）三九三～四一五頁。古川薫『わが長州砲流離譚』（毎日新聞社、二〇〇六年）一〇五～一〇七頁。

(45)「郡司右平次勤功書　安政二年（写）」山口県文書館蔵（県史編纂所史料四六（二））。前掲註(21)山本・河野書、四八頁。拙稿「江戸後期における長州藩の大砲鋳造活動考——右平次（喜平治）勤功書を中心として——」（『伝統技術研究』四号、二〇一一年）三〇・四二～四三頁。

(46)このとき合計三六門の洋式大砲が鋳造され、その大砲には「十八封度礮（二十四封度礮）、嘉永七歳次甲寅季春、江戸葛飾別墅鋳之」の銘と毛利家家紋「一文字三つ星」が刻まれている。田中洋一「下関戦争と長州砲」（『維新史回廊だより』一七号、二〇一二年）。

(47)毛利家文庫「於武州大森演砲場新造大砲試験記幷所作付」嘉永七年八月、山口文書館蔵。

(48)前掲註(11)末松書、一九六頁。木戸公伝記編纂所『松菊木戸公伝（上）』（明治書院、一九二七年）年譜八～九頁、三六～三八頁。

(49)前掲註(11)末松書、一一八頁。前掲註(48)木戸公伝記編纂所書、年譜九頁、三九～四〇頁。

(50)「旋風台」砲架は隆安流開祖中村若狭守隆安が幕府鉄砲方井上外記と共同で開発したものか、のちに中村隆安の外孫郡司喜兵衛が考案した改良砲架（荻生徂徠が賞賛）かのいずれかであろう。前掲註(44)拙稿、三九五～三九六・四〇一～四〇四頁。隆安流と旋風台想像図に関しては、拙稿「江戸期における隆安流砲術の継承と発展」（『伝統技術研究』三号、二〇一一年）一六頁参照。

(51)「部寄（異賊防禦御手当沙汰控）」八月二三日／一月二九日。『松之落葉』八月二五日。佐賀市教育委員会『幕末佐賀藩反射炉関係文献調査報告書』（二〇一三年）三六～四〇頁。「部寄」鑪類での大砲鋳造および鉄熕鋳造等につき御承知の事（異賊防禦御手当沙汰控）：道迫真吾「萩反射炉再考」（『日本歴史』七九三号、二〇一四年）二一～二二・二六頁。森本文規「萩反射炉の謎に迫る」・中本静暁「『萩反射炉』は安政三年に築造された試験炉である」（『長州の科学技術——近代化への軌跡——』創刊号、二〇〇三年）一五～二七頁。

(52)前掲註(51)道迫論文、二七頁。前掲註(51)森本論文、二二頁。前掲註(51)中本論文、二五頁。なお、青銅融解用反射炉説としては、前掲註(27)吉田論文、五一～五二頁参照。

(53)『忠正公伝』第十一編（一〇）第二章第四章（山口県文書館蔵・藩政文書・両公伝史料）。前掲註(51)中本論文、二六～二七頁所収。「部寄」反射炉雛形築調の処御役所引払当分見合仰付の事（異賊防禦御手当沙汰控）、前掲註(51)道迫論文、二七頁。

(54)前掲註(11)末松書、二二一頁。道迫真吾「萩反射炉関連史料の調査報告（第一報）」（『萩博物館調査報告』五号、二〇〇九年）一六～一八・五頁参照。ここではむしろ銅砲への使用（青銅融解）を考えていることは注目される。

(55) 山田亦介はまた、この時「精練方・鋳造方」への出勤も命じられている（「異賊防御御手当沙汰書」）。前掲註(51)道迫論文、一八頁。
(56) 前掲註(11)小川書、五一～五三・一三八頁。
(57) 「高竃ニ関する山田来原書簡」（京都大学経済学部図書室所蔵）。堀江保蔵「山口藩に於ける幕末の洋式工業」（『経済論叢』四〇巻一号、一九三五年）一五三～一六五頁。この書簡に関しては次著等にも見出される。妻木忠太『来原良蔵伝下』（村田書店、一九四〇年、復刻一九八八年）五・七一～七二頁。
(58) 前掲註(57)妻木書、七三～七四頁。
(59) 『忠正公伝』前掲註(53)文書、前掲註(51)中本論文、二七頁に一部所収。このときは財政上の問題とともに、孝明天皇から水戸藩への「戊午密勅」により江戸・京都の国事諸経費を要したことがうかがえる。この年、五月には伝習生や富蔵等は長崎を順次引き払い帰萩した。前掲註(57)妻木書、七九頁。
(60) 庚申丸の製造には、丙辰丸（四〇〇〇両）の約五倍（二万両）を要したようである。前掲註(11)小川書、八七・二四六頁。前掲註(11)末松書、二一九頁。これ以後は、長州藩も他藩と同様、軍艦自製から購入へ方針を転換した。
(61) 藤田洪太郎「萩ガラスについて」（『長州の科学技術――近代化の軌跡――』二号、二〇〇四年）五～六頁。道迫真吾「萩反射炉関連史料の調査研究報告（第二報）」（『萩博物館調査研究報告』七号、二〇一一年）一六頁。
(62) 時山直八編『増訂もりのしげり』（眞興社、一九一五年）四〇五頁。前掲註(57)堀江論文、一六〇頁。前掲註(30)大橋書、二〇九～二一二頁。藤田洪太郎「忘れ去られた萩の世界遺産候補――大砲鋳造所跡――」（『長州の科学技術――近代化の軌跡――』三号、二〇〇八年）四三～四六頁。前掲註(45)拙稿、二七頁。
(63) 前掲註(36)金子書、二〇七～二一二頁。「長門市上ノ原　反射炉の遺跡」（『長門時事新聞』一九八五年九月二〇日記事）。また、道迫真吾の調査に従えば、文久三（一八六三）年、六月に両大津（長門地域）に配付されていた銑筒で錆びて損傷した損筒について反射炉で再熔解し、弾丸に鋳替えることを命じた文書（異賊防禦御手当沙汰控）も残されている。これが萩か長門かは不明ではあるが、反射炉が使用されていたことは確かである。前掲註(61)道迫論文、四～五・二一頁。
(64) 「ヘイズ報告」による。Pro ADM125/118 {Return of the distribution of Guns captured from the Japanese Batteries} by Leo. M. Hayes. 前掲註(45)拙稿、三二～四〇頁。この大砲はかつて英国ポーツマス海軍砲術学校に展示されていた。有坂鉊蔵『兵器考――砲熕篇一般部――』（雄山閣、一九三六年）二〇四頁。斉藤利夫「英国ポーツマスの長州砲」（『兵器と技術』一九八七年一一月号）三六～三七頁。なお、この頃長府（藩）では、砲台備砲として一五〇ポンドおよび八〇ポンド青銅長カノン砲が安尾家によって鋳造されている。下関市立長府博物館『旧臣列伝――下関の幕末維新――』（二〇〇四年）三・四四～四五頁。

(65) アームストロング砲（艦載砲）は文久三年の薩英戦争で使用され、元治元年の下関（四国連合艦隊攘夷）戦争でも一一〇ポンドアームストロング砲一門が大きな衝撃を与えた。松村昌家『幕末維新団のイギリス往還記』（柏書房、二〇〇八年）一二一～一二五頁。アームストロング艦載砲は、有効射程約四〇〇〇メートル、施条後装鋳鋼砲・尖頭着発弾である。その後、わが国諸藩が輸入したのは巨砲（艦載砲）ではなく、おもに一二ポンド・九ポンド・六ポンドの野戦砲（鋳・錬鉄製後装砲）であった。前掲註(22)大内書、七四～七五頁。前掲註(16)幕末軍事史研究会編書、九八～九九頁。Holly, A. L., *A Treatise on Ordnance and Armor*, London, 1865, pars. 1-40 (pp. 1-27).

V 国際

オランダ商館長と将軍謁見——野望、威信、挫折——

フレデリック・クレインス

はじめに

オランダ東インド会社の船がはじめて日本に到着した際に、ニコラス・ポイクの使節が駿府において家康に謁見した一六〇九年以来、東インド会社の職員、とりわけ商館長による将軍への謁見はほぼ毎年の慣例行事となった(1)。東インド会社は日本以外にもアジア諸国の各王朝へ使節を派遣していたが、このような王朝への使節派遣は新しい協定が取り決められる時にだけ行われていた。それに対して、日本における使節派遣が毎年行われていたことは非常に珍しいことである。また、江戸参府には莫大な費用がかかっていた。一八世紀のはじめに東インド会社の公認弁護士ファン・ダムが東インド会社の重役会である十七人会の依頼を受け、それまでの東インド会社文書を綿密に調査し、何冊もの報告書を提出している。この報告書における「日本」の章の中で、一六四二〜六〇年の江戸参府の費用計算が掲載されているが、これらの費用は出島商館の全費用の半分以上を占めていた(2)。これほどの負担を強いられていたにもかかわらず、オランダ人はなぜ江戸参府を継続していたのか。

本稿では、この質問に答えるために、将軍謁見に対して歴代オランダ商館長が取った対応の意味とその根底にある考え方の解明を試みる。この試みにおいて文化史的研究方法を採用する。つまり、通常の日蘭交渉史研究で行われているように、重要と思われる出来事を特定し、その因果関係をアジアやヨーロッパの政治・外交史を背景に解明するのではなく、一般的には政治・外交史に含まれないような記録をも研究対象とすることによって、将軍謁見に携わった商館長の考え方を分析していく。このような考え方を突き止めるためには、ミクロ史的な事例に焦点を当てることが有効である。ここで必要とされるミクロ史的な事例は歴代の商館長が付けていた日記に豊富に含まれている。

出島商館では日記を付けることが義務づけられていた。これは、東インド会社設立以前に行われていた、海路や通行する地域などの情報収集のために、東インド（つまりアジア）へ渡航する船で綿密に付けられていた航海日記の延長として、各商館において、その地域の風習、支配者との関係や前例などを把握するために受け継がれた有益な習慣であった。特に出島においては商館長が毎年交替しなければならなかったので、これらの日記は本部への報告としてだけでなく、次の商館長のためのリファレンスとしても作成されていた。その日記中に江戸参府や将軍への謁見の様子も詳細に記録されている。この出島オランダ商館長の毎年の日記は、ほぼ完全な状態でオランダのハーグ国立文書館に保存されている。本稿では、これらの日記における将軍謁見関連記述を分析することによって、商館長の将軍への謁見にまつわる考え方とその変遷を文化史的観点から紐解く。

一　火喰鳥

江戸参府の準備について詳細な情報を与えてくれる日記の一つとして、一六五六年に商館長に就任したワーヘナールの日記が挙げられる(3)。ワーヘナールの日記は一六五六年一一月二日に始まる(4)。この日付の項には、オランダ東インド会社の船が長崎に到着していた八月末より行われてきた貿易の業務が完了しているとある。また、前商館長ブヘリヨンが長崎の両奉行（黒川正直および甲斐庄正述）への挨拶を終え、銀・銅・米の積荷を載せた船八隻で東インド会社のアジア本部バタヴィア（現在のジャカルタ）に向けて出発したと記録されている。

一一月三日にワーヘナールが出島商館の清掃を命じたところ、通詞名村八左衛門が来て、肥前の藩主鍋島直寛の長男が出島を訪問しに来ることを知らせた。オランダ人は大急ぎで一番いい部屋を掃除し始めたところ、若殿と二人の役人、大勢の付人が到着した。ワーヘナールは若殿を応接の部屋に案内して、ワインとアーモンドで歓待した。若殿は三〇分ほどワーヘナールの服と剣を見つめた後、「火喰鳥」について尋ねた。実は、若殿の訪問の真の目的は、この火喰鳥を一目見ることであった。

図１　「駝鳥」（火喰鳥）（『薩摩鳥譜図巻』編者未詳　写本　１軸／国立国会図書館所蔵〈本別10－10〉）

火喰鳥は、オランダ人により一六三五年に日本に最初にもたらされ、平戸藩により幕府に献上された[5]。ワーヘナールが連れて来た火喰鳥も将軍への献上品の一つであった。江戸期を通じて、オランダ人は献上品として、鳥、象、駱駝、猟犬、ペルシアの馬、猿などさまざまな珍しい動物を日本に連れて来た。どの動物や贈物を日本に送るかは、たいていバタヴィア政庁で決められていたが、将軍みずからが要求を出す場合もあった。吉宗がペルシアの馬を所望したのは有名であるが、それにとどまらず、吉宗は他の多くの動物の舶載も求め、その中に火喰鳥も含まれていた[6]。

この若殿以外にも、長崎奉行をはじめとして、多くの身分の高い訪問客が火喰鳥を見に来ていたという記録がワーヘナールの日記に見受けられる。また、毎年の江戸参府に際して、オランダ人が滞在している宿にも常に大勢の幕府高官が将軍への献上品を見物しに来ていたことも、ワーヘナールの日記のみならず、歴代の商館長の日記に詳細に記録されている。このように、将軍への贈物はオランダ人と日本人の文化交流における強力な媒介要素の一つとなっていた。

二　江戸参府日程の決定

しかしながら、出島におけるこれらの訪問客の対応に追われていたワーヘナールにとって、当面の最も重要な課題は「いつ江戸へ出発するか」ということであった。ワーヘナールは、若い将軍家綱に好印象を与えるために、日本の正月までに江戸に到着したいと考えていた。(7) 一六五七年の旧正月はグレゴリオ暦で二月一三日であった（以下グレゴリオ暦を使用）。当時の江戸までの旅行期間は、ほぼ一か月間かかっていたので、余裕をもつために、ワーヘナールはできるだけ早く出発したかったのである。ただし、出発には長崎奉行の許可が必要であった。江戸参府日程の決定にいたる過程は、ワーヘナールが日記の中で詳細に記録しているので、以下に要約する。

一一月一一日に日程について通詞たちに相談したワーヘナールは、「急ぐ必要はない」との返事を受けている。一一月二八日に将軍や老中などへの贈物のリストを、乙名と通詞全員の前で作成するが、出発の日付については何も進展がない。一二月一五日に江戸出発の用意ができたが、奉行は出発の日についてまだ決定してくれないので、ワーヘナールの方から通詞名村八左衛門に、一二月二七日～二八日という日程を提案した。次の日の一二月一六日に、前日に通詞たちが奉行のところに挨拶へ行ったことが通詞八左衛門から伝えられた。しかし、その日は奉行の母の命日であったため、江戸への出発の日について尋ねることができなかったようである。一方、代官高木作右衛門は、一二月三一日が「吉日」であるため、その日の出発を提案している。しかし、その三日後の一二月一九日には、代官が一月四日以降の出発を提案していると八左衛門から伝えられた。この状況についてワー

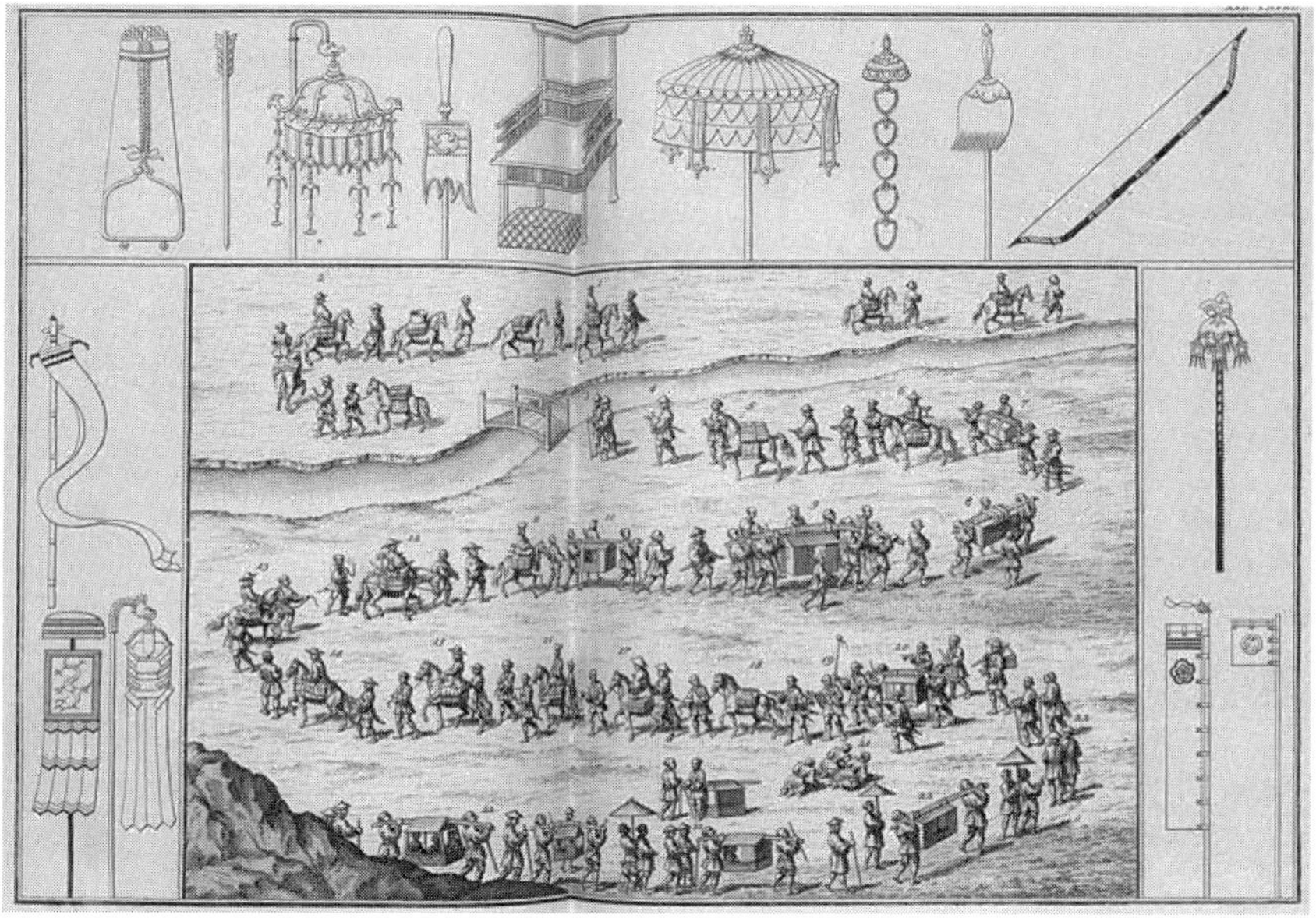

図２　江戸参府図（ケンペル『日本誌』／国際日本文化研究センター蔵）

ヘナールは日記で、「これらの人々が、こんなに小さなことについてなかなか決定できないことは不思議である」と記している。

一二月二一日にカピタン部屋に来た乙名と通詞たちによると、奉行に出発日について尋ねたところ、「一月九日以降ならいつでも良い」との返事が来た。早く日程を決めてほしいワーヘナールのいら立ちは次第に増していたが、その後しばらくの間奉行側からの知らせはなかった。一月七日にようやく奉行が出発の日を一月一六日に決定したという知らせを通詞孫兵衛から受けている。ところが、その次の日の一月八日に乙名と通詞たちが再びカピタン部屋に来て、奉行が出発の日を一月一八日に変更したことを知らせた。それはその日が大安のためであった。これでようやく出発の日が決定したので、ワーヘナールは乙名と通詞とともに江戸参府に同行する日本人の名簿を作成し、その給与を前払いで支給し、荷づくりも開始した。

以上のやりとりにみられるように、「江戸参府」

の日程決定の過程には、オランダ人と日本人との間の文化的な認識の違いの大きさが鮮明に現れている。つまり、ワーヘナールの方は将軍への謁見に際して、あくまで直接将軍と交渉をして、貿易拡大の許可を得ようと画策している。正月に贈物を献上することにこだわっていたのも、将軍が気前よく許可を与えてくれるチャンスになると考えていたからである。

一方、日本側は、将軍への謁見は儀式であり、格別な栄誉であると捉えていたようである。江戸参府に際して、商館長は大名と同格と見なされ、帯刀が許され、乗物に乗って旅をした。(8) さらに、実際に将軍に謁見できるという、これ以上ない名誉を与えられていた。その儀式の中には貿易交渉をするような余地はなかった。また、日本人側は、贈物の献上の時期を正月に合わせることの意義をまったく理解していなかった。このような文化的な認識の違いがあったために、江戸参府に関して行われていたやりとりはたいてい平行線に終始していた。日記中にはこのような文化的認識の相違が随所に見出される。

三　将軍との直接交渉へのこだわり

オランダ人がなぜ将軍との直接の交渉にこだわったのか。これには前例からの影響が大きく関係していると思われる。オランダ人は一六〇九年に家康から、一六一七年に秀忠から、朱印状を直接与えられていた。(9) しかしながら、出島に移転してから、すべての交渉は長崎奉行を通じて行われるようになった。また、長崎奉行と将軍の間には老中がいた。さらに、長崎奉行との連絡自体も直接ではなく、通詞を介して行われていた。

この通詞の役割や行動については、歴代商館長の日記のいたるところに不平が記されている。それは単に通詞の言語能力の問題だけでなく、通詞たちの利害関係からも生じていた。商館長クレイエルが江戸に滞在している時の日記の中で、オランダ人が抱いていた通詞たちへの不信感が次のように表現されている。(10)〔　〕の中は筆者による補記である。

その間に〔つまり江戸に到着してから〕、奉行や大目付を含む誰からも問い合わせや訪問を受けておらず、また、通詞たちが伝えようと思っているもの以外に、我々は何も知ることができなかった。このことからすると、通詞たちはすべて自分の思う通りに進められるように陰で糸を引いていて、我々の要求および行動を抑えて、誰も我々のところに来ないように仕向けている。それは、〔江戸参府に同行している商館員〕スウェールス氏が日本語を少し話すことができており、〔幕府高官などが直接スウェールスと会うという〕この方法で彼らの悪事が露顕するかもしれないということを通詞たちが恐れている、あるいは嫌っているからではないかと私は考えている。

このような不信感は、決してクレイエルの日記に限ったものではなく、多くの商館長の日記に常に顕著に表れている[11]。また、特定の幕府高官に対しても、同様の不信感が商館長日記の中の随所に見受けられる。なかでも際立っているのが老中稲葉美濃守正則の例である。稲葉は大目付井上政重に次いで江戸におけるオランダ人のパトロン的存在であり、個人的にも書籍や地図、望遠鏡など多くの物品を注文していた。そのなかに二つの大きな銅製のシャンデリアがあった。稲葉はこのシャンデリアを日光東照宮に奉納するために家綱に献上しようと考えていた。ところが、長崎奉行島田久太郎の誤った指示のせいで、商館長グライスは一六六五年にこの二つのシャンデリアを直接家綱に献上してしまい、稲葉の怒りを招くことになったようである[12]。その次の年に商館長ヴォルゲルが貿易業務の改善についていくつかの要請を長崎奉行に提出したところ[13]、幕府がそれらの要請を容認しなかったことを受けて、オランダ人はすぐさま稲葉の関与を疑った。その一年後に例年通りに注文したものを稲葉が受け取らなかったことについて、商館長シックスは次のように記している[14]。

これは、グライスが稲葉の名誉を傷つけたこと、つまり稲葉がみずから将軍に献上するために注文した二つのシャンデリアをグライスが将軍に直接献上したことについて不快感を表し始めているサインである。これは明らかに、去年ヴォルゲルが幕府に提出したすべての要請が、長崎奉行が亡くなった時点で、すべて無になってしまった原因である。しかも、この殿のお気に入りである現在の長崎奉行が我々をこのようにいじめている原因でもあることには疑いの余地がない。

さらに、この事件のわずか数年後に、通詞および奉行、老中が関わる別の事件が起こり、それにより、オランダ人はこれらの仲介役を完全に信頼しなくなった。この新たな事件の概要は次のようなものであった。

この時期に第四代将軍家綱は医術伝授のために、植物学にも精通する医学者をオランダから派遣する強い要請をたびたび長崎奉行を通じてオランダ人に出していたが、このことを知った東インド会社のオランダ本部は一六七三年にウィレム・テン・レイネという医学者を雇用し、日本へ派遣した(15)。このように将軍の要請に応えることによって、将軍のご機嫌を取り、将軍が貿易拡大に対する許可を与えてくれるのではないかと東インド会社上層部は考えていたようである。

テン・レイネは一六七四年七月三一日にエイセルシュタイン号で長崎に到着した。その二日後、商館長カンプハイスは年番大通詞加福吉左衛門にテン・レイネを紹介し、テン・レイネが日本へ渡航した目的を説明している(16)。ところが、その二か月後にはその後に起こる問題の予兆が出現している。カンプハイスは総督に次のように報告している(17)。

前述した医学者ウィレム・テン・レイネは無事に到着した。しかし、卑劣な通詞たちはすぐに彼が商人として見なされるように仕向けて、彼の派遣の目的に関する彼の資格を長い間秘密にしておいた。これは疑いなく通訳の面倒を防ぎ、その恥ずべき無能を隠すためである。なぜなら、彼らは日常会話を越える事柄についてほとんどの用語を理解できないからである。

通詞たちの隠蔽工作を打破するために、商館長は長崎見物の機会を利用して、同行していたテン・レイネを長崎奉行牛込重忝に直接引き合わせることに成功し、その場でテン・レイネの派遣目的を片言の日本語で伝えた。奉行はそのことを後継者の岡野貞明に伝えることを約束した(18)。ところが、一六七五年および一六七六年の江戸参府の際にテン・レイネの存在は無視された。カンプハイスは通詞横山与三右衛門に長崎奉行岡野貞明および老中稲葉にテン・レイネのことを知らせるよう何度も強く要請している。与三右衛門が長崎奉行岡野貞明に伝えたところ、奉行はとても驚いていたという(19)。この伝達によって、事態が好転するかに思われたが、その後、不思議な出来事が起こる。

四月二九日に江戸城から来た一人の漢方医がオランダ人の宿屋を訪問し、テン・レイネに薬草について質問しようとしたところ、通詞たちはその場から姿を消していた。仕方なく、日本人の料理人が通訳しようとしたが、薬草の名前をまだ半分しか挙げていないうちに、奉行の命令で役人が漢方医を帰らせた。また、稲葉の侍医もオランダ人の宿屋に立ち寄ったが、奉行の命令でオランダ人と直接会うことができなかった(20)。その後も、多くの日本人がオランダ人の宿屋を訪れたにもかかわらず、奉行の役人が漢方医の出入りだけを阻止するという奇妙な状況が続いた(21)。

長崎に戻った後、九月九日に長崎奉行からテン・レイネをバタヴィアへ帰帆させるようにとの通知が突然届いた(22)。その理由については一切触れられていないが、これにより、東インド会社による西洋医学伝授の試みは挫折することになった。カンプハイスはこの事件の経緯についての総督に対する報告書の中で、テン・レイネの来日目的を通詞たちが隠蔽していたことを知った稲葉が、幕府の面子を失わないようにこの事件をもみ消したにちがいないという疑いを示している(23)。隠蔽の首謀者が老中稲葉であったのか、長崎奉行岡野であったのかは不明である。いずれにせよ、この事件は通詞、奉行、老中という仲介役のすべての者に対するオランダ人の不信感をつのらせ、そして将軍との直接交渉への願望を一層助長することになった。

四　ワーヘナールによる将軍への謁見

ところで、実際の将軍への謁見はどのように行われていたのか。将軍謁見の実際の様子を示すために、少し時間を巻き戻して、ワーヘナールの日記を再び見て行くことにする。ワーヘナールは家綱への謁見に大きな期待を寄せていた。ようやく江戸に着いたワーヘナール一行は、一六五七年二月二七日朝一番に火喰鳥などの贈物を先に江戸城へ運ばせた後、彼らも九時に江戸城に到着した。酒井河内守忠清の部屋で待機した後、本丸へ連れられ、多くの大名が居並ぶ大広間に辿り着いた。以下にその時の謁見の様子についての記述を日記から引用する。(24)

我々はひざまずかなければならなかった。そして、筑後殿〔大目付井上政重〕は、私よりも四ないし五歩向こうの角を曲がったところに、ひれ伏していた。そして、陛下がお出ましになることを明らかにうかがい見続けていた。その時が来たと彼は思い、私に起き上がって近づくように手招きした。しかし、私がそれをやろうとする前に、再びひれ伏すようにと彼は合図した。我々の良いパトロンは、視力が悪くなっているから間違ったのではないかと疑いを持った。ところが、そのすぐ後に二番目の合図をもらい、私は起き上がって、筑後殿の近くへ行こうとしたが、私の近くでひれ伏していた与兵衛〔長崎奉行黒川正直〕は彼が再び間違ったのではないかと思い、私のコートを引っ張った。筑後殿はこれに気づいて、困惑した様子になっていた。彼は私の方へ四つん這いになって這って来て、私のコートのもう一方の裾をかなりの力で引っ張って、与兵衛の手を引き離した。このように私は両側から引っ張られ、とても困惑した。物も言えないほどびっくりして、恐怖に囚われ始めた。しかし、その時、三番目の合図のところで、私は地面に顔をぶつけて、誰かが大きな声で「オランダカピタン」と呼ぶ声を聞いた。これはこの歌の終わりであって、儀式の終わりでもあった。

私は将軍の影も将軍そのものもまったく見なかった。私はこんなに長い時間額を地面に付けてひれ伏していたのが、人間のためであったのか、ふくろうか猿のためであったのか知りたかったので、さらにしばらくそこでひれ伏している間、私がなぜここにいたのかの理由を知るために起き上がった時に周りを自由に見渡そうと決めていた。そして、実際に、起き上がって帰るようにと命令された時に、私は臆せず周りを見渡し、少し離れた暗い所に立っている立派な男を識別することができた。私から見ると、彼は男性と言うよりも女性に見えた。その後、八左右衛門と私は同じ廊下を通って、他の人々が待っている広間に戻った。

ここでワーヘナールの日記における四代将軍家綱への謁見の記録が終わる。その後、筑後守と与兵衛は、謁見が成功したことを祝ってくれ、その後も大勢の大名たちからの祝辞を受けたことが詳細に記録されている。それでも記録の行間にはワーヘナールの困惑が顕著に出ている。とはいえ、次の日にワーヘナールは将軍への謁見を果たせたことを理由に長崎奉行に貿易業務の改善、とりわけ船の出発の時期を数日間延長することを要請している。(25)

謁見後の数日間にわたって、オランダ人は慣例に従い、各幕府高官に対して贈り物を贈ることになっていた。その際、各高官は常に不在で、贈り物だけを置いていくのが通例で、その後で宿に返答品が届く。そして、通常、二度目の謁見があり、その時に将軍からの返答品を受けることになっているが、ワーヘナールの場合は通常通りにはいかなかった。というのも、この年に明暦の大火が起こり、二度目の謁見が妨げられたからである。ワーヘナールは、筑後守の屋敷を訪問した時に火の手が迫ってきて、間一髪で逃げ切っている。こうした状況の下では貿易業務改善に向けての進展はなかった。

ワーヘナールは一六五九年にもう一度、江戸参府をしているが、その時は謁見に関わる一連の行事が首尾よく進んだ。火喰鳥の代わりに、今度は二頭の小型水牛を連れて来て、この水牛に小さな車を引かせたが、これは小さなものを好む日本人の間で大センセーションを巻き起こし、ワーヘナールは江戸城で歓待されたようである。ワーヘナールはこの機会を利用して、再び船の出発の時期を数日間延長することを長崎奉行に要請するように通詞石橋助座衛門に頼んだ。しかし、助座衛門は奉行の機嫌を損なうことを恐れて、貿易自体にはさほど重要でない江戸参府中の長崎・下関間の旅を陸路で進めるという要請にすり替えた(26)。

以上のように、日本における貿易統制が徐々に厳しくなる一方であった。オランダ人はこの状況が通詞や奉行、老中に起因していると考えていたが、これには経済上の他の要因があった。山脇悌二郎によると、この時期に幕府は物価高騰に悩まされていた。輸出品があまり提供できない状況の中で金・銀が唯一の貿易決済の手段であったが、その流出のため物価高騰が起こっていた。幕府はこの状況の対応策として、金・銀の流出をやむなく認める一方、なるべくそれを抑制することに苦心していた(27)。いくら将軍に謁見して、些細な改善についてもオランダ人は絶えず幕府の官僚制度という大きな壁にぶつかっていた。むしろ、珍しい動物や贈物で機嫌を取っても、期待した効果はほとんど現れなかった。

五　余興と化した謁見

貿易改善が望めない状況の中で、オランダ人は少なくとも「将軍への謁見」にともなう威信を保つことはできた。その威信はヨーロッパにまで届いた。というのは、モンターヌスが一六六九年に著した『オランダ東インド会社遣日使節』という大著の中ではワーヘナールの日記を含む複数の商館長日記が掲載され、オランダ人が将軍に謁見したことについては偉業として壮大に強調されている(28)。しかしながら、現実は多少異なっていた。つまり、将軍への謁見に成功できたことに対する幕府高官からの祝辞とオランダ人に対する実際の待遇との間には大きなギャップがあった。商館長ヴォルゲルは長崎への帰路の際、同行していた与力の行動に次のように大きな不満を持っていた[29]。

我々に対する扱いおよび護送は非常にひどかった。我々が将軍への謁見の名誉を与えられた者ではなく、まるで将軍の敵あるいは捕虜であるかのような扱いであった。

しかし、このようなオランダ人にとって理不尽な状況は役人から受けた待遇の悪さだけで終わらなかった。綱吉が将軍に就任すると、オランダ人はさらなる屈辱を受けることとなった。『徳川実紀』によると、天和二（一六八二）年にオランダ人は通常の謁見のほかにもう一度将軍の前に現れ、そこでオランダの音楽などを演奏させられた[30]。この年の謁見を行ったのは商館長ヘンドリック・カンズィウスであった。カンズィウスの日記によると、謁見は一六八二年四月四日に行われた。ワーヘナールの日記でもみられたような短い謁見が行われた後、カンズィウスは外科医ヤン・バルティッツおよび下級商務員ヘリット・デ・ヘーレが待つ控えの間に戻り、そこで奉行や大目付から慣例の祝辞を受けた。ところが、その一五分後に一行は奉行によってさらに江戸城の奥に案内された。そこでの様子がカンズィウスの日記で次の通りに記されている[31]。

廊下の途中にいくつかの簾がかかっており、私はそこから二畳、外科医と下級商務員は二畳半、奉行は三畳の距離の位置に付いて、そこで日本風にひざまずいていた（簾の後ろで将軍陛下が少し高いところに座り、彼の後ろに数人の坊主、つまり陛下の使用人がいた。これらの畳の外側、左近くに座っていたのは筑前様〔堀田正俊〕、その隣に加賀様〔大久保忠朝〕、そして、そこから少し離れたところに豊後様〔阿部正武〕である。また、陛下の右側には、その畳から少し離れたところに備後様〔側用人牧野成貞〕、そしてその隣に山城様〔戸田忠昌〕がいた[32]。そのため、私は山城様と備後様のちょうど間に座っていた。その中で私は山城様には触れるほど近くに座っていたが、備後様はもう少し離れていたところに座っていた。それは、〔同行していた〕二人の紳士と奉行への視界を妨げないためであった）。

しばらく日本風にひれ伏していた後、陛下は、我々が背筋をまっすぐにして座り、陛下を見上げるように命令した（つまり、それは、通詞たちがそれを我々に伝えていた。というのも、陛下は筑前様に話して、彼はまた山城様に言って、それから廊下の外にひれ伏していた通詞へ言った）。陛下は（日本の慣習に違反して）皆がとても高い声で話すよう命令した後、我々にさまざまな質問をした。

まず天気はどう思うか。雨はもうすぐ止むのか。
二、なぜ髪〔色〕が違うのか。
三、オランダも日本と同じくらいに寒いのか。
四、演奏する楽器があるのか。
五、オランダの医者も飲み薬を処方するのか。
六、オランダ人は歌を歌うのか。
それについて我々は適切に、正直に答えた。次に陛下は、我々が大きな声で互いにオランダ語で話すことを命令した。また、何か歌を歌うように頼み、すぐに上席外科医ヤン・バルティッツおよびヘリット・デ・ヘーレによって行われた。彼らは「ピュリスよ、私はあなたに愛を捧げる」〔一七世紀オランダの牧歌曲〕を（陛下の命令に従って）ミスや〔調合の〕臨時変更なしでしっかり歌った。これは、このような偉大な君主やこれだけ多くの地位の高い領主の出席を考えると、精一杯のことであった。この曲の二つのバージョンを歌ってから（日本では長く歌うことはしない）、三人とも立ち上がるようにと陛下が我々に命令して（これは我々にとって願ってもないことであった。というのも、彼らの方法で座ることはかなり大変であったから）。立ち上がる時に、私にマントを脱ぐように陛下が命令した。私はボタンを外し、山城の領主がマントを肩から取った。少し〔そのまま〕立っていた後、私に振り向くようにと陛下が命令した。最初、私はそれを丁寧に断ったが、それに対して陛下の意志であり、何も悪いことしないから、やるようにと言われたので、私は丁寧に振り向いた。しばらくそのように立ってから、帰る挨拶をするように命令を受けた。三人とも日本の方法で挨拶した後、控えの間へ戻った。[33]

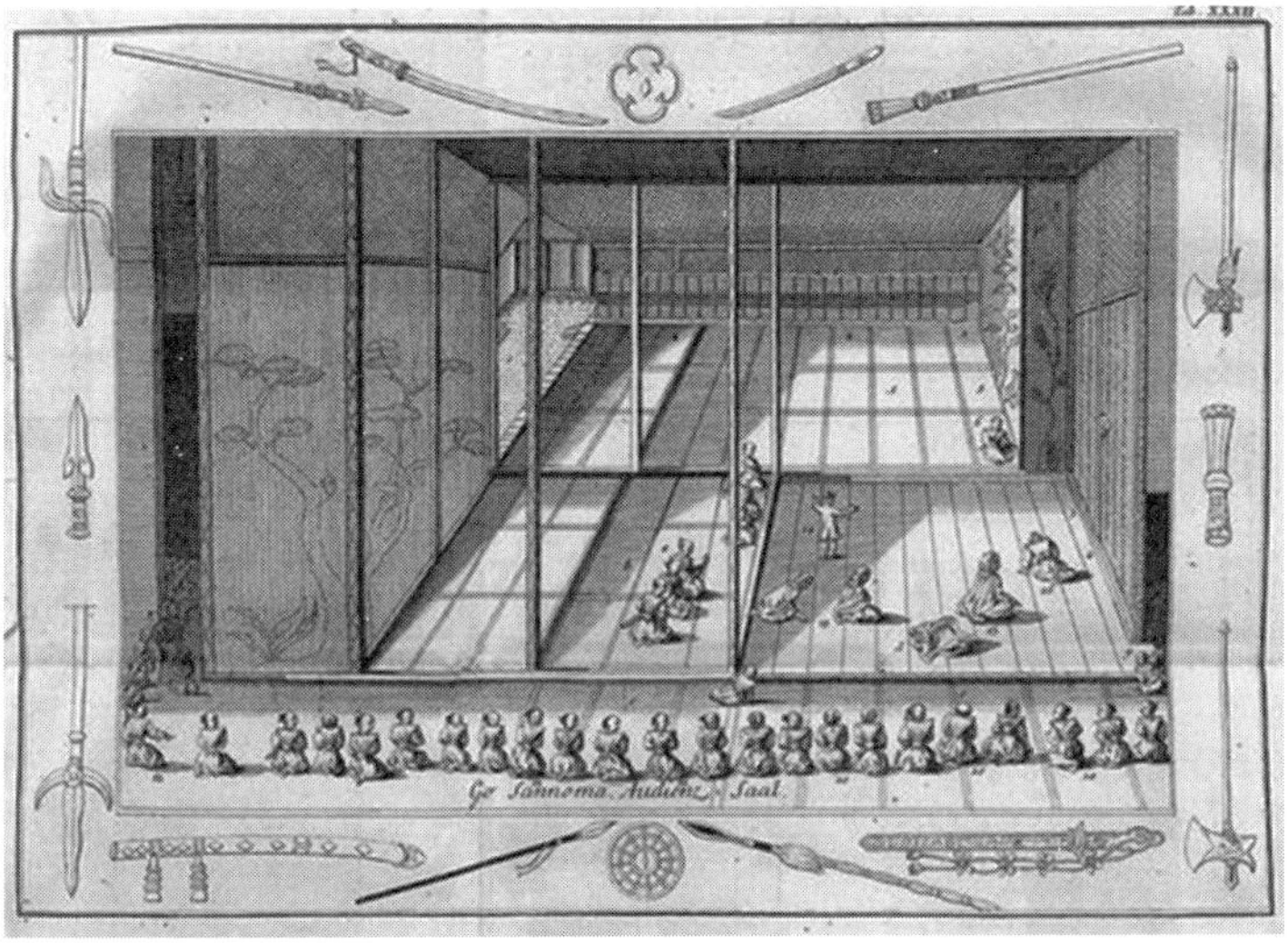

図３　将軍への謁見（ケンペル『日本誌』／国際日本文化研究センター蔵）

以上のカンズィウスの日記は、綱吉の時代における謁見の様子を詳細に伝えている。それ以降の謁見はこれと同じ形式で行われた。つまり、いくつかの一般的な質問が行われ、オランダ人がマントを脱いだり、歌を歌ったりした。歌い方はたいてい控えめであったが、一六八三年にクレイエル商館長の謁見の際に、クレイエルの一二歳の息子が一生懸命歌ったことがあり、これはとても好評であったようである。[34]また、謁見の時間は毎年少しずつ長くなっていた。さらに、謁見の後に、各老中や大目付などの屋敷でも同じような余興が行われるようになった。[35]

一方、オランダ人側はこの状況に戸惑っていた。一六九一年に江戸参府に同行した外科医ケンペルが記しているように、出された質問が意味のないものであり、全体が喜劇であると批判している記録も見られる。[36]しかし、幕府高官から多くの祝辞を受ける商館長は、相変わらずこの余興に応じることによって、将軍および幕府高官とより良い関係

を築こうとしていた。(37)

六代将軍家宣および七代将軍家継の頃になると、謁見の様式は以前の簡素なものに戻った。一方、東インド会社の日本貿易は徐々に衰退しつつあった。東インド会社はアジアにおける仲介貿易を継続するために、日本の銅に依存していた。しかし、オランダ人が将軍および幕府高官の要望を満たすために努力を惜しまなかったにもかかわらず、貿易制限は年々厳しくなり、一七一五年に新井白石が中心となって作成した、いわゆる「正徳新例」によってさらに一層厳しくなった。(38)この時期に吉宗が将軍職に就任したが、それはオランダ人にいくらかの希望を与えていた。

六　吉宗への謁見

吉宗についての記述が最初にオランダ商館長日記に現れるのは、一七〇五年一一月一一日付の記録である。(39)その記録の中で商館長ハルマヌス・メンシングは、「紀伊の国の藩主が亡くなり、その家の最後の跡取りである弟がその地位を継承した」と簡単に記録している。(40)次に商館長日記に現れるのは、将軍後継問題が生じた時であり、商館長バウダーンは一七一六年八月九日の日記に「水戸様〔徳川綱條〕の仲介により尾張藩主が継承の権利を放棄し、紀伊の国の藩主が恐らく新しい将軍になる」との説明を記している。(41)その二週間後の八月二四日に、吉宗が将軍職に就いたとの便りがオランダ商館に届いている。(42)このことについてのバウダーンの報告の中にある「紀伊の国の藩主が昔の権現様に倣った政治を行う」という記述にはオランダ人が抱いた希望が見え隠れしている。というのも、オランダ人に最初に朱印状を与えたのは家康であり、その当時は貿易の制限がまったく設けられていなかった。このような知識が背景にあったことを考え合わせると、「権現様に倣った政治」というのがオランダ人にとって有望であるように聞こえたのは当然であろう。しかし、希望に満ちていたバウダーンの後継者アウエルが翌年に吉宗に謁見した際に受けた待遇は、それまでとまったく同じものであった。アウエルの日記に記録されている吉宗への謁見の様子は次の通りである(43)。

私は、通詞〔中山喜左衛門〕に次のように言った。つまり、将軍に面会する際は、〔東インド〕会社より将軍の就任を祝し、会社が長崎でより有利に貿易を行い、商品の量を増やすことが許され、そして特に、より多くの船で来航できるように要請する機会であると(44)。しかし、それに対して次の答えが帰ってきた。つまり、日本では将軍の就任を祝うような慣習がない、また、その時に将軍に何かを要請することはさらに慣習ではなく、江戸に来ているのは将軍に謁見するためだけであり、交渉は長崎で奉行によって行われなければならないし、奉行は江戸から出発する際に長崎でどうすべきかについて老中や大目付から命令を受けており、長崎の状況を奉行や大目付はよく把握していると〔中略〕。

一時間待ってから、両大目付および備前守〔長崎奉行大岡清相〕が現れ、我々を将軍のところへ案内すること、また、〔将軍に〕何か命令されたら、快くそれを受けるようにということを、通詞を通じて伝えてくれた。その後、我々は多くの部屋を通って、広い廊下に案内され、そこで待たなければならなかった。その少し後に老中阿部豊後守〔阿部正喬〕が我々のところに来て、愛想良く挨拶してくれ、我々の案内役としばらく話をし、再び去った。次に私の剣やパイプが取り上げられ、中に運ばれた。その後、我々を将軍の前へ案内する命令が来た。

備中守が私の手を取り、他の人たちもついてきた。さらに三つの部屋を通って、最終的に四番目の部屋で障子の前に到着した（この部屋が城の中で最も奥の部屋であり、将軍の近親者および側用人しか入る許可を与えられていない部屋であると後で言われた）。備前守は四つん這いになって我々の方へ這ってきて、拝礼するように合図を出した。我々はその拝礼を日本の方法で行った。その時に将軍が障子の向こう側にいることが分かった。障子の紙に大きな穴が開けられていた。複数の近親者が我々の前にいたが、誰も一言も話さなかった。

この場所は暗すぎるからか、我々は別のとても明るい部屋に案内された。そこに再び前述のすべての高官が我々の前に座り、少し端に阿部豊後守と加賀の大名[45]、我々の後ろに両目付と備前守が座っていた。大通詞は私の左側の畳に顔をつけてひれ伏して、将軍が我々の前にいて、かなり大きな穴の空いた障子の後ろに立っているとささやいた。従って、我々はその場所に対して深くお辞儀した。しかし、我々は将軍から十分近くに座っていなかったようであった。というのも、〔将軍が〕阿部豊後守に対して、我々が近づくように命令するのが聞こえた。

我々は二度立ち上がって、障子に近づいて座らなければならなかった。将軍が我々をより良く見えるように、最終的には六フィート〔約一八〇センチ〕離れたところに座った。我々は障子の穴を通じて複数の顔を見ることができたが、誰が誰なのかは判別できなかった。しかし、将軍の奥方と二人の王子もそこにいると推測していた。私は超然とした様子で回りを見渡し、また、上の天井も見て、これは花や金箔を施した木細工によって巧みに装飾されていた。将軍がそれを見て、私にこの部屋を気に入ったかと阿部豊後守を通じて尋ねた。私は深くお辞儀して、通詞を通じて、比類のないほど美しいと答えた。次にオランダの歌を歌うように求められた。我々のうち、誰も歌を歌えないと通詞に言わせようと思ったが、私の気が向かないことを察知した阿部豊後守は、通詞に〔それを言うことに〕時間を与えないで、シモンズを指差した。それを受けて、彼が歌い出した。

その後、ダンスをするように命令が下された。私は、誰もダンスができないと通詞に言わせたが、それは無駄であった。阿部豊後守は通詞に大きな声で、これは問題ないことで、どのようにダンスするのかを少し見せたらいいと言って、私を再びしっかりと見て、二人の商館員を指差した。彼らは立ち上がって、マントを脱いで、二拍子の旋回舞踏のダンスをした。その後、彼らはオランダでどのようにしてフェンシングするのかを披露しなければならなかった。

それから備前守は我々に長いお箸を与えた。〔中略〕その後、和食とゆで卵が提供され、阿部豊後守と加賀の大名は我々をもてなす役を務めていた。我々は将軍の目の前で、日本風にそのお箸で食べなければならなかった。将軍は、私がオランダの方法で乾杯するように命令した。すぐに杯が持ち出され、私はまず将軍の健康およびその政権に、二番目に彼の家族の繁栄に、三番目に日本帝国の繁栄に、四番目に江戸の繁栄に、そして五番目に（それだけ我々は飲まなければならなかったが、）彼の治世中に我々の貿易が近年よりも栄えるように乾杯した。これらのことを私は大きな声で言って、これはまた通詞によって日本語に訳された。そこにいた高官たちの動きからして、将軍は満足していたようである。

その後、我々の接待役〔つまり阿部豊後守と加賀の大名〕にワーヘマンスと日本語で話すように将軍が命令した。彼らはそれを喜んでやっていた。その部屋が気に入っているのか、歳はいくつか、江戸に何回来たことがあるか、オランダと日本、バタヴィアと日本との距離はいくらかなどと彼らは彼に尋ねた。ワーヘマンスはそれに適切に答えた。彼らが話している最中に将軍が何度も笑っているのが聞こえた。将軍が長崎における会社の商売についていくつかの質問をし、それにワーヘマンスが我々へのひどい扱いについて話すことを私は心から願ったが、それについては一言も話されなかった。また、日本の習慣では、高い位の人が質問しない限り、それについて話すことは許されない。

次に、私が昨晩届けさせた紙とペンが出されて、シモンズは皆の前で我々の名前をそれに書くように求められた。この紙が将軍のところへ運ばれた。その後、私たちは立ち上がらされ、私は自分の帽子を被らなければならなかった。将軍はカピタンの身長について尋ね、私は約六フィートであると答えた。彼らが私の身長を実際に計らなかったことは奇跡であるとも言える。我々は再び座り、お菓子をいただいた。将軍は続いて我々が着ていた服の名前を尋ね、通詞が一つ一つ書き留めて、その紙は将軍のところへ渡された。

日本人の好奇心は無限であるため、ワーヘマンスあるいはシモンズが服を脱がなければならないのではないかと私は恐れていたが、そのようなことはなかった。そのすぐ後に、将軍と近親者が部屋から出るのが聞こえた。すべての高官も立ち上がって、阿部豊後守および加賀の大名は我々に愛想良く祝意を表した。また、備前守および両大目付はすぐに我々のところへ寄ってき来て、とても喜び、我々の幸運を称え、祝辞を与えてくれた。というのも、将軍がこんなに親しく扱ってくれたのは我々が初めてであると彼らは言った。

これと同じような形の謁見は次の年の一七一八年にも行われたが、それ以降、謁見は以前の簡素な形式に戻った。他方、吉宗はペルシャ馬をはじめとして火喰鳥や犬など複数の動物やほかの珍奇で高価な品々を所望した。オランダ人は貿易拡大を狙って、将軍からのこれらの要請に応えようとしていたが、これらの努力は貿易拡大には繋がらなかった。むしろ、貿易制限が徐々に厳しくなる一方であった。実際、「正徳新例」については、吉宗の将軍就任に際して老中が廃止しようとしたが、長崎奉行はその廃止に反対し、結局、吉宗の決断によって存続することが決定されたという[46]。長崎地下人にとってもこの状況は好ましくなく、通詞は「将軍が海外貿易に反対しているようである」と商館長に愚痴をこぼしている[47]。

七　松浦河内守事件

それでもオランダ人は簡単には諦めなかった。一七五三年に勘定奉行で元長崎奉行の松浦河内守信正がいわゆる用行組事件で免職閉門に処せられると、商館長ブーレンは松浦による東インド会社貿易に対する不当な統制が免職の原因であるに違いないと考えた。これについて、以下の通りに商館長ブーレンと通詞楢林重右衛門との間で交わされた会話の記録が残っている(48)。

しかし、河内守の免職の真の理由は、東インド会社とその職員に対する敵対的で不愉快な扱いである。その好例としては、一七三八年以降に許可された六〇〇〇タエルの貿易額の取り消しである。彼は、将軍からの命令であると主張しながら、自分の暴政や非合理的な扱いを厚かましく正当化しようとしていたが、すべてが将軍の命令の下で行われたということが嘘であったことが今になって暴露された。その通詞〔重右衛門〕は〔この言葉を聞いて〕いらいらしているようであった。片言〔のオランダ語〕での彼の反論は次のようなものであった。「河内守の免職の知らせを受けると、あなたがすぐに長崎における外国人の扱いのひどさを〔理由として〕主張すると私は予想していた。これについて、あなたは完全に間違っている。というのも東インド会社に関して、彼は幕府の命令に背くことを何もしていない。幕府は彼の行為について十分に満足していた。勘定奉行であった彼が長崎に派遣されたのは、主に外国人の管理のためであり、適切と思われる通りに統治する権力を与えられていた。商館長が毎年の銅の輸出拡大の要求によって幕府を悩ませなかったのなら、また、ここ数年貿易が多くの不和の下で行われてこなかったのなら、幕府は勘定奉行を長崎に派遣する必要がなく、貿易は昔のように行われていたのであろう。この変化は改善のように思われた」。彼がこのような返答をすることを予想していたと私は答えた。物事を整理するために幕府が勘定奉行を長崎に派遣したことは想像できるが、外国人に対して河内守が行ったような暴政を行うことを幕府が命令したことは信じられない。将軍がこれについて報告を受けていないなら、今は将軍に教える好機ではないか。〔後略〕

この記録は、商館長が幕府内の状況をまったく把握できていなかったことを明瞭に露呈している。貿易統制が将軍や幕府の方針であり、輸出銅の不足から生じていると通詞がいくら説明しても、商館長は受け入れようとしなかった。歴代の商館長と同様にブーレンの考えは、あくまでも、長崎奉行や通詞などが将軍の方針に逆らって秘密裏に貿易を妨害しているということであった。そして、貿易衰退を打開するための唯一の方法は将軍に直接嘆願することであると考えた。この直接嘆願を行うためにブーレンは目安箱に投書することを思いついた。江戸における協力者を通じて、ブーレンは目安箱の設置場所や投書方法について探索したが、この企ては実現にはいたらなかった。[49]また、ブーレンは苦情を将軍に伝える方法について、江戸在中であった長崎奉行菅沼定秀にも相談したが、貿易交渉は長崎で行うべきこととの返答を受けている。[50]結局、将軍への謁見は通常通りに行われ、ブーレンは将軍への直接嘆願を果たせず、四月二八日に江戸を発った。

八　最後の粘りと挫折

他方、貿易衰退によるオランダ商館の厳しい財政状態を認識していた幕府は、一七六四年にさらなる貿易制限と引き換えに、江戸参府の回数を二年に一回に縮小することと、江戸参府が行われない年において、贈物は長崎奉行を通じて届けさせることを提案した。[51]オランダ人はこの提案を固く拒否した。[52]こうした反応の背後にあるオランダ人の考え方については、翌年に商館長クランスに宛てた総督ファン・デル・パラの指令書に、次のように明確に記されている。[53]

棹銅の〔輸出の〕縮小が続く間、江戸参府を一年おきに実施するという許可は、十分思慮分別のあるものである。しかし、これは根底に公平性があるのか〔が疑わしい〕。長崎奉行はこの茶番劇を実現するために、幕府における大きな信用を事実上利用したようであり、その目的は、我々を幕府から隔離させて、少しずつ我々がそこに現れなくなることによって、我々をより簡単に、しかも遠慮なく操ることであるに違いない。〔中略〕我々の苦情を将軍に直接伝えるために江戸参府の機会を利用することを長崎奉行が巧みに断ち切ることはこれまでにも再三経験した。

右の疑問を表明しながら、総督は江戸参府についての決定を商館長に委ねた。クランスは数か月後に江戸参府の続行を決め、その理由について次の通りに総督に報告している(54)。

江戸参府を一年おきに行うという陛下によって出された提案は、我々が熟慮するところでは罠であるように見える。これによって奉行が思うがままに東インド会社を扱う環境が成り立ち、その間に、彼らによる扱いの悪さに対する苦情を将軍や老中に伝える機会が徐々に奪われることになるであろう。一方、我々が〔江戸参府の回数縮減に〕承諾したならば、奉行が我々を憎んでいるがために、〔この承諾が〕将軍陛下に対する軽蔑の表れであり、東インド会社が〔将軍のために〕経費を惜しんでいるかのように幕府に説明するのであろう。このことは総督陛下におかれては彼〔つまり奉行〕の返答書からもはっきり読み取られることであろう。〔このことについて本書簡を〕短くするために、ここでこれだけを追加する。つまり、彼が贈物としてベンガルの布のみを求めることを許可してから、我々は八月二〇日の決議に従って、来年江戸参府を通常の方法で行うことを決めた。〔後略〕

以上のように、長崎奉行への不信感や、謁見の割愛によって将軍の機嫌を損なうことへの恐怖感が原動力となって、オランダ人は江戸参府の続行を決定した。偶然にも、この時期以降、銅の輸出量が二五年ほどの間安定していた(55)。しかしながら、一七九〇年に松平定信の政策の一環として、幕府は思い切った貿易制限を打ち出した(56)。これに対して商館長ロンベルグは奉行に対して異議申立を行っているが、以前のような活発な抗議活動はもはや見られなくなった(57)。後継者のシャセはむしろ、総督アルティングの命令の下で徹底した経費削減に踏み切った(58)。シャセによると、江戸参府の経費は許された貿易金額に対してまったく釣り合いが取れていない。そのため、江戸参府の経費削減の上、贈物を大幅に削減することを、通詞を通じて、奉行水野忠通に要請した。数か月後に江戸から届いた返事は、オランダ人が想像していた以上に徹底的なものであった。それによると、商館長の江戸参府は四年おきに行われることになり、贈物の数も大幅に縮減された。また、江戸参府が行われない年においては、与力二人および通詞一人が代わりに贈物を江戸在中の長崎奉行に届けるという内容になっていた。(59)この処置についてのシャセによる幕府への返答は次の通りである。(60)

彼〔通詞石橋助左衛門〕に江戸在中の長崎奉行に次の通りに伝えるように依頼した。奉行に対してその協力に感謝していること、奉行が贈物を献上する際、あるいはほかの適切な機会に、この好意的な決定に対する謝意を〔幕府に〕伝えてもらいたいこと、また、東インド会社が経費の多さについて不平を言ったことについて悪く思わないでほしいこと。というのも商館長の江戸参府および将軍陛下への謁見を免除されることを我々は要請しておらず、この謁見が我々の長〔つまり東インド会社の総督や重役〕に名誉を与え、貿易の再開へのきっかけや古い友情の保持につながるものであるにもかかわらず、この厳しい時代における何らかの負担軽減を有り難く受け入れるからである。

こうして、オランダ人は毎年の江戸参府を断念した。

結　論

本稿でみてきたように、将軍への謁見という制度は幕府側から一方的に強いられたものではなく、むしろ東インド会社および当事者であった出島オランダ商館長のさまざまな野望や威信といった要素も深く関わっていた。なかでもその最も大きな原動力となっていたのは貿易拡大を直接将軍に訴えたいということであった。このような考え方にいたる背景には、日本国内の経済的事情や幕府の決定プロセスに関するオランダ人側の認識不足を指摘することができる。また、通詞たちからいくら説明を受けても、いくつかの過去の経験から芽生えた通詞や奉行への不信感、さらに通詞の言語能力不足も相まって、商館長は日本の事情を正しく理解しようとしていなかった。もしかすると、日記という記録形式自体もこの傾向を助長したのかもしれない。というのは、新しい商館長は就任後、前任者の日記を過去に遡って閲読していたが、過去に遡って読み進めていくにつれ、昔はとても恵まれていた貿易条件が徐々に悪化していったという認識に自然に辿りつく。貿易を昔の条件に戻すことこそが歴代オランダ商館長の野望となるのは当然のことであった[61]。

ただ、将軍への謁見は、貿易拡大の野望を達成するための手段としてだけでなく、オランダ人側にとって威信の確保として捉えられている側面もあった。このことは日記から十分に読み取ることができる。また、それは、貿易拡大への希望が絶たれたずっと後にも、その膨大な経費の負担を続行する原動力にもなった。この点において、前述のケンペルによる将軍謁見に関する批判は商館長のこのような認識と多少ずれているように思われる。将軍への謁見はその後も商館長の強い希望をもって四年おきに行われていた[62]が、オランダ人が目指していた貿易拡大にはつながらなかったようである。

（1）ポイクの参府日記はグリフィユーン航海日記に収録されている。M. E. van Opstall, *De reis van de vloot van Pieter Willemsz Verhoeff naar Azie*. LV 74. 's-Gravenhage : Martinus Nijhoff, 1972, pp. 345–363. この東インド会社による最初の参府日記について金井圓『日蘭交渉史の研究』（思文閣出版、一九八六年）一〇〇～一二一頁に和訳がある。

（2）Pieter van Dam, *Beschryvinge van de Oostindische Compagnie*. 's-Gravenhage : Martinus Nijhoff, 1976, vol. 3, pp. 554–556.

（3）商館長ワーヘナールの日記、一六五六年一一月二日～一六五七年一〇月二六日（ハーグ国立文書館ＮＦＪ70）。

（4）明暦二年九月一六日。本稿においてはオランダ商館長日記に使われているグレゴリオ歴を便宜上利用する。

（5）『薩摩鳥譜図巻』所収の図1には「陀鳥」と書かれているが、江戸時代に「駝鳥」と呼ばれたのは今で言うダチョウではなく、ヒクイドリ（火喰鳥）である。

（6）商館長クリスティアーン・ファン・ヴレイエベルゲの

日記、一七一八年三月三〇日（ハーグ国立文書館ＮＦＪ128）。

（7）前掲註（3）商館長ワーヘナールの日記、一六五六年一二月一五日。

（8）Engelbert Kaempfer, *Kaempfer's Japan : Tokugawa culture observed*. Edited, translated, and annotated by Beatrice M. Bodart-Bailey, University of Hawaii Press, 1999, pp. 239, 280.

（9）Akte van vrijgeleide 1609および Akte van vrijgeleide 1617（ハーグ国立文書館ＮＦＪ1）。

（10）商館長アンドレアス・クレイエルの日記、一六八三年三月二三日（ハーグ国立文書館ＮＦＪ96）。

（11）たとえば、商館長ダニエル・シックスは一六六七年九月二五日の日記に次のように記している。「ここ日本での通詞たちが何かをやりたくないなら、何トンの金がかかっていても、麦一本も動かないようである。これは悲しむべき事態であるが、我々には何ができるのか。辛抱しかない」（ハーグ国立文書館ＮＦＪ80）。

（12）Kaempfer, *op. cit.*, pp. 213-214.

（13）ヴォルゲルは船の出発の時期を一〇日間延長すること、長崎に停泊中の船の昇降口を開けたままにすること、商館長の滞在期間を三年間に延長することを要請していた。商館長ウィレム・ヴォルゲルの日記、一六六六年五月一日（ハーグ国立文書館ＮＦＪ79）。

（14）商館長ダニエル・シックスの日記、一六六七年一月二四〜二七日（ハーグ国立文書館ＮＦＪ80）。

（15）一六七三年五月一七日付十七人会より総督ヨアン・マートソイケル宛指示書（ハーグ国立文書館所蔵ＶＯＣ320）。

（16）商館長ヨハネス・カンプハイスの日記、一六七四年八月二日（ハーグ国立文書館所蔵ＮＦＪ87）。

（17）一六七四年一〇月一九日付商館長ヨハネス・カンプハイスより総督ヨアン・マートソイケル宛書簡（ハーグ国立文書館所蔵ＶＯＣ305）。

（18）商館長ヨハネス・カンプハイスの日記、一六七六年一月四日（ハーグ国立文書館所蔵ＮＦＪ89）。

（19）同右、一六七六年四月二四日。

（20）同右、一六七六年四月二九日。

（21）同右、一六七六年五月三日。

（22）同右、一六七六年九月九日。

（23）一六七六年一〇月二七日付商館長ヨハネス・カンプハイスより総督ヨアン・マートソイケル宛書簡（ハーグ国立文書館所蔵ＶＯＣ307）。商館長ヨハネス・カンプハイスの日記、一六七六年一月四日（ハーグ国立文書館所蔵ＮＦＪ89）。

（24）商館長ザハリアス・ワーヘナールの日記、一六五七年二月二七日（ハーグ国立文書館ＮＦＪ70）。

（25）ワーヘナールはその他に長崎に停泊中の船の昇降口を開けたままにすることを要請した。同右の日記、一六五七年二月二八日。

(26) 商館長ザハリアス・ワーヘナールの日記、一六五九年四月二九日（ハーグ国立文書館ＮＦＪ72）。助座衛門によると、東インド会社の船の出発が延長されると、長崎奉行の江戸への帰還も遅れることになり、奉行が気を悪くする。商館長ヨハネス・ブヘリヨンの日記、一六五七年一二月八日（ハーグ国立文書館ＮＦＪ71）。

(27) 山脇悌二郎『長崎の唐人貿易』（吉川弘文館、一九九五年）四二頁。

(28) Arnoldus Montanus, *Gedenkwaerdige gesantschappen der Oost-Indische maetschappy in 't Vereenigde Nederland, aan de kaisaren van Japan*. Amsterdam : Jacob Meurs, 1669.（国際日本文化研究センター所蔵本）

(29) 商館長ウィレム・ヴォルゲルの日記、一六六六年五月二二日（ハーグ国立文書館ＮＦＪ79）。

(30) 国史大系編修会編『徳川実紀』第五巻（吉川弘文館、一九九九年）四三八頁。

(31) 商館長ヘンドリック・カンズィウスの日記、一六八二年四月四日（ハーグ国立文書館ＮＦＪ95）。

(32) 原文では、備後守が綱吉の右側で、豊後守が左側に座っているとなっているが、これは続く文章と矛盾しているので、筆者は続く文章に合わせて、訳文において豊後守を右側に、豊後守を左側に改めた。原文の間違いはおそらく備後守 Bingosamma と豊後守 Bongosamma との間の微妙な発音の違いによるものであろう。

(33) カンズィウスの日記ではさらに謁見の際における綱吉の様子に関する詳細な記述があるが、紙幅の関係でここでは割愛する。

(34) 商館長アンドレアス・クレイエルの日記、一六八三年三月二六日（ハーグ国立文書館ＮＦＪ96）。

(35) Kaempfer, *op. cit*., p. 366.

(36) *Ibid*., p. 362.

(37) 商館長アンドレアス・クレイエルの日記、一六八三年三月二六日（ハーグ国立文書館ＮＦＪ96）。

(38) 一八世紀初期における日蘭貿易の衰退については、鈴木康子『近世日蘭貿易史の研究』（思文閣出版、二〇〇四年）一九一～一九八頁および三六一～三八二頁を参照されたい。

(39) 宝永二年九月二五日。

(40) 商館長ハルマヌス・メンシングの日記、一七〇五年一一月一一日（ハーグ国立文書館ＮＦＪ117）。

(41) 商館長ヒデオン・バウダーンの日記、一七一六年八月九日（ハーグ国立文書館ＮＦＪ126）。

(42) 同右、一七一六年八月二四日。和暦、享保元年七月八日。

(43) 商館長ヨアン・アウエルの日記、一七一七年四月一二日（ハーグ国立文書館ＮＦＪ127）。

(44) 正徳新例で毎年の来航船数は二隻に制限されていた。

(45) 「加賀の大名」が「前田綱紀」を指すのか、「大久保加賀守忠方」を指すのかは不明である。

(46) 日光東照宮社務所編『徳川吉宗公伝』（日光東照宮社

務所、一九六二年）九八頁。

(47) 商館長ヨアン・アウエルの日記、一七二〇年二月六日（ハーグ国立文書館ＮＦＪ130）。

(48) 商館長ダーヴィット・ブーレンの日記、一七五三年四月一三日（ハーグ国立文書館ＮＦＪ163）。

(49) 同右、一七五三年四月五日。

(50) 同右、一七五三年四月一三日、一七日、二〇日、二一日、二二日。

(51) 商館長ヤン・クランスの日記、一七六四年九月一四日（ハーグ国立文書館ＮＦＪ174）。

(52) 長崎商館の決議録、一七六四年九月一四日（ハーグ国立文書館ＮＦＪ11）。

(53) 一七六五年六月一九日付、総督ペトゥルス・アルベルトゥス・ファン・デル・パラより商館長ヤン・クランス宛て指令書（ハーグ国立文書館ＮＦＪ386）。

(54) 一七六五年一一月七日付、商館長ヤン・クランスより総督ペトゥルス・アルベルトゥス・ファン・デル・パラ宛書簡（ハーグ国立文書館ＮＦＪ494）。

(55) 一八世紀後期の銅貿易について、前掲註(38)鈴木康子『近世日蘭貿易史の研究』、一九七～一九八頁が詳しい。

(56) 商館長ヘンドリック・カスパル・ロンベルグの日記、一七九〇年一〇月一三日（ハーグ国立文書館ＮＦＪ201）。

(57) 同右、一七九〇年一〇月二六日。

(58) 商館長ペトゥルス・テオドールス・シャセの日記、一七九〇年一一月二三日。

(59) 同右、一七九一年三月二〇日。

(60) 同右、一七九一年四月一六日。

(61) たとえば、商館長ヨアン・アウエルの日記を参照。一七一七年二月一二日（ハーグ国立文書館ＮＦＪ127）。

(62) たとえば、商館長ヘイスベルト・ヘンメイの日記、一七九四年一二月一七日（ハーグ国立文書館ＮＦＪ206）。この中でヘンメイは江戸参府の経費削減を訴えながらも、将軍への贈物を直接献上できるように要請している。

一七〜一九世紀における日本の朝鮮史認識形成の特色

平木 實

はじめに

徳川時代は日本と朝鮮国との間には平和な時代が続いた。朝鮮国の使節は一二回往来したが、徳川幕府は沿道の諸大名に命じて手厚くもてなし、賓客として優遇した。また藤原惺窩、林羅山、山崎闇斎などの儒者たちは、朝鮮時代の儒学、特に退渓李滉の儒学を学び尊敬したという理解が一般的になされている(1)。

「一面それは徳川政権の封建的秩序を確立しようとするための学問であった。……徳川時代の日本の国学者や儒学者の認識が朝鮮観の形成のうえに重要な問題を孕んでいる」と指摘されたことがある(2)。熊沢蕃山(一六一九〜九一)が、中国には及ばないが、朝鮮、琉球、日本のうちでは日本がすぐれ、日本に及ぶものはなく、朝鮮は日本より劣るとしたことや山鹿素行(一六二二〜八五)が豊臣秀吉の朝鮮侵略を賛美し、朝鮮はもと日本の属国であり、文武ともに日本に及ばずとした朝鮮蔑視観(3)は、当時の日本における思想文化の底流となっていたとする主張もなされた(4)。また山鹿素行あたりから華夷意識にもとづいて朝鮮を蔑視する風潮が強まったとする説もある(5)。

この朝鮮蔑視観は、以後の朝鮮侵略論の布石をなすものとなったとする研究もみられるが(6)、蔑視観形成の原因について追求した研究はこれまでほとんどみられない。小考は試みに徳川期における一般的な日本人の朝鮮史認識と蔑視観形成の原因について考察を試みたものである。諸先学の叱正を賜りたいと思う。

一　儒学者の朝鮮史認識

山崎闇斎、山鹿素行、熊沢蕃山などによって朝鮮蔑視観が形成されたことについては先行研究で明らかにされたが、それは日本における儒学者の意識の変化と国学の台頭および山崎闇斎などの神道論が展開された時期とも一致しているように思われる。そこでこれまでの研究でとりあげられていない人士を中心に、徳川時代の朝鮮史にたいする認識がどのようなものであったかについてみてみる。

①林信勝（一五八三〜一六五七）号は羅山、道春

朝鮮は古来より日本の西蕃であるという認識をしていた(7)。林羅山にそうした歴史認識を抱かせたのはつぎのようなものであったと思われる。

……昔神功の三韓を征する、角を崩して我が天皇を迎う、永く我が西蕃となつて玉帛を献じ、玄黄を匣にす、その後より彼れ賟支を以て質と為す……(8)（以下略）

神功皇后によって制圧された三韓が日本の天皇を迎えて、長く西蕃となったというのである。また、

王仁は百済国の人なり、吾が応神の暦にその国貢し来る、初め仲哀皇帝の八年神託あり、皇后新羅の国を征せよと、帝疑いて発せず、九年春二月帝俄にとて崩ず、是において皇后神功帝の神の言を用いずして殂落するを懼れ、冬十月海に浮かび新羅に到る、新羅王我が旌旗器杖の壮麗なるを見て曰く、伝え聞く、東海に神国あり、名づけて日本という、此れ是れその神兵か、敵すべからず、乃ち素服面縛、頸に繋ぐるに組を以てし、自ら図籍を持し、海堧に来たりて曰く、願わくば毎歳金銀縑帛八十船を貢せん、敢えて此の国を屠らざればなり、此の時高麗百済二国の主新羅我に降ると聞き、密かに軍勢を謀うて、その克たざるを知りて、又自ら急に馳せ疑を納れて曰く、今従り以て往く永く西蕃と称し、朝貢を絶たず、茲れ自り三韓皆我に貢す、

東漢の献帝五年に当たるなり、……持統文武已後、その貢漸く衰うと云う、……(9)

とあり、その後に、王仁について「王仁は毛詩をもって教授し、帝の師となる……(10)」と述べて、王仁が天皇に毛詩を教授して貢献しているにもかかわらず、百済は日本の朝貢国であるとする。あるいは、

観勒は推古十年十月、百済国貢し来る、学術有り、暦本及び天文、地理方術の書を献ず、曇徴は高麗の人十八年三月貢し来る、五経を善くす、又伎芸有りて碾磑（石臼）を造り、彩画に工なり(11)。……呉織は百済国の女工なり、応神の十四年貢し来る(12)。

と、百済、高句麗からきた優れた学者、技術者であっても「貢し来る」と記述している。林羅山にはもともと『日本書紀』などの記述が念頭にあって、朝鮮半島の諸国は日本に朝貢すべき国であるという意識をもっていたのであり、朝鮮通信使との朱子学の交流とは別の次元のものであったことをうかがわせる。

②林恕（一六一八〜八〇）号は春斎、鵞峰

林春斎の朝鮮半島にたいする歴史認識で、特徴的、かつのちの学者に影響を与えたのは和刻版の『新刊東国通鑑』に付した序文の記述と思われる。

是に於いて其の書を概見するときは則ち粗本朝の事を載すと雖も調庸貢献に至りては則ち悉く之を略す、蓋し其れ国の為めに之を諱む乎、是れも亦臣子の情咎むべからずか、両国の史に該通して眼を着て用捨せば則ち其の旨趣自ら知るか(13)。

『東国通鑑』では、日本にたいしてはたすべき調庸貢献のことが悉く省略されているとし、さらに両国の関係は臣子の関係にあり、両国の歴史に精通すればその意味がおのずからわかるようになるとしている。

③松下見林（一六三七〜一七〇三）

松下見林は、『異称日本伝(14)』を記述するにあたって諸国の文献資料を読み、その内容に「今按ずるに……」と

いう形式で、自分の見解を披歴しているが[15]、松下見林は、『東国通鑑』[16]にみえる、

新羅の始祖八年漢の甘露四年倭辺に来り寇す。王神徳有りと聞きて乃ち還る。[17]

とある記事について、甘露四年は崇神天皇四八年にあたるが、崇神天皇が新羅を征したことはないとしつつ、崇神天皇六五年秋七月に任那の国が、蘇那曷叱知を遣わして朝貢し、垂仁天皇二年に帰国するさい、赤絹一〇〇匹を与えて任那王に与えたところ、新羅が道を遮ってそれを奪ったので、両国の恨みがそこからはじまり、神功皇后の代にいたって新羅を制圧した。それは任那のためにおこなったことであるとする。[18]

このことから日本に朝貢する国を重くみて、それに反対する国とは敵対する日本中心の歴史意識があったと思われる。

……高麗百済観感叩頭し、永く西の藩なりと称し、朝貢を絶やさず、諸韓後のことを恐れて臣服せざる無しと云う、是に於いて韓地に日本府を置く、宰を任せて以て之を治めしむ、新羅まさに我を親戴し、天地と変ぜざる時に、天に逆らひ盟に背き、我が恩義に違い、数々任那を侵す、欽明天皇二十三年に至りて、新羅遂に任那を滅ぼす、神功皇后より以来五百九十三年、任那の存する此れの如く永久也、此れ神功皇后の大神余烈に非ざる乎、其の後新羅百済を滅ぼし、新羅亦高麗に降りぬ、……[19]

任那が朝貢してきて、それが帰還するさいに新羅が遮ったところから、その罪を問うために新羅を伐つことになった。新羅の困窮するのをみて要害の地を授けたところ、高句麗・百済が感服して日本の藩となり、朝貢を絶やさなくなったので、諸韓のすべてが臣服したとしており、朝鮮半島は日本の属国であるという認識をしていた。

④伊藤長胤（一六七〇～一七三六）号は東涯

伊藤長胤は、新羅・百済・高句麗の三国時代においては日本との交聘が夥しく行われたこと、しかし三国の宮廷が我が国を討とうとしたこともあって、我国に王子を侍らすことが新羅には二回、百済には四回あった。百済

国は常に日本の卵育の恩を受けて経典を貢ぎ、伎芸を献じたので、我が国と最も親しい関係にあった。したがって、日本は冠階を授け、援兵をさしむけるなど、属国の礼をもって遇したといっており、百済は日本の属国であったとする山鹿素行や松下見林と同様に、三韓は朝貢国であったという認識を示している。

その後、新羅が統一したあと、高麗・朝鮮が国を継ぎ、勢力が強大になって、中国の礼楽や文字に通じて尊大になり、日本を辺鄙で文化の遅れた国とみなすようになったとも述べている。この「尊大になった」という用語を用いているところからしても、朝鮮を一段下位にみていたように思える。また、権近や申叔舟などのその国の学士の傑出した者のその文言をみるに、日本を諸夏（未開）の外国であるかのように述べていて、日本の存在を低く見るようになっていることも指摘している。

いっぽうで金・元代より明の嘉隆年代に、我が国は乱れて三綱が守られず、民が生活できない状況のなかで、偏旁の不逞者などが朝鮮半島の沿海の郡県を荒らしまわり、府尹・牧使などがあえて抵抗できない状況が三百余年も続いたとして、日本のいわゆる倭寇が、高麗・朝鮮の人びとに多大な苦しみを与えたことも記述しているが、豊臣秀吉の侵攻については何も触れておらず、戦後は通信使を介してさまざまな交流が行われるようになっていると述べるにとどまっている。(20)

⑤木村理右衛門（生没年不詳）

『朝鮮物語』(21)において、日本との関係については、やはり朝貢関係にあったことを強調する。その一例を示せばつぎのようになる。

（1）神功皇后が『新撰姓氏録』にみえる和邇氏の大矢田宿禰を新羅征伐の後、新羅鎮守将軍とした。(22)

（2）神功摂政六二年に新羅が日本に背いたので、皇后は怒って襲津彦を派遣して、新羅を攻撃した。(23)

（3）応神天皇代に百済王が朝貢せず、紀角宿禰・羽田矢代宿禰・石川宿禰・木菟宿禰を遣わして責めたところ、百済は国王を殺害して陳謝した[24]。

(4)応神天皇五三年に新羅が背いて朝貢しなかった[25]。

(5)神功皇后の征伐いらい、毎年朝貢した三韓のうち、百済はよくつとめ、高句麗はおこたり、新羅は背いた[26]。

このように、主に『日本書紀』記載の記事を引用して、新羅、百済、高句麗が日本に属して朝貢していたとする。

……この時にあたり高麗国の王建といふもの武威さかんにいきおひ三韓にふるひしかば新羅の王くだりて王建三国を征ぜりこれより日本へ朝貢たへたり……[27]

そして高麗時代より、日本への朝貢が絶えたと記述している。さらに李成桂が朝鮮国を建国した後、永和三（一三七七）年に朝鮮国の使者鄭夢周が来朝した時には、朝鮮国が朝貢をしないことを理由に、日本は使節を京都に上京することを許さず、九州にとどめて今川了俊に対応させたとしている[28]。いっぽうで李成桂が大明に朝貢をたてまつり、年号・正朔を受けて明の属国となり、子孫相続くようになり、明に従うことになったことについても指摘しているので[29]、日本はこの時から、朝鮮国を朝貢国と考えることができなくなったと認識したようである。

⑥黒木貞永（生没年不詳）

黒木貞永は、その著『清正勲績考』[30]においてつぎのように述べていて、朝鮮半島に成立した歴代の国家は日本の属国であると認識していた。

朝鮮永ク日本ニ属スルコトヤ、遠ク其根元ヲ尋ルニ、天地開闢シテ神代ノ太古日ノ神ノ御弟素戔嗚尊ト申シ奉ルハ伊弉諾・伊弉冊御子ナリト申セドモ、金気壮盛ノ勇猛ヲ震ヒ給フ故ニ、所行無状トテ諸ノ神タチ科スルニ千座ノ置戸ヲ以テシ遂ニ根ノ国ニ逐フ、是ノ時ニ素戔嗚尊其ノ子五十猛ノ神ヲ帥テ新羅国ニ降到シテ曾尸茂梨ノ之処ニ居給ヒテ……[31]

素戔嗚尊が所行無状であるところから諸々の神々に根の国に追いやられた。その時、素戔嗚尊は五十猛神を連れて新羅国に降り、曽尸茂梨の処にいたとする。さらに、つぎのように記す。

此時ニ御子五十猛神ヲ彼新羅国ニ残シ置テ彼国ノ主トシ給フ故ニ素戔嗚尊ノ曰ク、韓郷ノ島ハ是金銀アリ、若吾児ノ所御スル之国ニ浮宝アラズハ未是佳也トアリテ、……其瞰ベキ八木種五穀ヲ殖ルコトヲ教ヘ能播生給フ、是ヨリ彼国ニ人民栄昌フ、……(32)

五十猛神を新羅国に残して新羅国の主とし、韓国の島は金銀があるが、我が子の治める国に浮宝がないとよくないとして、杉、樟を浮宝とし、五穀を植えることを教えたので、新羅国の人民は栄えた。ついで周代の箕子朝鮮をへて、秦代には遼東に属し、漢代には皆漢の郡県となったために、上古以来の日本との関係も失われた。神代いらい和訓では、新羅と呼んできたものを辰韓といい、百済を馬韓と改め、高麗を弁韓と号するようになり、別の国のようになった。仲哀天皇に朝鮮半島を征伐せよとの神託があったが、崩御されたので、神功皇后が三韓を征伐したさい、新羅は貢物を欠かさないようにすると誓約し、百済・高句麗王も共に拝伏したと述べている。(33)

三韓征伐ののち、大矢田宿禰を新羅の金城にとどめて凱旋し、それ以来、朝鮮は、八〇艘の貢船を年々奉ってきたが、その後、叛く気配があったので、皇后の時には襲津彦を遣し、応神天皇の時代には紀角宿禰、仁徳天皇のときには田道、宣化天皇のときには大伴狹手彦を遣して征服した。欽明天皇の代には紀男麻呂宿禰・河辺臣を遣わしたが、成功しなかったので、さらに大伴狹手彦を遣わし、推古天皇のときには境部臣、天智天皇のときには阿曇比羅夫・河辺百枝などを派遣して制圧したとする。(34)

その後、新羅が三韓を併呑して五五代続いたのち、高麗の王建が三二代続いたが、国が混乱して李成桂が国王となり、国号を朝鮮と改めた。この李成桂が明国に朝貢を献じ、年号も受けて明の属国となり、宗廟と奉るべき五十猛神に対する意識も失われてしまって、明の支配下に置かれた。その間、日本も乱世が続き、国中の士民さえ王化に従わない状況になったので、朝鮮国からの貢も途絶えてしまった。それを豊臣秀吉が武徳をもって日本を統一し、朝鮮を征伐して神代の遺風、神功皇后の叡徳を継いで、長く武光を後世に輝かしめたことは、豊臣秀吉一人の武功だけではなく、万世の亀鑑であって、朝鮮国が存在する限り、日本に背くようなことがあれば、日本の武将は征伐しなければならないと主張する。[35]

二　朝鮮開国始祖伝説の展開

(1)　素戔嗚尊・五十猛尊始祖説

上記のように、これまでの諸人士の見解の事例もすべて朝鮮は、古くから日本に朝貢していたと記述しているが、その論拠はすべて『日本書紀』などから引用している。本節では日本人が朝鮮の始祖に関してどのように意識していたかについてみてみる。

①林恕（一六一八〜八〇）

かつて今西龍は、徳川時代に朝鮮の始祖について、檀君を太祈として素戔嗚尊の子の五十猛神にあて、素戔嗚尊が五十猛神を率いて曾尸茂梨にいたことがある、とする記紀の内容にもとづいて、林恕が和刻版『新刊東国通鑑』[36]の序文に述べたのがその論議のはじまりであると指摘したことがある。その『新刊東国通鑑』の序文の当該部分を紹介すればつぎのようである。

我が国史を言へば之れ則ち韓郷の島新羅の国亦是れ素戔烏尊の経歴する所なり、尊の雄偉朴赫・朱蒙・温祚が企て及ぶべきに非ざるときは則ち推して三韓の一祖と為せしも亦誣ひたりと為さざらんか。唯恨むらくは彼の国未だ焉れを知らず……。[37]

林恕は、やはり『日本書紀』の「素戔嗚尊が新羅に渡ったことがある」という記述から、素戔嗚尊が三韓の一祖であると考えてもよいのではないかと考えていた。

そのいっぽうで素戔嗚尊が新羅に降ったという説については、必ずしも『日本書紀』の記述を信じていたように思えない点もみられる。『本朝通鑑』に、

(1)是時素戔嗚尊天よりして天下り出雲国簸の川上に降ります、川上に子なくの声あり、故に声を尋ねまき出でまししかは一老公と老婆あり、……(38)

とあり、ついで一字分下げて、『先代旧事本紀』の記事を紹介し、

(2)旧事紀に曰く、素戔嗚尊やられて其の子五十猛神又名大屋彦神を帥いて、新羅の曽尸茂梨の処に降ります、乃ちことあげして曰く、此の地に吾居らまく欲せず、遂に埴土を以て舟を作り、之に乗りて東に渡り出雲国簸の川上及び安芸国可愛の河上に到り、後簸の川上に到り、蛇を斬る、……(39)

とあるように、(1)の本文の記述においては、(2)の旧事記にみえる「素戔嗚尊がその子五十猛神を連れて新羅の曽尸茂梨に行った」という話は削除されている。林恕は、素戔嗚尊と五十猛神の記述の信憑性に疑問を抱いていたのではないかとも思われる。

②松下見林（一六三七～一七〇三）

『異称日本伝』において松下見林は、

三韓の沿革、昔上世に我が素戔嗚尊其の子五十猛神と斯羅の国に入り之に居まく欲せず、堯の時檀君、周の武王の時箕子之に主たり、国を朝鮮と号す、久しくして大いに乱る、分崩して七十八に至る、所謂三韓とは其の強なる者なり。並列して疆界を弱吐き強呑みて戦争して息わず、(40)

とあるように、檀君の存在を否定していないが、それよりも先に素戔嗚尊とその子の五十猛神が斯羅（新羅）の国にはいったとし、そこに留まることを欲しなかったので、堯の時代に檀君が、それを継いで周の武王の時に箕

子が主となったと記述している。しかし素戔嗚尊および五十猛神についてはそれ以上なにも論じていない。この一文は、のちに『海東繹史』[41]にそのまま引用されているが、そこでは神功皇后が新羅を攻略した記述については省略されている。そのいっぽうで、

今按ずるに、……右東国通鑑五十六巻、三韓の始終を記す、其の間往々にして日本の事有り、表章すること上の文の如し、惟恨むらくは近代の小事を志すこと煩雑、上世の大事に於いて多く闕如す、昔我が素戔嗚尊其の子五十猛神を帥いて新羅の国に降り到り、曾尸茂梨の処に居ましく乃ち興言して曰く、此の地には吾居らむことを欲せず、高麗の曲に蘇志磨利あり曾尸茂梨と訓近し、或いは曰く、廻庭楽と。蓋し素戔嗚尊の作り玉う所の楽なり、遺音仁智要録に在り、三韓の人之を知らず[42]、

とあるように、松下見林は『東国通鑑』について、上世の大事を記述せず、欠如しているものが多いと批判する。高麗の曲に蘇志磨利という曲があり、それは素戔嗚尊の作ったものであるのに『東国通鑑』にはそれを記述していない、三韓の人はこのことを知らないでいる、と嘆いている。

③新井白石（一六五七～一七二五）

新井白石は朝鮮通信使との関係が深く、白石がどのような朝鮮観を持っていたかについては、すでに研究が進められているが[43]、

朝鮮のごときも即これ古の韓地素戔嗚神降迹のある所にて後に三韓の服属しまいらせし時に勅して我国の神を祭らしめられし事も見へたれば……[44]、

と述べて、朝鮮は古の韓の地で、素戔嗚神が降った跡のある所であり、のちに三韓が服属してきたときに、欽明天皇が勅して我が国の神を祭らしめられたこともあると、新羅・高句麗・百済の三韓が日本に服属して朝貢関係にあったことを認めているが、いっぽうでは、新羅が日本に服していたのは、ただ日本の軍事力に恐れをなして

いただけで、心服していたわけでないと考えていた[45]。また『古史通』において、

新羅国はいはゆる韓地、即ち今の朝鮮東南の地なり、素戔烏神天降りませしより神去りませしまでの事共旧事紀古事記日本書紀等に見へし所その文特に長し、その大要をとりてここに注す、初め素戔烏神新羅曾尸茂梨之処に降り給へり、此地は我居らん事を願はず、……曾尸茂梨は私記には詳ならぬ由みへたれども是は新羅の国人神を祭るを掌れる者をいふに似たり……[46]

と述べて、素戔嗚尊が新羅の曾尸茂梨の所に降ったが、そこにいたくないとして出雲の国にいたったと記述し、曾尸茂梨の意味は新羅の国人が神を祭るのを掌る者、つまり祭主のことであるとしている。

④雨森芳洲（一六六八～一七五五）

雨森芳洲は、つぎのような考えを明らかにしているが、「一書に……」として記述しているところから、出典は『日本書紀』ではないかと思われる。

国史をかんがふるに、……隠岐、佐渡、越のしま、いずれも韓にむかへる国なり。そのちかきあたりには、風に放されてきたる韓人、今も多し。一書に、素戔嗚尊新羅の国に降りまして、とあり、また韓地に殖へつくさず、とあるを見れば、尊その地を経略し、根の国と定め給ふにや。天よりして、出雲の国簸の川のほとりに降りましし、大己貴神をうみ給ひ、それより根の国にいでましぬと。出雲を韓にむかへる国なり[47]。

素戔嗚尊が新羅の国に降ったことなどから、尊はその地を経略したので、根の国と定めたのではないかとしているが、それ以上深く追求しているようにはみえない。

⑤本居宣長（一七三〇～一八〇一）

本居宣長は、素戔嗚尊が新羅の国に天降ったことについては、「記録にみえているが、ただその名前だけが伝わっているのみで、本当にその国が存在するのか存在しないのかについてはっきりと知っている者もいなかった

のであるから、この時代にあってもそうした状況にあったのである。……任那の国の人が来たというが、どこにある国なのかそれ以前のこともはっきりとせず、ましてそれより先の世のことは思いやるべし」と述べる(48)。

それをさらに明確にしているのが本居宣長の著述した『鉗狂人』(49)にみえる藤貞幹の『衝口発』(50)にたいする反論である。藤貞幹は日本の書籍以外に、『史記』『前漢書』『後漢書』『魏志』『晋書』『隋書』『三国史記』『東国通鑑』『事物紀原』『三才図会』などを読破していたようであるが、藤貞幹は古代朝鮮の歴史についてつぎのように述べる。

辰韓は秦の亡人にして。素戔嗚尊は辰韓の主なり。……（割注）按ずるに次次雄は即ち素戔雄也、古音相通ず、然れば則ち新羅の君長たること明白也(51)。

つまり、「次次雄」（新羅の第二代王の南解王の称号）は古音が素戔雄（素戔嗚）と通じるので素戔雄は新羅の君長であるという論理を展開する。それ以外の言語の面でも、本邦の言語は音訓ともに異邦より移りきたもので、「忍穂耳」は古本の日本紀の仮名で「オシホニ」と読み、新羅本史の「居西干」（新羅では第二三代の法興王までの最高統治者を居西干、尼師今、麻立干などと呼んだ）である。「瓊々杵」は「尼師今」で、韓語であると主張した(52)。これにたいし、宣長は、

此段皇国をもろこしの秦の代より後の事なりとし。又何事も皆韓より起れりとする。論者の趣意の本也。然れ共須佐之男命を辰韓の主といふこと。さらに拠なし。因りて按ずるにこれは神代記に。此神新良の国に降り給へりしことあるをもて拠とするなるべし。そは新良即ち辰韓と心得ていふめれ共。これ大いに誤れることなり。抑須佐之男命は天照大御神の御弟命にましませば。かのもろこしにては。周武王が箕子を朝鮮に封ぜし時などよりも。数百万歳以前の神にてましませば。……まづ新羅を辰韓と心得たること麁忽なり。……(53)

と反論し、皇国は秦代よりのちに成立したとして、須佐之男命（素戔嗚尊）を辰韓の主であるとすることはまっ

たく根拠がない。藤貞幹の説は神代記にこの神が新羅の国に降りたまえりと記述されていることを根拠としているが、それは大きな誤りで、しかも新羅を辰韓であると見ていること自体がおろそかであると反論する。ついで『魏志』『北史』『南史』『唐書』『漢書』『後漢書』『晋書』『宋書』『魏書』『史記』などにみえる朝鮮伝・新羅伝などの記述を検討して、

今此の論者の意は。須佐之男命を韓人也といふを根本として。万の事皆韓より起れりとするものの。……(54)

と述べて、あらゆる事象はすべて韓から生じたものであるとする『衝口発』に強く反論する。さらに藤貞幹が、

神代紀ニ素戔雄尊ハ辰韓ヨリ渡リ玉フ、故ニ新羅ヲ父母ノ根ノ国トイフソレヲ素戔雄尊此国ノ御人ナルヲ此邦ヨリ逐ヤラヒテ新羅ノ蘇志摩利ノ地ニ在リトイヘリ然レハ三韓蕃賓日本之神胤ノコトモ此方ヨリ掩ヒカクスニ事ヲコタリタルナリ年代ヲモ立カヘ存スヘキヲモ削リ文字を種々ニ書改メタルヲ直筆トハ云ヘカラズ……(55)

とする記述について、宣長は、

これは神代紀に。吾れ母に根の国に従わむと欲し、此神のの給へる事也。根の国といふは夜見の国のことにて。伊邪那美命のまします故に。母に従うとのたまへり。古事記にも同じく妣国とこそあれ。父母の国とのたまへる事は。何の書にも見えざるを。母ばかりの国といひては。人の信ずまじきを恐れて。私に父の字を加へてまぎらかせる巧みこそをこなれ。そのうへもし根の国といふが新羅にして。此の神其の国より渡り給へることを掩ひかくす物ならば。母の国とも記さるべきにあらず。況や父母の国とはいかでか記されむ。かやうの事共をよくも思ひはからずして。みだりにいへる故に。皆しひごとなることのあらはるるぞかし。(56)

と述べている。

⑥日初寂顕（一七〇一～七〇）

黄檗宗の僧侶であった日初寂顕は、その著『日本春秋』(57)に、

既而進雄神　栲幡新羅枳国に到り、蘇戸茂利の処に居て其の土人の女を納れて率猛神及び大屋姫神抓津姫神を生む(58)。

と述べ、素戔嗚尊は新羅の蘇戸茂利にいてその地の女性と結婚して五十猛神および大屋姫神・抓津姫神を生んだとする。さらにそれに説明を加えて檀君について言及し、

僧顕曰く、進雄神新羅に到り、国を開き牛頭天王と謂う。牛頭方は新羅の地名。日本書紀を見るに。俗に伝う、進雄神韓に入る。蓑笠を着て蘇民将来に宿を乞う。蘇民将来は蘇戸茂梨の誤りか。高麗楽に蘇志摩利の曲有り。其舞簑笠を著るの状。蓋し進雄の故事なり。東国通鑑に称する所。東方の神檀樹の下に降る。是れを朝鮮檀君と謂う、世を治めること三千年、政衰えて殷の箕子代わりて朝鮮の王たり。檀君の子孫分離して諸韓となりし者若干。久しくして箕子の政衰えて、諸韓のなかの強大な者三氏、箕子を討ち、三分して鼎立す。是を新羅・百済・高句麗と謂う、按ずるに檀は香木、天竺これを牛頭旃檀と称す、檀樹の在る所故に牛頭方という。蓋し進雄神開国の都なり。この時未だ新羅有らず。我が国語呼んで新羅枳となす。白樹の義なり、率猛又韋檀君尊と名づく。かの称する所の檀君是なり。我これを称して韓神と曰う、又新羅明神と曰う(59)。

と述べて、檀樹のあるところを牛頭方と言い、素戔嗚尊が都を置いたところとする。そして率猛のまたの名を韋檀君尊と名づけているが、それは檀君のことであるとしているので、五十猛尊が檀君であるという説をとっている。また、

進雄神は業を率猛神に伝う、大屋・抓津の二女を率いて出雲に還る。久しくして熊成峰に薨じ、これを杵筑大社に祀る。大屋姫抓津姫の二神は父神に従いて還り、百の樹種を持ち帰り、以て種植す(60)。

と述べて、素戔嗚尊は五十猛の命に業を継がせて牛頭方に留まらせ、自分は二女を率いて出雲に帰ったと記述し、素戔嗚尊が開国の始祖で、五十猛命が檀君であったとする。

⑦伴蒿蹊（一七三三～一八〇六）

かつて今西龍が『檀君考』(61)に引用して指摘した伴蒿蹊の随筆集である『閑田耕筆』(62)に、

○朝鮮国初の主を檀君といふ、これ素戔嗚尊にておはしますと対馬にての話しとなん、其素尊の朝鮮へ渡り給ひしといへる所、対馬乃西北にて飛前と名号、又神功皇后朝鮮を帰化せしめて対馬より九州へ帰船ましませる所も飛前といふ、これは国の南なりとぞ。私按素尊一旦新羅へ渡たまひといふことは神代紀中一書の説にみへたり、(63)

とあるように、伴蒿蹊は素戔嗚尊を朝鮮の始祖檀君と同一視する。今西龍は伴蒿蹊がそのことを初めて主張したとするが、それ以前にすでに前掲の松下見林や日初寂顕の説が存在していたことに言及していないので、その時点ではまだ気づいていなかったと思われる。

⑧黒木貞永（生没年不詳）

黒木貞永は、その著『清正勲績考』(64)において、朝鮮が長く日本に属してきた理由として、素戔嗚尊が所行無状であるところから諸々の神々に根の国に追いやられた。その時素戔嗚尊は五十猛神を連れて新羅国に降り曾尸茂梨の処に行ったが、この国にはいたくないとして出雲の国の簸ノ川にいたったとする(65)。そしてそのさい、五十猛神を新羅国に残して新羅国の主としたこと、また韓国の島には金銀があるが、我が子の治める国に浮宝がないのはよくないとして杉・樟を浮宝とし、五穀を植えることを教えたので、新羅国の人民は栄えた。それ以来、神孫が長く新羅国を治めて神武天皇以後までも従い奉ってきたとする(66)。

ついで周代にはいり、箕子朝鮮のあと、秦代には遼東に属し、漢代には皆漢の郡県となって上古以来の日本との関係も失われた。神代以来、和訓では新羅と呼んできたものを辰韓といい、百済を馬韓と改め、高麗といったのを弁韓と号するようになったと記述している。

神功皇后が三韓征伐をしたのち、新羅国王は陣前に降って毎年御貢を絶やさないと朝貢を誓ったとある。そのとき高句麗・百済も来て、ともに拝伏したと記述している。

さらに国祖として奉るべき五十猛神の祠もどこかにゆき、聞伝すべき神の道も忘却して明国の臣下となってしまっており、それに我が国も数百年の間乱世となり国内の士民も王化に従わない状況になってしまったので、いつの間にか朝鮮国からの貢も途絶えてしまったとしているのをみると、新羅、高句麗、百済時代以後、高麗、朝鮮王朝になっても常に貢を奉るべき国と考えている(67)。

然ルヲ太閤鄙賤ノ家ニ生マレ給フト云フトモ武徳ヲ以テ治メ難キ日本国中ノ兵革ヲ打静メ、剰ヘ今度朝鮮ヲ征伐シテ再ビ神代ノ威風ヲ起シ　神功皇后ノ叡慮ヲ継デ永ク神国ノ武光ヲ後世ニ輝カシ給フハ、啻ニ太閤一生ノ武功ノミニアラズ、万世ノ亀鑑ナルヘシ、尽来際幾度ニテモ朝鮮国ノ有ン限ハ、相背ニ於テハ日本武将之ヲ征伐シ給ハズンハ有ルヘカラズト世ニ称ス(68)、

しかも豊臣秀吉が神代の威風を再現して神功皇后の叡慮をついで永く神の国の武光を後世に輝かしたことは、万世の亀鑑となるものであり、朝鮮国の存在する限り、幾度でも日本の武将はこれを征伐すべきであると一般の人びとは称しているとする。

(2) 檀君始祖伝説の展開

徳川時代に、日本において檀君が朝鮮の始祖であったという始祖伝説に関する研究はあまりないが(69)、当時の諸学者は文献交流が活発になるなかで、『東国通鑑』などを通じて朝鮮半島にその説があるのを知っていた。諸学

者のその認識の様相についてみてみたい。

①林信勝（一五八三〜一六五七）

朝鮮半島の始祖が檀君であるということを最初に言及したのは林信勝であったと思われる。その典拠の書名は判然としないが、子の林恕が和刻版の『新刊東国通鑑』に序文を付していることからして、おそらく『東国通鑑』であろうと推測する。その知識をもとに、寛永一三（一六三六）年に朝鮮通信使として訪れた正使任絖、副使金世濂、従事官黄戻の三人に、檀君伝説および箕子朝鮮について質問をしている。[70]檀君については、

聞説く、檀君国を享くこと一千余年と　なんぞその此の如く長生なるや　蓋し鴻荒草昧、其の実を詳らかにせざるか　抑も檀君の子孫、苗裔承襲遠久、此れに至るか　恠誕の説は君子取らざるなり　且つ中華歴代の史、朝鮮三韓の伝備なり　而も皆檀君の事を載せざるはなんぞや　斎東野人の語を以ての故か。[71]

と述べて、①檀君がどうして一千余年もの長寿であったのか、②なぜ太古のはじまりの事実を詳しく説かないのか、檀君の子孫たちが長く続いてこうなっているのか、疑わしい説を君子は信じない、かつ中国歴代の史書には朝鮮三韓のことを詳しく記しているが、そのすべてが檀君の事を記載していないのはなぜかという点について尋ねた。この疑問点は、当時の朝鮮国の実学派の学者たちが疑問に付していた点と共通している。

また箕子についても朝鮮に来たときには従者が五千余人もいたといい、そうした半万余の殷人が遼河を渡ったとあるが、このことも中華の群書にはみえていない。そのよるところを知りたい[72]と質している。

②林恕（一六一八〜八〇）

林恕は、和刻版『新刊東国通鑑』[73]に寄せた序文につぎのように記している。

本朝と隣りを接するは朝鮮より近きは無し、朝鮮種類多し、鴻荒の世に在りて檀君其の国を開く、而して中華より入りて之を治めるは箕子を以て祖と為す、初めて朝鮮の号有り、……（中略）、彼国も亦其の国史を

修す、然も其の詳しくして見つ可き者は東国通鑑に若くは無し、上檀君より下王氏が末に至るまで……[74]

檀君が国を開いたと述べ、『東国通鑑』の記述を信じて、開国の始祖としての檀君の存在を認めているが、国号を朝鮮としたのは箕子の時代であるとする。

③伊藤長胤（一六七〇～一七三六）

建国の始祖檀君については簡略につぎのように記述している。

……三韓の域、初め君長なく、堯の時に当たりて、神人檀木の下に降る有り、国人立てて君と為し、是を檀君と為す、国を朝鮮と号す、平壌に居す、其の子孫の世紀知るべからず。[75]

中国の堯の時代に神人が檀木の下に降ってきた。国民が君となして檀君と称したが、そのさい国号を朝鮮と名づけて、平壌にいたとする。いつまでその子孫が続いたかについてはよくわからないとしているが、三韓の始祖が檀君であるとの説をそのまま記述している。当時の日本でまことしやかに語られていた素戔嗚尊と五十猛神の朝鮮始祖伝説には同意していなかったのかもしれない。

④寺島良安（生没年未詳）

寺島良安は、『和漢三才図会』（一七一三年刊）の「朝鮮国」条の冒頭において『東国通鑑』を引用して、檀君について紹介している。

○東国通鑑に云う。当初君長なく、神人あり、檀の木の下に降り、国人立てて君となすと。これを檀君となすと。国を朝鮮と号す。唐の堯の時なり。初め平壌に都し、後都を白岳に移す。商の武丁八年に至りて。阿斯達山に入り。神となる。……本馬韓辰韓卞韓と名づけ。これを三韓という。これ即ち百済高句麗新羅なり。[76]

『東国通鑑』から引用して、朝鮮国の起源を檀君とし、檀君が国号を朝鮮と定めたとする。朝鮮本国の『東国通鑑』では、檀君を始祖として記述しつつも「外紀」として扱っているが、寺島良安も伊藤長胤と同様にその

「外紀」については論究していない。

⑤木村理右衛門（生没年不詳）

木村理右衛門は生没年は不詳であるが、寛延三（一七五〇）年に『朝鮮物語』[77]において朝鮮国の由来について述べていて、檀君朝鮮から朝鮮王朝国家までの歴史について触れている。また豊臣秀吉の朝鮮侵攻についてはかなり詳細に記述している。檀君に関しては寺島良安と同様に、『東国通鑑』の記述を引用して、つぎのように記す。

君長なく神人ありて檀木の下にくだりたまへり国人たてて君となすこれを檀君といふ国を朝せんと号し、是れ唐堯の時代なり、始め都を平壌にきづき後にあらためて都を白岳にうつす商の武帝八年にいたり檀君は阿斯達山というやまに入りて神となる……[78]

また跋文においても「けだしその国は始祖檀君より起りて以来……[79]」と述べて、始祖として檀君が存在したと記述している。

⑥日初寂顕（一七〇一～七〇）

前記の「素戔嗚尊始祖伝説」でも述べたように、日初寂顕は、

……東国通鑑に称する所。東方の神檀樹の下に降る。是れを朝鮮檀君と謂う、世を治めること三千年、政衰えて殷の箕子代わりて朝鮮の王たり。檀君の子孫分離して諸韓となりし者若干。……按ずるに檀は香木、天竺これを牛頭旃檀と称す、檀樹の在る所故に牛頭方という。蓋し進雄神開国の都なり。この時未だ新羅有らず。我が国語呼んで新羅枳となす。白樹の義なり、率猛又韋檀君尊と名づく。かの称する所の檀君是なり。我これを称して韓神と曰う、又新羅明神と曰う。[80]

と述べ、檀君について否定したわけではないが、天竺では檀木のことを牛頭栴檀といい、檀木のあるところを

牛頭方というが、それは進雄神が開国した都のことである。また率猛を韋檀君尊と名づけているが、それは檀君のことであると主張する。またそれを韓神あるいは新羅明神ともいうとしている。檀木のあるところを新羅と理解しているところが、檀君は平壌に都を置いたとするほかの説とは異なっている。

⑦林子平（一七三八〜九三）

林子平は檀君について、

……鴻荒の世に其の国を開く者を檀君と云う、世を続くこと千余年、其の後唐山より入りてこれを治るは箕子を始とす、初て朝鮮の号あり、……(81)

と述べて、檀君がその国を開いたと記述している。ただ林子平が用いた書は『東国通鑑』であったにもかかわらず、『東国通鑑』では檀君のことを外紀にしている点には触れていない。また朝鮮の国号は箕子の代からであると理解している。

これまで述べてきたように、一八世紀頃の日本にあっては、素戔嗚尊、あるいは五十猛神の二神を朝鮮の開国伝説に登場する檀君であるとする説が九州地方や京都などにかけて広範囲に流布していた形跡が濃厚である。

三　朝鮮史認識形成の要因

（1）上代の律令体制成立の影響

前述したとおり、徳川期における朝鮮半島にたいする理解は、『日本書紀』などによって形成されたことは明白であるが、それは後代の日本人に新羅をはじめとする古代の朝鮮半島は蕃国、あるいは朝貢国、属国であるという認識をもたせた。『日本書紀』などが編纂された時代は、大宝律令が編纂される時期であったから、日本を中心とし、新羅などを蕃国として位置づけようとする日本の新しい国家体制(82)が強調された。『日本書紀』もその方針にもとづいて編纂されたと思われ、それが大きな影響を与えたようである。

(2) 華夷意識と儒学者の神道論の影響

いっぽう豊臣秀吉の朝鮮侵攻のさいに、援軍を派遣した明国は国力を消耗して衰退し、代わって清国が成立するが、朝鮮国は一六三六年にその侵攻を受けて降服し、清国とは属国関係になった。しかし東アジアで中国についで文明国であったという意識の強かった朝鮮国では、それまで夷狄とされてきた清国との従属関係を屈辱的であるとして、その後も崇明思想が続いた[83]。雨森芳洲（一六六八～一七五五）は、中国を聖人を出した国であると認めつつ、それぞれの国からみればすべて中華といえるのではないかと考えていた。朝鮮も夷と呼ばれることを嫌い、東華と呼んでいると指摘して[84]、当時の朝鮮国内における華夷意識の動向を察知していた。さらに「国の尊きと賤しきは君子小人の多少、風俗の良悪によるべきものである」として「中国に生まれたからといって誇る必要はなく、夷狄に生まれたからといって恥じる必要もない。国の善し悪しは君子と小人の数、風俗の善悪によって決められるべきものである[85]」とする。ここで雨森芳洲は国家の存在を強く意識し、日本、朝鮮両国の主体性について意識を高めていた。

山崎闇斎（一六一九～八二）は、朱子学を研究するなかで朝鮮の大儒李退渓の学問を研究し、尊敬していたとされるが、儒学者としてとくに『春秋』の大義を明らかにし、いっぽうで江戸時代の神道について理解・研究を深めて垂加神道を確立したとされる[86]。この神道の根源は『日本書紀』の神代巻や『古事記』で、日本民族の信仰上に形成された宗教思想であるところから、儒者のあいだには『日本書紀』『古事記』などの書物が重要な理論的根拠とされるようになった。寛文二（一六六二）年に、従来の朱子学に飽きたりず、山鹿素行（一六二二～八五）が朱子学を批判し、伊藤仁斎が「古学」を唱えた時期ともほぼ一致しているようにみえる[87]。この二人も朝鮮は日

本と朝貢関係、属国関係にあったと主張した人士である。山崎闇斎については、

垂加先生神道ヲ主張スルヨリ、日本モ中国也ノ論アリテ、程子ノ「天地無㆓適不㆒㆑為㆑中」ノ語ヲ以テ証トシ、朱子ノ説ヲ可㆑疑ト云ハレシコト、程書抄略上巻細字ノ中ニ見ヘタリ。(88)

とあるように、山崎闇斎が神道を主張するようになって、日本も中国であるとの論を打ち出したことを示している。また山崎闇斎は門弟に向かって「今もしも孔子を大将とし、孟子を副将として中国が攻め込んできたらどうするか」という問題の答えとして、不幸にしてこのようなことに遭えば我々は鎧を身につけて手に武器をとって戦い、孔子・孟子を擒にして国恩に報いるよりほかないと述べ(89)、さらに、

神人は日出ずるところの日本に出、聖人は日没するところの中国に出たけれども、……(90)

とあるように、儒者でありながら、日本を中国とし、中国をはじめて夷狄と呼ぶようになった。さらに、神人は日本に出たが、聖人は中国に出たとして、日本が中国よりも尊い国であり、日本で最初に神人が出現してそれからはじまった世界であるとの見解を打ち出して、当時の儒学者が中国を「華」として崇拝し、日本を「夷」とみなすことに反対した。雨森芳洲や山崎闇斎のような日本を中心とする民族主義的主張がみられるようになって、朝鮮にたいする史的認識は、『日本書紀』などにみえる朝鮮に関する記述を信じる傾向が強くなり、朱子学を信奉して国是としている朝鮮国にたいし、敬意を持たなくなり、しだいに朝鮮は日本の朝貢国であったと決めつけ、属国意識を一段と強く持つようになったのではないかと思われる。

　日本の儒者たちの華夷意識の変容にともなうこうした一連の思想史的流れについて、いみじくも江戸時代の初め、林羅山をはじめとする儒者たちが、一方で儒教の普遍性を説きつつも、他方で、神道についての新たな教説の形成を行っている。儒教が普遍的な教えであるならば、あえて別に「神道」を持ち出す必要はないと思われるにもかかわらず、儒教思想を組み込んだ神道説の樹立を試みるということは、宋学や陽明学といった新しい思想

を受容する過程において、それを受容する主体の確立、みずからの立脚点の確認が求められたことを意味しているという主張もなされた。[91]また「儒学の影響を受けた神道の倫理化は、近世はじめの傾向であるが、垂加派の立場は、単に神道と儒道との一致を説くのではなく、神道は日本の道として完結し他を俟たないものとする点にその特徴があろう。……神代の神々は道の師表としてあり、我が国には漢土の聖人を要せぬのである」とする説もなされている。[92]

結び

上述の考察から、一七～一九世紀の日本史研究は、もっぱら記・紀の研究を中心におこなわれたので、明代の漢族の衰退と清国の成立からくる華夷意識の変化や神道論の台頭により、日本の知識人のあいだでは、上代の律令制体制の確立による日本中心主義の姿勢と国家成立の系譜および日本の主体性の確立の方向に関心が強まって、日本を中心にした学風が台頭し、儒学者などの日本人は、朝鮮半島の歴史については、『日本書紀』などにみえる素戔嗚尊が新羅に往来したという記述、あるいは神功皇后の新羅征伐という記述を前提にして認識していた時代のように思われる。それは史実を究明することよりも、記・紀の内容を正当化するための理解を深めていた時代であったとも思われる。それらを整理すれば、以下のようにまとめることができる。

(1)『日本書紀』や『旧事紀』の記述を信じて、朝鮮国の開祖は素戔嗚尊であった、あるいは五十猛神であったとする説や朝鮮国の始祖檀君は素戔嗚尊、五十猛神などであったという説などが意識されていた。

(2)朝鮮の始祖は檀君であったとする説を『東国通鑑』などを通して知り、それを肯定しつつも、素戔嗚尊がその子の五十猛神とともに新羅の曾（蘇）尸茂梨に行ったことがあるところから、朝鮮はかつて日本の地であったとする説が意識されていた。

(3)開国の始祖は檀君であるという朝鮮側の主張を認めつつも、神功皇后の新羅征伐の話を信じて、新羅、百済、高句麗は日本に朝貢する国であり、属国であったという認識を強く抱いていた。

(4)儒学者たちのなかには、朝鮮の開国の始祖は檀君であることを認めるものもいたが、やはり『日本書紀』などの記述にもとづいて、百済、新羅、高句麗をはじめ渤海も日本とは朝貢関係にあったと信じていた。

(5)高麗も朝鮮国も日本に朝貢するのが当然であるにもかかわらず、それを怠ったために秀吉の侵略を受けることになったのであるという認識が展開された。

こうして一七～一九世紀の徳川時代における朝鮮史認識は、基本的に日本の属国であるという認識が継続されて、一般に朝鮮国を軽視する風潮が一段と強くなった時代であったと考える。

(1)『日本朱子学と朝鮮』（東京大学出版会、一九六五年）において阿部吉雄は藤原惺窩、林羅山、山崎闇斎などの日本の朱子学者は朝鮮の朱子学者、とくに李滉を尊敬して多くを学んだとする。矢沢康祐は「江戸時代における日本人の朝鮮観について」（『朝鮮史研究会論文集（6）』朝鮮史研究会、一九六九年）において、それは稲葉迂斎、稲葉黙斎、村上玉水とつづき、さらに古賀精理、大塚退野、藪狐山、横井小楠、元田永孚なども李滉を尊信し続けていたとする。

(2)旗田巍『アジア・アフリカ講座（3）　日本と朝鮮』（勁草書房、一九六一年）所収の「日本人の朝鮮観」参照。

(3)江戸時代の華夷認識および朝鮮蔑視観について言及した文献にはつぎのような論考参照。①荒野泰典『近世日本と東アジア』（東京大学出版会、一九八八年）、②荒野泰典「近世の対外観」（『岩波講座日本通史』近世3、一九九四年）、③塚本明「神功皇后伝説と近世日本の朝鮮観」（『史林』七九巻六号、一九九六年）、④李元植『朝鮮通信使の研究』（思文閣出版、一九九七年）第三部第四章相互認識条、⑤閔徳基「江戸時代日本儒学者の朝鮮認識」（韓日関係史学会編『韓日両国の相互認識』韓国国学資料院、一九九八年）、⑥池内敏『「唐人殺し」の世界——近世民衆の朝鮮認識——』（臨川書店、一九九九年）、⑦倉地克直『近世日本人は朝鮮をどうみていたか「鎖国」のなかの「異人」たち』（角川選書、二〇〇一年）、⑧金仙煕「江戸期朱子学者の

「武国日本」認識と朝鮮観——新井白石・雨森芳洲・中井竹山を中心に——」（『広島大学大学院教育研究科紀要』第二部、五一号、二〇〇二年）、⑨前田勉「『中朝事実』における華夷観念」（『愛知教育大学研究報告』五九、人文社会科学編、二〇一〇年）、⑩上田正昭『雨森芳洲』（ミネルヴァ書房、二〇一一年）、⑪位田絵美「『和漢三才図会』にみる対外認識」（『歴史評論』五九二号、一九九九年）、⑫三宅英利『近世アジアの日本と朝鮮半島』朝日新聞社、一九九三年）、⑬金光哲『中近世における朝鮮観の創出』（校倉書房、一九九六年）、⑭山田智・黒川みどり編『内藤湖南とアジア認識——日本近代思想史からみる——』（勉誠出版、二〇一三年）。

（4）　前掲註(1)矢沢論文参照。この論考では、『日本書紀』に問題があると指摘している。

（5）　衣笠安喜『近世日本の儒教と文化』（思文閣出版、一九九〇年）参照。

（6）　①韓桂玉『征韓論の系譜』（三一書房、一九九六年）、②吉野誠『明治維新と征韓論——吉田松陰から西郷隆盛へ——』（明石書店、二〇〇二年）、③ドナルド・トビ「平和外交が育んだ侵略・征韓論」（吉田光男編『アジア理解講座　日韓中の交流』山川出版社、二〇〇四年）などを参照。

（7）　『羅山先生文集』巻第二十二、朝鮮信使来貢の記条参照。李元植も林羅山が「蕃館」、「来貢」などの用語を用いて朝鮮を蔑視していると述べている（『朝鮮通信使の研究』思文閣出版、一九九七年、第三部　通信使の活躍、第四章　相互認識条参照）。

（8）　『羅山先生文集』巻第一　賦　倭賦慶長十七年作条。

（9）　『羅山先生文集』巻第三十九　小伝　王仁条。

（10）　同前書、同条。

（11）　同前書、観勒曇徴条。

（12）　同前書、呉織条。

（13）　『新刊東国通鑑』徐居正等撰：辻　達訓点、五六巻　林前和泉掾泉白水、松栢堂、寛文七（一六六七）年刊　序文参照。

（14）　元禄六（一六九三）年、歴癸酉八月一六日、摂州北ノ御堂前、書肆　毛利田庄太郎開版。

（15）　朝鮮理解に関する資料として『東国通鑑』『三国史記』『三韓詩亀鑑』『慕斎集』『東文選』『晋山世稿』『東人詩話』『三綱行実図』『続三綱行実図』『太平通載』『経国大典』『大典続録』『海東諸国記』『懲毖録』などの文献を読んでいた。

（16）　『東国通鑑』巻之一、三国紀、新羅　高句麗　百済条。

（17）　『異称日本伝』巻下之三、辛未条。

（18）　同前書、同条。

（19）　同前書、同条。

（20）　『三韓紀略』序文参照。

（21）　『朝鮮物語』（木村右衛門著、山城屋茂左右衛門・江都書林藤木久市刊。寛延三年庚午）。本稿では、京都大学文学部復刻版（一九七〇年）を利用。

(22) 同前書、巻之一　三韓日本に属す条（『日本書紀』巻第九仲哀天皇九年一〇月気長足姫尊神功皇后条）。
(23) 同前書、巻之一　同条（『日本書紀』巻第九仲哀天皇九年一〇月気長足姫尊　神功皇后条）。
(24) 同前書、巻之一　同条（『日本書紀』巻第一〇応神天皇三年一一月条）。
(25) 同前書、巻之一　三韓日本に属す条。および『日本書紀』巻第一一仁徳天皇五三年条に「新羅不朝貢。夏五月、遣上毛野君祖竹葉瀬、令問其闕貢」とみえる。
(26) 同前書、三韓日本に属す条。
(27) 同前書、高麗国王建が事条。
(28) 同前書、巻之一　大明国日本と和平によって朝鮮より日本に和平を乞う事条に「永和三（一三七七）年朝せん国の使鄭夢周といふもの来朝をしたれどもたへて朝貢せざるにより京都へはいれられず九州の探題今川了俊にまみえて帰国す」とみえる。
(29) 同前書、巻之一　高麗国王建が事条。
(30) 『清正勲績考』（黒木貞永著、宝暦二（一七五二）年六月書、八代本成寺蔵、本妙寺宝物館刊、一九七五年）。巻第九　朝鮮国来歴ノ事、附朝鮮王李氏属スル二大明ニ一事条。
(31) 同前書、同条。
(32) 同前書、同条。
(33) 同前書、同条。
(34) 同前書、同条。
(35) 同前書、同条。
(36) 『新刊東国通鑑』序文参照。
(37) 同前書、同条。
(38) 『本朝通鑑』前編　巻第二　神代紀　中参照。
(39) 同前書、同条。
(40) 『異称日本伝』巻下之三、辛未条。
(41) 『海東繹史』韓致奫著　第四一巻　交聘志　九参照。
(42) 『異称日本伝』高麗紀　恭譲王三　壬申四年条。
(43) 宮崎道生『新井白石の洋学と海外知識』（吉川弘文館、一九七三年）第三章　朝鮮観とその認識参照。
(44) 『古史通或問』中参照。
(45) 同前書、同条参照。
(46) 『古史通』巻之二参照。
(47) 雨森芳洲『たはれ草』参照。
(48) 『馭戎概言』上之巻、上参照。
(49) 『鉗狂人』（本居宣長著、一八二一年）。
(50) 『衝口発』（藤貞幹著、一七八一年）。
(51) 同前書、冒頭条。
(52) 同前書、言語条。
(53) 『鉗狂人』冒頭条。
(54) 『衝口発』皇統条。
(55) 同前書、国史条。
(56) 『鉗狂人』国史条。
(57) 日初寂顥は黄檗宗の僧侶で、大阪の生んだ学者富永仲基の遺業を継いだ人物とされる。『日本春秋』は全五〇巻。大阪府立図書館本には、巻末に「明和元（一七六四）年閏十二月九日写終」の書き込みがある。

(58) 『日本春秋』之一　神代通紀　新羅国　蘇民将来、率猛神　大屋姫　抓津姫　三韓条。「……既而進雄神到二栲幡新羅枳国一、居二蘇戸茂利ノ処一、納二其土人女一生二率猛神一、及大屋姫神抓津姫神二」

(59) 同前書、同条。「僧顗曰、進雄神到二新羅一、開レ国是謂二牛頭天王一、牛頭方ハ新羅地名乎、高麗楽有二蘇志摩利ノ曲一、其舞著二蓑笠一之状、蓋進雄之事也、東国通鑑所レ称、東方ノ神降二檀樹ノ下一、是謂二朝鮮檀君一、治レ世三千年、政衰テ殷ノ箕子代テ王タリ二於朝鮮一、檀君ノ子孫分離テ為二諸韓一者若干。久テ之箕子政衰、諸韓ノ中強大者三氏、討二箕子一、三分テ鼎立、是謂二新羅百済高句麗一、按ニ檀ハ香木、天竺称二之ヲ牛頭旃檀一、檀樹所レ在故曰二牛頭方一、蓋進雄神開国ノ都也、是時未レ有二新羅一、我国語呼為二新羅枳一、白樹ノ義也、率猛又名二韋檀君尊一、彼所称檀君是也、我称レ之曰二韓神一、又曰二新羅明神一。」

(60) 同前書、同条。「進雄神伝二業ヲ於卒猛神一、率二大屋抓津二女一還二出雲一、久テ之薨二于熊成峰一、祀二之ヲ杵筑大社一、大屋姫抓津姫二神従二父神一還、取二百樹ノ種一持帰テ以種植、遂ニ止ル二木国一、僧顗曰、木国ハ今ノ紀伊、神名式ニ載ス紀伊国名草郡伊太祁曾神社、合二祀二女一。」

(61) 今西龍「檀君考」（『朝鮮古史の研究』国書刊行会、一九三七年）。

(62) 享和元（一八〇一）年刊。

(63) 『閑田耕筆』巻之一参照。

(64) 『清正勲績考』巻第九　朝鮮国来歴ノ事、附朝鮮王李氏大明ニ属スル事条。

(65) 同前書、同条。「朝鮮永ク日本ニ属スルコトヤ、遠ク其根元ヲ尋ルニ、天地開闢シテ　神代ノ太古日ノ神ノ御弟素戔嗚尊ト申シ奉ルハ伊弉諾・伊弉冊御子ナリト申セドモ、金気壮盛ノ勇猛ヲ震ヒ給フ故ニ、所行無状トテ諸ノ神タチ科スルニ千座ノ置戸ヲ以テシ遂ニ根ノ国ニ逐フ、是ノ時ニ素戔嗚尊其ノ子五十猛ノ神ヲ帥テ新羅国ニ降到シテ曾尸茂梨ノ之処ニ居給ヒテ興言シテ曰ク、此国ハ吾居マク欲セジト、遂ニ埴土ヲ以テ舟ヲ作リ之ニ乗テ東ニ渡リ日本へ還リ、出雲国簸ノ川上ニ到リマシテ」

(66) 同前書、同条。「此時ニ御子五十猛神ヲ彼新羅国ニ残シ置テ彼国ノ主トシ給フ故ニ素戔嗚尊ノ曰ク、韓郷ノ島ハ是金銀アリ、若吾児ノ所御スル之国ニ浮宝アラズハ未是佳也トアリテ、乃チ髯ヲ抜テ之ヲ散チ給フガ杉ノ木トナリ、又胸ノ毛ヲ抜テ散チ給フハ檜トナル、其外柀・櫲樟等ノ諸ノ木ヲ生シ、已ニ其用フベキ法ヲ定テ杉及ヒ櫲樟此両ノ樹ハ浮宝トスヘシ、檜ハ以テ瑞宮ヲ作ルノ材トスヘシ、柀ハ以テ顕見蒼生ノ家居ノ諸道具ヲ造ルヘシトアリ、其瞰ベキ八木種五穀ヲ殖ルコトヲ教へ能播生給フ、是ヨリ彼国ニ人民栄昌フ、素戔嗚尊ノ御子五十猛命ノ御妹ハ大屋津姫命、次ニ抓津姫命、凡テ三ハシラノ神モ亦能木種ヲ分布シ給フ、即チ紀伊国ニ渡シ奉ル、然シテ素戔嗚尊熊成峯ニ居テ遂ニ根ノ国ニ入リマシキトカヤ日本書紀趣意夫ヨリ以来、神孫永ク彼国ヲ治メ給ヒ、我カ国神武天皇以後マテモ順ヒ奉リケルニ」
(67) 同前書、同条。「宗廟ト崇奉ルべキ五十猛神ノ祠モ退転シ聞伝べキ神ノ道ヲモ忘却シテ明朝ノ旗下トナリ、我国モ数百年ノ乱世ニテ国中ノ士民スラ王化ニ従ハザル躰トナリシカバ、早晩トナク彼国ノ貢モ断絶ニ及ヘリ」
(68) 同前書、同条参照。
(69) 桜沢亜伊「日本人の檀君論」(『東アジア:歴史と文化』二〇号、二〇一一年)。江戸時代については「江戸時代の檀君論」と項を設けて今西龍が前掲註(61)「檀君論」に指摘した史料を利用して簡単に言及しているのみである。
(70) これについてはじめて言及したのは衣笠安喜で、氏はその著『近世日本の儒教と文化』(思文閣史学叢書、思文閣出版、一九九〇年)第五章 近世日本の朝鮮観 同学の士に「……知識欲に燃えていた羅山は……、朝鮮開国神話のあやふやさをついたり、……」と言及している。
(71) 『林羅山文集』巻第十四 外国書 下 寄朝鮮国三官使条。なおこの質問の内容は、前掲註(7)李『朝鮮通信使の研究』第三章 初期の交歓 一林羅山と通信使(3)金世濂との交換にも紹介されている。
(72) 『林羅山文集』巻第十四 外国書 下条。
(73) 『新刊東国通鑑』序文参照。
(74) 同前書、同条。
(75) 『三韓紀略』君長略条。「三韓之域、初無君長、当堯之時、有神人降于檀木之下、国人立為君、是為檀君、国号朝鮮、居平壌、其子孫世紀不可知、……」
(76) 『和漢三才図会』巻六四 地理 朝鮮国条。
(77) 前掲註(21)。
(78) 『朝鮮物語』巻之一 朝鮮国由来の事条。
(79) 同前書、跋参照。
(80) 『日本春秋』之一 神代通紀 新羅国 蘇民将来、率猛神 大屋姫 抓津姫 三韓条。
(81) 『三国通覧図説』題初参照。
(82) これに関しては、①池内宏『日本上代史の一研究』(中央公論美術出版、一九七〇年)、②浅野充「古代日本・朝鮮における国家形成と都市」(『朝鮮史研究会論文集』三〇、一九九二年)、③李成市「統一新羅と日本」(武田幸男編『古代を考える 日本と朝鮮』吉川弘文館、二〇〇五年)などを参照。
(83) 朝鮮国の華夷意識については、①中村栄孝『日鮮関係史の研究』下(吉川弘文館、一九六九年)八 外交史上の徳川政権――大君外交体制の成立とその終末――一序章 A東アジア国際秩序と日本外交の不整合、②中村栄孝「大君外交の国際認識――華夷秩序のなかの日本――」(『国際政治』五一号、一九七四年)、③前掲註(6)荒野『近世日本と東アジア』、④文純實「十八世紀朝鮮における対外意識の変化について――特に華夷観念を中心に――」(『駿台史学』九六号、一九九六年)、⑤紙屋敦之『大君外交と東アジア』(吉川弘文館、一九九七年)、⑥中純夫「樗村沈錥における華夷観念と小中華思想」（『京都府立大学学術報告』人文・社会、五五号、二〇〇三年）、⑦山内弘一『朝鮮からみた華夷思想』（世界史リブレット　山川出版社、二〇〇三年）、⑧池内敏『大君外交と武威』（名古屋大学出版会、二〇〇六年）などを参照。

(84) 雨森芳洲『たはれぐさ』（新日本古典文学大系九九『仁斎日札　たはれ草　不盡言　無可有郷』岩波書店、二〇〇〇年）。

(85) 同前書、同条。

(86) 岡田武彦『山崎闇斎と李退渓』付録一　闇斎学の精神――儒学を中心として――（岡田武彦全集二二、明徳出版社、二〇一一年）参照。

(87) 市来津由彦「山崎闇斎『大和小学』考――中国新儒教の日本的展開管見――」（東北大学大学院『国際文化研究科論集』創刊号、一九九四年）参照。

(88) 佐藤直方『韞蔵録』巻一四、華夷論断条参照。

(89) 原公道、大町桂月訳『先哲叢談』第一五　山崎闇斎（至誠堂、学生文庫　第一三、一九一一年）参照。

(90) 山崎闇斎『垂加草』第一〇、「洪範全書序」参照。

(91) 高橋美由紀『神道思想史研究』（ぺりかん社、二〇一三年）第一節　思想史の立場から見た中世神道　おわりに参照。

(92) 松本丘『垂加神道の人々と日本書紀』（弘文堂、二〇〇八年）第二編　垂加神道と『日本書紀』、一四九〜五〇頁参照。

清朝考証学の再考のために
――中国・清代における『尚書』をめぐる文献批判とその位相、あるいは、伝統と近代、日本との比較の視点から――

伊東貴之

はじめに

清朝考証学に依拠する、経学・史学などの広範な分野に亘る方法論の数々は、伝統中国の学術が到達した成果であるとともに、日本の江戸・徳川期の考証学派などにも受容され、更には、いわゆる京都学派（京都支那学）を中心とする、中国学の近代化の過程において、準拠すべき一つの規範として仰がれ、大いに活用され、深甚な影響を与えてきた。しかるに、まさに清朝考証学それ自体が、自らが依拠する研究上の手法や方法であったが故に、それ自身を客観的に対象化し、相対化して、批判的に吟味する営為が、困難な側面が否めなかった。他方で、伝統的な儒学や漢学から、井上哲次郎らによって、中国哲学や東洋哲学といった学問分野が再編成される過程にあっては、むしろ西洋哲学的な範疇にも馴染み易い、朱子学や陽明学などのより体系的な学説が重視された。それらが相俟って、永らく考証学（考拠学）とは、いわば「方法論」を表す名辞として観念され、総じて、哲学的な内実や思想性とは、無縁の如く扱われてきた(1)。

だが、果たしてそうであろうか？――前世紀の末葉から、国際的にみても、米国の余英時 Yu Ying-shih やベンジャミン・エルマン Benjamin A. Elman、周啓栄 Kai-wing Chou、あるいは、中国の陳祖武 Chen Zuwu、台湾の張寿安 Chang So-an ら、清朝考証学とその周辺をめぐる、この時期の思想史的な研究は、漸く活況を呈しつつあるが、とりわけ近二〇年ほどの日本における、特筆すべきいくつかの研究において、前述したような、清朝考証学に対する旧来の見解に疑義を呈する所論が、陸続として提起されている。すなわち、それぞれ若干のニュアンスは異なるものの、大谷敏夫、木下鉄矢、濱口富士雄、井上進、吉田純らの諸氏によって、清朝考証学の裡に底流する、経世への志向や儒学的な形而上学、明代の学問的な達成や息吹の片鱗、民族主義的ないしは復古主義的な、ある種の情熱の所在などが、交々指摘されている。(2)

翻って、前述の如き先入見は、むしろ江戸・徳川期以来の日本の漢学、延いては、日本の近代的な人文諸学の特性から、逆照射されて、編み出された像であり、「考証学」理解であるという一面も、否定し得ないのではなかろうか?

因みに、その他、例えば、日本においては、明代の学問の影響を大きく受けた徂徠学の衰退と清朝考証学の方法論の受容とが、ほぼ時期的に重なっているとの所説のほか、場合によっては、中国に比しての、我が邦の江戸・徳川期の考証学的な成果の相対的な先進性を指摘する論証なども存している。(3)

小論では、以上のような推論を状況証拠的に立証すべく、中国・清代における『尚書』をめぐる文献批判が有した、いわば思想性や政治性を明らかにすることを通じて、江戸・徳川期の日本の考証学的な達成と清朝考証学の方法論や志向性との若干の差異について、仮説的・傍証的に提示することを試みたい。

一

さて、周知の如く、清代における経書の文献批判的研究は、かなり多岐に亘るものの、そのうち、とりわけポレミックな論点や係争を提起したのが、『古文尚書』の信憑性をめぐる問題であったことは、論を俟たないであろう。この問題については、夙に吉田純が、その論攷のなかで縷説しており、委細は氏の所論を参看されたいが、氏も周到にも論じられる如く、何よりも注意を要することは、かかる「辨偽」的な態度といえども、総じて第一義的には、経書の権威性を剝奪しようとの意図に発するものではなく、それらをいわば偶像破壊的なニュアンスで理解することは、必ずしも実情に見合うものではないという点に尽きている(4)。

その他、いささか結論先取的に表現するなら、当時の思想家や学者たちの経書へのさまざまな態度はもとより、逆に態度保留といったスタンスの裡にさえも、彼らの多様な「経学」観なり、思想的な立場、あるいは、「秩序」感覚の一端を窺い得るように思われる。これに関連して、経典の成立などに関するいささか懐疑的な傾向に対して、近年、それを文献学的な経書批判の進捗としてのみならず、そこに含意された思想的な意図をも内在的に汲み取り、追尋しようとする研究が、台湾の林慶彰らによって鋭意、展開されていることにも、併せて注意を喚起しておきたい(5)。

二

まず『古文尚書』の信憑性に関して、閻若璩の『尚書古文疏證』が、重大な疑義を提起したのに対して、その駁論として、毛奇齢の『古文尚書冤詞』（『西河合集』所収）が著されたことは、よく知られている。

因みに、当該の論争では、一例として、『尚書』「大禹謨」のいわゆる「人心道心」の一句（「人心惟れ危く、道心惟れ微かなり。惟れ精、惟れ一、允に厥の中を執れ」）が、『荀子』（解蔽篇）に「道經」からの引用として言及されている（「故に道經に曰く、人心之れ危く、道心之れ微かなりと。危微之幾、惟だ明君子にして、而して後能く之を知る」）ことが論点となった（閻若璩『尚書古文疏證』第三十一「言「人心惟危、道心惟微」純出『荀子』所引『道經』」にいう、

「予是以知「人心惟危、道心惟微」必眞出古『道經』、而僞古文蓋襲用、初非其能造語精密至此極也」、次いで、同・第三十二「言古書如此類者頗多」にいう、「「人心道心」本出『荀子』、以竄入「大禹謨」、遂尊爲經、久而忘其所自來矣。竊以古今若此類者頗多」などの件をそれぞれ参照されたい）。

一方、毛奇齢は、閻若璩の『古文尚書』偽作説に対抗しつつ、彼によれば、「人心道心」の一句は、『荀子』からの引用ではなく、『荀子』の方が『尚書』を引用したのだとし、閻若璩の説は「聖經」を貶めるものとして批判し、これに論難を加えた（『古文尚書冤詞』巻四）。なお、この一節が特に問題視された所以は、贅言するまでもなく、まさに「人心惟危、道心惟微、惟精惟一、允執厥中」の一六文字が、堯・舜・禹と伝授された道統の徴表として、朱熹（朱子）の『中庸章句』序の冒頭にも引証され（——剰え「允執厥中」の一句は、遡って『論語』堯曰篇における、堯の舜に対する発言にも、同時に根拠づけられている）、更には、後述するような、朱子学の理気・心性の議論における、大きな論拠ともなっていることに起因しており、翻って、その屋台骨をも揺るがしかねないからに他ならない(6)。

因みに、こうした両者の応酬は、ベンジャミン・エルマンによれば、「この論争は、当時の学問的議論の核心に存在した、細部をも忽せにしない研究の在り方を示している」、「『古文尚書』をめぐって正反対の結論を導出した両者は、ともに自説を立証するために実証的な判断基準（empirical criteria）に訴えており、方法論とディスクール上の同一性が認められる」などと評価されている(7)。

三

しかるに、より注記すべき重要な点は、『尚書』をはじめとする経書の文献批判などに見られる、いわゆる「辨僞」的な傾向に対して、むしろ更に批判的な見解も相当程度、存在したことである。毛奇齢の『古文尚書冤詞』においては、例えば明の陳第の次のような所説を引いている（同・巻八）が、因みに、吉田純は、これを「一種プラグマティックな見解」と評している。(8)

夫書之所以貴眞、以其得也足以立極也。所以惡其僞者、以其失也不足以垂訓也。（中略）乃不求其精、而反苛責之區區疏跡之間、不亦過乎。

（真の『尚書』を尊重するのは、そこに道徳の基準とするのに相応しい内実があるためであり、偽作を憎む所以は、そこに規範を垂示するものとしては不適切な部分があるからである。（中略）しかるに『古文尚書』の真の精神を求めようともせず、かえって文章や行論の些細な点について揚足を取ろうとするのは、行き過ぎた詮索ではあるまいか。）

（『尚書疏衍』巻一、古文辨）

すなわち、同時代の清代においても、『古文尚書』を筆頭とする経書の文献批判的な研究が、相応の進捗をみせる一方で、それと並行して、経書に対する懐疑的・辨偽的な傾向を嫌う、経学上のむしろ慎重で現状維持的な態度もまた、かなり広汎にみられた訳である。

一例として、後年には「大禹謨」の「人心／道心」の一節を、荀子の性悪説に通じるものだとの勇断ともいえる断案を下した黄宗羲の場合でさえも、当初はそれを偽作とすることにかなりの難色や逡巡を示していたと伝えられる。彼自身の記述ではないが、次のような象徴的な話柄が残されている。

黄太沖嘗謂、聖人之言不在文詞而在義理。義理無疵、則文詞不害。其爲異如大禹謨人心道心之言、此豈三代以下可僞爲者哉。

（黄太沖は以前、次のように述懐していた。聖人の言わんとする真意は、文辞の綾にではなく、義理にこそ存する。義理に瑕疵が無ければ、文辞によってそれが損なわれることはない。「大禹謨」の「人心道心」の言などを疑ってかかる者がいるが、この件は三代より以降に偽作したり出来る筈がない。）

（閻若璩『尚書古文疏證』巻八・第一一九）

よう。

更には、李塨の場合、より端的に、毛奇齢の『古文尚書冤詞』に序文を寄せていることが、とりわけ注目されよう。

及塨南游時、客有攻辨中庸、大學、易繫、以及三禮、三傳者。塨見之大怖、以爲苟如是、則經盡亡矣。急求其故、則自攻古文尚書爲僞書始。

（私が南遊した折、『中庸』『大学』および『易』の繫辞傳をあげつらう者がおり、それは『三禮』や『春秋』の三傳にも及んだ。私はこの有り様に接して大いに怖れ、仮初めにもこうしたことが罷り通れば、経書は尽く亡んでしまうと思われた。俄にその遠因を考究してみるに、まさに『古文尚書』を咎め立てして、偽作であるとするような主張に始まったことが分かる。）

（李塨「（毛奇齢）『古文尚書冤詞』〔『西河合集』〕序」）

今人辨尚書有僞之説、先生既有駁正、此事所關非小、即可行世。閻百詩書未見、姚立方所著略觀之、錢生書則詳觀之、均屬謬誤。今人駁尚書不已、因駁繫辭、駁繫辭不已、因駁中庸、不至揚矢周孔不止。此聖道人心之大患、豈能坐視不言。塨亦欲少有辨論、俟録出請教。

（昨今の人びとが、尚書を弁じて、これを疑うが如き説があり、毛奇齢先生は、夙に反駁して、これを正そうとしましたが、この事案が関わる問題は、決して小さなものではなく、まさに世間を裨益するものであります。私は、閻若璩の書は、未見ですが、姚立方の著したものは、大凡、披見し、錢生の書に至っては、悉に閲読しましたが、均しく誤謬に陥った代物でありました。昨今の人は、尚書を論駁するに止まらず、更には、繫辭傳を非議し、また、繫辭傳を駁論するのみならず、中庸まで論い、遂には、周公や孔子を論難するまでに至らないと、止まる処がありません。これこそ、世道人心の大患というべきもので、どうして黙って座視していられましょうか。私は、少しく弁論を加えたいと思い、先生の著述を俟って、教えを請いたいと存じます。）

（『李恕谷先生年譜』巻三、李塨「上毛河右書」）

四

また、顧炎武らは、両義的ともいうべき、不徹底な態度に終始するのであるが、むしろこうした逡巡なり、留保的な態度それ自体の裡にこそ、彼らの経学観や思想的な立場の一端が窺えるものと考えられる。次のような彼の口吻や論調からは、自己の判断をあえて差し控え、具体的な文献の検証に深入りすることを避け、問題それ自体を棚上げにするような意図さえ垣間見える。

然則今之尚書、其今文古文皆有之三十三篇、固雜取伏生、安國之文、而二十五篇之出於梅賾、舜典二十八字之出於姚方興、又合而一之。孟子曰、盡信書則不如無書、於今日而益驗之矣。

（すなわち現行の『尚書』は、今文古文の何れにも具わる三三篇からして、伏生の経文と孔安国の傳との混淆である上に、梅賾に由来する二五篇、姚方興に帰せられる舜典の二八字まで、合して一書を成したものである。孟子の「盡く書を信ずれば、則ち書無きに如かず」（『孟子』盡心・下篇）という言葉の真意が、今日、いよいよその確証を得た。）

（顧炎武『日知録』巻二・古文尚書）

次いで、李光地の場合も、「古文／今文」両者をめぐる問いの存在に関しては、ある意味では不可避的に生じてきたこと、朱熹（朱子）もまた、そうした疑義を抱いていたことを認めている。

古今文之辨、多矣。雖朱子亦疑之。…（中略）…近年學者則毀詬尤甚焉。其語殆不足述。余曰、果哉後學之疑古也。…（中略）…其書既行於漢代四百年、則益莫之敢改也。故難者愈難。孔壁之書、自其校出之時、間或増減以通文意有之。而其書又藏久而後顯。安必傳者之無潤色於其間哉。故易者愈易。然則古文云者、疑其有増減潤色而不盡四代之完文理或有之矣。謂其純爲僞書者末學之膚淺、小人而無忌憚也。

（古文・今文に関する論点には、夥しいものがある。朱子でさえも、これに疑いを差し挟んでいる。…（中略）…近頃の学者たちは、これを誹り罵ることがとりわけ甚だしい。しかるに、その言葉は、殆ど述べるに足らない。私は、後学の疑古とは、得てしてこのようなものだ、と言いたい。この書は、夙に漢代に四〇〇年間も通行し、益々あえてこれを改めることが出来なくなった。だから難しい箇処は、いやが上にも難しいのだ。孔壁の書（孔氏の旧宅から発見されたとされる『古文尚書』）も、それが出現した時から、字句を増減して文意を通じさせることが、間々あったのも事実であろう。その上、この書物は、長い間、蔵された後に、出現したのだ。どうしてこれを伝えた者が、その間に必ず潤色を施さなかった訳があろうか。だから、分かり易くなった部分は、随分とすっきりしたのだ。さすれば、古文というものは、おそらくは増減や潤色を経て、必ずしも唐虞三代の文章の筋道を完全には現していない、と考えるのが妥当であろう。だからといって、それが全くの偽書であると見做すことは、末学の浅薄さであり、小人の忌憚無き者と言うべきである。

（李光地『榕村集』巻一七・尚書古今文辨）

すなわち、彼らのいわば守旧的とも映る非決定や態度保留こそは、過度に懐疑的・辨偽的な傾向が進展することで、経学それ自身の存立基盤すら危うくなることを懸念して、むしろそれを抑制し、ある種のバランスを維持しようとする、すぐれて慎重かつ思慮に富んだ態度とも評価し得るのである。吉田純の卓抜な表現に藉口するなら、「『尚書古文疏證』の出現が同時代に提起したもっとも深刻な問題は、いわば「いま在る経」を保全する方向で経学を維持してゆくか、あるいは「あるべき経」を追求する方向で経学をつくりあげてゆくかという、二つの思潮の葛藤であった」(9)。その意味でも、彼らの姿勢は、むしろ一面で、ある種の政治性や思想性を帯びた価値判断を含む、現実的な選択であったとも言えよう。

五

翻って、閻若璩の『尚書古文疏證』において問題視された、『尚書』大禹謨の「人心・道心」の一節に関していえば、偏に『古文尚書』の文献批判という側面のみならず、当時の思想史的な文脈において、存在論や人性論上の「理気」の相即や一致、「気質の性」への一元化といった思潮に棹さしつつ、「心」の構造をいわば本来性や理想態と現実態との二重性として把握する、道学・朱子学的な観点が、次第に疑問視され、やがて否定されるようになる趨勢とも、まさに符節を合し、契合している訳である。

すなわち、「大禹謨」の「人心・道心」の一節を、『荀子』の性悪説にすら通じるものとした、黄宗羲の後年の断案も、むしろ心性論上の議論において、「人心・道心」を二重構造において理解してはならないとする、その師筋に当たる劉宗周の所説を襲うものでもあろう。

人心道心、正是荀子性悪宗旨。惟危者、以言乎性之惡。惟微者、此理之散殊、無有形象、必擇之至精而後始與我一。故矯飾之論生焉。後之儒者、於是以心之所有唯此知覺、理則在於天地萬物、窮天地萬物之理、以合於我心之知覺、而後謂之道。皆爲人心道心之説所誤也。夫人只有人心。當惻隱自能惻隱、當羞惡自能羞惡、辭讓是非、莫不皆然。不失此本心、無有移換。便是允執厥中。故孟子言求放心、不言求道心。言失其本心、不言失其道心。夫子之從心所欲、不踰矩、只是不失人心而已。然則此十六字者、其爲理學之蠹甚矣。

（「人心道心」とは、まさに荀子の性悪説の主張である。すなわち「惟れ危うし」とは、人間の性が本来、悪であることを言ったものであり、「惟れ微かなり」とは、この理が万物に散殊して、形象を持たず、これを択び取ることが至精であってこそ、はじめて自己と理とが一体になることを述べたものである。そこから、『荀子』の「矯飾」の主張（『荀子』性悪篇の「人の情性を矯飾して之を正す」）が生じてくるのである。後の儒者たちは、ここから心に具有されているのはただ知覚のみで、理は天地万物の側に在り、この天地万物の理を窮め尽くして、それを自分の心の知覚と合体させてこそ、はじめて道といえると考えた。全ては皆、「人心道心」の所説にもとづいた誤りである。そもそも人にはただ人心があるのみである。まさに惻隠の心を生ずべき時には、自ずから惻隠の心が生じ、羞悪の心を生ずべき時には、自ずから羞悪の心が生じる。辞譲の心、是非の心についても、全く同様である。この本心を失わなければ、この点が転倒することはない。すなわちこれこそが「允に其の中を執れ」ということの意味である。だからこそ孟子は「放心を求むる」（『孟子』告子・上篇）とは言っても、道心を求めるとは言っていない。また「其の本心を失う」（同・前）とは言っても、その道心を失うとは言わない。夫子の「心の欲する所に従いて矩を踰えず」（『論語』為政篇）というのも、ただこの人心を失わないということを述べたに過ぎない。さすれば、この一六文字は、理学の芯を蝕むものというべきである。

（黄宗羲「（閻若璩）『尚書古文疏證』序」、『南雷文約』巻四、『南雷文定三集』巻一）

六

他方、顧炎武もまた、時にこうした言説が、悪しき意味での「心學」に繫がることを危惧したと思われるが、彼の立場は、むしろ黄宗羲とは真逆であって、伝統的・正統的な経学の意義や存立価値を認めて、経学上の現状維持的な態度に与するもので、前述の李塨や李光地らにも近接した、やや守旧的なニュアンスをも含んでいることは、贅言するまでもなかろう。また、そうした認識は、例えば、彼のいわゆる「古のいわゆる理学は、経学であった。（中略）現在言うところの理学は、禅学である（古之所謂理學、經學也。…（中略）…今之所謂理學、禪學也）」（顧炎武『亭林文集』巻三、「與施愚山書」）といった懸念とも通底するものであることは、見易い道理であろう。

蓋舜以昔所得於堯之訓戒、並其平日所嘗用力而自得之者、盡以命禹、使知所以執中而不至於永終耳、豈爲言心設哉。近世喜言心學、捨全章本旨而獨論人心、道心、甚者單摭道心二字、而直謂即心是道、蓋陷於禪學而不自知、其去堯、舜、禹授受天下之本旨遠矣。…（中略）…世之學者遂指此書十六字爲傳心之要、而禪學者借以爲據依矣。愚按、心不待傳也、流行天地間、貫徹古今而無不同者、理也。理具於吾心、而驗於事物。心者、所以統宗此理而別白其是非、人之賢否、事之得失、天下之治亂、皆於此乎判。此聖人所以致察於危微精一之間、而相傳以執中之道、使無一事之不合於理、而無有過不及之偏者也。

（思うに、舜は、曾て堯から得た訓戒と並んで、自ら平生、工夫を重ねて自得した事柄とを以って、悉く禹に命じて、中を執って、断絶するに至らない所以を知らしめたのであって、どうして態々心について語るために、かかる文言を設けたりしようか。近頃、喜んで心学を唱える輩は、全章の本旨を顧みずに、ただ人心、道心のみを論じ、甚だしきに至っては、たんに道心の二文字を拾い上げて、直ちに心はすなわち道であると思い做し、禅学に陥っても、自らは気付かないといった有り様で、堯、舜、禹が、天下を授受した本旨から、全く懸け離れてしまっている。世間の学者たちは、遂に『尚書』大禹謨の人心・道心の一節を指して、「伝心」の要と思い込み、禅学の徒の方が、これを借りて、依拠するような有り様である。私が思いますに、心は「伝える」ことを俟つまでもないもので、天地の間に行き渡り、古今を貫徹して、同一不変なものは、理に他ならない。理は、我が心にも具わり、事物に験しても明らかである。心は、この理を統合して、物事の是非を分かつ所以であり、人の賢否、事の得失、天下の治乱は、皆、ここに明らかとなる。これこそが、聖人が「危微精一の間」や「執中の道」を以って相伝えることを賢察して、一事として、理に合わず、過不及の偏りが生じないようにせしめた所以なのである）。

外仁、外禮、外事以言心、雖執事亦知其不可。執事之意必謂仁與禮與事即心也、用力於仁、用力於心也。復禮、復心也。行事、行心也。…（中略）…危哉、心乎。判吉凶、別人禽、雖大聖猶必防乎其防、而敢言心學乎。心學者、以心爲學也。以心爲學、是以心爲性也。心能具性、而不能使心即性也。是故求放心則是、求心則非、求於心則是。我所病乎心學者、爲其求心也。

（仁を外にし、礼を外にし、事を外にして、心を語るならば、事を執り行ったとしても、全く覚束ないことを知るべきである。事を執り行うとは、仁と礼と事とが、直ちに心であるような様態をいうのであって、力を仁に用いるとは、力を心に用いることなのである。礼に復するとは、心に復することである。事を行うとは、心を行うのである。…（中略）…心とは、全く危うい ものである。吉凶を判別し、人と禽獣とを分かち、大聖といえども、なお必ずその危うき部分を防ぐような代物で、どうしてあえて、心学などといえようか。心学とは、心を以って学と為すものである。心を以って学と為せば、これは、心を以って性と為すことに繋がろう。心には、性が具わっているが、心が直ちに性であると見做すことは出来ない。だから、放心を求めるというのは、正しいが、心を求めるというのは、間違っており、心に求めるとすれば、宜しいのだ。私が、心学者たちに懸念するのは、彼らが心を求めると称していることなのである。

（顧炎武『日知録』巻一八・心学）

おわりに

以上、改めて結論的に略言すれば、善かれ悪しかれ、清朝考証学には、近代的な意味における価値中立的な学問なり、ニュートラルな方法論とは、同日には論じ難い側面が多々存在すること、儒教を王朝国家の理念とする士大夫たちによる、高度に政治的な判断や思想的な色合いが濃厚に反映したものでもあったことが、顕著に窺われる。しかるに、各々の歴史的・社会的な背景に鑑みるなら、こうした特質に関して、ほぼ同時代の日本における、実証的な文献批判の相対的な進展と比較して、両者の遅速の差なり、近代性の程度を論じることにもまた、慎重であらねばならず、相応の注意が払われる必要があろう。

（1）こうした清朝考証学の性格づけや近代への影響、また、清朝考証学それ自体に関する卑見については、後掲の拙評〔二〇〇〇〕、更には、拙論〔二〇〇六〕を参照願えれば、幸いである。なお、井上哲次郎に関する近年の研究成果としては、大島晃「井上哲次郎的『東洋哲学史』研究」（『臺灣大学人文社会高等研究院院訊』四巻一期、二〇〇九年）、井ノ口哲也「三つの『日本儒学史』――近代日本儒学に関する一考察――」（『中国文史論叢』五号、中国文史研究会、二〇〇九年）、同「井上哲次郎の江戸儒学三部作について」（『東京学芸大学紀要　人文社会科学系Ⅱ』六〇集、二〇〇九年）などが、それぞれ多くの示唆を含み、参照に値する。

（2）以上の諸研究に関しては、後掲の〈主要参考文献〉一覧のほか、それらに対する卑見については、やはり拙論〔二〇〇六〕のほか、後掲の拙評〔一九九二〕〔二〇〇〇〕〔二〇一二〕を参看されたい。

（3）金谷治「日本考証学の成立――太田錦城――」（源了圓編『江戸後期の比較文化研究』ぺりかん社、一九九〇年。のち、『批判主義的学問観の形成』金谷治中国思想論集・下巻、平河出版社、一九九七年、に再録）。金谷論文においても、太田錦城の『尚書』研究に対する清朝考証学の影響に加えて、翻って、彼の独創性や先見性も示唆されるが、小論のもとになった報告と同時に、二〇一四年度のＥＡＪＳ年次大会において発表された、竹村英二、"The Mid-to-late Tokugawa Philology and Empiricism" においては、更に進んで、中井履軒を中心とする懐徳堂系の思想家たちの『尚書』の文献批判を精査した上で、必ずしもそれらが、清朝考証学の直接的な影響とは、無関係なかたちでも、相対的により進捗した知見を表明していたことを論証している。なお、当日の氏の報告を大幅に補筆した論攷〔二〇一五〕も、併せて参看されたい。

（4）後掲の吉田純〔一九九八〕、更には、〔二〇〇七〕、参照。

（5）後掲の林慶彰〔一九九〇〕〔二〇〇二〕、参照。また、これに先行する明代の経学や考據学の諸相に関しては、同〔一九八三〕〔一九九四〕、井上進〔二〇一一〕などが、多くの示唆に富み、参照に値する。

（6）この間の位相や推移に関しては、Elman Benjamin A.〔一九八三〕にも詳述されており、参考になる。

（7）Elman, Benjamin A.〔一九八四〕pp. 200-202, 'The Debate over the Old Text Documents,' 参照。

（8）吉田純〔一九九八〕、更には、〔二〇〇七〕、三〇～三一頁、参照。

（9）吉田純〔一九九八〕、更には、〔二〇〇七〕、四六頁、参照。

〔主要参考文献〕

Elman, Benjamin A., "*From Philosophy to Philology: Intellectual and Social Aspects of Change in Late Imperial China,*" Harvard University Press, 1984.

↓同右・中文訳〔趙剛訳〕『从理学到朴学――中華帝国晩期思想与社会変化面面観』（江蘇人民出版社、一九九五年）。

↓同・邦訳〔馬淵昌也・林文孝・本間次彦・吉田純訳〕『哲学から文献学へ――後期帝政中国における社会と知の変動』（知泉書館、二〇一四年）。

Elman, Benjamin A. "Philosophy (I-Li 義理) versus Philology

(K'ao-cheng 考証) : The Jen-hsin (人心) Tao-hsin (道心) Debate", in *T'oung Pao* LXIX. 4-5, 1983.

大谷敏夫『清代政治思想史研究』(汲古書院、一九九一年)。

――『清代の政治と文化』(朋友書店、二〇〇二年)。

濱口富士雄『清代考據學の思想史的研究』(国書刊行会、一九九四年)。

木下鉄矢『「清朝考証学」とその時代――清代の思想――』(中国学芸叢書、創文社、一九九六年)。

吉田純『清朝考証学の群像』(創文社、二〇〇七年)。

――「『尚書古文疏證』とその時代」(『日本中国学会報』四〇、一九八八年)。

井上進『明清学術変遷史――出版と伝統学術の臨界点――』(平凡社、二〇一一年)。

余英時『歴史與思想』(台湾・聯經出版事業公司、一九七六年)。

――『論戴震與章學誠――清代中期學術思想史研究――』(龍門書店、一九七六年。東大圖書公司、一九九六年)。

――『中国思想伝統的現代詮釈』(台湾・聯經出版事業公司、一九八七年。江蘇人民出版社、一九八九年)。

――『内在超越之路――余英時新儒学論著輯要――』(現代新儒学輯要叢書、中国広播電視出版社、一九九二年)。

古國順『清代尚書學』(文史哲学集成、台湾・文史哲出版社、一九八一年)。

林慶彰『明代考據學研究』(台湾・学生書局、一九八三年)。

――『清初群經辨僞學』(文史哲大系23、台湾・文津出版社、一九九〇年)。

――『明代經學研究論集』(台湾・学生書局、一九九四年)。

――『清代經學研究論集』(台湾・中央研究院中國文哲研究所、二〇〇二年)。

陳祖武『清初学術思辨録』(中国社会科学出版社、一九九二年)。

――『清儒学術拾零』(湖南人民出版社、一九九四年)。

――『清代学術源流』(国家哲学社会科学成果文庫、北京師範大学出版社、二〇一二年)。

張壽安『以禮代理――凌廷堪與清中葉儒學思想之轉變――』(台湾・中央研究院近代史研究所、一九九四年)。

呉通福『晩出《古文尚書》公案与清代学術』(文史哲研究叢刊・上海古籍出版社、二〇〇七年)。

佟大群『清代文献辨偽学研究』(上・下)(国家清史編纂委員会研究叢刊/北京・人民出版社、二〇一二年)。

金谷治「日本考証学の成立――太田錦城――」(源了圓編『江戸後期の比較文化研究』ぺりかん社、一九九〇年。のち、『批判主義的学問観の形成』金谷治中国思想論集・下巻、平河出版社、一九九七年、に再録)。

佐々木愛「清初期学術成立の背景に関する研究」(京都大学・博士(文学)学位論文、二〇〇一年)。

――「毛奇齢の思想遍歴――明末の学風と清初期経学――」(『東洋史研究』五六巻二号、一九九七年)。

竹村英二「宋~元代『尚書』研究と中井履軒『雕題畧』(書)、「雕題附言」」(『東洋文化研究所紀要』一六七冊、二〇一五年）。
伊東貴之「批評・紹介――大谷敏夫『清代政治思想史研究』」（『東洋史研究』五〇巻四号、一九九二年）。
――「『声』＝『音』の復権、あるいは、ささやかなものへの秘めやかな思い――木下鉄矢著『清朝考証学』とその時代―清代の思想―』を読む――」（『中国21』九号、二〇〇〇年）。
――「明清思想をどう捉えるか――先行研究の素描による考察――」（奥崎裕司編『明清はいかなる時代であったか――思想史論集――』汲古書院、二〇〇六年）。
――「李塨の立場――顔李学派の再考のために――」（『東洋の思想と宗教』二八号、二〇一一年）。
→同右・英訳 "Li Gong's Standpoint : Towards a Reconsideration of the Yan-Li School", *MEMOIRS OF THE RESEARCH DEPARTMENT OF THE TOYO BUNKO*（『東洋文庫・欧文紀要』）, No.71, Published by The Toyo Bunko（公益財団法人・東洋文庫）, 2014.
――「書評：井上進著『明清学術変遷史――出版と伝統学術の臨界点――』」（『東洋史研究』七二巻四号、二〇一四年）。

〔余記〕 小論は、二〇一四年八月三〇日に、EAJS（The European Association for Japanese Studies）の第一四次大会（The 14th International Conference of EAJS, Ljubljana in Slovenia in 2014）において、Section 8 B（Intellectual History and Philosophy）に参加して、Session 9 の枠組みで、"Philological and Exegetical studies of Classical Texts in 18 th and 19 th century Japan : A Comparative Approach" と題して、日本・中国・西欧のそれぞれの知的文化圏において、ほぼ同時代的に並行して現出した、古典文献に対する文献学的・考証学的、ないしは、実証主義的・経験主義的な分析方法に関して、その特徴と共通点、あるいは、相互の差異や異同などをめぐって、本研究班のメンバーでもある竹村英二教授（国士舘大学）、並びに、言語学・英語学がご専門の江藤裕之教授（東北大学）とともに、後掲の科研費による活動の一環として、ご一緒に試みた口頭発表、"The Reassessment of the Qing Scholarship and the Bakumatu Empiricism" の素案にもとづき、その後の知見も含めて、若干の補筆を施したものである。

因みに、当日は、まず当該 Session の Chair の竹村教授が、"The Mid-to-late Tokugawa Philology and Empiricism", 次いで、伊東が、"The Reassessment of the Qing Scholarship and the Bakumatu Empiricism", 最後に、江藤教授が、"Intellectual Parallelism of 'Kokugaku' and 'Philologie': From Perspectives of New Kokugaku Scholars in the Meiji Era" と題して、それぞれ、順次、報告を行った。

竹村、江藤の両氏、並びに、当日、会場にて質疑応答や討論に参加して下さった先生方、聴衆の皆さまに深甚の感謝を申し上げたい。

なお、行論の都合上、「李塨の立場――顔李学派の再考のために――」（『東洋の思想と宗教』二八号、早稲田大学東洋哲学会、二〇一一年）などの先行する拙論と一部、内容的に重複する部分があることをお断りしておきたい。

小論はまた、平成二十六年度日本学術振興会・科学研究費補助金〔基盤研究（C）〕「考証学・言語の学、そして近代的知性――近代的学問の「基体」としての漢学の学問方法」（代表者：国士舘大学・竹村英二／課題番号：二五三七〇〇九三）の研究分担者としての成果の一部である。関係の諸機関と各位に深謝するものである。

蒹葭堂が紡ぎ、金正喜が結んだ夢——東アジア文人社会の成立——

高橋博巳

一

文明の成熟の度合いを計るには種々の尺度があるだろうが、ここでは文人社会の成立という物差しを用いることにしよう。洋の東西で、文明は一八世紀にピークにさしかかった。日本は徳川の時代である(1)。そこへ第一一次の朝鮮通信使が満を持して来日した。英宗三九（一七六三）年、呉載純（一七二七〜九二）が「成督郵大中の通信書記の行を送る」と題して、

使事非関誇靡麗　使事 靡麗《びれい》を誇るに関わるに非ざるも
好将風雅播遐陬　好し 風雅を将《もっ》て遐陬《かすう》に播《し》け

（『醇庵集』巻二、以下韓国文献の引用は、『韓国文集叢刊』ソウル、民族文化推進会、二〇〇〇年に拠る）

と詠んでいるのは、「督郵」（地方官）だった成大中（一七三二〜一八〇九、字士執・号竜淵）が正使書記として使行に出発するにあたっての餞の言葉だった。この人物は大中の「秘書賛屏記」にも、「醇庵呉尚書載純」は「内閣提学を以て、兼ねて外閣を管す」（『青城集』巻七）と記されているように、先輩官僚であると同時に詩酒徴逐の

仲間でもあった。「靡麗」は華美。「遐阪」は当時、辺境の地と見なされていた日本を指している。しかし実際に到着してみると、辺境どころか浪華（大坂）にしろ尾張名古屋にしろ、清朝の中国をはるかに凌ぐ繁華に加えて、文人のあいだに「風雅」が行き渡っていることに驚くこととなった(2)。

実り豊かな交流に双方向の信頼関係が不可欠とすれば、通信使一行は、我が国の文人の目にどのように映っていたのだろうか。大坂で通信使と面会した南川金渓（一七三一～八一、桑名の儒医、のちに菰野藩儒）は、「学士秋月ハサノミ大ナル男ニハ非レドモ、鬚多ク眼中ヤ、スルドニシテ声音キビシク、スベテ丈夫ナル男也。（中略）経学文章、往年ノ諸学士ニ比スレバ大ニ富リトミユ」というような、目付きや声の調子から学識に及ぶ人間観察を記している。「学士秋月」は、製述官の南玉（一七二二～七〇、号秋月）である。

また、「正使ノ書記竜淵ハ予ト同年ニテ、特ニ親メリ。容貌美麗ニテ衛价（ママ）ガ風アリ。鬚ナク声温《やはらか》也。穎敏ノ才ハ学士三書記ノ中ニ第一ト見ヘタリ。又書ヲ巧ニシテ、子昂《すごう》ガ法ヲ能《よく》写セリ」というように、その相貌をよく伝えている。「衛价ガ風」とは、「衛玠《えいかい》、総角にして羊車に乗り、市に入る。見る者、以て玉人と為し、観る者都を傾く」（『蒙求』下）といわれた美少年の趣をいう。「総角」はあげまき、少年の髪型。「羊車」は飾りのついた小車。「玉人」は美人。「傾都」は見物が多いこと。大中はこのように容姿端麗で、「穎敏」才知も優れ、そのうえ「子昂ガ法」すなわち趙孟頫（一二五四～一三二二、字、子昂）の書法を体得していた。「学士三書記」のうち残る二人は、副使書記の元玄川（一七一九～九〇）と従事官書記の金仁謙（一七〇七～七二）である。

そして金渓は、「コレヲ要スルニ、四人トモニ風流ニシテ醞藉《うんしゃ》アリ。吾邦ノ学者ノ如キ、圭角ヲ先ニシテ優游ノ気象ニ乏シキモノニ非ズ」（『金渓雑話』巻中）と結論している。「醞藉」は人柄や言葉遣いが洗練されていて、奥ゆかしいさま。一方、「圭角」は言動が角だって人と容易に折り合わないさま。「優游」は、ゆったりとしている様子。荻生徂徠（一六六六～一七二八）ならば、「風雅文采」（『徂徠先生答問書』下）と表現したであろう。金渓には、徂徠の理想が通信使の人々によって達成されていたと見えたのである。学士書記の「風流」と、日本の儒者の「圭角」を比較しているのは、金渓に「風流」に感応する受け皿があったからにほかならない。

むろん「風流」だけが突出していたわけではない。使行中は飲酒を禁じられていた使節にむかって、長州藩儒の滝鶴台（一七〇九～七三）が「既酔の詩」を詠めないのが残念だというと、秋月はすかさず、

徳を以て人を酔わしむるは、酒を以てするに勝る。

（『長門癸甲問槎』巻一、明和二年刊）

と応えている。「徳」が常に意識されていたからであろうが、使行中に発せられた最も魅力的な言葉だった。(3)

その秋月が、来日早々の藍島で亀井南冥（一七四三～一八一四）に使行中に会うべき「文学」は誰かと尋ねている。すると南冥は、滝鶴台や大坂の細合半斎（一七二七～一八〇三）らの名前とともに、特に「風雅無双なるは、浪華の木弘恭」（『泱泱余響』、『亀井南冥昭陽全集』巻一、葦書房、一九七八年）と答えている。この情報は共有されて、元玄川は、『乗槎録』巻二の一月二五日の条に、

詩は則ち合離を巨擘《きょはく》と為す。木弘恭は図章を以て名あり。飄々として逸才有りて、浪華第一の酒家を以て、酒直《しゅち》を取り書を購う。長崎島より南京の書を得ること甚だ多し。堂を江上に為《つく》り、扁するに蒹葭を以てす。蔵書三万巻に至る。福尚修は医人にして、詩を善くす。

と記している。「巨擘」は衆にすぐれた人物。「合離」細合半斎は、第一の詩人と追認されたわけである。「木弘恭」木村蒹葭堂（一七三六～一八〇二、号巽斎、字世粛、弘恭〈孔恭〉は名）は、「図章」すなわち印章の評判が取り上げられている。「逸才」は優れた才能。そのうえ「酒家」で蔵書家という取り合わせが通信使にとっては珍しく、ここにはやや立ち入った記述がなされている。「医人」にして「詩人」の「福尚修」福原承明（一七三五～六八）もまた、蒹葭堂周辺の人物だった。(4) こうした人々が集まって毎月一六日に詩会を開いていると聞き及んだ成大中は、自分も参加したいと申し出るが、客館からの外出は許されず、そこで蒹葭堂に詩会の様子を画に描くよ

う依頼した。大典（一七一九〜一八〇一、号蕉中、字梅荘、法諱顕常、別名竺常）の成大中宛て書簡には、

世粛、既に絵事の命を領す。稍や意匠に就き、衲《のう》をして斯の意を致さしむ。（『小雲棲稿』巻十一、寛政八年刊）

とあって、「意匠」すなわち画面構成について大典に相談していたことがわかる。蒹葭堂としても万全を期したわけである。大典の『萍遇録』五月五日の記述は、次の通り。

是の日、《蒹葭集図巻》既に成る。世粛、之を描き、詩を其の後に題する者七人は、孝秩・麗王・承明・子琴・公翼・薬樹・主人世粛と為す。末に余が序文有りと云う。「伝蔵記文」も亦た全てを写し得て、倶に薬樹をして之を携えしむ。

製述・書記の房に詣《いた》る。秋月正に寝ぬ。薬樹揺《ゆ》すりて覚めしむ。既にして竜淵・玄川も亦た聚まる。相与に怡怡たり。乃ち雅集巻を出だし、之を与う。余曰く、「世粛多々言を致す。此の一図は急卒に写し上す。褙《はい》装《そう》も亦た精好ならず。恐らくは高意に中《あた》る能わず。叱留されれば幸いと為す」と。竜淵及び秋・玄、披覧して欣然たり。薬樹は傍より略ぼ其の人物を指して之を示す。

（国会図書館蔵写本）

このように《蒹葭雅集図》（図1・口絵1）は「急卒」に描かれ、その前後に大典の題字と後序を配して七人の賛詩が綴られたものが、「褙装」裏打ちもそこそこに届けられたのだった。「怡怡」は、なごやかに楽しむさま。蒹葭堂の画と人々の賛詩を見た大中はもちろん、近くにいた南玉、玄川らも「欣然」と喜んだというのも、この画巻を実見すれば納得がいく[5]。傍より指さして人物を特定できたのは、これが実際に即して描かれていたからである。同図には、賛を寄せた七人プラス大典と、賛はないものの那波魯堂（一七二七〜八九）の九人が描かれている（「後記」）。堂上で詩作に余念がなさそうに見えるのは、片山北海（当時四二歳）を中心に、細合半斎（三八歳）、福原尚修（三〇歳）、葛子琴（二六歳）らであろうか。立ち姿の蒹葭堂（二九歳）は客を迎えるにしては逆方向を向いているのが気になるが、あえてあらぬ方向を向いて室内と庭先のあいだに時間差を表現し、内外の場面を心理

的に区切ろうとしたのかもしれない。いましがた到着したばかりの様子で描かれている四人のうち、墨染めの衣姿は大典（四六歳）と薬樹（二六歳、名浄王、のちに聞中《もんちゅう》浄復と称す）である。薬樹のほうに振り向いているのが岡公翼（二八歳）として、大典と並んで両手を後ろに組んでいるのが魯堂であろうか。

　堂上で環座の真ん中に白紙が一枚広げられているのが、まさに蒹葭堂会のやり方だった。やや後のことながら、頼春水の『在津紀事』上に、

> 混沌詩社は、毎月既望に諸子会集し、題を分かち韻を探り、各賦し、詩成るや、几上の一紙を取りこれを書す。別に稿を立てず。蓋し腹稿已に熟すればなり。故に書するに臨みて躊躇する有ること無く、故紙の狼藉する有ること無し。
> （岩波書店・新日本古典文学大系97）

と記されているように、持ち寄った「腹稿」をここに清書したのである。画面からはそうした際に自ずと醸し出される文雅の香りが漂ってくるようだ。この雰囲気はソウルの知識人にも感銘をもって迎えられたにちがいない。のみならず部屋の奥と別棟の書庫に並ぶ書物群にも強い関心が寄せられている。「蔵書三万巻」の魅力には抗しがたいからである。つまるところ、ここには文人の理想が視覚化されていたのである。

　これを実現していた蒹葭堂の精神は、大典の「蒹葭雅集図序」（『小雲棲稿』巻七にも収録）に格調高く記録されている。蒹葭堂の「和」と「礼」の尊重によって、蒹葭堂のもとには「一郷一国」より「四海」全国から人々が集まって、「千客万来」の様相を呈していた。ちょうどそこへ通信使が来日したために、交流は一挙に「異域万里の外」にまで広

図１　《蒹葭雅集図》（韓国国立中央博物館蔵）

がることとなった。大典は続ける。

成君士執、請いて世粛をして《蒹葭雅集図》を作り、同社の者七人、各《おのおの》詩を其の上に題せしめて、曰く、「齎《もたら》し帰りて以て万里の顔面と為さん」と爾云《しか》う。烏虖《ああ》、成君の心は、夫《か》の身を蒹葭の堂に置き、文を以て同じうする者と、豈に異なること有らんや。

「万里の顔面」とは、帰国後ソウルの友人たちに蒹葭堂会を紹介するということである。こうして学芸共和国の雛形が期せずして出現した翌年、蒹葭堂会は混沌社に発展的に組み替えられた。長老格の田中鳴門（一七二二〜八八）が著した「混沌説」は、社の精神をわかりやすく次のように説明している。

混沌なる者は、胚胎の謂なり。曷《なに》を以てか社に名づけん。光を韜《つつ》むを尚べばなり。曷を以てか光を韜むを尚ばん。争う所莫ければなり。凡そ物、争う所有れば、則ち道塞《ふさ》がる。自ら炫《てら》う所有れば、則ち智窮まる。塞《そく》と窮とは、聖人は取らざるなり。故に曰く、「君子は争う所無し」と。

（『混沌社唫稿』、『近世文芸叢刊』第八巻別冊、般庵野間光辰先生華甲記念会、一九七一年）

蒹葭堂会の「和」と「礼」の精神がここに継承されているのは明らかである。新たに付け加えられた「胚胎」は初発、ないし原点の意であろう。初心忘るべからず、また傲れる者は久しからず。「韜光」は才徳を人に知らせないようにすること。「争い」を避けるために、学があるのを誇ったりしない。それが「君子」の条件だというのは、『論語』八佾《はちいつ》篇に基づいている。これが浪華は鳴門橋畔で鍋釜の鋳冶を業としていた人の説と誰が思うだろうか。この人は通常の金屋七郎右衛門の顔とは別に、もう一つ、名は章、字は子明、号は鳴門・愛日園と名乗る文人としての顔を持っていた。蒹葭堂グループの魅力は、このような層の厚さにも由来しているだろう。

二

ソウルに伝えられた《蒹葭雅集図》をはじめとする詩文書画の波紋は大きかった。洪大容（一七三一～八三）が「日東藻雅跋」において、次のように述べているのがその代表的なものである。これについては、すでに図が見つかる前から論じてきたので繰り返しになるが、行論上触れないわけにはゆかない(6)。

斗南の才、鶴台の学、蕉中の文、新川の詩、蒹葭・羽山の画、文淵・大麓・承明の筆、南宮・太室・四明・秋江・魯堂の種種風致は、即ち我が邦に論無し。之れを斉魯・江左の間に求むれども、亦た未だ得易からざるなり。況んや諸人なる者、未だ必ずしも極選と為さざれば、則ち其の余は想う可きに足るなり。寧ぞ左海絶域を以て之れを少なしとして可ならんや。然りと雖も、文風競いて、武力振るわず。技巧日に蕩《うご》き、鉄剣日に鈍れば、則ち西隣の幷せて其の福を受く。厥《そ》の利は博きかな。（『湛軒書』三、『韓国文集叢刊』248）

ここに列挙された人々のうち、細合斗南・「蕉中」すなわち大典・蒹葭堂・「羽山」すなわち維明（一七三〇～一八〇八、名は周奎、羽山は号）・福原承明らは一応、蒹葭堂グループに分類できる。滝鶴台・草場大麓の二人は長州藩グループ、岡田新川（一七三七～九九）・朝比奈文淵（?～一七三四）・南宮大湫《たいしゅう》（一七二八～七八）・日比野秋江（一七五〇～一八二五）らは尾張藩グループ、それに渋井太室（一七二〇～八八）・井上四明（一七三〇～一八一九）・那波魯堂らは個別事例に分けることができる。多数派は蒹葭堂と尾張藩の二グループである。

取り上げられた各分野は、「才・学・文・詩・画・筆」という文人活動の主領域に加えて、そこからにじみ出てくる「種種風致」という、曰く言い難い人間性の魅力にまで及んでいる。これは前節で見た「風流」という言葉で置き換えることもできるだろう。しかも洪大容自身は会ったこともない人々なので、よほど的確な情報の提供があったと考えられる。たとえば『長門癸甲問槎』巻二において、滝鶴台が南玉に向かって、「浪華」や「江都」（江戸）で会った人物のうち、「才学風流、与に語る可き者、幾人有りや」と尋ねたさい、南玉が次のように答えているのが参考となろう。ソウルにもたらされた情報の原型と見られるからである。

江戸諸彦の中、井太室・木蓬萊は僕輩の尤も惓惓たる所の者なり。知る、足下未だ久しからずして東に赴くを。僕が為に致意を望む。浪華の木弘恭の風流、合離の才華、平安の那波師曾の博学、釈竺常の雅義、尾張州の源正卿の偉才、岡田宜生の詞律、二子の師、源雲の豊望、皆な僕輩の与に傾倒する所なり。而して那波は之と同に江都に往き、情好尤も密なり。足下若し与に従容せば、当に僕輩の此の言、阿好の比に非ざるを知るべし。幸いに為に致意せよ。

「惓惓」は忘れがたいさま。「致意」は安否を尋ねること。「従容」は行動を共にすること。「阿好」は好む所におもねること。「井太室・木蓬萊」のうち、後者の木村蓬萊（一七一六～六六）も尾張の人で、荻生徂徠、および石島筑波（一七〇八～五八）に師事し、のち安房勝山藩儒となった。「源正卿」は磯谷滄洲（一七三七～一八〇二）で、松平君山門下。「岡田宜生」は新川。両人の師「源雲」は松平君山（一六九七～一七八三、名は秀雲、字は士竜）である。「豊望」はゆたかな人望。君山は元玄川に向かって、多くの弟子のうち、滄洲と新川のほかは「其の余、碌碌数うるに足らず」と明言していた（『三世唱和』宝暦一四年刊）。こうした応答に示された評価が多少の異同を伴いつつソウルに伝えられ、先の洪大容の「跋」にも取り入れられたのであろう。

ところで「才」を謳われた細合斗南や、「学」を評価された滝鶴台、「文」の大典についてはすでに旧稿でも取り上げたので、以下これまであまり言及されていない人物について見てゆくことにしたい。「詩」に名前が挙げられた新川は、君山門下の逸材として藩校明倫堂教授、ついで督学を努め、その『孝経鄭注』が『知不足斎叢書』に収められるなど、多方面で活躍している。通信使との交流では元玄川に贈った詩が、尹光心の『幷世集』に採録されている。

江頭三月百花飛　江頭三月 百花飛び
満路紅塵染客衣　満路の紅塵 客衣を染む
此夕高談君且坐　此の夕 高談 君且《しばら》く坐せよ
人間好会也応稀　人間の好会 也《ま》た応に稀なるべし

「江頭」は川のほとり。旧暦の「三月」は花の盛りである。「紅塵」は、車馬の往来で立ちのぼる砂ぼこり。「客衣」は、『表海英華』（宝暦一四年刊）では「素衣」すなわち白い着物になっている。「高談」は盛んな議論。「好会」は諸侯の親善のための会合であるが、公私にわたって親しみは増すばかり、このような気持ちのいい会合はめったにないというのである。すると玄川も、「南北百年、今夜の別れ。楼頭奈《いか》んともする無し、暁星の稀なるを」と応じている。「暁星」は明け方の星のように、まばらで少ないたとえ。こんなに楽しい会合はほんとうに稀ですねと、玄川も相づちを打っている。新川の詩にはさらに、

向我屢称遠大器　我に向かって屢しば称す 遠大の器と
説詩論道何諄諄　詩を説き道を論じて 何ぞ諄諄たる

とも見えるので、玄川は新川の「遠大の器」に期待して、持論の朱子学説を吹聴したのである。

蒹葭堂と並称された維明禅師の画については日本の文人間でも評価は高く、六如（一七三四〜一八〇一）の「維明長老の月梅」にはこう詠まれている。

梅花枝上春宵月　梅花枝上 春宵の月
梅有清光月有香　梅に清光有り 月に香有り
幾人能写到斯境　幾人か能く写して 斯の境に到る
曾費剡藤九万張　曾て費やす 剡藤《せんとう》九万張

（『六如庵詩鈔』遺編巻上）

春の夕べ、梅の花が月光のなかに浮かび上がっている画を見ていると、月までが香っているような錯覚に捉えられる。梅花も月光もここでは分かちがたく一体となっている。維明のほかに誰がこのような境地にたどり着いただろうかと問う六如は、維明が「剡藤」すなわち剡渓名産の藤紙「九万張」を描き潰すまで精進したことを知っていたのだろう。

清田儋叟（一七一九〜八五）の「羽山師に復する書」には、儋叟に会いたいという南玉の意向を受けて、維明は迎えの駕籠を用意するなど様々に配慮したにもかかわらず、ついに面晤が叶わなかった顚末が記されている（『孔雀楼文集』巻七、安永三年刊）。また大典の「暁、雪に乗じて遊観す。恰も維明上人の文殊殿より下り来たるに逢う。因りて相与に池辺林間に徜徉し、率爾に賦す」と題する詩も、一読鮮明な印象を残して、さながら一幅の水墨画の趣である。

山僧携杖過幽径　　山僧杖を携え　幽径を過ぐ
道者秉爐下古壇　　道者　爐を秉りて　古壇を下る
共言詩中画中意　　共に言う　詩中画中の意
好雪何曾別処看　　好雪　何ぞ曾て別処に看ん

（『北禅詩草』巻四、寛政四年刊）

末句には「龐居士《ほうこじ》曰く、好雪片片不落別処」という割注が付されているように、唐代の在俗の禅者「龐居士」（？〜八〇八）の詩句を引用しながら、雪の朝の風趣を共にする喜びを詠っている。大典が「杖」をひきながら「徜徉」逍遥していると、「爐」手焙《てあぶ》りを持って「文殊殿」より下りてきた維明と出合った。そこで詩人と画家は、「詩中の画、画中の詩」について会話を交わし、龐居士の一句の含意を確認したのである。風流、これに過ぎるものはない。

大容の「日東藻雅跋」の続きに戻って、「文淵・大麓・承明の筆」となると、日本の書道史に何頁かを書き加えることができるかもしれない。朝比奈文淵は号玄洲、荻生徂徠門下で尾張藩の右筆を務めた。『蓬島遺珠前編』（享保五年刊）は、享保四（一七一九）年第九次通信使の製述官の申維翰（一六八一〜？）らに応接した記録である。同書には、「余が書する所の八分草書、各々一帖、二書記及び西樵に示して、以て跋語を請う」という一節があり、それに対して、

己亥、余は載筆の役を以て、日東国に入り、尾張州に抵る。朝玄洲の筆を見ることを得たり。蓋し筆法は真に是れ趙子昂にして、奇壮峻潔、宗《まこと》に凡墨に非ず。噫あ、玄洲が墨池臨帖の功、深く且つ苦《なが》し。或いは乃ち心に得ること有りて、神化すること無からんや。（「草書帖」）

と、正使書記の姜柏（字は子青、号は耕牧子）が「跋」の筆を執っている。その「朝玄洲に贈り奉る」には、次のように記されている。

余、使節に随いて、日東に入り、崎嶇《きく》の山海を歴て、数《しば》しば其の国の文章の士と古今を談論して、以為らく殆ど尽く一邦翹秀《ぎょうしゅう》の材を見る。意外にも尾張州に一秀才を得たり。朝玄洲、是れなり。玄洲が人と為りは、清痩衣に勝《た》えざるが如し。而して最も墨妙に長ず。二王顔柳の筋骨肉幹、体として之を得ずということ無し。一画、心を放《ほしいまま》にせず。欝然として一法家為り。呼《ああ》、亦た奇なるかな。且つ詩を為りて、灑灑として愛す可し。尤も漢語を善くす。一人にして、三つの難き有り。信に通才なり。余は之と一夜、噱談《きゃくだん》して暁に至りて乃ち罷む。猶お眷眷として別るるに忍びざるがごとし。来たる時、後期を為して江戸に入り、玄洲の友とする所の援之を見るに、玄洲を見るが如し。語る毎に、玄洲に及ぶ。未だ曾て悵然《ちょうぜん》たらずんばあらず。

「崎嶇」は山道が険しいさま。また、苦労しながら巡り歩くこと。「翹秀」は高くすぐれていること。「衣に勝えざるが如し」とは、身体が弱くて、衣服の重さにも堪えられないさまの形容。「二王顔柳」は、王羲之・献之父子と、顔真卿・柳公権。柳公権は王羲之の書を学び、のちに顔真卿からも学んで、「顔筋柳骨」と称されたと

いう。玄洲はこれらの書法をすべて身につけていたというのである。「欝然」は能力が傑出したさま。「法家」は書法家。「灑灑」は清らかなさま。「噱談」は笑談。「眷眷」は心がひかれるさま。「後期」は後日に会う時期。「援之」は岡島冠山（一六七四～一七二八）の字で、徂徠学派の唐話の師。これによって玄洲の書作品ばかりでなく、その人柄や詩までが印象深くソウルに伝えられた可能性がある。

また姜柏は玄洲に向かって「公、能く文字を解す。何を以て之を学ぶや」という問いに対して、玄洲が答える。

東都に物茂卿、徂徠と号するもの有り。余、之に師事すること、年有り。

この玄洲をはじめ、これまでの通信使と接して、その「風流」を評価された人物のなかには徂徠学派に連なる儒者が少なくない。これはひとえに「深遠含蓄の思い、盛大雄偉の気象」（『蘐園随筆』巻四、『荻生徂徠全集』第一七巻、みすず書房、一九七六年）を目指した徂徠学の貢献によるところが大きいだろう。[7]

これに関連しては、大容ばかりでなく、丁若鏞（一七六二～一八三六）にも、

日本、今憂い無きなり。余、其の所謂る古学先生伊藤氏の為《つく》る所の文、及び荻先生・太宰純等の論ずる所の経義を読む。皆な燦然として文を以てす。是に由りて日本に今憂い無きを知るなり。

（「日本論一」、『與猶堂全書』一集巻一二）

というような文章があり、仁斎学や徂徠学の隆盛をもって平和の証しとされているのが目を引く。

「承明の筆」については、《蒹葭雅集図》の賛の部分に細合斗南の見事な筆跡に続いて、承明の賛（図2）が配されている。前後の名迹に目を奪われることなく、承明の律儀で清潔な書体を認めた洪大容の鑑識眼を多としなければならない。

最後に「南宮・太室・四明・秋江・魯堂の種種風致」といわれて、すぐに実態を想起できる人は少ないのではあるまいか。以下はこれらの「種々風致」再現の試みである。まず南宮大湫は、『大湫先生集』のなかで、

延享戊辰の夏六月、韓使来聘して帰る。十三日、張州に入る。余、時に張に在り。元子に従いて、其の旅館に造《いた》る。木公達・松平士龍・伊吉之・須賀生と同に暮れに至りて、学士三書記、及び医活庵に会す。其の唱酬、頗る多し。今、載録に暇あらず。

（巻五、明和元年刊）

と記しながらも、第一〇次の製述官、朴仁則以下への贈詩が続いている。「延享戊辰」は七月十二日に改元されて、寛延元（一七四八）年となった。同行の「木公達」は尾張藩儒の木下実聞（一六八一～一七五二）、「松平士竜」は君山の字である。そのうち、「朝鮮の従事書記、進士李子文に贈る」には、「名命啓、号海皐」の割注があり、詩は以下の通り。

翩翩書記使臣中　翩翩《へんぺん》たる書記　使臣の中
優渥看君大国風　優渥として看る　君が大国の風
知有名山迎勝興　知んぬ　名山の勝興を迎うる有らば
詩篇始為遠游工　詩篇　始めて遠游の為に工ならん

「翩翩」は風流なさま。「優渥」は天子の恵みが手厚いこと。「大国」は単にその大きさではなく、むしろ悠揚迫らぬ態度などを評したものである。「使臣」の振る舞いに「大国の風」を見たのである。

さらに『南宮先生講余独覧』によれば、

僕、往歳、貴邦の諸君に尾張の性高院に会する時、海皐李君、偶たま書して曰く、「君も亦た畔朱の徒か」と。僕、始め其の意を解さざるなり。遽《あわ》てて書して之

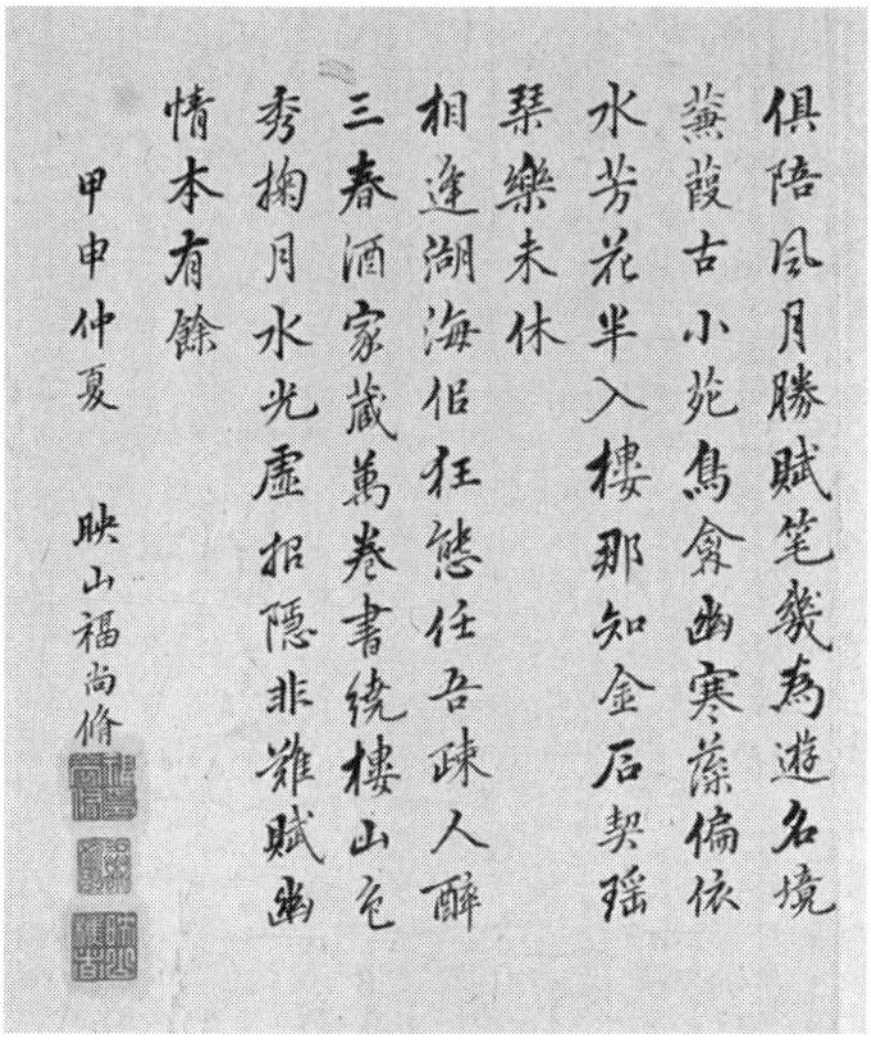

図２　承明の賛（《蒹葭雅集図》より）

に対えて曰く、「夫れ堯舜を祖述し、文武を憲章し、仲尼を宗師とす。学生が奉ずる所は是れのみ」と。李君、対《こた》うること無かりき。（明和元年刊）

というように、第一〇次の通信使に応接して、当時の「畔朱」すなわち反朱子学の風潮に批判的だった通信使一行と意見を交わしたことがあった。そのとき朱子学を基準にせず、「堯舜・文武・仲尼」という原点に立ち戻って区区の議論を一蹴しているのは、期せずして洪大容が、「贈元玄川帰田舎二首」の第二で、「伊藤は既に鳳挙、徂徠も亦た鴻儒。四海皆な天民、賢俊一途に非ず」と詠んでいるのと同じ姿勢を示している（『湛軒書』内集巻三）。「鳳挙」は四方に雄飛すること。大容はまた「修身を以て、民を済えば、則ち是れ亦た聖人の徒なり」と述べて、仁斎・徂徠両学を肯定していた（前掲「日東藻雅跋」）。これに類するスケールが李海皐を圧倒したのであろう。

大湫は中西淡淵（一七〇九～五二）に師事し、淡淵は木下蘭皐門下なので、徂徠学派の流れを汲んでいるが、その教えは「浮文を抑えて徳行を先とし、自ら処るなり。実理を履みて、虚動無し」（「墓碣」）と伝えられているように、徂徠学派末流とは一線を画していた。第一一次の通信使とは「今須駅」ほかで門人を介して詩文の応酬を重ね、南玉から、「来書の条次、序有り。議論、据有り。東来の後、始めて講究の説を得て、其の喜び何ぞ啻《ただ》ならん」という返信を得ている。

「太室」の人物像を浮き彫りにするのは、「莫逆」の友人、木村蓬莱がいよいよ臨終というときに、「申ツカワシタキコトアリ、筆研ヲ持来レ」と太室をわざわざ枕元に呼んで、「足下天下豪傑」と書して「息絶」えたと伝えられるエピソードである（『逢原記聞』、『新日本古典文学大系』97）。今際のきわにこのような遺言をのこされた人も少ないであろう。

「四明」井上四明は、『槎客萍水集』乾巻で通信使にこう自己紹介している。

僕、姓は井、名は潜、字は仲竜、東都の人。旧《も》と東天台山下に家するを以て、四明山人と号す。春秋二十有八。官は敝邑の文学。

「東天台山」は上野の東叡山寛永寺を指す。元玄川は帰路、赤間関で鶴台に向かって、四明と「去時、酬唱最も多し」と懐かしがっていた。四明の意外な一面は、六如の「源文竜宅集、戯れに井四明に贈る」と題する詩によって知られる。そこには「井潜、司天台の属官為り。性、酒を嗜まず」と割注が付され、こう詠まれている。

一堂各相適　　一堂　各おの相い適す
衆酔独君醒　　衆酔いて　独り君醒む
秪恐今宵象　　秪だ恐らくは今宵の象
徳星避酒星　　徳星　酒星を避けけん

（『六如庵詩鈔』巻五）

「一堂」に集まって「相適す」とは、それぞれが楽しむこと。ところが皆は酔っ払っているのに、四明だけは「醒」めていた。そこで六如は、今夜の星の配置は「徳星」が「酒星」を避けるだろうという。「徳星」は景星や歳星などの、めでたいしるしの星で、また徳のある人を指し、四明を擬えている。「酒星」は酒旗星とも言い、酒を司る星の名であるが、六如ら酔人を指している。四明は幕府天文方にも関係して、下戸だったことが知られる。「四明井先生墓表」には、「晩年、天文に暁きを以て、仮に暦局に助教たり」と見える（『事実文編』巻四二）。「源文竜」は、沢田東江（一七三二〜九六）。

のこる「秋江」は、岡田新川門下の日比野秋江であるが、『秋江詩稿』はいまだ管見に入らず、失われたものか。「魯堂」の「種々風致」についても、南玉が「魯堂の筆舌、間ま博雅にして聞く可き者多し。亦た蛮夷に生長するの恨み有り」（『日観記』七）と記しているような情報が伝えられたものであろう。

三

洪大容が日本の文雅を高く評価し、朝鮮にはもちろん、清朝の中国においてさえ容易に見出しがたいと絶賛して以来、いわゆる北学派の知識人のあいだに言及が相継いでいるのは壮観である。李徳懋（一七四一〜九三）は隣家の成大中に手紙を書いて、《蒹葭雅集図》は「天下の宝」であり「千古の勝絶」なので、しばらく借覧したいと申し出たのをはじめとして（『青荘館全書』巻一六）、その後も言及を繰り返している（「清脾録」同上巻三二、「耳目口心書」五、同上巻五二、「天涯知己書」同上巻六三など）。朴趾源（一七三九〜一八〇五）も燕行に上った途次、わざわざ、

日本は江南に通う。故に明末の古器書画書籍薬料、長崎島に輻輳す。今、蒹葭堂主人木氏弘恭、字世粛、書三万巻有り。多く中国の名士と交わると云う。（「銅蘭渉筆」、『熱河日記』、『燕巌集』巻十五）

と記しているほどだ。さらに柳得恭（一七四八〜一八〇七）はみずから「並世集」を編集して、「日本」の冒頭に蒹葭堂の詩を据え、李書九（一七五四〜一八二五）に頼まれて「日東詩選序」を執筆している（『泠斎集』巻七）。朴斉家（一七五〇〜一八〇五）もまた「戯れに王漁洋の歳暮人を懐かしむ六十首に倣う、幷びに小序」の最後の五人に、滝鶴台・竺常・光源大師（周奎）・木弘恭・岡田宜生弟（惟周）ら日本の文人を選んでいる。そのうち「蒹葭堂」と題する詩は、次の通り。

学半社中開講席　学半社中　講席を開き
蒹葭堂裏盛文儒　蒹葭堂裏　文儒盛んなり
風流何限成書記　風流何ぞ限らん　成書記
万里携来雅集図　万里携え来たる　雅集の図

（『貞蕤閣集』初集）

「学半社」は細合斗南の塾名であるが、「文儒盛ん」な蒹葭堂のもとから「万里」の波濤を越えてもたらされた《蒹葭雅集図》が、ソウルの人々のあいだで関心を呼んだ様子がこの詩からもうかがわれるだろう。ここでも「風流」が決め手になっているのが注目される。

四

こうしてソウルに伝わった日本の文雅をきっかけにして、一七六六年に洪大容は北京に旅立ち、瑠璃廠でたまたま厳誠（一七三二～六七）・潘庭筠（一七四二～?）・陸飛（一七一九～?）ら清朝の文人と知り合って、「天涯知己」となった（「杭伝尺牘」中の「乾浄衕筆談」、『湛軒書』外集巻一～三）[8]。一七七七年には柳琴（一七四一～八八）が『海東四家詩』（『韓客巾衍集』）を編集し、北京の李調元（一七三四～一八〇二、字は雨村）と潘庭筠に高く評価された。四家とは、李徳懋（当時三六歳）・柳得恭（二九歳）・朴斉家（二七歳）・李書九（二三歳）の四人である。潘庭筠はむろん、洪大容の「知己」の一人だった。

そして、この延長線上に一八〇九年、金正喜（一七八六～一八五六）が父魯敬に随って北京を訪れ、翁方綱（一七三三～一八一八）・李鼎元（一七五〇～一八〇五）・阮元（一七六四～一八四九）らと交流した様子は、朱鶴年（一七六〇～一八三〇）が描いた《贈秋史東帰図詩臨摹》（図3）によって臨場感豊かに伝えられている。いまここでは、正喜が北京で満洲旗人の詩に開眼し、帰国後は日本の文人の詩文に深い関心を寄せていたことに着目しよう。

まず満洲旗人について、正喜が挙げる名前はことごとく未知の人々である。

　臞仙、名は永忠、一字渠仙。又の字は良輔。貝勒《ばいろく》弘明の子なり。輔国将軍。『延芬堂集』有り。

　嵩山、名は永𢡟。康親王崇安の子なり。

　樗仙、名は書誠。字は実之。又の字は子玉。奉国将軍。『静虚堂集』有り。

素菊道人、名は永璥《えいけい》、字は文玉。又の字は益斎。輔国公弘晋の子なり。『清訓堂集』有り。
（「権敦仁宛て」第十五書簡、『阮堂先生全集』巻二）

この四人は、「詩画、倶に絶勝」だったうえに、「陸飛・厳誠と至交を為」していたにもかかわらず、洪大容や朴斉家の視野には入っていない。正喜はそれを不思議として、「満洲人、忽せにす可からざる有り」と言い添えているが、この事情は今なおさほど変わっていないようだ。

日本の文人への関心は、「人を懐しむ詩体に仿う。旧聞を歴叙して、転じて和船に寄す。大板（坂）浪華間の諸名勝、当に之れを知る者有るべし。十首」と題された詩によって、正喜がどのような経緯でこれらの文人を知るにいたったかも明らかとなる。それは「伊物の書」すなわち伊藤仁斎（一六二七～一七〇五）と荻生徂徠の書物との邂逅に始まって、古賀精里（一七五〇～一八一七）への言及があるところを見ると、一八一一年の最後の通信使が持ち帰った作品の数々を目にしたことは間違いない。[9] 詩には、「余が斎に精里の対聯有り」という割注まで付いている。ついで「篠本廉」すなわち篠本竹堂（一七四三～一八〇九）の文章を愛読していると言い、ことに「紙鳶・古董」の二文を激賞している。

そして「三宅邦」すなわち三宅橘園（一七六七～一八一九）については、「俊逸」「超抜」と絶賛している。橘園は皆川淇園（一七三四～一八〇七）門下で、『助語審象』（文化一四年刊）の著者として知られているが、文化八年に対馬に赴いて通信

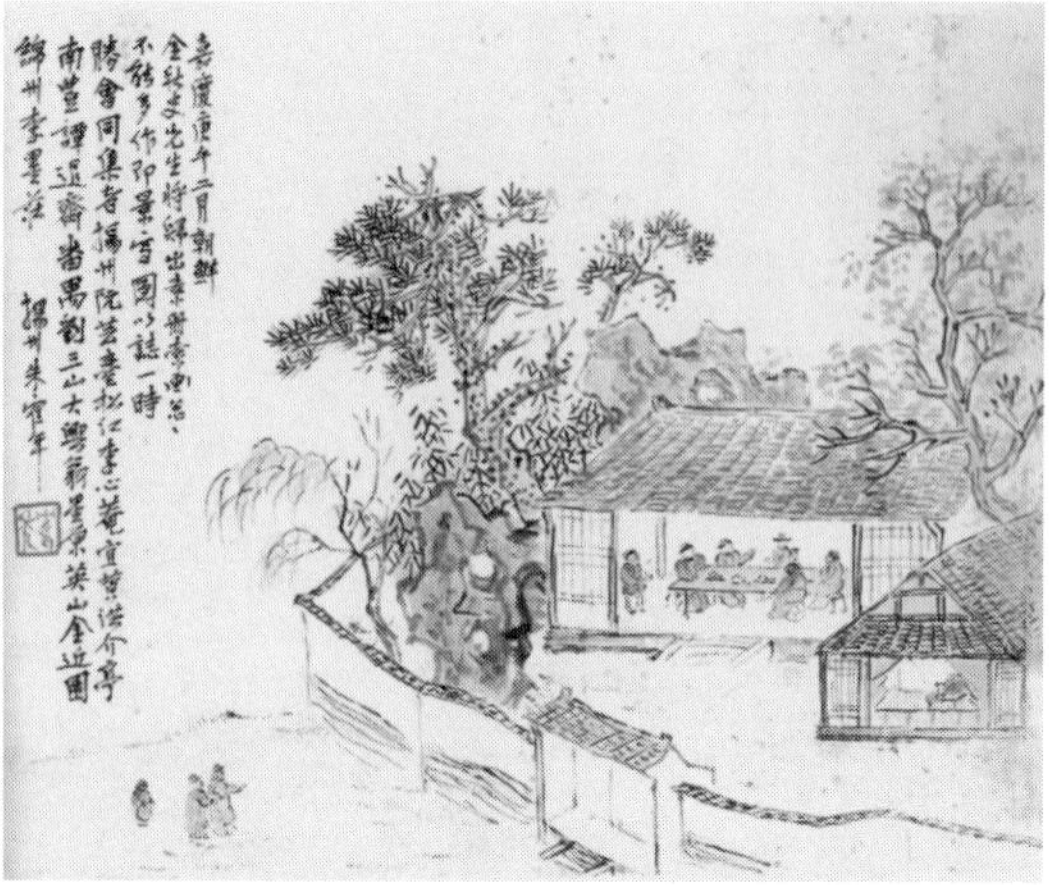

図3　《贈秋史東帰図詩臨摹》（果川市所蔵／『燕行』図録、実学博物館、2010年）

使と唱酬筆談し、『鶏林情盟』（文化九年刊）が刊行されている。さらに「文晁」谷文晁（一七六三〜一八四〇）についても、「文晁は妙画の諦。恰も似たり、董思白。淋漓として善く墨を用う。烟翠濃やかにして滴らんと欲す」とよくその特徴を捉えて、「富士」の図が几席にあったという。「董思白」は、明の文人画家董其昌（一五五五〜一六三六、号は思白）(10)。ついで足利学校を話題にして、山井鼎（一六八〇〜一七二八）と根本遜志（一六九九〜一七六四）による『七経孟子考文』（享保一六年、同補遺として刊行）が清朝の中国に伝えられ、『四庫全書』に収められたほか、嘉慶二（一七九七）年元阮の序文を付して刊行されたことに触れて、正喜は「阮夫子」元阮が同書を「嘖嘖」と褒めるのを直接耳にしたと記している。

もっとも足利学校については、すでに滝鶴台が成大中に、「徂徠先生の塾生、紀人山重鼎が異同を校讎し、七経孟子考文を官刻し、海内に行わる。好古の士、以て奇宝と為す」と伝えてはいた（『長門癸甲問槎』巻二、宝暦十四年五月二十一日筆語）。さらに林述斎（一七六八〜一八四一）撰の『佚存叢書』を取り上げたあと、

篆刻有漢法　　篆刻 漢法有り
精雅蒹葭堂　　精雅 蒹葭堂　　（同上巻九）

というように、「蒹葭堂」の篆刻への言及がくる。「篆刻に漢法有り」とは、秦漢の古法に溯ること。「精雅」は清らかで上品なこと。蒹葭堂の篆刻は福原承明のと合わせ、南玉以下の通信使に贈られた。その『東華名公印譜』（宝暦甲申三月、一七六四年）を正喜も目にしたのであろう(11)。このあと、奈良の墨の老舗、古梅園にも言及があり、元禄の頃の鋳物師「人見和泉守」藤原重次まで、夥しい日本の文物が取り上げられている。これらはもっとも広範囲で、しかも深い理解に基づいた判断として注目に価する。

こうして一八世紀の東アジアにおける文人間の交流の迹をたどってきてはっきりしたのは、「才学」と「風雅」がいかに深く広く人々をつなぐかという視点の重要性である。小論がそのような文人社会の相貌を明らかに

し、魅力解明への端緒ともなれば幸いである。

（1）笠谷和比古「序論 一八世紀日本の『知』的革命 Intellectual Revolution」（『一八世紀日本の文化状況と国際環境』思文閣出版、二〇一一年）を参照。

（2）南玉が大坂で、「都市の楼台、珍宝の富、江湖の橋坊・舟楫の観と兼ねて、杭・蘇と敵す可し。未だ其の孰れが勝るかを知らざるなり」（『日観記』）と記して、水の都大坂は「杭・蘇」杭州や蘇州といった江南の文化都市と比べても甲乙付けがたいと述べているのがその一例である。なお拙稿「李彦瑱の横顔」（『金城学院大学論集』人文科学編二巻二号、二〇〇六年）、「成大中の肖像──正使書記から中隠へ──」（同上、五巻一号、二〇〇八年）、「元玄川──特立独行の人──」（同上、六巻二号、二〇一〇年）などを参照。

（3）拙稿「文人たちの宴『以徳酔人、勝於以酒』──一七六三～四（宝暦一三～明和元）年の通信使行──」（劉建輝編『前近代における東アジア三国の文化交流と表象──朝鮮通信使と燕行使を中心に──』国際日本文化研究センター、二〇一一年）を参照。

（4）木村蒹葭堂、およびそのグループについては、水田紀久の諸著『近世浪華学藝史談』（中尾松泉堂書店、一九八六年）、『郷友集 近世浪華学藝談』（近代文藝社、一九九六年）、『水の中央に在り 木村蒹葭堂研究』（岩波書店、二〇〇二年）を参照。

（5）金文京「『萍遇録』と「蒹葭画集図」──十八世紀末日朝交流の一側面──」（『東方学』一二四号、二〇一二年）、ならびにチョン ジエギョ・キム ムンギョン他訳『18世紀日本知識人、朝鮮を見る』成均館大学校出版部、二〇一三年）、および拙稿「《蒹葭雅集図》の行方」（『蒹葭堂だより』一四、木村蒹葭堂顕彰会、二〇一四年）をも参照されたい。

（6）拙稿「ソウルに伝えられた江戸文人の詩文──東アジア学芸共和国への助走──」（前掲註1『一八世紀日本の文化状況と国際環境』）、「十八世紀東アジアを行き交う詩と絵画」（『蒼海に交わされる詩文』東アジア海域叢書13、汲古書院、二〇一二年）、「通信使行から学芸の共和国へ」（『日本近世文学と朝鮮』勉誠出版、二〇一三年）、「文人研究から学芸の共和国へ」（『人文論叢』九三号、二松學舎大学人文学会、二〇一四年）を参照。

（7）この点に関しては観点を異にするものの、藍弘岳「徂徠学派文士と朝鮮通信使──「古文辞学」の展開をめぐって──」（『日本漢文学研究』九号、二松學舎大学東アジア学術総合研究所、二〇一四年）が委曲を尽くしている。なお旧稿ながら、「徂徠学派の崩壊」（『近世文学と漢文学』和漢比較文学叢書7、汲古書院、一九八八年）

ならびに「文人社会の形成」（『岩波講座日本文学史』9「一八世紀の文学」岩波書店、一九九六年）を参照。

（8） 拙著『東アジアの文芸共和国——通信使・北学派・蒹葭堂——』（新典社新書、二〇〇九年）、ならびに「東アジアの半月弧——浪華・ソウル・北京——」（『啓蒙と東アジア』18世紀科研研究会、二〇一〇年）をも参照。

（9） 最後の通信使については、拙著『草場佩川』（佐賀偉人伝11、県立佐賀城本丸歴史館、二〇一三年）で一部言及した。

（10） 文晁と東アジア美術の関連については、板倉聖哲「幕末期における東アジア絵画コレクションの史的位置——谷文晁の視点から——」（『美術史論叢』二八号、東京大学大学院人文社会系研究科・文学部美術史研究室、二〇一二年）が参考になる。

（11） 拙稿「篆刻異聞——木村蒹葭堂から李顕相まで——」（『金城学院大学論集』人文科学編一〇巻一号、二〇一三年）をも参照されたい。

〔追記〕 小論は長らく行方の知れなかった《蒹葭雅集図》が韓国国立中央博物館に伝存しているとわかって、それを確認することと並行して執筆したものである。二〇一四年一一月、ソウル大学校奎章閣講演会の歓迎の席で、註（5）に掲げた『18世紀日本知識人、朝鮮を見る』を鄭珉氏より手渡され、表紙カバーに印刷されている《蒹葭雅集図》を見て一驚した。そうした事情によって、旧稿と一部重複があることをお断りしておきたい。同図の閲覧に際して、中央博物館・遺物管理部の李秀美氏、ならびに紹介の労を執られた高麗美術館の李須恵氏にはたいへんお世話になった。手続きに関して助言を仰いだ板倉聖哲氏ともども、深甚の謝意を表する。『日観記』『乗槎録』『幷世集』などからの引用は、鄭珉・安大中両氏よりいただいた資料によって可能となった。写真を提供された韓国国立中央博物館に対しても謝意を表する。

幕末最終章の外交儀礼

佐野真由子

はじめに

江戸時代後期、欧米諸国から渡来し、それぞれの仕方で「開国」を要求した外交使節らは、近隣諸国を除いて閉ざされてきた日本の国際関係に新しい時代をもたらした。抽象的な「国と国との関係」に新展開が見られたことはいうまでもないが、その表面下では、具体的な外交実務というものが発生し、当時における日本の為政者と官僚――徳川政権の幕閣・幕臣たち――は否応なく、急速な新知識の吸収と実際の業務処理の必要に迫られることになった。

そのなかでも少なからぬ割合を占めたと考えられるのが、来日した外交使節らを相手とする外交儀礼の挙行という仕事である。とりわけ、そうした使節が日本に到来するだけでなく、駐在外交官として日本国内の一角にとどまるようになると、彼らが徳川将軍の居城に登り、本国元首の名代として将軍に拝謁する機会が必要とされ、そのために城中で儀礼が執り行われるようになった。その初発事例は、安政四（一八五七）年一〇月二一日、初代米総領事ハリスが江戸城に登り、第一三代将軍家定に拝謁して、ピアース大統領の親書を捧呈した一件である。

その実現にいたる約一年の準備期間から、万延元（一八六〇）年七月二一日、七件目にあたる初代仏代理公使ド＝ベルクールの登城・将軍（第一四代家茂）拝謁まで、四年間の試行錯誤を通じて徳川幕府による城中外交儀礼の様式が定型化を見た経過については、いくつかの別稿で論じてきた(1)。

本稿は、その後、同種の儀礼が安定的に行われるようになった時期、また、第一四代将軍家茂の度重なる上洛により、江戸城での式典挙行が難しくなったために生じた空白期を経て、新展開期とも呼ぶべき様相を見せた、最幕末期、第一五代将軍慶喜による各国公使の謁見式を直接の対象とする。このときの拝謁は、英公使館員サトウが書き残したように、外交団側の要請に応じ「全くヨーロッパの流儀によって(2)」行われたものと考えられてきたが、実際には、幕府がみずから上述のように整えてきた様式を踏まえ、そこに、過去数年の間に急展開した外交経験に基づく新たな要素を自主的に加えたものであった。その実態と意義を明らかにしたい。

一　背景と準備

ここでとりあげる将軍慶喜の拝謁式挙行に関して幕府内に動きがあったのは、慶応二（一八六六）年一一月、対象は「英佛亞蘭四ヶ国公使(3)」、具体的には、第二代英公使パークス、第二代仏公使ロッシュ、第三代米公使ヴァン＝ヴァルケンバーグ、そして、第二代蘭総領事ファン＝ポルスブルック（同人をも「公使」としてまとめているのはあくまで便宜上であろう）である。これ以前、最後に外交使節の将軍拝謁式が行われたのは文久二（一八六二）年の秋（露領事ゴシケーヴィチ）であり(4)、その後、いくつかの提案はなされたが、それも慶応元（一八六五）年の早い時期で途絶えていた(5)。ここにいたって新たに外交官らの将軍拝謁の話が持ち上がった背景には、何よりも、慶応二年七月、第一四代将軍家茂が逝去したという事実がある。翌月、将軍職空位のまま一橋慶喜の徳川宗家相続のみが決まっていたものの、この時期、いよいよ正式な将軍襲職が近づいていた(6)。

このちほどなく実現する右四か国代表の将軍拝謁には、従来、慶喜の政権掌握を外交の面から印象づけるために実施されたとの、ややイメージ先行の意味づけがなされてきた。(7) たしかにそうした側面が皆無とはいえないが、だとすればまず、その目的のために将軍拝謁式の挙行こそ効果的であるという知恵が、この時期の幕府にすでに根づいていたことに、目を留めなければならない。その背景としては、すでに触れた安政年間以来の幕府の外交儀礼執行経験、(8) さらに、万延元年遣米使節、文久二年遣欧使節をはじめとする幕府遣外使節が、各国の宮城や大統領府で元首に謁見した経験の蓄積も、念頭に置く必要がある。

加えて、将軍代替りにあたって外国の使節を迎接することは、徳川幕府にとって朝鮮通信使以来の慣習であったことを思い起こせば、ここで外交官らの将軍拝謁式挙行を企図したのは、この時期特有の国内政治状況に結びつけるまでもなく、伝統に則った自然な発想との解釈も成り立とう。

しかしこのとき、慶喜は家茂存命中から継続して上方にあり、代替りにあたって一時的にでも江戸城に入る余裕を持たず、また近い将来にもその機会は予測されなかった。(9) そこで、このたびの謁見は、はるばる大坂城に公使らを招いてこれを行うことになったのである。

（1） 新旧式次第

右の慶応二年秋の段階では、外国奉行から老中へ、拝謁式の挙行が上申されたが、そこではすでに、各国代表大坂招請計画全般がかなり具体的に描き出されている。このうち、将軍拝謁式に直接かかわる部分の段取りを以下に掲げておく(10)（句読点筆者）。

四ヶ國公使拝禮手續

……

第五　拝禮當日手續

四ヶ國公使拝禮ハ同日ニ被仰出、時刻一周程宛間を置候事。但、國順之儀ハ、英國亞國荷蘭佛國と治定之事。當日刻限前、外國奉行爲案内公使旅館へ罷越し、騎兵二拾五騎前列に而先導ハ外國奉行并支配向……

營中御儀式、御次第書通り之事。

……

「（朱書）但、外國於て使臣其國王ニ謁見之節ハ、時刻見斗、禮節掛役人旅宿まて爲案内罷越、使臣同車致し、乗車ハ國用備盛飾之美車人員等應し差出、城中兵卒を立並へ、宮中ハ親兵戎装にて羅列致し、國帝國王接近にて謁見いたし候。尤、國帝國王とも后妃太子一席にて謁見有之候。」

……

第六　饗饌

御饗應ハ四ヶ國公使各々別日に而、國順之儀ハ拝禮之節之通り。御席之儀ハ御連歌之間に而可然。尤上様より被下候儀に付、御臨席に而御對食被遊候旨仰遣、在京諸侯御老中方はしめ御一統、御對食之方可然奉存候。

……

「（朱書）但、大饗饌之節、彼方於てハ必音樂相用候儀にて、已ニ御國使節先年佛國滯留中、旅館於て夕饌相設、同國帝貴族外國事務執政海軍事務執政其他高貴のもの共招待仕候節、國帝より樂工五拾人程も贈り、饗席二階下にて合奏致し候事有之趣にて候。」

……

ここで何よりも注目されるのが、「第六　饗饌」の存在である。幕末の一連の将軍拝謁式のうち初例にあたる、安政四（一八五七）年米総領事ハリス登城の際、幕府側は拝謁式終了後の饗応を準備していたが、その形態として将軍の「対食」を拒んだため、ハリスは饗応席に着かず、料理は後刻宿舎に届けられるということがあった[11]。この経験から、その後の拝謁式にあたっては初めから饗応が計画されなくなり、あらためて議論されることもないまま、式次第はその形で安定を見ていたのである。当文書において、狭義の謁見式そのものとは別に饗応席を設けることが計画され、「御老中方はしめ御一統」はもとより将軍その人が「御臨席に而御對食被遊候」ことが提案されているのは、飛躍的な変化といわなければならない。

結果を先取りすれば、この約五か月後に実現する四か国代表の大坂登城の際、将軍臨席のもと、洋食による華やかな饗応がなされたことは、史実としては知られており、研究書中で言及されることもある。そうしたなかに、この饗応が仏公使ロッシュからの助言によるものであると、当然のように書かれている例が散見されるのはどうしたことか[12]。慶喜の将軍就任前後から幕府終焉の時期に向けて、ロッシュが将軍への接近を試み、また「親仏派」と呼ばれる幕臣らの活躍によって、幕府がフランスの提案や援助を多く受けた側面があるのは事実だが、この時期における新規の発想を短絡的にロッシュの知恵に帰するのは、先入観によるものといわなければならない。最近の研究でも明らかにされつつあるように[13]、幕府、とりわけ慶喜本人が、必要に応じてフランスの助言を取り入れながらも、自主性を失わずに全方位外交の姿勢を保ったことは、本論文が焦点を当てる儀礼の準備過程からも明らかである。

ではいったい、いかにしてこのような饗応案が幕府内から現れるようになったのか。その重要な鍵は、朱書き部分にある。「先年佛國滞留中」とあるように、幕府遣外使節が訪問先で、「同國帝貴族外國事務執政海軍事務執政其他高貴のもの共」同席の宴席に招かれた経験が、この提案に生きて盛り込まれているのである。このときの提案書では饗応に関してのみならず、各項目に、こうした朱書きコメントで参考知識が添えられている。誰の手で書かれたものか、史料そのものからは判明しないが、滞仏経験がもとになっているということと、このときの外国奉行の顔ぶれを照らし合わせるに、書き手は柴田剛中と推測される。[14]

他方で、「第五」項には拝謁式当日の運びについて、「營中御儀式、御次第書通り之事」とある。ここに次第書そのものは添付されていないが、それが既存ないし周知のものであるという意味に受け取れる。この際の準備過程で具体的な次第書が取り沙汰される場面は当面なく、約二か月後の慶応三（一八六七）年正月一二日、英公使館員ミットフォードの求めに応じて差し出されたときが最初であるが、そのとき幕府が示した次第書は、既述のように安政年間から万延元（一八六〇）年にわたる試行錯誤の末、「永世不易の禮典」として成立していた徳川幕府の外交儀礼様式そのままであった。[15]このたびの拝謁式では、将軍臨席の饗宴を設けるという大きな変更が積極的に提案された一方、基本となる狭義の式次第についてはあくまで先例に則った実施が予定されていたことを、確認しておきたい。

（2）実施への動き

慶応二（一八六六）年一二月に入ると、一日から二日にかけ、幕府は四か国代表へ、大坂招請と拝謁実施の旨を正式に通知、[16]他方で五日には慶喜が朝廷より将軍宣下を受け、[17]拝謁式挙行の条件は整って、本件は本格的に動き出すことになる。

ところで、この各国代表大坂招請問題は従来の研究において、同じ時期、各国との修好通商条約に定めのある追加開港・開市——先の文久二（一八六二）年遣欧使節が締結して戻ったロンドン覚書により延期が認められたが、いよいよその期限が迫っていた——、なかでも関心の焦点となっていた兵庫開港問題と、一体的に論じられてきた向きがある。[18]すなわち、諸外国側は、新将軍による大坂招請に応じるか否かについて開港の実現を条件とし、また慶喜のほうも、朝廷側との政治抗争において、物理的に大坂に押し寄せた各国代表の圧力を背景に、開港を強引に推し進めようとしたという見方である。当時、開港・開市問題が日本の外交をめぐる最大の懸案となっていたのは事実であり、招請を受けた各国代表側も、英公使パークスの主導により、幕府からの拝謁式挙行提案を、この問題を前進させるための重要な足がかりとする方向で合意してはいた(19)。

しかし、本件拝謁問題をその角度からのみ捉え、評価しようとするのは、一面的にすぎるだろう。まず、新将軍の襲職に際して駐在外交官を謁見するのは、外交儀礼の観点からは至極当然である。また、この時点までに二代目、三代目となっていた各国代表は、いずれも日本着任が冒頭で触れた式典挙行の「空白期」にぶつかり、みずからの信任状を携帯したままになっていた。正式に外交活動を開始するうえで、本来は彼らの側こそ、新将軍に会い、それを捧呈することがどうしても必要であり(20)、そもそも開港・開市問題を云々しうるための大前提でもあったのである。

もっとも、これ以前の慶応元（一八六五）年にはすでに、目下のメンバーとほぼ同じ顔ぶれの外交団のもと、条約締結時には成らなかった勅許獲得が達成されており、朝廷と幕府が分立する日本の政治構造がよく理解されたうえで、日本の「元首」に当たるのが将軍か天皇かをめぐる議論が駐在外交官らの間で本格化しつつあったのも一方の事実である(21)。ほかでもないサトウの上官であったパークスは当初から、仮に慶喜に拝謁しても信任状を提出しない心づもりであった。しかし、これもまた、それを提出することの本来の意義を承知していてこそ、この場合において提出しないという政治的判断が発生しうるのであり、また、他の三か国代表は、もともとは開港・開市問題と連動させることもなく、信任状提出の機会が訪れたことを喜び、無条件に受け入れる考えであったことを、パークスが書き残している(22)。

したがって、本件準備の当初、まず外交団側から拝謁自体に反対の出ようもなかったのは当然であり、話し合いはすぐに、大坂での実施という異例の条件から必要とされる、現地行きの手段や旅宿の手配といった具体的な問題に進んでいった。(23) なかでも幕府が神経を使ったのは、拝謁にともなう饗応に加え、外交団大坂滞在中の、日々の賄い料理についてである。各国代表の意見を一通り聴取した外国奉行らは、「日本料理ニ而は食用相成兼候」と判断する。(24) 上方の幕閣からは、「洋風ニ而似て非なるもの差出候より、日本流の結構之御料理被下候方可然」との意見も聞かれたが、「其筋心得候料理人、横濱より相雇候積ニ付、矢張洋風之御料理被下候方可然」と反論、ほぼ同時に、「料理人ラプラス」という名前が具体的に登場する。料理に関してはこの人物にすべてを託し、日本人、中国人を含む下働きの者数名を、必要なあらゆる調理器具とともに大坂に送り込むことになった。(25)

ラプラスに白羽の矢が立った経緯やその素性については、このときの拝謁に関する一連の記録からは判明しないが、上海で一流の料理長として知られたのち日本にわたり、この時期、横浜居留地で「オテル&レストラン・デ・コロニー」を経営していたとされる、同名の人物と考えて間違いあるまい。なお、ラプラスとともに来日した甥のルイ・ベギューは、維新後の明治四(一八七一)年、天長節大晩餐会の料理長を務め、その後も長く「日本フランス料理の父」と称される人物である。(26)

こうして慶応二年一二月半ばには、すぐにも四か国代表の上坂、将軍拝謁を実行する方針が決定を見た。ところが、一二月二五日、孝明天皇崩御という思いがけない事態が発生する。慶喜は明けて慶応三年正月二七日に天皇の葬儀が済むまで、政治的な動きを封じられることになった。とはいえ、その結果として、孝明天皇が反対し続けた兵庫開港が実現を見たとすれば、(27) 天皇崩御の影響は、幕府にとっていわばプラスマイナスゼロであったということになろうか。

現実には、慶喜はこのあと、三月五日、二二日の二度にわたって朝廷に兵庫開港勅許を請願したものの、ついに勅許を得たのは五月二四日であって、(28) このあと見るように三月二五日から四月一日までにわたって挙行された、各国代表の謁見には結局間に合わなかった。謁見時、将軍上意のなかで各国公使に対し、イギリスの例をとれば、

「條約を一々履行ことを斷然決定」[29]したという言い方で、開港をいわば独断専行で宣言してしまうことになる。

これは、大坂招請に応じることを兵庫開港の実現と結びつけてきた外交団側に対し、当面必要な措置ではあったろうが、先述のとおり、外交官らにとってもまた、新将軍への拝謁は必須のステップであった。開港も、拝謁も、この時期、ともに避けられない課題だったのであり、それぞれの立場からそのことを知り抜いている将軍周辺、外交団双方が、招待、要求、妥協といったカードを互いにうまく使いながら、朝廷を中心とする他の勢力の監視下で暗黙裏に協働し、必要なことを実現したと見るべきではないか。

(3) ミットフォードの登場

服喪によって生まれた政治的な空白は、実務レベルにおいてはかえって、儀礼の準備によく活用された。とりわけ英公使パークスからは、慶応二（一八六六）年一二月晦日、外国奉行らと会談の席で、同公使館から「大坂表旅宿一見として、士官一人通辯官一人、大坂表へ差遣度旨」[30]が提案される。この「士官」とは、先にも触れたミットフォードであり、この年の九月に来日、同公使館の二等書記官として勤務していた。[31]「通辯官」とはアーネスト・サトウである。サトウは文久二（一八六二）年、満一九歳になろうとする通訳生として同公使館に赴任したのち、慶応元（一八六五）年に通訳官に昇進していた。[32]
この時期からの駐日イギリス外交団は、辣腕公使として後世に名を残したパークスのもと、日本での経験はまだ浅いものの、イギリスの貴族社会に生まれてその行動様式を身につけ、オックスフォード大卒業後すぐに外務省に入省して、二〇代の若さですでに世界各地の外交活動を知っていたミットフォードと、現場叩き上げで日本語の名手に育ったサトウの縦横の活躍により、明治維新前後の政情下、他国と比較して一頭地を抜く情報収集力を見せていくことになる。後世から見れば、いま、その態勢が形成されようとするところであった。大坂での将軍拝謁に先立ち、部下を現地に派遣して式次第等に関する詳細の打ち合わせに当たらせたのも、膝もとにこのメンバーを擁した英公使だけである。

ミットフォードとサトウは、慶応三年正月三日、横浜から英軍艦に搭乗して兵庫の港に向かった[33]。そこから大坂に向かい、いずれこの地にやってくるはずの上官パークスのために、滞在と拝謁式の下調べにあたったが、英公使の宿舎となる寺院を訪ね、チェックを兼ねて宿泊したところ、洋式の家具、什器はもとより、ヨーロッパのワインその他、「ちょっとした嗜好品」まで備えられ、まずは申し分ない準備状況であったという[34]。

現地でこれに対応したのは、大坂町奉行竹内幸彝とその支配の者たちであった。ミットフォードらに対し、一通りの世話には親切に当たったらしいが、彼らは普段、外交関係者と付き合うという役回りにはなく、このときも、外交儀礼の問題についてはまったく承知していないというスタンスを貫いたらしい。とはいえ、自分たちではわからない相談を受ければ、京都で将軍の側近くにいる閣老らに文書を送り、式次第を問い合わせるという程度の労は惜しまなかった[35]。その結果届けられたのが、先に触れた、幕府としては既定の次第書であった。

これを検討したミットフォードは竹内らに対し、英公使が「承諾するとは考えられない点が二か所ある」として、それらを指摘した。具体的には、①公使は謁見場に、通訳のみ引き連れて単独で入るのではなく、自身の随員を伴って行くことができなければならない、②提示された案では、将軍と公使の距離が遠すぎる、という二点である[36]。

大坂町奉行は、江戸で調整してほしいとの対応に終始し[37]、ミットフォードの復命を受けたパークスは、彼の意見に沿って幕府に式次第の変更を要求した。パークスの考えを占めていたのは、このたびの拝謁において、日本側から敬意に欠ける扱いを受ける可能性をいっさい排除しておかなければならないということである[38]。パークスが幼少期から中国で育ち、アヘン戦争時を皮切りに、日本赴任までずっと中国でキャリアを積んだ第一線の外交官であったことと、伝統的な「三跪九叩頭の礼」が問題になり続けていた中国における外交儀礼の展開を考え合わせれば、[39] 拝謁式に臨み、万が一にも臣下の礼をとらされるような扱いを恐れた彼のスタンスは理解することができる。[40] 別の見方をすれば、パークス自身にはヨーロッパ宮廷での儀礼の経験があったわけではなく、彼はこのあとも引き続き、ミットフォードに式次第変更の交渉を任せた。

上に掲げたミットフォードの指摘のうち、まず②、駐在国元首と外交代表との距離という論点は、実のところ、過去の将軍拝謁式においてもたびたび問題になりながら、先送りされてきたのだった。[41] 他方で①は、謁見場に外交代表が随員を伴うことの可否という、新しい問題である。この点については、一〇年前、初めて幕府と拝謁様式の交渉にあたった米総領事ハリスが、そもそも通訳のヒュースケン一人しか部下を持たず、続く他の各国もきなみ小所帯であったため、これまで問題が浮上することがなかったと考えられる。国喪による将軍拝謁の延期は、こうしてその間隙に、さらなる儀礼様式の検討を促すことになった。

延期の間に見られたもう一つの重要な場面は、仏公使ロッシュが、互いに連携して事態に対応している外交団から抜け駆けを図る形で、単独で大坂に入り、将軍慶喜と初めての面会を果たしたことである。ロッシュは二月六、七日の両日、さらに仏海軍のローズ提督を伴い同月二〇日に、大坂城に登った。[42]

幕府の側がなぜこの面会を受けたのかについては、この時期の幕府がまったく親仏的になっていたという先入観に囚われない限り、一概には説明できない。が、希望があればミットフォードらの実務交渉に応じたのと同様の現実的な姿勢に加え、前年中、来るパリ万国博覧会への参加が決まり、それを機に慶喜の名代として渡仏させることになった実弟徳川昭武の一行が、現にこの前月に出発していったことを考慮するなら、[43] 将軍が個人的に仏公使を引見したのも不思議ではあるまい。ただし、公的な拝謁儀礼以外の形で将軍が外国代表に会うのは初めての事態であり、これが難なく実現してしまったのは、家近良樹が「権威や格式を重んじる伝統的な将軍であったなら、とうていとりえない行動[44]」を重ねたと評する慶喜自身の性向と、その「権威や格式」の拠点たる江戸を離れていたという、当時の環境の特性によるものといえようか。

この会談の二日目に、ロッシュと慶喜の間で「拝謁之御禮典は如何被遊候哉」「大廣間於て、佛の禮式ニ従て執行候積ニ候」とのやりとりがなされた。[45]「佛の禮式」とは、一般的に西洋の礼式と置き換えてもよいものを、面前にいる相手を慮ってそのように述べた面もあろうし、それだけでなく、冒頭でとりあげた外国奉行提案でも、幕府遣外使節のフランスでの拝謁経験が主に語られていたことを思い出しておきたい。ロッシュ個人の影響力というよりは、それ以前からの幕府の経験を通して、儀礼に関してはフランスから学ぶところが実際に大きかったものと考えられる。

同じ会談のなかではさらに、上記の対話に続いてロッシュが、最初に内拝謁（晩餐会）、二度目に本拝謁（大広間での公式の接見）という順序で式を執り行うことが国際基準であると、慶喜に進言している。[46]次節で見るように、これらは各国ごとにセットのものとして実際このとおりに実施されるが、準備の進行した順序からは、それがこの際のロッシュの提言に帰すると解釈することはできない。

こうした形でロッシュに出し抜かれながらも、英公使パークスのほうは、先のミットフォードらの働きに加え、みずからは老中レベルとの会談を重ねることによって、拝謁に向け存在感を高めていった。ロッシュが慶喜との会談を終えて横浜に戻った直後にあたる二月二五日には、翌月一〇日ごろには自身も大坂に向かいたいとの意向を表明、これを機に、幕府側も本格的な直前準備を迫られることになる。同日には、江戸側にあって本件の中核を担ってきた既出の柴田剛中が、現地準備のため急遽出立を命じられた。[47]三月に入ると、いよいよ料理人や必要物資を横浜から送り出す手配、現場で各種勤務にあたる町方への諸指示、馬や飼い葉の用意にいたるまで、あらゆる種類の具体的な作業が進行していく。[48]実務レベルでそうした慌ただしい動きが始まるなか、京都では慶喜が、先に見たように、兵庫開港勅許の請願を繰り返していたことになる。

三月八日、国喪解除を受けて各国代表をあらためて大坂へ招請する旨が正式に通知されると、(49) 各国代表は、それぞれ船で横浜を発ち、英・三月一四日、蘭・一六日、仏・二二日、米・二八日と、相次いで着坂。(50) 舞台は大坂へと移った。

二　当日の大坂城

(1)　内拝謁

ここからは、いよいよ実施に移された拝謁式の様子を、具体的に確認していく。本項と次項を、それぞれ内拝謁と本拝謁にあて、周辺の事情とともにその様子を確認するが、四か国の式は基本的に同様の設定で行われたため、先頭事例となったイギリスの式を代表としてとりあげることにし、必要に応じて相違に言及する。

慶応三（一八六七）年三月二五日に行われた英公使パークスの内拝謁の模様は、本人の本国外相宛報告文に詳しく書き残されている。分量が多くなるが、はじめにそれを紹介しないわけにはいかない。

ロコック君、ミットフォード君、サトウ君、さらに、アプリン大尉が指揮する騎馬の護衛隊が私に随行し、われわれは乗馬のまま城の大門を通過した。日本人の役人は全員、そこで馬を下りなければならなかったが、われわれには、内堀を越えたところの門に到達するまで、下馬は求められなかった。門は城の内側へ向かってすぐに開かれ、すると目の前に城の玄関があって、われわれは外国奉行その他、おおぜいの役人たちの出迎えを受けた。彼らはわれわれを大きな控えの間に案内し、われわれの到着を宣言した。われわれが通過してきた道筋、また城中の通路や室内にも、ヨーロッパ式に武装した儀仗兵が厳めしく配置されていた。

わずかな待ち時間ののち、謁見の間に導かれると、老中の一人である板倉伊賀守と若年寄三名が待っていた。テーブルの片側にわれわれの席が設けられており、これらの役人たちは反対側に座るようになっていたが、上座に残った、小さいながら豪華な装飾のある椅子は、大君のためのものであった。

大臣である板倉がわれわれに、大君にお目通りする準備はよいかと尋ねるや、部屋の一方の仕切りとなっていた巨大な障壁画がゆっくりと開き、シーッという抑えた制止音のような低い声が彼の到着を告げた。その場にいた日本人の役人たちは、大臣と若年寄を除いて全員がすぐに平伏した。入ってきた大君は、派手さはないものの豪華な装いをしており、自分の椅子に向かって静かに歩いてくると、われわれに着席を勧めた。

彼は、女王陛下の健康を尋ねることから会話を始め、私はそれに対し、日本の最高権威であるミカドの健康について、同様の質問をすることで応えた。大君はそれをとくに問題にもせず受け止めたので、私は殿下に対しても類似の敬意を表した。その場にいた私には、女王への祝辞にいきなり彼自身に対する皮肉で応酬するより、それがふさわしい態度であると思われたからである。もう一つ、女王の名を口にするとき彼が立ち上がり、また、私がミカドおよび彼自身の健康について尋ねたときにも、同じ方法で敬意を表したということを書き加えておきたい。

彼は続けて、私が部下とともに遠路、彼に会いにきたことを喜ばしく思っていると述べた。さらに、自身が目下、要職にあり、それゆえに負っている任務を果たしていく意思を伝えてわれわれを安心させるために、われわれと会いたいと考えていたこと、自身の前任者たちが諸外国と結んだ条約を厳守したいということ、日本と条約相手国との間に存する友好関係を増進させたいということにも触れた。……

……

今回の迎接には、まったく外国式の晩餐が含まれていた。殿下がこれを主宰され、老中、若年寄らのほか、会談に出席していた他の役人たちがテーブルについた。晩餐の中程で大君が立ち上がり、女王陛下の健康を祝して乾杯の音頭をとられたので、私はここでは、ミカドの健康ではなく、大君の健康を謳ってそれに応えるのが適当であると考え、併せて日本の繁栄を祝した。大君はそれに対し、私の健康のためにも乾杯してくださったので、私はさらに応えて、板倉伊賀守の健康に乾杯した。

晩餐ののち、大君はわれわれを別室に誘った。その部屋でコーヒーを飲みながら、晩餐の席での友好的な会話がさらに一時間ほど続いた。この機に大君は、私と随員それぞれに贈り物をした。

大君が退出されてから、私は大臣板倉伊賀守に向かって、この迎接に満足したことを伝えた。さらに、大君が、これまで互いの交際を大きく制限してきた数々の障害を取り除こうとしていること、従来のような制限に代えて、互いの好感を増すのにかくも効果的な礼譲の交換を行っていくため、公的な形式を整えようとしていることを、この迎接から理解できたとも述べた。これまでのところ、江戸で老中や他の役人たちの態度を特徴づけていたのは、その冷たさと、互いの信頼構築を不可能にする沈黙であった。しかしあの日、大君が彼らの前で示してみせた手本によって、今後、明確な進歩が見られるであろう。……

……

……（謁見について、翌日以降各所から聞いた大君側の反応は）私自身や私の随員たちが持ち帰ったすばらしい印象――大君が外国人に対して友好的な気質を持っていることに限らず、その能力の高さ、魅力的な態度や容姿も含めて――を裏づけるものであった。大変な意思の強さと優しさとを同時に持ち合わせていることも、彼のバランスのとれた優秀さに根ざしているのかもしれない。そして、まだ三一歳にしかならない彼の年齢が証するのは、古い偏見や伝統に対して柔軟でありうること、古い世代の日本の政治家にはほとんど見出せなかったような、環境の変化に適応する力を持っているということだ。彼は過去一〇年の出来事をしっかりと見てきた。今日の地位を引き継ぐ以前、確定的な養子縁組をできるだけ避けつつ、水戸家の出身でしかも長男ではないというやや不利な立場から実力で身を起こし、国内問題、対外問題の双方について、競合する各派の間に身を置いて影響力を発揮していたのである。いまこそ、両問題に関して彼自身の道を進まなければならない。その結果は、彼が事態の重大さに匹敵する能力を示すに違いないという、私の現在の信頼を裏切ることはないだろう。私はまた、彼の施政が日本の対外関係の進展のみならず、国内の統治にもよき画期を成すことを信じる。変化の只中にある日本がいま突入しつつある国内問題は、一人のリーダーの全精力を必要とするに違いない(51)。

すでに述べてきたように、この日の内謁見は、これまでの将軍拝謁式にはない、まったく新しい場面として設定された。かつて初代米総領事ハリスは初めての将軍拝謁にあたり、「西洋諸州之仕來」として、公式拝謁とは別の日に君主から夕食への招きがあるのが通例であり、その際には君主自身が同席し、主客がテーブルを囲んで食事をともにするものであることを下田奉行に説明したが(52)、そのとき実現しなかった迎接のあり方が、一〇年を経て実践されるにいたったのである。しかも、それは今回、幕臣たち自身の海外での経験などから、積極的に計画されたのであった。

とはいえこればかりは、幕臣たちの発想だけで実現するものではない。何よりも将軍自身がその案を受けてくれなくてはならず、また、実行するにとどまらず成功裏に収めるには、将軍が出席するだけでなく、ホストとしてスマートに振る舞うことができなくてはならない。上の報告中でパークスが特筆している、慶喜個人の「外国人に対して友好的な気質」「環境の変化に適応する力」をもって初めて行いえたのが、この内謁見であった。

引き続き同様のスタイルで謁見した各国の外交官らも、のきなみ彼を高く評価している。米公使ヴァン＝ヴァルケンバーグは本国への報告で、慶喜を「紳士としての資質を保証するかのようなきわめて魅力的な容姿の持ち主」と言い、「その威厳と、完璧というべき育ちの良さを感じさせる雰囲気とが、頭の良さと共存し、気取らない様子と相俟ってますます際立っている」と絶賛した[53]。パークスに随行していたサトウもまた、「将軍は、私がこれまで見た日本人の中で最も貴族的な容貌をそなえた一人で、色が白く、前額が秀で、くっきりした鼻つき――の立派な紳士であった[54]」と記している。

上の報告文からも明らかなように、パークスがこの慶喜に一度の会見ですっかり惚れ込んだということはよく知られているが[55]、このことについてはとくに、事前のパークスの態度、政治的立場からの豹変ぶりもあり、説明を加えておかなくてはならない。これ自体も有名な事実ではあるが、報告にもあるとおり、パークスは慶喜への呼称として「殿下（His Highness）」を用いた。このとき連続的に拝謁した他国の代表も、また、パークスの前任の初代英公使オールコックや、各国の前任者らも、将軍を「陛下（His Majesty）」と呼んできたのであり、このときパークスがあえて選んだ呼称は、裏返せば、将軍は国家の最高元首ではないという理解を、とくに表現しようとするものであった。

パークスは慶応元年の着任以来、日本の政治における朝廷と幕府の二元体制の本質を見極めることに努め、幕府の長である将軍は、本来の元首たる天皇から執政の委託を受けた者、または代理にすぎないとの結論にいたっていた[56]。将軍を最高権威と認めない彼の立場は、先に言及した条約勅許に向けて威嚇的な態度をとったとされることや、明治維新を跨いで影響力を強めた後日の展開から、日本の政治への介入、さらには倒幕派との親密化とただちに結びつくかのようにとらえられることがあるが[57]、上の場面からもわかるように、彼はむしろ、王室と政府の二元体制をとる自国との対比から、みずからの戴く元首であるイギリス女王と対等の立場に置かれるべきものは誰か、ということにこだわったと思われる。それは将軍ではなく天皇であるというのが、彼の出した答えであった。

「殿下」の呼称を用いたことは、将軍の城中においてかなり挑戦的な行為であったには違いないが、日本側に

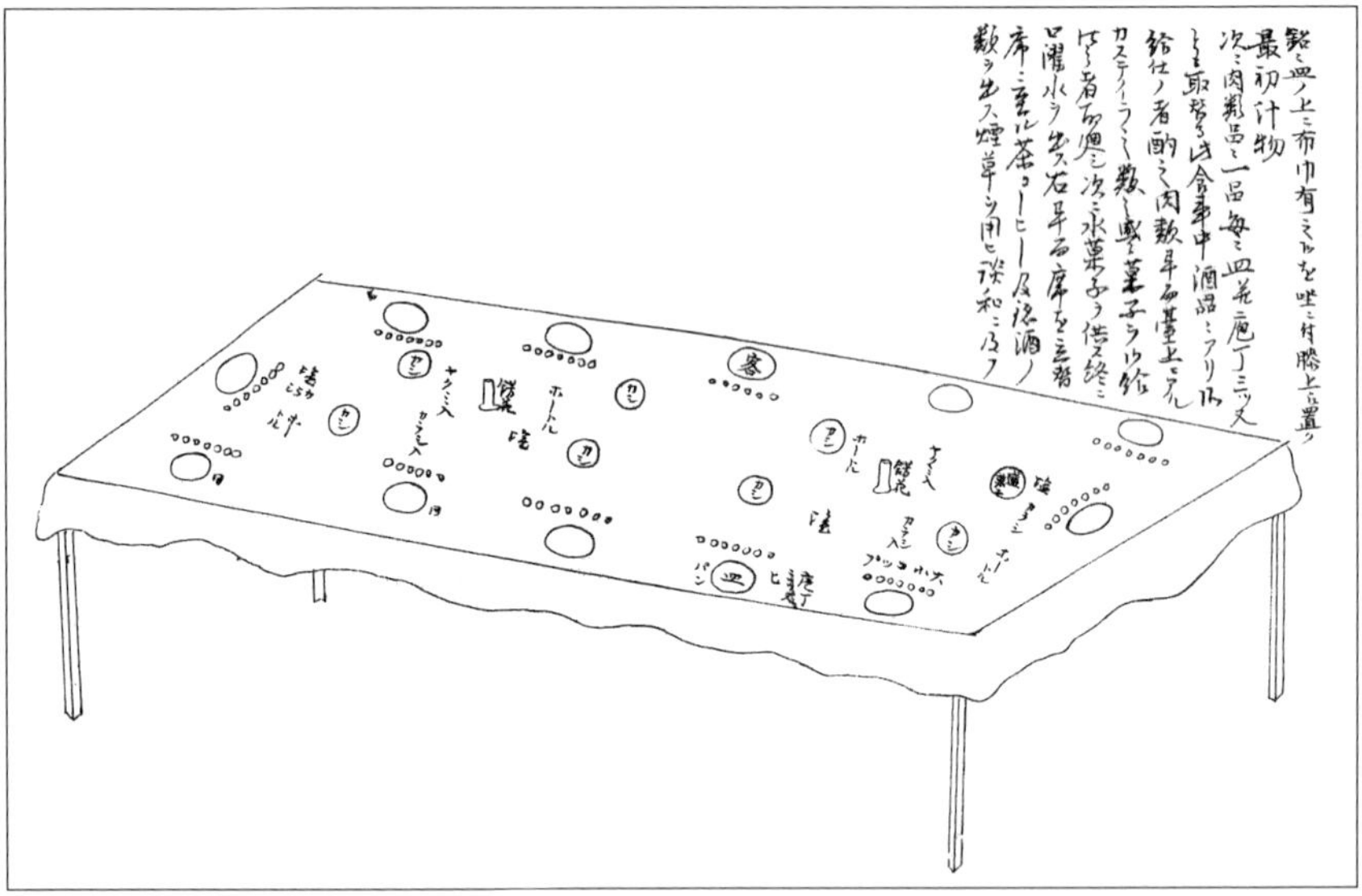

晩餐のテーブルセッティングを検討したものと想定される図面

（出典：「英米佛蘭四公使上坂謁見 乾」東京大学史料編纂所蔵、外務省引継書類）

給仕の段取りを簡単に記した右上の文中に、食後、別室に移って茶、コーヒーや銘酒、また煙草を供し、談話の場とする計画が記されており、最終的な献立表とも一致するが、本図が準備中のいつの段階のものであるかは不明である。

対しては、通訳官サトウの機転により「殿下」という語を避け、「上様」と呼びかけたため、事なきを得たとされている(58)。この点についてパークス自身が踏み込んだ報告をしているのは、このあと本拝謁を終えてからの本国宛公信においてであるが、そこからはむしろ、ヨーロッパ諸言語と日本語の用語使いの違いを計算に入れて、自身は「殿下」の呼称を貫徹しながら、それが問題となるのを避ける考えがあったことが読み取れる(59)。つまり、この時点では、これをもって大きな改革に火をつけようというより、みずからの思想と行動が首尾一貫していることが重要だったのである。

が、天皇に執政を委託された者である将軍と直接見えた結果、その人物に魅了され、個人的な信を置くようになったことは、幕府にとって、このときの拝謁、とりわけ親密な環境で両者が接した内拝謁の大きな成果であったといえるだろう。パークスがさらに本拝謁ののち、「わたしは将軍がどのような地位を占めることになろうと、可能なかぎりかれを支援したいと思っている」「将軍は、これまでわたしが知り合った日本人の中で、もっともすぐれた人物であるように思われる」とまで述べるにいたったことに、[60]ここで併せて触れておくことにする。

さて、食膳の内容はまことに絢爛たるものであったが、[61]紙幅の都合で、ここで具体的に紹介することは断念せざるをえない。この内拝謁は、慶応三年三月二五日の英公使パークスを皮切りに、二六日には蘭総領事ファン＝ポルスブルック、二七日仏公使ロッシュ、二九日米公使ヴァン＝ヴァルケンバーグを相手に繰り返された。[62]

（2）本拝謁

こうして国別の内拝謁が成功裏に進むさなか、幕府側から既出の英公使館員ミットフォードに対して、前回大坂訪問時の打ち合わせに基づく本拝謁の改訂式次第が示された。[63]日本側の改訂案は、先の指摘をよく踏まえており、イギリス側から見て修正を要する部分は少なかったというが、[64]話し合いの結果、二項目の修正がなされることになった。ミットフォードはパークスへの報告のなかで、提示された式次第と、その場での合意版とを、新旧対照表のような形式にまとめているが、そのうち、この段階で変更のあった部分を取り出すと以下のとおりである。なお、（ ）内は補足説明のため筆者が書き加えた。

（旧①）公使は謁見の間に入ると大君に一礼し、老中が大君に公使を披露。公使は老中に名を呼ばれてから前進する。

公使は大君に向かって口上を述べ、大君の答礼を伺ったのちに退出する。

（新①）公使は随員を連れて謁見の間に入り、その際、老中が大君に公使を披露。引き続き、公使は随員を伴って大君の近くまで進み、口上を述べると、大君が答辞を述べる。

大君のお言葉ののち、公使は随員を紹介する。随員は大君の前に進み出てお辞儀をする。大君はこれに会釈で応える。大君は外交団の一人一人および海軍大佐に対して短い言葉をかけ、彼らはそれに答える。これは、ヨーロッパ諸国の宮廷における慣習である。

紹介が済むと、公使は随員を引き連れて退出する。

（旧②）（謁見終了後、別席にて、）公使は（老中に対し）、拝謁および、（その場で老中が手交した大君からの）贈り物への謝辞を述べる。

（新②）（謁見終了後、別席にて、）公使は（老中に対し）、（その場で老中が手交した大君からの）贈り物への謝辞を述べる。(65)

はじめに一つ目の訂正事項に関して、公使が謁見室に入る際、随員を伴うことが許されるべきだというのは、先に見たとおり、前回打ち合わせの際にミットフォードが問題にしたことの一つであった。それが再び議論の対象になったということは、全体としては英公使館の意見を柔軟に採り入れたとされる幕府が、この問題に関しては十分な注意を払わなかったということになる。が、ミットフォードの報告によれば、あらためて指摘を受けた幕府側はまったく躊躇せず修正に応じたとのことであり、(66)本件について特別の抵抗を示そうとしたわけではないようである。

注目したいのは、ミットフォードがこうした次第書のなかにまで、「これは、ヨーロッパ諸国の宮廷における慣習である」との一文をわざわざ書き込んでいることである。また、彼は、この新旧対照表型の次第書を添えてパークスに最終報告をした文面でも、計四頁の必ずしも長くない書簡のなかで三回、同趣旨の文言を書き込み、自分が「ヨーロッパ諸国の元首が外交団を迎接する際の慣習に沿ってこの式次第を完成した」旨を強調している。(67)

上官のパークスは、むろんこのことに無関心であったわけではないが、ミットフォードの交渉成果に沿って本国外相宛の報告を行う彼自身の筆致からは、先にも触れたように、結果として日本の下位に置かれた形となる様式の採用を徹底して防ぐという意識が読み取れる一方、全体がヨーロッパの慣習に則ったものでなければならないという強い意向は、必ずしも浮かび上がってこない。ヨーロッパ型の儀礼にこだわったのは、むしろミットフォード自身であったと考えられ、ここには、中国育ちの叩き上げの外交官として、「下位に置かれた形となる様式」に悩まされ続けてきたパークスと、イギリスの上流階級に育ち、その儀礼を当然の様式として身につけたミットフォードの違いがよく表れている。

他方、二つ目の修正点は謁見終了後の場面に関するものだが、上に引用した新旧比較だけを見れば、御礼は贈り物に対してのみで、拝謁の御礼を老中に述べる必要はないと、ミットフォードがその部分を取り下げさせたかのように解釈しうる。が、ここで削除されようとした部分は、このあとで見るように最終的な式次第にも残ったままになっており、とくに大きな問題であったわけではないらしい。ミットフォードのパークス宛報告によれば、論点は御礼ではなく、むしろ贈り物のほうにあった。ミットフォードはその場で、公的外交儀礼においては一連の儀式のあとでそのような気遣いは不要であるとコメントしたのである(68)。

ここで贈り物の件が問題になったのは、ミットフォードの前回大坂訪問時に示された式次第案にはそれが書き込まれていなかったからである(69)。しかし、幕府にとっては朝鮮通信使以来、外国使節の迎接に際して贈り物を持たせるのは当然のことだったのであろう。ミットフォードはこの点についてこれ以上何も述べていないが、彼から話を聞いたはずのパークスが本国外相宛に書いたところによれば、外国奉行らは、もし贈り物を取りやめれば「日本の慣習を侵すことになる」と主張し、予定どおり授与されることになったのだという(70)。ミットフォードから見ればヨーロッパの慣習に従い、幕府にとってもみずからの慣習と合致する範囲で取りまとめられたのが、このたびの式次第ということになる。

ところで、ミットフォードが前回、幕府に修正を要求した問題は、上記の随員の件を含めて二点あったはずだが、もう一つはどうなったのだろうか。もう一つとは、謁見の間に入室した公使と将軍との距離の問題である。これについては、右に引用した新旧表の一組目、「旧」のほうに、「公使は……前進する」とあるこのたびの幕府側の提案が、すでに修正の結果を表している。従来の式次第では、「……ミニストル……御下段より二疊目に而拜……御下段上より三疊目ニ進み……」(71)という具合に細かく立ち位置を指定していたのをやめ、前進の仕方を公使に任せたのである。ミットフォードは、もはやこれを問題にすることはなかったが、随員問題との関係でこの部分に手を加えた際、「公使は随員を伴って大君の近くまで進み……」(傍線筆者)とさりげないニュアンスを添えた。

これらの点は、幕府の記録とした残された当日の式次第では、どのような形になったのか。左に該当部分を掲げる(傍線、句読点は筆者による)(72)。まず、謁見室に入室する公使に関しては、最初の傍線部「ミニストル其外一同」という書き方に、「ミニストル」に「通辯官」がついていくだけの以前の形とは異なる、大勢での入室が想定されている。また、上意ののち「ミニストル附屬士官之姓名逸々申上之」と、公使による随員の紹介が組み込まれ、さらに将軍から「四五人えは少々ツ、上意有之」と、まずこの点について、ミットフォードとの調整結果はすべて反映されている。

外國人登　城

御目見之次第

三月廿八日

一、英吉利ミニストル登　城

……

一、出御之節ニ至り、殿上間え大目付相越會釋有之。大目付外國奉行御目付差添、ミニストル其外一同御席え罷出、謹拜。年寄共、英吉利ミニストルと披露。ミニストル其外前え進、ミニストル口上申上之。上意有之。ミニストル附屬士官之姓名逸々申上之。御會釋有之但、四五人えは少々ツヽ、上意有之、御答申上之。畢而ミニストル其外一同退去。相濟而

入御。

……

他方、謁見後、隣室で老中と挨拶の交換をするくだりについては、以下のとおり、将軍からの時服の贈り物があることも、公使がそれに対して御礼をいうことも、日本側の慣例どおりである。さらには結局のところ、ミットフォードがいったん除外した「御目見」そのものへ「御禮申上之」との設定も元に戻され、ここは幕府が主張を通したことがわかる。

……

一、御次之間におゐて時服被下旨、年寄共演述之頂戴。ミニストル御目見幷被下物御禮申上之。于時若年寄出席、一同及挨拶。相濟而、ミニストル其外殿上間え退去。大目付外國奉行御目付差添。

……

ところで、先に言及したように、日本における信任状捧呈の相手を天皇と考える英公使は、このとき将軍に対し、外交代表としての口上を述べるにとどまり、式典の場に国書を持参しなかった。そのことは式次第中、右の一つ目の引用部に現れている。他方、他の三か国の代表は、自身の口上に続き随員を紹介する前に、それぞれ本

国元首が署名した信任状を将軍に捧呈した。(73)

ただし、彼らの任命時に発給され、このときまで手もとに保持していたのは、前将軍への捧呈を前提とした信任状であり、ロッシュが本国宛の報告にしたためているように、本来のルールからすれば、新将軍宛のものがあらためて届くまで、待たなければならないところであった。しかし、少なくともロッシュの言によれば、幕府がこの儀式に見出している重要性に応えるとの理由で、あえてそのルールを度外視し、手持ちの親書を捧呈することにしたのだという。(74) 他方、イギリス公使が信任状を捧呈しないことについては、外国奉行とミットフォードの直前の打ち合わせの際、前者が後者に確認し、後者は、このたび公使から将軍へ捧呈すべき書簡があるとは聞いていないと答えたという顛末が、イギリス側で書き残されているが、(75) それが揉め事になった形跡はない。

三　その後の展開――まとめにかえて――

(1)「各國之御交際永續之爲め……」

大坂城における、四か国代表の徳川第一五代将軍慶喜拝謁式は、こうして慶応三(一八六七)年三月二五日から四月一日にかけ、順次、成功裏に挙行された。(76) 日本と諸外国との間の、少なくともその時点での友好関係強化に、これがきわめて大きな効果をもたらしたことは、すでに紹介した外交官側の報告文から明らかであろう。儀式の印象にとどまらず、政治的懸案も、サトウの言葉を借りれば「……満足に進行し、五月の半ば(慶応三年四月上~中旬――筆者注)には、まずこれ以上は望めまいと思われる段階にまで達した」という。(77)

ここで注目したいのは、このたびの一連の試みを総括する形で、幕府において四月一二日付で作成された、二組の文書である。(78) まず、老中より、外国奉行ほか、幕府内で対外関係にかかわるすべての係を対象に、各国代表の着坂日程に始まり、登城の際の次第、随員の人数等を振り返り、整理した記録が回付されている。その趣旨は、今後のためこれらの段取りを心得置くようにとのことであり、以上の事務手順に加え、謁見の場での将軍上意の文言があらためて下付された。

もう一組が、大仕事を終えて江戸に帰着した外国奉行らが起草して老中に提出した、左の「御觸案」と、それを受けた江戸在府の老中が、現地の状況を知る上方側の老中へ、その扱いについて意見を求めた書状である。

御觸案

今般格別之御禮典ニ而、各國公使大坂へ被　召寄、拝謁被　仰付。右は各國之御交際永續之爲め厚き御趣意有之候儀ニ付、是迄觸達候趣も候得共、御趣意之旨尚厚く相守、以來外國人へ對し不敬之振舞無之樣可被心得候事。

ここからは、このたびの拝謁式挙行の成果をそれ限りでは終わらせず、「各國之御交際永續之爲め」に生かしていこうとする強い意思が看取される。管見の限り、この案について伺いを立てられた上方側老中の返書は見当たらず、「御觸案」が成案となった記録はない。とはいえ、必ずしも無碍に却下されたという証拠があるわけでもなく、そもそも老中レベルのイニシアティブとして、右のとおり儀式終了後間もない時点で一連の経過を整理し直し、広く対外業務の第一線にある幕臣に共有させようとしたことを考えれば、仮に何らかの理由で触案が日の目を見なかったとしても、その方向性を否定したものではあるまい。少なくともここでは、幕府が今後、同様の事柄に対処する機会が多く訪れることが当然の前提とされ、完了したばかりの仕事はすでに、その際の重要な先例として位置づけられている。

米公使ヴァン＝ヴァルケンバーグが一八六七年六月一八日（慶応三年五月一六日）付で本国宛に報告しているところによれば、正式に通知を受けたわけではないが、幕府内で発行された回覧文書を手に入れたという。和暦で四月一二日付、老中井上正直から、目付、外国奉行、神奈川奉行、長崎奉行および箱館奉行に宛てたもので、三つの部分に分かれており、第一部は、各国代表の着坂日程から始まる一連の式次第の記録、最後の部分は、四か国代表への将軍上意をテキスト化したものであったらしい。

入手経路は記されていないが、間違いなく本物の回覧文書であるとヴァン＝ヴァルケンバーグ自身は述べており、三区分の第一、式の進行に関する部分が、日本語で残された幕府の式次第と細かなところまで一致することからも、一定の信頼を置くことができそうである。この第一および第三の部分が、右の老中文書の一組目に該当することは間違いなかろう。いま、その間に挟まれていたという部分の一部を、ヴァン＝ヴァルケンバーグ報告から和訳して以下に紹介する。

公使らを栄えある儀式で迎接したうえは、彼らに江戸帰着の祝辞を述べるに際して、老中の屋敷に招待し、饗応すること。そのような席では仕事の話はせず、心地よい話題のみとりあげること。

今後は時折、老中が外国公使を居宅に招き、饗応すること。老中らは外国公使の招待を受け、公館で馳走に預かってもよい。

……

以上は、外国奉行および神奈川奉行においても同様である。

公使や他の公使館員らは、友好目的、業務目的のいずれにおいても奉行宅を訪問することができる。(79)

これはその内容から、のちの明治二六（一八八三）年、勝海舟によって刊行された『開国起原』に、「各国公使上坂、拝謁仰せ付けられ候につき、後来外国公使御取扱ひぶりの規則、御取極めに相成り、江戸へ仰せ越さる、左の通り」(80)として収録された文書に該当することは疑う余地がない。いつ、どの範囲に触れ出されたものであるのかは特定できないが、「江戸へ仰せ越さる」という表現からは、先の外国奉行による「御觸案」が在府老中から在京の老中の検討に供されたのち、より踏み込んだ、しかも具体性をともなった内容となって返ってきたとの推測すら可能であろう。いずれにせよ、駐在外交官というものを日本国内に迎えるようになって以来の大きな進展が、生じようとしていた。

サトウがこの時期の記憶として書き残している次の一節は、この新方針がたしかに実践されつつあったことを裏付けているように思われる。

私たちと幕府の役人との関係は、このころから急に親善味をおびてきた。こんなことは、前には思いもおよばぬことであったろう。……私は外国奉行の面々につぎつぎと招待され、日本式の食事をごちそうになった。(81)

以上が、慶応三（一八六七）年春、第一五代将軍慶喜による四か国代表謁見の顚末である。この儀式は、慶喜と幕府に、まずは外交上の勝利をもたらしたといってよい。しかし、この時点で大政奉還までの残り時間は、あとから振り返ればすでに半年しかなかったのであり、外交に関する幕府の「やる気」は、長期的な効果を発揮することはできなかった。このとき完成され、終了後、関係部局に念入りに共有されたプログラムでの将軍拝謁式も、結果から見れば、これが最初で最後の挙行となったのである。

（2）幕府の終焉から天皇の外交儀礼へ

一〇月一四日、徳川慶喜が朝廷に大政奉還の上表を提出、一二月九日、いわゆる「王政復古クーデター」、明けて慶応四（一八六八）年正月三日、鳥羽・伏見開戦、同六日、慶喜が大坂城を脱出、同一二日江戸着、二月一二日に江戸城を去り、上野寛永寺に謹慎。――その経過は詳述するまでもあるまいが、徳川将軍の時代は、ここに完全に終わりを告げた。

他方、外国代表らにとって、日本との外交は終わっていない。慶喜東帰直後の正月一五日、新政府は諸外国代表が詰めていた兵庫へ参与兼外国事務取調係東久世通禧を送って彼らと会見させ、今後、「内外政事」を天皇が司ることを、天皇の名において通告した。これは外国側に、新政府の「承認要求」と受け取られた。[82] 外交団の側は、この日本国内の分裂に対して局外中立の姿勢をとり、正月二五日には共同でその旨の宣言を発する。[83] しかしその裏で、前年三月に慶喜へ信任状を提出しなかった英公使パークスは、先の展開を見越し、新たに天皇へ宛てた女王の信任状を、すでに大政奉還の直後に本国へ要請していたのだった。[84]

二月上旬には、新政府が天皇の各国外交官謁見を提案し、事態は表向きにも変化を見せ始める。その後の紆余曲折は省略するが、これは結果として、二月三〇日（仏、蘭）、および三月三日（英）に、京都で実現した。[85] いまだ正式には局外中立の立場をとりながらも、こうして各国代表が天皇の招請に応じたことで、政権の交代は決定的になったと見るべきだろう。

この日の謁見から始まる「ミカドの外交儀礼」については、中山和芳の著作がある。[86] パークスはこの天皇の謁見式について、「事情が許す限りにおいてヨーロッパ宮廷で採用されるものに近い」様式で行われたと述べた。[87] ただし、中山が紹介している三か国列席者らの式典報告を見るに、その様式は、[88] ここまでの時代を見てきた筆者の視角からは、旧幕時代に整備されたものとよく似通っていることを書き添えておきたい。

このとき、幕府と朝廷の間で式次第の引き継ぎなどがあったはずもない。また、朝鮮通信使などを迎えてきた幕府の場合と異なり、その時点での朝廷には、むろん各種の儀礼伝統はあっても、外交儀礼の蓄積はなかった。こうした事態において、新政府内の実働レベルでこの儀式の準備にあたった伊達宗城と後藤象二郎が事前に式次第の助言を請うた相手が、やはり英公使館の部下たちであったことには、[89] 注目しておいてよい。ミットフォードらは、徳川将軍の謁見様式を新政府に伝えようとしたわけではあるまいが、「ヨーロッパ宮廷で採用されるものに近い」形を伝授した結果、俄仕立てながら、前政権と大きくは違わない式の形態ができあがったと考えられる。その意味では、徳川時代にすでに十分な発達を見せていた日本の外交儀礼は、外交団サイドの手によって、明治新政府下のそれへと引き継がれていったことになろう。

英公使は、ここから約二か月後の閏四月一日、大坂西本願寺の仮御所において、あらためて正式に明治天皇に謁見し、そのときまでに本国から届いていた新たな信任状を捧呈した[90]。外国政府による、初の明治政府正式承認とされる場面である。また、イギリス以外の外交代表は、天皇が東京に入ったあと、この年の一一月以降に、相次いで信任状を捧呈した。これら一連の儀式も、基本構造は同様であった[91]。

新政府はこののち、明治三（一八七〇）年にいたって外国使臣の朝見の儀を確定し、多くの側面を改定したとされる[92]。しかしそのなかには「使節參朝の時は……向後饗饌の式を設け、……西洋料理を賜ふ事[93]」など、本研究の立場からはけっして新規でない事項も含まれる。たとえば、その饗饌で活躍することになる「日本フランス料理の父」ルイ・ベギューの叔父ラプラスが、最後の将軍慶喜の外交儀礼を支えたことを、明治維新を跨いだ連続性のなかで眺める視野は、これまで多分に欠けていたように思われる。

（1）関連する主な拙論として、「幕臣筒井政憲における徳川の外交――米国総領事出府問題への対応を中心に――」（『日本研究』三九集、二〇〇九年）二九～六四頁、「幕末の対欧米外交を準備した朝鮮通信使――各国外交官による江戸行の問題を中心に――」（劉建輝編『前近代における東アジア三国の文化交流と表象――朝鮮通信使と燕行使を中心に』国際日本文化研究センター、二〇一一年）一九〇～二一〇頁、「引き継がれた外交儀礼――朝鮮通信使から米国総領事へ――」（笠谷和比古編『一八世紀日本の文化状況と国際環境』思文閣出版、二〇一一年）五三五～五六四頁、「持続可能な外交をめざして――幕末の外交儀礼をめぐる検討から――」（『日本研究』四八集、二〇一三年）一〇一～一二七頁。

（2）サトウ、アーネスト著、坂田精一訳『一外交官の見た明治維新（上）』（岩波書店、一九六〇年）二五二頁。

（3）通信全覧編集委員会編『続通信全覧 類輯之部 四』（雄松堂出版、一九八五年）二頁。

（4）黒板勝美編『續德川實紀 第四篇』（吉川弘文館、一九六七年）三六二頁。

（5）通信全覧編集委員会編『続通信全覧 類輯之部 三』（雄

松堂出版、一九八七年）、六八八～六八九頁。また、前掲註(4)黒板書。

(6) 家近良樹『徳川慶喜』（吉川弘文館、二〇一四年）一三〇～一六三頁参照。

(7) たとえば、岩下哲典編著『徳川慶喜――その人と時代――』（岩田書院、一九九九年）四七頁。

(8) 詳しくは前掲註(1)の既刊論文を参照。

(9) 前掲註(6)家近書、一七〇～一七一頁。

(10) 前掲註(3)書、三～九頁。なお、「下げ札」の部分は省略した。

(11) 前掲註(1)拙稿「引き継がれた外交儀礼」五四四～五四五頁。

(12) たとえば、鳴岩宗三『幕末日本とフランス外交』（創元社、一九九七年）一六三～一六四頁。

(13) 前掲註(6)家近書、一四九～一五六頁参照。

(14) 柴田が組頭を務め、訪問先各国（女王が夫君アルバート逝去による喪に服していたイギリスを除く）での国王、皇帝拝謁の場にも列席した、幕府の文久二（一八六二）年遣欧使節の日々の経験については、当面、日本史籍協会編『遣外使節日記纂輯一・三』（東京大学出版会、一九七一年・覆刻原本一九二九・三〇年）を参照のこと。また、柴田の人物評として、芳賀徹『大君の使節』（中央公論社、一九六八年）七〇～七一・一〇〇～一〇三頁。一方、慶応元（一八六五）年、横須賀製鉄所設立準備を中心とする、より実務的な目的で渡欧した際の記録は、柴田剛中「仏英行」（沼田次郎・松沢弘陽校注『西洋見聞集』岩波書店、一九七四年）二六一～四七六頁。後者の場合には正式な謁見はないが、訪問先各地で政府高官や交渉関係者との「対食」を経験していることに留意したい。なお、本書では菅良樹論文が柴田を取り上げている。

(15) 前掲註(3)書、三四～三五頁。また、前掲註(1)拙稿「持続可能な外交をめざして」一〇一～一二七頁を参照のこと。

(16) 前掲註(3)書、一二頁。

(17) 渋沢栄一『徳川慶喜公伝3』（平凡社、一九六七年）二九八頁。

(18) 石井孝『明治維新の国際的環境』（吉川弘文館、一九五七年）四七一～四七九頁。

(19) 萩原延壽『慶喜登場 遠い崖4――アーネスト・サトウ日記抄――』（朝日新聞社、二〇〇七年）一七八～一八八頁。

(20) 信任状捧呈の基本的な意義については、Satow, Ernest Mason, *A Guide to Diplomatic Practice*, 2nd Ed., Vol. I, London, New York, Toronto, Bombay, Calcutta, and Madras: Longmans, Green and Co., 1922, pp.218-220.

(21) 田辺太一著、坂田精一訳・校注『幕末外交談2』（平凡社、一九六六年）二一一～二二二頁。

(22) 前掲註(19)萩原書、一八六～一八八頁。

(23) 前掲註(3)書、一三～一七頁。また、「外國人謁見一

件　各國共同之部」（東京大学史料編纂所蔵、外務省引継書類）。
(24) 前掲註(3)書、一五頁。
(25) 「英米佛蘭四公使上坂謁見　乾」（東京大学史料編纂所蔵、外務省引継書類）。
(26) 伊藤薫『フランス料理人伝説　第四巻――日本のフランス料理人史　ビジュアル版――』（エービーシーツアーズ、二〇一一年）四一～四五頁。
(27) 前掲註(6)家近書、一七六～一七七頁。
(28) 勝海舟全集刊行会編『勝海舟全集19　開国起原V』（講談社、一九七五年）七二五頁。
(29) 前掲註(3)書、九五頁。
(30) 前掲註(3)書、三三頁。
(31) コータッツィ、ヒュー著、中須賀哲朗訳『ある英国外交官の明治維新――ミットフォードの回想――』（中央公論社、一九八六年）一四頁。また、岩下哲典編『江戸時代　来日外国人人名辞典』（東京堂出版、二〇一一年）二八三頁。
(32) 前掲註(31)岩下書、二七五～二七六頁。
(33) 前掲註(19)萩原書、二〇〇頁。
(34) Mitford to Parkes, 26 Feb. 1867, Incl. in Parkes to Stanley, 28 Feb. 1867, Foreign Office (U.K.): Political and Other Departments: General Correspondence Before 1906, Japan (FO 46/78), (The National Archives, U.K. [NA]).
(35) 前掲註(19)萩原書、三五七～三五八頁。また、前掲註(34)。
(36) 前掲註(34)。
(37) 前掲註(3)書、三八～三九頁。
(38) Parkes to Stanley, 28 Feb. 1867, FO 46/78 (NA).
(39) 前掲註(31)岩下書、二八一～二八二頁。
(40) Tseng-Tsai, Wang, "Audience Question: Foreign Representatives and the Emperor of China, 1858–1873", *The Historical Journal*, Vol.14, No.3 (1971), pp.617–626.
(41) とくにこの問題が原因となって、文久二（一八六二）年初頭に行われるはずであった初代英公使オールコックの二度目の拝謁は中止された。Alcock to Russell, 20 Mar. 1862, FO 46/21 (NA).
(42) 日本史籍協会編『【新装版】徳川慶喜公伝　史料篇三』（東京大学出版会、一九九七年）三～三七頁。
(43) 前掲註(21)田辺書、二五三～二五七頁。
(44) 前掲註(6)家近書、一六九頁。
(45) 前掲註(42)書、三一頁。
(46) 前掲註(42)書、三一頁。
(47) 前掲註(3)書、四七～四八頁。
(48) 「各國公使上阪御用留」（東京大学史料編纂所蔵、外務省引継書類）。
(49) 前掲註(3)書、五〇～六六頁。
(50) 前掲註(3)書、一一三頁。
(51) Parkes to Stanley, 4 May 1867, FO 46/80 (NA). 和訳

は筆者の責による。以下、原文が外国語であるものについては同じ。

(52) 東京大学史料編纂所編『幕末外国関係文書之十七』（東京大学出版会、一九八五年）七四四〜七四五頁。

(53) Van Valkenburg to Seward, 6 May 1867, Diplomatic Dispatches: Japan, General Records of the Department of State (N.A.M.133/ R.G.59), (The US National Archives and Records Administration [NARA]).

(54) 前掲註(2)サトウ書、二五四頁。

(55) たとえば、前掲註(19)萩原書、四〇三〜四〇四頁。

(56) 前掲註(2)サトウ書、二五〇頁。

(57) 前掲註(18)石井書、三〇七〜三一三頁、四三三〜四四七頁など。

(58) 前掲註(19)萩原書、四〇一頁。

(59) Parkes to Stanley, 6 May 1867, FO 46/80 (NA).

(60) 前掲註(19)萩原書、四〇七〜四一一頁。

(61) 前掲註(3)書、八五頁

(62) 前掲註(3)書、八二〜一〇六頁。

(63) Mitford to Parkes, 30 Apr. 1867（前掲註59同封書類）.

(64) 前掲註(59)。

(65) "Arrangements for the Reception of H.M's Minister by the Tycoon"（前掲註59同封書類）.

(66) 前掲註(63)。

(67) 前掲註(63)。

(68) 前掲註(63)。

(69) 前掲註(3)書、三四〜三五頁。

(70) 前掲註(59)。

(71) 前掲註(3)書、三四〜三五頁。

(72) 前掲註(3)書、九三〜九四頁、ならびに前掲註(25)。

(73) 前掲註(25)。

(74) Roche à Moustier, 8 May 1867, Correspondance Politique, Japon, Vol.15 (CP15), (Les Archives diplomatiques du ministère des Affaires étrangères, France [AD] / 横浜開港資料館蔵複写版 Ca4/01. 36).

(75) 前掲註(63)。

(76) 前掲註(3)書、一〇一〜一〇七頁。

(77) 前掲註(2)サトウ書、二五八頁。

(78) 前掲註(3)書、一一三〜一一七頁。

(79) Van Valkenburg to Seward, 18 June 1867, N.A.M.133/ R.G.59 (NARA).

(80) 前掲註(28)書、七一七〜七一八頁。

(81) サトウ、アーネスト著、坂田精一訳『一外交官の見た明治維新（下）』（岩波書店、一九六〇年）五頁。

(82) 前掲註(81)サトウ書、一三七〜一三八頁。

(83) 前掲註(5)書、四五〇〜四五一頁、前掲註(81)サトウ書、一〇九頁。

(84) Parkes to Stanley, 28 Nov. 1867, FO 46/82 (NA).

(85) 前掲註(81)サトウ書、一六二〜一七八頁。また、Parkes to Stanley, 25 Mar. 1868, FO 46/92 (NA).

(86) 中山和芳『ミカドの外交儀礼――明治天皇の時代

――』（朝日新聞社、二〇〇七年）。

(87) Parkes to Stanley, 26 Mar. 1868, FO 46/92 (NA).

(88) 前掲註(86)中山書、二〇～三六頁参照。

(89) 前掲註(81)サトウ書、一八二頁。

(90) Parkes to Stanley, 30 May 1868, FO 46/93 (NA).

(91) 前掲註(86)中山書、四四～五一頁。

(92) 前掲註(86)中山書、八一～八二頁。

(93) 宮内庁『明治天皇紀　第一』（吉川弘文館、一九六九年）三二一四頁。

神戸開港に臨んだ外国奉行柴田剛中
――大坂町奉行・兵庫奉行兼帯期の動向――

菅　良樹

はじめに

大坂町奉行は、図1のとおり、大坂城京橋口門前の東御役所と、それより西に下り、東横堀川東岸の西御役所にそれぞれ一名ずつ赴任し、原則定員二名であった。ところが、元禄九（一六九六）年より一時的に堺奉行が廃止された際、町奉行の定員は三名となり[(1)]、慶応期に兵庫奉行が再置された際には、五名となった。

本稿で検討する柴田剛中《たけただ》は、慶応三（一八六七）年五月、外国奉行に在任しながら大坂町奉行に任じられた。同二四日に、ようやく兵庫開港勅許が降りた際、柴田は外国奉行・大坂町奉行・兵庫奉行兼帯という特異な職責を果たしていた。柴田は、本務は外国奉行で、歴代の町奉行とは似て非なるものであった。

外国奉行の先行研究としては、加藤英明の論考[(2)]、大坂町奉行についての先行研究としては、藪田貫[(3)]、渡邊忠司[(4)]、高久智広[(5)]らの論考や著作がある。通常の町奉行とは異色のミッションを帯びた柴田の動向を追跡することは、幕末期の大坂・兵庫地域について考察するうえで不可欠な課題のひとつとなろう。

柴田が頻繁に出会っていたアーネスト・サトウは、日本の政治情勢を浮説も含まれているとはいえ的確に摑ん

図1　天保大坂図(『大阪市史』附図、清文堂、1979年復刻)

でいた。サトウは、慶応元年将軍家茂が条約勅許を力説し、将軍後見職の一橋慶喜が孝明天皇を説得して条約批准がついに認められたこと、関白二条斉敬は賢明であるが幕府に追随し過ぎていたということ、家茂が慶喜に暗殺されたのではないかという噂や、孝明天皇も天然痘による病死ではなく暗殺されたのだという噂が流れていたということをはじめ、さまざまな政治情報を収集していた[6]。

サトウの上司でイギリス初代駐日公使であったラザフォード・オールコックも日本の政治状況を正確に洞察しており、日本には、ミカド(天皇)とタイクン(将軍)がおり、将軍は天皇の代理で政治を掌握していること、朝廷には、摂政・太政大臣・左大臣・右大臣などがいること、幕府が全国に三〇〇におよぶ封建諸侯(大名)を配置しており、老中制度、若年寄制度、奉行制度などの支配機構により成り立っていると的確に捉え、大坂城が徳川家の居城として最も軍事的に優れていること、大坂の町が貿易港として適地であることまで認識していた[7]。

そのオールコックの後任であるイギリス公使ハリー・パークスは、柴田剛中ら幕府使節の洋行を援助したフランス公使レオン・ロッシュとはライバルであった。イギリスは、日本との自由貿易をめざすには幕府と結びつくよりも薩長と通じることを得策とみるようになっていた[8]。柴田などの外国奉行は、こうした日本の国情をよく捉えていた列強の外交官と対峙していたのである。

将軍慶喜は、慶応三年二月より大坂城においてフランス公使ロッシュに欧米の内政・外交について諮問し、慶喜は内閣制をはじめヨーロッパの国制に興味を持った。柴田と旧知のロッシュも慶喜を支援し大きな期待をかけていた。慶喜は、ナポレオン三世と親書を交わすようにまでなっていた。だが、慶喜はとても慶応の幕政改革を推進する余裕はなく、大政奉還を「決断」したとみられる。つまり、ロッシュの日本外交は挫折し、幕府に夢を託していたロッシュは本国政府の命令で駐日公使を解任されたのである[9]。

第一節においては、柴田の先行研究について検討し、第二節では、兵庫開港に関して概説しながら、柴田の履歴を述べ、第三節では、柴田剛中文書中[10]の彼の自筆日記である「日載十」[11]という貴重な記録を用い、京阪地域の緊迫した政治情勢を論じつつ、兵庫奉行在任中における柴田の動向について、具体的に時系列で検討したい。

一　柴田剛中の履歴と先行研究

既述のとおり、柴田の本職は外国奉行であった。外国奉行は幕府外交や海防を専門とした海防掛の廃止にともない、安政五（一八五八）年七月八日に設置された。当職は、場所高二〇〇〇石高で、遠国奉行上席であり、大坂定番・長崎奉行・京都町奉行・大坂町奉行をはじめとする幕政における要職者と同じ芙蓉間詰であった。その配下としては、外国奉行並（場所高一〇〇〇石）、外国奉行支配組頭（三〇〇俵高、役料二〇〇俵）、外国奉行支配調役（一五〇俵高、役料二〇人扶持）、同調役並（一〇〇俵高、役料七人扶持、役金六〇両）がいた[12]。

この外国奉行は、幕府外交に関係しながら大目付・勘定奉行・神奈川奉行・長崎奉行・大坂町奉行・兵庫奉行などを兼務し、幕府官僚の監察官、幕府財政の統括官、遠国奉行職としても勤務していた。当職に就いた者の中には、欧米への遣外使節や駐仏公使、駐英公使として派遣される者がおり、老中支配下で各々幕末期外交の最前線で活動していたのである(13)。

さて、柴田が兼務していた兵庫奉行は、慶応三（一八六七）年七月に再置された段階では、場所高二〇〇〇石、役料一五〇〇石で、席次は箱館奉行の次となった。兵庫奉行は、短期間で兵庫開港、大坂開市をなすことを要求された激務であった。同奉行支配組頭（一五〇俵高、役料二〇〇俵、役金八〇両）には、山本長次郎と森山多吉郎がいた(14)。森山については、単なる通訳官の域を超えて外交の枢機に通じていたという(15)。ラザフォード・オールコックは、森山を聡明で最も信頼しうる人物と評価していた(16)。

兵庫奉行就任までの柴田剛中の研究としては、君塚進(17)、羽場俊秀(18)、塚越俊志(19)の優れた成果がある。それらによると、柴田は天保四（一八三三）年父良通の死去にともない跡式を得、小普請入りし、天保一三年に徒目付となる。その後、嘉永六（一八五三）年に評定所勘定役、安政元（一八五四）年に評定所留役助、翌二年に同留役と進み、二〇人扶持を拝領した。さらに、同五年九月外国奉行支配組頭に昇り、家禄・役料併わせて一〇〇〇俵を給せられ、文久元（一八六一）年に布衣を許され、一〇〇俵加増となる。

柴田は、この年イギリス、フランスなどへ洋行し、その帰国直後、外国奉行並高一〇〇〇石に昇進し、文久三年一一月からは外国奉行として箱館に在勤し諸太夫となる。ついで、慶応元（一八六五）年閏五月、その経験を買われ、正使として再び洋行した。そして、兵庫開港が迫る慶応三年七月、外国奉行・大坂町奉行・兵庫奉行兼帯に起用され、先記のとおりその禄高は二〇〇〇石となっていた。この内訳は、本高二〇〇俵、足高一八〇〇俵、足高外御手当金二〇〇両で、加えて一生扶持として一五人扶持を得ることになった(20)。柴田は、累進を遂げたとはいえ、本高二〇〇俵の幕臣であったが、有能さ故に莫大な足し高や役料を得て、幕府外交の中枢で国際派として活躍していたことを強調しておこう。

ところで、柴田が一回目に参加した文久元（一八六一）年の遣欧使節は、正使が勘定奉行・外国奉行兼帯であった竹内保徳で、柴田は外国奉行支配組頭として加わった。当使節の第一の目的は、国内において根強い反発がある新潟・兵庫両港と、江戸・大坂両市の開市・開港延期交渉を行うことであった。幕府は、初代駐日イギリス公使ラザフォード・オールコックの権力を背景に、列強から開市・開港延期の同意を得ることをめざした。(21)

つぎに、柴田が二回目に参加した慶応元（一八六五）年閏五月の遣欧使節では、既述のとおり、外国奉行に就任しており正使として活躍し、柔軟で粘り強い交渉をしたという。この使節は、駐日公使ロッシュとのちに初代横須賀製鉄所長となる幕府御雇フランス人ヴェルニーの支援によりフランスそしてイギリスへ向かった。当使節派遣の目的は、近代的な海軍などを創設するため各地の製鉄所、造船所を視察し、技術者や歩・騎・砲兵の教官を招聘することにあった。当期の幕府外交は、親仏派の勘定奉行兼外国奉行の小栗忠順《ただまさ》、横浜駐在の栗本鋤（瀬兵衛）らが主導していたといわれている。その背景には、慶応元年四月、列国の外交団をリードしていたイギリス公使オールコックが本国に帰国していたことがあり、ロッシュの地位が相対的に有利になっていたからとみられる。(22)

遡って、柴田は文久元年以後、右記の外国奉行小栗忠順と公私ともに交際し、文久三年初め以来、老中格小笠原長行に随行するようになり、同年五月一〇日には将軍後見職の一橋慶喜より攘夷応接談判取りかかりの命がくだる。七月七日には城中大評議に列席し、外交を中心にではあるが、幕政の一翼を担うようになった。さらに元治元（一八六四）年には目付栗本鋤と行動を共にするようになっていた。(23)

このように、君塚は文久元年、羽場や塚越は慶応元年の遣欧使節における柴田の活動について検討し、柴田はその二つの使節にそれぞれ外国奉行組頭ついで外国奉行として参加し幕府外交で大きな役割を果たし、一橋派の著名な幕臣と繋がっていたとした。こののち、柴田が外国奉行・大坂町奉行・兵庫奉行を兼任し、幕府最末期に外交の最前線で活動していたことは、『兵庫県史』、『神戸市史』や桑田優の研究でとりあげられている。[24]そこでは、柴田が神戸開港へ向けて、その居留地造成実務に尽力していたことは簡潔に論じられているので、次節以後では、従来明確にされていない柴田の大坂、神戸在任中の動向について幕末争乱と関連させながら検討する。

二　兵庫開港と柴田の兵庫奉行就任

兵庫開港勅許についての朝議は難行していたが、将軍慶喜は、イギリス公使パークスやフランス公使ロッシュの督促で、慶応三（一八六七）年三月二八日、同四月一日には、大坂城で四ヶ国代表と個別に接見し、兵庫開港の決意を表明していた。[25]そして、慶喜は列国公使との約束どおり、朝廷内での反発を顧みず、五月二四日に兵庫開港勅許を、ついに獲得した。柴田剛中は、この開港実務を統括するため慶応三年七月、兵庫奉行に就任し、「兵庫開港御用」、「大坂居留地御用」の任に就いた。

兵庫開港予定地には、人口二万におよぶ兵庫市街地があったため、その地は避けられ、湊川東側地域が開港場に選定された。つまり兵庫ではなく神戸開港となったのである。神戸は、街道沿いの市街化が進んでいたが、その周辺には幕領村々が多く、水田や棉作地が広がり、新市街形成に適していた。

慶応三年六月には、柴田が開港場建設計画をまとめ、居留地造成を神戸村庄屋生島四郎大夫が請け負うことになった。一方、兵庫開港勅許前の四月、勘定奉行塚原昌義らが兵庫商社設立案を作成したが、この案は外国貿易を幕府が管轄し近代的軍備を充足することをねらったものである。商社設立や資金供出には、老中板倉勝静の「差図」により、大坂の鴻池善右衛門らを中心に、兵庫津の北風荘右衛門、神戸村の生島四郎太夫、御影村の嘉納治郎右衛門、魚住村の雀部市郎右衛門、今津村の鷲尾松三郎、鳴尾村の辰馬半右衛門、播磨加東郡太郎太夫村の近藤文蔵などの豪商・豪農が加わった。これに対し、イギリスのパークスやアーネスト・サトウは、幕府が大坂や兵庫・神戸・灘・西宮の豪商や豪農を用い、貿易で利益を得ようとしていると見抜いていた。そこで、パークスは、商社以外の商人との取引を求めていた。その兵庫商社は、旧幕府と薩長の対立が表面化し、京阪地域が不穏な情勢となると、同年末に閉鎖された。

この年の一〇月一四日、慶喜は大政奉還を決断し、一方新政府は一二月九日に王政復古のクーデタを断行するという風雲急を告げる情勢であった。九月下旬～一〇月には、幕府海軍の主力艦である開陽丸や順動丸などが摂海に集結していた。この頃、軍艦奉行榎本釜次郎（武揚）らが、大坂・兵庫沖で活動しており、長州藩の伊藤俊輔（博文）は列国に大坂を中心に戦闘がおこり、外国人の身柄は保証できないので、開港を延期するよう求めていた(26)。

このように、京阪神地域は急迫した情勢下であったが、柴田は兵庫で冷静沈着に行動していたことを強調しておきたい。みずからの判断で状況を見定め、老中や同役の大坂町奉行の招請にも容易に応じず、兵庫に極力留まり、列国の公使館員と談判し、開港準備に専念していたのである。開港勅許が降下されたのは慶応三年五月であり、同一二月の開港に間に合わせるため、この短期間で居留地および港を建設することは激務であった。そこで、柴田は開国場を迂回する西国往還付け替え事業については、大坂谷町の上方代官斎藤六蔵に分担させることを幕閣に求めていたが七月にはそのことが許可されていた(27)。

同年五月の、「日載十」によると、「商社云々幷大事ニ而も要といたす儀者専断いたし小事者勿論之旨等伺済(28)」とあり、「小事」だけでなく「大事」についても柴田の判断で開港実務が決裁されることが許可されていた。柴田の任務は急を要するものであり、老中板倉勝静や城代牧野貞直らの「下知」や「差図」を待たずに、兵庫での開港準備を専断することを任されていたことは、本稿において注目してしておきたい。

柴田は、遣欧使節団に参加し、外国奉行並として生麦事件における日英交渉にも関係しており[29]、彼の兵庫奉行就任は、こうした豊かな外交経験が買われてのことであったといえよう。

三　兵庫奉行在任中の動向

本節においては、兵庫奉行に任命された柴田剛中の動向について、柴田の自筆日記「日載十」より作成した表1をとおして論証したい。柴田と連絡を取り合っていた大坂町奉行、外国奉行などの幕府官僚については、表2を掲出する。

（1）神戸開港準備

慶応三（一八六七）年五月一三日、西ノ丸芙蓉間にて、柴田は外国奉行兼帯で大坂町奉行に任じられた。さらに御用部屋で、「兵庫・大坂外国人居留地御用」を命じられた。柴田は、通常の大坂町奉行としての行政実務を期待されていたのではなく、外国奉行として、兵庫開港に備えていくことが求められていたといえよう。このことは、表1からも判明するが、柴田は大坂町奉行の小笠原長功から書類九冊を借用するなどして大坂赴任の仕度をしながら、神奈川や江戸で、列国公使館や自宅において幕府御雇外国人のイギリス人シールやフランス人で初代横須賀造船所所長ヴェルニーと出会っていた。また、神奈川のプロシア公使館で大坂・兵庫の外国人居留地についての談判をし、兵庫・大坂開港の準備に取り組んでいた。

五月中旬～六月中の大坂出立前、柴田は毎日のように登城していたが、ついに六月一日、兵庫・大坂開港決定が告げられた。同二二日には、「兵庫御用留」などの預箱を受け取り、同二六日出立し、七月八日には京都に到着した。同日、柴田は御雇外国人のシールを大坂に呼び寄せたいという書状を江戸へ差し立てていた。翌九日には、老中板倉勝静《かつきよ》に二条城登城を命じられ、柴田は大坂町奉行兼帯で兵庫奉行にも任じられた。翌一〇日には、

表1　兵庫奉行在任中の柴田剛中（慶応３年５月〜慶応４年１月）

年.月.日	主　要　事　項
慶応３．５．13	西ノ丸芙蓉間にて、外国奉行兼帯大坂町奉行に就任
	御用部屋で、兵庫、大坂外国人居留地御用を命じられる
	大坂町奉行の小笠原長功から書類九冊を借用し大坂赴任の準備
	江戸や神奈川で、列国の公使館や自宅において幕府御雇外国人のイギリス人シールやフランス人で初代横須賀造船所所長ヴェルニーと参会
	神奈川のプロシア公使館で大坂、兵庫の外国人居留地についての談判
6．1	兵庫、大坂開港決定
6．22	「兵庫御用留」などの預箱を受け取る、出立
7．8	京都到着、書状にて御雇外国人シールの大坂招請
7．9	老中板倉勝静が二条城登城を命令、大坂町奉行兼帯で兵庫奉行に就任
7．10	京都出立、伏見乗船、八軒家浜着岸
7．11	旅宿北組惣会所にて神戸村の田畑買上用の御用金、神戸商社説諭の件で上方代官斎藤六蔵と面談
7．18	斎藤六蔵へ19日より兵庫居留地の土木事業開始が命令される
7．24	西国街道付替御用は斎藤六蔵に命じられたとう連絡到来
	同日、慶喜各国公使が着坂、柴田は老中板倉勝静、同小笠原長行《ながみち》に随従して列国公使に対応
8．3	大坂を出立、兵庫旅宿の二ツ茶屋村善福寺に到着【図２】
	神戸村に居留地造成、新港を開くこととする
8．5	元ドック模様替協議
	この８月中、毎日のように居留地建設場所を見廻る
	海岸波除地、荷揚場石垣入札
	勝海舟が幕府海軍養成のため設置した元軍艦操練所模様替をし、兵庫奉行の拠点とする計画成立
8．20	生田神社祭礼があり、村方より19日より３日間は休日願い
	城代より柴田のもとに諸幣、会社差金２通が到来
	海岸石垣、波除け付出敷設工事；地元神戸村庄屋生島四郎太夫落札
9．20	毎日午前より会所出勤、操練所内仮役宅へ転居
9．26	大坂島屋が運上所建設落札
	10月中に越前松平家、若狭小浜酒井家の領民が出店願を提出
10．4	貸蔵３、税関（運上所）１棟を島屋が落札
	雨天で居留地造成現場が休日になれば、会所で書類の取調
10．16	就寝後大政奉還の知らせが柴田に到来
10．17	城代より大政奉還の御達
10．19	城代より大政奉還、御所にて御聞届の御達
10．20	上坂命令、柴田は兵庫で開港延期の浮説が流布するなど不穏であるので、森山多吉郎が代理として上坂
	外国人墓地見廻り
10．30	大坂目付松平信敏、老中板倉勝静より再三の上坂命令にも応じなかったがついに柴田は10時に兵庫出立、２時に淀屋橋着岸、町奉行所に出仕
11．初	旅宿を島町長光寺に、毎日町奉行所に出勤
	兵庫在駐のシールよりの申し出
	イギリス士官・公使館員ミットフォードや公使館員サトウよりの兵庫表軍艦食糧調達の件と仮病院設置の件を相談
	京都の慶喜政権へ建白書を提出
11．11	大坂より兵庫に帰港、午後より会所に出勤

11.18	ミットフォードやサトウと面談
11.30	長州藩兵が蒸気船にて俄に打出浜へ上陸の連絡到来、京阪地域に展開する
	幕府軍艦にそのことを伝達
12. 1	イギリス人ロコックやウィルキンソンと開港地を見廻る
	ロシア公使と外国人墓地を見分
12. 2	イギリス軍艦にて公使同船で再び大坂へ出向き、居留地に上陸
	西町奉行小笠原長功と面談
	４日まで内平野町会所止宿、老中板倉勝静、若年寄田沼意尊、同役東町奉行松本寿大夫、西町奉行小笠原長功、相役兵庫奉行石川利政と会合
	勝静、意尊と兵庫・大坂規則書の件等についてイギリス、フランス公使に面談
12. 4	兵庫に関する折衝終了、柴田は夜10時に淀屋橋より乗船
	翌６日早朝兵庫に帰港
12. 7	開港日
	会所へ出勤、税関開業、12時には英米両国軍艦が祝砲、陸地砲台が応砲
	開陽丸をはじめ幕府軍艦が英米アドミラール船へ祝賀に訪れる
12.11	西国往還付替工事担当の代官斎藤六蔵が新街道(六甲山中への迂回路・徳川道)落成を報知
	兵庫奉行石川利政、大坂鉄砲奉行並佐藤与之助が京都の緊迫した情勢(王政復古)を報知
	再び上坂命令
12.14	大坂城にて慶喜は英仏公使と引見、天候悪化のため兵庫出船不能
12.15	10時に兵庫出船、午後３時に八軒屋浜着岸、東町奉行所到着
12.16	列国公使拝謁の儀式挙行、柴田は当式に列席
	27日まで大坂に連泊、毎日御役所(東町奉行所)へ出仕あるいは登城
	その間、兵庫地租の件などをイギリス、プロシアの公使館員と談判
	幕府と薩長とが対立している状況が急速に変化することはないと判断
	28日早朝兵庫に帰還
12.30	大坂城にて開戦決定、外国惣奉行並塚原昌義より上坂命令
	柴田はすぐには動かず
慶応４．１．１	元旦を兵庫で迎え、家来やイギリス公使と新春祝賀
１．３	京都、大坂、西宮で戦火があがっているという報告
１．４	鳥羽・伏見開戦の情報が到来
１．６	幕府軍が伏見で敗北の報、柴田は驚愕
	慶喜は老中板倉勝静、同酒井忠惇《ただとお》、前京都守護職松平容保、前所司代松平定敬《さだあき》らを随従、京橋口より大坂城を退去、１月７日江戸へ出帆
１．８	大坂城は空き城、尼崎城は薩摩藩が乗っ取る
	城代、町奉行も大坂を退去
１．９	勝静より、ようやく敗報
	柴田は税関の取り扱いを、御用達島屋久次郎に命じ、プロシア、オランダ公使に当所警衛を依頼し遁走
１．12	一旦神奈川港に投錨し、再度大坂の模様を知り驚嘆
１．17	英公使館員ロコック同船にて柴田は２時に品川へ進み上陸、その後直接登城
	11時過ぎに江戸居邸に帰宅
	兵庫居残りの森山多吉郎より「神戸事件」の連絡
	老中上座酒井忠惇より兵庫奉行御役御免

出典：「日載十」より作成。本表作成には、神戸市文書館蔵柴田剛中文書の写真帳を利用。リール番号５、史料番号98。

表2　慶応3年　柴田剛中・兵庫奉行在任中に連携していた幕府官僚等

氏　名	役　職	在任年月／備考	禄高(元高)
竹内幸彝	大坂東町奉行	慶応2．6．　～3．12．2	600石
松本寿太夫	大坂東町奉行	慶応3．12．　～4．2．4	400俵
松平信敏	大坂東町奉行	慶応3．12．　～4．1．16	1,200石
小笠原長巧	大坂西町奉行	慶応3．1．29～4．2．23	3,000石
貝塚典直	大坂西町奉行	慶応3．　～4．2．23	
柴田剛中	大坂西町奉行 外国奉行 兵庫奉行	慶応3．5．13～4．1．	200俵
石川利政	外国奉行 兵庫奉行	慶応3．10．15～4．2．17	300俵
山口直毅	陸軍奉行並 外国惣奉行並	慶応3．6．28～	2,500石
塚原昌義	外国惣奉行並	慶応3．6．28～	300俵
江連堯則	外国奉行	元治元．9．10～	100俵
小栗政寧	勘定奉行		580石
横山半左衛門	銃隊頭並	慶応3．2．26～	420石
榎本釜次郎	軍艦頭並	慶応3．7．8～	100俵
大鳥圭介	歩兵頭並		50俵
須田双一	撒兵頭並		150俵
斎藤六蔵	大坂谷町代官		150俵
松野銕十郎	勘定役		
佐藤与之助	大坂鉄砲奉行並	慶応2．4．9～	50俵
添田一郎			
山本長次郎	兵庫支配組頭	慶応3．9．20～	
森山多吉郎	兵庫支配組頭	慶応3．9．　～	
中里鎌[　]			
広川元三郎	会津藩軍事役	秋月悌二郎使者	

註：「日載十」（神戸市文書館所蔵柴田剛中文書写真帳、史料番号98）をもとに、柴田が面談、書状のやりとりをしていた者のうち、著名な幕府官僚等を抽出した。

なお、貝塚は大坂町奉行であったので一応掲出したが、実際には交流が見られなかった。

出典：『柳営補任』五（大日本近世史料）、『柳営補任』六（前出）、熊井保編『改訂新版江戸幕臣人名辞典』（新人物往来社、1997年）、深井雅海・藤實久美子編『江戸幕府役職武鑑編年集成』36（東洋書林、1999年）より在任期間、禄高等を整理した。

京都を発し、伏見より乗船し淀川を下り、八軒家浜に着岸した。一一日、旅宿北組惣会所に上方代官の斎藤六蔵が神戸村の田畑買上用の御用金、神戸商社説諭の件で面談のため来宅していた。一八日には斎藤六蔵へ翌日より兵庫居留地の土木事業に取り掛かることが命じられ、加えて江戸より御用状が到来し、各国公使が上坂してくることが城代より達せられた。二一日には、五月三一日に大坂定番制度が廃止されていたので、その配下の組与力が治安の安定化を図るため兵庫奉行の支配下にも編入されることになった。

二三日、柴田は大坂鉄砲奉行並佐藤与之助と、勝海舟やその佐藤が以前に関わっていた兵庫ドッグの件で面談し、二四日には、西国街道付替御用も命じられた。同日、慶喜や各国公使が着坂し、柴田は、老中板倉勝静、同小笠原長行《ながみち》に随従して、外国人公使を応対した。フランス公使は八月一日、イギリス公使は同二日に退帆したので、柴田は三日には大坂を出立し、ようやく兵庫旅宿に指定されていた二ツ茶屋村の善福寺に到着した。

善福寺は、図2（口絵3参照）のとおり、花隈城跡の南に位置し、柴田は現在の元町付近に拠点を置き、兵庫津ではなく神戸村、つまり現在のJR線三宮駅～元町駅の南側一帯に居留地を造成し、新しい港を開こうと、積極的に活動した。五日には、勝が設けていた元ドック模様替の件について協議し、また老中板倉勝静、慶喜側近で兵庫開港問題に関与した原市之進、フランス公使との間で談判をした。八日には、柴田が頻繁に交流していた外国奉行山口直毅《なおき》とフランス公使との折衝が終了した。この八月中、柴田は毎日のように、居留地建設場所を見廻り、西国古往還見分を終了させた。加えて、海岸波除地、荷揚場石垣入札がなされ、さらに勝海舟が幕府海軍養成のため設けていた元操練所模様替が計画された。元軍艦操練所には、松平阿波守（阿波徳島蜂須賀家）の軍勢が、「兵庫津御固」として駐屯していたが、この軍勢は柴田の建議ですでに他所へ移されていた(30)。

この間、毎日のように工事が続行されたが、八月二〇日には生田神社祭礼があり、村方より一九日から三日間の休日願いが提出されると、繁忙期であったのにも関わらず受理された。城代よりは、諸幣、会社差金が到来し、

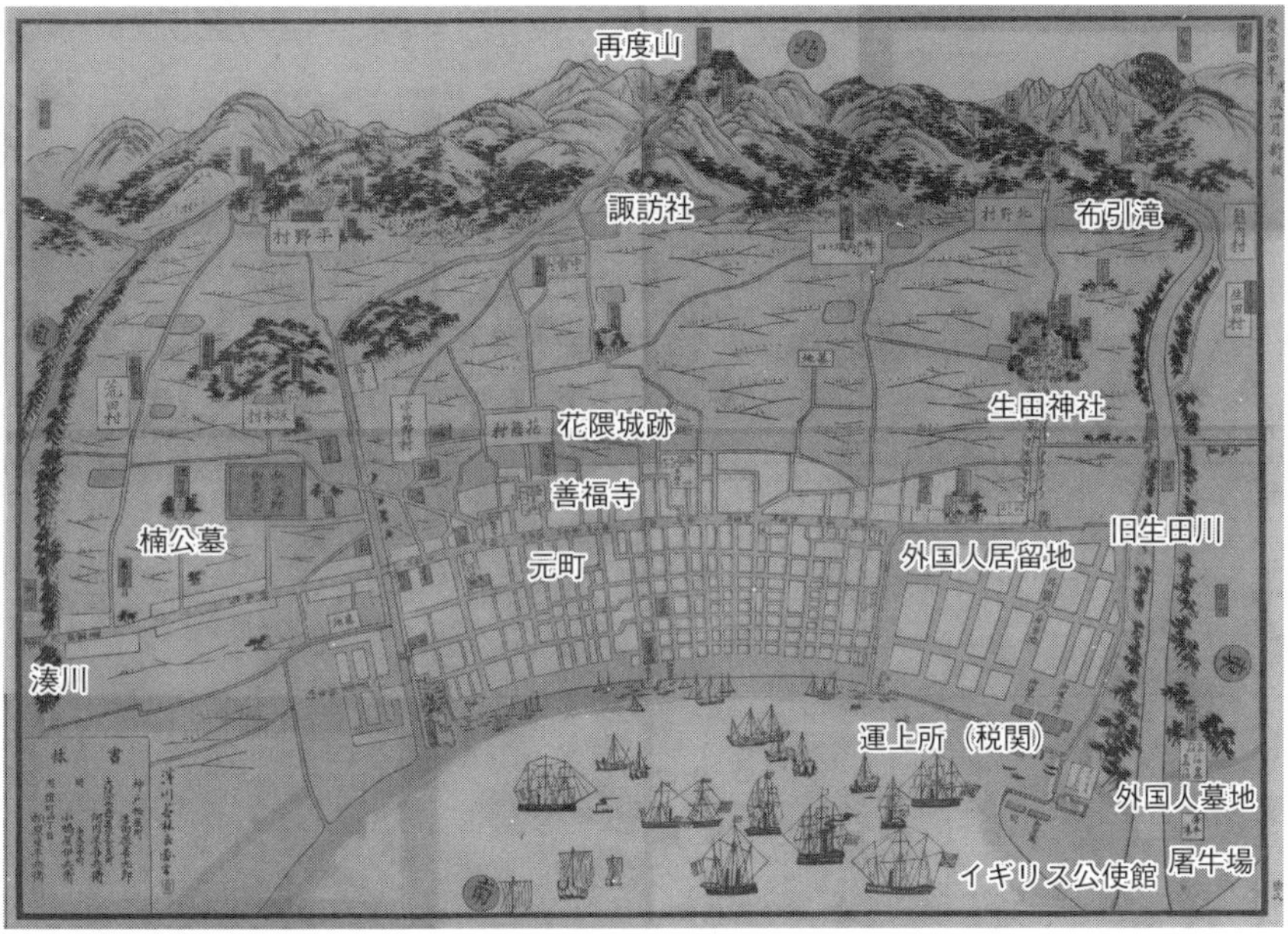

図2　兵庫県御免許開港神戸之図（慶応4年4月、神戸港と市街、若林良図写）
（中尾松泉堂書店複製、国際日本文化研究センター蔵　資料ID002150910）

海岸石垣、波除け付出工事については、地元神戸村庄屋生島四郎太夫に落札された。生島は、この居留地造成の請負入札により、海岸石垣築立金八二〇〇〇両、波止場築立金九〇〇〇両、地平均金六万九八五〇両、総額八万七〇五〇両で引き受けることになった[31]。

九月中も柴田は居留地建設場所の見廻りを連日続行した。二〇日以後は、操練所内に設けられた役宅に転居し、会所出勤という文言が毎日見られるようになった。兵庫奉行による居留地行政執行のための役宅、およびその役所である会所が、元軍艦操練所跡付近に設立されていた。二六日には大坂島屋が運上所建設を一万九五八五両で落札した。一〇月中は、越前松平家、若狭小浜酒井家の領民が居留地での出店願を提出し、四日には貸蔵三棟、税関（運上所）一棟をまた島屋が一二〇〇〇両で落札していた。柴田らは、雨天で場所（居留地造成現場）が休日になれば、会所で書類を取り調べた。

同一三日には、「京都不穏」という討幕の密勅降下あるいは慶喜による大政奉還の決断をにおわせる容易ならざる事態となったという情報が報知され、開陽丸の榎本釜次郎（武揚）からもその情報がもたらされた。そして、一六日の就寝後、大政奉還の知らせが柴田にも到来した。一七日、一九日には、城代よりも改めて大政奉還の布達があり、二〇日には柴田に上坂命令が下った。しかし柴田は、兵庫で開港延期の噂が流布されるなど不穏であるので、森山多吉郎を代理として上坂させた。

先述したが、この森山は、慶応三年九月、外国奉行支配調役格通弁御用頭取より兵庫奉行支配組頭に昇進しており(32)、柴田の補佐官として活動していた。森山は、とくに外国語の能力に秀で、列強との交渉における最前線で活躍してきた吏僚である。森山は柴田とコンビを組んで、神戸開港をめざしていた。

さて、神戸に残っていた柴田は会所に出勤し、外国人墓地を見廻り、老中板倉勝静や大坂目付松平信敏からの再三の上坂命令にも応じず兵庫に残り職務を続けていたが、三〇日ようやく重い腰を上げた。一〇時に兵庫を出立し、二時に淀屋橋に着岸して、町奉行所に出仕した。

一一月上旬、柴田は滞坂中の旅宿を島町長光寺に定め、毎日町奉行所に出勤し、兵庫在駐の御雇英人シールよりの申し出や、イギリス士官で公使館員をも勤めていたミットフォードと同公使館員アーネスト・サトウよりの兵庫表軍艦食糧調達、仮病院設置の件を相談し、京都の慶喜政権へ建白書を提出した。一一日には、大坂より兵庫に帰港し、午後より会所に出勤した。一八日には、ミットフォードやサトウと面談し、二六日には中浜万次郎が長崎より大坂への御用物を持参した。柴田は、この間毎日会所に出勤し外交事務を次々とこなしていた。三〇日長州藩兵が打出浜へ蒸気船にて俄に上陸したという憂慮すべき連絡が入ると、京阪地域に展開する幕府軍艦にそのことを伝達した。

このように情勢が切迫し大坂や兵庫沖に列強の軍艦が展開するなかで、柴田は一二月一日駐日イギリス公使館員ロコックやウィルキンソンと開港地を見廻り、ロシア公使と外国人墓地を見分した。二日イギリス軍艦にて公使同船で、再び大坂へ出向き、居留地に上陸した後着坂し、西町奉行小笠原長功と面談した。同四日までの間、柴田は、内平野町会所に止宿し、老中板倉勝静、若年寄田沼意尊《おきたか》、同役の東町奉行松本寿大夫、西町奉行小笠原長功、相役の兵庫奉行石川利政と会合をもち、勝静・意尊とは兵庫・大坂規則書の件についてイギリス、フランス公使に面談した。同日、兵庫に関する折衝が終了すると、夜一〇時に淀屋橋より乗船し、開港日が迫る翌五日早朝、ようやく兵庫に帰港した[33]。

（2）開港後の神戸と鳥羽・伏見の敗戦

開港前、大坂・兵庫の住民は、間近に迫る貿易の開始とそれにともなう開港・開市を祝っていた。サトウは柴田より、神戸の住民が緋縮緬《ひぢりめん》の装いで行列を組み、お祭り騒ぎが一週間も続いたと聞いていた[34]。開港を翌日に控えた六日、イギリス公使館で外国船の碇泊場所に関して、最後の談判がなされた。そして、同七日ついに開港日を迎えた。柴田は会所へ出勤し、税関が開業となり、一二時には英米両国軍艦が祝砲の式を挙行し、陸地砲台が応砲し、開陽丸をはじめとする幕府軍艦がイギリスとアメリカのアドミラール船（巡洋艦）へ祝賀に訪れ、開港式典は滞りなく終了した。

同一一日、柴田に代わり西国往還付替工事を担当した代官斎藤六蔵が新街道（六甲山中迂回路・徳川道）落成を報知してきた。柴田は各公使と当所地税などについて折衝し、開港場の業務を執行していたが、兵庫奉行石川利政、大坂鉄砲奉行並佐藤与之助などより薩長が幼帝（明治天皇）を担ぎクーデタをおこした（王政復古）という京都の緊迫した情勢が伝えられ、またもや上坂を命じられた。一四日、大坂城にて慶喜は英仏公使と引見していたが、柴田は天候悪化のため出船できず、一五日午前一〇時に兵庫を出船し、午後三時に八軒屋浜に着岸し、その東に位置する東町奉行所に到着した。一六日列国公使拝謁の儀式が挙行され、柴田も列席した。柴田は、二七日まで大坂に連泊し、毎日御役所（東町奉行所）へ出仕し、あるいは登城した。その間、柴田は兵庫地租の件などをイギリス、プロシアの公使館員と談判した。柴田は、幕府と薩長との対立状況が急速に変化することはないと判断し、二八日早朝、一旦兵庫に帰還した。

だが、同三〇日大坂城にてついに開戦と決定され、外国惣奉行並塚原昌義より上坂を命じられるが、柴田はすぐには動かず、正月元旦を兵庫で迎え、家来やイギリス公使と新春を祝った。しかし、三日には京都、大坂、西宮で戦火が上がり、四日には鳥羽・伏見で開戦したという情報が到来し、六日には旧幕府軍が伏見で敗北し、幕府軍が枚方方面へ敗走していることが知らされ、柴田は驚愕した。同日には、慶喜は老中の板倉勝静、同酒井忠《ただ》惇《とお》、前京都守護職松平容保《かたもり》、前所司代松平定敬《さだあき》等を随従させ、京橋口より大坂城を退去した。七日には、彼らは江戸へ向け天保山沖を出帆した。八日には、大坂城は空き城となり、大坂城防衛に不可欠とされてきた摂津尼崎城は薩摩藩に乗っ取られ、城代、町奉行も大坂を退去したという知らせを入手した。九日には勝静から敗報がようやく到来し、柴田は税関の取り扱いを、御用達島屋久次郎に命じ、当所警衛をプロシア、オランダ公使に依頼し、遁走した。

柴田は、同一二日神奈川港に投錨し、再度大坂の模様を詳しく知り、改めて驚いていた。柴田は二時に品川へ進み上陸、直接登城し、一一時過ぎに帰宅した。その後、老中小笠原長行らと対談して、今後の大坂・兵庫開港場について会談していた。一七日には兵庫居残りの森山多吉郎より列国公使と備前藩兵が衝突したいわゆる「神戸事件」の連絡があったが、柴田は同日老中上座酒井忠惇より兵庫奉行御役御免を命じられた(35)。

以上、右に述べたことが、表1に掲げた柴田の動向において重視すべき点である。

では、柴田の活動についてさらに強調しておくべきことを論じておこう。

大坂東町奉行兼帯として赴任した柴田は、嘉永・安政期に専任で大坂西町奉行を勤めた川村修就《ながたか》のように大坂で通常の町奉行として御用日や内寄合に出席し、その合間に城代屋敷へ出向いて行政実務を執行するという通常の勤務形態ではなかったことが明確となった(36)。柴田は大坂で外交実務が必要なときは、市中の寺院や町会所を宿館として、本丸や町奉行所に登庁して、老中、若年寄、他の町奉行、大坂目付と職務を遂行していた。一方、兵庫に赴任すると、花隈近くの善福寺を宿館として、神戸村（現三宮）の居留地建設に専念した。地均し、海岸石垣、波除築き出しは神戸村庄屋生島四郎太夫、貸蔵三棟・税関一棟は大坂島屋久次郎が落札し、彼らに工事を請け負わせた。

柴田は、慶応三年九月二〇日には、神戸村の元操錬所構内、現在の神戸海上保安部東側近辺の役宅に転居し、居留地建設場所を見廻っていた。柴田は転居した前後からは、その付近にあった会所に出勤し、ウィルキンソン、ミットフォード、アーネスト・サトウといったイギリス公使館員を中心にフランス、プロシア、ロシア、アメリカの公使館員と談判を繰り返していた。一方大坂に出張すると、連日老中板倉勝静をはじめとする重職者や、表2に記した外国惣奉行並山口直毅、同塚原昌義、同奉行江連堯則、大坂東町奉行竹内幸彝《ゆきつね》、西町奉行小笠原長巧、同役石川利政、軍艦頭並榎本釜次郎、大坂鉄砲奉行並佐藤与之助、大坂谷町代官斎藤六蔵などの幕府吏僚と対談していた。

柴田は兵庫在勤中には、こうした幕府要路の吏僚と書状をやりとりし、開港準備に余念がなかったのである。そうしたなかで、大政奉還、ついで戊辰戦争前夜の不穏な情勢にも遭遇していたが、その間も蒸気船用の石炭貯蔵、越前藩・若狭小浜藩の豪商による兵庫居留地での出店願いにも配慮し、開港に備えていた。兵庫奉行在任中の柴田を補佐した同奉行支配組頭の森山多吉郎は、柴田の代理として大坂に派遣され、柴田が鳥羽・伏見戦争の

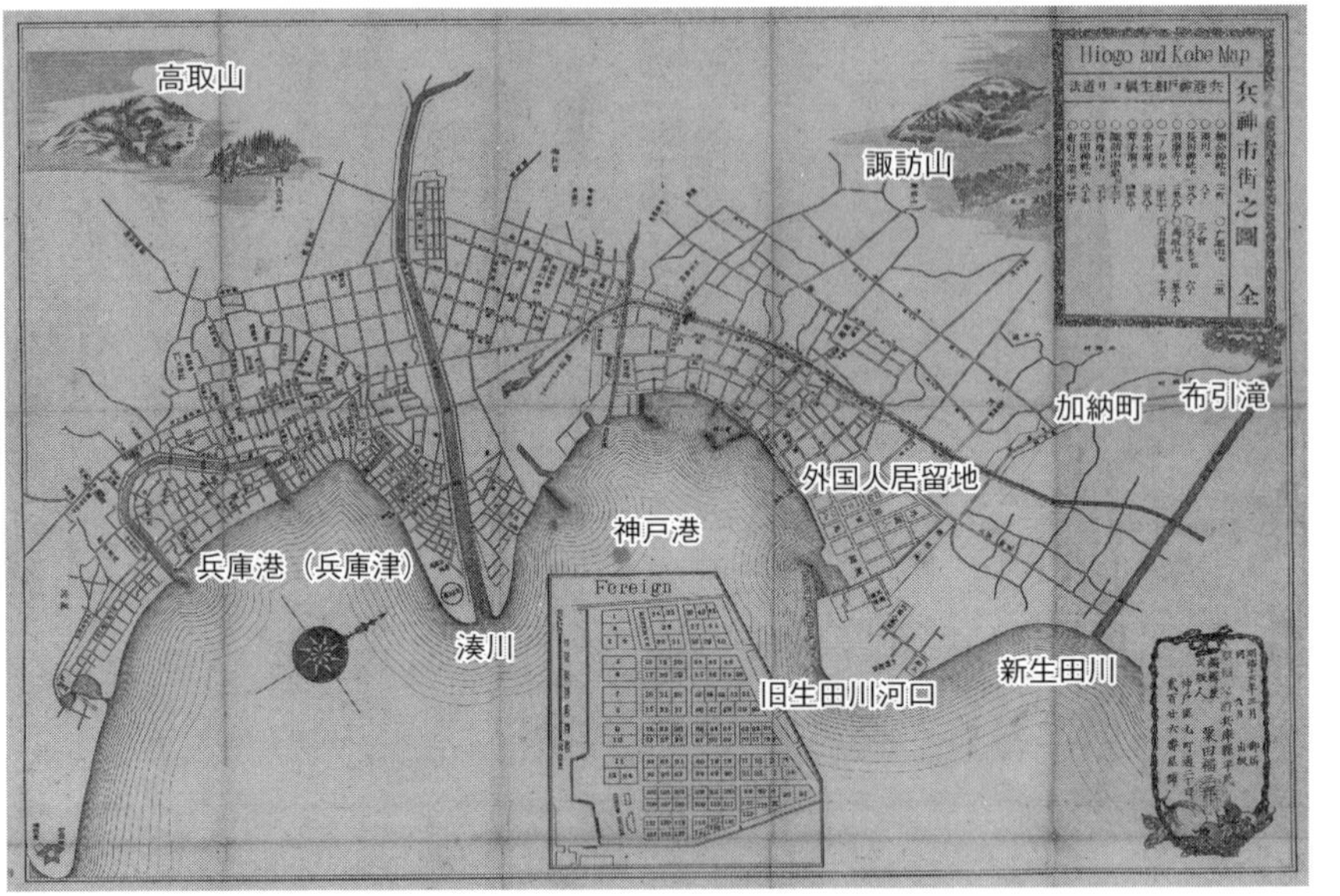

図3　兵神市街之図（明治13年4月、兵庫港（兵庫津）と神戸港、粟田福三郎編）
（国際日本文化研究センター蔵　資料ID002467397）

敗戦により兵庫を退去した後も留守居を勤め、柴田の右腕といえる役割を果たしていたようだ。岩下哲典[37]が論証したとおり、日米和親条約締結交渉などで活躍してきた森山の職域は単なる通訳官の域を超えて幕府の外交実務の中軸にあった。これに対し柴田の相役であった石川利政は大坂に詰め、ほとんど兵庫で勤務することはなかった。

柴田配下の吏僚や柴田家家来の役割も重要であったであろう。「日載十」には、家人として侍三人、中間四人がいたと記されている。この日記には、才輔、長次郎（山本・支配組頭）、佐次、清七、金五（多久謹吾）といった名前が記録されているが、彼らは支配組頭をはじめとする配下の吏僚や柴田家家老、用人（公用人）、右筆などとして活動していたと考えられる。大身でない柴田家家来には、譜代のものだけでなく、「渡りの用人」[38]あるいは「渡りの給人」というべき者が含まれていたであろう。

柴田をはじめとする外国奉行の活躍と、大坂および神戸近辺の豪農商の参画により、慶応三（一八六七）年一二月七日、図2にあるように、兵庫津ではなくその東に位置する神戸村（現三宮）が開港されたのである。詳説すれば、現在のJR線、阪急線、阪神線三宮駅を南下した神戸市役所、同税関、同海上保安部一帯が開港場の中心となった。こうして、図3のとおり古代〜近世に繁栄した「兵庫津」にあたる現在の兵庫を中心とする旧市街と、「神戸港・居留地」を中心とする現在の三宮・元町を中心とする新市街とによって、複眼的に形成された市街を擁する「新たな兵庫」いや「港町神戸」が形成された。

ちなみに、維新政権発足後の柴田は、上総山辺郡に閑居し、たびたび東京に赴き明治政府から外交問題について諮問を受けていたという[39]。柴田の豊かな見識が、明治政府の外交にも生かされていたことは注目すべきであろう。

おわりに

「日載十」を軸に柴田剛中について本稿で論説したことを左に述べよう。

（1）柴田は、欧米への渡航経験等を買われ、外国奉行として神奈川・江戸間を往来して活動していた。ところが、兵庫（神戸村）開港が具体化すると、大坂町奉行、兵庫奉行兼務を命じられた。柴田が三職を兼帯したことは、その有能さに注目すべきであると同時に、高久智広[40]が述べているとおり、幕領、大名領、旗本領が錯綜する当地域での職務遂行に有利に働いていたと考える。また、柴田は川村修就らのように、両町奉行所での通常勤務は求められていなかったのである。柴田は兵庫に常駐し、兵庫奉行というよりも外国奉行として阪神間を行き来し、政治情勢よりも神戸開港を重視して活動していたとみられる。

（2）柴田は、花隈、元町に隣接する二ツ茶屋村の善福寺を宿館、つづいて神戸海上保安部近くの元軍艦操練所跡に設定された役宅を居所とし、居留地建設場所に出向いて、その工事を監督した。会所が完成すると、同所に毎日のように出勤して神戸開港に備えていた。

（3）柴田は外国奉行の山口・江連、谷町代官斎藤と主に連絡を取り合い、職務を遂行した。また、時々来坂していた老中の板倉・小笠原、大坂町奉行の竹内らと行動を共にし、慶喜の京阪地域での外交を軸にした政治活動の一翼を担っていた。

（4）柴田は、兵庫に着任してからは、旧知の横須賀造船所初代所長の仏人ヴェルニーなどではなく、イギリス公使館員ミットフォード、同アーネスト・サトウ、同ロコック、御雇英人シールらのイギリス人を軸に欧米人と交流して兵庫開港準備を推進した。明治政府の御雇外国人招聘の先駆といえる、幕府の御雇外国人制度の検討は重要であろう。(41)

（5）柴田は開港実務において、幕府からの指令で「小事」だけでなく、「大事」もみずから裁可を下した。幕府行政では、老中や城代へ「伺」を差し出し、「下知」・「差図」を受けることが原則であったが、幕末期になると、有能な外国奉行や遠国奉行がみずからの判断で、与力、同心などを指揮し、積極的に指導力を発揮する必要性があった。海防掛所属の吏僚と較べ、外国奉行は幕府外交において取次役の役割を果たしていただけであったとする見解があるが(42)、有能で外交に精通していた柴田やその配下であった森山多吉郎の活動は、単なる取次役の域を超えるものであったとみられる。

（6）大坂・兵庫の豪商や豪農の支援を得て、神戸開港実務を推進していたのは柴田であったが、表1にもたびたび登場し、その上役として庶政を掌握していた老中板倉勝静の役割にも着目する必要があろう。勝静は、大坂・兵庫の富裕者に兵庫商社への参加についても「差図」をしていた。その背後では慶喜が、朝廷内の摂家ら公卿と粘り強く交渉し、条約勅許さらには兵庫開港勅許を勝ち取っていた。慶喜が大政奉還を決断した意図は、天皇中心の新政権で再び権力を掌握し、国際外交を重視して日本の富国強兵を達成することにあったと考える[43]。柴田は大坂で、その慶喜政権に参画していた。

（7）柴田と森山のコンビで慶応三年一二月に開港された神戸村ではその後、図2のとおり、慶応三年〜四年のわずか二年間で、湊川河口〜生田川河口の神戸村海岸沿いに、瞬時にといえるような素早さで外国人居留地と日本人居住地等が形成された。居留地には税関（運上所）や列国の公使館が建設され、その西側の元町を含め「神戸新市街」が、これまでに発展を遂げてきた「兵庫津旧市街」とは別に成立していたのである。

柴田のような大身ではない幕臣が、在職中多額の足高や役料を給付され、外国奉行や遠国奉行として活躍していた。幕府官僚の任用が柔軟性を帯び、それによって近代外交にも対処できるよう、幕府支配機構が強化されてきていたことが認識できた[44]。

従来の君塚や羽場の研究などでは、一八世紀にイギリスがオランダの植民地を攻略し、一九世紀にはアジアにおける植民地戦争が、イギリス、フランス、ロシアの三つ巴でなされ、そうしたなかで幕府はフランスに依存しながらもイギリスとの均衡に腐心していたとした[45]。幕府政治の最末期に、大坂の重職者であった柴田は、貿易事務の統括を中心として、ミットフォード、アーネスト・サトウ、御雇い外国人シールといったイギリス人との関係を重視しており、君塚・羽場が明らかにした状況は小稿においても垣間見られたといえよう。

以上のように、神戸開港のため奔走した柴田の動向が明確となった。今後は、その柴田による居留地造成実務や外国奉行などによる神戸開港に必要な一〇〇万両に達する資金調達[46]について、より具体的に考察していきたい。

柴田は兵庫・大坂居留地の埋立工事、役所、運上所（税関）、牢屋敷、波止場、貸蔵の建設工事、旅籠屋・遊女屋、屠牛場の設置に短期間で取り組まなければならず、勘定方に莫大な資金援助と役人の派遣を要求していたのである[47]。

（1）村田路人「元禄期における伏見・堺両奉行一時廃止と幕府の遠国政策」（『大阪大学大学院文学研究科』四三号、二〇〇三年）。

（2）加藤英明「徳川幕府外交方　近代的事務担当者の先駆――その機構と人――」（横山伊徳編『幕末維新と外交』幕末維新論集7、吉川弘文館、二〇〇一年）。

（3）藪田貫「大坂町奉行の世界――新見正路日記の研究・序説――」（大阪市史編纂所『大阪の歴史』五八、二〇〇一年初出、のちに藪田貫・佐久間貴士編『大坂西町奉行新見正路日記』清文堂出版、二〇一〇年所収）。

（4）渡邊忠司『大坂町奉行所異聞』（東方出版、二〇〇六年）。

（5）髙久智広「摂海御台場築立御用における大坂町奉行の位置」（『ヒストリア』二一七号、二〇〇九年）。同「幕末期の幕府の艦船運用と兵庫津――「御軍艦御碇日」御用をめぐって――」（『日本史研究』六〇三号、二〇一二年）。髙久は、文久三（一八六三）年～慶応三（一八六七）年に大坂町奉行の松平信敏や有馬則篤が、城代・定番とともに大坂城守衛の軍隊を掌握し、台場築造、大砲鋳造、製鉄所・海軍操練所建設を担うようになったこと、町奉行が城代・定番等と畿内近国譜代大名からなる既存の軍事体制に組み入れたこと、幕府直轄港として軍事的にも重要度を増していた兵庫津が、これまで大坂町奉行の支配下にあったが、老中の板倉が町奉行を飛び越え直接支配するようになるという注目すべき指摘をした。

（6）アーネスト・サトウ著、坂田精一訳『一外交官の見た明治維新』上（岩波書店、一九六〇年初版、二〇一一年再版）一八八～二三九頁。

（7）ラザフォード・オールコック著、山口光朔訳『大君の都　幕末日本滞在記』下（岩波書店、一九六二年初版、一九八八年再版）一一四～一二六頁他。

（8）鳴岩宗三『レオン・ロッシュの選択　幕末日本のフランス外交』（創元社、一九九七年）一七四～一七五頁。

（9）前掲註(8)鳴岩書、一三七～一七六頁。

（10）「柴田剛中文書」神戸市文書館所蔵。柴田の兵庫奉行在任中の記録だけでなく、外国奉行として勤務中の記録も残存している。

（11）「日載十」は、正確には、その表紙に「慶応三丁卯年四月ヨリ同四戊辰年六月廿日マテ　東下　西上　坂地兵庫　斥職　隠居　墨邸　移居　日載　十」とある。本稿では神戸市文書館所蔵柴田剛中文書の写真帳を利用。本書冊は、リール番号五、史料番号九八。

（12）『柳営補任』六、大日本近世史料（東京大学出版会、一九六五年）三～一六頁。深井雅海・藤實久美子編『江戸幕府役職武鑑編年集成』第三十六巻　慶応三年―明治元年（東洋書林、一九九九年）「慶応三年　大成武鑑」。

（13）前掲註(2)加藤論文。

（14）前掲註(12)『柳営補任』六、六三一～三二一頁。

（15）前掲註(2)加藤論文。

（16）小野修三「書簡にみる福澤人物誌(16)　森山多吉郎、

脇屋卯三郎――外国奉行翻訳掛当時の出来事――」（『三田評論』一〇八二号、二〇〇五年）。

(17) 君塚進「『柴田剛中欧行日載』より」（『史林』四四巻六号、一九六一年）。

(18) 羽場俊秀「柴田使節団仏英視察に関する一考察」（『日本赤十字愛知短期大学紀要』一四号、二〇〇三年）。

(19) 塚越俊志「柴田使節団の派遣と任務、及び帰国後の動向について」（『開国史研究』一二号、二〇一二年）。

(20) 小西四郎監修、熊井保・大賀妙子編『江戸幕臣人名辞典』（新人物往来社・東京堂、一九九七年）「柴田剛中」項。

(21) 前掲註(17)君塚論文。

(22) 前掲註(18)羽場論文。前掲註(19)塚越論文。福地源一郎『懐往事談』（大空社、一九九三年）一二五～一四四頁。

(23) 君塚進「柴田剛中とその日載」（沼田次郎・松沢弘陽『西洋見聞集』日本思想体系66　岩波書店、一九七四年）。

(24) 『兵庫県史』第五巻（兵庫県史編纂委員会、一九七九年）五一七～五二七頁。『新修神戸市史』歴史Ⅲ、近世（新修神戸市史編集委員会、一九九四年）七二八～七二九頁。桑田優「神戸外国人居留地に駐在した外交官」（神戸国際大学『経済文化研究所年報』一四号、二〇〇五年）。

(25) 『兵庫県史』第五巻（一九七九年）五一八～五四一頁。

(26) 『兵庫県史』第五巻（一九七九年）五一八～五四一、五五六～五五八頁。アーネスト・サトウ著、坂田精一訳『一外交官のみた明治維新』下（岩波書店、一九六〇年初版、二〇一一年版）四五～四六頁。

(27) 前掲註(11)「日載十」七月二四日条、柴田剛中文書。『新修神戸市史』歴史Ⅲ、近世（一九九四年）八六六～八七三頁。

(28) 前掲註(11)「日載十」九月二九日条、柴田剛中文書。

(29) 『兵庫県史』第五巻（一九七九年）五一八～五四一頁。

(30) 「（端裏書）兵庫表神戸村元操練所之儀ニ付申上候書付　柴田日向守」続通信全覧　類聚之部　貿易門　外務省外交史料館蔵（『兵庫県史』史料編　幕末維新一、一九九八年）四八三頁。

(31) 『新修　神戸市史』歴史Ⅲ、近世（一九九四年）九一三頁。

(32) 前掲註(12)『柳営補任』六三一～六三二頁。

(33) 前掲註(11)「日載十」一二月五日条、柴田剛中文書。

(34) 前掲註(26)アーネスト・サトウ著書、八五～八六頁。

(35) 前掲註(11)「日載十」慶応四年一月一七日条、柴田剛中文書。前掲註(22)福地書、一八一～一八二頁には、柴田は森山と英汽船オーサカ号で帰府したとある。

(36) 拙稿「嘉永・安政期の大坂町奉行川村修就――ロシア軍艦ディアナ号来航問題と安政の南海地震に伴う大坂大津浪への対応――」（国際日本文化研究センター『日本研究』四七集、二〇一二年）。

(37) 岩下哲典「日米和親条約締結前後の領事駐在権をめぐ

って――オランダ通詞森山栄之助の関与とハリス駐在問題の発生と解決――」（明海大学大学院応用言語学研究科『応用言語学研究』七号、二〇〇五年）。

(38) 宮地正人「幕末旗本用人論」（同『幕末維新期の社会的政治史研究』岩波書店、一九九八年）。

(39) 日本歴学会編『明治維新人名辞典』（吉川弘文館、一九八二年）四八四頁。

(40) 前掲註(5)高久「摂海御台場築立御用における大坂町奉行の位置」。高久は触の発令など当御用における町奉行兼務の重要性を明確にした。

(41) 澤護『お雇いフランス人の研究』敬愛大学経済文化研究所　研究叢書第2冊（一九九一年）三八～六四、二五二～二六六、三二四～三二八頁。澤は横須賀製鉄所の海軍省関係者や陸軍関係者を中心に多数のフランス人が幕府に雇用されていたことを検証した。

(42) 前掲註(2)加藤論文。

(43) 家近良樹『徳川慶喜』幕末維新の個性Ｉ（吉川弘文館、二〇〇四年）一八二～一八六頁。

(44) 笠谷和比古「能力主義のダイナミズム」（同『武士道と日本型能力主義』新潮社、二〇〇五年）。姜鶯燕「近世中後期における武士身分の売買について――『藤岡屋日記』を素材に――」（国際日本文化研究センター『日本研究』三七集、二〇〇八年）。

(45) 前掲註(17)君塚論文。前掲註(18)羽場論文。

(46) 「兵庫御開港ニ付商社取建方並御用途金見込儀申上候書付」勝安房　開国起原（『兵庫県史』幕末維新一、一九九八年）五一五～五一九頁。

(47) 「兵庫外国人居留地造成工事等の実施」続通信全覧類輯之部　貿易門　外務省外交資料館蔵（『兵庫県史』史料編　幕末維新一、一九九八年）四七一～四八四頁。

〔付記〕　当研究について、大阪歴史学会近世史部会においても、皆様からさまざまなご批判やご意見をいただきました。部会報告設定にご尽力くださいました山下聡一氏や萬代悠氏、柴田剛中文書に詳しい河野未央氏等には感謝申し上げます。

国際日本文化研究センター共同研究
「徳川社会と日本の近代化─17～19世紀における日本の文化状況と国際環境─」◆共同研究会開催一覧

研究代表　笠谷和比古
研究幹事　佐野真由子

〔二〇一一年度〕

▼第一回

四月九日(土)
17～19世紀日本をめぐる研究課題とその意義
─共同研究会の趣旨説明─　笠谷和比古

四月一〇日(日)
共同研究会運営方針の検討Ⅰ　全員
共同研究会運営方針の検討Ⅱ　全員

▼第二回

六月四日(土)
オランダ人による踏絵の真偽
─第一次史料に基づく再検討─　F・クレインス
19世紀日本の読書と政治　前田勉

六月五日(日)
近世武士の刀と剣術修行　魚住孝至
幕末の尾張藩主徳川慶勝と写真　岩下哲典

▼第三回

八月二一日(日)
忍澂(浄土宗)・独湛(黄檗宗)流派の形成　加藤善朗
和式大砲技術と近代化
─外在的近代化と内在的近代化─　郡司健
朝鮮時代後期の身分制度
─奴婢制論議を中心に─　平木實
江戸文化と木版刊行物
─作成工房から流通・読者の諸相まで─　藤實久美子

▼第四回

一〇月二二日(土)
本多利明の経済政策思想　宮田純
藩領における植生の復元と山林利用
─近世津軽領を中心に─　長谷川成一

一〇月二三日(日)
森幸安の地図の継承について　辻垣晃一
日本における西洋天文学の受容と改暦
─寛政の改暦について─　和田光俊
惣領番入制度、その成立と意義
─吉宗期の武芸奨励と関連して─　横山輝樹

▼第五回

一二月一〇日(土)

東北農村における家の変容　平井晶子

勝海舟の中国認識をめぐって　劉　岳兵

一二月一一日(日)

徳川時代における高齢者の健康管理について

――香月牛山著『老人必用養草』に見る―　横谷一子

米国総領事ハリスの将軍拝謁と「対食」問題をめぐって　佐野真由子

大坂定番就任者の基礎的考察　菅　良樹

▼第六回

二月四日(土)

18世紀における楽思想の展開　武内恵美子

京の文人―皆川淇園を中心に―　高橋博巳

二月五日(日)

儒学／漢学と明治初期の知識人　竹村英二

明清交替と東アジア世界

―清朝の王権理論と朝鮮・日本におけるプロト・ナショナリズムの生成―　伊東貴之

十八世紀京都の詩と絵画　芳賀　徹

〔二〇一二年度〕

▼第七回

四月二七日(金)

「辻蘭室文書」の基礎調査

―辻蘭室の交友関係を中心に―　益満まを

河竹黙阿弥の描いた開化期の日本　原　道生

四月二八日(土)

中根元圭研究(1)

―元圭の生涯の前半を中心に―　小林龍彦

大坂［大阪］経済の展開　脇田　修

18世紀における楽思想の展開　武内恵美子

▼第八回

六月二二日(金)

逆賊から帝大総長へ

―初代総長渡辺洪基の生涯と思想―　瀧井一博

19世紀の藩校教育　前田　勉

六月二三日(土)

高松松平家伝来博物図譜について　松岡明子

『おくのほそ道』から終焉へ　魚住孝至

キリシタン時代に関する一考察　滝澤修身

▼第九回

八月二四日(金)

17～19世紀における文物交流による朝鮮・日本両国の歴史理解の一側面　平木　實

本多利明再考　宮田　純

八月二五日(土)

天明二年刊、作者不詳『一休和尚奇行物語』について　横谷一子

19世紀の藩政情報　磯田道史
——諸藩見聞録の分析——
稲荷信仰の淵源と近世における展開　上村敏文

▼第一〇回
一〇月二六日(金)
草場佩川の見た外国　高橋博巳
蕪村の文人画と春信の浮世絵　早川聞多
—上方と江戸、雅と俗—
一〇月二七日(土)
森幸安地図の体系化に向けて　辻垣晃一
外圧と士《サムライ》と町人　岩下哲典

▼第一一回
一二月七日(金)
『隔蓂記』に見られる明正院御所の庭　W・カウテルト
幕末の琉球の日記　下郡剛
—異国船来航記事をめぐって—
一二月八日(土)
江戸後期の幕府・諸般における西洋兵学の受容と大砲技術—江川英龍の活動を中心として—　郡司健
『ラランデ天文書』による西洋天文学の受容　和田光俊
近世日本の王権論—新井白石の場合—　大川真

▼第一二回
二月一五日(金)
筒井政憲と高島秋帆　佐野真由子
18世紀における仏画作成過程について　加藤善朗
—六角堂能満院の粉本集成を資料として—
二月一六日(土)
地方への眼差しと知のネットワーク　森田登代子
—屋代弘賢『諸国風俗問状答』から—
外国奉行柴田剛中による神戸開港　菅良樹
太宰春台の楽思想　武内恵美子

〔二〇一三年度〕

▼第一三回
四月二六日(金)
本年度研究会の方針　笠谷和比古
—幕藩制社会の時代区分論—
四月二七日(土)
近世大坂の歴史的流れ　脇田修
『槐記』にみる18世紀初期の文化様相　小林善帆
徳川幕府享保改革における武芸奨励の意義　横山輝樹
ポサドニック号事件と勝海舟　上垣外憲一

▼第一四回
六月二八日(金)
オランダ商館日記にみる日蘭関係の実情　F・クレインス
—ワーヘナールの江戸参府日記を中心に—

江戸前期の学校構想　前田　勉
六月二九日(土)
徳川政権における坊主衆―医者・同朋・茶道―の成立　股座真実子
江戸幕府と中根元圭　小林龍彦
近世文学上の諸問題　宮崎修多
▼第一五回
八月二三日(金)
秋田蘭画について　芳賀　徹
自然支配の理念と近代科学
―F・ベーコンとデカルト―　松山壽一
八月二四日(土)
会津戊辰戦争の戦後処理問題
―松平容保家族の処遇を中心に―　岩下哲典
幕末の転封―19世紀の国際環境の下で―　谷口　昭
武鑑編集の情報源　藤實久美子
▼第一六回
一〇月二五日(金)
『道の幸』から『諸国風俗問状答』へ
―屋代弘賢の著述物―　森田登代子
幕末の転封―19世紀の国際環境の下で―　谷口　昭
一〇月二六日(土)
西洋天文学の受容と改暦　和田光俊
宝永地震と大坂劇壇　原　道生
藩の情報収集　磯田道史

▼第一七回
一二月六日(金)
17～19世紀日本における朝鮮国史認識と檀君論の展開　平木　實
徳川政権の合法化論　大川　真
一二月七日(土)
釈奠と楽　武内恵美子
近世日本における家族観の変容：宗門人別改帳の分析より　平井晶子
明治維新の宗教政策
―水戸学、久米寛文を中心に―　上村敏文
▼第一八回
二月一四日(金)
日本人の先祖崇拝とキリシタン　滝澤修己
蒹葭雅集図の行方　高橋博巳
二月一五日(土)
森幸安の地理認識　辻垣晃一
幕末の外交儀礼　佐野真由子
成果報告論集の作成方針　全員討議
三月二日(日)・三日(月)
成果報告論集作成検討会　合宿・松風園(愛知県蒲郡市)

執筆者紹介（収録順，＊は編者）

＊笠谷和比古（かさや　かずひこ）
1949年生．京都大学大学院文学研究科博士課程修了(国史学)．国際日本文化研究センター・総合研究大学院大学教授．
『近世武家社会の政治構造』（吉川弘文館，1993年），『近世武家文書の研究』（法政大学出版局，1998年），『江戸御留守居役』（吉川弘文館，2000年），『関ケ原合戦と近世の国制』（思文閣出版，2000年），『武家政治の源流と展開』（清文堂出版，2013年），『武士道――侍社会の文化と倫理――』（NTT 出版，2014年）．

大川　真（おおかわ　まこと）
1974年生．東北大学大学院文学研究科博士課程後期修了(日本思想史)．博士(文学)．吉野作造記念館館長，尚絅学院大学・山形県立米沢女子短期大学非常勤講師．
『近世王権論と「正名」の転回史』（御茶の水書房，2012年），「古典を読む　読史余論」（『岩波講座 日本の思想』３，2014年），「吉野作造の「民本主義」再考――吉野の考える民衆の政治参加とは――」（『FORUM OPINION』23号，2013年）．

横山輝樹（よこやま　てるき）
1980年生．総合研究大学院大学文化科学研究科国際日本研究専攻博士後期課程修了．博士(学術)．近鉄文化サロン講師
「惣領番入制度，その成立と意義――吉宗期の武芸奨励と関連して――」（『日本研究』45号，2012年），「惣領番入制度と五番方――吉宗期の事例を中心に――」（『日本研究』46号，2012年），「徳川吉宗の小金原鹿狩――勢子運用の観点から――」（『日本研究』50号，2014年）．

磯田道史（いそだ　みちふみ）
1970年生．慶應義塾大学大学院文学研究科博士後期課程修了．博士(史学)．静岡文化芸術大学文化政策学部教授．
『近世大名家臣団の社会構造』（東京大学出版，2003年），『武士の家計簿』（新潮社，2003年），『無私の日本人』（文藝春秋，2012年）．

岩下哲典（いわした　てつのり）
1962年生．青山学院大学大学院文学研究科博士後期課程満期退学．博士(歴史学)．明海大学ホスピタリティ・ツーリズム学部教授(大学院応用言語学研究科教授兼担)．
『江戸の海外情報ネットワーク』（吉川弘文館，2006年），『改訂増補版　幕末日本の情報活動――「開国」の情報史――』（雄山閣出版，2008年），『大槻磐渓編「金海奇観」と一九世紀の日本――「金海奇観」とその世界――』（雄松堂書店，2014年）．

前田　勉（まえだ　つとむ）
1956年生．東北大学大学院文学研究科博士後期課程修了．愛知教育大学教育学部教授．博士(文学)．
『兵学と朱子学・蘭学・国学』（平凡社選書，2006年），『江戸後期の思想空間』（ぺりかん社，2009年），『江戸の読書会』（平凡社選書，2012年）．

竹村英二（たけむら　えいじ）
1962年生．ロンドン大学東洋アフリカ研究院大学院修了．オックスフォード大学SCRメンバー．国士舘大学21世紀アジア学部教授・東京大学東洋文化研究所研究協力員．
『幕末期武士／士族の思想と行為――武人性と儒学の相性的素養とその転回――』（御茶の水書房，2008年），*The perception of work in Tokugawa Japan: A study of Ishida Baigan and Ninomiya Sontoku*（UPA, Lanham, Oxford, 1997），「元～清の『尚書』研究と十八世紀日本儒者の『尚書』原典批判――中井履軒『七經雕題畧(書)』，同収「雕題附言(書)」を題材に――」（東京大学『東洋文化研究所紀要』第167冊，2015年3月）．

宮田　純（みやた　じゅん）
1971年生．同志社大学大学院経済学研究科経済政策専攻博士後期課程修了．関東学院大学兼任講師．博士(経済学，同志社大学)．
「本多利明の経済思想――享和元年成立『長器論』を中心として――(『日本経済思想史研究』9号，2009年)，「本多利明の経済思想――寛政7年成立『自然治道之弁』の総合的研究――」（『Asia Japan Journal』5号，2010年)，「本多利明の対外交易論――1798年成立『経済秘策』を中心として――」(『Asia Japan Journal』7号，2012年)．

上村敏文（うえむら　としふみ）
1959年生．筑波大学大学院地域研究科日本研究コース修了．ルーテル学院大学総合人間学部准教授．
『多様性との対話』（共著，キリスト教視聴覚センター，1998年)，「タンザニアの教会形成と文化変容――ルーテル教会を中心に――」(『日本の神学』46号，日本基督教学会，2007年)，『日本の近代化とプロテスタンティズム』(共編著，教文館，2013年)．

武内恵美子（たけのうち　えみこ）
総合研究大学院大学文化科学研究科修了(日本文化研究・音楽学)．京都市立芸術大学日本伝統音楽研究センター准教授．
『歌舞伎囃子方の楽師論的研究――近世上方を中心として――』（和泉書院，2006年)「『楽家録』をめぐる文化環境」(神野藤昭夫・多忠輝監修『越境する雅楽文化』書肆フローラ，2009年)．

藤實久美子（ふじざね　くみこ）
学習院大学大学院人文科学研究科史学専攻博士後期課程単位取得後退学．ノートルダム清心女子大学文学部現代社会学科准教授．博士(史学)．
『近世書籍文化論――史料学的アプローチ――』（吉川弘文館，2006年)，『江戸の武家名鑑――武鑑と出版競争――』（吉川弘文館，2008年)，『近世公家名鑑編年集成』全26巻(共編，柊風舎，2009～2014年)．

原　道生（はら　みちお）
1936年生．東京大学大学院人文科学研究科博士課程中退(単位取得)，明治大学名誉教授．
『近松門左衛門(新潮古典文学アルバム)』(新潮社，1991年)，『近松浄瑠璃の作劇法』（八木書店，2013年)，『古典にみる日本人の生と死――いのちへの旅――』（共著，笠間書院，2013年)．

森田登代子（もりた　とよこ）
武庫川女子大学家政学研究科博士後期課程修了(家政学博士)．NPO法人ピースポット・ワンフォー

副理事長.
『近世商家の儀礼と贈答』(岩田書院，2001年)，『遊楽としての近世天皇即位式——庶民が見物した皇室儀式の世界——』(ミネルヴァ書房，2015年)，「大嘗会再興と庶民の意識」(『一八世紀日本の文化状況と国際環境』思文閣出版，2011年).

平 井 晶 子 (ひらい　しょうこ)
総合研究大学院大学博士課程単位取得退学．博士(学術)．神戸大学大学院人文学研究科准教授.
『日本の家族とライフコース』(ミネルヴァ書房，2008年)，「変容する直系家族——東北日本とピレネーの場合——」(『歴史人口学と比較家族史』ミネルヴァ書房，2009年)，「東北日本における家の歴史人口学的分析——一八・一九世紀の人口変動に着目して——」(『一八世紀日本の文化状況と国際環境』思文閣出版，2011年).

魚 住 孝 至 (うおずみ　たかし)
1953年生．東京大学大学院人文科学研究科博士課程修了．博士(文学)．放送大学教授.
『宮本武蔵——日本人の道——』(ぺりかん社，2002年)，『宮本武蔵——「兵法の道」を生きる——』(岩波新書，2008年)，『芭蕉　最後の一句』(筑摩選書，2011年)，『諸家評定——戦国武士の「武士道」——』(編著，新人物往来社，2007年).

小 林 龍 彦 (こばやし　たつひこ)
1947年生．法政大学第二文学部卒業．前橋工科大学名誉教授．四日市大学関孝和数学研究所研究員．学位博士(学術).
『和算家の生涯と業績』(共著，多賀出版，1985年)，『幕末の偉大なる数学者——その生涯と業績——』(共著，多賀出版，1989年)，『関孝和論序説』(共著，岩波書店，2008年).

松 岡 明 子 (まつおか　あきこ)
1972年生．九州大学文学部美学美術史科卒業．香川県立ミュージアム専門学芸員．香川県教育委員会事務局生涯学習・文化財課主任.
『日本の博物図譜　十九世紀から現代まで』(国立科学博物館編，東海大学出版会，2001年)，「絵師三木文柳考」(『香川史学』29号，2002年)，「高松松平家の植物図譜——『衆芳画譜』と『写生画帖』——」(『高松松平家博物図譜 写生画帖 雑木』香川県立ミュージアム，2014年).

和 田 光 俊 (わだ　みつとし)
1960年生．神戸大学大学院理学研究科修士課程修了．国立研究開発法人科学技術振興機構職員.
『東京帝国大学神道研究室旧蔵書　目録および解説』(共著，東京堂出版，1996年)，「渋川春海年譜」(共著，『神道宗教』184・185号，2002年)，「享保期における改暦の試みと西洋天文学の導入」(笠谷和比古編『一八世紀日本の文化状況と国際環境』思文閣出版，2011年).

郡 司　　健 (ぐんじ　たけし)
1947年生．兵庫県立神戸商科大学大学院経営学研究科修士課程修了．大阪学院大学経営学部・大学院商学研究科教授．経営学博士.
『連結会計制度論——ドイツ連結会計報告の国際化対応——』(中央経済社，2000年)，『海を渡った長州砲——ロンドンの大砲，萩に帰る——』(シリーズ萩ものがたり19，萩市，2008年)，「享保期の異国船対策と長州藩における大砲技術の継承——江戸中期の大砲施術の展開——」(笠谷和比古編『一

八世紀日本の文化状況と国際環境』思文閣出版，2011年）．

Frederik Cryns（クレインス，フレデリック）
1970年ベルギー生．京都大学人間・環境学博士課程修了．人間・環境学博士（京都大学）．国際日本文化研究センター研究部准教授．
『杏雨書屋洋書目録』（共著，(財)武田科学振興財団，2006年），『江戸時代における機械論的身体観の受容』（臨川書店，2006年），『十七世紀のオランダ人が見た日本』（臨川書店，2010年）．

平木　實（ひらき　まこと）
1938年生．ソウル大学校大学院史学科国史学専攻博士課程修了．文学博士(韓国ソウル大学校)．
元天理大学教授．京都府立大学共同研究員・京都市立芸術大学日本伝統音楽研究センター共同研究員・奈良県立医科大学非常勤講師．
『朝鮮社会文化史研究』（国書刊行会，1987年），『朝鮮社会文化史研究Ⅱ』（阿吽社，2001年），『韓国・朝鮮社会文化史と東アジア』（学術出版会，2011年）．

伊東貴之（いとう　たかゆき）
1962年生．東京大学大学院人文科学研究科中国哲学専攻学位取得修了．国際日本文化研究センター・総合研究大学院大学教授．
『思想としての中国近世』（東京大学出版会，2005年），『中国という視座』（共著，平凡社，1995年），『中国近世思想的典範』（著書の翻訳，楊際開訳・徐興慶校閲，台湾大学出版中心，2015年刊行予定）．

高橋博巳（たかはし　ひろみ）
東北大学大学院博士課程単位取得退学．金城学院大学文学部教授．博士(文学)．
『京都藝苑のネットワーク』（ぺりかん社，1988年）『江戸のバロック』（ぺりかん社，1991年）『画家の旅，詩人の夢』（ぺりかん社，2005年）．

佐野真由子（さの　まゆこ）
1969年生．ケンブリッジ大学修士(MPhil)課程修了(国際関係論専攻)．国際日本文化研究センター准教授．
『オールコックの江戸――初代英国公使が見た幕末日本――』（中央公論新社，2003年），「幕臣筒井政憲における徳川の外交――米国総領事出府問題への対応を中心に――」（『日本研究』39集，2009年），「坂本龍馬と開明派幕臣の系譜――受け継がれた徳川的教養――」（岩下哲典・小美濃清明編『龍馬の世界認識』藤原書店，2010年）．

菅　良樹（すが　よしき）
兵庫教育大学大学院連合学校教育学研究科社会系教育講座博士後期課程修了．博士(学術)．淳心学院中・高等学校教諭．
『近世京都・大坂の幕府支配機構――所司代　城代　定番　町奉行――』（清文堂出版，2014年），「嘉永・安政期の大坂城代土屋寅直と城代公用人大久保要」（宮地正人監修『幕末動乱――開国から攘夷へ――』土浦市立博物館等四館共同企画展図録，2014年），「幕末・維新期における畿内近国譜代小藩の権力構造――播磨国山崎藩本多家の事例――」（『城郭研究室年報』23号，2014年）．

徳川社会《とくがわしゃかい》と日本《にほん》の近代化《きんだいか》

2015(平成27)年3月25日発行

定価：本体9,800円(税別)

編　者　笠谷和比古
発行者　田中　大
発行所　株式会社　思文閣出版
〒605－0089　京都市東山区元町355
電話 075－751－1781(代表)

装　幀　井上二三夫
印　刷
製　本　亜細亜印刷株式会社

ISBN978-4-7842-1800-4　C3021

思文閣出版刊行図書案内

公家と武家シリーズ［全５冊］

国際日本文化研究センターで行われた公家（貴族）と武家に焦点を合わせた共同研究の成果シリーズ。武士層が成長した地域と、文官支配が優越した地域との差異に着目。前近代社会における支配エリートであったそれらの身分や職能のもつ意味、その秩序の形式、社会的役割といったものを多角的に検討した論集。

Ⅰ　その比較文明史的考察
村井康彦 編　ISBN4-7842-0891-7　▶Ａ５判・444頁／本体 7,800円(税別)

Ⅱ「家」の比較文明史的考察
笠谷和比古 編　ISBN4-7842-1019-9　▶Ａ５判・530頁／本体 9,400円(税別)

Ⅲ　王権と儀礼の比較文明史的考察
笠谷和比古 編　ISBN4-7842-1322-8　▶Ａ５判・458頁／本体 7,800円(税別)

Ⅳ　官僚制と封建制の比較文明史的考察
笠谷和比古 編　ISBN978-4-7842-1389-4　▶Ａ５判・544頁／本体 8,500円(税別)

国際シンポジウム 公家と武家の比較文明史
笠谷和比古 編　ISBN4-7842-1256-6　▶Ａ５判・490頁／本体 8,000円(税別)

「封建」・「郡県」再考　東アジア社会体制論の深層　張翔・園田英弘編

東アジアの社会体制（あるいは統治機構）を表す「封建」と「郡県」という伝統的大概念を多角的に検討し、その論理的枠組や時代的要請による理論的発展の構造を解明しようとする13篇。
▶Ａ５判・412頁／本体6,500円(税別)　ISBN4-7842-1310-4

東アジアの本草と博物学の世界［全２冊］　山田慶兒編

国際日本文化研究センターで行われた共同研究の成果。
【上巻】本草における分類の思想／幕府典薬頭の手記に見える本草／秘伝花鏡小考／江戸時代動物図譜における転写　ほか
【下巻】徳川吉宗の享保改革と本草／享保改革期の朝鮮薬材調査／イスラム圏の香料薬種商／小野蘭山本草講義本編年攷　ほか
上巻▶Ａ５判・364頁／本体 7,500円(税別)　ISBN4-7842-0883-6
下巻▶Ａ５判・376頁／本体 7,500円(税別)　ISBN4-7842-0885-2

王権と都市　今谷明編

国際日本文化研究センターでの研究の集大成として、編者が壮大な展望のもと組織した共同研究「王権と都市に関する比較史的研究」の成果。日本、アジア・イスラーム、ヨーロッパの3領域から11篇の論文を収め、各時代・各地域での都市史のあり方を相互に比較検討し、「都市とは何か」という命題の解明に挑んだ一書。
▶Ａ５判・372頁／本体6,800円(税別)　ISBN978-4-7842-1396-2

関ケ原合戦と近世の国制　笠谷和比古著

徳川時代270年のまさに端緒となった関ケ原合戦が内包していた諸問題の再検証と、合戦後の領地配分（地政学的状況）にみられる支配の実態、将軍制をめぐる思惑と確執、家康と秀頼の関係などを通して豊臣と徳川の「二重公儀体制」の実態を明かし、徳川家康の政権構想と近世天皇制との関係を論じる論集。

▶A５判・280頁／本体5,800円(税別)　ISBN4-7842-1067-9

織豊期主要人物居所集成　藤井譲治編

織豊期を生きた政治的主要人物の移りゆく居所の情報を編年でまとめた研究者・歴史愛好家必携の書！！

▶B５判・476頁／本体6,800円(税別)　ISBN978-4-7842-1579-9

近世の禁裏と都市空間　岸泰子著

都市・建築史学の手法に限定することなく、文献史学や民俗学も視野に入れて近世京都の都市空間の特徴を多角的な視点から包括的に論じた一書。

▶A５判・320頁／本体6,400円(税別)　ISBN978-4-7842-1740-3

近世の公家社会と京都　集住のかたちと都市社会　登谷伸宏著

公家町の形成・変容過程の解明を通じて、公家町を中心とした京都の都市空間の特質を明らかにする。あわせて、都市における公家の集住・居住形態、および町方社会との関係を検討し、近世京都がいかなる都市社会構造を形成していたのかを論じる。

▶A５判・392頁／本体8,000円(税別)　ISBN978-4-7842-1795-3

幕末期の老中と情報　水野忠精による風聞探索活動を中心に　佐藤隆一著

水野忠精を題材とした老中の情報収集を軸に、同時代の他の事例も交えて、幕末期の老中による政治情報収集の実態とその情報内容、さらにはこれらの扱われ方を実証的に分析することで、基本的な老中の情報収集ルートの枠組を明らかにする。

▶A５判・520頁／本体9,500円(税別)　ISBN978-4-7842-1702-1

徳川将軍家領知宛行制の研究　藤井譲治著

領知制を基礎のところで成立させている領知朱印状そのものに注目し、徳川将軍家の領知宛行制の形成過程とその特質を明らかにする。各章末に領知朱印状の一覧を付す。

▶A５判・412頁／本体7,500円(税別)　ISBN978-4-7842-1431-0

明治維新期の政治文化　佐々木克編

“19世紀における国際環境の中で、明治維新を考える”という京都大学人文科学研究所の共同研究「明治維新期の社会と情報」の研究成果をまとめたもの。政治史、文化史、思想史、精神史を融合した“政治文化”という視点から、明治維新期の諸問題にアプローチを試みた一書。

▶A５判・390頁／本体5,400円（税別）　ISBN4-7842-1262-0